Tilla Siegel
Leistung und Lohn
in der nationalsozialistischen „Ordnung der Arbeit"

Schriften des Zentralinstituts für sozialwissenschaftliche
Forschung der Freien Universität Berlin

ehemals Schriften des Instituts für politische Wissenschaft

Band 57

Tilla Siegel

Leistung und Lohn in der nationalsozialistischen „Ordnung der Arbeit"

Springer Fachmedien Wiesbaden GmbH

CIP-Titelaufnahme der Deutschen Bibliothek

Siegel, Tilla:
Leistung und Lohn in der nationalsozialistischen
„Ordnung der Arbeit"/Tilla Siegel. — Opladen:
Westdt. Verl., 1989
   (Schriften des Zentralinstituts für Sozial-
   wissenschaftliche Forschung der Freien
   Universität Berlin; Bd. 57)

NE: Zentralinstituts für Sozialwissenschaftliche
Forschung (Berlin, West): Schriften des Zentralinstituts ...

Alle Rechte vorbehalten
© Springer Fachmedien Wiesbaden 1989
Ursprünglich erschienen bei Westdeutscher Verlag GmbH, Opladen 1989

Satz: Satzpunkt Ewert, Braunschweig

ISBN 978-3-531-12077-5   ISBN 978-3-663-12215-9 (eBook)
DOI 10.1007/978-3-663-12215-9

Für Theo Pirker

Für Theo Piker

Vorwort

Die vorliegende Studie ist aus einer langjährigen Forschung im Arbeitsbereich „Vergleichende Faschismusforschung" am Zentralinstitut für sozialwissenschaftliche Forschung der Freien Universität entstanden. Die Deutsche Forschungsgemeinschaft hat die Arbeit, die unmittelbar für diese Studie erforderlich war, durch ein Habilitationsstipendium finanziert. Das Institut für Sozialforschung in Frankfurt am Main hat es mir ermöglicht, die Studie abzuschließen. Im Winter 1986 wurde sie als Habilitationsschrift bei der Freien Universität Berlin eingereicht.

Allen, die mich bei der Fertigstellung dieser Studie unterstützt haben, auch den hier nicht genannten, danke ich. Professor Dr. Burkart Lutz nahm sich die Zeit, mit mir in einem frühen Stadium der Arbeit über die Forschungskonzeption zu sprechen. Professor Dr. Hans Mommsen gab mir die Gelegenheit, meine Forschungsergebnisse zu diskutieren, und ermutigte mich, als Sozialwissenschaftlerin im Revier der Historiker zu wildern. Helga Hoppe mahnte den Endbericht für die Deutsche Forschungsgemeinschaft auf so behutsame Weise an, daß ich nicht unter Termindruck zusammenbrach. Frauke Burian hat mit einer bewundernswerten Mischung aus Akribie und Toleranz für meine stilistischen Eigenheiten das Manuskript für den Druck redigiert.

Für die Hilfsbereitschaft bei der oftmals mühseligen Beschaffung von Literatur und Akten danke ich den Mitarbeiterinnen und Mitarbeitern der Archive und Bibliotheken, in denen ich gearbeitet habe, besonders denen der Bibliothek des Zentralinstituts für sozialwissenschaftliche Forschung der Freien Universität Berlin, der Staatsbibliothek Preußischer Kulturbesitz in Berlin (West), des Zentralen Staatsarchivs der DDR in Potsdam, des Bundesarchivs in Koblenz, des Instituts für Zeitgeschichte in München und des Siemensarchivs im Siemensmuseum in München.

Insbesondere Professor Dr. Theo Pirker verdankt diese Studie und ihre Autorin vieles. Unter seiner Leitung gewährte mir das Zentralinstitut für sozialwissenschaftliche Forschung großzügige Arbeitsbedingungen. Als im doppelten Wortsinn „streitbarer" Sozialforscher gab er entscheidende Anregungen für die thematische und methodische Durchführung der Arbeit und sparte nicht mit Kritik und anspornendem Zuspruch. Mit seinem „Du dummer Mensch!" half er mir im Kampf gegen die Fallstricke des akademischen Rituals. Ihm ist diese Studie gewidmet.

Für Anregungen und vielfältige Hilfe danke ich den Kolleginnen und Kollegen, Freundinnen und Freunden, die den Fortgang dieser Arbeit begleiteten. Annemarie Tröger, Gisela Bock, Michael Fichter, Rüdiger Hachtmann, Edwin Schudlich und Martin Kronauer setzten sich kritisch mit ersten Ideen und Textentwürfen auseinander und halfen mir dabei, spezifische Probleme zu klären. Ilse Mattick schickte mir aus Vermont Aufmunterung und wertvolle Kommentare. Elisabeth Matthias stellte das Manuskript mit großem Engagement für den Text fertig. Karin Hopfe mühte sich mit den Statistiken ab und zwang mich zum Korrekturlesen, obwohl sie lieber über die Mimesis nachgedacht hätte. Carola Sachse, die im Büro nebenan ihre Studie über die betriebliche Sozialpolitik in der Weimarer Republik und im Nationalsozialismus fertigstellte, arbeitete mit mir in mehr als dem räumlichen Sinn Seite an Seite. In vielen Gesprächen half sie mir über thematische und viele andere Schwierigkeiten hinweg. Ihr, Emmanuel Sarides, Lilly Schlesinger, Astrid Baum und Claus Kohlmann danke ich, daß sie meine Ideen immer wieder diskutierten, meine monomanischen Phasen der Euphorie und Verzweiflung ertrugen und mir unerschütterlich Mut zusprachen.

Besonderen Dank schulde ich nicht zuletzt meiner Mutter und meinen Geschwistern, die nie gefragt haben: „Wann bist Du endlich fertig?"

Berlin/Frankfurt a. M., im Sommer 1988   *Tilla Siegel*

Inhalt

Illustrationen und Tabellen

I. Einleitung

Mitten im Krieg, im Herbst 1942, verkündete der Generalbevollmächtigte für den Arbeitseinsatz, Gauleiter und Reichsstatthalter Fritz Sauckel, lohnordnende Maßnahmen zur „Leistungssteigerung und Herstellung der Lohngerechtigkeit" in der Rüstungsindustrie. An der Vorbereitung und Durchführung dieses mit großem propagandistischen Aufwand verkündeten Unterfangens waren das Reichsarbeitsministerium, die Deutsche Arbeitsfront und die Reichsgruppe Industrie beteiligt. Der Reichsausschuß für Arbeitsstudien (REFA), der sich stets als neutrale, aber auch der „Gemeinschaftsarbeit" verpflichtete Institution verstand, stellte die Methoden und bildete die „REFA-Männer" aus, die eine „leistungsgerechte" Entlohnung verbürgen sollten[1]. Der „Vorsitzer" des REFA, Kurt Hegner, wies 1943 auf die Bedeutung der REFA-Arbeit für die Leistungssteigerung in der Rüstungsindustrie hin[2]:

„Leistungssteigerung in der Rüstungsindustrie!
Das ist die Aufgabe, die uns der Führer für die nächste Zeit gestellt hat. Die Verwirklichung dieser Aufgabe hängt zum großen Teil ab von dem Erfolg der Refa-Arbeit.
Drei Probleme sind es, die der Refa angreift:
1. Arbeitsstudien für die Bestgestaltung der Arbeit,
2. Zeitstudien für die Feststellung richtiger Zeiten,
3. Einstufung der Arbeit ihrem Werte nach.
Von diesen drei Aufgaben ist die erste die entscheidendste für den Erfolg der verlangten Leistungssteigerung in der Rüstungsindustrie ...
Eine Neuordnung der Löhne der gesamten Industrie ist unbedingt notwendig, denn ein gerechter Lohn ist die Basis für die Zufriedenheit der Gefolgschaft und damit auch die äußere Grundlage, auf der die Leistungssteigerung aufgebaut wird."

Der REFA war keine spezifisch nationalsozialistische Institution. Er war 1924 unter dem Namen „Reichsausschuß für Arbeitszeitermittlung" von dem „Gesamtverband Deutscher Metallindustrieller" und der „Arbeitsgemeinschaft Deutscher Betriebsingenieure" im „Verein Deutscher Ingenieure" gegründet worden. 1935 wurde er der Deutschen Arbeitsfront (DAF) angegliedert und 1936 in „Reichsausschuß für Arbeitsstudien" umbenannt. Mit der Einführung der lohnordnenden Maßnahmen sah man seitens des REFA dann in der zweiten Hälfte des Zweiten Weltkrieges „eine große Reihe derjenigen Forderungen erfüllt ..., die der Refa seit seinem Bestehen wieder und wieder gestellt hat ..."[3].

---

1 *Leitfaden für die Lohngestaltung Eisen und Metall*, Gera 1943, S. 16. Bereits in den zwanziger Jahren war „Gemeinschaftsarbeit" der oft gebrauchte deutschtümelnde Begriff für Rationalisierung, Normierung und Standardisierung.
2 *Praktische Winke für die Einführung der lohnordnenden Maßnahmen in der Rüstungsindustrie* (REFA-Schriften, H. 8), hrsg. v. Reichsausschuß für Arbeitsstudien, Berlin 1943, S. 5.
3 Ebd., S. 9.

Mit dem „Zusammenbruch" des Deutschen Reiches kam auch die Arbeit des REFA zum Erliegen. Aber nur vorübergehend: Im Dezember 1946 fand in Hahnenklee im Harz eine vom englischen Wirtschaftsministerium initiierte arbeitswissenschaftliche Tagung unter der Leitung von Lord Marley statt. Auf ihr konnten REFA-Männer über in Deutschland gewonnene arbeits- und betriebswissenschaftliche Erfahrungen und Erkenntnisse berichten. Und sie konnten den ersten Geschäftsführer des REFA, Professor Meyenberg, „der 1933 nach London emigrierte, als alten Freund der REFA-Sache, die er auch von ‚drüben' aus stets mit Interesse verfolgt hat, begrüßen". Die dort Versammelten faßten den Beschluß, „der REFA-Arbeit bald wieder einen neuen festen Rahmen zu geben". Ab 1946 bildeten sich in Württemberg-Baden, in Wuppertal für den nordwestdeutschen Bereich sowie in Bayern, Hessen, Rheinland-Pfalz und West-Berlin regionale Verbände, die im Februar 1948 zu einer Arbeitsgemeinschaft zusammengefaßt und 1951 in einen eingetragenen Verband umgewandelt wurden, an dem auch die Gewerkschaften beteiligt sind. „Das REFA-Buch" von 1951 faßte das wechselhafte Schicksal des REFA bis dato so zusammen[4]: „Stets wird aber die Sache selbst mehr als die Organisationsform bedeuten. Formen mögen sich wandeln, aber die Aufgaben des Arbeitsstudiums werden bleiben. Es kann daher kein Zweifel sein, daß der Begriff ‚REFA' auch weiterhin das Wahrzeichen für eine objektive und neutrale fachwissenschaftliche Gemeinschaftsarbeit bleiben wird."

Der REFA, dessen Name frühzeitig „zu einem Begriff für eine Bewegung [geworden war], die die Ideen von Taylor und Gilbreth in einer deutschen Verhältnissen entsprechenden Gestalt verwirklichen wollte"[5], steht noch heute als Institution für die „Sache selbst", nämlich den Anspruch, die menschliche Leistung im Betrieb „sachlich und gerecht" zu gestalten und zu bewerten[6]. Die Kontinuität dieses Anspruchs manifestiert sich in den beiden wesentlichen Elementen der modernen Leistungsentlohnung, dem Zeitstudienakkord und der Arbeitsbewertung. Erste Ansätze zu deren Entwicklung reichen in Deutschland bis in die Weimarer Zeit zurück, vom nationalsozialistischen Regime wurden sie dann insbesondere im Zweiten Weltkrieg mit der eindeutigen Absicht propagiert und eingesetzt, Konflikt- und damit auch Widerstandspotential in den Betrieben zu entschärfen und die Lohnabhängigen zu mehr „Leistungsfreude" anzuregen, und schließlich wurden sie in der Bundesrepublik zu den dominierenden Formen der Leistungsentlohnung, die auch von gewerkschaftlicher Seite als Grundlage einer gerechten Entlohnung anerkannt wurden.

Die Frage, wie diese Kontinuität mit den dramatischen politisch/gesellschaftlichen Brüchen in der deutschen Geschichte zu vereinbaren ist, war der Anlaß für die vorliegende Studie über die Veränderung der Formen betrieblicher Herrschaft unter dem Nationalsozialismus. In dem Versuch, Sozialgeschichte mit Industriesoziologie bzw. Ereignisgeschichte mit Methodengeschichte zu verbinden, bin ich allerdings nicht dem technik- und produktions-

---

4 *Das REFA-Buch*, Bd. 1, München 1951, S. 36 (vorausgegangene Zitate ebd., S. 35).
5 Ebd., S. 31.
6 So Hans Girod, der Vorsitzende des REFA-Verbandes für die britische Zone, in der ersten Nachkriegsnummer der *REFA-Nachrichten* im Februar 1948. Nach: Engelbert Pechhold, *50 Jahre REFA*, Darmstadt 1974, S. 107.

orientierten Ansatz der bundesrepublikanischen Industriesoziologie gefolgt, sondern habe statt dessen die Darstellung auf einen Beitrag zur politischen Geschichte betrieblicher Herrschaft zugeschnitten, der in einen Beitrag zur politischen Geschichte der Leistungsentlohnung mündet. Mit diesem Vorgehen soll nicht bezweifelt werden, daß die Entwicklung der Produktionsmethoden und die Entwicklung der Entlohnungsformen in einem engen Zusammenhang stehen. Standardisierung und Massenproduktion haben nicht nur unter dem Nationalsozialismus und nicht nur in Deutschland zur Entwicklung neuer Methoden der Leistungsentlohnung geführt, und umgekehrt hat die mit der modernen Leistungsentlohnung verbundene Untersuchung des Arbeitsprozesses die weitere Mechanisierung ermöglicht. Andererseits aber zeigt die industriesoziologische Debatte immer wieder, daß sich aus der Produktionstechnik allein nicht auf eine bestimmte Form der Gestaltung des Arbeitsverhältnisses oder der betrieblichen Herrschaft schließen läßt. In Kritik an einem „Typ von Forschung, der ausschließlich die Ermittlung von Technikfolgen im Auge hat", stellte Burkart Lutz in seiner Rede zur Eröffnung des Deutschen Soziologentags 1986 fest: „Insbesondere zeigen Untersuchungen in vergleichbaren Betrieben verschiedener Industrienationen auch bei hochgradiger Übereinstimmung der jeweiligen technischen Bedingungen sehr verschiedene Formen von Arbeitsorganisation und Arbeitsteilung, von Aufgabeninhalten und Qualifikationsanforderungen, von Hierarchie und Personalstrukturen."[7] — Die bereits einige Jahre zuvor aufkeimende soziologische (Selbst-)Kritik am Technikdeterminismus ebenso wie die Rezeption ausländischer Arbeiten, die den herrschaftsstrategischen Aspekten in der Gestaltung der Produktion und des Arbeitsverhältnisses in der Regel mehr Aufmerksamkeit widmen als die bundesrepublikanische Industriesoziologie[8], haben die Anlage der vorliegenden Studie nicht unwesentlich beeinflußt. Es war jedoch vor allem die Auseinandersetzung mit dem Material selbst, die mich dazu veranlaßte, meine Forschungsergebnisse in einem Beitrag zur politischen Geschichte betrieblicher Herrschaft zusammenzufassen. Wenn in einer Geschichte des REFA festgestellt wird, seine Männer hätten sich nach dem Zweiten Weltkrieg zusammengefunden und sich „mit dem Willen zur Rationalisierung und im Glauben an die Bedeutung des Arbeitsstudiums" bemüht, „das über die Stürme gerettete geistige Werkzeug für den Wiederaufbau einzusetzen"[9], dann

---

7 Burkart Lutz, Das Ende des Technikdeterminismus und die Folgen — soziologische Technikforschung vor neuen Aufgaben und Problemen, in: *Technik und sozialer Wandel. Verhandlungen des 23. Deutschen Soziologentages in Hamburg 1986*, hrsg. im Auftrag der Deutschen Gesellschaft für Soziologie v. Burkart Lutz, Frankfurt a.M./New York 1987, S. 39, 40. Selbst Untersuchungen ein und desselben Betriebs (hier der Volkswagenwerk A.G.) können zu unterschiedlichen Einschätzungen der Perspektiven für die Arbeitsteilung und Gestaltung des Arbeitsverhältnisses führen. Vgl. Horst Kern/ Michael Schumann, *Das Ende der Arbeitsteilung?*, München 1984; kritisch dazu: Eva Brumlop, *Arbeitsbewertung bei flexiblem Personaleinsatz*, Frankfurt a.M./New York 1986, insbes. S. 178 ff.

8 Exemplarisch dafür sind die Arbeiten von Richard Edwards (*Herrschaft im modernen Produktionsprozeß*, Frankfurt a.M./New York 1981) und von Michael Burawoy (*Manufacturing Consent*, Chicago 1979) wie überhaupt die angloamerikanische „Labour Process Debate"; vgl. *Managementstrategien und Kontrolle. Eine Einführung in die Labour Process Debate*, hrsg. v. Eckart Hildebrandt/Rüdiger Seltz, Berlin 1987.

9 Pechhold, *50 Jahre REFA* (Anm. 6), S. 106.

sind allenfalls die „Stürme" des Bombenkriegs und der unmittelbaren Nach-kriegsjahre gemeint. Denn unter dem Nationalsozialismus wurde entgegen allem Anschein sehr viel dazu beigetragen, insbesondere eine der Ideen Taylors „in einer deutschen Verhältnissen entsprechenden Gestalt" zu verwirklichen, nämlich betriebliche Interessenkonflikte zu Sachzwängen zu erklären, die dem Anspruch nach mit neutralen wissenschaftlichen Methoden bewältigt werden können, und, was den Lohn anbelangt, die Leistungsentlohnung unter dem Titel „gerechter Lohn" betriebspolitisch zu neutralisieren.

Im Aufbau dieser Studie wird der Ereignisgeschichte zunächst der Vorrang vor der Methodengeschichte gegeben, auf die sich dann der letzte Abschnitt konzentriert. Denn in einer methodengeschichtlichen Darstellung kann der Eindruck einer stromlinienförmigen Entwicklung nicht ganz vermieden wer-den, der der despotischen Improvisation der nationalsozialistischen Herrschaft nicht gerecht wird. Ihre „neue Gesellschaftsordnung" begann als — terroristisch abgesichertes — Experiment. Bereits mit der „Machtergreifung" wurden die Weichen gestellt: wirtschaftspolitisch mit der Entscheidung für Aufrüstung, gesellschaftspolitisch mit der gewaltsamen Zerschlagung der institutionalisier-ten kollektiven Interessenvertretungen der Arbeiterklasse. Doch ebenso wie die Wirtschaftspolitik keinem konsistenten Plan folgte, war die Suche nach einer neuen Form der Sozialordnung und die Neuregelung der arbeitspoliti-schen Kompetenzen immer auch von regimeinternen Konflikten begleitet.

Am Beispiel der Deutschen Arbeitsfront werden die Machtkonflikte im Regime um das Experiment „Ordnung der Arbeit" besonders deutlich. Das Verhältnis der DAF zu Staat und Wirtschaft war in seiner Entwicklung von wiederholten Versuchen geprägt, durch Abkommen Einflußsphären festzu-schreiben. Keines dieser Abkommen hatte Bestand. Überhaupt ist die Rolle der DAF im nationalsozialistischen Deutschland, da sie nie kodifiziert wurde, nur schwer zu bestimmen. Aufschlußreicher ist eine Analyse der konkreten Aktionsbereiche der DAF. Denn gerade hinsichtlich der Gestaltung betrieb-licher Herrschaft reichen herkömmliche Interpretationen nicht aus, in denen die Rolle der DAF in der nationalsozialistischen Gesellschaftsordnung auf die Indoktrination und Kontrolle der Lohnabhängigen und/oder die eines „verbandsimperialistischen" oder gar „quasi-gewerkschaftlichen" Störfaktors reduziert wird[10]. Die Zielvorstellungen und auch die Praxis der DAF waren von einem Konzept der sozialtechnischen Rationalisierung geprägt, das zwar in seiner Totalität besonders war — und in dieser Totalität nie verwirklicht wurde —, das aber Elemente enthielt, die aus der Rationalisierungsbewegung der Weimarer Republik stammten und die auch die „Leistungsgesellschaft" der frühen Bundesrepublik durchaus akzeptiert hatte[11].

---

10 Die Rolle, die die DAF in der Gestaltung der betrieblichen Sozialpolitik spielte, hat Carola Sachse in ihrer Dissertation sehr ausführlich und differenziert dargestellt. Ihr verdanke ich viele wertvolle Hinweise für die vorliegende Studie. Carola Sachse, *Be-triebliche Sozialpolitik als Familienpolitik in der Weimarer Republik und im National-sozialismus. Mit einer Fallstudie über die Firma Siemens, Berlin (Forschungsberichte des Hamburger Instituts für Sozialforschung, Nr. 1)*, Hamburg 1987.

11 Vgl. Thomas von Freyberg, *Industrielle Rationalisierung. Der technisch-organisatori-sche Wandel im Maschinenbau und in der Elektrotechnischen Industrie in der Weimarer Republik*, abschließender Forschungsbericht für die DFG, Frankfurt a.M. 1988, insbes. Kap. III.3; vgl. auch Günter Neubauer, *Sozioökonomische Bedingungen der Rationa-*

Die Abschnitte II und III über die nationalsozialistische „Ordnung der Arbeit" und über die Etablierung der DAF in der nationalsozialistischen „Leistungsgemeinschaft" sollen die gesellschaftspolitischen Parameter der Gestaltung betrieblicher Herrschaft unter dem Nationalsozialismus bestimmen. Wie sie sich auf die Gestaltung des Lohns auswirkten, wird in Abschnitt IV über den Krieg und die Frage des „gerechten" Lohns behandelt. Dieser Abschnitt beginnt mit den grundsätzlichen Problemen der Lohnpolitik in der Kriegswirtschaft; gelegentliche Bezüge auf die USA dienen dazu, das „Kriegswirtschaftliche" gegenüber dem „Nationalsozialistischen" hervorzuheben. Die einzelnen Probleme in ihrem konkreten Zusammentreffen, die Form der Entscheidungsfindung und die Lösungen, die gewählt wurden, werden anhand einer Debatte von 1940/41 über die „Leistungssteigerung" in der Werftindustrie illustriert. Aufgrund einer außergewöhnlich günstigen Materiallage kann gezeigt werden, daß die Methoden zur Leistungssteigerung, die man am ehesten von dem nationalsozialistischen Regime erwartete — verstärkte Kontrolle über die Beschäftigten, Verlängerung der Arbeitszeit oder auch, um neueren Interpretationsmustern zu folgen, materielle Konzessionen —, zwar erwogen und zum Teil durchgeführt wurden, doch erhofften sich die Entscheidungsträger 1940/41 den größten Erfolg von einer „Modernisierung" der Leistungsentlohnung, so wie sie später für die gesamte Rüstungsindustrie vorgeschrieben wurde.

Es handelte sich hierbei um die „lohnordnenden Maßnahmen" ab 1942, die — das darf nicht vergessen werden — ein Bestandteil der „Lösung der Arbeiterfrage" im „totalen Krieg" waren, in deren Zuge Millionen von Menschen zur Zwangsarbeit in der deutschen Industrie verdammt und die Disziplinierung der Arbeitenden erheblich verschärft wurde. Mit den lohnordnenden Maßnahmen versuchte der Staat zum ersten Mal, mit einem einheitlichen Programm in die betrieblichen Entlohnungssysteme einzugreifen. Allerdings basierte es weitgehend auf Vorstellungen, die aus der Industrie selbst kamen. Die methodischen Kernpunkte waren die „refamäßige" Überprüfung der Akkorde, ihre Umstellung auf den Zeitstudienakkord sowie die Einführung der Arbeitsbewertung im Rahmen des Lohngruppenkatalogs Eisen und Metall (LKEM). Angestrebt wurde die „leistungsgerechte" Entlohnung aus zwei Gründen: einmal, um die Leistungskontrolle zu verbessern, zum anderen, um den „Betriebsfrieden" wiederherzustellen. Über die Reaktionen der Lohnabhängigen ist bislang nur wenig bekannt. Immerhin ist bemerkenswert, daß die beteiligten staatlichen Instanzen, die DAF und die Betriebe in ihren „Aufklärungsaktionen" dem Argument Leistungsgerechtigkeit offenbar die größte Überzeugungskraft zubilligten und die neuen Entlohnungskriterien mit allen ihren Konsequenzen ausführlich erläuterten. Auf Objektivität wurde großer Wert gelegt — selbst zur Unterbezahlung von Zwangsarbeitern gaben Arbeitswissenschaftler in bewährter „Sachlichkeit und Gerechtigkeit" Hinweise, wie die vorgegebenen Regeln am besten anzuwenden waren. Wie so vieles andere unter dem Nationalsozialismus wurden auch die lohnordnenden Maßnahmen nicht in der Totalität verwirklicht, wie es die Propaganda glauben machen

Fortsetzung Fn. 11

lisierung und der gewerkschaftlichen Rationalisierungspolitik. Vergleichende Untersuchung der Rationalisierungsphasen 1918 bis 1933 und 1945 bis 1968, Köln 1981.

wollte. Doch haben sie eindeutig den Boden für die Entwicklung der Leistungsentlohnung in der Bundesrepublik bereitet.

Der in den lohnordnenden Maßnahmen enthaltene Anspruch auf eine objektive, wissenschaftliche und gerechte Ermittlung der Leistung ist keine spezifisch nationalsozialistische und keine spezifisch deutsche Erfindung. Doch
kann sich eine Kritik nicht lediglich auf die Nutzbarmachung moderner Formen der Leistungsentlohnung für die nationalsozialistische Kriegswirtschaft
beschränken. Vielmehr muß die Gültigkeit dieses Anspruchs selbst und müssen
die betriebspolitischen Ziele der modernen Leistungsentlohnung hinterfragt
werden. So will ich mit der Darstellung der keineswegs originären Argumentation der DAF am Anfang des Abschnitts V zeigen, daß ein wichtiges Element in der Funktionalisierung des „gerechten" Lohns darin liegt, ihn seines
gesellschaftlichen Gehalts zu berauben und ihn auf ein scheinbar rein technisches Problem zu reduzieren. Am Beispiel der Entwicklung des Zeitstudienakkords und der Arbeitsbewertung in Deutschland wird dies weiter erläutert.
Sporadische Bezüge zur Diskussion in den USA sollen die Janusköpfigkeit
des Anspruchs auf Wissenschaftlichkeit, Objektivität und Gerechtigkeit in
den modernen Formen der Leistungsentlohnung verdeutlichen. Denn einerseits bietet dieser Anspruch den Lohnabhängigen einen gewissen Schutz vor
Willkür, andererseits sorgt er für eine betriebspolitische Neutralisierung der
Leistungsentlohnung, in der „Sachzwänge" und „objektive" Kriterien schwerer wiegen als Interessengegensätze.

Dies erklärt vielleicht auch die bemerkenswerte institutionelle und personelle Kontinuität, die ebenfalls im letzten Abschnitt am Beispiel des REFA
und seiner Männer angesprochen wird. Einem Regime wie dem nationalsozialistischen, das antrat, den „Klassenkampfgedanken endgültig zu beseitigen",
konnte nichts gelegener kommen als Methoden, die versprachen, einen der
wichtigsten Konfliktpunkte der Klassenauseinandersetzungen, den Lohn, zumindest in den Betrieben zu neutralisieren und damit auch die kriegswirtschaftliche Produktion um einen wesentlichen Störfaktor zu bereinigen. In
der Bundesrepublik konnten dann — wenngleich nicht ganz konfliktfrei — die
„REFA-Männer" ihre „im zweiten Jahrzehnt der REFA-Arbeit"[12] gewonnenen Erfahrungen auch den Gewerkschaften andienen, weil diese sich von objektiven und wissenschaftlichen Argumenten eine Stärkung in ihrem Kampf
um einen gerechten Lohn und um die Sicherung bereits errungener Positionen
erhofften. Damit haben sich die Gewerkschaften allerdings auf Lohnformen
eingelassen, deren Objektivität, Wissenschaftlichkeit und Gerechtigkeit letztlich nur darin liegt, daß vorgeschriebene oder vereinbarte Regeln unter gegebenen Bedingungen einheitlich und genau angewandt werden. Diese Reduktion ist, wie die Erfahrung mit dem Nationalsozialismus zeigt, nicht ganz un-
problematisch: Wenn der Bezug auf Objektivität und Wissenschaftlichkeit
Klassengegensätze verneint, entzieht er auch der gewerkschaftlichen Interessenvertretung ihre Legitimation.

---

12 So die objektive und neutrale Umschreibung der Periode 1934—1944 im 1. Band des
REFA-Buchs von 1951 (Anm. 4), S. 33.

II. Die nationalsozialistische „Ordnung der Arbeit"

Ministerialdirektor Dr. Werner Mansfeld, von 1933 bis 1942 der für die Lohnpolitik des Reichsarbeitsministeriums zuständige Mann, hatte häufig und auch recht informativ in Artikeln und Vorträgen zur Lohnpolitik der Reichsregierung Stellung genommen. 1939 mutete Mansfeld jedoch aufmerksamen Lesern seiner Artikel einige Verwirrung zu: Im Mai 1939 mußte er in seinem Beitrag „Leistungssteigerung und Sozialpolitik" in der Zeitschrift „Der Vierjahresplan" zugeben, daß die tatsächliche Lohn- und Einkommensentwicklung dem Staat aus der Hand geglitten sei[1]. Im November 1939 hingegen betonte er im „Reichsarbeitsblatt", „daß in den inzwischen vergangenen Jahren die der Lohnpolitik gestellte Aufgabe in vollem Umfange erfüllt und dem Befehle des Führers entsprechend die Löhne und sonstigen Arbeitseinkommen trotz der gewaltigen Strukturveränderungen unserer Wirtschaft stabil geblieben sind"[2]. Weiterhin stellte er in demselben Beitrag einerseits fest, die Kriegslohnpolitik sei „nichts anderes *als die logische Fortentwicklung der Friedenspolitik"*, kündigte andererseits aber an, die Treuhänder der Arbeit würden nun die *„seit langem geplante Neuordnung auf dem Lohngebiet"* in Angriff nehmen[3].

Waren die Löhne nun der ordnenden Hand des Staates entglitten, oder waren sie stabil geblieben? War eine Neuordnung der Lohnpolitik vonnöten, oder konnte in der Kriegslohnpolitik die „Friedens"-lohnpolitik logisch fortgesetzt werden? Entsprangen Mansfelds widersprüchliche Aussagen seiner Neigung, Lohnprobleme zwar vorsichtig, aber dennoch recht zutreffend anzusprechen, oder gehörten die Erfolgsmeldungen des lohnpolitischen Experten im Reichsarbeitsministerium in das Reich der Propaganda? Die Antwort auf alle drei Fragen muß lauten: Beides ist richtig.

Zwar liebte man es in damaligen Reden und Veröffentlichungen zu betonen, daß vergangene Politik irgendeinen Befehl Hitlers „voll befolgt" habe, auch wenn man wie in diesem Fall einige Kunstgriffe anwenden mußte, um Befehl und Ergebnis in Übereinstimmung zu bringen. Doch wenn Mansfeld die Hälfte seiner „lohnpolitischen Bilanz" im „Reichsarbeitsblatt" darauf verwendet zu zeigen, daß trotz eines statistisch unübersehbaren Lohnanstiegs von 1933 bis 1939 von Lohnstabilität gesprochen werden könne, dann ist das nicht nur der Ausdruck eines Versuchs, die reale Entwicklung in das Prokrustesbett eines Führerbefehls zu zwängen. Mansfelds Hinweis, dieser Lohnanstieg sei im Vergleich zur „ungeheuren Ausweitung der Produktion" verschwindend klein, spricht nämlich die eigentliche Zielsetzung der staatlichen Lohnpolitik nach 1933 an: Es ging gar nicht darum, die Löhne auf dem Krisenniveau *konstant* zu halten. Vielmehr sollten sie in dem Sinne *stabil* bleiben,

---

1 Laut *Frankfurter Zeitung* v. 25.5.1939.
2 Werner Mansfeld, Der Lohnstopp als Mittel der Kriegslohnpolitik. Zugleich eine lohnpolitische Bilanz, in: *RABl.*, Teil II, 5.11.1939, S. 400 (Hervorhebung, Mansfeld).
3 Ebd., S. 400, 403 (Hervorhebung, Mansfeld).

daß der „Neubau des Reiches ... nicht durch soziale Erschütterungen wirtschaftlich gefährdet werde"[4]. In diesem Sinne hatte sich die staatliche Lohnpolitik bis 1938 darauf beschränkt, lediglich *Mindest*löhne festzulegen und es den einzelnen Betrieben zu überlassen, höhere Löhne zu zahlen, falls sie es wollten, konnten oder für nötig hielten.

Was die Kontinuität von „Friedens"- und Kriegslohnpolitik anbelangt, so scheint der mit der Kriegswirtschaftsverordnung[5] vom 4. September 1939 verfügte allgemeine Lohnstopp ebenso eine Kehrtwendung anzudeuten wie Mansfelds oben zitierte Ankündigung einer staatlichen Neuordnung der Löhne. Dennoch gab es zwischen der „Friedens"- und der Kriegslohnpolitik sehr wesentliche Kontinuitäten. In dem angesprochenen Beitrag im „Reichsarbeitsblatt" weist Mansfeld selbst darauf hin, daß die Löhne schon vor Kriegsausbruch, nämlich mit der Lohngestaltungsverordnung[6] vom 25. Juni 1938, nach oben begrenzt worden waren. Das ist jedoch nur eine sehr oberflächliche Kontinuität. Wichtiger ist, daß die Kriegslohnpolitik, was ihre Institutionen, Grundsätze und Funktion anbelangt, in der Tat eine „logische Fortsetzung" der „Friedens"-lohnpolitik war.

Die *Institutionen*, d.h. die Stellen, die über Lohnhöhe und Lohngestaltung *entschieden*, waren die „Treuhänder der Arbeit" (als Exekutivorgane des Staatsapparats) und die in „Betriebsführer" umbenannten Arbeitgeber. Die nationalsozialistische Zwangsorganisation der Lohnabhängigen, die Deutsche Arbeitsfront, blieb von dieser Entscheidungsbefugnis ausgeschlossen. Sie nahm jedoch auf andere, zunehmend technokratische Weise Einfluß auf die Löhne und das Arbeitsverhältnis überhaupt.

Der *Grundsatz* der Lohnpolitik war die Forcierung des Leistungsprinzips, was allerdings nicht einer Nivellierung der geschlechts-, berufs-, branchen- oder betriebsspezifischen Entlohnungsunterschiede gleichkam. Sie wurde im Sinne einer kostengünstigen Rüstungsproduktion so weit es ging beibehalten, für „fremdrassige" Arbeitskräfte wurde dann im Krieg eine striktere Entlohnungshierarchie angeordnet.

In ihrer *Funktion* war die Lohnpolitik durchgängig dem „Neubau des Reiches" untergeordnet, der ja die Vergrößerung des Reiches durch militärische Expansion beinhaltete. Sie mußte deshalb stets ein Balanceakt zwischen den ökonomischen und den sozialpolitischen Erfordernissen der Sicherung der Aufrüstung sein, oder, um Mansfelds ausgesprochen prägnante Formulierung zu wiederholen: Sie mußte vermeiden, daß der „Neubau des Reiches ... nicht durch soziale Erschütterungen wirtschaftlich gefährdet werde".

Hinzu kommt eine weitere − ebenfalls von 1933 bis 1945 reichende − Kontinuität. Die institutionellen Grundlagen, der Grundsatz und die Funktion der nationalsozialistischen Lohnpolitik setzten sich nur sehr widersprüchlich und nicht stromlinienförmig nach einem konsistenten „Plan" durch. Sie waren von permanenten Machtkämpfen und Machtverschiebungen innerhalb des Regimes begleitet. Die nationalsozialistische „Ordnung der Arbeit" als institutioneller Rahmen der Lohnpolitik und insgesamt der Ausgestaltung der Arbeitsverhältnisse könnte deshalb − und das wird im folgenden darzu-

---

4 Ebd., S. 401 (Hervorhebung, Mansfeld).
5 *RGBl. I*, 1939, S. 1609.
6 *RGBl. I*, 1938, S. 691.

stellen sein — ebensogut als despotische Unordnung oder, wie Speer später die Organisation des „totalen Krieges" nannte, als „organisierte Improvisation"[7] bezeichnet werden.

II. 1. Präludium

„Geschlossen marschieren wir in die neue Zeit hinein" verkündete Goebbels in seinem Aufruf zum 1. Mai 1933[8]. Zunächst marschierte — für alle sichtbar — die nationalsozialistische „Bewegung". Bald darauf marschierten auch andere „Volksgenossen", zum Beispiel die jungen Sieger des ersten „Reichsberufswettkampfs" und — nicht ganz so freiwillig, aber gern und oft gezeigt — mit geschultertem Spaten die Arbeiter in den Lagern der Arbeitsbeschaffungsmaßnahmen. Daß dieses ständige Marschieren das deutsche Volk für den Krieg trainieren sollte, ahnten zwar viele, wurde von den neuen Machthabern jedoch noch tunlichst verschwiegen.

In den ersten Monaten des Jahres 1933 nahmen die „reinen" Arbeitsbeschaffungsmaßnahmen wie Meliorationen, Subventionen zum Wohnungsbau und Instandsetzungsarbeiten, Steuererleichterungen für Ersatzinvestitionen, die schon unter Papen und Schleicher konzipiert worden waren, sowohl hinsichtlich ihres propagandistischen Effekts als auch ihres finanziellen Umfangs noch einen großen Stellenwert ein. Das heißt jedoch nicht, daß das neue Regime noch nicht an Aufrüstung gedacht hätte. Vielmehr war zum einen die Reichswehr 1933 noch nicht darauf eingerichtet, Rüstungsaufträge größeren Ausmaßes zu vergeben[9]. Zum anderen mußten die Rüstungsziele der neuen Reichsregierung außenpolitisch verschleiert werden, und auch innenpolitisch konnte man nicht davon ausgehen, daß die Propagierung der Aufrüstung breiten Anklang finden würde.

Während die neue Reichsregierung nicht müde wurde, ihren Friedenswillen zu bekunden[10], waren schon die Weichen für die Aufrüstung gestellt. In einer Ministerbesprechung am 8. Februar 1933 forderte Hitler, die „nächsten fünf Jahre in Deutschland müßten der Wiederwehrhaftmachung des deutschen Volkes gewidmet sein. Jede öffentlich geförderte Arbeitsbeschaffungsmaßnahme müsse unter dem Gesichtspunkt beurteilt werden, ob sie notwendig sei vom Gesichtspunkt der Wiederwehrhaftmachung des deutschen Volkes."[11] Und in einem Kabinettsbeschluß vom 4. April 1933 wurde der Reichsfinanzminister

---

7 Albert Speer, *Erinnerungen*, Frankfurt a.M. 1969, S. 219.

8 *Völkischer Beobachter* v. 25.4.1933.

9 Vgl. Dietmar Petzina, Hauptprobleme der deutschen Wirtschaftspolitik 1932/33, in: *Vierteljahreshefte für Zeitgeschichte*, 15. Jg. (1967), H. 1.

10 Am 1.2.1933 erklärte die Reichsregierung, sie wolle ihre ganze Kraft für die „Erhaltung und Festigung des Friedens" einsetzen. (*Die Reden Hitlers als Kanzler: Das junge Deutschland will Arbeit und Frieden*, Eher Verlag, München 1933, S. 8.) Die pathetischen Friedensbeteuerungen wurden bald mit Abrüstungsvorschlägen gekoppelt und für das Ausland gekonnt in Szene gesetzt (z. B. in den Reichstagsreden v. 23.3.1933 u. 17.5.1933, vgl. Karl Dietrich Bracher/Wolfgang Sauer/Gerhard Schulz, *Die nationalsozialistische Machtergreifung*, Köln/Opladen 1962, S. 197 f.).

11 *IfZ München*, Fa: 203/1; zit. nach Petzina, Hauptprobleme (Anm. 9), S. 43.

angewiesen, die für die Aufrüstung erforderlichen Mittel ohne Rücksicht auf die Herkunft der Gelder in getarnter Form bereitzustellen[12].

Schon am 17. März 1933 hatte man mit Hjalmar Schacht einen Mann zum Reichsbankpräsidenten gemacht, der bereit war, eine „geräuschlose" Finanzierung der Aufrüstung durch Staatsverschuldung in großem Umfange zu gewährleisten. Hatte sein Vorgänger Luther sich noch an die restriktiven Bestimmungen des Reichsbankgesetzes gehalten und Hitler nur ganze 100 Millionen RM zugesagt, so „erfand" Schacht die „Mefo-Wechsel" als Finanzierungsmittel[13]. Auf Veranlassung der Reichsbank gründeten im Mai 1933 vier große Rüstungskonzerne eine Scheingesellschaft, die Metallurgische Forschungs GmbH (Mefo). Staatliche Rüstungsaufträge wurden mit Wechseln bezahlt, die mit dem Akzept der „Mefo" versehen waren, vom Reich garantiert wurden und bei der Reichsbank diskontiert (d.h. mit einem geringfügigen Abzug in Geld umgewandelt) werden konnten[14]. Mit Hilfe der Mefo-Wechsel wurde anfangs ein großer Teil der Rüstung finanziert (im Haushaltsjahr 1934/35 etwa die Hälfte), ohne daß die Gelder als Staatsverschuldung oder gar als staatliche Rüstungsausgaben öffentlich wurden[15]. Schon im Laufe des Sommers 1933 wurden Mittel aus Arbeitsbeschaffungsprogrammen zunehmend auch für militärische und paramilitärische Zwecke zur Verfügung gestellt. Zudem sollten

---

12 *BA Koblenz*, R 43II/393, Anlage zu RK. 392 C/3 II, den 26.1.1943; vgl. dazu Michiyoshi Oshima, Die Bedeutung des Kabinettsbeschlusses vom 4. April 1933 für die autonome Haushaltsgebarung der Wehrmacht, in: *Finanzarchiv*, N.F. 38 (1980), S. 193–235. Der Kabinettsbeschluß ist dort auf S. 217 wiedergegeben.

13 Die „Arbeitsbeschaffungswechsel" Ende der Weimarer Zeit waren eine ähnliche Form der Staatsverschuldung. Zur Rüstungsfinanzierung siehe u.a.: Heinrich Stuebel, Die Finanzierung der Aufrüstung im Dritten Reich, in: *Europa Archiv*, 6 (1951); Wilhelm Dieben, Die innere Reichsschuld seit 1933, in: *Finanzarchiv*, N.F., 11 (1949); Gerhard Kroll, *Von der Weltwirtschaftskrise zur Staatskonjunktur*, Berlin 1958; Arthur Schweitzer, Die wirtschaftliche Wiederaufrüstung Deutschlands von 1934–36, in: *Zeitschrift für die gesamte Staatswissenschaft*, 114. Bd. (1958); Rolf Stucken, *Deutsche Geld- und Kreditpolitik 1914–1953*, Tübingen ²1953, S. 149 ff.; René Erbe, *Die nationalsozialistische Wirtschaftspolitik im Lichte der modernen Theorie*, Zürich 1958. Zur Rolle Schachts und zu den Mefo-Wechseln s. auch Schulz, *Anfänge*, S. 660 ff., und Wolfgang Sauer, Die Mobilmachung der Gewalt, S. 786 ff., beide in: Bracher u.a., *Machtergreifung* (Anm. 10). Als Kritik an Schachts Selbstdarstellungen: Hero Moeller, Schacht als Geld- und Finanzpolitiker. Bemerkungen zu seiner Selbstdarstellung, in: *Finanzarchiv*, N.F., 11 (1949), S. 733–745.

14 Den Trick mit den Mefo-Wechseln hat Schacht selbst in seinen amerikanischen Memoiren am einleuchtendsten erklärt. Vgl. Hjalmar Schacht, *Confessions of ‚The Old Wizard'*, Boston 1956, S. 290 f.

15 Der Anteil der durch Mefo-Wechsel finanzierten Rüstungsausgaben nahm im Verlauf der Jahre ab. Als sie 1938 durch Lieferschatzanweisungen abgelöst wurden, befanden sich im Portefeuille der Reichsbank Mefo-Wechsel im Wert von 12 Mrd. RM. Einigermaßen plausible Schätzungen für die gesamten Rüstungsausgaben bis 1939 schwanken zwischen 60 und 74 Mrd. RM (erstere Kroll, *Weltwirtschaftskrise* (Anm. 13), S. 571; letztere Schweitzer, Wiederaufrüstung (Anm. 13), S. 617 f.). Vgl. auch Erbe, *Wirtschaftspolitik* (Anm. 13), S. 39 f. – Mit der Geheimhaltung nahm man es so genau, daß das Reichsfinanzministerium 1936 selbst dem Rechnungshof des Deutschen Reiches die Höhe der im Umlauf befindlichen Mefo-Wechsel nicht schriftlich mitteilen mochte. *BA Koblenz*, R 2/13716, Bl. 12 f.

Gesetze wie das 1. Arbeitsbeschaffungsgesetz vom 1. Juli 1933 und das Gesetz vom 15. Juli 1933, die formal Steuererleichterungen für Ersatzbeschaffungen, Instandsetzungen und Ergänzungen von Betriebsgebäuden für die *gesamte* Industrie vorsahen, „der Erstarkung und Erhaltung kriegswichtiger Betriebe dienen", wie der Referent des Reichsfinanzministeriums auf Anfrage von General Beck betonte[16].

In der einschlägigen Literatur wird häufig die Position vertreten, das wirtschaftspolitische Ziel der nationalsozialistischen Regierung sei in den ersten Jahren primär die Arbeitsbeschaffung gewesen, und erst später habe sich der Wandel zur kriegswirtschaftlichen Orientierung vollzogen[17]. Wenn ich hier im Gegensatz zu dieser Position betone, daß Aufrüstung und militärische Expansion von Anfang an die wirtschaftspolitische Orientierung des Regimes bestimmt hatten[18], so mag das wie ein akademischer Streit um des Kaisers Bart erscheinen, zumal die Rüstung beträchtliche und aus der Sicht der Herrschaftsstabilisierung höchst willkommene Beschäftigungseffekte zeitigte[19].

16 Sauer (Mobilmachung [Anm. 13], S. 800) nennt diese Gesetze deshalb auch „Spezialgesetze für die Rüstungsindustrie".

17 Diese Position vertreten vor allem ältere Arbeiten: Kroll, *Weltwirtschaftskrise* (Anm. 13), S. 457; Erbe, *Wirtschaftspolitik* (Anm. 13), S. 25. Zumindest implizit kommt diese Interpretation aber auch in neueren Arbeiten zum Ausdruck. So schreibt z. B. Robert Gates 1974: „Die Nationalsozialisten gewannen nach Brünings Fall den Kampf um die Macht, weil sie die geringsten Hemmungen hatten, den Wünschen der Massen zu entsprechen. ... In der Wirtschaftspolitik wie in einigen anderen Schlüsselbereichen hatte die NSDAP die politische Wirklichkeit fester im Griff und war ideologisch weniger am Erkennen dringender wirtschaftlicher Nöte gehindert als die gegen sie kämpfenden politischen Kräfte." In seiner Analyse geht verloren, daß zumindest die Parteihierarchie auch die geringsten Hemmungen hatte, die deutsche Gesellschaft auf den Krieg umzustellen, und daß dies ein wesentlicher Faktor ihrer „Machtergreifung" war. Robert Gates, Von der Sozialpolitik zur Wirtschaftspolitik? Das Dilemma der deutschen Sozialdemokratie in der Krise 1929–1933, in: *Industrielles System und politische Entwicklung in der Weimarer Republik*, hrsg. v. Hans Mommsen / Dietmar Petzina / Bernd Weisbrod, Düsseldorf 1974, S. 223.

18 So auch: Petzina, Hauptprobleme (Anm. 9), S. 18 ff.; Sauer, Mobilmachung (Anm. 13), S. 789 f., 799; Timothy W. Mason, *Sozialpolitik im Dritten Reich*, Opladen 1977, S. 125 f.; sowie vor allem Oshima, Kabinettsbeschluß (Anm. 12), S. 193–235.

19 Für Schacht, dem, wie er schreibt, nur die Verteidigung der Neutralität Deutschlands am Herzen lag, war Rüstung die geschickteste Form der Arbeitsbeschaffung überhaupt, da Rüstungsaufträge „an die große Zahl bestehender Fabriken verteilt werden konnten, die über das ganze Land verbreitet waren, und sich deshalb an allen Stellen des Reiches gleichmäßig auswirkten" und somit — anders als bei „Wegebauten, Eindeichungen und dergleichen" — dem Arbeiter dort, wo er mit seiner Familie lebe, Arbeit gegeben werden könne. Hjalmar Schacht, *76 Jahre meines Lebens*, Bad Wörishofen 1953, S. 455. Es ist allerdings zu bezweifeln, daß Schacht, der sich in seinen amerikanischen Memoiren (*Confessions of ,The Old Wizard'*, Boston 1956) als Magier bezeichnet, den offensichtlichen Expansionsbestrebungen des NS-Regimes gegenüber so blind war. Auch sprach er sich in seinem Schreiben anläßlich seines Rücktritts als Reichsbankpräsident 1938 nicht gegen Rüstung und Krieg an sich aus, sondern lediglich gegen eine allzu forcierte Rüstung und einen vorzeitigen Krieg. Vgl. *Währung und Wirtschaft in Deutschland 1876–1975*, hrsg. v. d. Deutschen Bundesbank, Frankfurt a.M. 1976, S. 367 ff.; vgl. auch Sauer, Mobilmachung (Anm. 13), S. 787 ff., 801.

Doch wie der lohnpolitische Experte im Reichsarbeitsministerium, Werner Mansfeld, 1937 rückschauend in einer Denkschrift feststellte, verlangte „die große Linie der" — wie er es vornehm umschrieb — „wirtschaftlichen Wiederaufrichtung und der politischen Befreiung" von Anfang an nicht nur eine entsprechende Ausrichtung der wirtschafts- und finanzpolitischen Maßnahmen, sondern auch „die Einordnung aller auf dem sozialen Gebiet durchzuführenden Maßnahmen"[20]. War einerseits die Aufrüstung und letztlich die Eroberung und Ausbeutung fremder Länder zum Programm gemacht worden, so war andererseits zu erwarten, daß die durch sie induzierte Binnenkonjunktur und Vollbeschäftigung die ökonomische und politische Position der Lohnabhängigen stärken würden, insbesondere dann, wenn sie noch über institutionalisierte Interessenorganisationen in Form von Parteien, Gewerkschaften und Betriebsvertretungen verfügten[21].

Nun können — das zeigt die Erfahrung anderer Staaten — die Lohnabhängigen in eine Kriegswirtschaft eingebunden werden, ohne daß ihre gewerkschaftlichen Organisationen zerstört werden. In den USA beispielsweise verzeichneten die Gewerkschaften im Ersten Weltkrieg einen erheblichen Bedeutungszuwachs und erwiesen sich zugleich als kooperationsbereite Partner, als es darum ging, kriegsökonomische Ziele zu verwirklichen[22]. Auch im Zweiten Weltkrieg verpflichteten sich die amerikanischen Gewerkschaften, dann von Streiks abzusehen, wenn sich die Unternehmer verpflichteten, die Preise nicht zu erhöhen. Allerdings gestaltete sich dieses Stillhalteabkommen keineswegs reibungslos, und allmählich erhielten direkte Kontrollen den Vorrang. Doch die, wie sie genannt wurden, „verantwortungsbewußten" Gewerkschaften wurden als wichtiges Mittel zur Integration und Disziplinierung der unzufriedenen und renitenten gewerkschaftlichen Basis angesehen. Das National War Labor Board (NWLB), das von 1942 bis 1945, vom Präsidenten mit Sondervollmachten ausgestattet, für die Kontrolle der Lohnentwicklung zuständig war, trug mit dazu bei, daß die Gewerkschaften, die den Lohnforderungen ihrer

20 Die Lage der deutschen Arbeiterschaft in den Jahren 1933—1936. Denkschrift, überreicht von Min. Dir. Mansfeld an Staatssekretär Posse im RWM am 5.3.1937, *DZA Potsdam*, 30.01, RWiM, 10332, Bl. 43—50; abgedr. in: Timothy W. Mason, *Arbeiterklasse und Volksgemeinschaft*, Opladen 1975, S. 1249.

21 Aufgrund der Erfahrungen des New Deal in den USA, der Blum-Regierung in Frankreich, der Krisenpolitik in der Weimarer Republik sowie der Rüstungspolitik des NS-Regimes kam Kalecki zu dem Schluß, daß die Unternehmer eine Politik der Vollbeschäftigung nur dann nicht torpedieren würden, wenn gleichzeitig für eine Disziplinierung der Arbeiter gesorgt werde. Michal Kalecki, Political Aspects of Full Employment, in: *Political Quarterly*, Nr. 4 (1943), S. 322—331. Zur Interpretation Kaleckis Theorie politischer Zyklen im Lichte der neueren Entwicklung vgl. auch George R. Feiwel, Reflections on Kaleckis Theory of Political Business Cycles, in: *Kyklos*, 1974, S. 21—48.

22 Es sei erwähnt, daß die amerikanischen Gewerkschaften nach dem Ersten Weltkrieg nicht für ihre Kooperationsbereitschaft belohnt wurden. Vielmehr starteten die Arbeitgeber mit ihrem „American Plan" eine antigewerkschaftliche Offensive, die gemeinsam mit der entsprechenden Politik der Behörden und Gerichte die zwanziger Jahre zu einem Jahrzehnt der Niederlage für die amerikanischen Gewerkschaften machte. Vgl. Irving Bernstein, *The Lean Years*, Baltimore 1966, insbes. Kap. 2; Howell J. Harris, *The Right to Manage*, Madison 1982, S. 15 ff.

Basis kaum oder keine Unterstützung gewährten und denen deshalb die Mitglieder davonzulaufen drohten, ihren Mitgliederbestand halten konnten. So zwang es Unternehmen, ausschließlich Gewerkschaftsmitglieder zu beschäftigen, Mitgliedsbeiträge direkt vom Lohn abzuziehen und sogar Arbeiter bzw. Arbeiterinnen zu entlassen, die aus der betreffenden Gewerkschaft — oft wegen interner politischer Opposition — ausgeschlossen worden waren[23].

Zur historischen Konstellation, die bewirkt hat, daß in Deutschland das nationalsozialistische Regime 1933 nicht den Weg zur Kontrolle und Integration der existierenden und in vielen Punkten kompromißbereiten gewerkschaftlichen Organisationen eingeschlagen hat, seien hier nur drei m. E. wesentliche Faktoren genannt: So war zwar — erstens — die Unternehmerschaft nicht durchgängig gegen jegliche Form gewerkschaftlicher Organisation eingestellt, doch mochten sich viele Unternehmer dann in der Krise nicht mehr mit dem politischen System und der institutionellen Form der Verankerung gewerkschaftlicher Organisation in der Weimarer Republik abfinden. Zum zweiten verstand sich die nationalsozialistische „Bewegung", die ja ein Faktor in der Etablierung des neuen Regimes war, explizit als Gegner der existierenden Arbeiterparteien und Gewerkschaften. Und zum dritten gehörten die Arbeiterparteien und Gewerkschaften zu den organisierten Kräften, von denen am ehesten Widerstand gegen das Kriegsziel des Regimes erwartet wurde, zumal ihnen der Ruch anhing, im Ersten Weltkrieg den „Zusammenbruch der Heimatfront" nicht verhindert zu haben (Dolchstoßlegende). Jedenfalls hat das nationalsozialistische Regime einen Weg gewählt, die Lohnabhängigen in seine „neue Gesellschaftsordnung" und Kriegswirtschaft „einzubinden", der sie jeglicher eigenständigen organisierten Interessenvertretung beraubte.

Mit der eindeutigen Hinwendung auf die Kriegswirtschaft brach 1933 nicht nur für die Finanz- und Wirtschaftspolitik, sondern auch für die Lohn-, oder allgemeiner, die Arbeitspolitik in der Tat „eine neue Zeit" an. Für ihre „Ausrichtung" und ihre institutionelle Ausgestaltung wurden 1933 die Weichen gestellt, bis zum Kriegsbeginn wurden sie eingeübt. Die nationalsozialistische Arbeitspolitik und die Veränderungen der Formen betrieblicher Herrschaft im Zweiten Weltkrieg können daher nur halb verstanden werden, wenn die Analyse erst 1939 einsetzt.

Der erste „arbeitspolitische" Akt des nationalsozialistischen Regimes bestand darin, die institutionalisierten kollektiven Interessenvertretungen der Arbeiterklasse zu zerschlagen: Die Repräsentation der Arbeiterklasse durch Parteien und Gewerkschaften wurde auf der allgemeinen politischen Ebene, in den öffentlichen Organen, auf dem Arbeitsmarkt und in den Betrieben abgeschafft. Der Prozeß der „Gleichschaltung" in den ersten Monaten der „Machtergreifung" ist oft und ausführlich beschrieben worden. Die Brutalität, mit der in diesem Prozeß „der Marxismus zertrümmert", „die Organisationen des Klassenkampfes ... zerschlagen" wurden — so Goebbels in seinem Aufruf zum 1. Mai 1933[24] —, gerät jedoch leicht in Vergessenheit, wenn dar-

23 Vgl. Irving Bernstein, *Turbulent Years*, Boston 1971, S. 752—767 (zur Vorgeschichte der oben skizzierten Entwicklung); Harris, *Right* (Anm. 22), S. 48 ff.

24 „Aufruf des Reichsministers für Volksaufklärung und Propaganda, Dr. Josef Goebbels, zum 1. Mai 1933", in: *Völkischer Beobachter* v. 25.4.1933, wiedergegeben in: Hans-Gerd Schumann, *Nationalsozialismus und Gewerkschaftsbewegung*, Hannover/Frank-

über debattiert wird, inwieweit es dem nationalsozialistischen Regime später mit seiner Sozial- und Lohnpolitik gelungen sei, die Arbeiterklasse in seine „Volksgemeinschaft" einzubinden. Diese Politik versuchte Wohlverhalten, Unterwerfung und gute Arbeitsleistung durch materielle Anreize zu fördern. Deren integrative Wirkung kann jedoch nur verstanden werden, wenn man folgendes berücksichtigt: Das Regime führte sofort, 1933, jedem drastisch vor Augen, daß gegenteiliges Verhalten, also Nonkonformismus, Auflehnung — insbesondere kollektive Auflehnung — und, wie es im Krieg dann hieß, „Bummelantentum", nicht nur den Verlust der materiellen Anreize bedeutete, sondern auch terroristische Verfolgung. Deshalb sei hier der Prozeß der „Gleichschaltung", soweit er in den ersten Monaten der „Machtergreifung" den Boden für die nationalsozialistische „Ordnung der Arbeit" bereitete, kurz in Erinnerung gebracht.

Auf der politischen Ebene war von den beiden großen Arbeiterparteien zunächst vor allem die Kommunistische Partei (KPD) dem Terror der zur Hilfspolizei ernannten Sturmabteilung (SA) und Schutzstaffel (SS) ausgesetzt, wurden Tausende ihrer Funktionäre und Abgeordneten insbesondere nach dem Reichstagsbrand (am 27. Februar 1933) auch durch die reguläre Polizei verhaftet. Die Notverordnung „Zum Schutz von Volk und Staat" vom 28. Februar 1933[25] legalisierte diese und weitere Verhaftungen und erklärte zur „Abwehr kommunistischer staatsgefährdender Gewaltakte" (Präambel) auch insgesamt die „Beschränkung der persönlichen Freiheit, des Rechts der freien Meinungsäußerung, einschließlich der Pressefreiheit, des Vereins- und Versammlungsrechts, Eingriffe in das Brief-, Post-, Telegrafen- und Fernsprechgeheimnis, Anordnungen von Haussuchungen und von Beschlagnahmen sowie Beschränkung des Eigentums auch außerhalb der hierfür bestimmten gesetzlichen Grenzen ..." für zulässig (§ 1). Die 81 KPD-Abgeordneten, die trotz des gegen ihre Partei eingesetzten offiziellen und halboffiziellen Terrors am 5. März 1933 in den Reichstag gewählt worden waren, wurden vom Reichstagspräsidenten (Göring) einer Einladung zur ersten Reichstagssitzung nicht für wert befunden; statt dessen verfolgte und verhaftete man sie aufgrund der Notverordnung vom 28. Februar[26].

Fortsetzung Fn. 24
   furt a.M. 1958, S. 170 f. Zum Prozeß der „Gleichschaltung" seien hier nur zwei „Standardwerke" genannt: Bracher/Sauer/Schulz, *Die nationalsozialistische Machtergreifung* (Anm. 10); Martin Broszat, *Der Staat Hitlers,* München [7]1978. Zum Verhältnis von NS-Straßenterror und legalisiertem Terror vgl. Timothy W. Mason, *Sozialpolitik im Dritten Reich,* Opladen 1977, insbes. Kap. II u. III. Dieses Buch ist die überarbeitete Fassung der Einleitung zu Masons Dokumentation *Arbeiterklasse und Volksgemeinschaft* (Anm. 20).
25 *RGBl. I,* 1933, S. 83. Schon vorher waren die Aktivitäten der KPD gesetzlich eingeschränkt worden. So hatte am 21. Februar 1933 beispielsweise der Reichsminister des Innern aufgrund des § 5 der „Verordnung zum Schutze des deutschen Volkes vom 4. Februar 1933" (*RGBl. I,* S. 35) die Verordnung „Über das Verbot kommunistischer Demonstrationen im Freistaat Sachsen" erlassen, durch die in Sachsen „Versammlungen unter freiem Himmel und Aufzüge, die von der Kommunistischen Partei Deutschlands, ihren Hilfs- und Nebenorganisationen veranstaltet werden, bis auf weiteres" verboten wurden.
26 Die KPD ist nie durch ein besonderes Gesetz verboten worden. Ihre Verfolgung wurde quasi nebenbei im nachhinein legalisiert durch das „Vorläufige Gesetz zur Gleichschal-

Auch die Wahlversammlungen der Sozialdemokratischen Partei (SPD) wurden von SA und SS gesprengt und oft unter Bezug auf die Notverordnung verboten. Viele ihrer Führer wurden von SA und SS terrorisiert, wurden verhaftet oder zur Flucht ins Exil gezwungen. Dennoch und trotz des sogenannten Ermächtigungsgesetzes vom 23. März 1933[27], mit dem der Reichstag sich gegen die Stimmen der SPD-Fraktion selbst entmachtet hatte, versuchte ihr noch in Deutschland gebliebener Restvorstand, auf einen baldigen Zusammenbruch des Regimes hoffend, im Rahmen der von anderer Seite längst schon pervertierten Legalität „das Schlimmste zu verhüten", bis am 22. Juni 1933 Reichsinnenminister Frick die SPD zur volks- und staatsfeindlichen Partei erklärte und – sich auf die Notverordnung berufend – jede weitere Tätigkeit der SPD verbot[28]. In der Folgezeit lösten sich die bürgerlichen Parteien selbst auf. Mit dem „Gesetz gegen die Neubildung von Parteien vom 14. Juli 1933"[29] wurde schließlich „legal", daß „in Deutschland ... als einzige politische Partei die Nationalsozialistische Deutsche Arbeiterpartei" bestehen sollte (§ 1).

Der Prozeß der „Gleichschaltung" setzte frühzeitig auch auf dem Arbeitsmarkt und auf betrieblicher Ebene mit den gleichen Mitteln (zunächst de facto, dann de jure) ein. Die „Machtergreifung", der Einsatz der SA als Hilfspolizei zur Verfolgung von Regimegegnern, die Notverordnung vom 28. Februar – alle diese Maßnahmen ermunterten die unteren Ränge der Partei, der SA, der SS und der Nationalsozialistischen Betriebszellenorganisation (NSBO), in einer Welle des Terrors über die organisierte Arbeiterschaft herzufallen. Im Laufe des Monats März 1933 wurden überall im Reich Gewerkschaftshäuser gestürmt, Akten vernichtet, Gewerkschaftsgelder entwendet sowie Gewerkschaftsfunktionäre und Betriebsräte brutal mißhandelt, einige sogar getötet[30]. Amtierende Betriebsräte wurden nicht selten entlassen, ihre Arbeitsplätze und Betriebsratsposten von SA- und NSBO-Leuten übernommen. Wie schon bei der Verfolgung der Parteien nahm der Terror, dem die Behörden tatenlos, wenn nicht zustimmend zusahen, auch hier die offizielle „Ausschaltung" vorweg. Sie er-

---

Fortsetzung Fn. 26

tung der Länder mit dem Reich vom 31. März 1933" (*RGBl. I*, S. 153 f.), das den Kommunisten die Sitze in den Volksvertretungen der Länder (Landtage, Bürgerschaften) und der gemeindlichen Selbstverwaltungskörper entzog. Das „Gesetz über die Einziehung kommunistischen Vermögens vom 26.5.1933" (*RGBl. I*, S. 293) legalisierte nachträglich die Beschlagnahme des Vermögens der KPD und ihrer Nebenorganisationen. Zur Diskussion um ein KPD-Verbot vgl. Bracher, Stufen der Machtergreifung, in: Bracher u. a., *Machtergreifung* (Anm. 10), S. 153 ff.

27 „Gesetz zur Behebung der Not von Volk und Reich vom 23.3.1933" (Ermächtigungsgesetz), *RGBl. I*, S. 141.

28 Die vielen gesetzlichen Bestimmungen zur Ausschaltung der SPD fanden ihren Abschluß in der „Verordnung zur Sicherung der Staatsführung vom 7. Juli 1933" (*RGBl. I*, S. 462), die den Sozialdemokraten endgültig ihre Sitze sowohl im Reichstag als auch in den Länder- und Gemeindevertretungen entzog, und durch das „Gesetz über die Einziehung volks- und staatsfeindlichen Vermögens vom 14.7.1933" (*RGBl. I*, S. 479 f.).

29 *RGBl. I*, 1933, S. 479. Zur Verfolgung der SPD und zur Auflösung der bürgerlichen Parteien vgl. Bracher, Stufen der Machtergreifung, in: Bracher u. a., *Machtergreifung* (Anm. 10), S. 193 ff., 199 ff.; Broszat, *Staat* (Anm. 24), S. 117 ff.

30 Vgl. Mason, *Sozialpolitik* (Anm. 24), S. 82/83; Schumann, *Nationalsozialismus* (Anm. 24), S. 62 f.

folgte dann zunächst auf betrieblicher Ebene mit dem „Gesetz über Betriebsvertretungen und über wirtschaftliche Vereinigungen vom 4. April 1933"[31].
Es verfügte nicht nur die Verschiebung der noch ausstehenden Betriebsrats-
wahlen um ein halbes Jahr, sondern bestimmte auch: „Die oberste Landes-
behörde oder die von ihr bestimmte Behörde kann das Erlöschen der Mitgliedschaft solcher Betriebsvertretungsmitglieder anordnen, die in staats- oder wirt-
schaftsfeindlichem Sinne eingestellt sind" (Art. 1, § 2). Die Arbeitgeber konnten Beschäftigte bei „Verdacht staatsfeindlicher Einstellung" entlassen, ohne
daß der Betriebsrat dagegen Einspruch erheben konnte (Art. II).
    Während Goebbels die „gewaltigen nationalen Feiern"[32] zum 1. Mai, der
durch Gesetz vom 10. April zum ersten Mal als gesetzlicher Feiertag begangen
werden sollte, vorbereitete, plante ein selbst in der Partei geheimgehaltenes
„Aktionskomitee zum Schutz der Deutschen Arbeit", mit Ley als Vorsitzenden und Muchow als Organisator, die „Übernahme" der Gewerkschaften[33].
Und fast so, wie Goebbels am 16. April, als Hitler der Aktion endgültig zu-
stimmte, in seinem Tagebuch notierte, geschah es auch: „Den 1. Mai werden
wir zu einer grandiosen Demonstration deutschen Volkswillens gestalten. Am
2. Mai werden dann die Gewerkschaftshäuser besetzt ... Es wird vielleicht ein
paar Tage Krach geben, aber dann gehören sie uns."[34] Am 2. Mai wurden die
Gewerkschaftshäuser, Banken und Redaktionsbüros der Freien Gewerkschaften von SA und SS gestürmt, Gewerkschaftsführer verhaftet, mißhandelt und
in die bereitstehenden Konzentrationslager geschafft, ihre Positionen kommissarisch mit NSBO-Funktionären besetzt. Der „Krach" von der anderen Seite,
von Seiten der Freien Gewerkschaften, war allerdings gering. Zu sehr hatten
einerseits die nationalsozialistischen Attacken, andererseits der Prozeß der
Selbstzerstörung in der Weltwirtschaftskrise und in den ersten Monaten der
„Machtergreifung" sie geschwächt und demoralisiert, als daß sie noch die Kraft
gehabt hätten, wirklichen Widerstand zu leisten. Die anderen, die christlichen
und die Hirsch-Dunckerschen Gewerkschaftsverbände, die von den Überfällen
des 2. Mai weitgehend verschont geblieben waren und zum Teil schon ihre
Ergebenheit kundgetan hatten, unterwarfen sich in den folgenden Tagen „freiwillig" der Gleichschaltungsaktion[35].

---

31 *RGBl. I*, 1933, S. 161 f. Unter Berufung auf dieses Gesetz erklärte auch ein Erlaß
   Görings vom 23.6.1933 Arbeitnehmer, die der SPD angehörten, für staatsfeindlich.
   Nach Broszat, *Staat* (Anm. 24), S. 120.
32 Goebbels in seinem Aufruf zum 1. Mai, in: *Völkischer Beobachter* v. 25.4.1933. Vgl.
   auch Schumann, *Nationalsozialismus* (Anm. 24), S. 170 f.
33 Leys Aktionsbefehl zur Übernahme der Freien Gewerkschaften am 2.5.1933, wiedergegeben in Schumann, *Nationalsozialismus* (Anm. 24), S. 168 ff.
34 Joseph Goebbels, *Vom Kaiserhof zur Reichskanzlei*, München [6]1937, S. 299.
35 Zu den verzweifelten Versuchen der Gewerkschaftsführung (auch der Freien Gewerkschaften), durch Ergebenheitsadressen an das neue Regime auf „legalem" Wege die
   Organisationsstruktur zu retten, und zur Zerschlagung der Gewerkschaften vgl. Schumann, *Nationalsozialismus* (Anm. 24), Kap. III; Bracher, *Machtergreifung* (Anm. 10),
   Kap. III.2; Gerhard Beier, *Das Lehrstück vom 1. und 2. Mai 1933*, Frankfurt a.M./
   Köln 1975; Mason, *Sozialpolitik* (Anm. 24), Kap. II; Wolfgang Spohn, *Betriebs-Ge-
   meinschaft und Volksgemeinschaft*, Diss. (Pol.Wiss.) FU, Berlin 1980, m.M., Kap.
   I.3.a., II.1.a. Ich halte diese Arbeit u. a. deshalb für besonders erwähnenswert, weil sie
   in Teil II (S. 126−173) einen Beitrag zu der längst überfälligen umfassenden Darstellung

Der Überfall auf die Gewerkschaften war begleitet von Leys „Aufruf des Komitees zum Schutz der deutschen Arbeit" vom 2. Mai 1933, der an brutaler Offenheit und zugleich taktischer Verlogenheit nichts zu wünschen übrig ließ. (Zur Illustration ist er auf S. 30 f. wiedergegeben.) Das Ziel der totalen Erfassung der Arbeiterschaft wird offen bekundet: „... Wir haben die Macht, aber wir haben noch nicht das ganze Volk ... wir lassen Dich nicht, bis Du in aufrichtiger Erkenntnis restlos zu uns stehst." Der „Marxismus" und seine „Trabanten" werden zum Abschuß freigegeben. Die letzten Versuche der „Leiparts und Graßmänner" (Gewerkschaftsführer), im März/April die gewerkschaftliche Organisation durch Ergebenheitsbekundungen an das neue Regime irgendwie zu retten, werden verhöhnt. Jedoch wird auch deutlich, wie sehr das Regime das Mißtrauen und die Ablehnung der Gewerkschaftsbasis fürchtete und auch wie unsicher es sich der eigenen „Bewegung" (insbesondere der NSBO und der SA) war. So sollte die Aktion wie auch Leys Aufruf den Eindruck erwecken, nicht die Obrigkeit verfolge die Gewerkschaften, sondern die nationalsozialistische „Bewegung" habe den „zweiten Abschnitt der nationalsozialistischen Revolution" eingeleitet. Und es wurde betont, daß sich die Aktion vom 2. Mai gegen die „Bonzen", „jene roten Verbrecher" richtete, die gewerkschaftliche Organisation jedoch erhalten bliebe: „Nicht als ob wir damit die Gewerkschaften an sich zerschlagen und zerstören wollten. ... Nein, Arbeiter, Deine Institutionen sind uns Nationalsozialisten heilig und unantastbar."

Doch als sich herausstellte, daß der erwartete große „Krach" ausblieb, folgte dem „revolutionären" Akt sehr bald ein ebenso wohl inszenierter Akt der Weihe nach, der deutlich machte, daß die Institutionen „des Arbeiters" beileibe nicht „heilig und unantastbar" waren. Am 6. Mai, in seinem Dankaufruf an die SS, SA, politische Leitung der NSDAP und NSBO, kündigte Ley die endgültige Auflösung der Gewerkschaften und die Gründung einer völlig neuen Organisation, der „Deutschen Arbeitsfront" (DAF), an. Den Aufruf hatte er bereits als „Führer der Deutschen Arbeitsfront" unterzeichnet[36]. Die DAF wurde dann am 10. Mai unter der Schirmherrschaft Hitlers auf dem „Ersten Kongreß der Deutschen Arbeitsfront" geschaffen und Ley als ihr Führer bestätigt. Anwesend waren nicht nur fünfhundert Vertreter der „übernommenen" Arbeiter- und Angestelltenverbände und der NSBO, sondern auch – der Bedeutung der Stunde gemäß – Vertreter der „Vereinigung der Deutschen Arbeitgeberverbände" (VDA), der Reichsbehörden, der Reichswehr, des Diplomatischen Korps, der SA und SS sowie das gesamte Reichskabinett, die Ministerpräsidenten der Länder, die Reichsstatthalter und die Gauleiter der NSDAP[37].

Fortsetzung Fn. 35

der Rolle der Deutschen Arbeitsfront im NS-Deutschland liefert. Zusammenfassend zum Niedergang der organisierten Arbeiterbewegung in den letzten Jahren der Weimarer Republik vgl. Franz L. Neumann, *Behemoth*, Köln/Frankfurt a. M. 1977, S. 40 ff.

36 *Arbeitertum*, Nr. 6 (1933), S. 22. Bracher (*Machtergreifung* [Anm. 10], S. 184 f.) irrt, wenn er schreibt, die Gründung der DAF sei schon in Leys Aufruf vom 2.5.1933 verkündet worden.

37 Zur Gründung der DAF und zu den unterschiedlichen Konzeptionen ihrer Aufgaben und Organisationsstruktur vgl. Schumann, *Nationalsozialismus* (Anm. 24), S. 76–109;

DER AUFRUF DES KOMITEES ZUM SCHUTZE DER
DEUTSCHEN ARBEIT
vom 2. Mai 1933

Deutsche Arbeiter und Angestellte!
Schaffendes Volk in Stadt und Land!

Die Glocken zu Ehren der Arbeit sind verklungen. Mit nie dagewe-
sener Wucht und Begeisterung hat das gesamte deutsche Volk das
Hohelied vom schaffenden Menschen gesungen und damit sich und
seinen hohen schöpferischen Geist geehrt. Die Räder standen still,
der Amboß klang nicht mehr, der Bergmann kam aus seiner Grube:
All, überall Feiertag!

Das, was die Gewerkschaften aller Richtungen, die Roten und
Schwarzen, die Christlichen und „Freien", auch nicht annähernd
zustande brachten, was selbst in den besten Jahren des Marxismus
nur ein Schatten, ein elender erbärmlicher Abklatsch gegenüber dem
gewaltig Großen des gestrigen Tages war, der Nationalsozialismus
schafft es im ersten Anlauf. Er stellt den Arbeiter und den Bauern,
den Handwerker und den Angestellten mit einem Wort, alle schaffenden Deutschen in den Mittelpunkt seines Denkens und Handelns
und damit in den Mittelpunkt seines Staates, und den Raffenden und
den Bonzen macht er unschädlich. Wer war nun der Kapitalisten-
knecht, wer war der Reaktionär, der Dich unterdrücken und Dich
aller Rechte berauben wollte? Jene roten Verbrecher, die Dich gut-
mütigen, ehrlichen und braven deutschen Arbeiter jahrzehntelang
mißbrauchten, um Dich und damit das ganze Volk entrechten und
enterben zu können, oder wir, die unter unsagbaren Opfern und
Leiden gegen diesen Wahn und Aberwitz teuflischer Irrlehren an-
kämpften? Schon drei Monate nationalsozialistischer Regierung beweisen Dir:

Adolf Hitler ist Dein Freund!
Adolf Hitler ringt um Deine Freiheit!
Adolf Hitler gibt Dir Brot!

Wir treten heute in den zweiten Abschnitt der nationalsozialistischen
Revolution ein. Ihr werdet sagen, was wollt Ihr denn noch, Ihr habt
doch die absolute Macht! Gewiß, wir haben die Macht, aber wir haben noch nicht das ganze Volk. Die Arbeiter haben wir noch nicht
hundertprozentig, und gerade Dich wollen wir, wir lassen Dich nicht,
bis Du in aufrichtiger Erkenntnis restlos zu uns stehst. Du sollst auch
von den letzten marxistischen Fesseln befreit werden, damit Du den
Weg zu Deinem Volke findest. Denn das wissen wir: Ohne den deutschen Arbeiter gibt es kein deutsches Volk! Und vor allem müssen
wir verhüten, daß Dir Dein Feind, der Marxismus und seine Trabanten noch einmal in den Rücken fallen können.

Wenn auch die marxistischen Parteien restlos zerschlagen sind wie
die KPD, oder sich in heller Auflösung befinden wie die SPD, wenn

auch die Parteipäpste in elender Feigheit geflohen sind oder jedem und allem abgeschworen haben und Dich Arbeiter feige und erbärmlich verlassen haben wie nie zuvor, so wissen wir doch, alles das ist nur Schein: Der Marxismus stellt sich tot, um sich bei günstiger Gelegenheit von neuem zu erheben und Dir von neuem hinterhältig den Judasdolch in den Rücken zu stoßen. Genau wie 1914! Auch damals bewilligte er Kriegskredite und gebärdete sich übernational, um Dich 1918 an den Imperialismus unserer damaligen Feinde zu verraten und damit an das Weltkapital zu verkaufen.

Uns täuscht der schlaue Fuchs nicht! Lieber geben wir ihm einen letzten Fangschuß, als daß wir jemals wieder dulden würden, daß er sich erhebe. Die Leiparts und Graßmänner mögen Hitler noch so viel Ergebenheit heucheln — es ist besser, sie befinden sich in Schutzhaft. Deshalb schlagen wir dem marxistischen Gesindel seine Hauptwaffe aus der Hand und nehmen ihm damit seine letzte Möglichkeit, um sich neu zu stärken. Die Teufelslehre des Marxismus soll elendiglich auf dem Schlachtfelde der nationalsozialistischen Revolution krepieren.

Nicht als ob wir damit die Gewerkschaften an sich zerschlagen und zerstören wollten. Im Gegenteil, wir haben nie etwas zerstört, was überhaupt irgendwie Wert für unser Volk hat, und werden das auch in Zukunft nicht tun, das ist nationalsozialistischer Grundsatz. Das gilt ganz besonders für die Gewerkschaften, die mit soviel sauer verdienten und vom Munde abgesparten Arbeitergroschen aufgebaut wurden. Nein, Arbeiter, Deine Institutionen sind uns Nationalsozialisten heilig und unantastbar. Ich selbst bin ein armer Bauernsohn, und kenne die Not, ich selbst war sieben Jahre in einem der größten Betriebe Deutschlands.

Arbeiter, ich schwöre Dir, wir werden nicht nur alles erhalten, was sich vorfindet; wir werden Schutz und Rechte des Arbeiters weiter ausbauen, damit er in den neuen nationalsozialistischen Staat als vollwertiges und geachtetes Glied des Volkes eingehe.

Arbeiter und Bauern in breiter Front zusammen mit den freien Berufen und dem Handwerk — so bauen wir ein neues Reich des Wohlstandes, der Ehre und Freiheit. Mit Hitler für Deutschland vorwärts!

Berlin, den 2. Mai 1933

Das Aktions-Komitee zum Schutze der Deutschen Arbeit

gez.: Dr. Ley, M.d.R.

Quellen: W. Müller, *Das soziale Leben in Deutschland*, Berlin 1938, S. 62 f.; Schumann, *Nationalsozialismus* (Anm. 24), S. 172 f.

Zwar war die Zerstörung der alten Sozialordnung durch die „Übernahme" der Gewerkschaften und den Festakt zur Gründung der DAF gekonnt in Szene gesetzt, der auf dem Gründungskongreß vorgelegte Organisationsplan der DAF wies jedoch noch kein entwickeltes Konzept für eine neue Sozialordnung auf. Die „übernommenen" Arbeiter- und Angestelltenverbände wurden jeweils im „Gesamtverband der Deutschen Arbeiter" und im „Gesamtverband der Deutschen Angestellten" zusammengefaßt. In drei weiteren − geplanten − Gesamtverbänden sollten sich auch die Organisationen der Unternehmer, des Handwerks und der Freien Berufe in die DAF eingliedern. Über diesen Gesamtverbänden schwebte noch relativ unvermittelt das „Zentralbüro der DAF" mit seinen zunächst neun, dann elf Fachämtern. Es war aber mit Einspruchsrecht ausgestattet und stellte auch die 13 Bezirksleiter, welche die an die Spitze der Verbände gestellten NSBO-Kommissare überwachen sollten[38].

Insgesamt stellte der oberste Organisationsplan der DAF ein sozialpolitisches Provisorium dar, das weder eindeutig gewerkschaftliche − auch nicht staatsgewerkschaftliche − Züge trug noch ein erster Schritt zu der in der Propaganda so heftig geforderten ständischen Gliederung der Gesellschaft war. Das lag weniger daran, daß der Führer der DAF, Robert Ley, nach eigenem Bekunden im Mai 1933 noch „ein blutiger Laie"[39] war; der Grund war eher der, daß das neue Regime in doppelter Hinsicht noch nicht gefestigt war oder als gefestigt galt. Ein Problem war, daß mit der „Übernahme" der Gewerkschaften nicht automatisch auch alle Mitglieder für das Regime gewonnen waren. Aus Furcht vor größeren Unruhen bemühte man sich, so wie es Ley in seinem Aufruf vom 2. Mai getan hatte, den Eindruck zu erwecken, als habe man nur die „Bonzen" vertrieben und nun endlich die Forderung aus der Weimarer Zeit eingelöst, durch die Bildung einer Einheitsgewerkschaft die Zersplitterung der Gewerkschaftsbewegung aufzuheben. Zudem war die NSBO personell nicht in der Lage, den riesigen Apparat der „gleichgeschalteten" Gewerkschaften so zu besetzen, daß deren Institutionen und Vermögen reibungslos übernommen werden und ihre umfangreichen sozialen Leistungen weiterlaufen konnten. Um größere Unruhen unter den Gewerkschaftsmitgliedern zu vermeiden, wurden deshalb zwar die Führungspositionen in den „übernommenen" Verbänden mit NSBO-Kommissaren besetzt, in den niederen Positionen verblieben jedoch zunächst die alten Gewerkschaftsfunktionäre − soweit sie nicht von sich aus kündigten oder sich nicht, indem sie Widerstand leisteten, besonderer Verfolgung aussetzten.

Neben den taktischen Erwägungen, keinen massenhaften Widerstand provozieren zu wollen, und der praktischen Erkenntnis, daß es für eine vollständige Umorganisation noch nicht genug linientreues Personal gab, ist noch ein weiterer Grund dafür zu nennen, daß der erste Organisationsplan hinsichtlich

Fortsetzung Fn. 37
Mason, *Sozialpolitik* (Anm. 24), Kap. III; Spohn, *Betriebsgemeinschaft* (1980), Kap. II.1.b.

38 Zum Kompromißcharakter der ersten Organisationsform der DAF vgl. Schumann, *Nationalsozialismus* (Anm. 24), S. 76−94; Spohn, *Betriebsgemeinschaft* (1980), S. 137 ff.

39 So Ley in seiner Rede zur 5. Jahrestagung der DAF im September 1937. Auszugsweise wiedergegeben in Mason, *Sozialpolitik* (Anm. 24), S. 99.

allgemeiner politischer Ziele fast alles offen ließ: Die an der Macht beteiligten bzw. die zur Macht drängenden Gruppen waren sich lediglich in ihrer Befriedigung über die Eliminierung der Gewerkschaften einig, nicht jedoch darin, wie nun eigentlich die neue Sozialordnung und damit die DAF gestaltet werden sollte.

Die unterschiedlichen Positionen in der Ministerialbürokratie, in der nationalsozialistischen Parteispitze und Bewegung (hier vor allem der NSBO) und in der Unternehmerschaft können hier nur grob umrissen werden[40]. Gemeinsam war ihnen das Ziel der (Arbeits-)Konfliktvermeidung[41], der „Entpolitisierung" von Arbeitnehmerorganisationen und ihrer Verpflichtung auf das „Gemeinwohl"[42]. Unter diesen Begriffen konnte jedoch alles mögliche verstanden werden. Zudem hätte eine Konkretisierung auch weitgehend die Machtverteilung im Regime festgeschrieben; daran war aber keine der Machtgruppierungen interessiert, hoffte doch jede darauf, im Laufe der Zeit ihren Einflußbereich ausdehnen zu können. So beschränkte sich auch ein im Reichsarbeitsministerium ausgearbeitetes Zehn-Punkte-Papier vom April 1933 mit dem anspruchsvollen Titel „Grundlage für die Beratung des Ausschusses für Neugestaltung der Sozialordnung" auf Gemeinplätze. In der neuen Sozialordnung sollte „die richtige Eingliederung jedes wirtschaftenden Menschen in seine Leistungsgemeinschaft" erfolgen. „In der betrieblichen Ordnung ist der Gedanke des Aufeinanderangewiesenseins und der Verantwortung gegenüber der Gesamtheit schärfer zum Ausdruck zu bringen."[43] Und auf einer Chefbesprechung in der Reichskanzlei einigte man sich am 4. Mai (zwei Tage nach der „Übernahme" der Gewerkschaften) lediglich darauf, daß „die gegenwärtigen Lösungen ... nur Übergangsmaßnahmen" sein sollten[44].

In der öffentlichen Debatte darüber, wie nun die „neue Sozialordnung"

---

40 Ausführlich zu den Auseinandersetzungen bis 1938/39 s. Spohn, *Betriebsgemeinschaft* (1980), Kap. II.1; zum Jahr 1933 s. insbes. Kap. II.1.a/b.

41 Zum 1. Mai 1934 rechnete Hitler den deutschen Unternehmern vor, wie kostengünstig die NS-Methode des „Ausgleichs wirtschaftlicher Interessen" sei: „Die deutsche Wirtschaft hat früher mit Hunderten an Millionen Mark jährlich den Streit und Hader der Organisationen untereinander bezahlt ... Der Gesamtverlust an Nationalvermögen durch Streik und Aussperrung war ein gewaltiger ... Die Ersparnisse, die der Wirtschaft ... (nun) zugute kommen, sind außerordentliche. Es ist nur ein ganz kleines Opfer, wenn dafür die Unternehmer ihren Mitarbeitern den Tag (den 1. Mai; d. Verf.) vergüten, der ein Symbol sein soll für die Überwindung dieser Kämpfe für die Herstellung einer wahren Volksgemeinschaft." *Arbeitertum* v. 15.1.1934, S. 4 f.

42 *Der Deutsche Volkswirt* v. 5.5.1933 (S. 86 f.) bescheinigte den Gewerkschaften, daß sie schon in der Weimarer Zeit von Kampforganisationen zu Ordnungsfaktoren geworden wären, sich also weitgehend dem „Gemeinwohl" statt der Interessenvertretung, dem Konfliktausgleich statt der Konfliktaustragung verschrieben hätten. Dieser Prozeß habe die Gewerkschaften, besser: ihre Funktionäre, dem Staat „zwar nähergebracht", sich jedoch nicht auf die Mitglieder erstreckt. Deshalb müßten die Gewerkschaften aufgelöst werden, damit dem Staat der Zugriff auf die Arbeiter selbst ermöglicht, der Prozeß „jetzt vollendet" werden könne. Ausführlicher dazu Spohn, *Betriebsgemeinschaft* (1980), S. 136 f.

43 *BA Koblenz*, R 43 II/527 b, Bl. 7 ff.; vgl. Spohn, *Betriebsgemeinschaft* (1980), S. 127.

44 Niederschrift über die Chefbesprechung vom 4. Mai 1933, *BA Koblenz*, R 43 II/527 b, Bl. 5 ff.; vgl. Spohn, *Betriebsgemeinschaft* (1980), S. 135 f.

aussehen sollte, waren 1933 die Wörter „Stand" und „ständisch" zwei der meistgebrauchten Begriffe. In der nationalsozialistischen „Bewegung" herrschten ständestaatliche Vorstellungen vor; auch die Parteiführung befleißigte sich, in ihrer Propaganda dem Klassenkampf und dem „öden Materialismus" die „nationale Verbundenheit aller Stände" entgegenzusetzen[45]. Selbst einige Unternehmer, allen voran der Kreis um Thyssen, befürworteten eine ständische Ordnung[46]. Doch waren in dieser Debatte, je nach Interessenlage, die Vorstellungen von einer ständischen Ordnung höchst unterschiedlich[47]. Der Begriff „ständisch" wurde bald zur ideologischen Floskel, die nur wenig mit einem konsistenten Programm oder dem historischen Vorbild, dem faschistischen Italien, zu tun hatte[48]. „Die Deutsche Arbeitgeber-Zeitung", das Publikationsorgan industrieller, gewerblicher und landwirtschaftlicher Arbeitgeberverbände (so der Untertitel), brachte im März/April 1933 den gemeinsamen Nenner der unterschiedlichen Vorstellungen auf der Arbeitgeberseite zum Ausdruck, nämlich „daß durch weitestgehende Befriedung der Stätten der Arbeit der Arbeitgeber seine Kräfte endlich allein für die Leitung seines Werkes und nicht überwiegend oder ausschließlich für die aufreibende Mühewaltung einzusetzen braucht, die parteipolitische Zerrissenheit auch in den Betrieben erforderte". Die „gewerkschaftliche Monopolstellung" sollte durch das „übergeordnete Interesse" ersetzt, die Gewerkschaften sollten „in die Gesamtvorgänge des staatlichen und wirtschaftlichen Lebens" eingegliedert, die gesamte gewerkschaftliche Organisation „entpolitisiert" und „vereinheitlicht" werden[49].

Nachdem dann Anfang Mai die Gewerkschaften „übernommen" und die DAF gegründet worden war, begrüßte dieses Publikationsorgan der Arbeitgeberverbände zwar die Versuche der DAF zur „Überwindung des Klassenkampfes" und zur „Eingliederung des Arbeiters und Angestellten in den Staat und in die Wirtschaft"[50]. Doch obwohl auch die das Personal der DAF stellende NSBO gegen eine „Politisierung der Gewerkschaften" gekämpft hatte und nunmehr die Gewerkschaften zu einer „unpolitischen, nur für die wirtschaftlichen Interessen des Arbeiters kämpfenden Organisation im Sinne des Volksganzen"[51] machen wollte, bestanden auf Unternehmerseite „nicht unerhebliche Bedenken" gegen die Errichtung einer „riesenhaften Einheitsgewerkschaft"[52]. Vielen Arbeitgebern müssen die braun-revolutionären Töne aus der DAF/NSBO schrill in den Ohren geklungen haben, gab es doch gerade in der NSBO (und in der SA) Bestrebungen, die „nationale Revolution" nun auch

45 Goebbels in seinem Aufruf zum 1. Mai 1933.

46 Vgl. dazu Schumann, *Nationalsozialismus* (Anm. 24), S. 82 f.; Bracher, *Machtergreifung* (Anm. 10), S. 190 f.; Neumann, *Behemoth* (Anm. 35), S. 279 ff.

47 Die unterschiedlichen Vorstellungen über eine ständische Ordnung systematisiert Raimund Rämisch, *Die berufsständische Verfassung in Theorie und Praxis des Nationalsozialismus*, Diss. rer. pol., Berlin 1957. Zur Form, in der Robert Ley die Forderung nach einer ständischen Ordnung einsetzte, um den Einflußbereich der DAF auszudehnen, vgl. Wolfgang Spohn, *Betriebsgemeinschaft* (1980), S. 138 ff.

48 Vgl. Neumann, *Behemoth* (Anm. 35), S. 104 ff., 279 ff.

49 *Die Deutsche Arbeitgeber-Zeitung* v. 19.3., 26.3. u. 2.4.1933.

50 Ebd. v. 21.5.1933.

51 Reinhold Muchow, *Sind die Nationalsozialisten Sozialreaktionäre? (Schriftenreihe der NSBO*, H. 3), München o. J., zit. nach Spohn, *Betriebsgemeinschaft* (1980), S. 142.

52 *Der Deutsche Unternehmer* v. 4.6.1933.

in die Wirtschaft zu tragen. Einige Unternehmer bekamen dies sehr konkret zu spüren, wie beispielsweise aus einer Anordnung des Führers der in der DAF zusammengeschlossenen Arbeiterverbände und Leiters der NSBO, Schumann, vom 15. Mai 1933 hervorgeht: „In den letzten Tagen haben verschiedene Belegschaften eigenmächtige Eingriffe in die Betriebsführung vorgenommen, die teilweise zur Stillegung der betroffenen Betriebe führten. Dieses unverantwortliche Vorgehen ist geeignet, schwerste Erschütterungen hervorzurufen. Ich verbiete hiermit allen NSBO-Mitgliedern aufs strengste, sich an diesen Aktionen zu beteiligen. Ich fordere von allen NSBO-Mitgliedern in jedem Betriebe, derartige Versuche im Keime zu ersticken."[53]

Angesichts derartiger Aktionen der Basis der NSBO, aber auch angesichts der Eigendynamik, die eine riesenhafte Einheitsgewerkschaft unter nationalsozialistischer Führung erhalten konnte, lagen die „nicht unerheblichen Bedenken" der Unternehmerseite darin, „daß dieser Gewerkschaftskoloß möglicherweise die alten gewerkschaftlichen Traditionen der Interessenvertretung der Arbeitnehmerschaft mit verstärkter Schwungkraft fortführen könnte"[54]. Was nicht so offen gesagt wurde, in der Praxis der Arbeitgeberverbände aber deutlich zum Ausdruck kam, war, daß die Unternehmerseite nun, da die alten Gewerkschaften abgeschafft waren, keinesfalls eine neue Sozialordnung wollte, in der eine nationalsozialistische Einheitsgewerkschaft oder ein ständisches Ordnungsprinzip die Unternehmer/Arbeitgeberautonomie wieder einschränken würde. Auch war die Bereitschaft der Arbeitgeber, ihre Verbände durch Eingliederung in die – weder ständische noch gewerkschaftliche – Organisation der DAF dem nicht von ihnen kontrollierten DAF-Zentralbüro zu unterstellen, denkbar gering. Obwohl Unternehmer als Arbeitgeber in den Paraden zum „Festtag der nationalen Arbeit" (1. Mai) mitmarschiert waren, obwohl sie auf dem Gründungskongreß der DAF durch die „Vereinigung der Deutschen Arbeitgeberverbände" vertreten waren und obwohl der Vorsitzende dieser Vereinigung, Dr. Köttgen von Siemens, dem „Kleinen Konvent" der DAF von Anfang an zugehörte[55], schlossen sie sich der neu gegründeten DAF entgegen dem ersten Organisationsplan nicht als Gesamtverband an. Die „Vereinigung der Deutschen Arbeitgeberverbände" zog es vor, sich im Juni 1933 mit dem „Reichsverband der Deutschen Industrie" unter dem zeitgemäßen Namen „Reichsstand der deutschen Industrie" zu verbinden, der dann Ende 1934 umorganisiert und in „Reichsgruppe Industrie" umbenannt wurde[56].

---

53 *Schulthess' Europäischer Geschichtskalender*, 1933, S. 129, zit. nach Spohn, *Betriebsgemeinschaft* (1980), S. 143.
54 *Der Deutsche Unternehmer* v. 4.6.1933.
55 *RABl. II*, S. 365.
56 Zur Gründung des „Reichsstandes der deutschen Industrie" vgl. Reinhard Neebe, *Großindustrie, Staat und NSDAP 1930–1933*, Göttingen 1981, Kap. XIII; Udo Wengst, Der Reichsverband der Deutschen Industrie in den ersten Monaten des Dritten Reiches, in: *Vierteljahresschrift für Zeitgeschichte*, H. 1, 1980, S. 94–110. Die Umwandlung zur Reichsgruppe Industrie erfolgte nach der „Ersten Verordnung zur Durchführung des Gesetzes zur Vorbereitung des organischen Aufbaus der deutschen Wirtschaft vom 27. November 1934", *RGBl. I*, S. 1194. Vgl. auch Ingeborg Esenwein-Rothe, *Die Wirtschaftsverbände von 1933 bis 1945 (Schriften des Vereins für Sozialpolitik*, NF, Bd. 37), Berlin 1965, S. 41 ff.

Sie sollte bis zum Ende des „Dritten Reiches" die maßgebende Organisation der Unternehmer bleiben.

Den „nicht unerheblichen Bedenken" der Unternehmerseite gegen einen „Gewerkschaftskoloß", der unter NSBO-Führung „möglicherweise die alten gewerkschaftlichen Traditionen der Interessenvertretung der Arbeitnehmerschaft mit verstärkter Schwungkraft fortführen könnte"[57], kam die Partei- und DAF-Führung schon im Sommer 1933 entgegen, indem sie Schritte unternahm, die den radikalisierenden Einfluß der NSBO in der DAF eindämmen sollten. Die Mitgliedersäuberung und Beschränkung der Entfaltungsmöglichkeiten der NSBO[58] standen ganz im Sinne des von Ley schon auf dem Gründungskongreß der DAF verkündeten Ziels der „Aufrichtung einer neuen Staatsautorität"[59]. Und sie waren Bestandteil der Bemühungen der Parteihierarchie, sich nun, nachdem sie an der Macht war, der radikalen Teile ihrer „Bewegung" zu entledigen — Bemühungen, von denen nicht nur die NSBO, sondern auch die SA betroffen war, deren Entmachtung mit dem „Röhmputsch" im Juni 1934 ihren spektakulären Abschluß fand.

Was die DAF anbelangt, so wurde mit einem Abkommen, das man am 27. November 1933 als „Aufruf an alle schaffenden Menschen" veröffentlichte, der erste von, wie sich herausstellen sollte, vielen Versuchen unternommen, sie von der Gestaltung der Arbeitsbeziehungen und der Sozialpolitik überhaupt auszuschließen. (Ley hatte die Zuständigkeit der DAF für eben diese Bereiche wiederholt beansprucht[60].) Das Abkommen hatten Ley, Reichsarbeitsminister Seldte, Reichswirtschaftsminister Schmitt und der Beauftragte des Führers für Wirtschaftsfragen, Keppler, unterzeichnet. Es sprach der DAF jegliche gewerkschaftliche Funktion ab. Wesentlicher Punkt dieses Abkommens (vgl. den gesamten Wortlaut S. 37) war es, daß die DAF nicht „der Wahrung besonderer wirtschaftlicher und sozialer Schichtung und Interessen dienen" und nicht der Ort sein sollte, „wo die materiellen Fragen des täglichen Arbeitslebens entschieden" werden. Statt dessen sollte „das hohe Ziel der Arbeitsfront ... die Erziehung aller im Arbeitsleben stehenden Deutschen zum nationalsozialistischen Staat und zur nationalsozialistischen Gesinnung" sein. Und die DAF sollte „die Schulung der Menschen" übernehmen, „die dazu berufen werden, im Betrieb und in den Organen unserer Sozialverfassung, der Arbeitsgerichte und der Sozialversicherung maßgebend mitzuwirken". Nachdem man die Aufgaben der DAF derart abgegrenzt hatte, folgten viele Arbeitgeber dem Vorbild des Präsidenten des „Reichsstandes der Deutschen Industrie", Krupp von Bohlen und Halbach, der der DAF Ende 1933 demonstrativ beitrat[61].

Das Abkommen vom November 1933 war nicht der Endpunkt der Auseinandersetzungen um die sozialpolitische Rolle der DAF. Denn obschon der-

57 Die Deutsche Arbeitgeber-Zeitung v. 4.6.1933.

58 Vgl. Spohn, Betriebsgemeinschaft (1980), S. 143 ff.; Schumann, Nationalsozialismus (Anm. 24), S. 90 f.

59 Nach Spohn, Betriebsgemeinschaft (1980), S. 139.

60 Völkischer Beobachter v. 8., 9. u. 10.6.1933 (Berliner Ausgabe); vgl. auch Spohn, Betriebsgemeinschaft (1980), S. 139 ff.

61 Vgl. G. Schulz, Die Anfänge des totalitären Maßnahmenstaates, in: Bracher u.a., Machtergreifung (Anm. 10), S. 646 f.

AUFRUF AN ALLE SCHAFFENDEN MENSCHEN

vom 27. November 1933

„Die Deutsche Arbeitsfront ist die Zusammenfassung aller im Arbeitsleben stehenden Menschen ohne Unterschied ihrer wirtschaftlichen und sozialen Stellung. In ihr soll der Arbeiter neben dem Unternehmer stehen, nicht mehr getrennt durch Gruppen und Verbände, die der Wahrung besonderer wirtschaftlicher oder sozialer Schichtungen und Interessen dienen. Der Wert der Persönlichkeit, einerlei, ob Arbeiter oder Unternehmer, soll in der Deutschen Arbeitsfront den Ausschlag geben. Vertrauen läßt sich nur von Mensch zu Mensch, nicht aber von Verband zu Verband gewinnen. Nach dem Willen unseres Führers Adolf Hitler ist die Deutsche Arbeitsfront nicht die Stätte, wo die materiellen Fragen des täglichen Arbeitslebens entschieden, die natürlichen Unterschiede der Interessen der einzelnen Arbeitsmenschen aufeinander abgestimmt werden. Für die Regelung der Arbeitsbedingungen werden in kurzer Zeit Formen geschaffen werden, die dem Führer und der Gefolgschaft eines Betriebes die Stellung zuweisen, die die nationalsozialistische Weltanschauung vorschreibt. Das hohe Ziel der Arbeitsfront ist die Erziehung aller im Arbeitsleben stehenden Deutschen zum nationalsozialistischen Staat und zur nationalsozialistischen Gesinnung. Sie übernimmt insbesondere die Schulung der Menschen, die dazu berufen werden, im Betrieb und in den Organen unserer Sozialverfassung, der Arbeitsgerichte und der Sozialversicherung maßgebend mitzuwirken. Sie wird dafür sorgen, daß die soziale Ehre des Betriebsführers wie seiner Gefolgschaft zu einer entscheidenden Triebkraft der neuen Gesellschafts- und Wirtschaftsordnung werden kann."

Quelle: Mansfeld, Pohl, Steinmann, Krause, *Die Ordnung der nationalen Arbeit, Kommentar*, Berlin usw. 1934, S. 5 f.

artige Abkommen von Seiten der Unternehmer und des Staatsapparats, insbesondere des Reichsarbeits- und Reichswirtschaftsministeriums, Versuche gewesen sein mögen, die Befugnisse der DAF zu begrenzen, gab sich die DAF-Führung nie mit ihnen zufrieden und betrachtete sie eher als Brückenköpfe für ihre, wie Mason es nennt, verbandsimperialistischen[62] Bestrebungen. Das Abkommen benannte jedoch ein wesentliches Element der nationalsozialistischen Sozialverfassung, für das schon einige Monate zuvor Vorkehrungen getroffen worden waren und das bis zum Ende der nationalsozialistischen Herrschaft bestehen blieb. Es war dies die strikte Abkehr von dem Prinzip, Arbeitsbedingungen zwischen Interessenverbänden auszuhandeln.

62 Mason, *Arbeiterklasse* (Anm. 20), S. 126. — Näheres hierzu in Abschnitt III. 1 unten.

Am 19. Mai 1933 wurde per Gesetz die Instanz der Treuhänder der Arbeit geschaffen[63]. Die Treuhänder der Arbeit sollten „bis zur Neuordnung der Sozialverfassung ... an Stelle der Vereinigungen von Arbeitnehmern, einzelner Arbeitgeber oder der Vereinigungen von Arbeitgebern rechtsverbindlich ... die Bedingungen für den Abschluß von Arbeitsverträgen" regeln und für die Aufrechterhaltung des „Arbeitsfriedens" sorgen (§ 2). Die Wirtschaftsgebiete, für die die Treuhänder der Arbeit laut Durchführungsverordnung vom 13. Juni 1933[64] zuständig waren – es waren insgesamt dreizehn – stimmten nur zum Teil mit den Ländern überein. So entsprachen zwar die Wirtschaftsgebiete Ostpreußen, Sachsen und Bayern den gleichnamigen Regierungseinheiten (Provinz bzw. Freistaat), die anderen Wirtschaftsgebiete, nämlich Brandenburg, Schlesien, Pommern, Nordmark, Niedersachsen, Westfalen, Rheinland, Hessen, Mitteldeutschland und Süddeutschland umfaßten jeweils mehrere Provinzen, Freistaaten oder Kreise. In den späteren Jahren wurden auch Sondertreuhänder ernannt, die überregional entweder ständig (z.B. der Sondertreuhänder für den öffentlichen Dienst) oder vorübergehend für einen bestimmten Wirtschaftszweig zuständig waren. Die Funktion als Sondertreuhänder wurde in der Regel von einem für ein bestimmtes Wirtschaftsgebiet zuständigen Treuhänder der Arbeit mit übernommen. (So war beispielsweise der Treuhänder der Arbeit für das Wirtschaftsgebiet Nordmark, Dr. Völtzer, zugleich auch Sondertreuhänder für die Werften.)

Auf die Bedeutung der Treuhänder der Arbeit werde ich im folgenden Teil dieses Abschnitts und im Zusammenhang mit meiner Darstellung der Kriegslohnpolitik ausführlich eingehen. Hier behandle ich nur noch kurz die Rolle, die sie 1933 spielten, denn ihr anfänglicher Einfluß auf die konkreten Arbeitsbedingungen wird im Zuge einer totalitarismustheoretischen Interpretation oft überschätzt. Laut H.G. Schumann konnten sie „diktatorische Regelungen in Lohn- und Arbeitsfragen treffen"[65]. Und laut G. Schulz waren sie „mit diktatorischen Vollmachten ausgestattete Schiedsrichter für alle Betriebe und Unternehmungen ihres Bezirks"[66]. Wenn, wie G. Schulz beschreibt, der Treuhänder der Arbeit für das Wirtschaftsgebiet Westfalen, Dr. Josef Klein von Thyssens Institut für Ständewesen, im Juli 1933 Streiks und Aussperrungen verbot[67], so war dies eher Ausdruck von Kraftmeierei als wirklich dikta-

---

63 „Gesetz über Treuhänder der Arbeit vom 19. Mai 1933", *RGBl. I*, 1933, S. 285; „Gesetz über die Übertragung der Restaufgaben der Schlichter auf die Treuhänder der Arbeit vom 20. Juli 1933", *RGBl. I*, 1933, S. 520.

64 „Durchführungsverordnung zum Gesetz über Treuhänder der Arbeit vom 13.6.1933", *RGBl. I*, 1933, S. 368. Diese Verordnung benennt nur die Wirtschaftsgebiete, ist aber nicht, wie Schumann (*Nationalsozialismus* [Anm. 24], S. 82) irrtümlich schreibt, ein Beleg für die konkrete Ernennung von Treuhändern. Schumann hat jedoch Recht damit, daß die Treuhänder erst nach dieser Verordnung ernannt wurden und nicht, wie Gerhard Schulz (*Anfänge* [Anm. 61], S. 642) andeutet, schon Ende Mai. Von den neun Männern, die laut Schulz Ende Mai vom Preußischen Staatsministerium (Hugenberg) für die in seinen Zuständigkeitsbereich fallenden Wirtschaftsgebiete zur Ernennung als Treuhänder vorgeschlagen wurden, sind nur sechs wirklich ernannt worden. Vgl. *RABl. I*, 1933, S. 185. Siehe auch meine Tabelle der Treuhänder unten, S. 53 f.

65 Schumann, *Nationalsozialismus* (Anm. 24), S. 82.

66 Schulz, *Anfänge* (Anm. 61), S. 641.

67 Ebd., S. 642.

torischer Befugnisse. Durch die enorm hohe Arbeitslosigkeit, durch die Abschaffung gewerkschaftlicher Organisation und Interessenvertretung und durch die terroristische Vehemenz, mit der die nationalsozialistische „Bewegung" gegen Andersdenkende und -handelnde vorging, war die Möglichkeit zu streiken faktisch schon sehr eingeschränkt. Außerdem hatten der Führer der DAF (Ley) und der Reichskommissar für die Wirtschaft (Wagner) schon am 19. Mai eine Verfügung erlassen, die Arbeitskämpfe grundsätzlich verbot[68].

1933 bestand, wie gesagt, im nationalsozialistischen Regime und in der nationalsozialistischen Bewegung noch große Uneinigkeit über die zukünftige Gestalt der Sozial- und Arbeitsverfassung; und 1933 hofften noch Teile der „Bewegung" auf eine „zweite Revolution", in der man nun nach den „politischen Führern" auch „die großen Herren der Konzerne" als „an der Macht befindliche Schädlinge" „mit Gewalt beseitigen müsse"[69]. In dieser verworrenen Situation fühlte sich natürlich manch einer dazu berufen, von seinem neuen Posten aus selbstherrlich seine Vorstellungen von der neuen „Volksgemeinschaft" durchzusetzen. Und in der Tat signalisierte die neu geschaffene Instanz der Treuhänder der Arbeit den Beginn der zweiten Phase der „Machtergreifung", in der nunmehr auch gegenüber der nationalsozialistischen Bewegung deutlich gemacht werden mußte, daß der „frei gewordene Strom der Revolution in das sichere Bett der Evolution" hinübergeleitet werden sollte[70], der Staatsapparat unter nationalsozialistischer Leitung nunmehr selbst alle Probleme lösen und keine „Art von Nebenregierung" dulden werde[71].

So mag das angeführte Beispiel des Treuhänders der Arbeit für Westfalen symptomatisch für die Atmosphäre 1933 sein, es beschreibt jedoch nur unzureichend die Rolle, die die Treuhänder 1933 und in den unmittelbaren Folgejahren spielen sollten. Die Treuhänder der Arbeit waren als Reichsbeamte an die Weisungen der Reichsregierung gebunden, konnten also nicht eigenmächtig handeln. Auch konnte es noch nicht ihre Aufgabe sein, den Aufbau einer bestimmten sozialpolitischen Ordnung durchzusetzen, denn auf eine solche hatte man sich noch nicht geeinigt. So waren sie anfangs auch nicht dazu da, neue Bedingungen für Lohn- und Arbeitsverhältnisse zu setzen. Vielmehr sollten sie unter gegebenen Bedingungen dafür sorgen, daß der „Arbeitsfriede" gewahrt wurde, d. h. sie sollten nur in Konfliktfällen eingreifen, um zu verhüten, daß Interessengegensätze wie zuvor durch kollektive Kampfmaß-

---

68 Vgl. *Schultheß' Europäischer Geschichtskalender*, 1933, S. 138 f.

69 Auszug aus der Niederschrift über eine DAF-Tagung in Münster am 29. Juni 1933 (Rede des DAF-Bezirksleiters und Gauwirtschaftsberaters der NSDAP), der als Anlage zu einem Brief eines westdeutschen Industriellen an Staatssekretär Grauert im Preußischen Ministerium des Innern geschickt wurde. Zit. nach Schulz, Anfänge (Anm. 61), S. 633 f.

70 Hitler auf einer Tagung höherer SS- und SA-Führer in Reichenhall vom 1. bis 3. Juli und auf der Konferenz der Reichsstatthalter am 6. Juli 1933, zit. nach Schumann, *Nationalsozialismus* (Anm. 24), S. 90.

71 Runderlaß des Reichsinnenministeriums vom 10.7.1933 an alle Reichsstatthalter und Landesregierungen, *Schultheß' Europäischer Geschichtskalender*, 1933, S. 172. Auf diesen Runderlaß hin kam es zu SA-Tumulten in mehreren Großstädten, die wiederum mit Entlassungen aus der SA und mit Verhaftungen geahndet wurden. Auch NSBO- und DAF-Funktionäre wurden in dieser Säuberungsaktion verhaftet. Vgl. Schumann, *Nationalsozialismus* (Anm. 24), S. 90.

nahmen und/oder Verhandlungen gelöst wurden. Zwar durften die Treuhänder ab Anfang Juli 1933 die Tariflöhne festlegen, doch waren sie vom Reichsarbeitsministerium angewiesen, die Löhne nicht zu ändern. So teilte am 17. Oktober 1933 der Reichsarbeitsminister (Seldte) im Einvernehmen mit dem Reichswirtschaftsminister (Schmitt) und dem Beauftragten des Führers für Wirtschaftsfragen in der Reichskanzlei (Keppler) in einem Rundschreiben an die Presse mit: „Seit Erlaß des Gesetzes über die Treuhänder der Arbeit hat die Reichsregierung mehrfach zum Ausdruck gebracht, daß es eine wesentliche Aufgabe der Treuhänder der Arbeit sei, die vorhandenen Tarifverträge und insbesondere das Lohnniveau aufrechtzuerhalten. Nur in besonders dringenden Fällen dürfen die Treuhänder eine Änderung von Tarifbedingungen, die sozial und wirtschaftlich nicht mehr länger zu vertreten sind, vornehmen ...“[72]. Den Bekanntmachungen über Tarifverträge in Teil IV des Reichsarbeitsblatts ist denn auch zu entnehmen, daß die Entscheidungen der Treuhänder 1933 zumeist auf eine bloße Verlängerung bestehender Tarifverträge hinausliefen.

Diese Politik spiegelt sich in der Statistik der Tariflöhne wider: Abgesehen von den Tariflöhnen im Baugewerbe, die auf Anweisung des Reichsarbeitsministeriums reichsweit gesenkt worden waren, blieben die Tariflöhne 1933 praktisch konstant[73]. Formal scheinen die Treuhänder der Arbeit die „Tarifpartner" (Arbeitgeber- und Arbeitnehmerverbände) auch nicht sofort so gänzlich abgelöst zu haben, wie es im Treuhändergesetz vom 19. Mai 1933 vorgesehen war. Bis einschließlich April 1934 halten sich die „Bekanntmachungen über Tarifverträge ..." im Reichsarbeitsblatt (Teil IV) an die Rubriken aus der „Systemzeit". Zwar wird ab Juli/August 1933 regelmäßig auf die Entscheidung des betreffenden Treuhänders der Arbeit hingewiesen, doch unter Rubrik 1, „Vertragspartner", werden weiterhin Arbeitgeber- und Arbeitnehmerorganisationen genannt, bei den letzteren allerdings zunehmend die Arbeiter- und Angestelltenverbände der DAF[74]. Die DAF selbst tritt nur einmal als „Vertragspartner" auf (September 1939, Baugewerbe Niedersachsen), ebenso sind die NSBO und die „Stahlhelm Selbsthilfe" nur in einem Fall „Vertragspartner" in einem Tarifvertrag (Mai 1933, Ziegelei-Industrie Württemberg)[75]. Wie ich auch im folgenden Teil dieses Abschnitts anhand der Auseinandersetzungen um die Saarlöhne 1935 illustrieren werde, dauerte es also eine Weile, bis sich die Verstaatlichung des Tarifwesens eingespielt und man sich abgewöhnt hatte, Tariflöhne als vertragliche Regelung zwischen Tarifpartnern zu verstehen.

72 *RABl. I*, 1933, S. 271.
73 Die Tariflöhne vom 1. Januar 1933 bis 1. Januar 1934, *RABl. II*, 1934, S. 90 f.
74 Der „Gesamtverband der Deutschen Arbeiter" und der „Gesamtverband der Deutschen Angestellten" in der DAF waren damals noch jeweils nach dem Industrieprinzip in einzelne Verbände untergliedert. Vgl. *RABl. II*, 1933, S. 380, 414.
75 *RABl. IV*, S. 214, 161. Unter Bezug auf das „Gesetz über Betriebsvertretungen und über wirtschaftliche Vereinigungen. Vom 4. April 1933", Art. IV (*RGBl. I*, S. 161 f.), hatte der Reichsarbeitsminister am 6.4.1933 (*RABl. I*, S. 107) und am 8.4.1933 (*RABl. I*, S. 106) die NSBO und die „Stahlhelm Selbsthilfe" zu wirtschaftlichen Vereinigungen erklärt, die Arbeitnehmerinteressen vertreten dürften.

II. 2. Neuordnung der Kompetenzen

Als „Magna Carta der deutschen Arbeit" begrüßte „Der Deutsche Volkswirt"
am 19. Januar 1934 das „Gesetz zur Ordnung der nationalen Arbeit", im folgenden AOG, vom 20. Januar 1934[76]. Es trage „der tatsächlichen Entwicklung von 1933 Rechnung" und „liquidierte" nun „auch in formaler Beziehung
die Tarifträgerschaft der Arbeitgeber- und Arbeitnehmervereinigungen in der
Sozialverfassung" – so der Kommentar[77], den die „Väter" des Gesetzes, u. a.
Werner Mansfeld, verfaßt hatten. Da das AOG in diesem Abschnitt Grundlage
meiner Darstellung ist, möchte ich vorweg einschränkend folgendes bemerken:
Eine weitverbreitete Form der Darstellung und Interpretation der national-
sozialistischen Herrschaft ist es, auf das Parteiprogramm der NSDAP, auf Hit-
lers „Mein Kampf", auf Reden und Veröffentlichungen von Nazi-Größen oder
auf gesetzliche Bestimmungen zu rekurrieren. Diese auch von mir genutzte
Darstellungsform hat aber insofern einen Pferdefuß, als sie allzu leicht eine
Kausalität dort suggeriert, wo sie nicht zwangsläufig ist bzw. dazu verleitet,
Diktatur mit Zielgerichtetheit und Planmäßigkeit gleichzusetzen, ohne diese
Gleichsetzung zu begründen oder zu hinterfragen. Zwar legen die markigen
Sprüche der Wortführer des nationalsozialistischen Regimes es nahe, Anspruch
und Wirklichkeit gleichzusetzen[78], und auch der diktatorische Charakter des
Regimes verleitet zu der Annahme, seine Gesetze und Verordnungen seien
„total" durchgesetzt worden. Bei näherem Hinsehen stellt sich jedoch heraus,
daß eine beträchtliche Anzahl der proklamierten Ziele nicht verwirklicht wurde, daß die offizielle Sprachregelung Planmäßigkeit vorspiegelte, wo von einem konsistenten Plan nicht die Rede sein konnte, und daß die Flut gesetzlicher Bestimmungen – um mit Max Weber zu sprechen – nicht so sehr eine
Bürokratisierung der Herrschaft als das Fortbestehen charismatischer Herrschaft signalisierte. So blieb, wie Dietmar Petzina beschreibt, der Vierjahresplan ein „heterogenes Bündel von einzelnen Programmen und Maßnahmen"[79],
so war, wie am Beispiel der Treuhänder der Arbeit gezeigt werden wird, die
Durchbrechung allgemeiner gesetzlicher Bestimmungen häufig vorgesehen,
und nicht selten war der Auslegungsspielraum von Gesetzen so weit gefaßt,
daß ihre praktische Durchführung je nach den aktuellen Erfordernissen höchst
unterschiedlich ausfallen konnte – beliebtes Vehikel war hier der Bezug auf
die nationalsozialistische Weltanschauung[80].

---

76 *RGBl.* I, 1934, S. 45.

77 Werner Mansfeld/Wolfgang Pohl/Gerhard Steinmann/Arthur B. Krause, *Die Ordnung
der nationalen Arbeit. Kommentar*, Berlin usw. 1934, S. 251. Dieser Kommentar galt
neben dem von Hueck, Nipperdey und Dietz als Grundlage der Auslegung des AOG.
Da insbesondere die Autoren Mansfeld und Pohl maßgeblich an der Verfassung des AOG
beteiligt waren, gibt er wohl am ehesten die Intention des Gesetzgebers wieder.

78 Symptomatisch dafür ist das populäre Buch von William L. Shirer, *The Rise and the
Fall of the Third Reich*, New York 1960.

79 Dietmar Petzina, *Autarkiepolitik im Dritten Reich*, Stuttgart 1968, S. 197.

80 So heißt es beispielsweise in § 1 des Steueranpassungsgesetzes vom 16.10.1934: „1.
Die Steuergesetze sind nach nationalsozialistischer Weltanschauung auszulegen. 2.
Dabei ist die Volksanschauung, der Zweck und die wirtschaftliche Bedeutung der
Steuergesetze und die Entwicklung der Verhältnisse zu berücksichtigen ..."

Gerade auf dem Gebiet der Arbeitsverfassung und der Lohnpolitik wird deutlich, daß der nationalsozialistische Staat auf einem Kompromiß zwischen Machtgruppierungen beruhte, der nicht kodifiziert war. Franz L. Neumann, der die Parteihierarchie, das Großkapital, die Reichswehr und die Ministerialbürokratie die vier Säulen der nationalsozialistischen Herrschaft nennt, schreibt dazu: „Tatsächlich gibt es außer der charismatischen Führergewalt keine Autorität, die jene vier Gewalten koordinieren und keine Stelle, wo der zwischen ihnen ausgehandelte Kompromiß auf eine allgemein gültige Grundlage gestellt werden könnte."[81] Ohne mich hier auf die Auseinandersetzung einzulassen, ob die Ministerialbürokratie als eigenständiger Machtfaktor oder eher als technokratischer Erfüllungsgehilfe verstanden werden sollte[82], oder ob im Laufe der nationalsozialistischen Herrschaft der Primat der Politik den Primat der Wirtschaft ablöste[83], ist für das in dieser Arbeit relevante Gebiet festzustellen, daß die Verteilung der jeweiligen Interessensphären tatsächlich nie auf eine allgemein gültige Grundlage gestellt, nie festgeschrieben wurde. Die Arbeitsbedingungen wurden weder totalitär ausschließlich von der Partei oder vom Staatsapparat bestimmt noch blieben sie die ausschließliche Domäne der Unternehmer. Sie waren vielmehr geprägt von Ad-hoc-Kompromissen in einem ständigen Machtkampf um die Ausdehnung bzw. Sicherung der jeweiligen Machtposition und Einflußsphäre. So nützlich es also ist, die propagandistischen und legalistischen Proklamationen als Mittel der Darstellung und Interpretation zumindest der Intentionen der Machthaber zu verwenden, so müssen ergänzend doch die Machtkämpfe und die sozialen, politischen und ökonomischen „Sachzwänge" behandelt werden, in denen sich die Proklamationen durchsetzen bzw. nicht durchsetzen konnten.

Das AOG war zweifellos *das* Grundgesetz der Arbeitsbeziehungen im nationalsozialistischen Deutschland[84]. „Dem deutschrechtlichen Treuevertrag

---

81 Neumann, *Behemoth* (Anm. 35), S. 543.

82 Letztere Position vertritt Arthur Schweitzer, *Big Business in the Third Reich*, London/Bloomington 1964.

83 Am bekanntesten ist hierzu die Auseinandersetzung zwischen Mason und Czichon: Timothy W. Mason, Der Primat der Politik — Politik und Wirtschaft im Nationalsozialismus, in: *Das Argument*, 8. Jg., H. 6 (Dez. 1966), S. 473–494; Eberhard Czichon, Der Primat der Industrie im Kartell der nationalsozialistischen Macht, in: *Das Argument*, 10. Jg., H. 3 (Juli 1968), S. 168–192. Schon vor dieser Auseinandersetzung hatte Arthur Schweitzer die Zeit der NS-Herrschaft in eine Periode des *partial fascism* (bis 1936) und eine Periode des *full fascism* (ab 1936 mit totaler Macht der Partei) unterteilt. Seiner Ansicht nach war diese Machtverschiebung zugunsten des Primats der Politik nicht eine zwangsläufige Entwicklung, sondern eher der „Dummheit" und Profitgier der Kapitalisten zuzuschreiben. „Die Erfahrung liefert ein sehr lehrreiches Beispiel dafür, wie der Reiz des Profits Kapitalisten dazu verleiten kann, in einer Weise zu handeln ..., die letztendlich dazu tendiert, das Wirtschaftssystem zu verletzen, für welches sie eigentlich eintreten." (*Big Business*, S. IX/X; vgl. auch ebd., S. 556). Zu dieser Thematik siehe auch Tilla Siegel, Thesen zur Charakterisierung faschistischer Herrschaft, in: *Ästhetik und Kommunikation*, Juni 1978, S. 59–70.

84 Zur ausführlichen Darstellung und Interpretation des AOG vgl. Wolfgang Spohn, Betriebsgemeinschaft und innerbetriebliche Herrschaft, in: Carola Sachse/Tilla Siegel/Hasso Spode/Wolfgang Spohn, *Angst, Belohnung, Zucht und Ordnung*, Opladen 1982, S. 140–208; Timothy Mason, Zur Entstehung des Gesetzes zur Ordnung der natio-

und Führerprinzip entsprechend"[85], ordnete es die Beziehungen zwischen Arbeitgebern und Arbeitnehmern, indem es konsequent jegliche institutionalisierte, kollektive und autonome Interessenvertretung der letzteren ausschloß. Selbst das „völlig anders geartete Gebilde der Deutschen Arbeitsfront" war von einer unmittelbaren „Einflußnahme auf die Gestaltung der Arbeitsbedingungen ausgeschlossen"[86]. Die Entscheidungsbefugnis über die Arbeitsbedingungen wurde auf die in „Betriebsführer" umbenannten Arbeitgeber und auf den Staatsapparat, vermittelt über die staatliche Instanz der Treuhänder der Arbeit, verteilt.

Im folgenden soll die Stellung sowohl der nunmehr „Gefolgschaft" zu nennenden Arbeitnehmer als auch der „Betriebsführer" in der nationalsozialistischen Ordnung der Arbeit behandelt werden. Dabei geht es zunächst nicht nur um das Fürsorge-Treue-Verhältnis zwischen Betriebsführer und Gefolgschaft, sondern auch um die Politisierung der Arbeit. Daran anschließend wird auf den Prozeß der institutionellen Ausgestaltung der Lohnpolitik eingegangen.

In der nationalsozialistischen Ordnung der Arbeit wird „mit der rein materialistischen Auffassung der Beziehungen zwischen Arbeitgebern und Arbeitnehmern gebrochen" und das Arbeitsverhältnis als *Betriebsgemeinschaft* „auf eine neue Ebene gehoben"[87], auf der der Führer des Betriebes für das Wohl der Gefolgschaft zu sorgen und diese ihm die in der Betriebsgemeinschaft begründete Treue zu halten hat (§ 2 AOG). Mit anderen Worten, das AOG ist von einer Gemeinschaftsideologie geprägt, mit der Interessengegensätze zwischen Arbeitgebern und Arbeitnehmern wenn schon nicht beseitigt, so doch wegdefiniert sind und durch ein Fürsorge-Treue-Verhältnis in der gemeinsamen Arbeit „zur Förderung der Betriebszwecke und zum gemeinen Nutzen von Volk und Staat" (§ 1 AOG) ersetzt werden. Diese Gemeinschaftsideologie war nicht in dem Sinne nationalsozialistisch, daß sie allein den Vorstellungen der „Bewegung" entsprochen hätte, die ja Anfang der dreißiger Jahre eher ständischem Denken verhaftet war. Wie Mason beschreibt[88], hat − mit Variationen − eine Reihe von Gruppierungen, beispielsweise der autoritär-patriarchalische Ruhrbergbau und Kreise des Handwerks, eine am Führerprinzip orientierte Gemeinschaftsideologie vertreten. Auch in Urteilen des Reichsarbeitsgerichts[89], insbesondere aber in den Schriften des Deutschen Instituts für technische Arbeitsschulung (Dinta) und der Werksgemeinschaftsbewegung der Weimarer Zeit[90] kommt sie deutlich zum Ausdruck.

Fortsetzung Fn. 84
   nalen Arbeit vom 20. Januar 1934: Ein Versuch über das Verhältnis ‚archaischer' und ‚moderner' Momente in der neuesten deutschen Geschichte, in: *Industrielles System und politische Entwicklung in der Weimarer Republik*, hrsg. v. Hans Mommsen/Dietmar Petzina/Bernd Weisbrod, Düsseldorf 1974, S. 322−351.

85 Mansfeld u. a., *Kommentar* (Anm. 77), S. 76.

86 Ebd., S. 251.

87 Franz Seldte (Reichsarbeitsminister), *Sozialpolitik im Dritten Reich 1933−1938*, München/Berlin 1939, S. 17.

88 Vgl. Mason, Zur Entstehung des AOG (Anm. 84), insbes. S. 329 ff.

89 Vgl. ebd., S. 344 ff.; vgl. auch Otto Kahn-Freund, *Das soziale Ideal des Reichsarbeitsgerichts*, Mannheim 1931.

90 Vgl. Thomas Stahl, *Betriebssoziologie und Moral*, Frankfurt a.M./New York 1984, Kap. 1. Zu einer differenzierteren Behandlung der Werksgemeinschaftsbewegung, des Dinta

Zwar ist ein Großteil des Aktenbestandes, der Aufschluß über die Entstehung des AOG geben könnte, zerstört; aber das.produkt, nämlich das AOG selbst, läßt darauf schließen, daß seine Gemeinschaftsideologie nicht so sehr Resultat des Sieges der Vorstellungen einer bestimmten Gruppe war, sondern vielmehr einen Minimalkompromiß zwischen mehreren Gruppen darstellte, der auf eine Eliminierung des „Klassenkampfes" im Betrieb hinauslief, hinsichtlich der konkreten Ausgestaltung jedoch noch viel offen ließ[91]. (Ebenso, wie übrigens auf allgemein gesellschaftlicher Ebene die „Volksgemeinschaft" zwar den „Klassenkampf überwinden"[92] sollte, die Verteilung der Interessensphären der Machtgruppierungen aber nicht festschrieb.) So wurde denn auch die Fürsorgepflicht, die das Gesetz dem Betriebsführer anstelle aller „die eigene Entschließung hemmenden Bindungen der Vergangenheit"[93] auferlegte, nicht weiter spezifiziert. Das AOG sah lediglich vor, daß dem Betriebsführer in Betrieben mit mehr als 20 Beschäftigten in Erfüllung seiner Fürsorgepflicht ein Vertrauensrat beratend zur Seite stehen sollte (§§ 5–17) und daß „gröbliche Verletzungen der durch die Betriebsgemeinschaft begründeten sozialen Pflichten" durch die „soziale Ehrengerichtsbarkeit" „gesühnt" werden sollten (4. Abschnitt des AOG). Letzteres betraf übrigens nicht nur Betriebsführer, sondern auch Gefolgschaftsmitglieder.

Für die Betriebsführer bestand kaum ein Grund, sich wegen dieser Bestimmungen Sorge um ihre Handlungsfreiheit zu machen[94]. Es war der Betriebsführer, der in Einvernehmen mit dem Obmann der NSBO eine Liste der Vertrauensmänner aufstellte, zu der die Gefolgschaft „durch geheime Abstimmung Stellung zu nehmen" hatte (§ 9). Und es war der Betriebsführer, dem die Leitung des Vertrauensrates zustand (§ 5). Das Gesetz schrieb dem Vertrauensrat eine ausschließlich beratende Funktion zu[95], wobei es seine Aufgaben nur

Fortsetzung Fn. 90

und anderer betriebssoziologischer Strömungen, beispielsweise der Vorstellungen des Instituts für Betriebssoziologie und soziale Betriebslehre an der TH Berlin, vgl. Carola Sachse, *Betriebliche Sozialpolitik als Familienpolitik in der Weimarer Republik und im Nationalsozialismus. Mit einer Fallstudie über die Firma Siemens (Forschungsberichte des Hamburger Instituts für Sozialforschung*, Bd. 1), Hamburg 1987, Kap. III.4. – Es sei hier erwähnt, daß das Dinta zum „Amt für Berufserziehung und soziale Betriebsführung" in der DAF wurde.

91 Soweit die Aktenlage erkennen läßt, war der Erlaß des AOG unter den Machtgruppierungen kaum umstritten. Vgl. Mason, Zur Entstehung des AOG (Anm. 84), S. 331 f.; Spohn, Betriebsgemeinschaft (1982), S. 145 f. „Das Gesetz zur Ordnung der nationalen Arbeit stellt mit der grundsätzlichen Bevorzugung der Betriebsordnung ein Programm und eine Richtlinie auf, die nur die *Tendenz* der neuen Sozialpolitik angibt, keineswegs aber mit Inkrafttreten des Gesetzes sofort verwirklicht werden kann." Mansfeld u. a., *Kommentar* (Anm. 77), S. 15.

92 Willi Prion, *Die Lehre vom Wirtschaftsbetrieb*, 1. Buch, Berlin 1935, S. 124.

93 Mansfeld u. a., *Kommentar* (Anm. 77), S. 76.

94 Vgl. dazu ausführlicher: Neumann, *Behemoth* (Anm. 35); Hans-Gerd Schumann, *Nationalsozialismus* (Anm. 24), S. 123 ff.; Mason, Zur Entstehung des AOG (Anm. 84), S. 327; ders., *Arbeiterklasse* (Anm. 20), S. 97 f.; Spohn, Betriebsgemeinschaft (1982), S. 170 ff.

95 „Der Führer des Betriebes entscheidet grundsätzlich durch keinerlei Mitbestimmungsrechte gehemmt der Gefolgschaft gegenüber in allen sozialen Angelegenheiten", Mansfeld u. a., *Kommentar* (Anm. 77), S. 244.

kurz und sehr vage beschrieb und vor allem seine „Pflicht" betonte, „das gegenseitige Vertrauen innerhalb der Betriebsgemeinschaft zu fördern" (§ 6). Zwar hatte auch das Betriebsrätegesetz vom 4. Februar 1920[96], das natürlich mit Erlaß des AOG außer Kraft trat, es u. a. dem — freigewählten — Betriebsrat zur Aufgabe gemacht, „die Betriebsleitung durch Rat zu unterstützen, um dadurch ... für möglichste Wirtschaftlichkeit der Betriebsleitung zu sorgen" sowie „den Betrieb vor Erschütterungen zu bewahren" und das „Einvernehmen" zwischen der Arbeitnehmerschaft und dem Arbeitgeber zu fördern (§ 66). Es führte aber die Aufgabenbereiche des Betriebsrats detailliert auf, und die Arbeitgeber konnten z. B. in der Lohnbestimmung nicht einfach am Betriebsrat vorbeioperieren, denn er bzw. der Arbeiter- oder Angestelltenrat hatte die Aufgabe, über die Einhaltung von gesetzlichen Vorschriften, von Tarifverträgen und von Schlichterentscheidungen zu *wachen*, und, soweit derartige Regelungen nicht bestanden, „bei der Festsetzung der Akkord- und Stücklohnsätze oder der für ihre Festsetzung maßgebenden Grundsätze" sowie „bei der Einführung neuer Löhnungsmethoden" *mitzuwirken* (§ 78). Kam bei Streitigkeiten mit der Arbeitnehmerschaft, einer Gruppe oder eines ihrer Teile keine Einigung zustande, dann mußten die Arbeitgeber damit rechnen, daß der Betriebsrat die von ihnen als eher lästig empfundene Instanz der Schlichtungsausschüsse anrief (§ 66). Im Gegensatz dazu sah das AOG nur eine sehr eingeschränkte Möglichkeit vor, eine außerbetriebliche Instanz anzurufen. Zwar konnte die Mehrheit des Vertrauensrats beim Treuhänder der Arbeit Beschwerde gegen Entscheidungen des Betriebsführers über die Gestaltung der allgemeinen Arbeitsbedingungen einlegen (AOG § 16). Doch nur die Beschwerdeführer, „nicht etwa der Vertrauensrat, repräsentiert durch seine Mehrheit, rufen den Treuhänder an, und zwar *in eigenem Namen* und in Ausübung ihres *persönlichen Amtes*. Sie tragen auch persönlich die Verantwortung für ihren Schritt und verletzen auch persönlich die soziale Ehre, wenn die Anrufung leichtfertig erfolgt (§ 36 Ziff. 3)."[97] Letzteres konnte fristlose Kündigung bedeuten (§ 38,5).

In der Praxis wurde der vom Gesetzgeber sowieso schon zu einem Verein der Ja-Sager gestempelte Vertrauensrat vollends zu einem Schattendasein verdammt: Als die Wahlen zu den Vertrauensräten nicht das vom Regime erhoffte eindeutige politische Ergebnis brachten, wurden ihre Mitglieder ab 1936 nicht mehr „gewählt". Ihre Amtsdauer wurde lediglich verlängert, neue Vertrauensmänner wurden durch den Treuhänder der Arbeit berufen. Es ist deshalb nicht verwunderlich, wenn die Treuhänder in einer Besprechung vom 24. Mai 1937 darauf hinwiesen, daß sich unter den Vertrauensleuten eine „gewisse Amtsmüdigkeit" breitmache und daß sich DAF-Obleute vordrängten[98]. Der Bedeutungszuwachs der DAF-Obleute bereitete nicht nur den Un-

96 *RGBl. I*, 1920, S. 147. Ludwig Preller (*Sozialpolitik in der Weimarer Republik*, Kronberg, Ts./Düsseldorf 1978, S. 137 ff.) beschreibt, daß in der Weimarer Zeit zwar nicht alle, aber doch viele große Unternehmen trotz einer anfänglich ausgesprochen ablehnenden Haltung es lernten, mit dem Betriebsrätewesen zu leben und den Betriebsrat bewußt in die soziale Ordnung des Betriebes einzuschalten.

97 Mansfeld u. a., *Kommentar* (Anm. 77), S. 247.

98 *DZA Potsdam*, 31.01 RWM 10291, Bl. 2 f. So war es denn auch kein Wunder, daß ein Betriebsführer in Sachsen es 1937 trotz schriftlicher Anordnung und dreifacher Mah-

ternehmern, sondern auch dem Reichswirtschaftsministerium Sorge, und zwar nicht so sehr, weil man befürchtete, sie würden nun Betriebsratsfunktionen wahrnehmen, sondern weil man die Unternehmerautonomie und die Befugnisse des Staatsapparats durch den Totalitätsanspruch der DAF bedroht sah.

Auch die „soziale Ehrengerichtsbarkeit" darf als Mittel der „Erziehung" der Betriebsführer zur rechten „sozialen Gesinnung" nicht überschätzt werden. Schon in der Einleitung zum Gesetzeskommentar wird auf den „Gedanken der sozialen Ehrengerichtsbarkeit" nur beiläufig eingegangen und betont, seine Tatbestände seien vom Gesetzgeber „bewußt so eng gefaßt worden, daß eine Überspannung der neuen Einrichtung nach Möglichkeit vermieden wird"[99]. Mißbrauchte der Betriebsführer seine Machtstellung — z.B. durch böswillige Ausnutzung der Arbeitskraft und Kränkung der Ehre der Gefolgschaftsmitglieder —, konnte er nur dann bestraft werden, wenn er „böswillig" handelte[100]. Diente etwa eine unzulässige Ausdehnung der Arbeitszeit oder eine untertarifliche Entlohnung dem „Betriebswohl", dann lag kein Anlaß für ein ehrengerichtliches Verfahren vor[101].

Das Reichsarbeitsblatt veröffentlichte in seinem Teil II (nichtamtlicher Teil) jährlich statistische Berichte über die Ehrengerichtsbarkeit (den für 1935 s. S. 47). Ihnen ist zu entnehmen, daß die Anzahl der ehrengerichtlichen Verfahren relativ gering war. 1934 wurden 65 Verfahren eingeleitet, 1935 204, 1936 251, und 1937 war mit 342 eingeleiteten Verfahren der Höhepunkt erreicht. Nach Kriegsausbruch sank die Anzahl drastisch auf 72 im Jahr 1940 und auf 66 im Jahr 1942. 1944 kam die Ehrengerichtsbarkeit völlig zum Erliegen.

Die Mehrzahl der ehrengerichtlichen Verfahren richtete sich gegen Betriebsführer[102]. In den „Amtlichen Mitteilungen" der Treuhänder der Arbeit, auf deren Antrag die ehrengerichtlichen Verfahren überhaupt erst eingeleitet wurden, wird ausführlicher über einzelne Urteile berichtet, wobei man es nicht versäumte, gegebenenfalls auf die „Rasse" des Verurteilten („nicht-arisch", „jüdisch") hinzuweisen. Aus den Urteilen geht hervor, daß Inhaber kleiner Betriebe die größte Gruppe der Angeklagten bildeten. Auffallend ist, daß über ehrengerichtliche Verurteilungen von „Gefolgschaftsmitgliedern", die gerade in den ersten Jahren nur selten vorkamen, besonders ausführlich berichtet wurde. Als Beispiel mag hier die Berichterstattung des Treuhänders der Arbeit für das Wirtschaftsgebiet Brandenburg in den Jahren 1936 und

---

Fortsetzung Fn. 98

nung des Treuhänders der Arbeit nicht der Mühe wert befand, die von letzterem berufenen Vertrauensratsmitglieder „feierlich zu verpflichten und die Durchführung dieser Anordnung anzuzeigen". Sein Einwand, er sei mit Arbeit überlastet gewesen, wurde nicht als Entschuldigung anerkannt. Er wurde mit einem kostenpflichtigen Verweis bestraft. *Amtliche Mitteilungen des Reichstreuhänders der Arbeit für das Wirtschaftsgebiet Sachsen*, 15.2.1938.

99 Mansfeld u.a., *Kommentar* (Anm. 77), S. 11.

100 Ebd., S. 402.

101 Spohn, Betriebsgemeinschaft (1982), S. 197.

102 Ausführlicher über den Status der Angeklagten und die Art der Urteile (nach den jährlichen Berichten in *RABl.*, Teil II) berichtet Spohn, Betriebsgemeinschaft (1982), S. 203 ff.

AUSZUG AUS DER ÜBERSICHT ÜBER DIE SOZIALE
EHRENGERICHTSBARKEIT IM JAHRE 1935

(RABl. II, 1936, S. 67)

Im Jahre 1935 wurden insgesamt 204 Anträge auf Einleitung eines
ehrengerichtlichen Verfahrens gestellt. Diese Verfahren richteten sich
gegen 223 Personen, darunter 24 Frauen

"Auch im Jahre 1935 richtet sich weitaus die Mehrzahl der Verfahren gegen Führer des Betriebes. Gegen diese wurde in 164 Fällen Anklage erhoben. Im übrigen mußte gegen 8 Stellvertreter, 33 Aufsichtspersonen und 18 sonstige Gefolgschaftsangehörige ein Verfahren beantragt werden.

Die betroffenen Betriebe sind in erster Linie Fabrikbetriebe (57); aber auch landwirtschaftliche Betriebe (45), handwerkliche Betriebe (28), Handelsunternehmungen (20), Hotel- und Gastwirtsbetriebe (17) sind in größerem Umfange beteiligt. Unter den übrigen sind Bauunternehmen, Fuhrunternehmen, Druckereien, auch ein Bergwerk und andere zu finden.

Die Anträge der Treuhänder wurden ganz überwiegend wegen Verstoßes gegen die Ziffer 1 des § 36 gestellt. So wurden die Ausnutzung der Arbeitskraft in 34, die Kränkung der Ehre in 95 und beide Tatbestände zusammen in 41 Fällen zum Gegenstand der Anklage gemacht. Bei der Ausnutzung der Arbeitskraft handelte es sich in der Regel um untertarifliche Bezahlung, Nichtbezahlung von Überstundenarbeit, unzureichende Wohn- und Arbeitsräume, mangelhafte Verpflegung, mangelhafte Deputatlieferung und Verweigerung von Urlaub. Weitere Fälle betrafen unzulässige Mehrarbeit und unberechtigtes Antreiben zur Arbeit. Die Nichtbezahlung von Beiträgen an Sozialversicherungsträger wurde nur in Verbindung mit anderen Verstößen gegen soziale Ehre zur Grundlage eines Antrages gemacht. Eine Kränkung der Ehre erfolgte am häufigsten durch Beschimpfung (55), dann aber auch durch Mißhandlung (21) zum teile lagen beide Tatbestände vor (39). Auch Angriffe gegen die Geschlechtsehre weiblicher Gefolgschaftsangehöriger (16), zum Teil verbunden mit anderen Beleidigungen (5), führten zu einer Anklage wegen Kränkung der Ehre. In 39 Fällen richtete sich das unsoziale Verhalten gegen Lehrlinge.

Neben diesen wichtigsten Tatbeständen der Ziffer 1 treten die übrigen zurück. Immerhin wurde wegen Gefährdung des Arbeitsfriedens durch böswillige Verhetzung der Gefolgschaft in 5 Fällen, wegen unzulässiger Eingriffe von Vertrauensmännern in die Betriebsführung in einem Fall, wegen Störung des Gemeinschaftsgeistes in 6 und wegen letzten Verstoßes in Verbindung mit böswilliger Verhetzung in 2 Fällen Antrag auf Einleitung eines Verfahrens gestellt. Ein Verstoß gegen die Ziffer 3 des § 36 bildete 20mal den Gegenstand der Anklage, und zwar handelte es sich hier u.a. 7mal um hartnäckige Zuwiderhandlungen gegen schriftliche Anforderungen des Treuhänders, 3mal in Beziehung auf die Betriebsordnung, 3mal in Beziehung auf die Tarifordnung und einmal in Beziehung auf den Vertrauensrat. Ein Verfahren wegen Verstoßes gegen Ziffer 4 des § 36 ist bisher noch nicht eingeleitet worden.

Von den im abgelaufenen Jahr beantragten 204 Verfahren haben bisher 162 ihre Erledigung gefunden, und zwar teils durch rechtskräftige Entscheidung (128), teils durch Zurücknahme des Antrages (34). In 55 Fällen erging gemäß § 46 AOG. Entscheidung durch den Vorsitzenden allein. Gegen diese Entscheidung wurde in 8 Fällen Einspruch erhoben, der in 3 Fällen zu einer Abänderung der Entscheidung und Herabsetzung der Strafe führte.

Berufung wurde in 28 Fällen eingelegt. 3mal führte sie zu einer Verschärfung, 5mal zu einer Herabsetzung der Strafe, während in 3 Fällen das Urteil der ersten Instanz bestätigt werden konnte. In weiteren 3 Fällen wurde die Berufung zurückgenommen. Die übrigen Berufungsverfahren sind bisher noch nicht abgeschlossen.

In den Entscheidungen wurde überwiegend auf eine Geldstrafe (76) erkannt. Ihre Höhe blieb 25mal unter 100 RM, 43mal betrug sie zwischen 100 und 499 RM, 4mal zwischen 500 und 999 RM, und ebenfalls 4mal ging sie über 1000 RM hinaus. 21mal wurde ein Verweis, 13mal eine Warnung erteilt. 9mal ging die Entscheidung auf die Aberkennung der Befähigung, Führer des Betriebes zu sein (davon einmal auf die Zeitdauer von 2 Jahren), und einmal wurde auf die Entfernung vom bisherigen Arbeitsplatz erkannt. In 8 Fällen erfolgte Freispruch."

1937 gelten. In diesen Jahren wurde in seinem Wirtschaftsgebiet jeweils nur ein „Gefolgschaftsmitglied" verurteilt. 1936 handelte es sich um einen Vertrauensmann, der „durch Provozierung von Kampfmaßnahmen, nämlich von Streik, zum Zwecke der Durchsetzung bzw. Erhaltung besserer Arbeitsbedingungen den Arbeitsfrieden im Betrieb durch böswillige Verhetzung der Gefolgschaft nicht nur gefährdet, sondern sogar gestört" hatte. Er wurde fristlos entlassen[103]. 1937 war es ein Facharbeiter, der seine fristlose Entlassung

103 *Amtliche Mitteilungen des Reichstreuhänders der Arbeit für das Wirtschaftsgebiet Brandenburg*, 3.2.1937, S. 51 f.

erzwingen wollte, weil er einen besser bezahlten Arbeitsplatz in Aussicht hatte. Er wurde zu der relativ hohen Geldstrafe von 500,— RM verurteilt[104].

Die „soziale Ehrengerichtsbarkeit" war ein Symptom dafür, daß das Arbeitsverhältnis im nationalsozialistischen Deutschland nicht allein von den „hemmenden Bindungen der Vergangenheit" (d.h. gewerkschaftlichen Einfluß) „befreit", sondern zu einer „Gemeinschaft mit öffentlich-rechtlichem Charakter"[105] gemacht worden war. Das hatte sich bereits mit dem „Gesetz über Betriebsvertretungen und über wirtschaftliche Vereinigungen vom 4. April 1933"[106] angedeutet: „Das in § 84 des Betriebsrätegesetzes vorgesehene Recht des Einspruchs gegen die Kündigung eines Arbeitnehmers besteht nicht, wenn die Kündigung mit dem Verdacht staatsfeindlicher Einstellung begründet wird" (Art. II). Diese Bestimmung erübrigte sich, als mit Erlaß des AOG das gesamte Betriebsrätegesetz außer Kraft trat (AOG § 65) und mit der Verpflichtung der Arbeit nicht nur auf den Betriebszweck, sondern auch auf den gemeinen Nutzen von Volk und Staat (AOG § 1) eine allgemeine Grundlage zur Politisierung der Arbeit gelegt wurde, die zunächst das *Recht* auf Arbeit qualifizierte. „Volksgenossen", wenn sie ihre staatsfeindliche Gesinnung zum Ausdruck brachten, insbesondere, wenn sie durch Streiks u.ä. den Frieden der Betriebsgemeinschaft, die ja „Urzelle"[107] der „Volksgemeinschaft" war, störten, bekamen es nicht nur mit der Gestapo zu tun, sondern gingen auch ihres Rechts auf Arbeit verlustig[108].

Die DAF, die sich nicht zu Unrecht als staatstragende Institution verstand, hätte es gern gesehen, daß schon die Weigerung, der DAF beizutreten oder ein Ausschluß aus der DAF als Kündigungsgrund galten. Doch in diesem Punkt wurde keine allgemeine rechtliche Regelung getroffen. Als beispielsweise der Treuhänder der Arbeit für Schlesien im Reichsarbeitsministerium anfragte, ob es rechtens sei, daß eine Betriebsordnung die Bestimmung enthielte, ein Ausschluß aus der DAF bedeute fristlose Kündigung, antwortete Mansfeld in einem Schreiben vom 30. November 1936, das allein sei kein ausreichender Kündigungsgrund, es käme auf die Ausschlußgründe an[109]. Das schloß jedoch nicht aus, daß die Betreffenden erheblichem Druck und Schikanen ausgesetzt waren und um ihren Arbeitsplatz bangen mußten[110].

---

104 *Amtliche Mitteilungen/Brandenburg*, 30.1.1938, S. 29f.

105 Carl Schmitt, *Über die drei Arten des rechtswissenschaftlichen Denkens*, Hamburg 1934, S. 64; vgl. Spohn, Betriebsgemeinschaft (1982), S. 142ff.

106 *RGBl. I*, S. 161f.

107 Karl Andres, „Das Gesetz zur Ordnung der nationalen Arbeit vom 20. Januar 1934. Ein Überblick über die Grundgedanken", *RABl. II*, 1934, S. 37.

108 Ein Beispiel: Als im Juni 1936 etwa 250 Arbeiter der Firma Opel in Rüsselsheim streikten, wurde auch die Gestapo in ihren Wohnorten benachrichtigt. Sie war es denn auch, die ihnen bei Hausbesuchen mitteilte, sie seien wegen staatsfeindlicher Gesinnung fristlos entlassen. *DZA Potsdam*, 31.01 RWiM, 10300, Bl. 81f.

109 Vgl. ebd., Bl. 101.

110 Der spätere Bundeskanzler Ludwig Erhard, um ein illustres Beispiel zu nennen, verlor um die Jahreswende 1942/43 seinen Arbeitsplatz u.a. deshalb, weil er nicht DAF-Mitglied war. Ihm stellten dann „gestandene Männer", z.B. sein Schwager Karl Guth, Geschäftsführer der Reichsgruppe Industrie, die finanziellen Mittel zur Verfügung, damit er eine Denkschrift über den deutschen Wiederaufbau „nach dem Tag X" (nach Kriegsende) verfassen konnte. Vgl. Ludwig Erhard, *Kriegsfinanzierung und Schulden-*

1937 kam es in Regierungskreisen zu einer längeren Diskussion darüber, ob es nicht doch angezeigt sei, die politische Verpflichtung der „Gefolgschaftsmitglieder" gesetzlich (Kündigung aus Gründen der Staatssicherheit) zu konkretisieren. Der Anlaß war, daß Betriebsführer, die auf Wunsch der Abwehr jemanden entließen, sich nicht auch noch mit dem Arbeitsgericht auseinandersetzen wollten. Bei dieser Gelegenheit wollte der Stellvertreter des Führers (Heß) die gesetzliche Bestimmung durchsetzen, daß die Partei Entlassungen fordern könne, um z. B. einen „hartnäckigen Juden" aus dem Betrieb entfernen zu können[111]. Da jedoch die Realität den Gesetzgeber schon überholt hatte, sah man nach mehrmonatiger Diskussion von dem Erlaß eines neuen Gesetzes ab. Im Oktober 1937 teilte der Justizminister seinen Kollegen mit, das Reichsarbeitsgericht habe bereits in einem grundsätzlichen Urteil ausgeführt, daß die Nachprüfung der Kündigungsgründe an den Interessen des Staatsschutzes ihre Grenzen finde[112]. Zudem wurde das Problem Arbeitslosigkeit allmählich durch das Problem Überbeschäftigung abgelöst.

Als mit zunehmender Arbeitskräfteknappheit die fristlose Kündigung kein wirksames Erziehungsmittel mehr sein konnte, sah sich der Staatsapparat genötigt, wiederum in Einklang mit dem Gedanken des AOG direkt in die Arbeitsbeziehungen einzugreifen, und zwar nunmehr, um die Volksgenossen dazu anzuhalten, ihrer *Pflicht* zur Arbeit für die Volksgemeinschaft nachzukommen. Wie oben gezeigt, wurde noch 1937 die „soziale Ehrengerichtsbarkeit" dafür eingesetzt. Doch sie verlor gegenüber neuen Maßnahmen sehr bald an Bedeutung. Ab 1939 verschwinden die Bekanntmachungen über die Tätigkeit der „sozialen Ehrengerichte" aus den „Amtlichen Mitteilungen" der Treuhänder der Arbeit. An ihre Stelle treten Bestrafungen von „Gefolgschaftsmitgliedern" wegen „Arbeitsunwilligkeit" und „Arbeitsvertragsbruchs" durch die regulären Gerichte. Formalrechtlich war dies die Folge des Umstands, daß die Treuhänder der Arbeit aufgrund der Strafvorschrift in § 2 der „Lohngestaltungsverordnung" vom Juni 1938 bei Verstößen gegen ihre Maßnahmen Strafantrag bei der Staatsanwaltschaft stellen konnten (und stellten) und daß ihnen im Dezember 1939 das Ordnungsstrafrecht verliehen worden war[113]. Der sozioökonomische Grund dafür war der, daß die Betriebe mit zunehmender Arbeitskräfteknappheit dazu übergingen, sich gegenseitig Arbeitskräfte abzuwerben. Um diese der angestrebten Lohnstabilität höchst unzuträglichen Abwerbungen zu behindern, verlängerten die Treuhänder die Kündigungsfristen. Arbeiter bzw. Arbeiterinnen, die eine bessere Stellung in Aussicht hatten, versuchten deshalb eine fristlose Kündigung zu erzwingen oder verließen ihre bisherige Arbeitsstelle einfach ohne ordentliche Kündigung. Im

konsolidierung, Faksimile-Druck einer geheimen Denkschrift 1943/44, Frankfurt a.M. 1977, S. XI,XVI.

111 Besprechung v. 4.5.1937. Anwesend waren Vertreter des Reichswirtschafts-, Reichsarbeits-, Reichskriegs-, Reichsluftfahrt- und Reichsinnenministeriums sowie der Stellvertreter des Führers. *DZA Potsdam*, 31.01 RWiM, 10300, Bl. 223 ff.

112 Besprechung v. 12.10.1937, ebd., Bl. 240.

113 „Verordnung über die Lohngestaltung vom 25. Juni 1938", *RGBl. I*, S. 691; „Dritte Durchführungsbestimmung zum Abschnitt III (Kriegslöhne) der Kriegswirtschaftsverordnung. Ordnungsstrafrecht der Reichstreuhänder der Arbeit. Vom 2.12.1939"; *RGBl. I*, S. 2370.

HALTET ARBEITSDISZIPLIN !

In der letzten Zeit habe ich wieder gegen eine Reihe Volksgenossen bei der Staatsanwaltschaft Strafantrag stellen müssen, weil diese sich eines Vergehens nach meiner Allgemeinen Anordnung zur Überwachung der betrieblichen Arbeitsbedingungen, zur Verhinderung des Arbeitsvertragsbruchs und der Abwerbung vom 27.März 1939 schuldig gemacht hatten. Es wurden verurteilt:

der Landarbeiter M.L. aus G.	zu 2 Monaten Gefängnis,
der Landarbeiter E.M. aus G.	zu 2 Monaten Gefängnis,
der Landarbeiter O.Sch. aus B.	zu 6 Monaten Gefängnis,
der Melker W.T. aus B.	zu 6 Monaten Gefängnis,
der Kranführer K.D. aus C.	zu 8 Monaten Gefängnis,
der Arbeiter R.A. aus A.	zu 4 Monaten Gefängnis,
der Maschinenschlosser W.F. aus D.	zu 4 Monaten Gefängnis,
der Landarbeiter W.K. aus D.	zu 6 Monaten Gefängnis,
der Landarbeiter V.S. aus L.	zu 3 Monaten Gefängnis,
der Landarbeiter F.K. aus F.	zu 1 Monat Gefängnis,
die Fabrikarbeiterin E.D. aus D.	zu 10 Wochen Gefängnis,
der Landarbeiter W.G. aus C.	zu 8 Wochen Gefängnis,
der Schlosser R.M. aus L.	zu 2 Monaten Gefängnis,
der Arbeiter J.M. aus M.	zu 19 Tagen Gefängnis,
der Landarbeiter I.Z. aus G.	zu 2 Monaten Gefängnis,
der Arbeiter P.G. aus B.	zu 2 Monaten Gefängnis,
der Landwirt W.W. aus S.	zu 1 Monat Gefängnis,
der Landarbeiter J.D. aus S.	zu 1 Monat Gefängnis,
der Landarbeiter E.S. aus S.	zu 6 Wochen Gefängnis,
der Bauarbeiter F.B. aus R.	zu 2 Monaten Gefängnis.

Die Genannten waren der Arbeit zeitweise pflichtwidrig ferngeblieben oder hatten ihren Arbeitsplatz überhaupt unter Bruch des Arbeitsvertrages verlassen.

Aus: *Amtliche Mitteilungen des Reichstreuhänders der Arbeit für das Wirtschaftsgebiet Sachsen*, 30. Juli 1940, S. 150.

Verlauf des Krieges verschärften sich die Sanktionen gegen diejenigen, die ihrer Pflicht zur Arbeit nicht nachkommen wollten, und mündeten schließlich gegen Ende des Krieges in einen konzertierten Kampf unterschiedlichster Behörden und Instanzen gegen das „Bummelantentum". Bei Verletzung der Arbeitspflicht drohte nun die Zwangsarbeit in den „Arbeitserziehungslagern"[114].

Angesichts der dargestellten Entwicklung meine ich im Gegensatz zu Timothy Mason, daß die erzieherischen Bestimmungen des AOG – über den Vertrauensrat und insbesondere über die soziale Ehrengerichtsbarkeit – nicht

---

114 Wie selbstverständlich die Pflicht zur Arbeit geworden war, drückt eine Studie des Arbeitswissenschaftlichen Instituts der DAF 1944 aus: „In der Volksgemeinschaft ist nicht nur die Pflicht zur Arbeit, sondern auch das Recht auf Arbeit zu verwirklichen." *Begründung und Grundsätze einer Reichslohnordnung*, Berlin, Nov. 1944, S. 1; *IfZ München*, Sign. Db 66.45.

uneingeschränkt als „tote Paragraphen"[115] bezeichnet werden können. Zwar erwiesen sie sich, was die Konkretisierung der „Fürsorgepflicht" der Betriebsführer anbelangt, als ideologisch im landläufigen Sinne — nämlich verlogen und reale Machtverhältnisse verschleiernd — und insofern als relativ irrelevant für die Praxis der Arbeitsbeziehungen. Andererseits aber brachten sie die ausgesprochen relevante Konsequenz der Gemeinschaftsideologie für die andere Seite der Arbeitsbeziehungen, nämlich die Arbeitnehmer, prägnant zum Ausdruck: Sie waren ohne jegliche gewerkschaftliche oder gewerkschaftsähnliche Einschränkungen und unter Strafandrohung auf die Arbeit für den Betriebszweck *und* für das gemeine Wohl von Volk(sgemeinschaft) und Staat verpflichtet.

Weitaus weniger prägnant war das Verhältnis zwischen Betriebsführern und Treuhändern der Arbeit festgelegt. Denn wenngleich die nationalsozialistische Form der „Überwindung des Klassenkampfgedankens" eine Transformation des Arbeitsverhältnisses von einem Verhältnis zwischen Privaten in ein quasistaatliches Zwangsverhältnis bedeutete, so beinhaltete sie nicht eine gleichermaßen umfassende Verstaatlichung der Lohnbestimmung. Vielmehr wurde in allen Kommentaren zum AOG die Dezentralisierung der Lohnbildung betont. Die Betriebsgemeinschaft, in der der Betriebsführer, durch keinerlei Mitbestimmungsrecht gehemmt, in allen betrieblichen Angelegenheiten bestimmt (AOG § 2), wurde zum Kernpunkt der „neuen Sozialordnung" gemacht[116]. Insbesondere hinsichtlich der Arbeitsbedingungen wurde die betriebliche Autonomie gegenüber überbetrieblichen Regelungen betont: Die „allzu starren Lohntarife", die „nivellierende Lohnpolitik" der „Systemzeit" (Weimar), sollte es nicht mehr geben[117]. „Gegenüber der bisherigen schematischen und schwer beweglichen Regelung der Mehrzahl der Arbeitsbedingungen in zentralen Tarifverträgen [soll] in Zukunft eine Berücksichtigung der natürlichen Verschiedenheiten der einzelnen Betriebe und eine elastische Anpassung der Arbeitsbedingungen an die jeweilige wirtschaftliche Entwicklung möglich sein."[118]

Es sollte jedoch nicht gänzlich auf eine überbetriebliche Regelung der Arbeitsbedingungen verzichtet werden. Wo „gegen gewichtige höhere Interessen verstoßen" wird oder wo „die unmittelbar beteiligten Kreise sich nicht mehr verständigen können"[119], ist eine sozialpolitische Aufsicht über die Betriebe vorgesehen, insbesondere „da eine Selbsthilfe der Beteiligten im Wege des Arbeitskampfes im nationalsozialistischen Staat nicht statthaft sein kann"[120]. Als Organ der Staatsaufsicht sollten hier die Treuhänder der Arbeit dienen, die zunächst dem Reichsarbeitsministerium und dem Reichs-

115 Mason, Zur Entstehung des AOG (Anm. 84), S. 327.
116 Andres, Gesetz (Anm. 107), S. 37. Ähnlich auch in Arthur Bernhard Krause, *Die Arbeitsverfassung im neuen Reich*, Stuttgart/Berlin 1934, S. 18; Alfred Hueck/Hans Carl Nipperdey/Rolf Dietz, *Gesetz zur Ordnung der nationalen Arbeit. Kommentar*, München/Berlin ⁴1943, Rdnr. 3 zu § 11; Mansfeld u.a., *Kommentar* (Anm. 77), z.B. S. 18, 73.
117 Ebd., S. 16/17.
118 Andres, Gesetz (Anm. 107), S. 37.
119 Mansfeld u.a., *Kommentar* (Anm. 77), S. 19.
120 Andres, Gesetz (Anm. 107), S. 38.

wirtschaftsministerium, später jedoch nur noch dem Reichsarbeitsministerium unterstellt waren. Laut AOG (§ 19) hatten die Treuhänder folgende Aufgaben: Überwachung der Bildung der Vertrauensräte und Entscheidung bei Beschwerden der Vertrauensräte gegen ihren Betriebsführer; Entscheidung bei Massenentlassungen; Überwachung der Aufstellung von Betriebsordnungen; Erlaß von Tarifordnungen; Mitwirkung an der sozialen Ehrengerichtsbarkeit; Unterrichtung der Reichsregierung über die sozialpolitische Lage. Außerdem konnten ihnen der Reichsarbeitsminister und der Reichswirtschaftsminister weitere Aufgaben übertragen.

Mit der Ernennung der Treuhänder der Arbeit hätten, so schreibt Hans-Gerd Schumann, „die Unternehmer ihr Ziel, die Beseitigung der gewerkschaftlichen Eingriffsmöglichkeiten, erreicht"[121]. Es bedarf aber einer zusätzlichen Erklärung, weshalb die Unternehmer dafür die zumindest potentielle staatliche Einschränkung ihrer Autonomie in Kauf nahmen, die insbesondere in der durch die Treuhänder symbolisierten Verstaatlichung des Tarifwesens angelegt war. Gegen Ende der Weimarer Zeit waren die Unternehmer gegen die staatlichen Zwangsschlichtungen und die Verbindlichkeitserklärungen von Schlichterentscheidungen Sturm gelaufen[122]. Warum also nicht gegen die Ernennung von Treuhändern der Arbeit, deren Wirtschaftsgebiete fast gänzlich den ehemaligen Schlichterbezirken entsprachen, von denen drei — Hartmann in Bayern, Kimmich in Südwestdeutschland und Hessen sowie Wiesel in Mitteldeutschland — tatsächlich vorher als Schlichter tätig gewesen waren[123], denen zunächst (1933) die Aufgaben der Schlichter übertragen wurden und die dann aufgrund des AOG diese Aufgaben nicht zusätzlich zum, sondern an Stelle des kontraktlich geregelten Tarifwesens ausüben sollten? Eine Antwort auf diese Frage wird in dem Umstand gesehen, daß, von einer Ausnahme abgesehen, alle 1933 ernannten Treuhänder der Arbeit ehemalige Rechtsberater großer Arbeitgeberverbände gewesen sein sollen[124]. Sieht man sich die nebenstehende Liste an, so lassen allein die Titel und beruflichen Positionen der Treuhänder von 1933 vermuten, daß die Unternehmer eine ihrer Forderungen weitgehend berücksichtigt sehen konnten, nämlich die Ausschaltung „unsachlicher" politischer Einflüsse auf die private Wirtschaftsführung, insbesondere die Lohnpolitik[125]. Jedenfalls waren politische Einflüsse von — aus Unternehmersicht — falscher, d.h. sozialdemokratischer Seite ausgeschlossen.

Allerdings kam eine Reihe von Treuhändern aus den oberen Rängen der NSBO und der DAF, gegen die die Unternehmerschaft 1933 noch erhebliche

121 Schumann, Nationalsozialismus (Anm. 24), S. 82.
122 Vgl. Preller, Sozialpolitik (Anm. 96), insbes. S. 512 ff.; s. auch Wolfgang Spohn, Betriebsgemeinschaft (1980), S. 321 ff. (Exkurs: Von der Zwangsschlichtung zur Tarifordnung) sowie insgesamt zur Rolle der Treuhänder der Arbeit ebd., Kap. III.
123 RABl. I, 1933, S. 68 ff.; RGBl. I, 1933, S. 369. Auch Leon Daeschner, ab 1934 TdA für Brandenburg, war Mitglied eines Schlichtungsausschusses (Koblenz) gewesen. Vgl. Kölnische Zeitung v. 6.4.1934.
124 Vgl. Schumann, Nationalsozialismus (Anm. 24), S. 82; Bracher, Machtergreifung (Anm. 10), S. 190. Beide Autoren berufen sich auf Leopold Franz, Die Gewerkschaften in der Demokratie und in der Diktatur, Karlsbad 1935.
125 So Dr. Koettgen von Siemens, Vorsitzender der Vereinigung der Deutschen Arbeitgeberverbände, im Dezember 1932: Soziale Praxis, Jg. 42, Sp. 44; nach Preller, Sozialpolitik (Anm. 96), S. 204.

DIE TREUHÄNDER DER ARBEIT (AUSSCHL. DER SONDERTREUHÄNDER)
— Mit Hinweisen auf bis zur Ernennung ausgeübte Tätigkeiten —

Wirtschaftsgebiet	1933	1934	1939
Ostpreußen	Hans Schreiber (Pg.)	ders.	ders.
Schlesien	Dr. Leopold Nagel (?)	ders.	Staatsrat Walter Schumann (Pg.) (seit 1936)
Brandenburg	Johannes Engel (Pg.) Gründer der Berliner Betriebszellenorg., Landesobmann der NSBO für Groß-Berlin (1932/33), Bezirksleiter (-walter) der DAF ab 2. Hbj. 1934	Dr. L. Daeschner (Pg.) langj. Leiter einer Eisen- u. Metallgießerei; Mitglied des Schlichtungsaussch. Koblenz; stellvertr. Leiter des Sozialamtes d. DAF; seit Jan. 1933 Mitglied in d. Reichsleitung der NSDAP	ders.
Pommern	Dr. Graf v.d. Golz (Pg.) Rechtsanwalt	Admiral a.D. Claasen (PG.)	ders.
Nordmark	Dr. Friedrich Völzer (Pg.) NS Senator, Reichskommissar f. Lübeck	ders.	ders.
Niedersachsen	Dr. Richard Markert (Pg.) Bremer Bürgermeister; Leiter des Arbeitsamtes	Dr. Josef Klein (Pg.) vgl. Wirtschaftsgebiet Westfalen 1933	Dr. Kurt von Maercken (Pg.) Garderittmeister; leit. Stell. in der Industrie; Rechtsabt. der DAF in Bayern, Stellvertr. der TdA Bayern und Rheinland. (TdA Nieders. seit 1936)
Westfalen	Dr. Josef Klein (Pg.) NS Gauwirtschaftsberater Mitgl. des Düsseldorfer Inst. f. Ständewesen	Karl Hahn (Pg.) Syndikus d. Landesaussch. f.d. sächs. Arbeitgeberverb.; Geschäftsf. des Verb. d. Holzind. und Schuhfabrikation i. Sachsen (1919–1939); nach Aufl. der Arbeitgeberverb. Leiter der Rechtsst. der DAF in Sachsen	ders.
Rheinland	Staatsrat Wilhelm Börger (Pg.) M.d.R.; Landesobmann der NSBO (West) 1932/33	ders.	. . .
Hessen	Dr. Karl Lüer, Präs. d. IHK Frankfurt/M. Präs.d.Reichsgruppe Handel	ders. (dann abgelöst durch F.J. Schwarz)	Dr. Schmelter (Pg.) (ab 1942 auch Sondertreuhänder f.d. Org. Todt)
Mitteldeutschland später geteilt in: Mittelelbe und Thüringen	Dr. Wiesel (Pg.) Oberregierungsrat im thür. Wirtschaftsmin.	ders.	komm. bis 2.5.1939 geführt von Reg. Rat Schröder; danach von SA-Brigadeführer Alfons Glatzel Dr. Wiesel (s. 1933)

Fortsetzung

Wirtschaftsgebiet	1933	1934	1939
Sachsen	Ministerialrat Hoppe	Erst Stiehler (Pg.) M.d.R. Kassenassistent der Chemnitzer Straßenbahn, Landesobmann der NSBO und Bezirksl. der DAF	ders.
Bayern	Heinrich Hartmann (Mitarbeit in der Schlichtung München)	Kurt Frey (Pg.) Landesobmann d. NSBO u. Bezirksleiter der DAF f. Bayern	ders.
Südwestdeutschl.	Dr. Wilhelm Kimmich (Pg.) Arbeitsrechtler, aus dem Schlichtungswesen	ders.	ders.
Saarpfalz			seit 1935 Pg. Böhm
Ostmark			seit 1938 Pg. Proksch
Öffentl. Dienst	Staatsr. Dr. Melcher (Pg.) Oberpräs. i. R.	ders.	ders.

Quellen: *RABl. I*, 1933, S. 185; *Soziale Praxis*, 19.4.1934, Sp. 478; Schumann, *Nationalsozialismus* (Anm. 24), S. 176 ff., 181; *Reichsband. Adressenwerk der Dienststellen der NSDAP mit den angeschlossenen Verbänden des Staates, Reichsregierung, Behörden, der Berufsorganisationen*, Berlin 1939, S. 51; sowie die folgenden Zeitungen: *Kölnische Zeitung* v. 6.4.1934; *Hamburger Fremdenblatt* v. 24.10.1934; *Deutsche Bergwerkszeitung* v. 19.12.1934 u. 30.4.1939; *Berliner Tageblatt* v. 11.8.1936; *Deutsche Volkswirtschaft* vom Juni 1942, Hinweise über Tätigkeiten als Schlichter aus: *RABl. I*, 1933, S. 69 f.

Vorbehalte hegte. Zu Treuhändern ernannt wurden beispielsweise der Gründer der Berliner Betriebszellenorganisation und Bezirksleiter der DAF, Johannes Engel, der 1934 von Dr. Leon Daeschner, Mitglied der Reichsleitung der NSDAP und stellvertretender Leiter des Sozialamts der DAF, abgelöst wurde; der nationalsozialistische Reichstagsabgeordnete und Landesobmann (West) der NSBO, Wilhelm Börger, sowie ab 1934 der Landesobmann (Bayern) der NSBO und Bezirksleiter der DAF, Kurt Frey, und der Gaubetriebszellenleiter der NSBO und Bezirksleiter der DAF für Sachsen, Ernst Stiehler[126]. Es wäre jedoch vorschnell, die Treuhänder in ihrer Einstellung nach dem Schema einzuordnen: Verbindung zu Arbeitgeberverbänden = Unternehmerfreundlichkeit, NSBO- oder DAF-Affinität = Tendenz zur parteilichen Einschränkung der Unternehmerautonomie. So zeigt der Fall Karl Hahn, daß ein ehemaliger Syndikus durchaus Funktionär der DAF werden konnte. In ihrer Tätigkeit als Treuhänder der Arbeit war jedenfalls kein wesentlicher Unterschied zwischen ehemaligen NSBO- oder DAF-Funktionären und anderen festzustellen. Auch aus den relativ seltenen personellen Verschiebungen nach 1934[127] kann man nicht

126 Angaben nach: Schumann, *Nationalsozialismus* (Anm. 24), S. 176 ff.; Reinhard Giersch, *Die DAF*, Bd. II, Jena 1981, S. 182; *RABl. II*, „Der Aufbau der DAF", 1933 u. 1934, *Kölnische Zeitung* v. 6.4.1934.

127 Bis einschließlich 1933 hatten viele Treuhänder der Arbeit, ebenso wie die Schlichter vor ihnen, mehrere Ämter inne. Aufgrund des AOG wurden sie 1934 Reichsbeamte und durften keine anderen amtlichen Stellen mehr innehaben. Deshalb gaben einige von ihnen ihr Amt als Treuhänder zugunsten eines anderen Amtes oder einer hauptamtlichen Tätigkeit in der DAF auf.

auf eine eindeutige Verschiebung von einem Primat der Wirtschaft zu einem Primat der Politik oder umgekehrt schließen. Es gab aber einen sehr viel gewichtigeren Grund als die Personenfrage, der dazu beitrug, daß die Unternehmer nicht gegen die Ernennung von Treuhändern der Arbeit protestierten, obwohl sie eine Verstaatlichung der überbetrieblichen Lohn- und Arbeitspolitik symbolisierten, die die Unternehmerautonomie im Grundsatz und − wie sich im Zweiten Weltkrieg herausstellen sollte − auch tatsächlich beträchtlich einschränken konnte. Dieser Grund liegt in der spezifischen Janusköpfigkeit der Funktionen der Treuhänder, die die Lohnpolitik überhaupt während der ganzen Dauer des „Dritten Reiches" charakterisierte. Sie zeigte sich schon 1933: In den Konflikten in den ersten Monaten der Machtergreifung war die Ernennung von Treuhändern der Arbeit symbolisch und praktisch nicht nur ein Beleg dafür, daß gewerkschaftliche Eingriffsmöglichkeiten beseitigt worden waren; sie bewies auch, daß die Reichsregierung auf dem Gebiet der Arbeitsverfassung die „nationalsozialistische Revolution" für beendet erklären und nicht zulassen wollte, daß nach der „revolutionären" Beseitigung der Gewerkschaften nun auch „die großen Herren der Konzerne"[128] entfernt würden. Damit wurden Bestrebungen blockiert, aus der DAF eine − wenn auch nationalsozialistisch kontrollierte − Art Einheitsgewerkschaft zu machen, an der den Unternehmern ebensowenig gelegen war. Sollte einerseits die Ernennung der Treuhänder demonstrieren, daß der nationalsozialistische Staat und nicht die nationalsozialistische Bewegung für die Ordnung der Arbeit und des Lohns zuständig war, so wirkten die Treuhänder andererseits keineswegs als Diktatoren[129], auch nicht als Exekutivorgane einer diktatorischen Lohn- und Arbeitspolitik der Reichsregierung gegenüber den Unternehmern. 1933 hätte eine diktatorische Neuordnung der Löhne und Arbeitsbedingungen nur bedeuten können, daß die Konflikte in der Frage, wie nun eigentlich die nationalsozialistische Arbeitsverfassung aussehen sollte, verstärkt worden wären. So konnte es nur die Aufgabe der Treuhänder sein, den sozialpolitisch labilen Zustand nach der Beseitigung der Gewerkschaften solange aufrecht zu halten, bis im Zuge der Machtkämpfe im und um das Regime eine neue Sozialordnung entwickelt und gesetzlich verankert war. Gerade daß sie einen Status quo, der die Unternehmer eindeutig favorisierte, durch ihre bloße Existenz absicherten, anstatt größere Veränderungen durchzusetzen, machte die Treuhänder der Arbeit 1933 für die Unternehmer akzeptabel.

Auch die Art, in der das AOG das Tarifwesen regelte, kam Unternehmerwünschen entgegen. In der Weimarer Zeit hatte sich die Kritik der Unternehmerseite nicht so sehr gegen kollektive Lohnregelungen an sich gerichtet[130],

---

128 Schulz, *Anfänge* (Anm. 61), S. 633/634.
129 Die „diktatorischen Vollmachten" der Treuhänder der Arbeit werden m. E. von Schulz (ebd. S. 641 ff.) überbewertet.
130 Kollektive Lohnregelungen hatten den Vorteil, Arbeitskämpfe zu entschärfen und zu verstetigen, bei Kartellen durch Gleichmäßigkeit der Arbeitslöhne die Gestehungskosten und damit die Preise zu vereinheitlichen sowie in nichtkartellierten Bereichen die „mörderische" Preiskonkurrenz zu bremsen. Vgl. dazu Robert A. Brady, *The Spirit and Structure of German Fascism*, London 1937, Kap. IV/2 u. V; Schweitzer, *Big Business* (Anm. 82), S. 400 f.; Mansfeld u. a., *Kommentar* (Anm. 77), S. 358.

sondern eher gegen die Unabdingbarkeit der Tarifverträge und gegen die Verbindlichkeitserklärung durch Zwangsschlichtung. So hatte man insbesondere im Verlauf der Weltwirtschaftskrise die Lockerung der Tarifverträge verlangt, d.h. der Tarifvertrag sollte der jeweiligen konjunkturellen Lage und den Bedürfnissen des Betriebes elastischer angepaßt werden. Diese Forderung stieß auf den Widerstand der Freien Gewerkschaften und auch breiter sozialpolitischer Kreise, wurde sie doch als Angriff auf die Grundlagen der Weimarer Sozialverfassung angesehen[131], zumal ja in Krisenzeiten eine Auflockerung bedeutet hätte, daß längerfristig vereinbarte Tariflöhne nach unten hätten „angepaßt" werden müssen.

Auf den ersten Blick scheint das AOG der Forderung nach Lockerung der Tarifverträge und auch der Forderung nach „echten", d.h. in freier, vom Staat (von Zwangsschlichtung) unbeeinflußter Vereinbarung zustandegekommenen Tarifverträgen — so Dr. Koettgen 1932 in seiner Eigenschaft als Vorsitzender der Vereinigung der Deutschen Arbeitgeberverbände[132] — keineswegs zu entsprechen. Denn es ersetzt die Tarif*verträge* durch Tarif*ordnungen*, die von der staatlichen Instanz der Treuhänder der Arbeit erlassen werden und die Mindestlöhne festsetzen, die zudem durch die Strafvorschrift in § 22 des AOG abgesichert werden. Jedoch sollte die Tarifordnung „die Ausnahme bilden und nur dann in Betracht kommen, wenn zum Schutze der Beschäftigten die Regelung von Arbeitsbedingungen nicht dem Einzelarbeitsvertrage oder der Betriebsordnung überlassen werden kann"[133]. Mit der Ablösung der privatrechtlichen Tarifverträge durch Tarifordnungen konnte auch der Forderung nachgegeben werden, die „allzu starren Lohntarife"[134] zu lockern. Die Treuhänder hatten nämlich nicht nur das Recht, Tarifordnungen zu erlassen; sie konnten auch einzelnen Betrieben, sofern ihre wirtschaftliche Lage es erforderte, die Unterschreitung der tariflichen Mindestlöhne erlauben, womit den betreffenden Arbeitnehmern die Möglichkeit genommen war, ihren Tariflohn einzuklagen. Schon 1934 machten die Treuhänder von diesem Recht wiederholt Gebrauch[135]. Es wurde dann mit der 14. Durchführungsverordnung zum AOG vom 15. Oktober 1935 noch einmal explizit bestätigt[136]. Nach einer Studie der DAF sollen bis 1936 in 25 Prozent der Handwerksbetriebe die von den Treuhändern allgemein festgelegten Mindestlöhne unterschritten worden sein[137].

131 Zur Diskussion um die „Lockerung der Tarifverträge" vgl. Preller, *Sozialpolitik* (Anm. 96), S. 411 ff.
132 Vgl. ebd., S. 414.
133 Mansfeld u. a., *Kommentar* (Anm. 77), S. 359.
134 Ebd., S. 16.
135 Beispiele dafür finden sich in den *Amtlichen Mitteilungen* der Treuhänder der Arbeit, z. B. für Sachsen, Jg. 1934, S. 7, 34, 99, 101, 106, 108, u. Jg. 1935, S. 84, 244, 317. Auch aus dem Schreiben des Reichsarbeitsministers an den Reichswirtschaftsminister vom 4.5.1934 geht hervor, daß die Treuhänder in mehreren Wirtschaftsgebieten Lohnsenkungen unter die Tariflöhne gebilligt hatten; DZA Potsdam, 31.01 RWiM, 10331, Bl. 142.
136 *RGBl. I*, 1935, S. 1240.
137 Vgl. Schweitzer, *Big Business* (Anm. 82), S. 400. Aus Schweitzers Ausführungen geht allerdings nicht hervor, ob diese Unterschreitungen von den Treuhändern gebilligt wurden.

Der wichtigste Faktor in der Abkehr von der „nivellierenden Lohnpolitik"[138] der Weimarer Zeit war wohl die Tatsache, daß die Treuhänder mit ihren Tarifordnungen der ersten Jahre und insbesondere, indem sie bereits bestehende Tarifverträge lediglich in Tarifordnungen umbenannten und damit verlängerten[139], die Tariflöhne praktisch auf ihrem Krisenniveau einfroren. Die Tariflöhne lagen 1933 um rund 20 Prozent unter den Tariflöhnen von 1929[140] und damit auf einem kaum noch zu unterschreitenden Mindestniveau. Sie blieben bis zum Ende der nationalsozialistischen Herrschaft praktisch konstant[141]. Gleichzeitig stiegen mit dem einsetzenden Rüstungsboom die effektiven Verdienste an, aber von Betrieb zu Betrieb, Arbeitergruppe zu Arbeitergruppe, Branche zu Branche und Region zu Region höchst unterschiedlich. Die Verstaatlichung des Tarifwesens lief also zunächst darauf hinaus, die offiziellen (und einklagbaren) Löhne auf dem Krisenniveau zu „stabilisieren", wobei es den einzelnen Unternehmern überlassen blieb, wie weit sie in Anpassung an die verbesserte ökonomische Lage und an die zunehmende Arbeitskräfteknappheit mit den effektiven Arbeitsverdiensten über die Tariflöhne hinausgehen wollten. Die Tariflöhne verloren zunehmend an Relevanz für die effektive Lohnbestimmung; die Rolle der Treuhänder der Arbeit bestand zunächst vorwiegend darin, sozialpolitische Feuerwehr zu sein. Es ist daher nicht verwunderlich, daß der Reichsarbeitsminister 1936 Klage darüber führen mußte, daß „die hohe und verantwortliche Stellung der ... Treuhänder der Arbeit ... trotz ihrer mehr als dreijährigen Tätigkeit noch vielfach verkannt" wird, daß sie „zu Betriebsbesichtigungen durch leitende Persönlichkeiten des Reichs und der Länder ... nicht immer zugezogen" und „bei festlichen Veranstaltungen des Staates ... häufig nicht eingeladen" bzw. „bei der Platzanweisung nicht immer ihrem Range und Stellung als Leiter einer hohen Reichsbehörde entsprechend berücksichtigt" werden[142]. In den wenigen Fällen, wo eine überbetriebliche Anhebung der Löhne erforderlich war, fühlten sich auch andere Instanzen bemüßigt, entsprechende Anordnungen zu erlassen. Ein solcher Fall war gegeben, als das Saarland 1935 in das Deutsche Reich eingegliedert wurde. Dieser Fall ist nicht nur bezeichnend für die Form, in der sich die neue Kompetenzenverteilung in der Lohnbestimmung durchsetzte, sondern auch für das Kompetenzgerangel, das den „Regierungsstil" im nationalsozialistischen Deutschland prägte.

Nach der Eingliederung waren im Saarland die Lebenshaltungskosten um etwa 30 Prozent gestiegen. Nach Einschätzung des Gauleiters und Reichskommissars für die Rückgliederung des Saarlandes, Bürckel, hätten die Löhne in der Schwerindustrie um etwa 22 Prozent erhöht werden müssen, um das Ni-

138 Mansfeld u. a., *Kommentar* (Anm. 77), S. 17.

139 Die neuen Tarifordnungen der ersten Jahre galten zumeist für Branchen mit vielen Kleinbetrieben und Heimarbeit. Vgl. *RABl. IV* (Bekanntgabe von Tarifordnungen) der Jahrgänge 1934—1936.

140 Statistisches Reichsamt, *Statistisches Jahrbuch für das Deutsche Reich*, 1938, S. 339.

141 Zum Verhältnis der Tariflohn- zur Effektivverdienstentwicklung vgl. Gerhard Bry, *Wages in Germany 1871—1945*, Princeton 1960, S. 233 ff.; René Livchen, Wage Trends in Germany from 1929 to 1942, in: *International Labour Review*, Dez. 1943, S. 714 ff.

142 Brief des Reichsarbeitsministers an die Reichsminister, Reichsstatthalter und Landesregierungen v. 21.12.1936, *BA Koblenz*, R 43II/529, Bl. 21.

veau der in Struktur und wirtschaftlicher Lage vergleichbaren Schwerindustrie des Siegerlandes zu erreichen. Noch drastischer war der Lohnrückstand in der Saarländischen Eisen- und Metallverarbeitenden Industrie. Die Löhne der Facharbeiter hätten um 30 Prozent, die der angelernten Arbeiter um 37 Prozent, die der Hilfsarbeiter um 40 Prozent und die der Arbeiterinnen sogar um 93 Prozent angehoben werden müssen, um mit den Löhnen der vergleichbaren Industrie in Baden-Württemberg gleichzuziehen[143]. Da die Saararbeiter ja den Anschluß unterstützt hätten und nun dadurch „belohnt" würden, daß sich ihr Lebensstandard verschlechtert habe[144], ordnete Bürckel mit Einverständnis des Leiters der Bezirksgruppe Saarland-Pfalz der Reichsgruppe Industrie, Kommerzienrat Röchling, am 8. April 1936 an, die Löhne in der Eisenerzeugenden und in der Eisen- und Metallverarbeitenden Industrie des Saarlandes um ganze drei Prozent zu erhöhen[145]. Auf diese Anordnung reagierte das Reichsarbeitsministerium außerordentlich heftig. In einem Telegramm (wahrscheinlich vom 15. April 1936) wies Seldte Reichskommissar Bürckel darauf hin, seine Anordnung verstoße gegen den „maßgebenden Befehl des Führers" (daß jede staatliche Lohnveränderung unterbleiben solle) und er, der Reichsarbeitsminister, habe den Reichsinnenminister gebeten, „die sofortige Aufhebung" von Bürckels Anordnung zu veranlassen[146]. Der Reichsarbeitsminister sah sich auch genötigt, in einem Schreiben vom 30. April 1936 an die Reichsgruppe Industrie darauf hinzuweisen, daß Kommerzienrat Röchling zwar als Unternehmer Lohnerhöhungen für seine Betriebe zustimmen dürfe, er aber als „der Leiter einer Bezirksgruppe nicht befugt ist, Lohnverhandlungen zu führen oder für bestimmte Wirtschaftszweige allgemein seine Zustimmung zu Lohnerhöhungen oder Lohnherabsetzungen zu geben. Die Lohnpolitik und die Festsetzung von Löhnen ist nach dem Gesetz zur Ordnung der nationalen Arbeit allein Aufgabe der Treuhänder der Arbeit. Ich bitte sicherzustellen, daß künftig eine derartige verbindliche Mitwirkung der Gliederungen der Reichsgruppe Industrie als solche an Lohnverhandlungen ausgeschlossen wird."[147]

In diesem Zusammenhang soll nicht unerwähnt bleiben, daß sich auch die DAF in den Anfangsjahren bemüßigt fühlte, darüber zu wachen, daß die Unternehmer nicht als Verband zu Lohnfragen Stellung nahmen: Als beispielsweise Ende 1934 der Verband Sächsischer Industrieller eine Versammlung abhielt, auf der auch Lohnfragen behandelt werden sollten, benachrich-

143 Brief von Reichskommissar Bürckel an den Reichsarbeitsminsiter, mit Durchschrift an Schacht als Reichswirtschaftsminister, v. 27.4.1936. *DZA Potsdam*, 30.01 RWiM, 10300, Bl. 55 ff.

144 Vgl. ebd.

145 Vgl. ebd., Bl. 39.

146 Ebd., Bl. 44. Dieser „Führerbefehl" bezog sich auf staatliche Änderungen der (Tarifmindest-)Löhne. Er war kein gesetzlich verordneter Lohnstopp in dem Sinne, daß die Unternehmer keine höheren Löhne zahlen durften. Vgl. Chefbesprechung in der Reichskanzlei v. 2.5.1935 über Lohnpolitik, *BA Koblenz*, R 43II/541, Bl. 87 ff. – Das allgemeine Verbot, von betrieblicher Seite die Arbeitsverdienste zu erhöhen, erfolgte erst im Herbst 1939.

147 Schreiben des Reichsarbeitsministers an die RGI v. 30.4.1936, *DZA Potsdam*, 30.01 RWiM, 10300, Bl. 43 f.

tigte der DAF-Bezirksverwalter den sächsischen Wirtschaftsminister, der dann einen Kommissar der Gestapo zu dem Treffen schicken ließ. (Der Kommissar konnte die Versammlung nicht verhindern, weil er zu spät kam.) Reichswirtschaftsminister Schacht stellte später aus diesem Anlaß klar, daß wirtschaftliche Verbände Lohnfragen wohl behandeln könnten, sich aber nicht als sozialpolitische Interessenvertretung betätigen und auch nicht der DAF als Kontrahenten gegenübertreten dürften[148].

Doch zurück zum Kompetenzenstreit im Fall der Saar-Löhne: In seinem Schreiben vom 30. April 1936 wies der Reichsarbeitsminister den Treuhänder der Arbeit für das Wirtschaftsgebiet Saar-Pfalz, Böhm, an, mit Wirkung vom 15. April die Löhne in der Eisenschaffenden Industrie um etwa fünf Prozent und in der Metallverarbeitenden Industrie um etwa drei Prozent zu erhöhen. Auch hier wird deutlich, wie sehr selbst bei staatlichen Eingriffen in die Lohnbestimmung auf eine Dezentralisierung Wert gelegt wurde: „Dabei werden Sie zu beachten haben, daß es im Sinne des AOG und der von mir verfolgten Politik liegt, wenn ... derartige Lohnverbesserungen *freiwillig* durch betriebliche Maßnahmen durchgeführt werden." Nur wenn sich dieser Weg als nicht praktikabel erweise, solle der Treuhänder die entsprechende Tarifordnung erlassen. Und es wird auch deutlich, daß Tariflöhne mit Billigung der Treuhänder unterschritten werden konnten: „In beiden Fällen — betriebliche Regelung oder Tarifordnung — haben Sie hinreichend Gelegenheit, auf die Besonderheiten der einzelnen Betriebe Rücksicht zu nehmen. Es gibt zweifellos einige Betriebe der Metallverarbeitung, die eine Lohnerhöhung *nicht* tragen können. Bei einer freiwilligen Regelung können sie entsprechend ausgenommen werden, bei einer tariflichen Gestaltung stehen Ihnen die Rechtsbehelfe der 14. Durchführungsverordnung zur Seite."[149] Da ja der Umfang der vom Reichsarbeitsministerium verfügten Lohnerhöhungen fast identisch mit dem war, was Bürkkel angeordnet hatte, wurde in demselben Schreiben hervorgehoben, daß die Anordnungen Bürckels nicht zu Lohnansprüchen berechtigten. „Bei Ihren Maßnahmen auf Grund meiner Anweisungen werden Sie im Rahmen des AOG, nicht etwa auf Grund der 2. Anordnung des Herrn Reichskommissars tätig."[150]

Der Konflikt um die Löhne im Saarland zeigt, daß es einige Zeit dauerte, bis man sich an die institutionellen Konsequenzen des AOG für die Lohnpolitik gewöhnt hatte. Darüber hinaus macht er zwei Elemente deutlich, die die Lohnpolitik bis zum Ende des „Dritten Reiches" prägen sollten. Das eine ist die Dezentralisierung der Lohnbestimmung. Bis zum Ausbruch des Zweiten Weltkriegs kann keine Rede davon sein, daß — wie offiziell behaup-

---

148 Schreiben des Reichswirtschaftsministers an den sächsischen Wirtschaftsminister v. 7.12.1934, *DZA Potsdam*, 30.01 RWiM, 10331, Bl. 289 ff.

149 Brief des Reichsarbeitsministers an den Treuhänder der Arbeit für Saarland-Pfalz, Böhm, v. 30.4.1936, *DZA Potsdam*, 30.01 RWiM, 10300, Bl. 47 ff. Der RAM bezieht sich dabei auf die 14. Durchführungsverordnung zum AOG v. 15.10.1935 (*RGBl. I*, S. 1240), in der das Recht der Treuhänder bestätigt wird, Ausnahmen von Tarifordnungen zu gestatten.

150 *DZA Potsdam*, 30.01 RWiM, 10300, Bl. 47 ff.; Brief des RAM an den Reichskommissar für die Rückgliederung des Saarlandes v. 30.4.1936, *DAZ Potsdam*, 30.01 RWiM, 10300, Bl. 53 f.

tet wurde[151] — die Treuhänder der Arbeit mit ihren Tarifordnungen eine „Neuordnung der Löhne" erreicht hätten. Am deutlichsten kommt das darin zum Ausdruck, daß sich der zu Kriegsbeginn gesetzlich verordnete Lohnstopp nicht an den *Tarif*löhnen orientierte, sondern die Höchstgrenze der Löhne auf den Stand der *Effektiv*löhne vom 16. Oktober 1939 festlegte[152]. Die staatliche Politik lief darauf hinaus, die Lohnbestimmung zu dezentralisieren, d. h. sie in die Betriebe zu verlagern, so daß hinter dem Schleier der relativ konstanten Tariflöhne bis 1938/39 nicht eine staatliche, sondern eine aus den Marktmechanismen resultierende „Neuordnung der Löhne" stattfand. Das ging solange gut, wie einerseits neben der terroristischen Unterdrückung aller Formen kollektiver Interessenvertretung der Lohnabhängigen die Arbeitslosigkeit für die gewünschte Disziplin auf dem Arbeitsmarkt und in den Betrieben sorgte und andererseits der durch die Aufrüstung induzierte Wirtschaftsboom den ökonomischen Spielraum für Lohnveränderungen erweiterte. Als jedoch der Wirtschaftsboom — partiell schon 1936, allgemein seit 1938 — das Arbeitskräfteangebot knapper werden ließ, bewirkten die Marktmechanismen Steigerungen der Arbeitsverdienste, die ihren Ursprung, nämlich die Aufrüstung, zu gefährden drohten. Der Staat sah sich nunmehr gezwungen, das Lohnniveau direkt zu kontrollieren. Das geschah 1938 zunächst nur für einige Bereiche aufgrund der Lohngestaltungsverordnung vom 25. Juni 1938[153] und dann für alle Bereiche, als mit der Kriegswirtschaftsverordnung vom 4. September 1939[154] ein genereller Lohnstopp verfügt wurde. Die darauffolgende zunehmende zentrale staatliche Bestimmung des Lohn*niveaus* löste jedoch die dezentrale Bestimmung der Lohn*bildung* nicht ab, sondern entwickelte sich auf der Basis der letzteren. Wichtigstes Bindeglied war hier wiederum das Recht der Treuhänder der Arbeit, einzelne Betriebe oder Betriebsabteilungen von allgemeinen Anordnungen auszunehmen[155].

Ein Grund für die die nationalsozialistische Lohnpolitik charakterisierende Dialektik von Dezentralisierung und Zentralisierung liegt in dem Umstand, daß die durch die Treuhänder der Arbeit symbolisierte Verstaatlichung der überbetrieblichen Lohn- und Arbeitspolitik als Folge und zum Schutz der durch die Beseitigung der Gewerkschaften gestärkten Unternehmerautonomie entstanden war. Ein anderer Grund ist der, daß Wirtschaft und Gesellschaft im nationalsozialistischen Deutschland kein Plankapitalismus sein sollten und sein konnten. Letzteres wird im Zusammenhang mit der konkreten Kriegslohnpolitik im vierten Abschnitt behandelt.

151 So z. B. Werner Mansfeld, Der Lohnstopp als Mittel der Kriegslohnpolitik, *RABl. II,* 1939, S. 403.
152 Mit der Kriegswirtschaftsverordnung v. 4.9.1939, *RGBl. I,* S. 1609. Aus der Kriegswirtschaftsverordnung (KWVO) ging noch nicht hervor, auf welche Löhne (Tarif- oder Effektivlöhne) sich der Lohnstopp beziehen sollte. Dies wurde erst in den Verwaltungsanordnungen des RAM v. 7.11. u. 16.11.1939 festgelegt. Vgl. *RABl. I,* S. 527, 544.
153 *RGBl. I,* 1938, S. 691.
154 *RGBl. I,* 1939, S. 1609.
155 Dieses Recht war, wie schon erwähnt, mit der 14. Durchführungsverordnung zum AOG v. 15.10.1935 konkretisiert worden, *RGBl. I,* S. 228. Ihre Anwendung während des Krieges entnehme ich einem Rundschreiben des Generalbevollmächtigten für den Arbeitseinsatz an die Reichstreuhänder der Arbeit und Präsidenten der Landesarbeitsämter vom 18.3.1943, *BA Koblenz,* R41/48, Bl. 21 f.

Auf das zweite, die nationalsozialistische Lohnpolitik prägende Element sei hier kurz hingewiesen: Zwar waren die Organisationen zerstört worden, die die Interessen der Lohnabhängigen auf der allgemeinen politischen Ebene vertraten (Parteien und Gewerkschaften), doch auch für das nationalsozialistische Regime blieb der Lohn ein ausgesprochenes Politikum. Selbst nachdem man sich daran gewöhnt hatte, daß die Entscheidungsbefugnis, oder besser: Anordnungsbefugnis, was innerbetriebliche Lohnregelungen anbelangte, ausschließlich beim Betriebsführer und, was überbetriebliche Regelungen anbelangte, ausschließlich beim Reichsarbeitsministerium bzw. seinen Treuhändern der Arbeit lag, war bei wichtigeren Entscheidungen hinter den Kulissen immer eine ganze Reihe von Ministerien und parteilichen Stellen beteiligt. Auf diesem Wege gewann dann, wie im folgenden Abschnitt beschrieben wird, auch die DAF Einfluß auf das Arbeitsverhältnis im allgemeinen und auf die Löhne im besonderen.

III. Die Deutsche Arbeitsfront und die deutsche „Leistungsgemeinschaft"

III. 1. Die Etablierung der DAF – Ihr Verhältnis zu Staat und Wirtschaft

„Es ist nicht so gewesen, daß wir nun ein fertiges Programm hatten, das wir hervorholen konnten und an Hand dieses Programms die Arbeitsfront aufbauten, sondern ich bekam den Auftrag des Führers, die Gewerkschaften zu übernehmen, und dann mußte ich weitersehen, was ich daraus machte."

So beschrieb Reichsorganisationsleiter Robert Ley[1] auf dem Reichsparteitag 1937 die Entwicklung der Deutschen Arbeitsfront wie auch die Konzeptionslosigkeit im Jahr 1933. Das entsprach einer Form der Selbstdarstellung, die in nationalsozialistischen Führungskreisen sehr beliebt war: Man kokettierte mit der eigenen Inkompetenz, um dann das eigene Organisationstalent als kreative Effizienz um so mehr herausstreichen zu können.

Doch daß ein Programm bei der Gründung der DAF fehlte, hatte einen realen Hintergrund. Das Kräfteverhältnis im nationalsozialistischen Regime, der Widerstreit der Konzeptionen ließen es nicht zu, daß man sich auf ein bestimmtes Programm für die DAF einigte, daß konkrete Kompetenzen für die DAF festgeschrieben wurden. In Leys Worten[2]:

„... Als ich nach der Übernahme der Gewerkschaften nach einigen Tagen zum Führer kam und ihm meldete, ich hätte alle Gewerkschaften übernommen und nun wäre es wohl an der Zeit, daß wir durch das Gesetz verankert und etwa staatlich als Arbeitsfront die Anerkennung bekommen würden, sagte mir der Führer in seiner väterlich-gütigen Art: ‚Wir wollen einmal abwarten, was aus dem Wechselbalg wird‘. Er wollte also nicht ein Chaos, das noch gar nicht zu übersehen und nicht geordnet war, nun schon gesetzlich verankern, nicht eine Körperschaft des öffentlichen Rechts mit einer Verfassung und Satzung bilden. Der Führer bedeutete mir, daß sich das erst entwickeln müßte."

Was sich erst entwickeln mußte, war die DAF selbst. Erst konsolidieren mußte sich aber auch das nationalsozialistische Regime und damit eine Sozialverfassung, auf die sich die beteiligten Machtgruppierungen einigen konnten. Und Einigkeit bestand hinsichtlich der DAF zunächst nur darin, welche Rolle die DAF nicht einnehmen sollte. Die DAF „übernahm" die Gewerkschaften, doch sie sollte das Gewerkschaftsprinzip überwinden. Sie trat unter dem Banner der ständischen Ordnung an, doch die nationalsozialistische Sozialordnung entwickelte sich zu einer Absage an den Ständestaat. Sie war „die Organisation der schaffenden Deutschen der Stirn und Faust"[3], doch sie sollte von der

---

1 *Der Parteitag der Arbeit vom 6. bis 13. September 1937*, München 1939, S. 265.
2 Ebd.
3 § 1 der Verordnung Hitlers über Wesen und Ziel der DAF vom 24. Oktober 1934. Wiedergegeben in Hans-Gerd Schumann, *Nationalsozialismus und Gewerkschaftsbewegung*, Hannover/Frankfurt a.M. 1958, S. 173 ff.

DER LEITER DER DEUTSCHEN ARBEITSFRONT

Der Schöpfer und Leiter der Deutschen Arbeitsfront, Dr. Robert L e y , wurde am 15. Februar 1890 in Niederbreidenbach, Kreis Gummersbach, geboren. Er stammt aus einer kinderreichen Bauernfamilie, deren Vorfahren schon lange im Bergischen Land ansässig waren. Dr. L e y studierte Chemie in Jena, Bonn und Münster. Anfang August 1914 eilte auch er zu den Fahnen und erhielt als erster Kriegsfreiwilliger des Straßburger Armeekorps das Eiserne Kreuz. Später Reserveoffizier der Fußartillerie, meldete er sich zur Fliegertruppe. Im Juli 1917 wurde er hinter den feindlichen Linien aus 3000 m Höhe abgeschossen und geriet schwer verwundet in französische Gefangenschaft. Jahrelang ans Lazarettbett gefesselt, kam er erst 1920 wieder in die Heimat zurück und arbeitete nach Promotion zum Dr. phil. als Chemiker bei den IG-Farben.

Von Anfang 1924 an sprach Dr. L e y in Vorträgen für die Idee Adolf Hitlers. Schon 1925 Gauleiter, wurde er später in die Reichsleitung der NSDAP nach München berufen, wo er 1932 Stabsleiter der Obersten Leitung der Politischen Organisation der NSDAP war. Am 2. Mai 1933 nahm er auf Befehl des Führers die Besetzung der Gewerkschaftshäuser vor und beseitigte nach und nach die Berufsverbände verschiedenster Richtungen, um in jahrelanger Arbeit die DAF, die größte und mustergültigste Organisation der Schaffenden aller Länder, aufzurichten. Am 27. November 1933 gründete Robert L e y die NS-Gemeinschaft »Kraft durch Freude«, die als Verwirklichung eines wahren Sozialismus die Liebe der ganzen Nation besitzt. Seit 1934 ist er Reichsorganisationsleiter der Partei.

Adolf Hitler nannte seinen Reichsorganisationsleiter Dr. Ley vor nicht allzu langer Zeit seinen »größten Idealisten«. Daß er das ist, hat er oft bewiesen, ganz besonders auch durch sein persönliches Eintreten für die Sicherung des sozialen Friedens in den ersten Monaten des Krieges.

Aus: Otto Marrenbach, *Fundamente des Sieges*, Berlin 1940, S. 7.
Um das Bild des „größten Idealisten" zu vervollständigen, hier noch einige Angaben nach Reinhard Giersch, *Die „Deutsche Arbeitsfront"*, Jena 1981, Bd. 2, S. 253 f.: Laut Auskunft des ehemaligen Reichsredners der NSDAP, Klute, schloß die IG-Farben mit Ley anläßlich seines Ausscheidens aus der Firma 1927/28 einen Vertrag, in dem festgelegt war, daß Ley drei Jahre lang ein monatliches Gehalt von 850 RM und halbjährlich eine Vergütung von 1.800 bis 2.000 RM erhalte. Vor 1933 war Ley fünfmal wegen Gewalttätigkeiten, Beleidigungen und Trunksucht in Haft. Nach 1933 trugen ihm seine ausgiebigen Zechgelage den Beinamen „Reichstrunkenbold" ein. Er war nicht nur eine der propagandistisch agilsten, sondern auch korruptesten Gestalten des NS-Regimes (geschätztes Jahreseinkommen 5 Mill. RM, Aufkauf von Villen und Schlössern, Anlage in Auslandsguthaben). Robert Ley beging am 25.10.1945 in Nürnberg Selbstmord.

institutionalisierten Entscheidungsbefugnis über die Arbeitsbedingungen ausgeschlossen werden.

Das erwähnte Abkommen vom 27. November 1933 zwischen DAF-Führer Ley, Reichsarbeitsminister Seldte, Reichswirtschaftsminister Schmitt und dem Beauftragten des Führers für Wirtschaftsfragen, Keppler, sollte die Rolle der DAF auf den „Erziehungsauftrag" festlegen. Auch das AOG vom Januar 1934 sah keine wie auch immer geartete autonome Interessenvertretung seitens der Lohnabhängigen vor. Das „völlig anders geartete Gebilde der Deutschen Arbeitsfront" war von einer unmittelbaren „Einflußnahme auf die Gestaltung der Arbeitsbedingungen ausgeschlossen"[4]. Die DAF fand lediglich beiläufig in drei Paragraphen Erwähnung: Das Arbeitsgerichtsgesetz wurde dahingehend abgeändert, daß die DAF in der Berufung von Beisitzern und Stellung von Prozeßbevollmächtigten oder Beiständen die schon liquidierten Vereinigungen und Verbände der Arbeitnehmer und Arbeitgeber ersetzte[5]. In den im AOG vorgesehenen Sozialen Ehrengerichten sollte sie Vorschlagslisten von Betriebsführern und Vertrauensleuten aufstellen, aus denen die Beisitzer zu bestimmen waren (§ 41,2). Außerdem hatte sie das Recht Vorschlagslisten aufzustellen, aus denen die Treuhänder der Arbeit drei Viertel der Mitglieder ihrer Sachverständigenbeiräte und -ausschüsse auswählten (§ 23). Auch dieser Paragraph bot keine Hintertür, durch die die DAF institutionalisierten Einfluß auf die Arbeitsbedingungen hätte nehmen können. Denn die Beiräte und Ausschüsse hatten nur beratende Funktion. Die Entscheidung blieb dem Treuhänder der Arbeit überlassen (§ 19), der allein an die Weisungen des Reichsarbeitsministeriums gebunden war. (Mit Ausbruch des Krieges wurden die Treuhänder ermächtigt, „bei der Festsetzung von Richtlinien für den Inhalt von Betriebsordnungen und Einzelarbeitsverträgen und bei dem Erlaß einer Tarifordnung von einer Beratung in einem Sachverständigenausschuß abzusehen"[6].) In diesem Zeitraum wurde die DAF — ganz im Sinne der „Überwindung des Klassenkampfgedankens" — zu einer streng vertikalen und zentralistischen Organisation, in der die Mitglieder nicht nach jeweils spezifischen Interessen verbandsmäßig organisiert, sondern — vom Pförtner bis zum Generaldirektor — in „Reichsbetriebsgemeinschaften" zusammengefaßt waren, die nach 18 Wirtschaftszweigen untergliedert waren[7].

4 Werner Mansfeld/Wolfgang Pohl/Gerhard Steinmann/Arthur B. Krause, *Die Ordnung der nationalen Arbeit. Kommentar*, Berlin usw. 1934, S. 251. Zu dem Abkommen vom Nov. 1933 siehe S. 36 f. oben.
5 AOG § 66,1 u. 2. Die DAF richtete ein umfangreiches Netz von Rechtsberatungsstellen ein, wodurch auch vermieden werden sollte, daß arbeitsrechtliche Konflikte den Interessengegensatz zwischen Arbeitnehmern und Arbeitgebern zutage treten ließen. Die Rechtsberatungsstellen sollten zur gütlichen Beilegung von Arbeitsstreitigkeiten beitragen und waren für DAF-Mitglieder dem ordentlichen Prozeßweg obligatorisch vorgeschaltet. Vgl. Dieter von Löhöffel, Die Umwandlung der Gewerkschaften in eine nationalsozialistische Zwangsorganisation, in: Ingeborg Esenwein-Rothe, *Die Wirtschaftsverbände von 1933 bis 1945*, Berlin 1965, S. 181 f.
6 „Verordnung zur Abänderung und Ergänzung von Vorschriften auf dem Gebiete des Arbeitsrechts" v. 1.9.1939, *RGBl. I*, 1939, S. 1683.
7 Zum organisatorischen Aufbau der DAF und seinen Veränderungen siehe u.a. Joachim Reichhardt, *Die Deutsche Arbeitsfront*, Diss.phil., Berlin 1956; Löhöffel, Umwandlung (Anm. 5); Schumann, *Nationalsozialismus* (Anm. 3), sowie die beiden neueren

Auch als das „Chaos" der Machtergreifung durch das AOG sozialpolitisch relativ „geordnet" war und nachdem die DAF durch verschiedene interne Säuberungen und Umorganisationen das Gewerkschaftsprinzip programmgemäß überwunden und vom ständischen Prinzip Abschied genommen hatte, wurde ihre Rolle niemals umfassend gesetzlich verankert. Der Grund dafür lag im wesentlichen darin, daß die DAF nicht nur Instrument, sondern auch Bestandteil des nationalsozialistischen Herrschaftskompromisses war. Als Instrument sollte sie für die „Befriedung" und Erziehung der „schaffenden Deutschen" zur Leistungsfreude in der nationalsozialistischen „Volksgemeinschaft" sorgen. Als größte nationalsozialistische Massenorganisation war sie unter der Führung Leys, der Hitler bedingungslos ergeben war, ein wichtiger Machtfaktor in den Bemühungen der Partei, ihre Einflußsphäre zu festigen und – wenn es ging – auszudehnen.

In dieser Doppelrolle ließ sich die DAF nie auf den „Erziehungsauftrag" beschränken bzw. sie interpretierte ihn extensiv und versuchte unablässig, ihren Einfluß auf die Arbeitsbeziehungen und die staatliche Sozial- und Lohnpolitik zu vergrößern. Man berief sich dabei auf die Führerverordnung über Wesen und Ziele der Deutschen Arbeitsfront vom 24. Oktober 1934[8], die Ley in einer Nacht-und-Nebel-Aktion bei Hitler durchgesetzt hatte, um Gesetzesentwürfen zuvorzukommen, in denen die Beschränkung des Einflußbereichs der DAF kodifiziert werden sollte[9]. Zwar war diese Verordnung sehr allgemein gehalten – was typisch für derartige Verordnungen in der nationalsozialistischen Zeit ist –, und sie revidierte weder das Abkommen vom November 1933 noch die Bestimmungen des AOG. Doch sie räumte der DAF eine deutlich stärkere Stellung in der nationalsozialistischen Sozialverfassung ein. Die DAF wurde als Gliederung der NSDAP bestätigt, die auch die DAF-Führung einsetzen konnte und der die Kassenführung der DAF unterstand. Bestätigt wurde auch die „Übernahme" der Gewerkschaftsvermögen durch die DAF[10] und daß die DAF Trägerin der nationalsozialistischen Gemeinschaft „Kraft durch Freude" war. Außerdem hatte sie für die Berufsschulung „Sorge zu tragen". Im Zusammenhang mit der Etablierung der DAF in der nationalsozialistischen Sozialverfassung und ihrer Einflußnahme auf Arbeitsbeziehungen und Arbeitsbedingungen sind insbesondere die Paragraphen 1, 2 und 7 der Verordnung von Bedeutung.

§ 1 erklärte die DAF zur „Organisation der schaffenden Deutschen der Stirn und Faust". Diese allumfassende Definition wurde sogleich mit dem Zusatz auf ein etwas wirklichkeitsnäheres Maß reduziert: „In ihr sind insbesondere die Angehörigen der ehemaligen Gewerkschaften, der ehemaligen Angestelltenverbände und der ehemaligen Unternehmervereinigungen als gleich-

und ausführlicheren Untersuchungen: Reinhard Giersch, *Die „Deutsche Arbeitsfront"*, Jena 1981; Wolfgang Spohn, *Betriebsgemeinschaft und Volksgemeinschaft*, Diss FU Berlin 1980, insbes. S. 147 ff.

8 Wiedergegeben u. a. in Schumann, *Nationalsozialismus* (Anm. 3), S. 173 ff.

9 Vgl. Spohn, *Betriebsgemeinschaft* (1980), S. 155 ff.

10 Die DAF übernahm zwar das Gewerkschaftsvermögen, wurde jedoch nicht Rechtsnachfolgerin der Gewerkschaften, d. h. sie kam auch nicht deren früheren finanziellen Verpflichtungen nach. Vgl. dazu ausführlicher Spohn, *Betriebsgemeinschaft* (1980), S. 158.

berechtigte Mitglieder zusammengeschlossen." Und es wurde betont: „Die Mitgliedschaft bei der Deutschen Arbeitsfront wird durch die Mitgliedschaft bei einer beruflichen, sozialpolitischen, wirtschaftlichen oder weltanschaulichen Organisation *nicht* ersetzt." „Gesetzlich anerkannte ständische Organisationen" konnten der DAF korporativ angeschlossen werden. Zwar blieb der Beitritt zur DAF offiziell freiwillig. Doch in der Praxis verließ sich die DAF nicht allein auf den Anreiz ihrer Propaganda und ihrer sozialen Leistungen („Kraft durch Freude", kostenlose Rechtsberatung, Berufsfortbildungsmaßnahmen u. a.), um alle „schaffenden Deutschen", für die es keine andere „gesetzlich anerkannte ständische Organisation" gab, nämlich die Arbeiter und Angestellten, in ihre Reihen einzugliedern. Sie übte (vgl. DAF-Schreiben S. 67) beträchtlichen Druck auf diejenigen aus, die noch mit dem Beitritt zögerten. Die DAF wurde praktisch zu einer Zwangsorganisation. 1939, als es im Deutschen Reich insgesamt etwa 25 Millionen Arbeiter und Angestellte gab, betrug ihre Mitgliederzahl rund 22 Millionen. Mitte des Krieges, 1942, belief sie sich auf etwa 25 Millionen[11]. Als Mammutorganisation mit ungeheurer Finanzkraft — woran auch das „übernommene" Gewerkschaftsvermögen seinen Anteil hatte — war die DAF zu einem nicht zu übersehenden Machtfaktor geworden.

Hatte das Abkommen im November 1933 betont, daß die DAF „nicht die Stätte [ist], wo die *materiellen* Fragen des täglichen Arbeitslebens entschieden, die natürlichen Unterschiede der einzelnen Arbeitsmenschen aufeinander abgestimmt werden", und hatte auch der durchaus im Sinne der Unternehmerschaft und der Staatsbürokratie verfaßte Kommentar zum AOG betont, „daß mit der Gründung der Arbeitsfront nicht ein sozialpolitisches Fachproblem gelöst ... werden sollte, sondern daß es sich hier vor allem um eine *politische* Aufgabe, nämlich um die Heranführung der organisierten Massen an den politischen Träger des neuen Staates und um die grundsätzliche Erziehung der Menschen zur nationalsozialistischen Lebensauffassung handelte"[12], so ging die Beschreibung des Zieles und der Aufgabe der DAF in § 2 und § 7 der Führerverordnung um einiges über einen bloßen „Erziehungsauftrag" hinaus:

§ 2: „Das Ziel der Deutschen Arbeitsfront ist die Bildung einer wirklichen Volks- und Leistungsgemeinschaft aller Deutschen.

Sie hat dafür zu sorgen, daß jeder einzelne seinen Platz im wirtschaftlichen Leben der Nation in der geistigen und körperlichen Verfassung einnehmen kann, die ihn zur höchsten Leistung befähigt und damit den größten Nutzen für die Volksgemeinschaft gewährleistet."

§ 7: „Die Deutsche Arbeitsfront hat den Arbeitsfrieden dadurch zu sichern, daß bei den Betriebsführern das Verständnis für die berechtigten Ansprüche der Gefolgschaft, bei den Gefolgschaften das Verständnis für die Lage und die Möglichkeiten des Betriebes geschaffen wird.

---

11 Vgl. Schumann, *Nationalsozialismus* (Anm. 3), S. 168. 1939 verzeichneten die bis dahin der DAF korporativ angeschlossenen Vereinigungen (Reichskulturkammer, Sachverständigenbeirat für Volksgesundheit, Organisation der gewerblichen Wirtschaft, Organisation des Verkehrsgewerbes, Reichsnährstand, Deutsche Rechtsfront, Reichsbund der Deutschen Beamten und NS-Lehrerbund) insges. etwa 10 Mill. Mitglieder. Vgl. Lölhöffel, Umwandlung (Anm. 5), S. 172 ff.

12 Mansfeld u. a., *Kommentar* (Anm. 4), S. 5.

Am 27.4.1934 ordnete Reichsorganisationsleiter Ley an, daß es Mitgliedern der
DAF verboten ist, zugleich Mitglied konfessioneller Arbeiter- und Gesellenvereine
zu sein. Im Frühjahr 1935 verteilte die DAF das folgende Schreiben mit beige-
fügter Erklärung an die Mitglieder des katholischen Arbeitervereins in Schwandorf:

Arbeitskamerad (in).

Du willst aus der Deutschen Arbeitsfront, der großen
nationalsozialistischen Gemeinschaft aller schaffenden deutschen Menschen ausscheiden.

Während Millionen von Volksgenossen, gleichgültig ob
Arbeiter, Angestellte oder Betriebsführer, es sich zur Ehre an-
rechnen, am Aufbau der vom Führer geschaffenen Deutschen
Arbeitsfront, das Ideal der wirklichen Volksgemeinschaft, mitarbeiten zu können, und in Solidarität mithelfen, daß auch dem
ärmsten Volksgenossen in Zukunft ein besseres Los, ein gesi-
cherter Lebensabend beschieden werden kann, willst Du aus
rein egoistischen Gründen dieser Volks- und Leistungsgemeinschaft den Rücken kehren.

Du erklärst damit, daß du mit dem in der Deutschen
Arbeitsfront verankerten politischen Regime nicht einverstanden bist, Du willst das Gesetz zur Ordnung der nationalen Arbeit vom 20.1.34 sabotieren. Dein Eigennutz Deine Geldinter-
essen gehen vor Volk und Staat. Ein Denken und ein Fühlen
soll alle unsere Arbeitskameraden umschließen. Dazu bist Du
offenbar nicht fähig. Du schaltest Dich daher aus der auch
mit Dir erstrebten Volksgemeinschaft aus. Für uns bedeutet
Deine Handlungsweise eine Ausschluß. Dies ist gleichbedeutend damit, daß für Dich ein Wiedereintritt in die Deutsche
Arbeitsfront niemals mehr in Frage kommt, daß Du in der
'Warnkartei' geführt und namentlich in der Presse als aus
der Deutschen Arbeitsfront ausgeschlossen veröffentlicht
wirst.

Geh Du nur als Eigenbrödler Deines Weges - wir und
mit uns sämtliche national und sozial denkenden Arbeitskameraden handeln nach den Worten unseres Pg. Dr. Ley

'Das Volk marschiert und Du marschierst mit!
Denn es ist Dein Schicksal, Dein Los,
Dein Glück und Deine Größe'.

Die Deutsche Arbeitsfront.

Erklärung.

Ich ...., von Vorstehendem Kenntnis genommen,
weiß, daß ich sämtlicher Rechte, die mir seither durch
die Deutsche Arbeitsfront zustanden, verlustig gehe; ich
weiß, daß mein Austritt gleichbedeutend ist mit Ausschluß und mir ein Wiedereintritt in die Deutsche Arbeitsfront versagt bleibt. Mir ist bekannt, daß ich in der
"Warnkartei" geführt und in der Presse veröffentlicht werde. Trotzdem erkläre ich meinen Austritt und dokumentie-
re damit, daß mir an einer Volksgemeinschaft nichts gelegen ist. Für diesen meinen Schritt bin ich allein verantwortlich. Ich bestätige dies durch eigenhändige Unterschrift.

Unterschrift:
Wohnort:
Straße:

Quelle: *BA Koblenz, NS 5 I/73.*

Die Deutsche Arbeitsfront hat die Aufgabe, zwischen den berechtigten Interessen aller Beteiligten jenen Ausgleich zu finden, der den nationalsozialistischen Grundsätzen entspricht und die Anzahl der Fälle einschränkt, die den nach dem Gesetz vom 20. Januar 1934[13] zur Entscheidung allein zuständigen staatlichen Organen zu überweisen sind.

Die für diesen Ausgleich notwendige Vertretung aller Beteiligten ist ausschließlich Sache der Deutschen Arbeitsfront. Die Bildung anderer Organisationen oder ihre Betätigung auf diesem Gebiete ist unzulässig."

Der drohende Machtzuwachs der DAF veranlaßte nicht nur die Reichsminister Schacht, Seldte und Frick, sondern auch den Stellvertreter des Führers, Heß, dazu, bei Hitler zu intervenieren. Zwar widerrief Hitler seine Verordnung nicht. Er wies aber die Reichsminister an, Ausführungsbestimmungen zu erlassen, durch die die Verordnung „Ergänzung — und soweit notwendig — Richtigstellung erfahren" sollte[14]. Derartige Ausführungsbestimmungen wurden jedoch nie verfügt, denn man wollte einem DAF-Gesetz nicht vorgreifen. Wichtiger war aber, daß im nationalsozialistischen Herrschaftskompromiß die Verteilung der Einflußsphären der Machtgruppierungen nie kodifiziert wurde. Jedenfalls war die Kontroverse um die Befugnisse der DAF während der ganzen Zeit der nationalsozialistischen Herrschaft davon geprägt, daß sich Staatsbürokratie und Unternehmerschaft auf die Bestimmungen des AOG beriefen, während die DAF die Führerverordnung „zum gesetzlichen Fundament der Deutschen Arbeitsfront" erklärte[15].

Zur Sorge, daß die DAF sich unstatthaft in die Arbeitsbeziehungen einmischen werde, bestand aller Anlaß, hatte sie dies doch bereits auf verschiedenste Weise getan: Die Eingriffe reichten von Lohnforderungen auf Betriebsebene und „Betriebsbesichtigungen" durch Amtswalter der DAF, um „sich als ehrliche Makler berechtigter Interessen zu betätigen"[16], über Maßnahmen wie einen Aufruf des DAF-Bezirksleiters im Rheinland, daß sich die Betriebsführer ebenso wie die Vertrauensräte der Betriebsabstimmung zu stellen hätten[17], oder die Veröffentlichung einer „mustergültigen" Betriebsordnung im „Völkischen Beobachter" vom 1. September 1934 bis hin zu Leys Anspruch, daß der „Erziehungsauftrag" der DAF sich auch auf die Betriebsführer erstrecken müsse[18]. Sorgen um die Folgen der Führerverordnung machte man

---

13 Dem AOG.

14 Schreiben von Heß an Ley v. 31.10.1934, *BA Koblenz*, R 43 II/529, Bl. 126 ff. Ausführlicher dazu Spohn, *Betriebsgemeinschaft* (1980), S. 159 f.

15 Werner Bohnstedt, Das gesetzliche Fundament der Deutschen Arbeitsfront, in: *Soziale Praxis*, 1935 Sp. 1308 ff. Zum Gesetzescharakter der Führerverordnung vgl. Spohn, *Betriebsgemeinschaft* (1980), S. 160, Anm. 77 u. 79.

16 *Soziale Praxis*, 1934, Sp. 1278.

17 *Der Deutsche Volkswirt*, 1935, S. 1339, 1422. Vgl. Spohn, *Betriebsgemeinschaft* (1980), S. 162 ff.

18 Reichhardt, *Deutsche Arbeitsfront* (Anm. 7), S. 90. Am 3.6.1937 wurde auch der Chef des Hauses Siemens, Carl Friedrich von Siemens, zu einem fünftägigen Schulungslehrgang der Reichsbetriebsgemeinschaft „Eisen und Metall" in Oberursel einberufen. Mitzubringen waren u.a.: Dienstanzug oder Sporthose, Sporthemd und hohe Stiefel, Turnanzug und Turnschuhe und Adolf Hitlers *Mein Kampf*. Der Fahrpreisermäßigungsschein wurde durch den Schulungsleiter der DAF ausgehändigt. Der Lehrgang

sich auch in Kreisen des Militärs, wie aus der streng vertraulichen Studie „Deutsche Arbeitsfront, ihre Gefahrenmomente für den Staat; Abhilfevorschläge" eines Mitarbeiters in der Gruppe II der Abteilung Inland der Reichswehrführung vom November 1934 hervorgeht[19].

Diese Studie setzt den Kriegsfall als selbstverständlich voraus, weist unter Berufung auf den Munitionsstreik von 1917 auf die Gefahren eines Streiks für den Kriegserfolg hin und stellt fest, daß der Betriebsgemeinschaftsgedanke des AOG vom nationalsozialistischen Gedankengut beseelte Idealmenschen voraussetze, welche „die ihnen durch das Gesetz gegebene Machtfülle nicht mißbrauchen." „Solche Menschen sind aber auch heute noch rar, und die Arbeitnehmerschaft fühlt sich durch den von vielen Betriebsführern vertretenen ‚Herr-im-Hause-Standpunkt' entrechtet und von der Gestaltung ihrer Lebensbedingungen ausgeschlossen." Ley wird indirekt mit erheblichem Mißtrauen begegnet, indem darauf verwiesen wird, daß er am 30. Oktober 1934 vor der deutschen Presse ausgeführt habe, ein Streik „sei heute noch genau so möglich wie früher". Die Studie stellt fest: „Ein solcher Streik der in der Arbeitsfront zusammengeballten Menschenmassen würde verheerende Folgen nach sich ziehen. Ein dem Führer nicht blindlings ergebener, ehrgeiziger Leiter der DAF ist in der Lage, die Staatsgewalt ohne Schwierigkeiten und ohne Revolution lediglich durch einen Generalstreik völlig lahmzulegen[20]. ... Falls die Arbeiter sich bei einem Generalstreik in ihren Wohnungen aufhalten, Aufmärsche und Zusammenrottungen vermeiden, besteht auch für die Sicherheitsorgane des Staates und die Reichswehr keinerlei Möglichkeit eines Durchgreifens. Der Generalstreik führt dann wohl zweifelsohne zum Siege dessen, der ihn organisiert hat." Die Abhilfevorschläge laufen darauf hinaus, beim Verteidigungsminister eine Stelle zu schaffen, „die in die Organisation und Gestaltung der DAF schon jetzt weitgehend eingreift", und die DAF im Kriegsfalle dem Verteidigungsminister zu unterstellen bzw. einen berufsständischen Aufbau der Werktätigen „wieder aufzunehmen und energisch zu fördern" und die DAF „auf das ihr von der Regierung zunächst gegebene Betätigungsfeld der Schulung, der politischen Menschenerziehung und des Fürsorgewesens" zurückzuführen. Soviel zu den Alp- und Wunschträumen in Kreisen des Militärs, die durch die Führerverordnung über Wesen und Ziel der DAF geweckt wurden.

Bedenken aus Unternehmerkreisen zur Führerverordnung und zum „Totalitätsanspruch" der DAF listete der Treuhänder der Arbeit für Pommern, Graf Rüdiger v.d. Goltz, der von Hitler kommissarisch mit der Führung der Wirt-

---

Fortsetzung Fn. 20

fand dann im Juni 1937 statt. Eine Art Klassenphoto der Teilnehmer des Lehrgangs — unter ihnen Dr. Carl Friedrich von Siemens, Dr. Hermann von Siemens, Dr. von Buol und Dr. Köttgen sowie die Siemens-Betriebsobmänner — ist in den *Siemens-Mitteilungen* abgedruckt. SAA, 4/Lf 589 (C.F. v. Siemens), sowie *Siemens-Mitteilungen*, Juli 1937, S. 107.

19 Giersch, *Deutsche Arbeitsfront* (Anm. 7), Bd. 2 (Anhang), Dok. Nr. 23, S. 209 ff.

20 Da die DAF über einen umfangreichen organisatorischen Apparat und erhebliche Geldmittel verfügte und etwa 21 Mill. Mitglieder (gegenüber 7 Mill. gewerkschaftlich Organisierten in der Weimarer Zeit) verzeichnete, käme einem Generalstreik diese besondere Bedeutung zu.

schaftsorganisation betraut worden war[21], in einem Schreiben auf, das dem Staatssekretär der Reichskanzlei am 26. Oktober 1934 übergeben wurde[22]. Besonders bedenklich sei, wenn sich nunmehr die DAF als „Vermittler materieller Interessen in die Verhandlungen in der Betriebsgemeinschaft einschalte, in der der Grundgedanke des AOG doch „unmittelbare" Verhandlungen vorsähe. Auch in diesem Schreiben kommt erhebliches Mißtrauen gegen die Mammutorganisation DAF zum Ausdruck: „Es muß offen herausgesagt werden, daß diese Entwicklung die Gefahr einer Gewerkschaft von ungeheurer Dynamik bedeutet, die im Lande losgelassen und deren Entwicklung nicht aufzuhalten ist, wenn sie erst einmal begonnen hat."[23] Mag das Gespenst „einer Gewerkschaft von ungeheurer Dynamik" auch eine kalkulierte Übertreibung gewesen sein, so bestand auf der Unternehmerseite angesichts der vielfältigen Übergriffe der DAF die berechtigte Befürchtung, durch die Führerverordnung vom Oktober 1934 werde die Aufgabenverteilung zwischen DAF und gewerblicher Wirtschaft unterhöhlt, die man im „Aufruf an alle schaffenden Menschen" am 27. November 1933 veröffentlichten Abkommen, im „Gesetz zur Vorbereitung des organischen Aufbaus der deutschen Wirtschaft vom 27.2.1934"[24] und vor allem im AOG zu fixieren gehofft hatte. Der Aufruf des Führers des Reichsstandes der Deutschen Industrie, Krupp von Bohlen und Halbach, vom 22. März 1934 (siehe S. 71 f.) macht deutlich, wie man sich auf Unternehmerseite die Aufgabenverteilung zwischen DAF, Wirtschaft und Staatsapparat vorstellte: Die DAF sollte zuständig sein für die *„Menschenführung"*, den Wirtschaftsorganen oblag die Führung der *„sachlichen Aufgaben der Wirtschaft"*. Zwar sollten die Unternehmer, „wie jeder andere in der Wirtschaft Tätige", der DAF angehören, als Betriebsführer sollten sie jedoch der Wirtschaftsführung unterstellt sein. Für überbetriebliche sozialpolitische Entscheidungen sollten die Treuhänder der Arbeit zuständig bleiben.

Während Ley und seine DAF — gestützt auf die Führerverordnung — fortfuhren, die Zuständigkeit der DAF auch für „sachliche Aufgaben der Wirtschaft", insbesondere für Fragen des „materiellen Arbeitslebens", zu reklamieren, was organisatorisch bedeutet hätte, daß die Unternehmer als Betriebsführer in den Reichsbetriebsgemeinschaften auch dem Führungsanspruch der DAF unterstellt gewesen wären, wurde unter der Federführung Schachts, der im August 1934 Reichswirtschaftsminister Schmitt abgelöst hatte, der Aufbau der Organisation der gewerblichen Wirtschaft vorangetrieben. Mit der „1. Durchführungsverordnung zum Gesetz zur Vorbereitung des organischen Aufbaus der deutschen Wirtschaft"[25], durch die der „Reichsstand der Deutschen Industrie" zur „Reichsgruppe Industrie" umgewandelt wurde, legte man am 27. November 1934 den Grundstein für die Organisation der Gewerblichen Wirtschaft (OGW). Es wurde die Reichswirtschaftskammer geschaffen, die dem Reichswirtschaftsminister unterstand und in der die gewerbliche Wirt-

---

21 Aufgrund des „Gesetzes zur Vorbereitung des organischen Aufbaus der deutschen Wirtschaft vom 27.2.1934", *RGBl. I*, 1934, S. 185.

22 *BA Koblenz*, R 43 II/530, Bl. 68 ff. Vgl. Spohn, *Betriebsgemeinschaft* (1980), S. 161 ff.

23 Schreiben v. d. Goltz, *BA Koblenz*, R 43 II/530, Bl. 71, 72.

24 *RGBl. I*, 1934, S. 185.

25 *RGBl. I*, 1934, S. 1194.

REICHSSTAND DER DEUTSCHEN INDUSTRIE

B e r l i n , den 22. März 1934

An die
Mitglieder des Reichsstandes der Deutschen Industrie

Betrifft: **Beitritt zur Deutschen Arbeitsfront**

Wie aus der Presse bekannt, hat die Deutsche Arbeitsfront ihre Mitgliedersperre mit Wirkung vom 20. März 1934 aufgehoben. Die Anordnung der Deutschen Arbeitsfront hat folgenden Wortlaut:

„Um denjenigen Volksgenossen, welche noch nicht Mitglied der Deutschen Arbeitsfront sind, die Möglichkeit zu geben, die Mitgliedschaft zu erwerben, wird mit Wirkung vom 20. März d. J. die Mitgliedersperre zur Deutschen Arbeitsfront aufgehoben.

Die Aufhebung der Sperre soll es ermöglichen, daß die Volksgenossen, die in der Wirtschaft tätig sind und als Vertrauensräte usw. nach dem Gesetz zur Ordnung der nationalen Arbeit kandidieren wollen, die für die Kandidatur erforderliche Mitgliedschaft zur Deutschen Arbeitsfront erwerben.

Die Aufnahme wird über die Zellenobleute der NSBO in den Betrieben und die sonstigen Dienststellen der NSBO und der NS-Hago vollzogen."

Damit ist für alle im Arbeitsleben schaffenden Menschen, die bisher der Arbeitsfront noch nicht beigetreten sind, der Weg zum Eintritt in die Arbeitsfront frei. Ich habe bereits am 28. November v. J. im Anschluß an den damaligen „Aufruf an alle schaffenden Deutschen" die industriellen Unternehmer zum Beitritt in die Deutsche Arbeitsfront aufgefordert mit dem Hinweis darauf, daß die deutschen Unternehmer an der Verwirklichung der hohen Ziele der Arbeitsfront: „Herstellung einer wahren Volksgemeinschaft aller im Arbeitsleben schaffenden Menschen" freudig mitarbeiten werden. Das inzwischen erlassene Gesetz zur Ordnung der nationalen Arbeit sowie das Gesetz zur Vorbereitung des organischen Aufbaues der deutschen Wirtschaft und die auf Grund dieses Gesetzes von dem Herrn Reichswirtschaftsminister verfügten Maßnahmen machen meinen damaligen Aufruf an die industriellen Unternehmer noch dringender. Über die B e z i e h u n g e n und A u f g a b e n v e r t e i l u n g zwischen Deutscher Arbeitsfront und den auf Grund des Gesetzes zur Vorbereitung des organischen Aufbaues der deutschen Wirtschaft von dem Herrn Reichswirtschaftsminister geschaffenen Wirtschaftsorganisationen sind sowohl seitens des Reichswirtschaftsministers wie des Führers der Deutschen Arbeitsfront, Staatsrat Dr. L e y , in der Presse eindeutig klärende Veröffentlichungen erfolgt. Ich verweise auf das Interview des Reichswirtschaftsministers mit dem Vertreter des „Deutschen", das in der Nr. 65 des „Deutschen" vom 18.3.1934 veröffentlicht ist, sowie auf das den dort aufgeführten Gedankengängen zustimmende Telegramm des Führers der Deutschen Arbeitsfront an den Reichswirtschaftsminister, veröffentlicht im „Deutschen" Nr. 66 vom 20.3.1934. (Beide sind in der Anlage diesem Aufruf im Abdruck beigefügt.) Hiernach ist Aufgabe der Deutschen Arbeitsfront und ihrer zu diesem Zwecke geschaffenen Reichsbetriebsgruppen, „die schaffenden deutschen Menschen zusammenzufassen und sie als Volksgenossen, als Nationalsozialisten auch innerlich zur Volksgemeinschaft zu bringen". Liegt demnach so die „M e n s c h e n f ü h r u n g " bei den Einrichtungen der Arbeitsfront, so ist Aufgabe der durch das Gesetz zur Vorbereitung des organischen Aufbaues der deutschen Wirtschaft geschaffenen Wirtschaftsorganisationen die Führung der s a c h l i c h e n A u f g a b e n d e r W i r t s c h a f t : „Die Unternehmer sind als Führer der Betriebe durch die neu geschaffene Organisation lediglich der jetzt gebildeten Wirtschaftsführung unterworfen. Sie unterstehen als F ü h r e r d e r B e t r i e b e also nicht der Deutschen Arbeitsfront, sondern gehören dieser wie jeder andere in der Wirtschaft Tätige als schaffende Volksgenossen an." Für die speziellen s o z i a l p o l i t i s c h e n Aufgaben — insbesondere auf dem Gebiet der Lohn- und Arbeitsbedingungen — gelten die durch das Gesetz zur Ordnung der nationalen Arbeit aufgestellten Grundsätze und Instanzen (Treuhänder der Arbeit, Sachverständigenausschüsse und Sachverständigenbeiräte).

Dem von dem Führer der Arbeitsfront in seinem Telegramm an den Reichswirtschaftsminister ausgesprochenen, auf diesen Gedankengängen beruhenden Grundsatz, daß Arbeitsfront, Gesetz zur Vorbereitung des organischen Aufbaues der deutschen Wirtschaft und Gesetz zur Ordnung der nationalen Arbeit „e i n   G a n z e s" bilden, stimmt das Unternehmertum in vollem Umfange zu. Ich rufe daher nochmals nachdrücklichst die deutschen industriellen Unternehmer auf, der von der Deutschen Arbeitsfront verfügten Aufhebung der Mitgliedersperre durch ihren Beitritt in die Deutsche Arbeitsfront Folge zu leisten. Dadurch wird zugleich die notwendige Mitwirkung der deutschen Unternehmer bei der Durchführung des Gesetzes zur Ordnung der nationalen Arbeit in allen hier vorgesehenen Einrichtungen sichergestellt werden.

R E I C H S S T A N D   D E R   D E U T S C H E N   I N D U S T R I E
K r u p p   v o n   B o h l e n   u n d   H a l b a c h

Quelle: *SAA*, 49/Ls 81.

schaft in Reichsgruppen — Industrie, Handel, Banken, Versicherungen, Energie und Handwerk — organisiert war. Mit ihrer Satzung vom Mai 1935 wurde ihr die öffentlich-rechtliche Vertretung der gewerblichen Wirtschaft übertragen[26]. Auch nach verschiedenen Umorganisationen[27] bestand ihre wichtigste Tätigkeit darin, daß sie „als Vertreterin der gesammelten organisierten Interessen zur Beratung des Reichswirtschaftsministers herangezogen wurde, und daß sie darüber hinaus durch Gutachten, Anregungen und wirtschaftspolitische Vorschläge auch anderen Ministerien und der NSDAP gegenüber für die Interessen der gewerblichen Wirtschaft wirken konnte"[28]. Wenngleich die Unternehmer als „schaffende Volksgenossen" der DAF angehörten und wenngleich sie als Arbeitgeber nicht mehr kollektiv über Löhne und Arbeitsbedingungen verhandeln durften und konnten — es gab auf Arbeitnehmerseite ja keinen Gegenpart mehr —, behielten sie ihre eigene Interessenorganisation, die gegenüber den „Eingliederungs"-Ansprüchen der DAF noch dadurch abgesichert war, daß sie formal dem Reichswirtschaftsministerium unterstellt wurde.

Mit der Organisation der gewerblichen Wirtschaft ab November 1934 hatte man den Versuchen der DAF, in ihren Reichsbetriebsgemeinschaften den Betriebsgemeinschaftsgedanken zu überhöhen und seine Ausgestaltung zu kontrollieren, einen Riegel vorgeschoben. Doch die Konflikte blieben. Der Anspruch der DAF auf „Menschenführung" und auf Sicherung des „Arbeitsfriedens" durch den „Ausgleich der berechtigten Interessen aller Beteiligten"

26 Vgl. Esenwein-Rothe, *Wirtschaftverbände* (Anm. 5), S. 66.
27 „Verordnung des Reichswirtschaftsministers betr. Überführung des Deutschen Industrie- und Handelstages e.V. in die Arbeitsgemeinschaft der Industrie- und Handelskammern" v. 24.7.1935, *RAnz.*, Nr. 172; „Erlaß über die Reform der Organisation der gewerblichen Wirtschaft" v. 7.7.1936, *RAnz.*, Nr. 157.
28 Esenwein-Rothe, *Wirtschaftsverbände* (Anm. 5), S. 66 f.

(Führerverordnung § 7) kollidierte beständig mit dem Anspruch der Organisation der gewerblichen Wirtschaft auf die Führung der „sachlichen Aufgaben der Wirtschaft" und mit dem Anspruch des Staatsapparates, allein für alle sozialpolitischen Entscheidungen zuständig zu sein. Die „Vereinbarung zwischen der Deutschen Arbeitsfront und der gewerblichen Wirtschaft" vom 21. März 1935[29], die auf der Reichstagung der DAF in Leipzig zwischen Reichswirtschaftsminister Schacht, Reichsarbeitsminister Seldte und Reichsorganisationsleiter Ley abgeschlossen wurde und deshalb in der Folgezeit den Kurztitel „Leipziger Vereinbarung" erhielt, war ein erneuter Versuch, „eine einheitliche Zusammenarbeit auf wirtschafts- und sozialpolitischem Gebiet" in der „neuen sozialen Selbstverwaltung" zu regeln[30]. Mit der Erfolgsmeldung „An die Stelle des Klassenkampfes ist die Volksgemeinschaft getreten" tat Hitler die Absicht des Reichswirtschaftsministers kund, die Organisation der gewerblichen Wirtschaft als korporatives Mitglied in die Deutsche Arbeitsfront einzugliedern[31]. Durch die Leipziger Vereinbarung wurde die Geschäftsstelle der Reichswirtschaftskammer zugleich das Wirtschaftsamt für die DAF, das dem Reichswirtschaftsminister unterstellt war. Damit waren die Betriebsführer bzw. die Organisation der gewerblichen Wirtschaft selbstverständlich nicht der DAF unterstellt. Die „sachlichen Aufgaben der Wirtschaft" unterlagen weiterhin der Führung der Wirtschaftsorganisationen. Und es galt weiterhin die Bestimmung des „Gesetzes zur Vorbereitung des organischen Aufbaus der deutschen Wirtschaft vom 27.2.1934", daß die Unternehmer als Führer der Betriebe organisatorisch nur der Reichswirtschaftskammer unterstanden, nicht aber der DAF.

Mit der Leipziger Vereinbarung sollten lediglich Konsultationsorgane zwiden der Organisation der gewerblichen Wirtschaft und der DAF geschaffen werden. An der Spitze stand der Reichsarbeits- und Wirtschaftsrat (RAWR), zusammengesetzt aus der Reichsarbeitskammer, einem Organ der DAF, und dem Beirat der Reichswirtschaftskammer, dem entsprechenden Organ der gewerblichen Wirtschaft. Hauptaufgabe des RAWR sollte sein: „Vor allem die Aussprache über gemeinsame wirtschaftliche und sozialpolitische Fragen, die Herstellung einer vertrauensvollen Zusammenarbeit aller Gliederungen der Deutschen Arbeitsfront und die Entgegennahme von Kundgebungen der Regierung wie auch der Leitung der Deutschen Arbeitsfront." Zudem sollten die „Reichsbetriebsgemeinschaften" der DAF und deren örtliche Untergliederungen Arbeitsausschüsse errichten, in denen in gleicher Anzahl Betriebsführer und Gefolgschaftsmitglieder vertreten waren und in denen „zwecks Herbeiführung eines gerechten sozialen Ausgleichs die fachlichen Sonderfragen, insbes. sozialpolitischer Art" erörtert werden sollten. Der betreffende Treuhänder der Arbeit konnte auf Wunsch an den Sitzungen der Arbeitsausschüsse teilnehmen; ihm oblag weiterhin die alleinige Befugnis, allgemeinverbindliche

---

29 Der Wortlaut der Leipziger Vereinbarung ist wiedergegeben u.a. in Hans Biallas/Gerhard Starcke, *Leipzig – das Nürnberg der DAF*, München 1935, S. 8 ff.; Giersch, *Deutsche Arbeitsfront* (Anm. 7), Bd. 2, S. 214 ff. Zur Leipziger Vereinbarung vgl. ebd., Bd. 1, S. 154 ff., sowie insbes. Spohn, *Betriebsgemeinschaft* (1980), S. 165 ff.

30 Hitlers Erlaß vom 21. März 1935 zur Leipziger Vereinbarung. Biallas/Starcke, *Leipzig* (Anm. 29), S. 7.

31 Vgl. ebd.

Entscheidungen in den erörterten Fragen zu fällen. Besonders erfreulich für die Unternehmer wird der folgende Passus der Leipziger Vereinbarung gewesen sein: „Betriebsbesichtigungen dürfen nur von den in der Verfügung der Deutschen Arbeitsfront über Betriebsbesichtigungen vom 10. Oktober 1934 genannten Hoheitsträgern und DAF-Waltern im Einvernehmen mit dem Betriebsführer des zu besichtigenden Betriebes erfolgen."

In der Folgezeit funktionierte die „soziale Selbstverwaltung" keineswegs reibungsloser als zuvor. Im Gegenteil: Ley interpretierte die Vereinbarung dahingehend, daß die DAF nunmehr mit allen Fragen des Arbeitsverhältnisses befaßt sei, und ging so weit zu prophezeien, die Wirtschaftsorganisationen würden bald in der DAF aufgehen. Daraufhin kündigte Schacht die Mitarbeit der Organisation der gewerblichen Wirtschaft im RAWR und seinen nachgeordneten Organen auf[32]. Der RAWR blieb ein Phantasiegebilde. Das hinderte indes beide Seiten nicht, im Sinne ihrer jeweiligen Interpretation der „sozialen Selbstverwaltung" tätig zu werden.

Die Organisation der gewerblichen Wirtschaft wurde durch Eingliederung der Industrie- und Handelskammern im Juli 1935 erweitert und durch Schachts Reformerlaß vom Juli 1936 in ihrer fachlichen und regionalen Gliederung so konsolidiert, daß sie nicht nur auf Reichsebene durch die Reichswirtschaftskammer, sondern auch auf Bezirksebene durch die den Treuhänderbezirken angepaßten Wirtschaftskammern über eine organisierte Interessenvertretung verfügte[33]. Zudem bestanden Sonderausschüsse, in denen spezifische Fachfragen behandelt wurden. In diesem Zusammenhang sei der „Sozialwirtschaftliche Ausschuß" der Reichsgruppe Industrie genannt, der unter wechselnden Namen und trotz gelegentlicher Auflösungstendenzen bis Ende des Krieges bestand. Er war nach Auflösung der Vereinigung der deutschen Arbeitgeberverbände (VDA) schon 1934 mit der Überlegung konzipiert worden, daß Lohnfragen zwar nicht mehr Gegenstand der Auseinandersetzungen seien, daß aber angesichts der Unmöglichkeit, die anderen sozialpolitischen Aufgaben des VDA „lediglich auf Grundlage des Einzelbetriebes zu lösen", „eine andere organisatorische Plattform" herbeigeführt werden müsse[34].

Auf der konstituierenden Sitzung des „Sozialwirtschaftlichen Ausschusses" am 18. Oktober 1935, an der auch Ministerialdirektor Pohl − Mitverfasser des AOG und späterer Leiter des Arbeitswissenschaftlichen Instituts (AWI) der DAF − teilnahm, wurden nicht nur die Aufgaben des neuen Ausschusses, sondern auch die Stellung der Reichsgruppe Industrie (RGI) zur Leipziger Vereinbarung deutlich[35]. Dr. Trendelenburg, Leiter der RGI, „betonte die

32 Vgl. Timothy W. Mason, *Sozialpolitik im Dritten Reich*, Opladen 1977, S. 194 ff.

33 Ausführlich dazu Esenwein-Rothe, *Wirtschaftsverbände* (Anm. 5), S. 65 ff.

34 Aktenvermerk v. 28.10.1933, *HA Krupp*, FAH IV E 179, zit. nach Carola Sachse, *Betriebliche Sozialpolitik als Familienpolitik in der Weimarer Republik und im Nationalsozialismus. Mit einer Fallstudie über die Firma Siemens, Berlin (Forschungsberichte des Hamburger Instituts für Sozialforschung*, Bd. 1), Hamburg 1987, S. 147.

35 „Niederschrift über die konstituierende Sitzung des Sozialwirtschaftlichen Ausschusses am 18. Oktober 1935 vorm. 10 Uhr", *BA Koblenz*, R 12 I/266. Es hatte schon vorher, am 1. Februar 1934, eine 1. Sitzung des Sozialwirtschaftlichen Ausschusses stattgefunden, aus der hervorgeht, weshalb Dr. Köttgen, dem als ehemaligen Vorsitzenden des VDA eigentlich der Vorsitz dieses Ausschusses zugestanden hätte, dieses Amt nicht übernahm: Er hatte nicht die notwendigen Beziehungen zur Partei. *BA Koblenz*, R 12 I/

außerordentliche Schwierigkeit der Aufgaben, die das Grundproblem der deutschen Wirtschaft betreffen, nämlich die Beziehungen zwischen Betriebsführer und Gefolgschaft sowie die Beziehungen der Rgr. Industrie zur DAF zu regeln. Er hoffe, ... daß die Arbeit des Ausschusses ihr Teil dazu beitragen werde, durch Verinnerlichung der menschlichen Beziehungen die Wirtschaft zu befruchten." Dr. Seeliger, Vorsitzender des Ausschusses, äußerte sich schon etwas martialischer, indem er betonte, bei den im „Soz. wi. Ausschuß" zu bearbeitenden Fragen „handele es sich ... um die Lösung des Problems der Volksgemeinschaft, die schlechthin gleichbedeutend mit der Entscheidungsschlacht für das dritte Reich sei. Die Volksgemeinschaft stehe und falle in erster Linie mit der Verwirklichung der Betriebsgemeinschaft."

Hinsichtlich der Leipziger Vereinbarung wurden der RAWR und die Arbeitskammern nicht einmal erwähnt. Das Augenmerk richtete sich auf die Arbeitsausschüsse (A.A.). Letztere seien, so Dr. Lohmann, sozialpolitischer Fachmann der RGI, laut Leipziger Vereinbarung in erster Linie der verlängerte Arm des Treuhänders der Arbeit, den sie in seiner Tätigkeit entlasten sollten. „Nach allen mit den maßgeblichen Stellen geführten Besprechungen sei jedoch festzuhalten, daß man heute in erster Linie in den A.A. eine aus politischen, weltanschaulichen Gründen notwendige Einrichtung sehe. Die A.A. sollen hiernach, wenn einmal wirtschaftliche Schwierigkeiten auftreten sollten, als psychologische Entlastungseinrichtung von Staat und Wirtschaft dienen." Insgesamt äußerte man sich, trotz einiger negativer Meldungen über schon gegründete Arbeitsausschüsse, noch recht optimistisch, was die Zusammenarbeit mit der Führung der DAF und in den Arbeitsausschüssen anbelangte. Es wurden aber auch zwei Gesichtspunkte besonders unterstrichen:
— „eine wirkliche Gemeinschaftsarbeit sei nur bei vollkommener Gleichberechtigung möglich,
— es müsse unbedingt daran festgehalten werden, daß die betrieblichen Fragen, soweit irgendmöglich, nur im Betrieb geregelt werden."
In der Folgezeit sah man, wie die sich häufenden Klagen in späteren Sitzungen des „Soz. wi. Ausschusses" zeigen[36], gerade diese Gesichtspunkte keineswegs gewahrt. Der Leiter der Reichswirtschaftskammer, Albert Pietzsch, betonte denn auch am 27. Januar 1939 in einem Schreiben an den Geschäftsführer der RGI, Karl Guth, daß entgegen dem von der DAF erweckten Eindruck „die in den Arbeitsausschüssen tätigen Unternehmer als Privatpersonen und nicht im Auftrag der Organisation der gewerblichen Wirtschaft" ihr Amt ausübten und „keinerlei Autorisierung haben, im Namen der Wirtschaftsorganisation Erklärungen abzugeben"[37]. Laut Pietzsch hatten die Arbeitsausschüsse den „Kardinalfehler, daß sie nicht dem Treuhänder, sondern der DAF unterstehen und daß die Zusammensetzung nach der Willkür der DAF erfolgt"[38].

Fortsetzung Fn. 35
266. Ausführlicher über die Entstehung des Soz.wi.Ausschusses siehe Sachse, *Sozialpolitik* (Anm. 34), Kap. IV. 3.2.
36 Vgl. die Niederschriften, *BA Koblenz*, R 12 I/274—276, 278.
37 *BA Koblenz*, R 12 I/278. Vgl. Spohn, *Betriebsgemeinschaft* (1980), S. 168, Anm. 98.
38 Niederschrift über die Besprechung mit Herrn Ministerialdir. Dr. Kimmich im Sitzungssaal des Mannesmannhauses am 20. Juni 1940, 16 Uhr, Westfälisches Wirtschaftsarchiv Dortmund, F. 26/81. Wiedergegeben und kommentiert in: Rüdiger Hachtmann, Von

Was die DAF anbelangt, so hatte die Leipziger Vereinbarung nicht nur hinsichtlich der Bildung von Arbeitsausschüssen und -kammern organisatorische Konsequenzen. Mitte des Jahres 1935 richtete sie die Dienststelle „Der Beauftragte für die Durchführung der Leipziger Vereinbarung" ein, die dann durch Anordnung vom 18. November 1936 zum Amt „Soziale Selbstverantwortung" im Zentralbüro der DAF umgestaltet wurde[39]. Seine Leitung übernahm Dr. Theo Hupfauer, der sich zuvor als Leiter des „Hauptamtes NSBO" in der DAF um die Entmachtung der NSBO verdient gemacht hatte. Das Amt „Soziale Selbstverantwortung" befaßte sich mit eben den Fragen, von denen die DAF laut Abkommen vom November 1933 und laut AOG ausgeschlossen werden sollte, nämlich den „materiellen Fragen des täglichen Arbeitslebens". Es wurde zum zentralen Organ der DAF für alle das Arbeitsverhältnis betreffenden Fragen. Die wichtigsten Vehikel seiner Einflußnahme auf diese Bereiche waren der von diesem Amt seit 1936 alljährlich veranstaltete „Leistungskampf der Betriebe", die 1938 aus den Reichsbetriebsgemeinschaften umgebildeten Fachämter der DAF, die Arbeitsausschüsse sowie − trotz der beständigen Konflikte zwischen Ley und Reichsarbeitsminister Seldte − regelmäßige Absprachen zwischen Hupfauer und Werner Mansfeld, der im Reichsarbeitsministerium für Lohnfragen zuständig war[40].

Die Bedeutung des Amtes „Soziale Selbstverantwortung" für die Arbeitspolitik insbesondere in der Kriegszeit läßt sich durch einige Funktionen, die sein Leiter ausübte, illustrieren: Laut Kriegsorganisationsplan der DAF (siehe Schaubild S. 119) war Hupfauer Leiter des „Kriegshauptarbeitsgebietes II", zu dem neben dem Amt „Soziale Selbstverantwortung" die nach Wirtschaftszweigen organisierten Fachämter, die DAF-Verbindungsämter zu militärischen Stellen sowie alle Ämter gehörten, die irgendwie mit dem Arbeitsverhältnis zu tun hatten (einschließlich des Jugend- und Frauenamtes). Von 1943 bis Oktober 1944 war Hupfauer Verbindungsmann der DAF zum „Ruhrstab" Speers, wo er insbesondere beim Arbeitskräfteeinsatz dafür sorgte, daß die Produktion in den zerbombten Betrieben schnellstmöglich fortgesetzt werden konnte. Von Dezember 1944 bis Ende des Krieges war er Stellvertreter Speers, und in Hitlers Testament war Hupfauer zu seiner großen Überraschung, wie er 1985 betonte, als Reichsarbeitsminister vorgesehen[41].

Doch zurück zur Leipziger Vereinbarung. Obgleich die volksgemeinschaftliche Kooperation zwischen der DAF und der Organisation der gewerblichen Wirtschaft in einem Reichsarbeits- und Wirtschaftsrat nicht zustande kam, machte sich die DAF sogleich daran, ihre Arbeitskammern und Arbeitsaus-

---

Fortsetzung Fn. 38

der Klassenharmonie zum regulierten Klassenkampf, in: *Soziale Bewegungen, Jahrbuch 1: Arbeiterbewegung und Faschismus*, Frankfurt a.M./New York 1984, S. 159−183.

39 Vgl. hierzu Otto Marrenbach, *Fundamente des Sieges*, Berlin 1940, S. 100.

40 Diese regelmäßige Zusammenarbeit geht aus der Handakte Hupfauers, DZA Potsdam, 61.01/194, hervor. In einem Interview im März 1985 in München bestätigte mir Hupfauer sein damaliges gutes Einvernehmen mit Mansfeld, mit dem er sich auch oft bei einer Flasche Wein getroffen habe.

41 Angaben laut Interview vom März 1985. Giersch (*Deutsche Arbeitsfront* [Anm. 7], Bd. 2, S. 252) entnehme ich, daß Hupfauer − Mitgliedsnummer der SS 17 197 − 1941 SS-Sturmbannführer beim Stab Reichsführer SS wurde.

TÄTIGKEIT DER ARBEITSAUSSCHÜSSE IM JAHRE 1938

Von 364 Gauthemen und 43 Reichsthemen, die beraten wurden, befaßten sich

62 Arbeitsausschüsse mit Fragen der Lehrzeit, der Berufserziehung, des Facharbeiternachwuchses und der Vereinheitlichung des Lehrvertrages,

234 Arbeitsausschüsse mit Fragen des Arbeitsverhältnisses, wie gerechte Akkordlohnberechnung, Tarifordnungen, Abwanderung, Heimarbeit,

13 Arbeitsausschüsse mit Fragen der Altersversorgung, Sozialversicherung sowie Unfallgefahren und -verhütung,

17 Arbeitsausschüsse mit Fragen der technisch wirtschaftlichen Entwicklung und deren soziale Auswirkungen, der Leistungssteigerung durch Rationalisierung und Erhaltung der Arbeitskraft,

35 Arbeitsausschüsse mit Fragen des Vierjahresplanes, Arbeitseinsatzes und sonstigen Gesetzen und Maßnahmen des Staates und der Partei,

3 Arbeitsausschüsse mit Fragen der Freizeitgestaltung und Brauchtumspflege.

TAGUNGEN DER REICHSARBEITSKAMMER BIS 1939

Tagungen:	Datum:	Behandelte Themen:
1.	31.8.35	Die Sozialpolitik des nationalsozialistischen Reiches. Die Einheit des Betriebes im Gegensatz zum Klassenkampf des Marxismus.
2.	28.11.35	Wirtschaftslage und Finanzierungsmethoden der Arbeitsschlacht.
		Fett oder Arbeit.
		Siedlung und Planung im organisierten Verbrauch unter Berücksichtigung der Geschmacksrichtung.
3.	28.4.36	Möglichkeiten der Erhöhung des Lebensstandards.
4.	27.7.36	Letzte Etappe in der Arbeitsschlacht.
		Die Reichsautobahnen in ihrer sozialpolitischen Bedeutung.
		Neue Rohstoffanlagen.
5.	24.11.36	Die Rohstoffvorkommen in den ehemaligen deutschen Kolonien.
		Wehrwirtschaftliche Aufgaben der deutschen Volkswirtschaft unter besonderer Berücksichtigung des Vierjahresplanes.
6.	30.4.37	Auszeichnung der Musterbetriebe.
		Ansprache des Führers.
7.	30.4.38	Sieg des Sozialismus.
8.	9.12.38	Die Grundgedanken des korporativen Systems in Italien.
9.	30.4.39	Auszeichnung der Musterbetriebe.
		Ansprache des Führers.

Quelle: Marrenbach, *Fundamente* (Anm. 39), S. 109, 115.

schüsse einzurichten[42]. An der Spitze stand formal die Reichsarbeitskammer, die jedoch vorwiegend „repräsentative" (Hupfauer), propagandistische Funktionen hatte; das geht deutlich auch aus der Liste der Themen ihrer Tagungen bis 1939 hervor (siehe Seite 77). Lästiger für Staatsapparat und Unternehmer waren die Arbeitsausschüsse, die auf Weisung des Amtes „Soziale Selbstverantwortung" tätig wurden. Laut DAF-Geschäftsordnungsvorlage vom Januar 1936 befaßten sie sich mit: Inhalt, Auswirkungen und Anwendung von Tarifordnungen, mit Problemen der Unfall- und Krankenverhütung, Erholungsfürsorge, Mutterschutz, sozialen Einrichtungen, mit lohnpolitischen Aufgaben — Leistungslohn, Anwendung und Ausgestaltung der Akkordsysteme, Lohngruppenverhältnissen und ihrer Abgrenzung nach Leistung, Lebensalter, Vorbildung, geistiger und körperlicher Eignung —, mit dem Zusammenhang von Lohn, Preis, Selbstkosten und Konjunktur, mit Nachwuchsfragen, Berufsumschulung, mit der Verwertung von Erfahrungen in der Arbeitstechnik und schließlich mit Fragen wirtschaftspolitischer Art[43]. Den weitaus größten Teil der Erörterungen nahmen bald Lohnfragen ein. Die Konflikte mit Staatsapparat und Unternehmerschaft hatten ihre Ursache nicht so sehr darin — wie Mason meint[44] —, daß die Ausschüsse überbetriebliche Fragen erörterten, von denen ein Großteil allein die Treuhänder der Arbeit entscheiden konnten, denn das *Erörtern* war laut Leipziger Vereinbarung ja ihre Aufgabe; sie resultierten eher daraus, daß die von der DAF kontrollierten Arbeitsausschüsse vielfach versuchten, Entscheidungen der Treuhänder vorweg zu nehmen, indem sie „teils durch zwingende Anordnung, teils durch sogenannte Empfehlungen an die Betriebsführer in die sozialpolitische Gestaltung überbetrieblich" eingriffen[45].

Dieses Vorgehen der Arbeitsausschüsse stieß nicht nur bei der Organisation der gewerblichen Wirtschaft, sondern auch beim Reichsarbeitsministerium auf entschiedenen Widerstand. 1939/40 versuchte dann die DAF, ihre Arbeitsausschüsse mit dem Vorschlag aufzuwerten, sie sollten zugleich die Funktion des im AOG vorgesehenen Sachverständigenbeirats beim Treuhänder der Arbeit übernehmen. Nach einer am 6. August 1939 von Ley unterschriebenen und dem Reichsarbeitsminister zugesandten „Vereinbarung über die Zusammenarbeit zwischen Reichsarbeitsministerium und Reichstreuhändern der Arbeit einerseits und der Deutschen Arbeitsfront andererseits"[46] bot die DAF als Gegenleistung an, die Auswahl sowohl der Mitglieder als auch der Beratungsaufgaben ihrer Ausschüsse im Einvernehmen mit den Treuhändern vorzuneh-

---

42 Vgl. Mason, *Sozialpolitik* (Anm. 32), S. 194 ff.; Spohn, *Betriebsgemeinschaft* (1980), S. 166 ff., Marrenbach, *Fundamente* (Anm. 39), S. 101 ff.

43 *Amtliches Nachrichtenblatt der DAF* v. 25.1.1936, S. 19; BA Koblenz, NS 22/661; vgl. auch Marrenbach, *Fundamente* (Anm. 39), S. 103—113.

44 Vgl. Mason, *Sozialpolitik* (Anm. 32), S. 196.

45 Schreiben von Mansfeld (RAM) an Hupfauer (DAF) v. 29.6.1937 sowie von Krohn (RAM) an die DAF v. 25.5.1937; DZA Potsdam, 31.01/10311, Bl. 85 f. bzw. Bl. 11. Vgl. auch Mason, *Sozialpolitik* (Anm. 32), S. 196.

46 Handakte Hupfauer, *DZA Potsdam*, 62.01/194, Bl. 115—122, sowie Akten des RAM, *BA Koblenz*, R 41/22, Bl. 95—105. Ob diese Vereinbarung dann auch von Seldte unterschrieben wurde, geht aus dem Aktenbestand nicht hervor. Zumindest aber hat Mansfeld sich in einer Unterredung später (s. Anm. 48) positiv zu diesen Vorstellungen geäußert.

men. Auch wollte man die freiwillige Durchführung der Beratungsergebnisse den Betrieben nur dann empfehlen, wenn darüber Einvernehmen zwischen den Treuhändern und den Ausschüssen bestand.

Denn obwohl der Geschäftsführer der DAF, Otto Marrenbach, in seinem 1940 veröffentlichten Buch „Fundamente des Sieges" noch schrieb, die Arbeitsausschüsse seien, „insgesamt gesehen, im Laufe der Zeit zu einem schlagkräftigen, jederzeit einsetzbaren Organ herangereift und aus dem Arbeitsleben nicht mehr wegzudenken"[47], war man DAF-intern keineswegs mit ihrer Funktion und ihrem Funktionieren zufrieden. So erklärte der Hauptabteilungsleiter im Amt „Soziale Selbstverantwortung" der DAF, Schöttler, während einer Unterredung mit Mansfeld im Arbeitsministerium am 5. September 1940[48], „daß er mit dem bisherigen Arbeitsergebnis der Arbeitsausschüsse nicht zufrieden sei. Der Grund liegt wohl darin, daß es zu viele Arbeitsausschüsse gibt und außerdem diese Arbeitsausschüsse nicht die Besetzung haben, die unbedingt notwendig wäre, um erfolgreiche Arbeit zu leisten und weiterhin darin, daß die Arbeitsausschüsse häufig mit Themen befaßt wurden, die nicht unmittelbar für Entscheidungen oder Aktionen von Bedeutung waren." Er stellte die Reduktion der „derzeit 4 000" Ausschüsse um einen „großen Prozentsatz" und „ihre bestmögliche personelle Besetzung" gemeinsam mit der gewerblichen Wirtschaft in Aussicht. Und er schlug vor, den beim Reichstreuhänder der Arbeit (vom AOG) vorgesehenen Sachverständigenbeirat, „der bis heute ein totgeborenes Kind sei"[49], dadurch zu beleben, daß man die neuen Arbeitsausschüsse gleichzeitig zu Sachverständigenbeiräten mache. Ähnlich äußerte sich auch Hupfauer auf einer gemeinsamen Sitzung der Reichswirtschaftskammer und der Reichsleitung der DAF am 7. Februar 1940 in Berlin[50]: Die etwa „5 700 Arbeitsausschüsse" (über die genaue Anzahl scheint man sich in der DAF nicht ganz einig gewesen zu sein) mit annähernd 50 000 Mitgliedern seien bisher „teilweise im Organisatorischen steckengeblieben". Deshalb solle ihre Anzahl auf 600 reduziert werden, „die dann erstklassig besetzt werden". Die von Hupfauer in Aussicht gestellte Einsetzung der Arbeitsausschüsse als Sachverständigenbeiräte bei den Reichstreuhändern der Arbeit scheint erst 1943 erfolgt zu sein[51].

Obgleich es der DAF nie gelungen war, die Arbeitsausschüsse in der Weise zu institutionalisieren, daß sie sowohl vom Staatsapparat als auch von der Organisation der Wirtschaft als „Mitbestimmungsorgane" volksgemeinschaftlicher Prägung anerkannt worden waren, waren sie doch nicht ganz ohne Bedeutung, denn sie dienten der DAF als Informationsquelle über betriebliche

---

47 Marrenbach, *Fundamente* (Anm. 39), S. 113.
48 *DZA Potsdam*, 62.01/194, Bl. 102.
49 Auf einer Besprechung führender Vertreter der gewerblichen Wirtschaft am 20.6.1940 schob Generaldirektor Ernst Tengelmann die Bedeutungslosigkeit der Sachverständigenbeiräte der DAF in die Schuhe: „... auf die Zusammensetzung der Sachverständigenausschüsse beim Treuhänder hat die DAF einen entscheidenden Einfluß. Bei Besprechungen erscheint von der DAF immer nur die zweite oder dritte Garnitur. Meist wird dort zum Fenster hinaus geredet." Hachtmann, Klassenharmonie (Anm. 38), S. 179.
50 *BA Koblenz*, R 12 I/228; vgl. Spohn, *Betriebsgemeinschaft* (1980), S. 168.
51 Ebd., S. 168, 299.

Verhältnisse und zur Durchsetzung ihrer Vorstellungen in den Betrieben. Die
in den Arbeitsausschüssen zu erörternden Themen wurden vom Amt „Soziale
Selbstverantwortung" durch die Fachämter der DAF vorgegeben[52]. Laut
Hupfauer (Interview 1985) habe man die Betriebsführer, die sich im Ausschuß
positiv zu bestimmten Maßnahmen äußerten, aufgefordert, diese Maßnahmen
in ihrem Betrieb zu erproben. Die Ergebnisse seien dann den anderen Unternehmern der betreffenden Region und Branche anempfohlen worden. Zudem
habe das Amt „Soziale Selbstverantwortung" seine „Exerzierbetriebe" (Hupfauer) auch in den Reihen der Betriebe gefunden, die im Rahmen des „Leistungskampfes der Betriebe" zu „nationalsozialistischen Musterbetrieben"
gekürt worden waren[53]. Wie dieses Verfahren von Erörterung, Erprobung und
Empfehlung mit großem propagandistischen Aufwand abgestützt wurde, sei
an dem folgenden Beispiel illustriert: Am 18. Februar 1938 gab der „Völkische Beobachter" bekannt, einzelne Fachämter der DAF mit 4 000 Betrieben,
denen mehr als 150 000 weibliche Gefolgschaftsmitglieder angehörten, hätten
„Richtlinien als Betriebsgesetz mit sofortiger Wirkung" zum Mutterschutz beschlossen. Diese Richtlinien wurden dann als „Reichsthema" für alle Arbeitsausschüsse angeordnet. Sie nahmen im wesentlichen die Regelungen des Mutter-
schutzgesetzes vorweg, das erst 1942 erlassen wurde[54].

Die Arbeitsausschüsse ließen so gut wie keine Frage des Arbeitsverhältnisses unerörtert. Selbst um „die Gefahren, denen die bei Juden beschäftigten
deutschblütigen Vorführdamen ausgesetzt" seien, „sorgten" sich Arbeitsausschüsse, beauftragt vom Fachamt „Bekleidung und Leder", und stellten 1938
Erweiterungsanträge für die Nürnberger Gesetze[55]. Im November 1938 wurde
unter der nicht unbescheidenen Überschrift „DAF plant Betriebslenkung"
eine Straffung der Tätigkeit der Arbeitsausschüsse auf vier besondere Arbeits-
abschnitte bekanntgegeben: Steigerung der wirtschaftlichen Leistung durch
betriebliche Maßnahmen (einschl. Verbesserung der Arbeitssysteme und der
Akkordberechnung), Berufserziehung und -ausbildung des Nachwuchses und
der Erwachsenen, volksgesundheitliche Aufgaben und die Einsatzmöglichkeit
der deutschen Frau[56]. Die informelle Zusammenarbeit zwischen DAF und
Männern der Wirtschaft − mit „informell" meine ich, daß letztere nie als offizielle Vertreter der Organisation der gewerblichen Wirtschaft gegolten haben −
gedieh am weitesten auf dem Gebiet der „lohnordnenden Maßnahmen", wo
sie sich, wie der sozialpolitische Experte der RGI, Lohmann, 1944 betonte,

---

52 Vgl. Marrenbach, *Fundamente* (Anm. 39), S. 102. Anordnung 1/37 „Themengenehmi-
gung für die Arbeitsausschüsse", *Amtliches Nachrichtenblatt der Deutschen Arbeitsfront* v. 21.4.1937; BA Koblenz, R 12 I/278.
53 In der DAF-Anordnung 12/43 v. 2.3.1943 (*BA Koblenz*, R 12 I/279) schreibt Hupfauer
über den Leistungskampf: „Seine Durchführung erfolgt nach den von mir jeweils für
ein Leistungskampfjahr gegebenen Arbeitsrichtlinien. Der Erfolg ist dann gesichert,
wenn wir uns ständig ein klares Bild von der jeweiligen betrieblichen Leistungshöhe
verschaffen und auf dieser Grundlage die weitere Planung betreiben. Wir müssen uns
... ständigen Einblick in die Betriebspraxis verschaffen und in Auswertung dieser Erfahrungen den Leistungskampf weiter steuern ..."
54 Vgl. Sachse, *Sozialpolitik* (Anm. 34), Kap. IV.2.4.
55 *Der Völkische Beobachter* v. 18.2.1938.
56 *Berliner Tageblatt* v. 1.11.1938; *BA Koblenz*, R 12 I/278.

„hervorragend bewährte"[57]. Im März 1943 wurden die Arbeitskammern und Arbeitsausschüsse der DAF „neu geordnet"[58]. (Das Organisationsschema mit der Besetzung von 1944 ist auf S. 82 abgebildet.) Am wichtigsten waren wohl die beiden Arbeitsgremien der Unterkammer III — „Leistung und Lohn" —, die sich mit der Ausarbeitung neuer Entlohnungssysteme (Lohngruppenkataloge) für die Angestellten und die restlichen Wirtschaftsgruppen befaßten. Die Leiter beider Gremien kamen von den Großunternehmen Junkers und Siemens. Ein Bericht zum „Stand der lohnordnenden Maßnahmen" vom 24. Januar 1945 an Lohmann beschreibt die Art der engen, aber immer noch institutionell distanzierten Zusammenarbeit[59]:

„In der Sitzung mit den Geschäftsführern der Wirtschaftsgruppen ohne die der Eisen-, Metall- und Elektroindustrie (wo ein einheitlicher Lohngruppenkatalog schon entwickelt worden war; die Verf.) am 12. Oktober 1943 wurde festgelegt, daß die Arbeiten zur Erstellung von Lohngruppenkatalogen von Anfang an in Gemeinschaftsorganen, gebildet aus den Wirtschaftsgruppen und den entsprechenden fachlichen Stellen der Deutschen Arbeitsfront bzw. der Reichsarbeitskammer, durchgeführt werden sollen.

Eine Vereinbarung zwischen der Reichsgruppe Industrie und der Reichsarbeitskammer über die Berufung von Vertretern und Betriebsführern aus den einzelnen Wirtschaftsgruppen in die bei der Reichsarbeitskammer zu bildenden Ausschüsse kam nicht zum Zuge, weil die Reichsarbeitskammer von der Reichsgruppe Industrie den Verzicht auf alle Ausschüsse auf sozialwirtschaftlichem Gebiet verlangte. Trotzdem gelang es den Wirtschaftsgruppen, sich mit Erfolg in die Arbeit hineinzuschalten."

Der Gedanke der „sozialen Selbstverwaltung", der dem Volk 1935 durch die Leipziger Vereinbarung emphatisch präsentiert worden war, war also auf recht eigentümliche Weise „zur schönsten Entfaltung" gekommen[60]. Anstatt sie volksgemeinschaftlich zu exerzieren, betrieben beide Seiten getrennt voneinander „soziale Selbstverwaltung" in ihrem Sinne: die DAF in ihren Arbeitskammern und Arbeitsausschüssen, in denen zwar auch Betriebsführer von wichtigen Konzernen wie Siemens und Junkers Mitglieder waren, aber eben nicht als offizielle Vertreter der Organisation der gewerblichen Wirtschaft; die Organisation der gewerblichen Wirtschaft in ihren Wirtschaftskammern, Reichsgruppen und Sonderausschüssen wie dem „Sozialwirtschaftlichen Ausschuß" der Reichsgruppe Industrie, zu dessen Sitzungen aus kosmetischen Gründen gelegentlich auch führende Vertreter der DAF geladen wurden[61].

---

57 *BA Koblenz,* R 12 I/279, Bericht „Betr.: Verhältnis zur DAF" vom 18.4.1944. — Zur Beteiligung der DAF an der Vorbereitung und Durchführung dieser Maßnahmen in der Rüstungsindustrie ab 1942 s. unten, Kap. IV.2.
58 *BA Koblenz,* R 12 I/279, DAF-Anordnung 12/43.
59 *BA Koblenz,* R 12 I/327; s.a. R 12 I/279, Vereinbarungsentwurf der DAF v. 21.1.1944. Im August 1944 stellte die Unterkammer III sämtliche Arbeiten ein. Denn, so der oben zitierte Bericht, es hat „keinen Sinn, heute hochqualifizierte Kräfte mit Arbeiten auf weite Sicht zu betrauen, deren Erfolge erst nach Beendigung des Krieges wirksam werden können, jetzt aber diese Kräfte von kriegswichtiger Tagesarbeit abhalten müßten."
60 Marrenbach, *Fundamente* (Anm. 39), S. 102.
61 Die Einladung an die Leiterin des Frauenamtes der DAF, Reichsfrauenführerin Scholtz-Klink, eine Rede vor dem „Sozialwirtschaftlichen Ausschuß" der RGI zu halten, endete

ORGANISATIONSSCHEMA DER REICHSARBEITSKAMMER UND
IHRER UNTERKAMMERN (Stand: Mai 1944)

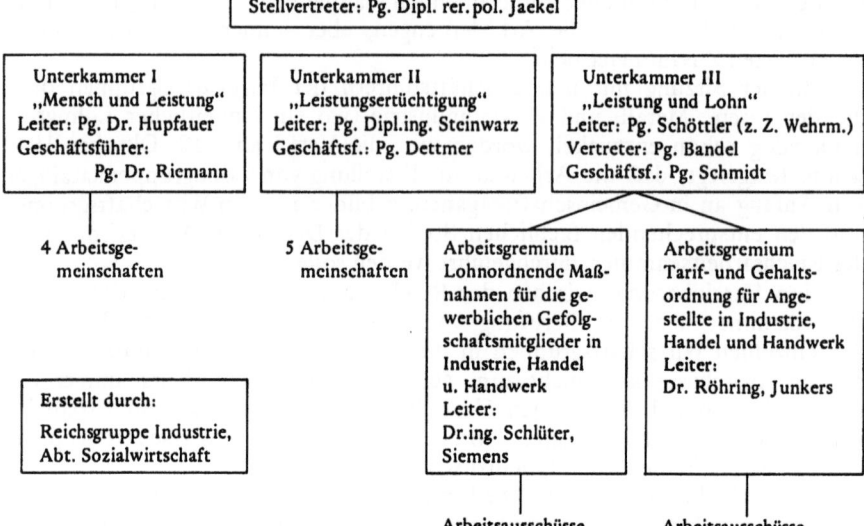

Quelle: *BA Koblenz*, R 121/327. Sonstige Ämter der genannten Personen: Hupfauer, Leiter des Amtes Soz. Selbstverantwortung und Gestaltung, Amtsgruppenchef im Ministerium f. Rüstung und Kriegsproduktion, Leiter des Einsatzstabes „Rhein-Ruhr"; Riemann, Hauptabteilungsleiter des Fachamtes Bau, Steine und Erden; Steinwarz, Leiter des Amtes Leistungsertüchtigung, Berufserziehung und Betriebsführung; Dettmer, Hauptabteilungsleiter im Amt für Leistungsertüchtigung, Berufserz. und Betriebsführung; Schöttler, Hauptabteilungsleiter im Amt Soz. Selbstverantwortung; Schmidt, Unterabteilungsleiter im Amt Soz. Selbstverantwortung. *BA Koblenz*, R 121/279.

Dr. Lohmann vom „Sozialwirtschaftlichen Ausschuß" der Reichsgruppe Industrie beschreibt im Frühjahr 1944 in einer Bestandsaufnahme das Verhältnis der RGI zur DAF wie folgt: „Trotz Labilität des Zustandes hat dieser sich im Laufe der letzten 10 Jahre immerhin zu einer beachtlichen Stabilität entwickelt", um dann gleich im Anschluß darauf hinzuweisen, der zu Beginn des Krieges feierlich proklamierte „Burgfriede" werde wieder durch das To-

Fortsetzung Fn. 61

am 15.5.1936 beinahe mit einem peinlichen Eklat: „Es war erschütternd und beschämend festzustellen, daß außer Herrn Geheimrat Cuntz sage und schreibe zwei Mitglieder des Ausschusses teilnahmen. Diese vernichtende Tatsache ist glücklicherweise den beiden Rednern (der andere war der stellvertretende Reichsärzteführer Dr. Bartels; die Verf.) nicht bekannt geworden, da es rechtzeitig gelungen war, den Saal zu füllen." *BA Koblenz*, R 12 I/279, Entwurf eines Briefes von Seeliger (Leiter des Sozialwirtschaftlichen Ausschusses) an Biese — wahrscheinlich von Ende 1936.

talitätsstreben der DAF gestört[62]. Diese Charakterisierung einer „labilen Stabilität" kann auch auf das Verhältnis der DAF zu staatlichen Instanzen, insbesondere zum Reichsarbeitsministerium, übertragen werden. Versuche, die Rolle der DAF im nationalsozialistischen Deutschland durch ein Gesetz zu regeln, wurden nie in die Praxis umgesetzt[63]. Von entsprechenden Entwürfen sei hier nur der letzte, nämlich Leys Entwurf von 1938, wegen der heftigen Reaktion, die er unter den Reichsministern hervorrief, erwähnt: In seinem Gesetzesentwurf trieb Ley sein „Totalitätsstreben" so weit, daß sich der Reichsminister für Ernährung und Landwirtschaft, Darré, in einem Schreiben an Göring zu einem Vergleich zwischen Ley und Röhm hinreißen ließ und mit dem Hinweis, genauso wie Röhm damals verkenne Ley heute, daß die Aufgaben seiner Organisation allein erzieherischer Art seien, kaum verhüllt nahelegte, man möge Ley wie Röhm bestrafen, nämlich erschießen[64].

Leys Gesetzentwurf kam nicht aus heiterem Himmel, sondern entsprach der Praxis der DAF, gestützt auf die Führerverordnung ihre grundsätzliche Zuständigkeit für „die Behandlung sozialrechtlicher Fragen" zu beanspruchen[65]. Das Reichsarbeitsministerium registrierte diese Praxis genau[66] und wehrte sich vehement dagegen, und zwar nicht nur, weil mit ihr zumeist kostspielige direkte und indirekte Lohnerhöhungen verbunden waren, sondern vor allem, um seine alleinige Zuständigkeit und die seiner Treuhänder für die staatliche Ausgestaltung des Arbeitsverhältnisses zu verteidigen. Diese Zuständigkeit konnte ihm die DAF auch nie nehmen. Doch wenngleich die quasi „spontanen" Eingriffe der unteren DAF-Kader ab 1939 seltener wurden (darauf weist zumindest der abnehmende Umfang der entsprechenden Akten des Reichsarbeits- und des Reichswirtschaftsministeriums hin), wurde deshalb der halbformelle Einfluß der DAF auf die Arbeitsverhältnisse nicht geringer — er wurde vielmehr zentralistisch gestrafft.

Die Einflußnahme erfolgte auf vielfältige, oft konfliktträchtige Weise: über ihre Betriebsobmänner, Werkscharmänner, KdF-Warte, Unfallschutz- und Betriebsgesundheitswalter, Lehrlingswarte, Betriebsjugendwalter und Betriebsfrauenwalterinnen, kurz über die Vielzahl von „Amtswaltern"[67], mit denen die entsprechenden Ämter der DAF direkt in die einzelnen Betrie-

---

62 *BA Koblenz*, R 12 I/279.
63 Ausführlich zu diesen Entwürfen und den damit verbundenen Diskussionen s. Spohn, *Betriebsgemeinschaft* (1980), S. 174 f.
64 Schreiben v. 5.3.1938, *BA Koblenz*, R 43 II/529, Bl. 142 ff.; nach Spohn, *Betriebsgemeinschaft* (1980), S. 184.
65 Laut Anlage zu einem Schreiben des RAM an Göring v. 21.1.1938, *BA Koblenz*, R 41/22, Bl. 29–43; vgl. auch Timothy W. Mason, *Arbeiterklasse und Volksgemeinschaft*, Opladen 1975, Dok. 131, S. 763.
66 *BA Koblenz*, R 41/22, insbes. Bl. 8–13, abgedr. in: Mason, *Arbeiterklasse*, Dok. 99. Auch das Reichswirtschaftsministerium legte besondere Akten über „Übergriffe der DAF" an: *DZA Potsdam*, 31.01 (RWiM), 10312, 10313, 10316, 10317, 10321 u.a.
67 Schon im März 1935 (als es einige der genannten „Amtswalter"-Funktionen, z.B. die der Frauenwalterin, noch nicht einmal gab) berichtete ein Betriebsführer, daß es allein im Berliner „Wernerwerk F" von Siemens bei einer Belegschaft von 16 000 Männern und Frauen 1 000 „Amtswalter" der DAF gab, die eine „übermäßige Selbständigkeit" entwickelten und den Vertrauensrat verdrängten, SAA, 11/Lg 694 (v. Buol); nach Sachse, *Sozialpolitik* (Anm. 34), S. 156.

be einzugreifen versuchten; über die Arbeitsausschüsse, die über die Fachämter vom Amt „Soziale Selbstverantwortung" dirigiert wurden; durch Wett-
kämpfe wie den „Reichsberufswettkampf" und den „Leistungskampf der
Betriebe"; über Generalpläne wie das Berufsbildungswerk, den Deutschen
Volksschutz, das Altersversorgungswerk, die Reichslohnordnung und das
Deutsche Wohnungshilfswerk, die allerdings wie alle „planmäßigen" sozialpolitischen Regelungen auf die Zeit nach dem „Endsieg" vertagt wurden;
über technokratische Kooperation mit dem Reichsarbeitsministerium und
der Organisation der gewerblichen Wirtschaft, insbesondere bei den lohnordnenden Maßnahmen ab 1942; über die Teilnahme an ministerialen Besprechungen zu Maßnahmen und Problemen auf dem sozialpolitischen Gebiet ab 1939,
über regelmäßige Konsultationen mit dem Reichsarbeitsministerium auf mitt-
lerer Ebene (Mansfeld und Hupfauer) und Übernahme besonderer Funktionen
– wie beispielsweise der Verwaltung der Lager der Dienstverpflichteten und
später auch der ausländischen Zwangsarbeiter; und schließlich über unab-
lässige Attacken Leys auf das Reichsarbeitsministerium[68].

Allein schon die Vielfalt, mit der die DAF ihren Weg in der nationalsozialistischen Sozialverfassung suchte, wie auch die häufigen Konflikte mit Unternehmerschaft und Staatsapparat, die diesen Weg trotz eines gewissen „Burg-
friedens" im Kriege begleiteten, zeigen, wie schwierig es ist, die Rolle der DAF
im nationalsozialistischen Deutschland zu erfassen. Wegen dieser Konflikte
wurde und wird die DAF als Störfaktor ausgemacht, und zwar nicht nur damals von seiten des Reichsarbeitsministeriums und der Unternehmerschaft
unter Hinweis auf ihren „Totalitätsanspruch", sondern auch in neueren Studien unter Hinweis auf ihr „rein organisatorisches Machtstreben" (Mason)
bzw. ihren „Hegemonieanspruch" (Hachtmann)[69]. Fraglos zeichnete sich die
DAF durch erhebliches Expansionsstreben aus. Doch ihr Bild als Störfaktor
verzerrt die Perspektive, so als habe sie ein ansonsten stabiles Machtgefüge
durcheinander gebracht. Hingegen hatte, wie Wolfgang Spohn in indirekter
Anlehnung an Franz L. Neumanns Charakterisierung des nationalsozialistischen
Regimes als eines nichtkodifizierten Herrschaftskompromisses in einer neueren Studie feststellt, die expansionistische Praxis der DAF ihre Ursache „im
labilen Machtgefüge des NS-Staates, dessen Zugriff auf die Gesellschaft sich
über eine Reihe halb-staatlicher (nicht in dem Staatsapparat integrierter, aber
mit diesem institutionell und personell eng verflochtener) Organisationen ver-

---

68 Ley wollte das Reichsarbeitsministerium umgestalten und unter die Kontrolle der DAF
stellen. Es gelang ihm aber nur, gegen Ende des Krieges den Bereich Wohnungspolitik
für sich zu beanspruchen; der wichtigere, für die Arbeitspolitik zuständige Bereich des
RAM wurde 1942 mit der entsprechenden Vierjahresplanbehörde zusammengefaßt
und dem Generalbevollmächtigten für den Arbeitseinsatz, Fritz Sauckel, Gauleiter von
Thüringen, unterstellt.

69 Mason, *Sozialpolitik* (Anm. 32), S. 197; Rüdiger Hachtmann, Die Krise der nationalsozialistischen Arbeitsverfassung – Pläne zur Änderung der Tarifgestaltung 1936–1940,
in: *Kritische Justiz*, Jg. 17 (1984), H. 3, S. 287; Gunther Mai, Warum steht der deutsche
Arbeiter zu Hitler?, in: *Geschichte und Gesellschaft*, 12. Jg. (1986), H. 2, S. 212 ff.:
„In der Trias von Unternehmen, NSDAP und Arbeiterschaft war sie [die DAF] die
Unruhe, die durch die Suche nach ihrer Aufgabe und nach ihrem Anteil an der Macht
… unvorhergesehene Formen des Konfliktaustragens induzierte …"

mittelte"[70]. Spohn erklärt die Dynamik dieser Organisationen abschließend so[71]:

„Die Stellung dieser Organisationen war nicht vorab festgelegt, ihre Aufgaben und Kompetenzen nur allgemein umschrieben; es blieb ihnen in weitem Maße selbst überlassen, sich ihren Platz im NS-Herrschaftssystem zu suchen und zu behaupten. Je mächtiger solche Organisationen wurden, desto schwieriger wurde es für den Staatsapparat, sie zu kontrollieren und staatlichen Regelungen zu unterwerfen. Sie waren Teil des NS-Staates, aber nicht in den Behördenapparat integriert, sie übten quasi-staatliche Macht aus, ohne daß ihnen diese von der Staatsmacht formal übertragen worden wäre. Sie standen nicht im Gegensatz zum Regime, waren vielmehr dessen unverzichtbare Herrschaftsinstrumente, lagen aber in ständigem Konflikt mit der staatlichen Verwaltung. Organisationen wie die Arbeitsfront (oder verallgemeinert: die Partei) bildeten maßgeblich die politische Basis des Regimes, die Sicherung und der Ausbau dieser Basis konnten sich aber nur im Gegensatz zu den Funktionsprinzipien des ‚modernen Verwaltungsstaats‘ vollziehen. Nicht, daß es sich bei diesem Gegensatz um einen die Herrschaft des Regimes gefährdenden gehandelt hätte, im Gegenteil, dieser Gegensatz war Teil des Reproduktionsmechanismus der Herrschaft und ließ sich in der Praxis sehr wohl aushalten, aber eben um den Preis ständiger Interessen- und Kompetenzkonflikte zwischen den nicht in den staatlichen Instanzenaufbau eingegliederten Organisationen und den Apparaten des Staates, die beide weder klar voneinander geschieden noch miteinander identische waren."

III. 2. Wesen und Ziel der DAF

Die „neue Gesellschaftsordnung"

Als Minimalkompromiß zwischen den an der Herrschaft beteiligten Machtgruppierungen war die nationalsozialistische Sozialverfassung kein geschlossenes System, sondern ein Experiment, dessen Ursprung und Grenzen darin lagen, die nationalsozialistische Herrschaft nach innen abzusichern und nach außen zu erweitern. Auf der konstituierenden Sitzung des „Sozialwirtschaftlichen Ausschusses" der Reichsgruppe Industrie 1935 wies der Leiter der Reichswirtschaftskammer, Pietzsch, zustimmend darauf hin, Hitler habe während der Vorbereitungen zum AOG verlangt, „daß in diesem Gesetz keine allzufeste gesetzliche Fixierung zunächst erfolgt; das Gesetz müsse zunächst möglichst beweglich gestaltet werden, man müsse abwarten, wie sich die einzelnen Bestimmungen in der Praxis bewährten"[72]. Ebenso sahen die Verfasser des AOG, die sowohl der Wirtschaft als auch dem Reichsarbeitsministerium nahestanden, die Neuordnung der Sozialverfassung als Experiment: „Das Gesetz zur Ordnung der nationalen Arbeit stellt mit der grundsätzlichen Bevorzugung der Betriebsordnung ein Programm und eine Richtlinie auf, die nur die *Ten-*

---

70 Spohn, *Betriebsgemeinschaft* (1980), S. 174.
71 Ebd., S. 175.
72 *BA Koblenz*, R 12 I/266.

denz der neuen Sozialpolitik angibt, keineswegs aber mit Inkrafttreten des Gesetzes sofort verwirklicht werden kann."[73]

Die nationalsozialistische Sozialverfassung hatte Experimentalcharakter nicht nur in der Machtverteilung im Regime, sondern auch in der Neuordnung der Klassenverhältnisse. Symptomatisch darüber sind die Auseinandersetzungen zwischen Unternehmerschaft, Staatsapparat und DAF. Ley brachte den Experimentalcharakter auf den Begriff, als er − wie eingangs zitiert − auf Hitlers „väterlich-gütigen" Ausspruch nach der Gründung der DAF verwies: „Wir wollen einmal abwarten, was aus dem Wechselbalg wird."

Später, nachdem das Scheitern der volksgemeinschaftlichen „sozialen Selbstverwaltung" à la Leipziger Vereinbarung offenkundig geworden war, kamen auf Unternehmerseite Zweifel über die Vorteile des Experiments auf, die Arbeitnehmerorganisationen radikal auszuschalten und durch den „Wechselbalg" DAF zu ersetzen. So schrieb der Leiter der Bezirksgruppe Rheinland der Reichsgruppe Industrie, Renker, in seinem Brief vom 29. August 1936 an den Vorsitzenden des „Sozialwirtschaftlichen Ausschusses", Seeliger[74]: „Es war wohl ein Fehler, daß man die Leute, die wirklich Erfahrungen in sozialpolitischen Dingen hatten, d.h. Gewerkschaftssekretäre, Syndici von Unternehmerverbänden usw. ... grundsätzlich ausgeschaltet hat. Ob diese jungen Leute [von der DAF], denen Erziehung und Ausbildung, zum Teil auch wohl die erforderlichen Charaktereigenschaften fehlen, jemals in der Lage sein werden, sich zu eigenen Persönlichkeiten zu entwickeln, scheint mir sehr fraglich." Derartige Aussagen hatten ihren Ursprung in dem Unbehagen, das die Unternehmer gegenüber den Attacken der DAF auf die Stellung des Betriebsführers und auf die Zuständigkeit der Wirtschaft für alle „Sachfragen" empfanden[75], ein Unbehagen, das zu fast nostalgischen Überlegungen führte, ob nicht die Wiedereinführung einer gewissen Form von Arbeitnehmervertretung günstiger sei[76].

Man beließ es dabei, lediglich Überlegungen anzustellen. Denn eine grundsätzliche Veränderung bzw. eine verbindliche Regelung − etwa in einem Gesetz − hätte eine „Entscheidungsschlacht" über das Verhältnis von Partei und Staat heraufbeschworen, die das Regime selbst gefährden konnte und von der keine Machtgruppierung wußte, ob sie siegreich aus ihr hervorgehen wür-

---

73 Mansfeld u. a., *Kommentar* (Anm. 4), S. 15.

74 *BA Koblenz*, R. 121274. Auf einer Sitzung führender Industrieller am 3.3.1936 wurde die Abschaffung der Tarifpartnerschaft bedauert: „Wie kann Vertretung der Arbeiter gefunden werden, die allein in sozialen Fragen, die über den Rahmen des Werkes gehen, hilflos sind, während die Herren der Arbeitsfront in der Luft schweben und keinen Rückhalt in den Betrieben haben?" Anlage zu E. Poensgen (Vereinigte Stahlwerke) v. 16.3.1936, Archiv der August Thyssen Hütte, Vereinigte Stahlw., Sozialwirtschaft. Abt. 14-01-2/1, zit. nach Hachtmann, Krise (Anm. 69), S. 290.

75 Ausführlich erläutert wird dieses Unbehagen in der Denkschrift „Wirtschaftslenkung durch den Staat", die der Leiter der Reichswirtschaftskammer, Pietzsch, am 22.6. 1938 an den Chef der Reichskanzlei, Lammers, schickte. *BA Koblenz*, R 43 II/547; vgl. Spohn, *Betriebsgemeinschaft* (1980), S. 187 ff.

76 Besprechung führender Industrieller mit Min.Dir. Kimmich (vom RAM) am 20.6.1940, wiedergegeben in: Hachtmann, Klassenharmonie (Anm. 38), S. 175 ff. Zu dieser Thematik vgl. auch Hachtmann, Krise (Anm. 69); G. Beier, Gesetzentwürfe zur Ausschaltung der Deutschen Arbeitsfront im Jahre 1938, in: *Archiv für Sozialgeschichte*, 17. Jg. (1977), S. 297−335.

de. Zudem stritt man zwar um die Kontrolle über das Experiment, doch über sein Ziel bestand Einigkeit: Es ging darum, die Klassenkonflikte zu entpolitisieren. In der Ideologie von der Volksgemeinschaft war dieses Ziel zusammengefaßt. Sie war wie jede Ideologie verlogen, weil sie Gleichberechtigung suggerierte, aber nicht intendierte. Sie sollte deshalb aber nicht als unwichtig abgetan werden. Denn wie jede Ideologie hatte sie einen konkreten Kern. Ihr A und O waren nicht nur die Ausgrenzung (bis hin zur physischen Vernichtung) und präventive Verhinderung von organisierter Opposition, es war auch der Versuch einer sozialtechnischen Rationalisierung der Gesellschaft.

So altväterlich und verlogen von der Volksgemeinschaft, der Betriebsgemeinschaft und der nationalsozialistischen Gesinnung geredet wurde, so modern war die „Ausgestaltung" dieser Begriffe auf dem Gebiet der Arbeitsbeziehungen − „modern" im Sinne eines in der Weimarer Zeit weitverbreiteten Fortschrittsglaubens, den Tucholsky treffend durch die Schreibweise „Fordschritt" charakterisierte. Es war der Glaube der Rationalisierungsbewegung, man könne Klassenkonflikte durch eine „rationale" Anpassung des Menschen an die Maschinerie, durch eine „rationale", an Leistung ausgerichtete Organisation der Gesellschaft vermeiden und überflüssig machen[77]. So sah das am unternehmerischen Kalkül orientierte Reichskuratorium für Wirtschaftlichkeit (RKW) − das illustriert der Auszug aus seinen „Nachrichten", s. S. 88 − die „berufsständische Wirtschaftsgestaltung" 1933 als Grundlage der politischen und *wissenschaftlichen* Verwirklichung des Strebens „nach dem wirtschaftlichen Einsatz der Arbeitskraft", der Hebung der „Arbeitsfreude", sprich: der Leistung, sowie der „Auslese". 1937, als die „großen organisatorischen Aufgaben" von politischer Seite durch das Verbot jeglicher gewerkschaftlicher Organisation und durch die Umwandlung der DAF in eine hochzentralisierte, gänzlich unständische Massenorganisation „gelöst" war, beschrieb Dr. F. Reuter, Geschäftsführer des RKW, wie um eine der „allgemeinen Betriebsverbesserung" dienliche staatsbejahende Einstellung der Arbeiter „gerungen" werden sollte[78]:

„Die Neuordnung unseres Betriebslebens durch das Gesetz zur Ordnung der nationalen Arbeit, durch die Schaffung der Deutschen Arbeitsfront sowie durch den Aufbau der Organisation der gewerblichen Wirtschaft überwindet die bloßen Interessenstandpunkte und die Verteidigung der Einzelinteressen. Gleichzeitig erkennen wir die Notwendigkeit, alle Aufgaben, die in vergangenen Zeiten im Wege des Aushandelns und des Kampfes zwischen den verschiedenen Lagern ,gelöst' wurden, nunmehr planvoll in den Rahmen eines wirtschaftlichen Aufbauprogramms einzubeziehen.

---

77 Ein Glaube, dem damals im übrigen auch Teile der Gewerkschaftsbewegung anhingen, wenngleich sie die rationale Kontrolle der Gesellschaft unter ihre Regie stellen wollten. Fritz Tarnow, langjähriger Vorsitzender der Holzarbeitergewerkschaft, schrieb 1928: „... Armut [ist] kein ökonomischer Muß, sondern eine soziale Krankheit, deren Heilbarkeit [durch Rationalisierung; die Verf.] auch schon im Rahmen der kapitalistischen Wirtschaft außer Zweifel steht" (zit. nach Gunnar Stollberg, *Die Rationalisierungsdebatte 1908−1933*, Frankfurt a.M. 1981, S. 180). Vgl. auch Sachse, *Sozialpolitik* (Anm. 34), Kap. III. 4.2.: „Betriebsräte und freie Gewerkschaften. Von der Obstruktion zur Kooperation in der betrieblichen Sozialpolitik".

78 F. Reuter, Fertigungsstudien − Kostenstudien − Sozialstudien. Die Hauptstraßen zur Wirtschaftlichkeit, in: *RKW Nachrichten*, 11. Jg. (1937), H. 1/2, S. 8 f.

Der Mensch und die Rationalisierung.

Eignung und Qualitätsarbeit.

Wichtige Fragen berufsständischer Wirtschaftsgestaltung.

Immer wieder ist zu betonen, daß neben den anderen wichtigen wirtschaftlichen Grundfragen wie Kostengestaltung, Schaffung von Absatzmärkten usw. die Frage der

Betreuung der menschlichen Arbeitskraft

schlechthin von mindestens gleicher Bedeutung ist. Gerade das Ringen um die Grundlagen einer berufsständischen Wirtschaft, wie es auf dem Gebiete der Arbeit und der Arbeiter vor allem in der Bildung der Deutschen Arbeitsfront zum Ausdruck kommt, hat die großen soziologischen, psychologischen und sozialpolitischen Fragengruppen, um die es hier geht, wieder in den Vordergrund des Denkens und Gestaltens gerückt. Gerade die berufsständische Wirtschaftsführung gibt uns die Möglichkeit, den doppelten Antrieb der Arbeitspolitik und der Arbeitswissenschaft, nämlich das Streben nach dem wirtschaftlichen Einsatz der Arbeitskraft und die Betreuung der Arbeitskraft schlechthin, in eins zu verschmelzen. Vielleicht hat die betonte Versachlichung unserer wissenschaftlichen Arbeitsweise hier allzulange gezögert, offen zu bekennen, daß bei Untersuchungen auf dem Gebiete der Arbeitswissenschaft ohne weiteres die Zielsetzung gelten muß: die größtmögliche Arbeitsfreude als Lebensinhalt zu erreichen.

Dabei wird — wie aus den verschiedenen Maßnahmen und Reden des Führers der Deutschen Arbeitsfront, Dr. Ley, ersichtlich wird — die zu bewältigende

Aufgabe von zwei Seiten her gleichzeitig angepackt

werden müssen. Einmal sind die großen organisatorischen Aufgaben aus dem politischen Bezirk her zu lösen. Sodann aber soll die wissenschaftliche und praktische Einzelarbeit weitergehen und ausgebaut werden. Beides ergänzt und durchdringt einander. Die angepackten Einzelaufgaben erhalten erst dann einen rechten Sinn und ihre tiefere Bedeutung, wenn sie planvoll in den Dienst der größeren Sache gestellt werden. Zum anderen können weit gesteckte Ziele in dem neu geschaffenen organisatorischen Rahmen nur mittels zäher Einzelarbeit erreicht werden.

Wir haben auf die Untersuchungen, die seitens des Reichskuratoriums für Wirtschaftlichkeit zur Zeit auf diesem Gebiete laufen, bereits eingehend hingewiesen. (Vgl. Heft 3/1933 der RKW-Nachrichten, S. 33—37.) In dieser Arbeit betitelt „Eignung und Qualitätsarbeit", sollen Unterlagen für die Behandlung zweier großer Einzelaufgaben zur Verfügung gestellt werden, nämlich

1. Kampf gegen den Leistungsverfall,
2. Schulung und Ausbildung der jährlich anfallenden schulentlassenen Jugendlichen, die einen Ansatz zum Beruf suchen.

Bei der zweiten Aufgabe sind im wesentlichen wiederum 2 große Gebiete zu unterscheiden: das Problem der Eignung zum Beruf mit den Fragen der Tauglichkeitsauslese in irgendeiner Form, sowie die Berufsausbildung selbst....

Aus: *RKW Nachrichten*, 7. Jg. (1933), H. 5, S. 79.

Die Politik — dies hat insbesondere die deutsche Sozialpolitik der Vergangenheit gelehrt — kann mit der rein negativen Verbotsseite (z. B. Sozialistengesetz) auf die Dauer nicht erfolgreich um eine staatsbejahende Einstellung des Arbeiters ringen. Sie muß vielmehr auf der anderen Seite gewisse Grundbelange, die für jeden arbeitenden Menschen lebenswichtig sind, von vornherein in ihre Ziele aufnehmen. Mit Recht haben daher die Deutsche Arbeitsfront und die staatliche Wirtschaftsführung die sozialen Betriebsfragen wie z. B. Arbeitsbestgestaltung, Altersversorgung, Arbeitszeitregelung als wesentliche Bestandteile ihrer Bestrebungen bezeichnet. Für den einzelnen Betriebspraktiker gilt es dabei, auf dem Wege von Einzeluntersuchungen Kenntnis von der tatsächlichen sozialpolitischen Lage einer Branche oder eine Gruppe zu bekommen, um diese Lage in der Richtung auf die großen sozialpolitischen Ziele zu verbessern.''

Inhaltlich standen die hier zitierten programmatischen Überlegungen des RKW zur sozialpolitischen Förderung der Wirtschaftlichkeit nicht im Gegensatz zur Ideologie und Praxis der DAF. Wohl aber bestand ein Gegensatz in der Frage, wie diese Überlegungen im einzelnen verwirklicht werden sollten und vor allem, *wer* sie verwirklichen sollte — ging es doch in allen Punkten auch um die Stellung des „Betriebsführers". So betonte das RKW gegenüber den „großen organisatorischen Aufgaben" die „wissenschaftliche und praktische Einzelarbeit" und die Rolle des Fachmanns. Als dann RKW-Geschäftsführer Reuter 1937 ankündigte, das RKW werde nunmehr neben den Fertigungs- und Kostenstudien auch die „Sozialstudie" im Wege „konkreter Betriebsuntersuchungen" ausbauen und von „erfahrenen Fachleuten behandeln" lassen[79], tat er dies gewiß auch, um ein Gegengewicht zu den Betriebsuntersuchungen zu bilden, die die DAF mit Beginn des „Leistungskampfes der Betriebe" 1936 in die Wege geleitet hatte.

Insgesamt hatte die DAF schon frühzeitig damit begonnen, zum „Kampf gegen den Leistungsverfall", zur „Tauglichkeitsauslese", zur „Arbeitsgestaltung", zum „wirtschaftlichen Einsatz" und zur „Betreuung der Arbeitskraft", zur planmäßigen Aufnahme „gewisser Grundbelange" der Arbeiter in die Politik, zur Hebung der „Arbeitsfreude" und zur „wissenschaftlichen und praktischen Einzelarbeit" auf allen diesen Gebieten beizutragen. Als wissenschaftliches Rückgrat wurde Mitte 1935 das „Arbeitswissenschaftliche Institut der DAF" (AWI) gegründet. Sein Leiter wurde Dr. Wilhelm Pohl, bis dahin Min. Dir. im Reichswirtschaftsministerium und zugleich Leiter der Abteilung Arbeitsrecht und Lohnpolitik im Reichsarbeitsministerium[80]. Pohl war Mitverfasser des AOG und einer der Autoren des hier oft zitierten maßgeblichen Kommentars zum AOG. Zum AWI gehörten das „Zentralarchiv der DAF", das die Gewerkschaftsarchive „übernommen" und in der Folgezeit beträchtlich ausgeweitet hatte, die „Zentralbücherei" und die „Statistische Zentralstelle der DAF". Hauptaufgabe des AWI sollte sein: „wissenschaftliche Forschungen anzustellen auf allen Gebieten, die den deutschen Arbeitsmenschen und die deutsche Arbeit — im weitesten Sinne — berühren"[81]. „Im weitesten

79 Ebd., S. 9.
80 Vgl. Karl Teppe, Zur Sozialpolitik des Dritten Reiches am Beispiel der Sozialversicherung, in: *Archiv für Sozialgeschichte*, 17. Bd. (1977), S. 238, Anm. 215.
81 *Jahrbuch 1936 des AWI*, Berlin 1936, S. 7.

Sinne" beinhaltete späterhin auch Untersuchungen über die besetzten und noch zu erobernden Gebiete[82].

Aus den Schriften des AWI wird deutlich, daß sich die DAF zur Sachwalterin der „Neuordnung" der Gesellschaft berufen fühlte, einer „Sozialverfassung, die endlich und endgültig jene Faktoren beseitigt, die in der Vergangenheit die Ursachen des sozialen Unfriedens gewesen sind"[83]. Zwar blieben die großen Pläne zu dem von der DAF 1940 verkündeten umfassenden „Sozialwerk des Deutschen Volkes" Papier und wurden nur propagandistisch dazu eingesetzt, „die Nation nun rigoros auf den zweiten Kriegswinter" einzustellen[84], doch in der Praxis hatte sich die DAF schon lange vor Beginn des Zweiten Weltkriegs daran gemacht, der „neuen Gesellschaftsordnung zum Durchbruch zu verhelfen"[85]. In Ideologie und Praxis der DAF hatte die „neue Gesellschaftsordnung" sehr wenig mit „archaischer" Blut- und Bodenromantik und sehr viel mit einer sozialtechnischen Rationalisierung der Gesellschaft zu tun. Dies wird hier zunächst anhand der Maßnahmen der DAF in der Organisation der Freizeit, der Berufserziehung, Tauglichkeitsauslese und „organischen Betriebsführung" sowie der „Betreuung" der erwerbstätigen Frauen und der betrieblichen Leistungssteigerung illustriert. Damit soll der Rahmen abgesteckt werden für die Behandlung der ebenfalls keineswegs unmodernen Vorstellungen der DAF zum Lohn, auf die dann erst in den Abschnitten IV und V in Verbindung mit der allgemeinen arbeitswissenschaftlichen Diskussion, der betrieblichen Praxis und den kriegswirtschaftlichen Erfordernissen eingegangen wird.

Kraft durch Freude: Grundlage der „neuen Gesellschaftsordnung" sollte die Verwandlung des „einstigen Klassenmenschen zum Gemeinschaftswesen"[86] sein. Der erste Schritt erfolgte mit der Zerstörung der Klassenorganisationen der Arbeiterschaft. Damit verbunden waren die „Gleichschaltung" und „Übernahme" der vielfältigen Arbeiterfreizeitorganisationen, d.h. der Arbeiterbildungsinstitutionen, der Arbeitersportvereine und der Vereine für proletarische Briefmarkensammler, Tauben- und Kaninchenzüchter, Fotoamateure u.a. Hier eröffnete sich für die DAF ein Betätigungsfeld, das weder vom Staatsapparat noch von der Unternehmerschaft okkupiert war[87]. Die im November 1933 gegründete NS-Gemeinschaft „Kraft durch Freude" (KdF) sollte der „neuen Gesellschaftsordnung" von „Gemeinschaftsmenschen" zum Durchbruch verhelfen. In ihrer Freizeit sollten die Arbeiter die Theater besuchen können, in die auch die Bürger gingen, sie sollten Wochenendausflüge in Seebäder unternehmen können, in denen die Bürger mit ihren Familien die Sommer verbrachten, sollten einige, wenn auch nur wenige Arbeiter eine Seereise

82 *Jahrbuch 1940/41 des AWI*, Berlin 1941, Inhaltsangabe.

83 *Die Deutsche Arbeitsfront. Wesen–Ziel–Wege*, hrsg. v. AWI, Berlin 1942, S. 14; zit. nach Spohn, *Betriebsgemeinschaft* (1980), S. 203.

84 Eintragung in Goebbels' Tagebuch v. 6.11.1940, zit. nach Marie-Luise Recker, *Nationalsozialistische Sozialpolitik im Zweiten Weltkrieg*, München 1985, S. 83.

85 Robert Ley, Die DAF schafft eine neue Sozialordnung, in: *Arbeitertum* v. 15.3.1935, S. 3.

86 Theo Hupfauer, *Die deutschen Betriebe im ersten Leistungskampf*, Berlin 1938, S. 13.

87 Allerdings hatten Unternehmer schon vorher durch die Bildung entsprechender Werksvereine einen Gegenpol zu den Arbeitervereinen zu schaffen versucht.

machen dürfen — alles, versteht sich, kollektiv, von der DAF organisiert, ausgewählt und kontrolliert. Doch die Arbeiter blieben Arbeiter, die Unternehmer blieben Unternehmer — es sei denn, sie waren „fremdrassig". Man versäumte nicht, den Unterschied zwischen Freizeit und (Arbeits-)„Alltag" hervorzuheben. So betonte Ley 1935[88]:

„Im *Betrieb* muß befohlen und gehorcht werden. Das muß so sein. Das muß auch der Soldat, das muß überhaupt jeder, wenn etwas geleistet werden soll. Rangunterschiede müssen sein. Das sieht auch jeder vernünftige Mensch ein. Aber außerhalb des Betriebes sind die Menschen nur Volksgenossen zu Volksgenossen. Der Engländer kann uns in dieser Auffassung ein gutes *Vorbild* sein. Sobald der Alltag vorüber ist, zieht er seinen Smoking an und geht in seinen Klub. Welche Stellung er auch bekleiden mag, dort ist er nur der Mister sowieso wie der andere auch. Es ist kein Unterschied mehr da."

Ihre Finanzkraft und ihre organisatorische Stärke gestatteten es der DAF, ein beachtliches Freizeitangebot bereitzustellen. Bahnkarten und Theaterkarten beispielsweise waren sehr billig, ohne daß die DAF sie subventionieren mußte — konnte sie doch gleich einen ganzen Zug, ein ganzes Theater mieten und auch füllen. Es ist wohl nicht zu bezweifeln, daß die KdF großen Zuspruch fand[89] — wobei ich dahingestellt lassen möchte, ob dieser Zuspruch aufgrund des kostengünstigen Angebots erfolgte oder gleichbedeutend damit war, daß sich die „Volksgenossen" nun wirklich nur als „Mister sowieso" fühlten. Jedenfalls verließ sich die DAF von Anfang an nicht allein auf die volksgemeinschaftliche Phraseologie und die Achtungserfolge der KdF, sondern steuerte auf einen sehr viel umfassenderen Aspekt der „neuen Gesellschaftsordnung" hin, der u. a. auch in der zitierten Rede Leys von 1935 anklang: Statt Gleichheit wurde ein „gleicher Maßstab" angeboten, an dem gemessen die unterschiedliche gesellschaftliche Stellung gerechtfertigt werden sollte — das Leistungsprinzip.

So sollte sich die NS-Gemeinschaft „KdF" denn auch unter dem ideologischen Deckmantel volksgemeinschaftlicher Gleichheit vorwiegend der organisierten „Pflege der Leistungskraft" in der Freizeit widmen[90]. Und alle diejenigen, die geglaubt hatten, durch den Krieg sei „‚Kraft durch Freude' tot oder zunächst überflüssig", konnte DAF-Geschäftsführer Marrenbach eines besseren belehren. Im Kriege konnte die DAF ihren Nutzen in der Truppenbetreuung und im Einsatz der „stolzen KdF-Flotte" wie überhaupt im Massentransport unter Beweis stellen (vgl. „Kraft durch Freude im Krieg", S. 92 f.). Sie vervollkommnete darüber hinaus auch ihre durch KdF gewonnenen Erfahrungen in der Betreuung der Dienstverpflichtetenlager und setzte sie späterhin in der „Betreuung" der Lager der „fremdvölkischen" Zwangsarbeiter ein[91].

---

88 *Arbeitertum* v. 15.3.1935.

89 Hasso Spode, Arbeiterurlaub im Dritten Reich, in: Carola Sachse u.a., *Angst, Belohnung, Zucht und Ordnung*, Opladen 1982, S. 326 f.

90 *Jahrbuch des AWI*, 1940/41, Bd. 1, S. 52 ff. Vgl. auch Franz L. Neumann, *Behemoth*, Köln/Frankfurt a.M. 1977, S. 495 ff.

91 Im Januar 1944 wurde aufgrund einer Vereinbarung zwischen dem Generalbevollmächtigten für den Arbeitseinsatz, Sauckel, und der DAF die gemeinsame „Zentralinspektion für die Betreuung der ausländischen Arbeitskräfte" eingerichtet. Danach war die DAF „allein zuständig zur Überprüfung aller Betreuungsmaßnahmen im Ausländereinsatz in

KRAFT DURCH FREUDE IM KRIEG

"Das Kriegs-Hauptarbeitsgebiet III, 'Kraft durch Freude', hat mit fortschreitender Zeit seit Kriegsbeginn immer größere Aufgaben übernommen. Wer zunächst geglaubt hatte, daß durch den Krieg 'Kraft durch Freude' tot oder zunächst überflüssig sei, hat sich sehr geirrt und sah wohl nur die auffälligste Seite der ganzen Organisation, das Reisen. Die stolze KdF-Flotte hat schon vor dem Kriege keine Urlauber mehr befördert. Sie war eingesetzt im polnischen Feldzug, einige Schiffe waren als Lazarettschiffe eingerichtet, andere bewerkstelligten Transporte und bis Ende Januar führten die KdF-Schiffe aus den Ostsee-Staaten die Deutschen zurück in das ehemalige Polen. Die ungeheure Belastung der Bahnen und die seit dem 4. September bis zum Januar bestehende allgemeine Urlaubssperre schlossen natürlich auch jeden KdF-Zugbetrieb innerhalb des Reiches aus. Ob, inwieweit und wann wieder einmal KdF-Züge fahren können, muß der Zukunft überlassen bleiben. Es sind jedenfalls schon Maßnahmen unternommen worden, um besonders erholungsbedürftigen Volksgenossen Urlaubsmöglichkeiten in der Nähe ihrer Betriebe sicherzustellen. Das Amt Reisen, Wandern und Urlaub ist natürlich darauf vorbereitet, im Bedarfsfalle mit seiner Erfahrung auf dem Gebiete der Massentransporte und der Massenbetreuung zu sofortigem Einsatz bereit zu stehen. Während der Weihnachtstage konnte die Reichsbahn übrigens 193 Sonderzüge für Dienstverpflichtete stellen, die sämtlich von 'Kraft durch Freude'-Begleitern betreut wurden.

Im Vordergrunde des Kriegs-Hauptarbeitsgebiets III steht heute das Verbindungsamt zur Wehrmacht und Reichsarbeitsdienst, das die Betreuung der Garnisonen und Lager einschließlich der einsam gelegenen durchführt und Lazaretten sowie den Fronttruppen in ihren Ruhestellungen und auch dem Reichsarbeitsdienst zur Verfügung steht. Das Verbindungsamt führt seine Tätigkeit in allen, die Zusammenarbeit mit der Wehrmacht und dem Reichsarbeitsdienst angehenden Fragen in engster Fühlung mit den übrigen KdF-Ämtern durch.

Auch das Amt "Feierabend" hat trotz ungünstiger Verhältnisse und Verdunkelung immer größere Erfolge erzielt. Die stattfindenden Theater- und Konzertveranstaltungen, Bunten Abende usw. sind immer noch besucht. ...

Die Freizeitbetreuung in den Arbeiter-Gemeinschaftslagern am Westwall usw. hat in großem Umfange eingesetzt. Hier kommt es auch zum Einsatz von Filmen. Eingeleitet ist die Schaffung von Kopfhörern zum Rundfunkempfang.

Das 'Deutsche Volksbildungswerk' hat sich ebenfalls vollkommen auf den Krieg umgestellt. Auf dem Gebiete des Vortragswesens herrschen militärische und politisch-aktuelle Themata vor, bei Dichterlesungen wird auf Werke geachtet, die dem heroischen Lebensprinzip Ausdruck verleihen. Neben der Betreuung der Heimat ist eine Betreuung der Kameraden an der Front vorgesehen. Die Arbeiter am Westwall werden mit Büchereien versehen, ebenso die Lazarette.

Das 'Sportamt' führt nach wie vor, wo noch Übungsmöglichkeiten bestehen, Sportkurse durch. Das Schwergewicht liegt auf dem Betriebssport, wie sportliche Veranstaltungen auch nur im Rahmen der Betriebe durchgeführt werden. Die Zahl der Sportlehrerinnen wurde erhöht, um den Frauensport besonders auch in den Arbeiterinnen-Lagern zu fördern. Selbstverständlich werden in erhöhtem Maße Übungswartinnen und Leiterinnen von Sportgruppen ausgebildet.

Das Amt 'Schönheit der Arbeit' konzentriert seine Tätigkeit auf die Einschaltung bei der Vergrößerung, Umstellung und Neuinbetriebnahme zahlreicher Arbeitsstätten. 180 Vertrauensarchitekten der DAF sind bei der Um- und Neugestaltung von Industrieanlagen eingesetzt. Eine Hauptaufgabe besteht natürlich im Ausbau von Küchen und Kantinen, aber auch in der Ausgestaltung von Nebenräumen, die in neue Fabrikationsräume umgewandelt werden müssen. Für Mütter werden Ruhe- und Stillräume geschaffen und Kindertagesstätten ausgebaut. Für den Fall, daß infolge Fliegeralarme die Arbeitsstelle nicht mehr verlassen werden kann, werden Schlafstätten für Gefolgschaftsmitglieder bereitgestellt. Eine besonders schwierige Aufgabe war, gutes Licht mit den Luftschutz- und Verdunkelungsvorschriften in Einklang zu bringen und die bei den Verdunkelungsmaßnahmen eingetretenen Lüftungsschwierigkeiten zu beseitigen.

Der Leiter des Kriegs-Hauptarbeitsgebiets III hat die Betreuung der Rückgeführten durch den Generalfeldmarschall übertragen bekommen und wird 'Kraft durch Freude' selbstverständlich auch für diesen Zweck einsetzen."

Aus Marrenbach, Fundamente, S. 400 ff.

Berufserziehung, Auslese und organische Betriebsgestaltung: Unter Berufung auf ihren „Erziehungsauftrag" setzte die DAF alles daran, auf die Berufserziehung und Tauglichkeitsauslese Einfluß zu nehmen. Dieser Bereich war schon weitgehend von den Unternehmen und dem Staatsapparat (staatliche Aufsicht über die Berufsschulen und die Festlegung von Ausbildungslehrgängen und -abschlüssen) okkupiert. Mit dem „Reichsberufswettkampf" (RBWK) und der Entwicklung eigener Konzeptionen und deren direkter Durchsetzung in den Betrieben durch das Amt „Berufserziehung und Betriebsführung" versuchte sich die DAF Zugang zu diesem Bereich zu verschaffen.

Der RBKW wurde am 8. Dezember 1933 durch ein Abkommen zwischen der „Hitler-Jugend" und der DAF ins Leben gerufen, die sich in den ersten Jahren in die Trägerschaft teilten[92]. 1938 wurde er wegen seiner „aktivierende(n) und leistungssteigernde(n) Wirkung" und weil er sich als „Auslesesystem hervorragend bewährt" hatte[93] auf Erwachsene ausgedehnt und der DAF-Dienststelle „Berufswettkampf aller schaffenden Deutschen" unter Leitung von Artur Axmann unterstellt. Er fand dann nur noch 1938, 1939 sowie 1944 unter dem Titel „Kriegsberufswettkampf" statt[94]. Teilnahmeberechtigt waren alle „schaffenden Deutschen arischer Abstammung"[95]. Bewertet wurden Berufspraxis, Berufstheorie und Weltanschauung, wobei die weibliche Jugend

---

Fortsetzung Fn. 91
den Betrieben und Lagern". Ausgenommen waren die in der Landwirtschaft eingesetzten Ausländer. *Mitteilungen des Beauftragten für den Vierjahresplan. Der Generalbevollmächtigte für den Arbeitseinsatz, DZA Potsdam,* 23.01. (Rechnungshof des Deutschen Reiches), 5303, Bl. 75 Rs.

92 Zum Reichsberufswettkampf vgl. Artur Axmann, *Der Reichsberufswettkampf,* Berlin 1938; Theo Wolsing, *Untersuchungen zur Berufsausbildung im Dritten Reich,* Kastellaun 1977, S. 496 ff.; Giersch, *Deutsche Arbeitsfront* (Anm. 7), S. 222 ff.; Spohn, *Betriebsgemeinschaft* (1980), S. 205 ff.

93 Axmann, *Reichsberufswettkampf* (Anm. 92), S. 29; Marrenbach, *Fundamente* (Anm. 39), S. 319.

94 Wolsing, *Untersuchungen* (Anm. 92), S. 516. Mit dem Kriegsberufswettkampf vertrat die DAF die Forderung nach „Verkürzung der Lehrzeit auf zwei Jahre und Ersatz der Lehre durch den Kriegsberufswettkampf", eine Forderung, die nicht durchgesetzt wurde. Lohmann, Betr. Verhältnis zur DAF v. 18.4.1944, *BA Koblenz,* R 12 I/279.

95 Zit. nach Wolsing, *Untersuchungen* (Anm. 92), S. 516.

im Sinne einer „organischen Hinlenkung ... zu den ihr arteigenen Berufen"[96] auch in Hauswirtschaft geprüft wurde. Voraussetzung für eine Teilnahme am RBWK war der Nachweis ausreichender körperlicher Tüchtigkeit.

Der RBWK verband das propagandistische Ziel „Wettkampf statt Klassenkampf"[97] mit dem politisch ökonomischen Ziel eines „systematischen Ausleseprozesses"[98]. Und er kann, zumindest was die Teilnehmerzahl anbelangt — 3,5 Millionen Teilnehmer 1939[99] —, durchaus als Erfolg gewertet werden.

Man kann darüber spekulieren, ob die „Aussicht darauf, am 1. Mai durch Handschlag vom Führer in der Reichskanzlei zu Berlin ausgezeichnet zu werden"[100] oder konkrete Vergünstigungen wie verkürzte Lehrzeit, Erhöhung der Erziehungsbeihilfe, Geldspenden, Reisen u.a.m.[101] oder ganz einfach die Unterbrechung des Arbeitsalltags durch den Wettkampf zur Teilnahme motiviert haben. Wichtig war sicherlich, daß die Betriebe häufig zur Teilnahme aufgefordert haben und daß im „Leistungskampf der Betriebe" nach der Anzahl der teilnehmenden Betriebsangehörigen gefragt wurde. Für die DAF jedenfalls war der RBWK der erste Schritt, auf die Berufserziehung Einfluß zu nehmen[102], und er gab die propagandistische Begleitmusik für ihr Ziel, für die „Bildung einer wirklichen Volks- und Leistungsgemeinschaft" (Führerverordnung).

Mit dem „Deutschen Institut für technische Arbeitsschulung" (Dinta) fand die DAF 1933 ein Institut vor, das nicht nur wegen der Abkürzung seines Namens hervorragend in die nationalsozialistische Zeit paßte — 1933 gliederte es sich unter dem Namen „Deutsches Institut für nationalsozialistische technische Arbeitsschulung" in die DAF ein. Unter den betriebssoziologischen Ansätzen der Weimarer Zeit zur Hebung der „Arbeitsfreude" und die Anpassung des Menschen an den rationalisierten Produktionsprozeß — möglichst unter Ausschaltung der Gewerkschaften — vertrat das Dinta am konsequentesten die Gemeinschaftsideologie, den Führergedanken und die mit der „Pflege" des „Faktors Mensch"[103] verbundene Auslese nach körperlicher, „rassi-

96 Artur Axmann, Die Erziehung der deutschen Jugend zur Gemeinschaft durch die Staatsjugend, in: *Soziale Arbeit und Gemeinschaft*, hrsg. v. Hermann Althaus, Karlsruhe 1936, S. 162.

97 Wettkampf statt Klassenkampf, in: *Monatshefte für NS-Sozialpolitik*, 1939, S. 197 f.

98 Reichsberufswettkampf der deutschen Jugend, in: *Die Deutsche Volkswirtschaft*, 1935, S. 112.

99 Vgl. Gerhard Marohn, Wichtige berufs- und sozialpolitische Erkenntnisse durch die Auswertung des Reichsberufswettkampfes, in: *Monatshefte für NS-Sozialpolitik, Beilage Der Vertrauensrat*, 1939, S. 49; nach Spohn, *Betriebsgemeinschaft* (1980), S. 207. Ausführlich zur Entwicklung bis 1938 und der Verteilung der Teilnehmer nach Alter, Geschlecht, Beruf, Region usw. vgl. Marrenbach, *Fundamente* (Anm. 39), S. 280 ff.

100 Günter Kaufmann, *Das kommende Deutschland*, Berlin 1940, S. 190.

101 Vgl. Wolsing, *Untersuchungen* (Anm. 92), S. 508 f.

102 Drastisch äußerte sich dies darin, daß schon 1934 aufgrund der im ersten RBWK gewonnenen Erfahrungen „110 Betriebsführern ... wegen Minderleistung der in ihren Betrieben tätigen Lehrlinge die Berechtigung entzogen (wurde), weiterhin Lehrlinge auszubilden". Josef Goebbels, Die sozialistische Tat im Staate der Jugend, Rede vom 15.2.1935, zit. nach Wolsing, *Untersuchungen* (Anm. 92), S. 536.

103 Karl Arnold, Der Faktor Mensch in der Industrie, in: *Industrielle Psychotechnik*, 1925, H. 7/8, S. 206; ders., *Der Betriebsingenieur als Menschenführer*, Berlin 1937, S. 3.

scher", beruflicher und weltanschaulicher Eignung[104]. Sein Direktor, Karl Arnhold, nahm die von Ley später als Ziel der DAF formulierte „Betreuung" des Menschen „von der Wiege bis zur Bahre" vorweg, als er von der Werkserziehungseinrichtung des Dinta sagte, daß sie „den Arbeiter bereits als Frucht im Mutterleib erfasse und ihn erst entlasse, wenn er, unter den Klängen der Werkskapelle, nach der Einsegnung der Leiche in der Invalidenhalle und Alterswerkstatt des Werkes, auf den Schultern der Werksjugend zum Friedhof getragen werde"[105].

1935 wurde das Dinta mit dem Amt „Berufserziehung" der DAF in dem neuen Amt „Arbeitsführung und Berufserziehung" zusammengefaßt. Es änderte noch einige Male seinen Namen; ich beziehe mich im folgenden der Einfachheit halber auf seinen am häufigsten gebrauchten Titel: Amt „Berufserziehung und Betriebsführung". Seine Leitung hatte bis 1942 Karl Arnhold inne[106]. Das Amt sollte die „Arbeitsfreude" bzw. die „Leistungsertüchtigung" durch Schulung des Nachwuchses, Anlernung von Erwachsenen und Heranbildung der Führer im Betrieb heben[107]. Selbstverständlich berücksichtigte es dabei die „rassische Eigenart" des Menschen[108] und das Prinzip der Auslese mit Hilfe seines Psychotechnischen Instituts[109].

Auf die reguläre Berufserziehung konnte das Amt erst sehr spät institutionalisierten Einfluß nehmen[110]. Berufsbilder und Ausbildungsgänge wurden vorwiegend auf der Grundlage der vom „Deutschen Ausschuß für technisches Schulungswesen" (DATSCH) entwickelten Vorschläge festgelegt. Der insbesondere von der Berliner Metallindustrie beeinflußte DATSCH hatte sich 1935 dem Reichswirtschaftsministerium als dessen „pädagogisches Organ" unterstellt und avancierte 1939 zum „Reichsinstitut für Berufsbildung in Handel und Gewerbe"[111]. Mit einer am 3. Juli 1940 als Abkommen kodifizierten Vereinbarung zwischen dem Reichswirtschaftsministerium und der DAF, die erst im Juni 1941 in Kraft trat, wurde das Reichsinstitut zum „Gemeinschaftsorgan der Organisation der gewerblichen Wirtschaft und der DAF" gemacht[112]. Zwar hob es die Trennung der Zuständigkeiten hervor — die OgW war für

---

104 Zum Dinta und seiner Rolle im nationalsozialistischen Deutschland vgl. u.a. Peter Hinrichs, *Um die Seele des Arbeiters*, Köln 1981, S. 271 ff.; Thomas Stahl, *Betriebssoziologie und Moral*, Frankfurt a.M./New York 1984, Teil I; Wolsing, *Untersuchungen* (Anm. 92), S. 33 ff.; Neumann, *Behemoth* (Anm. 90), S. 497 f.

105 Zit. nach Hinrichs, *Seele* (Anm. 104), S. 284 f.

106 Vgl. Wolsing, *Untersuchungen* (Anm. 92), S. 34. Die Leitung übernahm dann Pg. Steinwarz, der zuvor der ständige Vertreter Speers in der Leitung des Amtes „Schönheit der Arbeit" war. (Siehe Organisationsplan der DAF 1942, unten S. 119.)

107 Karl Arnhold, in: *Querschlag*, 1936, DZA Potsdam, 6203, Sign. 7209, Bl. 47.

108 Karl Arnhold, Wesen der Berufserziehung, in: *Völkischer Beobachter* v. 22.7.1938.

109 Marrenbach, *Fundamente* (Anm. 39), S. 158. Ausführlicher dazu: Ulfried Geuter, Institut für Arbeitspsychologie und -pädagogik, in: *1999. Zeitschrift für Sozialgeschichte des 20. und 21. Jahrhunderts*, 1987, H. 1.

110 Nach einem am 21.10.1936 als Erlaß verkündeten Abkommen zwischen dem Reichserziehungsminister und der DAF wurde die DAF als Träger von Berufsschulen zugelassen, die aber auch der staatlichen Aufsicht unterstanden. Hinweis darauf in einem Schreiben der RGI v. 3.11.1936, *SAA* 49/Ls 81.

111 Ausführlich zum DATSCH vgl. Wolsing, *Untersuchungen* (Anm. 92), S. 275 ff.

112 Das Inkrafttreten der Vereinbarung wurde am 7.1.1941 im *Angriff* bekanntgegeben.

die fachliche Seite der Ausbildung, die DAF für die weltanschauliche und politische Seite verantwortlich –, doch wurde die Aufgabe der Lehrmeister als Erzieher und Ausbilder im Sinne der DAF betont. In der üblichen Weise interpretierte Ley dieses Abkommen nicht als Abgrenzung der Funktionen, sondern als Kompetenzzuwachs für die DAF und ordnete im Mai 1944 noch einmal an, daß der Ausbildungsleiter im Betrieb „seine Weisungen allein vom Amt für Leistungsertüchtigung, Berufserziehung und Betriebsführung erhält"[113].

Da das Reichsinstitut während des Krieges in der regulären Berufsausbildung kaum noch verändernd tätig sein konnte, hatte ein weiterer Passus in dem Abkommen von 1940 über die Mitarbeit der DAF an diesem Institut eine weit größere Bedeutung: Der DAF wurde die „zusätzliche und fördernde Berufserziehung" explizit übertragen. In einem „Deutschen Berufserziehungswerk" sollten unter ihrer Leitung alle bestehenden betriebsgebundenen und außerbetrieblichen fördernden Berufserziehungsstätten der DAF und der Organisation der gewerblichen Wirtschaft zusammengefaßt werden. Damit konnte das Amt „Berufserziehung und Betriebsführung" seinen Einfluß in der Ersatzberufsausbildung, der Umschulung und der „Einfachstschulung" institutionell absichern, wo es schon erhebliche Aktivitäten entfaltet hatte, die angesichts des beständigen Mangels an qualifizierten Arbeitskräften im nationalsozialistischen Deutschland keineswegs nebensächlich waren. In seinen betrieblichen Berufserziehungswerken bot das Amt den Arbeitern, die keine Lehre abgeschlossen hatten, Qualifikations- und Aufstiegsmöglichkeiten[114]. 1938 sollen die Berufserziehungswerke rund zwei Millionen Teilnehmer verzeichnet haben[115]. Hinzu kamen die DAF-Übungsfirmen (1278 bis 1938), die auch der beruflichen Fortbildung dienten[116], und die Umschulungslehrgänge und -werke, in denen zunächst langjährig arbeitslose Facharbeiter wieder „berufsfähig" gemacht werden sollten. Mit wachsendem Arbeitskräftebedarf der Rüstungsindustrie kam die Umschulung berufsfremder Facharbeiter hinzu[117]. Später sorgten die Umschulungswerke auch für die Einrichtung gemeinsamer Lehrwerkstätten für kleinere Betriebe, die Umschulung von Kriegsversehrten und

---

113 DAF-Anordnung 17/44 „Erhaltung der Einheit des Betriebes" v. 9.5.1944. *Amtliches Nachrichtenblatt der DAF*, 10. Jg., Folge 2, 1.7.1944; *BA Koblenz*, NSD 50/62.

114 Das Fachamt „Eisen und Metall" der DAF kündigte im Januar 1940 an, daß es zusammen mit der Wirtschaftsgruppe Maschinenbau (RGI) und dem RKW das innerbetriebliche Berufserziehungswerk für den ganzen Industriezweig verwirklichen wolle. *Wirtschaftsnachrichten*, Nr. 18 v. 22.1.1940; *DZA Potsdam*, 62.03, Sign. 6172, Bl. 11. In seinem Betriebslaufplan für kaufmännische Abteilungen vom 21.6.1941 gab das Amt „Berufserziehung und Betriebsführung" Anlaß für die schönsten Aufstiegsträume: Nicht nur der Lehrling in der regulären Ausbildung, sondern auch der Bürobote sollte nach Besuch der Abendschule und Teilnahme am betrieblichen und außerbetrieblichen Berufserziehungswerk der DAF zum kaufmännischen Angestellten avancieren und dann die Karriereleiter bis zum Prokuristen und Leiter der Kaufmännischen Abteilung hochklettern können. *SAA*, Zwischenarchiv (Nachl. Meine), DAF Berufserziehung; nach Sachse, *Sozialpolitik* (Anm. 34), S. 163.

115 Marrenbach, *Fundamente* (Anm. 39), S. 267.

116 Ebd.

117 Ebd., S. 273 ff. Der *Wirtschaftspolitische Dienst* v. 24.2.1942 meldete, daß durch die Umschulungswerke in Sachsen 13 339 Facharbeiter der Wirtschaft zugeführt werden konnten; *DZA Potsdam*, 62.03, Sign. 6172, Bl. 5.

die Schulung von Ausländern[118]. Es muß betont werden, daß auf dem Gebiet der Ausbildung von Ausländern eine „Sonderbehandlung" vorgesehen war: Bei „fremdvölkischen" Arbeitskräften sollte es lediglich darauf ankommen, „mit allen Mitteln zu versuchen, aus ihnen die letzte Leistungsreserve herauszuholen". Ein „Anlernreglement" reiche aus, um „die zur Arbeitserledigung am Arbeitsplatz erforderlichen Arbeitsfunktionen ... bis zur vollen Leistungshöhe exerziermäßig zu üben"[119].

Das Pendant zur Ausbildung, Erziehung und Auslese sollte die vom Amt „Berufserziehung und Betriebsführung" befürwortete „organische Betriebsgestaltung" sein. Durch sie sollte in den Betrieben der äußere Rahmen geschaffen werden, „in dem der durch die Berufserziehungseinrichtungen hindurchgegangene Berufsträger zum Einsatz und Leistung kommt"[120]. Zu diesem Zwecke stellte das Amt, wie schon vorher das Dinta, den Betrieben auf Anfrage „Betriebsingenieure" zur Verfügung. Sie ersetzten − nach in der Regel dreimonatiger Überprüfung − das „Funktionalsystem" durch das „übersichtlichere, nach mehr soldatischen Gesichtspunkten aufgebaute Stabliniensystem", machten Vorschläge zur Vereinfachung des Produktionsgangs, zur zweckvollen Gestaltung des Arbeitsplatzes, zur Einführung des Arbeitsbestverfahrens und widmeten − was besonders betont wird − der Lohnfrage „die volle Aufmerksamkeit"[121]. Durch ein Abkommen vom 25. Oktober 1939 mit der Reichsgruppe Industrie über die Zusammenarbeit auf dem Gebiet der Leistungssteigerung wurde den Betriebsingenieuren des Amtes „Berufserziehung und Betriebsführung" die Möglichkeit zugestanden, Betriebe auf Leistungsreserven hin zu überprüfen. Obgleich sich die RGI die Vermittlung solcher Kontakte vorbehielt und darauf bestand, daß die Durchführung der Verbesserungsvorschläge dem Betriebsführer überlassen blieb, kam es auch auf diesem Gebiet wiederholt zu Kompetenzstreitigkeiten[122].

Zur Verwirklichung der „organischen Betriebsgestaltung" gehörte schließlich auch die Schulung der Betriebsführer. In seinen „Reichsschulen für Arbeitsführung" führte das Amt Kurse für Betriebsführer und „Unterführer" durch, deren Thema die betriebliche Leistungssteigerung durch „Berufserziehung, Arbeitspsychologie, psychologische Eignungsuntersuchungen, Gestaltung des Lohnes im Betriebe, Wertung und Leistung, organische Betriebsgestaltung und Fragen der Betriebsführung war". Es sei hier insbesondere

---

118 Vgl. ebd.

119 *Anlernung und Umschulung, Richtlinien für die Ausbildung der deutschen und fremdvölkischen Arbeitskräfte*, hrsg. v. Amt „Leistungsertüchtigung, Berufserziehung und Betriebsführung" (das ist einer der Namen des hier behandelten Amtes; die Verf.), Berlin, Mai 1943; *IfZ München*, Db 61.41; nach Spohn, *Betriebsgemeinschaft* (1980), S. 225.

120 Marrenbach, *Fundamente* (Anm. 39), S. 269.

121 Ebd., S. 269f. „Es wird Wert darauf gelegt, die Grundlagen für eine gerechte Entlohnung herbeizuführen und im Refa-Zeitnehmerverfahren geschulte Kräfte im Betrieb einzusetzen." (Ebd.)

122 Anlage zu einem Rundbrief der RGI v. 27.10.1939, *BHStA*, MWi 5883; nach Recker, *Sozialpolitik* (m.M. 1983), S. 224f. Den Gedanken des Betriebsingenieurs nahm Speer 1943 auf, als er allen Betrieben mit mehr als 300 Beschäftigten zur Auflage machte, einen „Arbeitseinsatzingenieur" zu stellen, der auf die geeignete Verwendung der Arbeitskräfte zu achten hatte. Vgl. Neumann, *Behemoth* (Anm. 90), S. 646.

die Reichsschule in Augustusburg erwähnt, „auf der die für die Wertung der Leistung im Betriebe, d. h. für die Lohngestaltung, außerordentlich wichtigen Arbeitsstudien- und Kalkulationsingenieure herangebildet" wurden[123]. Die Kurse wurden vom REFA durchgeführt, auf den ich insbesondere in Kapitel V. 3 ausführlicher eingehen werde. Hier nur vorweg kurz das folgende:

Der REFA wurde unter maßgeblicher Beteiligung der Berliner Metallindustrie am 30. September 1924 als „Reichsausschuß für Arbeitszeitermittlung" gegründet. Seine Aufgabe war es, Verfahren zur Bestimmung der Grundlage des Akkords, der Vorgabezeit zu sammeln, weiterzuentwickeln und zu verbreiten. Die Tätigkeit des REFA erstreckte sich bald über die reine Arbeitszeitermittlung hinaus auf das Gebiet der Arbeitsstudien. 1936 benannte er sich denn auch in „Reichsausschuß für Arbeitsstudien" um. (Heute nimmt er als „Verband für Arbeitsstudien − REFA − e.V." eine Spitzenstellung unter den Institutionen ein, die sich mit der Rationalisierung der Arbeit befassen.) Im Gegensatz zu seinen anfänglichen Befürchtungen, die DAF habe „als Betreuerin" des Gebietes Lohn und Leistung „das Mißtrauen der gewerkschaftlichen Vorgänger übernommen", konnte der REFA bald feststellen, daß die DAF ähnlich wie Unternehmerschaft und Staatsapparat dafür eintrat, durch eine Systematisierung der Entlohnungsgrundlagen die Leistung zu steigern und Lohnkonflikte zu neutralisieren. Am 4. Oktober 1935 schloß der REFA mit dem DAF-Amt „Berufserziehung und Betriebsführung" ein Abkommen über die zukünftige Zusammenarbeit, nach dem die Lehrgänge grundsätzlich gemeinsam durchgeführt werden sollten. Der REFA nahm im nationalsozialistischen Deutschland einen recht beachtlichen Aufschwung. Hier nur zwei Indikatoren: Das Refa-Verfahren wurde zum Orientierungspunkt der Akkordüberprüfungen in den „lohnordnenden Maßnahmen" von 1942 gemacht. Die Anzahl der REFA-Lehrgänge stieg gegenüber 1935 um etwa das Zehnfache bis 1943, die der Teilnehmer um etwa das Sechsfache[124].

„Betreuung der Frau": „Der Nationalsozialismus sieht im Gegensatz zum Marxismus in der Frau zunächst die Mutter des Volkes; sie zu schützen ist die höchste soziale Aufgabe. Um diese Aufgabe erfüllen zu können, wurde 1934 das Frauenamt der DAF geschaffen und die Reichsfrauenführerin [Gertrud Scholtz-Klink] mit der Amtsleitung beauftragt."[125]

Der nationalsozialistische Sprachgebrauch hatte eine ausgeprägte Vorliebe für den Singular „die Frau"[126] − vorzugsweise mit dem Adjektiv „deutsche" versehen. Wesentliches Merkmal „der deutschen Frau" war die Bestimmung zur „deutschen Mutter". Die Politik gegenüber „nichtarischen", „nichterbgesunden" und „fremdvölkischen" Frauen achtete deren Fähigkeit, Mutter sein zu können, kaum, ja, sie lief sogar auf eine Zerstörung ihrer Gebärfähigkeit

---

123 Marrenbach, *Fundamente* (Anm. 39), S. 272.

124 Zu den Angaben über den REFA vgl. Engelbert Pechhold, *50 Jahre REFA*, Darmstadt 1974, S. 82 ff., 87. 1935 lag die Anzahl der Lehrgänge und Lehrgangsteilnehmer nur geringfügig unter der von 1929, in der Weltwirtschaftskrise war sie gesunken (vgl. ebd., S. 67). Vgl. auch Kap. V.3. unten, S. 239 ff.

125 Marrenbach, *Fundamente* (Anm. 39), S. 229.

126 Eine Vorliebe, der sich auch die neuere Literatur nicht immer entziehen kann, wie beispielsweise der Titel des Buches *Die Frau im NS-Staat* von Dorothee Klinksiek (München 1982) zeigt.

hinaus[127]. Aufgabe „der deutschen Frau" war es, das „deutsche Volk" durch „erbgesunde", „gutrassige" Kinder zu mehren. Nun war es nicht „die deutsche Frau" schlechthin, der die Aufmerksamkeit der DAF galt, sondern „die deutsche Arbeiterin" — späterhin auch, allerdings unter anderen Vorzeichen, die „fremdvölkischen" Arbeiterinnen[128]. „Die deutsche Arbeiterin (so Gertrud Scholtz-Klink 1935; die Verf.) hat vor allen anderen ein Recht auf eine Einführung in die bewegenden Grundgedanken der nat. soz. Politik. Die Worte des Stellv. des Führers: ,Nationalsozialismus ist angewandte Rassenkunde' zeigen eindeutig die ausschlaggebende Bedeutung der Rassenpolitik für den Nationalsozialismus überhaupt."[129] In enger Zusammenarbeit mit dem Rassenpolitischen Amt der NSDAP[130] machte sich die DAF daran, „die deutsche Arbeiterin" zur „deutschen Mutter" zu erziehen. Doch wurde von „der deutschen Arbeiterin" nicht nur erwartet, daß sie für die — „rassenhygienische" — Reproduktion des deutschen Volkes, für die Reproduktion der Arbeitskraft sorgte, sondern auch, daß sie selbst der gewerblichen Wirtschaft als leistungsfähige Arbeitskraft zur Verfügung stand. Die DAF machte es sich zum Ziel, diese Doppelrolle „rational" an die wechselnden Erfordernisse der Volks- und Kriegswirtschaft anzupassen.

1934 lag das Hauptgewicht der staatlichen und parteilichen Bemühungen noch darauf, die Frauen vom Arbeitsmarkt zu vertreiben. Mit der „Doppelverdienerkampagne" und dem „Ehestandsdarlehen", „das der nationalsozialistische Staat Erbgesunden gewährte", wenn die Frau bei der Eheschließung ihren Arbeitsplatz aufgab, sollten die Frauen dazu bewegt werden, den Weg für die Beschäftigung der Männer frei zu machen[131]. Allerdings dachte man nicht daran, die 50 Prozent aller erwerbstätigen Frauen, die als mithelfende Familienangehörige in der Landwirtschaft oder der Hauswirtschaft „wesensgemäße" Berufe ausübten, von ihrer Erwerbstätigkeit zu „befreien", nahmen sie doch den Männern keine Arbeitsplätze weg[132]. Soweit 1934/35 die für die

---

127 Zur Bedeutung der rassenpolitischen Ideologie und Praxis unter dem Nationalsozialismus vgl. vor allem das neuere Buch von Gisela Bock, *Zwangssterilisation im Nationalsozialismus*, Opladen 1986.
128 Marrenbach, *Fundamente* (Anm. 39), S. 237.
129 Rundschreiben des DAF-Frauenamtes an alle Gau-Frauenwalterinnen des Frauenamtes der DAF v. 8.5.1935, *BA Koblenz*, NS 5 I/256.
130 Ebd.
131 *Arbeitertum* v. 15.1.1935, S. 5. — Der nachhaltige Effekt der „Doppelverdienerkampagne" war die Vertreibung der Frauen aus höheren Berufen. So war beispielsweise bis 1939 die Anzahl der Beamtinnen um 5,5 % gesunken, die der Beamten um 23,8 % gestiegen. Vgl. dazu ausführlicher: Annemarie Tröger, Die Frau im wesensgemäßen Einsatz, in: *Mutterkreuz und Arbeitsbuch*, hrsg. v. der Frauengruppe Faschismusforschung, Frankfurt a.M. 1981, S. 251 ff. Zu der mit dem Ehestandsdarlehen verbundenen rassenpolitischen Praxis vgl. Sachse, *Sozialpolitik* (Anm. 34), Kap. IV.2.3.
132 Mithelfende Familienangehörige, Heimarbeiterinnen und bald auch Dienstmädchen und Landarbeiterinnen mußten die Erwerbstätigkeit nicht aufgeben, wenn sie ein Ehestandsdarlehen erhalten wollten. Zur Erleichterung der „Überführung weiblicher Arbeitskräfte in die Hauswirtschaft" wurden die Kosten für Hausangestellte reduziert: Sie mußten keinen Beitrag zur Arbeitslosenversicherung mehr zahlen, der Beitrag zur Invalidenversicherung wurde reduziert. Haushaltsvorstände hatten steuerliche Erleichterungen, da sie in der Einkommensteuerberechnung die Hausangestellten minderjährigen Kindern gleichstellen konnten. Vgl. *Arbeitertum* v. 15.1.1935, S. 5.

in der DAF organisierten „Volksgenossen" gedachte Zeitschrift „Arbeitertum" überhaupt auf die Frage der Frauenerwerbstätigkeit einging, beschränkte sie sich darauf, „dem deutschen Mädel" zu raten: „Pack Kochtopf, Schaufel und Besen an, dann bekommst viel eher einen Mann!", „der Frau im Beruf" ans Herz zu legen: „Nicht im Beruf kannst du glücklich sein, dein richtiger Wirkungskreis ist das Heim!", und „unsere Hausfrauen" aufzufordern: „Stiehl keine Zeit den Kindern und dem Mann, nimm Hilfe eines Dienstmädchens an!"[133] Das Ideal war die nichterwerbstätige deutsche Mutter, die trotz ihrer zahlreichen Kinderschar ihre Pflicht bei der „NS-Volkswohlfahrt" erfüllte und z. B. heiratswillige Nachbarinnen mit „kleinen populären Aufklärungsschriften" dieser Parteistelle lächelnd beglückte[134].

Doch die Praxis lehrte die DAF, daß es auch in der Industrie eine Reihe durchaus „wesensgemäßer" Arbeitsplätze gab, denn viele Unternehmen waren nicht gewillt, die billigeren weiblichen Arbeitskräfte in größerem Umfang durch Männer zu ersetzen. So sah denn auch Ley schon 1935 ein, daß es tatsächlich manche Arbeiten gäbe, die der Mann nicht so schnell und so gut wie eine Frau machen könne, es also gar nicht nötig sei, sie zu ersetzen[135]. Die Einsicht, daß auf Frauen in der Industrie nicht verzichtet werden konnte, wurde durch die zunehmende Nachfrage nach Arbeitskräften im Zuge der Aufrüstung verstärkt. Schon im November 1936 sah Oberst Thomas, Leiter des Wehrwirtschaftsstabes im Wehrmachtsamt des Reichskriegsministeriums, anläßlich einer Tagung der Reichsarbeitskammer perspektivisch die „militärische Notwendigkeit" einer Frauenfabrikarbeit „im großen Umfange"[136]. Und 1937 wies das Institut für Konjunkturforschung, Berlin, darauf hin, daß es angesichts eines Defizits von einer halben Million Arbeitskräften erforderlich sei, Frauen wieder verstärkt in den Arbeitsprozeß zu integrieren[137].

In der DAF-Betreuung der Frauen vollzog sich dementsprechend ein Wandel von der Propagierung des Grundprinzips Mutter statt Arbeiterin hin zur Lösung des Problems Mutter und Arbeiterin. 1937/38 widmeten sich ihre Arbeitsausschüsse dem Problem, daß die werktätige „werdende Mutter als Trägerin der Nation" aufgrund der geringen Versicherungswochenhilfe ihren Arbeitsplatz nicht rechtzeitig aufgab und damit gesundheitliche Schäden für Mutter und Kind riskierte, die „dann die Sozialversicherung einige Jahre früher belasten". Die in den Arbeitsausschüssen beschlossenen „Richtlinien" zum betrieblichen Mutterschutz sahen nicht nur einen verbesserten Lohnausgleich und Kündigungsschutz für werdende Mütter vor, sondern verpflichteten sie auch, sechs Wochen vor der Niederkunft „dem Betriebsführer von ihrem Zustand Mitteilung zu machen"[138]. Als das Amt „Soziale Selbstverantwortung" im November eine Straffung der Tätigkeit der Arbeitsausschüsse an-

133 *Arbeitertum* v. 15.7.1934, S. 5.
134 *Arbeitertum* v. 1.11.1934, S. 7.
135 Robert Ley, *Durchbruch der sozialen Ehre*, Berlin 1935, S. 244.
136 Nach Timothy W. Mason, *Arbeiterklasse und Volksgemeinschaft*, Opladen 1975, Dok. 1, S. 185.
137 Vgl. *Vierteljahreshefte zur Konjunkturforschung*, 11. Jg. (1936/37), H. 2; zu dem gesamten Prozeß der Umorientierung auf Frauenfabrikarbeit vgl. Tröger, Frau (Anm. 131), S. 246 ff.
138 *BA Koblenz*, R 12 I/278.

ordnete, war eines der vier vorgegebenen Themen „die Einsatzmöglichkeit der deutschen Frauen"[139].

Auf der Dritten Reichstagung des Fachamtes „Eisen und Metall" der DAF im Mai 1939, die sich im Gegensatz zu den beiden Tagungen zuvor nicht lediglich in propagandistischen Schaueffekten erschöpfte, wurde unter dem Leitspruch „Steigerung der nationalen Produktionskraft" dem Thema „Frauen" besondere Aufmerksamkeit gewidmet[140]. Einer der Redner, Staatssekretär Syrup vom Reichsarbeitsministerium[141], war sich über den neuesten Stand der Dinge offensichtlich noch nicht ganz im klaren. Er warnte die Betriebe davor, sich angesichts eines Mangels von insgesamt einer Million Arbeitskräften „ohne weiteres auf die Frauenseite zu legen", denn es gäbe für die Frauen in der Hauswirtschaft, Landwirtschaft und Krankenpflege genügend Betätigung. „Ohne Grund haben wir nicht das weibliche Pflichtjahr eingeführt. Der Beruf der Frau ist nun mal, in der Familie Mittelpunkt zu sein, und wir verlieren sehr viel, wenn die Frau hinüber geht in gewerbliche Betriebe." Reichsfrauenführerin und Leiterin des Frauenamtes der DAF, Gertrud Scholz-Klink, sah den „Fraueneinsatz" schon nüchterner. All denen, die die Grundsätze der „Kampfzeit" „vielleicht nicht richtig verstanden" hätten und meinten, 1939 würde auf dem „Gebiet des Fraueneinsatzes im Aufbauwerk des Führers" etwas anderes als das damals Gepredigte getan, erläuterte sie:

„Überlegt, unter welchen Voraussetzungen wir damals diesen Grundsatz [der Wirkungskreis der Frau sei das Heim; die Verf.] aufgestellt haben. Das war in einer Zeit, in der 6 1/2 Millionen Männer außerhalb des Erwerbslebens gestanden haben. Wir haben damals gesagt, wir wollen die Ordnung der Natur nicht auf die Dauer auf den Kopf stellen, sondern sorgen, daß diese Männer wieder in Arbeit und Brot kommen, und Sie erinnern sich, daß wir aus dieser Begründung heraus seinerzeit auch zur Erleichterung dieses Prozesses das Ehestandsdarlehen geschaffen haben, das wir mit Pauken und Trompeten unserem Volke klarmachen mußten."

Nun jedoch, so Scholtz-Klink, müßten auf absehbare Zeit auch Mütter in die Betriebe hereingenommen werden, damit „wir jedem, der von außen her nach Deutschland hereinschaut, unwidersprechbar zeigen, daß wir wirtschaftlich, wehrpolitisch und seelisch so stark sind, daß es keinem Menschen ernsthaft einfallen wird, mit uns Krieg zu führen". Da jedoch „jede deutsche Frau, die einen Begriff vom Wesen des Führers hat, ... freiwillig jedes Opfer und jede Mehrarbeit auch im Betriebe auf sich nehmen" wird, müssen „wir anderen [sprich: DAF, Partei, Betriebsführer und staatliche Stellen; die Verf.], die wir die Dinge vielleicht übersehen können", darauf achten, daß „die Gebärfähigkeit unserer Frauen" nicht gefährdet und nicht „die Zukunft der Nation aufs Spiel" gesetzt wird. Falls „die deutsche Arbeiterin" nun meinte, mit Gebären

---

139 Ebd.; vgl. auch Teil III.1 oben.

140 Die Tagung fand in Stuttgart (11.−14.5.1939) statt. Die Reden sind ausführlich wiedergegeben in *Deutsche Metallarbeiterzeitung*, Nr. 6, 26.6.1939; daraus entnehme ich auch die folgenden Zitate.

141 Syrup war Präsident der Reichsanstalt für Arbeitsvermittlung und Arbeitslosenversicherung (RAA). Als die Hauptstelle der RAA per Erlaß v. 21.12.1938 (*RGBl. I*, S. 1892) und Verordnung v. 25.3.1939 (*RGBl. I*, S. 575) in das Reichsarbeitsministerium eingegliedert wurde, wurde er Staatssekretär in diesem Ministerium.

und Arbeiten sei es getan, so wurde sie zum Abschluß von Reichsfrauenführerin Scholtz-Klink eines besseren belehrt:

„Unsere Männer müssen hart arbeiten. Ihre Gesichter sind hart. Sie verlernen, ein frohes Gesicht zu machen. Die Aufgabe der Frau ist ebenso schwer. Denn entweder muß sie im Beruf oder als Hausfrau stehen, oder sogar in doppelter Belastung, als Hausfrau und Erwerbstätige. Wenn die Männer in ihrer Müh keine empfindsamen Regungen haben, was mancher Frau Kummer bereitet, dann müssen die Frauen es fertig bringen, trotz ihrer ebenbürtigen sachlichen Leistungen den Kleinen ein fröhliches Gesicht zu zeigen, immer ein paar gute Worte für jeden, der sie braucht, zu haben. Das möchte ich mit meiner Frauenorganisation schaffen."[142]

Bei der Bewältigung der Aufgabe, Mutter und Arbeiterin zu sein, standen „der deutschen Arbeiterin" nicht nur die NS-Frauenschaft und die NS-Volksfürsorge, sondern auch das Frauenamt der DAF zur Seite. Es hatte schon frühzeitig damit begonnen, auf die „Soziale Betriebsarbeit" Einfluß zu nehmen. Ein wichtiger Bereich war die Kontrolle über die Frauen, die in der Werksfürsorge tätig waren. Einige Unternehmen hatten bereits in der Weimarer Zeit Werksfürsorgerinnen eingestellt. Die DAF beanspruchte nun die „Schulung" der Werksfürsorgerinnen – sie wurden dann „Soziale Betriebsarbeiterinnen" genannt – und forderte ihren vermehrten Einsatz. Auch hier dehnte die DAF ihren Einfluß unter Berufung auf ihren „Erziehungsauftrag" aus. Es kam immer wieder zu Konflikten zwischen den Unternehmern, die die Werksfürsorgerinnen (bzw. Sozialen Betriebsarbeiterinnen) einstellten, bezahlten und sie damit auch in ihrem Sinne eingesetzt sehen wollten, und der DAF, die sie zu *ihren* Funktionärinnen machen wollte. Die Gesamtzahl der in der Sozialen Betriebsarbeit tätigen Frauen (einschließlich derer, die nicht durch die DAF geschult wurden) stieg von etwa 410 im Jahr 1935 auf etwa 3000 im Jahr 1943[143].

Den Unterschied zwischen der Werksfürsorge der Weimarer Zeit und den DAF-Zielen stellte DAF-Geschäftsführer Marrenbach 1940 wie folgt dar: „Im Gegensatz hierzu hat die Soziale Betriebsarbeit (der DAF) in erster Linie eine erzieherische Aufgabe im Betrieb zu erfüllen. Sie ‚befürsorgt' nicht, sondern erzieht die Menschen, daß sie sich selbst helfen."[144] Erzogen werden sollten die Arbeiterinnen nicht nur zur Mutterschaft, sondern auch, falls sie oder ihr Mann nicht „erbgesund" waren, zu einem „rassenhygienischen" Verhalten,

---

142 Heute widmet sich die pharmazeutische Industrie der Aufgabe, der erwerbstätigen Mutter zu einem lächelnden Gesicht zu verhelfen: In den Schaufenstern der deutschen Apotheken war 1985 ein Plakat zu sehen, auf dem eine junge, forsche, moderne Mutter mit zwei strahlenden Kindern abgebildet war und für ein Beruhigungsmittel mit dem Spruch geworben wurde: „Beruf, Haushalt und Kinder – Na und?"

143 Im Dezember 1935 wurde das erste Abkommen über die Sozialen Betriebsarbeiterinnen zwischen Wirtschaft (Reichswirtschaftskammer und RGI) und DAF unterzeichnet. Im April 1940 wurde für alle „Heeresbetriebe" mit mehr als 100 weiblichen Beschäftigten die Einstellung von „Betriebsfürsorgerinnen" angeordnet. Die Stellung und Funktion der Sozialen Betriebsarbeiterinnen hat Carola Sachse (Hausarbeit im Betrieb, in: *Angst, Belohnung, Zucht und Ordnung*, Opladen 1982, S. 209–274) ausführlich behandelt. Zu den oben gemachten Angaben vgl. ebd., S. 231 ff.

144 Marrenbach, *Fundamente* (Anm. 39), S. 239.

d. h. „freiwillige" Sterilisation[145]. Eigneten sie sich unter „rassenhygienischen" Gesichtspunkten zur „deutschen Mutter", so sollten sie auch lernen, im Dienste der Volksgesundheit ihren Haushalt hygienisch zu führen sowie die Ernährung nach modernen Gesichtspunkten und sparsam zu gestalten — wobei sich die Ratschläge nach den Erfordernissen der Verbrauchslenkung richteten[146]. Und nicht zuletzt hatten die Sozialen Betriebsarbeiterinnen dafür zu sorgen, daß die Arbeiterinnen mit der erforderlichen „Arbeitsfreude" ans Werk gingen (eine Aufgabe, die besonders wichtig wurde, als es im Kriege galt, die dienstverpflichteten Frauen zur regelmäßigen Arbeitsleistung zu erziehen). Die Sozialen Betriebsarbeiterinnen vermittelten für gesundheitlich strapazierte Arbeiterinnen, falls ihnen eine Kur in einer KdF-Erholungsstätte zugestanden wurde, eine Ersatzkraft im Betrieb, stellten — über die NS-Frauenschaft und NS-Schwesternschaft — eine Betreuerin für den Haushalt[147] und machten im Krankheitsfall Hausbesuche (wobei die mitgebrachten Nahrungsmittel sicherlich willkommener waren als die damit verbundene Kontrolle etwaiger „Simulantinnen"). Das Frauenamt setzte sich zusammen mit anderen zuständigen Ämtern für eine unter physiologischen und psychologischen Aspekten „frauengemäße" Gestaltung des Arbeitsplatzes und der Arbeitsumgebung ein, es errichtete Frauenwohnheime und -lager für dienstverpflichtete Frauen (später auch „Ostarbeiterinnen"), „richtete" die Lagerführerinnen „aus"[148] und half den Betrieben bei der Einrichtung von Näh- und Waschstunden bzw. -stuben und betriebsinternen Einkaufsmöglichkeiten[149].

Zur „Betreuung" durch die Sozialen Betriebsarbeiterinnen kam die „Betreuung" durch die DAF-Werksfrauengruppe, die der DAF-Betriebsfrauenwalterin unterstanden. Die Aufgaben der Werksfrauengruppen sollten sein[150]:

„Berufliche Weiterbildung und Vervollkommnung, um bei der Überwindung des Facharbeitermangels zu helfen und eine wesensgemäße Arbeitseinteilung zwischen Männern und Frauen vorzubereiten, insbesondere auch durch die Teilnahme am Reichsberufswettkampf;

Ausbildung und Weiterbildung im Rahmen des Werksdienstes (Luftschutz, Sanitätswesen, Arbeits- und Unfallschutz im Betrieb usw.);

Vorbereitung und Hilfeleistung für bestimmte häusliche Aufgaben: Teilnahme an Lehrgängen des Reichsmütterdienstes, Hilfe bei der Betreuung von werdenden Müttern und Wöchnerinnen und

---

145 Sachse, Hausarbeit (Anm. 143), S. 241.

146 Vgl. ebd., S. 243. Auch das RKW widmete in seiner „Abteilung Hauswirtschaft" der Rationalisierung der Hausarbeit „erhöhte Aufmerksamkeit". Hatte es schon in der Weimarer Zeit in seinen *Nachrichten* Anweisungen zum richtigen Wischen veröffentlicht, so verkündete es jetzt (*Nachrichten*, Nr. 8, 1933, S. 109) „die Lehre vom richtigen Waschen". Richtiges Waschen sollte nicht nur den Arbeitsaufwand, sondern auch den volksgemeinschaftlichen Wäscheverschleiß (um 300 bis 500 Mill. RM) reduzieren.

147 Marrenbach, *Fundamente* (Anm. 39), S. 236.

148 Ebd., S. 237.

149 Spohn, *Betriebsgemeinschaft* (1980), S. 222. Die betriebsgebundene Versorgung mit Nahrungsmitteln bedeutete insbes. unter den Bedingungen des Bombenkrieges eine Arbeitserleichterung, war aber andererseits, wie Hupfauer im Interview 1985 betonte, eines der wichtigsten Mittel, um die Arbeiter und Arbeiterinnen zu bewegen, überhaupt wieder zur Arbeit zu erscheinen.

150 Marrenbach, *Fundamente* (Anm. 39), S. 241. Zur Teilnahme an der Mutterschulung waren die Werksfrauengruppen grundsätzlich verpflichtet, vgl. ebd., S. 240.

Mitwirkung an der Gestaltung des Feierabends und der Feiern des Betriebes."
An diesen Aufgaben wird der zweite „Grundsatz" der „Betreuung" der berufstätigen Frauen durch die DAF deutlich: die Hinlenkung der Frauen zu unbezahlten Hilfsleistungen und zu „wesensgemäßen" Berufen. Dabei wurde unter „wesensgemäßen" Berufen längst nicht mehr nur die Erwerbstätigkeit in der Hauswirtschaft, als mithelfende Familienangehörige in der Landwirtschaft oder in der Krankenpflege, sondern auch in der Industrie gesehen. Zum Zwecke der „Leistungssteigerung" befaßte sich das Amt „Berufserziehung und Betriebsführung" mit der Einrichtung besonderer Ausbildungslehrgänge für kurzfristig anzulernende Arbeiterinnen und mit der Gestaltung spezifisch auf Frauen zugeschnittener Arbeitsplätze. Das Arbeitswissenschaftliche Institut der DAF (AWI) begründete 1940/41 die besondere Eignung „der Frau" zur Fließbandarbeit mit Argumenten, die schon in der Weimarer Zeit verbreitet waren[151] und − wie in der Gegenüberstellung (S. 105 und 106) illustriert − auch der heutigen Arbeitswissenschaft keineswegs fremd sind.
Mit der Ansicht, daß die Eignung von Frauen vor allem in Monotoniefreudigkeit, Fingerfertigkeit, im begrenzten Interesse und in technischer Dummheit läge und sie deshalb auf Arbeitsplätzen eingesetzt werden sollten, die eben dieser Qualifikation entsprächen (und die fraueneigene Schwatzhaftigkeit berücksichtigten), stand das AWI seinerzeit nicht allein. Auf einer Tagung des Arbeitskreises Berlin der Wehrtechnischen Arbeitsgemeinschaft des VDI (Verein Deutscher Ingenieure) im NSBDT (NS-Bund Deutscher Technik) im Frühjahr 1940 beispielsweise, auf der man davon ausging, „daß auch über die Dauer des jetzigen Krieges hinaus die Frau ihre Stellung in der Industrie beibehalten" werde, gaben Praktiker „interessierten Kreisen" gleichermaßen begründete „Fingerzeige ...", wie der Einsatz der Frau am besten erfolgt, wie man mit kürzester Ausbildungszeit eine produktive Tätigkeit erreicht und dabei den körperlichen und seelischen Belangen der Frau gerecht wird"[152].
Angesichts des Umstands, daß sich die DAF die von der industriellen Praxis schon in Angriff genommene geschlechtsspezifische Zuteilung der Arbeitsplätze als Programm zu eigen machte, ist es nicht mehr so verwunderlich, daß die DAF ab und zu forderte, Frauen, die die gleiche Arbeit wie Männer verrichteten, sollten auch den gleichen (Leistungs-)Lohn bezahlt bekommen. Zunächst, so Marrenbach, sollte damit erreicht werden, „daß die Betriebsführer zu den für Frauen ungeeigneten Arbeiten in erster Linie Männer" einstellten[153], dann aber wollte man durch die Angleichung der Frauenlöhne an die Männerlöhne „bei gleicher Leistung und gleichem Effekt" die Frauen zu vermehrter Arbeitsleistung ermuntern[154]. Diese Vorschläge stießen auf den

151 Vgl. Tröger, Frau (Anm. 131), S. 266 f. Zum Vergleich mit dem − noch stärker beschränkten − öffentlichen Frauenbild in den USA vor dem Zweiten Weltkrieg s. Leila Rupp, *Mobilizing Women for War. German and American Propaganda 1939−1945*, Princeton, N.J. 1978, Kap. 3.
152 Eberhard Pflaume, *Frauen im Industriebetrieb*, Berlin/Wien/Leipzig 1941, S. VII bzw. III.
153 Marrenbach, *Fundamente* (Anm. 39), S. 239.
154 So Ley bei einer Besprechung im Führerhauptquartier am 25.4.1944. Sowohl Leys Vorschlag als auch Hitlers kategorische Ablehnung wurden mit den Erfordernissen der Kriegswirtschaft begründet (*BA Koblenz*, R 41/69, Bl. 26).

Das Arbeitswissenschaftliche Institut der DAF
zur besonderen Eignung der Frau*

"Der Mann verwächst mit seiner Arbeit am stärksten, wenn er einen Gegenstand nach Möglichkeit vom Rohprodukt bis zum Endprodukt fertigstellen kann. Ihn befriedigt daher die Bandarbeit, wo nur ein ganz kleines Stück des Produktionsweges erkennbar ist, häufig nicht ...
Wie bereits dargelegt, ist dies nicht der Kernpunkt weiblichen Denkens und Fühlens. Grundsätzlich kommt ihr die bis ins kleinste unterteilte Arbeit und hier im besonderen die Bandarbeit am nächsten. Die schnell erlernbaren Handgriffe, die auch bald bis ins kleinste beherrscht und fast automatisch ausgeführt werden, binden die Frau mit geringer Denkarbeit nur lose an die Arbeit und vor allem nur lose an den Sinn der Arbeit selbst. Sie kann sich während der Arbeit mit ihren privaten und häuslichen Freuden und Sorgen beschäftigen. Sie freut sich bei der Arbeit an den Bildern, die ihre Phantasie ihr vermitteln, auf die frohen Augen der Kinder, für die sie sich plagt usw. Zum Teil kann sie ihrem Anlehnungsbedürfnis durch Plaudereien und Unterhaltungen mit Nachbarinnen über persönliche Dinge nachgehen. Man sollte diese Möglichkeiten nur dort beschneiden, wo die Unfallgefahr durch Ablenkung erhöht wird, die Güte der Arbeit ... leidet ...
Läßt die Bandarbeit somit der Frau die Möglichkeit offen, persönliche Dinge ohne Beeinträchtigung der Leistung zu überdenken, so ist natürlich die dem männlichen Denken entsprechende Bindung an die Arbeit weitgehend gelöst. Dafür bietet sie aber die Möglichkeit, dem Sinn der Frau für Einzelheiten, Äußerlichkeiten, Kleinigkeiten usw. entgegenzukommen und so doch eine gewisse Bindung an die Arbeit herbeizuführen. Die Bindung wird dann nicht wie beim Mann durch eine tiefere Verknüpfung mit dem größeren und höheren Sinn der Arbeit erreicht, sondern mehr durch die Bindung an die äußeren Arbeitsumstände ...
Die meist einfache, wenig neue Forderungen stellende Betätigung am Band kommt ihren Wünschen so stark entgegen, daß die Frau meist gern am Band arbeitet und nur ungern wechselt, besonders wenn sie den Arbeitsplatz erst einmal mit ihrem persönlichen Leben erfüllt hat ...
Das zwangsläufige Arbeitstempo bei der Bandarbeit kommt den Wünschen der industriell tätigen Frau meistens auch entgegen, da ihr dadurch die Verantwortung einer eigenen Initiative in einer Tätigkeit erspart bleibt, deren Sinn ihr fremd ist ...
Sie ist gegen monotone Arbeit also weniger empfindlich ... Die Bandarbeit kommt ihr darin entgegen. Es kommt lediglich auf die richtige Gestaltung an."

* Zum Arbeitseinsatz der Frau in Industrie und Handwerk. Die biologisch bedingten Leistungsvoraussetzungen sowie ihre Beachtung beim Arbeitseinsatz: *Jahrbuch 1940/41 des AWI*, S. 398, 399, 400.

entschiedenen Widerstand der Unternehmer und des Staatsapparats. Aber auch die DAF sah ein, daß die Verwirklichung ihrer Forderung im großen Umfange die Wehrwirtschaft teuer zu stehen gekommen wäre. Die geschlechtsspezifische Zuteilung der Arbeitsplätze hatte zwar schon beträchtliche Fortschritte gemacht, war aber keineswegs überall durchgesetzt worden (zumal Frauen ja auch die Männer ersetzen mußten, die als Soldaten eingezogen wurden). Aus heutiger Sicht kann man sagen, daß die DAF mit der Forderung nach Gleichbezahlung bei *gleicher* Arbeit ihrer Zeit voraus war. Denn diese kann dann ökonomisch aufgefangen werden, wenn schon in großem Umfang frauenspezifische

Neuere Arbeitswissenschaftler zur besonderen Eignung der Frau**

"Das weibliche Denken ist vergleichbar mit einer photographischen Platte, das männliche ähnelt der Tätigkeit eines Zeichners. Die photographische Platte ist empfangend, der Zeichner aktiv." (Ludwig Kroeber-Keneth, *Frauen unter Männern*, Düsseldorf 1955, S. 81.)

"Hinsichtlich der psychologischen Differenzierung zwischen Mann und Frau besteht eine natürliche Unterlegenheit der Frau (Moers, Lehner, Koelsch u. a.), beim Mann sind die Entschlußkraft, Logik, Kritik und der Formensinn deutlich ausgeprägt, er steht zu seinem Werkzeug, seiner Maschine und seinem Arbeitsprodukt in einem persönlichen, inneren Verhältnis und hat Freude am Technischen, Gestalten und Formen ...
Bei der Frau überwiegen die unterbewußten Funktionen des Seelenlebens, dieses ist stärker von den innersekretorischen Funktionen beeinflußt und läßt stärker den rhythmischen Ablauf der Lebensfunktionen erkennen. Es herrschen die Gemütsanteile vor, Geschmack, Farbensinn, Geschicklichkeit und die Feinheiten der Bewegung sind meist gut ausgebildet. Spezifisch für die Frau ist mit Immler der Vorrang der persönlichen Bindung vor der fachlichen Zwecksetzung und der ungespaltene geschlossene Lebensdrang, wobei das Ziel des Lebens Haus, Familie und Kinder, im Vordergrund steht, Geschäft und Politik dagegen von zweitrangiger Bedeutung sind." (Herbert Heiss, Die Frau im Arbeitsprozeß, in: *Handbuch der gesamten Arbeitsmedizin*, hg. v. Ernst Baader, Berlin 1961, S. 86.)

"Im psychischen Bereich ist sie stärker personenbezogen als der Mann und empfindlicher für Störungen im zwischenmenschlichen Bereich (Betriebsklima). Eine sachlich-dingliche Orientierung wird seltener angetroffen. Das Kontakt- und Mitteilungsbedürfnis ist im allgemeinen stark ausgeprägt." (Herbert Valentin u. a., *Arbeitsmedizin*, Bd. 1, Stuttgart 1979, S. 193.)

** Vgl. Gertraude Krell, *Das Bild der Frau in der Arbeitswissenschaft*, Frankfurt a. M./ New York 1984

Arbeitsplätze eingerichtet und − „arbeitswissenschaftlich" begründet − als minderwertig eingestuft sind: Als durch das Urteil des Bundesarbeitsgerichts von 1955 die − tariflich vereinbarte − Unterbezahlung der Frauen gegenüber den Männern durch „Frauenlohnabschlag" verboten wurde, erhielten nur wenige Industriearbeiterinnen tatsächlich höhere Löhne, denn sie taten ja nicht *gleiche* Arbeit. Sie wurden nun in die sogenannten Leichtlohngruppen eingestuft, die wie zufällig am Ende der Lohnskala lagen. Dieser Problemkreis wird unten in den Kapiteln IV. 2, V. 1 und V. 4 behandelt.
Schönheit der Arbeit und Leistungskampf: Gleichzeitig mit der „NS-Ge-

meinschaft Kraft durch Freude" wurde im November 1933 das DAF-Amt „Schönheit der Arbeit" geschaffen. „Es bekam die Aufgabe, die Arbeitswelt des schaffenden deutschen Menschen schön, würdig und gesund zu gestalten, und zwar nicht nur mit dem Ziel der Leistungssteigerung, sondern auch aus kulturellen Gründen."[155]

Wie allein schon die reichsweiten Aktionen des Amtes „Schönheit der Arbeit" zeigen — „Saubere Menschen im sauberen Betrieb", „Grün in die Betriebe", „Kampf dem Lärm", „Gutes Licht — gute Arbeit", „Gesunde Luft im Arbeitsraum" und „Warmes Essen im Betrieb"[156] —, drang das Amt in einen Bereich der Betriebspolitik ein, für dessen Überwachung traditionell die Gewerbeaufsichtsämter zuständig waren. Neben der Unfallverhütung befaßte sich die Gewerbeaufsicht mit der Überprüfung der Gewerbehygiene, d.h. der Beschaffenheit, Belegung und Instandhaltung der Arbeitsräume, der Beleuchtung, Lüftung und Heizung, der Beseitigung von Staub, Abfällen, Dünsten und Gasen, der Wasch- und Umkleidegelegenheiten, Badeeinrichtungen, Bedürfnisanstalten, der Schlafräume, Speiseräume, Trinkwasserversorgung, Sitzgelegenheiten, der persönlichen Ausrüstung der Arbeitnehmer u.ä.m.[157]. 1933 wies die Gewerbehygiene bzw. „Betriebshygiene" in vielen Bereichen beträchtliche Mängel auf, und zwar nicht allein aufgrund der Weltwirtschaftskrise. So hatte schon 1929 die Gewerbeaufsicht/Bayern festgestellt, daß zwar „das Verständnis für die Bedeutung der *Betriebshygiene* ... im Fortschreiten" sei, aber „eine weitere Propaganda immer noch dringend notwendig" erschiene. „Es gibt noch weite Kreise, welche die Bedeutung von Sauberkeit, Luftverbesserung, zweckmäßigem Arbeitsklima, richtigen Sitzgelegenheiten usw. für die Gesunderhaltung und für das wirtschaftliche Gesamtergebnis des Betriebes immer noch nicht richtig einschätzen."[158] Den miserablen Zustand der „Gewerbehygiene" 1933, den Umstand, daß mit den Betriebsräten nunmehr eine Instanz fehlte, die zuvor häufig die Gewerbeaufsicht zur Überprüfung der Arbeitsbedingungen in den Betrieb gerufen hatte, und schließlich den Umstand, daß in den Berichten der Gewerbeaufsicht die gerügten Unternehmen anonym blieben, machte sich die DAF zunutze, um ihren Aktionsradius auszuweiten[159]. 1933/34 demonstrierten NSBO/DAF-Funktionäre ihre „soziale Gesinnung", indem sie unangekündigte Betriebsbesichtigungen vornahmen und manchmal sogar die — zeitweilige — Verhaftung eines „unsozialen Betriebsführers" veranlaßten[160].

---

155 Marrenbach, *Fundamente* (Anm. 39), S. 320. Ausführlich behandelt das Amt „Schönheit der Arbeit" Ch. Friemert, *Schönheit der Arbeit. Produktionsästhetik im Faschismus*, München 1980.

156 Marrenbach, *Fundamente* (Anm. 39), S. 321.

157 Vgl. hierzu *Jahresberichte der Gewerbeaufsichtsbeamten und Bergbehörden für das Jahr 1933*, Berlin 1934, S. 106.

158 *Jahresbericht der Bayrischen Gewerbeaufsichtsbeamten und Bergbehörden*, München 1929, S. LXVI; vgl. Friemert, *Schönheit* (Anm. 155), Kap. 1.

159 Friemerts Aussage (ebd., S. 94), festgestellte Mißstände oder geforderte Verbesserungen seien nicht einmal den Beschäftigten gesagt, sondern lediglich zwischen den Unternehmern und den Beamten abgehandelt worden, ist dahingehend zu modifizieren, daß in der Weimarer Zeit die Betriebsräte durchaus an den betrieblichen Überprüfungen durch die Gewerbeaufsicht beteiligt waren.

160 *Jahresberichte der Gewerbeaufsichtsbeamten und Bergbehörden für die Jahre 1933 und 1934*, Berlin 1935, S. 1.45.

Das Amt „Schönheit der Arbeit", das im Gegensatz zur Gewerbeaufsicht über keine Exekutivgewalt verfügte, prangerte einige — wenn auch nicht allzuviele — drastische Mißstände in der Presse an und nannte den Namen des betreffenden Betriebs[161]. Als dann mit der Leipziger Vereinbarung von 1935 Betriebsbesichtigungen nur durch von der DAF-Führung bestimmte Funktionäre „ohne Gefolge" und in Einvernehmen mit den Betriebsführern erfolgen durften und als der DAF schon eher daran gelegen war, die positive Seite der Bilanz der ersten Jahre nach der „Machtergreifung" zu betonen, überwogen jedoch in ihren Publikationen die Erfolgsnachrichten des Amtes „Schönheit der Arbeit". Insgesamt war man nicht zimperlich, wenn es darum ging, Verbesserungen des Arbeitsplatzes, der Arbeitsumgebung oder betrieblicher sanitärer Anlagen, die wohl auch ohne die Propaganda der DAF im Zuge des konjunkturellen Aufschwungs erfolgt wären, für sich zu verbuchen. So gab DAF-Geschäftsführer Marrenbach 1940 für den „gewaltigen Umfang der bisher geleisteten Arbeiten" des Amtes einen Wert von 900 Millionen Reichsmark an[162]. Mag man diese Summe auch zu Recht in Zweifel ziehen, so ist doch die Strategie des Amtes „Schönheit der Arbeit" nicht zu unterschätzen. Sie verband das Konzept der Zerstörung und Verhinderung gewerkschaftlicher Interessenvertretung mit dem, wie es das RKW 1933 formulierte, „Streben nach dem wirtschaftlichen Einsatz der Arbeitskraft und (der) Betreuung der Arbeitskraft schlechthin", das schon in der Weimarer Zeit in den betriebshygienischen Vorstellungen auf Unternehmerseite zum Ausdruck gekommen war[163]. In einem Vergleich mit dem „welfare capitalism" in den USA der zwanziger Jahre sei diese Strategie hier erläutert:

In den USA standen die zwanziger Jahre im Zeichen einer ausgesprochen gewerkschaftsfeindlichen staatlichen und unternehmerischen Politik. Zum einen wurden häufig gegen Arbeiter, die für bessere Löhne, bessere Arbeitsbedingungen oder überhaupt erst für das Recht gewerkschaftlicher Organisation kämpften, die *National Guard*, die privat organisierten berüchtigten *Pinkerton Men* und restriktive gerichtliche Verfügungen eingesetzt. Zum anderen kamen einige Großunternehmen zu der gleichen Einsicht, die auch — wie oben zitiert — in Deutschland RKW-Geschäftsführer Reuter 1937 formulierte, daß nämlich „die rein negative Verbotsseite ... auf die Dauer nicht erfolgreich" sein könne. Im „welfare capitalism" sollte durch die Betriebsvertretung („company representation"), d.h. eine Betriebsgewerkschaft, eine unabhängige gewerkschaftliche Organisation „von außen" verhindert und zugleich die Informationsmöglichkeit des Managements über innerbetriebliche Vorgänge sowie auch die Beeinflussung der Beschäftigten verbessert werden. Auch wurden betriebliche Sozialleistungen angeboten wie z.B. betriebliche Alters- und Krankenversicherung, verbesserte Gestaltung des Arbeitsplatzes und der Arbeitsumgebung, zuweilen recht großzügige Rekreationsmöglichkeiten, Werkswohnungen, bis hin zur Gewinnbeteiligung. Ziel des „welfare capitalism" war es, die Konflikte im Betrieb zu entschärfen und die physische Leistungsfähigkeit,

---

161 Vgl. z.B. *Arbeitertum* v. 15.12.1934, S. 28; vgl. auch Friemert, *Schönheit* (Anm. 155), S. 94 ff.

162 Marrenbach, *Fundamente* (Anm. 39), S. 325.

163 Sachse, *Sozialpolitik* (Anm. 34), Kap. III, 4.

die Leistungsbereitschaft sowie die Betriebstreue der Beschäftigten zu fördern[164].

Nun hätten die amerikanischen „welfare"-Kapitalisten, ebenso wie ihre deutschen Kollegen es taten, entsetzt abgewehrt, wenn eine betriebsfremde Organisation sich die Verwirklichung dieses Konzepts auf die Fahne geschrieben hätte – war doch die Abwehr gegen Einflüsse *von außen* eines der wichtigsten Grundgedanken des „welfare capitalism"[165]. Als mit deutscher Gründlichkeit das Gegenstück zum amerikanischen „welfare capitalism", nämlich der Gedanke der „Betriebsgemeinschaft", zur Grundlage der Sozialordnung gemacht worden war, hatten sich die deutschen Unternehmer jedoch *nolens volens* mit der DAF eine Organisation eingehandelt, die sich nicht darauf beschränkte – wohl auch nicht darauf beschränken konnte –, die Gewerkschaften zu „übernehmen" und damit einen unabhängigen organisierten Einfluß von außen in die Betriebe abzuwehren, sondern die nun auch konsequent die andere Seite einer „fortschrittlichen" betriebsgemeinschaftlichen Pflege der Arbeitskraft als Einflußbereich für sich beanspruchte. Und die Rüstungskonjunktur erlaubte es ihr zunächst auch, mit einigen Erfolgen aufzuwarten – gleichgültig, ob sie nun tatsächlich von der DAF induziert oder ganz einfach Folge des Investitionsbooms waren.

Sicherlich nahm die Kampagne des Amtes „Schönheit der Arbeit" zuweilen lächerliche Züge an. Die DAF selbst bezog sich abwehrend auf abfällige Bemerkungen über die „Blumentopfromantik"[166]. Und wenn eine Firma über die Schönheit der Arbeit in ihrem Betrieb schrieb, daß die Innenräume mit Pflanzen- und Blumenschmuck aller Art „wohltuend erfüllt und aus dem Rahmen nüchterner Arbeitsstätten auf die *höhere Ebene einer traulichen Wohnkultur* erhoben" worden seien[167], dann entbehrt das nicht einer gewissen Ko-

---

164 Das Konzept des „welfare capitalism" basierte auf der Überzeugung, daß die großen Konzerne mit ihrer hochtechnisierten Produktion, ihren hochentwickelten Managementmethoden und ihrer Marktkontrolle jedes wirtschaftliche und soziale Problem aus eigener Kraft lösen könnten. Als mit der Weltwirtschaftskrise diese Überzeugung zunichte gemacht wurde, verlor die soziale Euphorie des „welfare capitalism" ebenso wie die Rationalisierungseuphorie in Deutschland ihre Grundlage und versandete zunächst. Aus der umfangreichen Literatur zu diesem Thema seien hier nur drei Arbeiten genannt: Der „Klassiker" zur amerikanischen Gewerkschaftsbewegung der zwanziger Jahre, Irving Bernstein, *The Lean Years: A History of the American Worker 1920–1933*, Baltimore 1966, insb. S. 157–188; zur Weiterentwicklung der Managementstrategien: Howell J. Harris, *The Right to Manage. Industrial Relations Policies of American Business in the 1940's*, Madison 1982 (kurz zu den 20er Jahren vgl. S. 15 ff.); als ausführliche historische Darstellung: Stuart D. Brandes, *American Welfare Capitalism 1880–1940*, Chicago 1976.

165 Die Übersetzung „wohlfahrts*staatlicher* Kapitalismus" widerspricht eklatant dem dezidiert betriebspolitischen Gehalt des „welfare capitalism". Diese irreführende Übersetzung findet sich z.B. bei Michael J. Piore/Charles Sabel, *Das Ende der Massenproduktion*, Berlin 1965, S. 139 ff.

166 Eugen Kurrer, Schönheit der Arbeit – Aufgabe des Ingenieurs, in: *Rundschau Deutscher Technik* v. 2.3.1939, S. 2.

167 Leistungsbericht der Werkzeugmaschinenfabrik Boehringer in Göppingen vom Nov. 1942, Teil II, S. 1; *Stiftung Wirtschaftsarchiv Baden-Württemberg*, Stuttgart, Bestand B 10, Gebr. Boehringer GmbH, Göppingen, Nr. 305.

mik. Doch auch diese Firma führte dann wesentlich ausführlicher Verbesserungen der Produktionsanlagen und Werkstätten an, die nicht nur den darin Arbeitenden, sondern auch der Produktivität dienten. Die Propagandaplakate des Amtes „Schönheit der Arbeit" selbst (s. Abb. S. 112) haben sehr wenig mit einer „traulichen Wohnkultur" oder gar mit „altgermanischen" Werkstätten, hingegen sehr viel mit modernen Industrieanlagen zu tun, gegen die kein „ford"-schrittlicher Mensch etwas einzuwenden hatte[168].

Geführt wurde das Amt „Schönheit der Arbeit" von Hitlers Meisterarchitekten Albert Speer, der ab 1942 die deutsche Rüstungswirtschaft für den „totalen Krieg" organisatorisch rationalisierte. Hierfür kamen ihm, ebenso wie seinem späteren Stellvertreter Hupfauer, sicherlich die organisatorischen Erfahrungen und der Einblick in konkrete betriebliche Probleme der Produktion und des Arbeitseinsatzes gut zustatten, die er durch die Tätigkeit als Leiter des Amtes „Schönheit der Arbeit" und, damit verbunden, den „Leistungskampf der Betriebe" gewonnen hatte.

Der am 29. August 1936 von Hitler verfügte „Leistungskampf der Betriebe"[169] zeigt am deutlichsten, wie sehr die Aktionen des Amtes „Schönheit der Arbeit" Bestandteil der nationalsozialistischen Sozialordnung waren, zu deren Sachwaltung sich die DAF berufen fühlte. Nicht lediglich betriebliche Sozialleistungen wurden abgefragt, sondern auch die Pflege der „nationalsozialistischen Gesinnung" und der Arbeitsleistung; nicht generell höhere Sozialleistungen wurden gefordert, sondern die „Zweckmäßigkeit" und „Wirtschaftlichkeit der investierten Geldmittel" — ein „Marmorbad" beispielsweise entsprach diesen Vorstellungen nicht; nicht ein gleicher Maßstab wurde angelegt, sondern das Ergebnis wurde entsprechend der wirtschaftlichen Lage des jeweiligen Betriebes gemessen[170].

In einem alljährlichen Leistungskampf sollten die Betriebe ermittelt werden, „in denen der Gedanke der nationalsozialistischen Betriebsgemeinschaft im Sinne des Gesetzes zur Ordnung der nationalen Arbeit und im Geiste der Deutschen Arbeitsfront vom Führer des Betriebes und seiner Gefolgschaft auf das vollkommenste verwirklicht ist ...". Dem Sieger, und zwar Betriebsführer und Betriebsobmann gemeinsam, verlieh Hitler jeweils am 1. Mai den Titel „nationalsozialistischer Musterbetrieb"; das berechtigte ihn dazu, „die Flagge der DAF mit goldenem Rande und goldenen Fransen" zu führen[171]. Dem ei-

168 Ähnliche Plakate sind abgebildet in: Friemert, *Schönheit* (Anm. 155); vgl. auch Anson Rabinbach, Die Ästhetik der Produktion im Dritten Reich, in: *Kunst und Kultur im deutschen Faschismus. Literaturwissenschaft und Sozialwissenschaften*, Bd. 10, hrsg. v. Ralf Schnell, Stuttgart 1979.

169 Wiedergegeben in Marrenbach, *Fundamente* (Anm. 39), S. 326. Zum Leistungskampf ausführlicher s. ebd., S. 326 ff.; Jürgen Reulecke, Die Fahne mit dem goldenen Zahnrad: der „Leistungskampf der deutschen Betriebe" 1934—1939, in: *Die Reihen fast geschlossen*, hrsg. v. Detlev Peukert/Jürgen Reulecke, Wuppertal 1981; Spohn, *Betriebsgemeinschaft* (1980), S. 212 ff.; Mason, *Arbeiterklasse* (Anm. 136), S. 125 ff.; Giersch, *Arbeitsfront* (Anm. 7), S. 230 ff.

170 Marrenbach, *Fundamente* (Anm. 39), S. 326, 328, 300.

171 Ebd., S. 326. Ebenso wie in den USA, wo Betrieben, die sich durch ihre sozialpolitische Praxis zum New Deal bekannten, das Abzeichen des „Blauen Adlers" verliehen wurde, bedeutete in Deutschland die Auszeichnung als „NS-Musterbetrieb" eine Bevorzugung

gentlichen Leistungskampf waren Einzelwettkämpfe um vier Leistungsabzeichen für „vorbildliche Berufserziehung", „vorbildliche Sorge um die Volksgesundheit", „vorbildliche Heimstätten und Wohnungen" und „vorbildliche Förderung von ‚Kraft durch Freude'" vorgeschaltet[172].

Ley nahm die Verfügung des Leistungskampfs zum Anlaß, um mit der Ankündigung, daß *alle* Aspekte des Betriebslebens durch die DAF überprüft werden würden, wieder einmal den Totalitätsanspruch der DAF anzumelden[173]. Wie nicht anders zu erwarten, waren Wirtschaft und Staatsapparat — insbesondere das Reichswirtschaftsministerium und Reichsarbeitsministerium, aber auch das Reichsfinanzministerium und das Reichskriegsministerium[174] — nicht glücklich über diese Aussicht. Unter Berufung auf die Erfordernisse des Vierjahresplans, der erst am 9. September 1936 — also nach dem Leistungswettkampf — öffentlich verkündet worden war, faßte Reichswirtschaftsminister Schacht die Bedenken folgendermaßen zusammen[175]: Es „besteht die Gefahr, daß einmal Unternehmungen sich zu volkswirtschaftlich abträglichen Maßnahmen verleiten lassen, die der angespannten Wirtschaftslage nicht entsprechen, nur um die Auszeichnung zum Musterbetrieb zu erhalten. Zum anderen könnte die Ablehnung einer beantragten Auszeichnung in dem davon betroffenen Betriebe zu einer Minderung der Arbeitsfreudigkeit der Gefolgschaft und der Einsatzbereitschaft des ganzen Betriebes führen ...“ Weiterhin monierte Schacht auch, „daß die DAF bei der Wertung der Betriebe weit über die ihr gesetzten Grenzen hinausgehen will, wenn sie in den Wertungskreis in einem sehr wesentlichen Ausmaß rein betriebswirtschaftliche Maßnahmen und die gesamte wirtschaftspolitische Einstellung der Betriebe einbezieht.“

Um ihren Forderungen nach stärkerer Mitsprache Nachdruck zu verleihen, verboten das Reichswirtschafts- und das Reichsarbeitsministerium im Sommer 1937 den Betrieben einstweilig, am Leistungskampf teilzunehmen, und erreichten damit eine Vereinbarung, nach der die Industrie- und Handelskammern für die Überprüfung der Wirtschaftlichkeit der Betriebsführung und der Einhaltung der staatlichen preis- und lohnpolitischen Richtlinien durch die Betriebe zuständig sein sollten[176]. Nach diesem Kompromiß verlagerten sich die Querelen um den Leistungskampf auf Auseinandersetzungen zwischen der DAF und einzelnen Unternehmen[177].

Fortsetzung Fn. 171
bei der Vergabe öffentlicher Aufträge. Vgl. Ernst Samhuber, *Die neuen Wirtschaftsformen 1914–1940*, Berlin 1940, S. 160; Reulecke, Fahne (Anm. 169), S. 254.

172 *Redner Information*, Nr. 3 (1977), hrsg. v. Propagandaamt der DAF, *IfZ München*, Db 76.01.

173 Vgl. *Der Angriff* v. 7.9.1936; Mason, *Arbeiterklasse* (Anm. 136), S. 126.

174 Vgl. ebd., S. 127.

175 Schreiben von Reichswirtschaftsminister Schacht v. 24.2.1937, DZA Potsdam, 31.02. RWiMin, Bd. 10316, Bl. 305 ff.; wiedergegeben in Mason, *Arbeiterklasse* (Anm. 136), Dok. 64.

176 Ebd., S. 127.

177 Es waren wohl vor allem Großunternehmen, die sich auf einen solchen Kampf einließen. Mason (*Arbeiterklasse*, S. 127) nennt die Gutehoffnungshütte in Oberhausen, die die Teilnahme verweigerte. Auch Siemens beteiligte sich zeitweilig nicht, da Siemens das Gesamtunternehmen, die DAF jedoch die einzelnen Betriebe des Konzerns bewertet sehen wollte. Nach dem Krieg berief man sich dann auf diese partielle Nichtteilnahme,

Aus: *Arbeitertum. Blätter für Theorie und Praxis der Nationalsozialistischen Betriebszellen-Organisation* vom 15. März 1935

Der Einfluß der Wirtschaftsorganisationen auf die Durchführung des Leistungskampfes blieb mäßig — allein für die Betriebsbesichtigungen war die DAF personell weit besser ausgestattet. Auch blieb die DAF tonangebend in der Festlegung der zu prüfenden Kriterien und der Auswahl der „NS-Musterbetriebe". So stellte denn auch der sozialpolitische Referent der Reichsgruppe Industrie, Lohmann, im April 1944 fest, daß die Wirtschaftsorganisation dem wesentlichen praktischen Einfluß der DAF auf die Betriebe durch den Leistungskampf „nichts Äußerliches gegenüberzusetzen" habe[178]. Die Anzahl der Betriebe, die sich am Leistungskampf beteiligten, stieg von 81 000 im Jahr 1937/38 auf über eine Viertelmillion im Jahr 1939/40[179], die der Auszeichnungen als „NS-Musterbetrieb" betrug im gleichen Zeitraum 300 und erhöhte sich bis 1944 auf 519 Betriebe[180]. Wie von der DAF immer wieder betont und von Wirtschaft und staatlichen Stellen immer wieder bedauert, erfaßte der Leistungskampf „alle Sparten der deutschen Wirtschaft (also auch Rüstungsbetriebe) und des öffentlichen Lebens". Zur Verteilung der Sieger soll der Stand vom Mai 1942 als Illustration dienen: Unter den bis dahin insgesamt 495 „NS-Musterbetrieben" befanden sich 25 Kleinbetriebe, 20 landwirtschaftliche Betriebe und 44 Betriebe des öffentlichen Dienstes[181].

Es ist nicht einfach, die praktische Wirkung des Leistungskampfes einzuschätzen. So bleibt beispielsweise fraglich, ob man dem Ziel, „Wettkampfdenken" statt „Klassenkampfdenken" in die Köpfe der Volksgenossen zu tragen, wirklich näher gekommen ist. Zumindest aber ist anzunehmen, daß gerade in kleineren Betrieben, die in der Regel nicht mit großartigen Sozialleistungen aufwarten konnten, die Gefolgschaft von den DAF-Amtswaltern in Vorbereitung auf die mit der Anmeldung zum Leistungskampf verbundenen Betriebsbesichtigungen gehörig auf Trab gebracht wurde. Wenngleich die DAF nicht nur die ideologischen, sondern auch die praktischen Wirkungen des Leistungskampfes weit übertrieb, so stärkte er doch ihren Einfluß auf die Betriebspolitik. Zudem ergänzten die Erkenntnisse aus den Leistungsberichten der Betriebe die Information, welche die DAF mit Hilfe ihrer — von der Industrie zutiefst bedauerten[182] — Betriebsstatistik sammelte. Und schließlich bildeten einige der „NS-Musterbetriebe", wie Hupfauer 1985 betonte, die „Exerzierbetriebe", in denen die DAF ihre Konzepte zur betrieblichen Sozialpolitik und Leistungssteigerung erproben konnte. Jedenfalls ist der Kriterienkatalog des Leistungskampfes ein Spiegel des Gesamtbereichs der „Betriebsgemein-

Fortsetzung Fn. 177
um „das spannungsvolle Verhältnis zwischen der DAF und dem Hause Siemens" zu belegen. *SAA*, 14/Lp 206, 49/Ls 81.

178 *BA Koblenz*, R 12 I/279.

179 Mason, *Arbeiterklasse* (Anm. 136), S. 128; Spohn, *Betriebsgemeinschaft* (1980), S. 217.

180 Anzahl der Auszeichnungen pro Jahr: 1938 = 39; 1939 = 99; 1940 = 98; 1941 = 120; 1942 = 75. Vgl. *DAF-Betriebsinformation*, 1943, S. 121; *Redner Information*, Nr. 45, Mai 1944, S. 12; *IfZ München*, Db. 76.01. Die DAF zählte die Vorrunde zum Leistungskampf mit den ersten Auszeichnungen im April 1937 nicht als regulären Leistungskampf mit.

181 *DAF-Betriebsinformation*, 1943, S. 121.

182 Marrenbach, *Fundamente* (Anm. 39), S. 140 ff.; *BA Koblenz*, R 12 I/265, 274.

schaft", auf den die DAF Einfluß zu nehmen versuchte und von dem hier nur einige Teilbereiche ausführlicher dargestellt wurden. Er reichte von der weltanschaulichen Ausrichtung, beruflichen Schulung und Auslese, „organischen Betriebsgestaltung", körperlichen Ertüchtigung, Pflege der Volksgesundheit, rationellen Gestaltung der Arbeitswelt, Steigerung der Arbeitsleistung über den „wesensgemäßen" Einsatz und die „wesensgemäße" Erziehung der Frauen, über zweckentsprechende Heimstätten und Wohnungen bis hin zur Produktionssteigerung überhaupt und bis hin zur Anpassung der wirtschaftlichen Zielsetzungen an die „Ziele der politischen Führung"[183]. Weiterhin zeigen die Schwerpunktverlagerungen im Laufe der Jahre die Anpassungsfähigkeit des Programms zur sozialtechnischen Rationalisierung der Volksgemeinschaft, zu dessen Sachwalterin die DAF sich berufen fühlte und dessen zentrale Punkte „Betriebsgemeinschaft" − statt organisierte Interessenvertretung −, „Leistungsprinzip" und „Pflege der Leistungskraft" waren.

Es stellte sich sehr bald heraus, daß man, entgegen den anfänglich geäußerten Befürchtungen Schachts, die Unternehmer mit dem Leistungskampf keineswegs zu „volkswirtschaftlich abträglichen Maßnahmen verleiten" wollte. Das bestätigte 1940 auch DAF-Geschäftsführer Marrenbach, als er sich fast entschuldigend über den ersten Leistungskampf äußerte, um dann auf den eigentlichen Zweck hinzuweisen[184]:

„Die oben genannte Zielsetzung für die Leistungskämpfe [Steigerung der betrieblichen Leistung für die Gesamtleistung unseres deutschen Volkes] lag von allem Anfang an fest. Wenn trotzdem in der Aufgabenstellung des ersten Leistungskampfes der Fürsorgegedanke für den einzelnen Schaffenden mehr im Vordergrund stand, so lag die Ursache darin, daß in diesem ersten Leistungskampf zunächst einmal die gröbsten Voraussetzungen für die Leistungssteigerung geschaffen werden mußten. Das heißt, ein bestimmtes Mindestmaß auch an materieller Fürsorge mußte erreicht werden, ehe der eigentliche Zweck des Leistungskampfes, der Kampf um die beste Betriebsleistung, auch in der Aufgabenstellung zum Durchbruch kommen konnte. Das geschah dadurch, daß in der Aufgabenstellung für den zweiten und dritten Leistungskampf absolut eindeutig nicht die Fürsorge für den einzelnen, sondern die Leistung der gesamten Betriebsgemeinschaft in den Vordergrund gestellt wurde."

Im 3. Leistungskampf (1939/40) wurde insbesondere auf die folgenden Aufgabengebiete geachtet[185]: „1. Weitere Verbesserung der technischen Einrichtungen, 2. Verbesserung und Vereinfachung der Betriebsorganisation, 3. verstärkte Heranziehung und Ausbildung des Facharbeiternachwuchses, 4. Leistungs- und Produktionssteigerung durch richtigen Einsatz der menschlichen Arbeitskraft an dem den Fähigkeiten entsprechenden Arbeitsplatz, 5. Leistungsertüchtigung durch innerbetriebliche Maßnahmen, 6. Gesundheitsförderung durch innerbetriebliche Maßnahmen, 7. Schaffung von gesunden

183 Hupfauer, in: *Redner Information*, Nr. 3 (1937), S. 9 ff.; vgl. auch die Richtlinien in DAF-Anordnung 18/37, in: *Nationalsozialistischer Musterbetrieb − Leistungskampf der deutschen Betriebe*, S. 17 ff.; IfZ München, Db 61.61.
184 Marrenbach, *Fundamente* (Anm. 39), S. 327; Einschub von S. 326.
185 *Ratgeber für den Leistungskampf in der Eisen- und Metallindustrie*, hrsg. v. DAF-Zentralbüro. Fachamt Eisen und Metall, Berlin 1939, S. 39, Bücherei des Vereins Deutscher Eisenhüttenleute, Düsseldorf. Siehe auch *SAA*, 14/Lp 206.

und zweckentsprechenden Heimstätten und Wohnungen." Die Kriterien des 4. Leistungskampfes 1940/41 machten dann die Betonung des „Leistungsgedankens" gegenüber dem „Fürsorgegedanken" noch deutlicher. Zum „NS-Musterbetrieb" wurde erkoren, wer „1. die beste Arbeitsdisziplin offenbart, 2. die wenigsten Bummelschichten hat, 3. den besten Zellenapparat durchzubilden verstand, 4. eine vorzügliche Werkschar oder Werkfrauengruppe aufstellt, 5. als Erfolg all dieser Maßnahmen die höchstmögliche Leistung vollbracht hat"[186]. Als sich 1942 der Übergang vom „Blitzkrieg" auf den „totalen Krieg" abzeichnete, führte man neben der Auszeichnung „NS-Musterbetrieb" für die „sozial und wirtschaftlich bestgeordneten Betriebe" auch die Auszeichnung „Kriegsmusterbetrieb" für „Produktionsspitzenbetriebe" ein[187]. Aus der Begründung (s. S. 116) für diese Maßnahme wird auch die enge Zusammenarbeit zwischen der DAF und dem Reichsminister für Bewaffnung und Munition, Speer, deutlich, auf die ich im nächsten Abschnitt noch zurückkommen werde.

1944/45 beschränkten sich schließlich die Leistungsberichte der Betriebe, beispielsweise von Siemens[188], auf die Berichterstattung über: bisher verliehene Auszeichnungen, technische Leistungssteigerung (insbesondere Einsparung von Arbeitskräften), Förderung des betrieblichen Vorschlagswesens, persönliche Leistungssteigerung (durch Maßnahmen wie Festigung der Haltung der Gefolgschaft, Meldung bei Leistungshemmnissen, Kampf den Arbeitszeitversäumnissen, Unfallverhütung, Kampf gegen Verluste, Leistungsertüchtigung durch Schulung und Fortbildung und Umschulung Betriebsfremder, Einführung der lohnordnenden Maßnahmen zur Bildung „wirklicher Leistungslöhne", körperliche Ertüchtigung und Gesunderhaltung, Pflege der Kameradschaft, „Betreuung" der Frauen und Jugendlichen, Verlängerung der Arbeitszeit (54 bis 68 Stunden pro Woche bei den Männern, 50 bis 64 Stunden bei den Frauen) sowie die Produktionsleistung im Vergleich mit den Vorjahren – letzterer Punkt war selbstverständlich von besonderem Interesse.

Rationalisierung statt Klassenkampf

Die hier dargestellten Strategien zur „Pflege" der „Betriebsgemeinschaft", des „Leistungsgedankens" und der „Leistungskraft" skizzieren nur einen, jedoch wesentlichen Ausschnitt aus dem gesamten ideologischen und prakti-

---

186 Ebd.
187 Marrenbach, in: *DAF-Betriebsinformation*, 1943, S. 121. Am 1.5.1942 wurden die ersten 13 „Kriegsmusterbetriebe" ausgezeichnet, 1943 waren es 76 und bis 1944 406 Betriebe. Vgl. ebd. sowie *Redner Information*, Nr. 45, Mai 1944, S. 12.
188 *SAA*, 14/Lp 206, insbes. Aktenvermerk v. 27.6.1944, Bericht v. 25.7.1944, Abschrift, Betr.: Zielsetzungen des Kriegsleistungskampfes für das Jahr 1944/45. Vgl. auch den Leistungsbericht der Bleyle AG, Zweigwerk Stuttgart und Zweigwerk Ostheim von 1944, *Stiftung Wirtschaftsarchiv Baden-Württemberg*, Stuttgart, Bestand Bleyle, Leistungsberichte. Hinzugefügt werden sollte, daß in den Leistungsberichten auch Auskunft gegeben wurde über die Beschäftigung von „deutschen Gefolgschaftsangehörigen, Ausländern (männl., weibl., jugendl.) und Kriegsgefangenen" (*SAA*, 14/Lp 206).

Der Wehrkreisbeauftragte XIII   Bayreuth, den 30.Juni 1942
    des Reichsministers
              für
    Bewaffnung und Munition
    Gauamtsleiter Frank

                                          An den

                                          Herrn Betriebsführer des

                                          außenbezeichneten Betriebes

Betrifft: Richtlinien über die Verleihung der
            Auszeichnung "Kriegs-Musterbetrieb"

        Am 2.5.1942 ist erstmalig durch den Führer einer Reihe von Betrieben
die Auszeichnung "Kriegs-Musterbetrieb" verliehen worden. ...

        Da bei vielen Betriebsführern Unklarheit über den Sinn und die Voraus-
setzungen dieser neuen Auszeichnung besteht, möchte ich hiermit eine Klarstel-
lung geben. Für viele Betriebe ist die Erlangung der Auszeichnung "NS-Musterbetrieb" nicht leichter geworden und zwar dadurch, daß schönheitliche Anforderungen an die Betriebe und an den Arbeitsplatz durch die Kriegsverhältnisse
(z.B. das Verbot schönheitlicher Bauarbeiten usw.) nur mehr in beschränktem
Maße, bzw. kaum mehr gestellt werden können. Andererseits kann aber in normalen Friedenszeiten auf solche Anforderungen, gerade bei der Verleihung der Auszeichnung "NS-Musterbetrieb" aus prinzipiellen Erwägungen nicht verzichtet werden.

        In diesem, bis jetzt härtesten Ringen in der Geschichte unseres Volkes
ist die Produktion der Rüstungs-Betriebe von ausschlaggebender Bedeutung. Es
ist daher durchaus richtig und konsequent, daß die Beurteilung jener Betriebe,
denen die Auszeichnung "Kriegs-Musterbetrieb" verliehen werden soll, vorwiegend
von der Produktionsseite her erfolgt. Die Auszeichnung "Kriegs-Musterbetrieb"
kann folgerichtig nur der Betrieb erhalten, der zu den produktionsbesten seines
Fertigungszweiges gehört und dessen Produktion vom Standpunkt der Kriegsführung
eine Bedeutung zukommt. ... Die Bewertung des produktiven Leistungsstandes
des Betriebes obliegt auf Grund seines Einblicks in die Rüstungsproduktion dem
Reichsminister für Bewaffnung und Munition, der sich wiederum durch seine
Wehrkreisbeauftragten berichten läßt. Für manche Betriebe, die bisher aus Gründen, die hier nicht einzeln behandelt werden können ... nur geringe Aussicht auf
eine Auszeichnung hatten, besteht nunmehr die Möglichkeit, zu einer Anerkennung ihres stillen und rastlosen Wirkens zu kommen, das sich bisher fern von jeder propagandistischen Auswertungsmöglichkeit (Gemeinhaltungsgründe usw.) ab-
spielen mußte. ...

        Die Verleihung der Auszeichnung "Kriegs-Musterbetrieb" wird nicht nur
zum 1. Mai eines jeden Jahres vorgenommen, sie kann auch während des Arbeits-
jahres entsprechend dem Zeitpunkt der Antragstellung und der Antragsverbeschei-
dung erfolgen. Die Deutsche Arbeitsfront legt nach hier vorliegenden Orientierun-
gen Wert darauf, daß Betriebe des Rüstungssektors, die bereits die Auszeichnung
"NS-Musterbetrieb" haben, auch die Auszeichnung "Kriegs-Musterbetrieb" zu erreichen versuchen. Der wahre NS-Musterbetrieb sei schließlich nicht der, der allein auf sozialem Gebiet Vorbildliches leiste, sondern der, der in seiner sozialen
Haltung und in seiner Produktionsleistung als Spitzenbetrieb anzusprechen sei.

                                          Heil Hitler!

                                          gez. Dr. Franz

Quelle: *SAA* 14/Lp 206.

schen Aktionsbereich der DAF[189]. Zu den mit diesen Strategien eng verbundenen Lohnvorstellungen der DAF siehe die Abschnitte IV und. V, in denen der Bezug zu Vorstellungen und Praxis von Seiten des Staatsapparates und der Unternehmerschaft deutlicher gemacht werden soll. Ergänzend sei hier nur erwähnt, daß die „Schulungsarbeit" und die Propagandatätigkeit der DAF weit umfassender waren, als in den obigen Ausführungen angedeutet werden konnte. Getragen wurden sie von einer Vielzahl hauptamtlicher und ehrenamtlicher Funktionäre bis hin zu Ley, der unermüdlich durch Deutschland reiste, auf Großkundgebungen, Betriebsappellen usw. sprach, „von Arbeiter zu Arbeiter eilte und jedem Schaffenden die Hand reichte"[190]. Zu betonen ist auch, daß die DAF mehr als lediglich die „Betriebsgemeinschaft" als Einflußbereich beanspruchte[191]. Besonders deutlich wurde dies in den großen „Plänen", mit deren Ausarbeitung Ley sich und seine DAF vom „Führer" beauftragen ließ. Neben dem „Berufserziehungswerk" und der „Reichslohnordnung" waren dies das „Altersversorgungswerk" — Annäherung des Endes des Arbeitslebens an das physische Lebensende —, der „Deutsche Volksschutz" — Abkehr vom Versicherungsprinzip und Kontrolle des Gesundheitswesens — und das „Deutsche Wohnungshilfswerk" — Vereinnahmung des gesamten betrieblichen und öffentlichen Wohnungsbaus[192]. Diese Pläne wurden zwar nie verwirklicht — 1942 verfügte Hitler die Einstellung aller Arbeiten und der Propaganda über derartige Nachkriegspläne[193] —, doch sie charakterisieren den auf die gesamte „Volksgemeinschaft" gerichteten Totalitätsanspruch der DAF.

Faktisch richtete sich die Strategie der DAF vor allem auf die Rationalisierung der „Betriebsgemeinschaft". Zwar konnte diese Strategie weder inhaltlich noch institutionell (gegenüber Unternehmern und Staatsapparat) dem DAF-Anspruch gemäß total durchgesetzt werden, doch sie bestimmte die

189 Weitere Aktionsbereiche der DAF waren: Aufbau einer umfangreichen arbeitsrechtlichen Beratung und einer eigenen Disziplinargerichtsbarkeit sowie diverse wirtschaftliche Unternehmungen: die „Treuhandgesellschaft" (die auch Kredite zur „Arisierung" jüdischer Unternehmen gab), die Bank der deutschen Arbeit, die Versicherungsunternehmungen, die Wohnungs-, Siedlungs- und Baugesellschaften, die Verlagsanstalten und Druckereien, das Volkswagenwerk, die öffentlichen Schwimmbäder in Wien und die Deutsche Nationaltheater A.G.

190 Marrenbach, *Fundamente* (Anm. 39), S. 78 f. „Etwa ein Zehntel der in der Deutschen Arbeitsfront zusammengeschlossenen Männer und Frauen (d.h. über 2 Millionen; die Verf.) sind mit Führungsaufgaben betraut." 1939 gab es 32000 hauptamtliche Mitarbeiter. Ebd., S. 50, 26.

191 Schon 1933 meldete Ley den Anspruch der DAF auf das gesamte Volk an: „Die Partei ist der Kern, dann kommen die Sympathisierenden in der NSBO und den vielen Bünden, die wir haben. Der nächste Ring, die Arbeitsfront, umfaßt das gesamte Volk." Rede Leys auf der Tagung der Angestelltenführer der DAF in Danzig am 18.8.1933, zit. nach Andreas Kranig, *Arbeitsrecht im NS-Staat*, Köln 1984, S. 26.

192 Vgl. u.a. Sachse, *Sozialpolitik* (Anm. 34), S. 171 f.; Recker, *Sozialpolitik* (Anm. 84), Kap. III. Von Interesse ist vielleicht, daß Ley als „Reichswohnungskommissar" 1942 das (vorher zum RAM gehörende) Ressort des „sozialen Wohnungsbaus" unterstellt wurde — ein, wie wir wissen, lukratives Betätigungsfeld für Politiker.

193 Vgl. Teppe, Sozialpolitik (Anm. 80), S. 248; Recker, *Sozialpolitik* (Anm. 84), S. 153; Sachse, *Sozialpolitik* (Anm. 34), S. 172; Ludolf Herbst, *Der Totale Krieg und die Ordnung der Wirtschaft*, Stuttgart 1982, S. 176.

Praxis der DAF. Dies geschah schon vor Beginn des Zweiten Weltkrieges und äußerte sich auch im Prozeß der organisatorischen Zentralisierung, der mit dem Übergang vom „berufsständischen" zum „betriebsorganischen" Aufbau der DAF 1934 begann[194]. Von den Stationen dieses Prozesses sei hier nur die Anfang 1938 erfolgte Umwandlung der Reichsbetriebsgemeinschaften in Fachämter genannt — ersteren waren, wie von Unternehmerseite schon 1936 bemerkt wurde[195], die Diskussionsthemen ausgegangen. Während die Aufgabe der Reichsbetriebsgemeinschaften noch die „Lösung sozialpolitischer Fragen in Zusammenarbeit mit den Ämtern des Zentralbüros" war, sollten die Fachämter lediglich „Vorschläge zur Lösung sozialpolitischer Fragen" ausarbeiten[196], waren sie endgültig Apparate zur Durchführung der Vorstellungen insbesondere des Amtes „Soziale Selbstverwaltung". Die DAF konnte frühzeitig von sich behaupten, „für den Krieg gerüstet" zu sein[197]. Die Reorganisation in vier „Kriegshauptarbeitsgebiete" erfolgte Ende 1939 zügig[198] und wurde im Verlauf des Krieges nur geringfügig abgeändert. Im Organisationsplan von 1942 (s. S. 119) sind schon die meisten dieser Veränderungen erfaßt. Hervorzuheben ist hier das Fachamt „Eisen und Metall" unter Leitung von Jäzosch, das Knotenpunkt für die Beteiligung der DAF an den „lohnordnenden Maßnahmen" von 1942 wurde.

Die Rolle der DAF im nationalsozialistischen Deutschland wird in der einschlägigen Literatur sehr unterschiedlich interpretiert. In seiner mittlerweile klassischen Studie über Struktur und Praxis des Nationalsozialismus nennt Franz L. Neumann fünf Funktionen der DAF[199]: „... der Arbeiterschaft die nationalsozialistische Ideologie zu indoktrinieren; die deutsche Arbeiterklasse zu besteuern; zuverlässigen Parteimitgliedern Positionen zu sichern; die deutsche Arbeiterklasse zu atomisieren; bestimmte gewerkschaftliche Innenfunktionen wahrzunehmen." Damit benennt Neumann zweifellos wichtige Funktionen, von denen die der Versorgung von Parteigenossen mit Posten und die zusätzliche Besteuerung ein eher willkommener Nebeneffekt und symptomatisch für die Korruptheit der nationalsozialistischen Herrschaft waren. Er betont denn auch zusammenfassend die Aufgaben „Indoktrination der deutschen Arbeiterklasse und die vollständige Beseitigung der letzten Überreste von Sozialismus und Marxismus, katholischem und demokratischem Gewerkschaftertum"[200]. Daß die DAF diese Aufgabe mit aller Konsequenz wahrgenommen hat, ist in der Literatur unbestritten. Allerdings bezweifelt Neumann den Erfolg der Indoktrination durch die DAF wie überhaupt durch die nationalsozialistische Propaganda[201]: „Manche Beobachter der Vorgänge im nationalso-

194 Zu den Stufen der Reorganisation der DAF vgl. Giersch, *Deutsche Arbeitsfront* (Anm. 7), S. 193 ff.

195 Nach Hachtmann, Krise (Anm. 69), S. 190.

196 *Organisationsbuch der NSDAP*, Berlin 1936 u. 1940, S. 189 bzw. S. 206; vgl. Giersch, *Deutsche Arbeitsfront* (Anm. 7), S. 204.

197 *Redner Information*, Nr. 43, März 1944, S. 4; vgl. Giersch, *Deutsche Arbeitsfront* (Anm. 7), S. 204.

198 Marrenbach, *Fundamente* (Anm. 39), S. 389 ff.

199 Neumann, *Behemoth* (Anm. 90), S. 482.

200 Ebd.

201 Ebd., S. 545; vgl. auch S. 238, 247, 251, 271, 410, 459 und die Zusammenfassung im Schlußkapitel, S. 531 ff.

ORGANISATIONSPLAN DER DAF (1942)

Reichsorganisationsleiter der NSDAP, Reichsleiter Pg. Dr. Ley

Stabsleiter für die ROL München	: Oberbefehlsleiter Pg. Simon
Geschäftsführer der DAF	: Oberbefehlsleiter Pg. Marrenbach
Leiter der Hauptgeschäftsstelle	: Amtsleiter Pg. Nußbruch
Referat "Sonderdienst"	: Pg. Dr. Gusko
Referat "Ausland"	: Pg. Reichnow
Der Mob- und Abwehrbeauftragte der DAF	: Pg. Nußbruch
Verbindungsmann zum Reichskommissar für die Preisbildung	: Pg. Happach
Zentral-Verbindungsstelle Ost	: Hauptamtsleiter Pg. Manderbach
Presseamt	: Pg. Scheunemann
Organisationsamt	: Pg. Schulze
Oberster Ehren- und Disziplinarhof der DAF	
Vorsitzender	: Pg. Dr. v. Renteln, Hauptamtsleiter
Geschäftsführender Vorsitzender	: Amtsleiter Pg. Koch
Leiter des Dienstaufsichtsamtes	: Pg. Schmidt

Kriegshauptarbeitsgebiet I	: *Leiter Pg. Marrenbach*	*Kriegshauptarbeitsgebiet II*	: *Leiter Pg. Hupfauer*
Personalamt	: Pg. Marrenbach	Amt Soz. Selbstverantwortung	: Pg. Dr. Hupfauer
Schulungsamt		Amt für Arbeitseinsatz	: Pg. Mende
Der Beauftragte f. d. Wehrscharen	: Pg. Leutloff	Jugendamt	: Pg. O. Schroeder
		Frauenamt	: Pg. Scholtz-Klink
Propagandaamt	: Pg. Geiger	Amt f. Berufserziehung und Betriebsführung	: Pg. Dr. Arnhold
Arbeitswissenschaftliches Institut	: Pg. Dr. Pohl	Amt Gesundheit u. Volksschutz	: Pg. Dr. Bockhacker
Volkspolitisches Amt	: Pg. Tittmann	Amt f. Rechtsberatungsstellen	: Pg. Dr. Hellwig
		Berufswettkampf aller schaffenden Deutschen	: Pg. Axmann
Kriegshauptarbeitsgebiet III	: *Leiter Pg. Dr. Lafferentz*	Wehrmachtsamt der DAF	: Pg. Schlee
Amt f. Reisen, Wandern u. Urlaub	: Pg. Dr. Lafferentz	DAF-Amt OKW	: Pg. Schlee
Amt "Feierabend"	: Pg. Klemme	DAF-Amt Heer	: Pg. Kluth
Amt "Deutsches Volksbildungswerk"	: Pg. Leutloff	DAF-Amt Kriegsmarine	: Pg. Voß
		DAF-Amt Luftwaffe	: Pg. Braun
Sportamt	: Pg. Lorch	Hauptabt. Reichsarbeitsdienst	: Pg. Haase
KdF-Verbindungsamt Wehrmacht-Reichsarbeitsdienst	: Pg. Indefrey	Verbindungsstelle DAF – Reichsnährstand	: Pg. Zierold
Amt "Schönheit der Arbeit"	: Pg. Speer, ständ. Vertreter Pg. Steinwarz	Fachamt Nahrung und Genuß	: Pg. Wolkersdorfer
		Fachamt Textil	: Pg. Voß
		Fachamt Bekleidung u. Leder	: Pg. Neumann
Kriegshauptarbeitsgebiet IV	: *Leiter Pg. H. Simon*	Fachamt Steine und Erden	: Pg. Dr. Klose
Zentralstelle für die Finanzwirtschaft der DAF	: Pg. H. Simon	Fachamt Bau	: Pg. Harpe
Geschäftsstelle f.d. Zentralstelle f.d. Finanzwirtschaft der DAF	: Pg. Rauelser	Fachamt Wald und Holz	: Pg. Kulisch
		Fachamt Eisen und Metall	: Pg. Jäzosch
Etatamt	: Pg. Halder	Fachamt Chemie	: Pg. Dr. Köpp
Verwaltungsamt	: Pg. Halder	Fachamt Druck und Papier	: Pg. Ebenböck
Oberstes Prüfungsamt	: Pg. Hoffmann	Fachamt Energie, Verkehr, Verwaltung	: Pg. Körner
Amt f.d.wirtschaftl.Unternehmen	: Pg. Strauch	Fachamt Bergbau	: Pg. Stein
Amt Intendantur	: Pg. Golling	Fachamt Freie Berufe	: Pg. Dr. Strauß
Bauamt	: Pg. Preus	Fachamt Banken u. Versich.	: Pg. Lenoer
Rechtsamt	: Pg. Bähren	Fachamt Der Deutsche Handel und Fremdenverkehr	: Pg. Gallert
Reichsheimstättenamt	: Pg. Steinhauser	Fachamt Das Deutsche Handwerk	: Pg. Sehnert

Quelle: *Amtliches Nachrichtenblatt der DAF* vom 16. November 1942

zialistischen Deutschland sind der Meinung, daß bereits ein Stadium erreicht ist, wo Führer- und Gemeinschaftskult allgemein als das betrachtet werden, was sie in Wirklichkeit sind: Quatsch."

Auch T. Mason hebt in seiner Studie über die Sozialpolitik im „Dritten Reich", die im Rahmen der neueren Kritik an der totalitarismustheoretischen Vorstellung von den nazifizierten Massen zu sehen ist, hervor[202]: „Die alten Parolen vom Gemeinschaftsgeist und der Ehre der Arbeit wurden zwar pausenlos in der ständig anwachsenden Zahl DAF-eigener Fachzeitschriften wiederholt, dazu einige neue Parolen und ‚Aktionen' erfunden, aber abgesehen von einem gewissen Zermürbungseffekt, wobei die laute Wiederholung eine schwer abzuschätzende Suggestivkraft hatte, handelte es sich hier um einen aufwendigen propagandistischen Leerlauf." Zumindest ab 1936 habe die DAF, so Mason, die ihr obliegende Stabilisierung der Unterwerfung der Arbeiterschaft vor allem dadurch wahrgenommen, daß „sie sich die Bedingungen der Arbeiterklasse dafür zum guten Teil zu eigen", d.h. „bestimmte, in Grenzen gehaltene materielle Zugeständnisse" machte[203].

Zwar betont Mason, Ley und seine Mitarbeiter seien deshalb „nicht zu verkappten Gewerkschaftlern geworden"[204], doch unterschwellig vermittelt er den Eindruck, als habe die Praxis der DAF auch gewerkschaftsähnliche Züge gehabt. Es ist daher nicht verwunderlich, daß ein Rezensent den folgenden Schluß aus Masons Wiederentdeckung sozialer Konflikte im nationalsozialistischen Deutschland zieht[205]: „Noch schärfer gefaßt: Die DAF mußte, wenn sie wirklich einen ausreichenden Grad von Systemloyalität der Arbeiter erreichen wollte, eine quasi-gewerkschaftliche Rolle spielen. Als Staatsgewerkschaft war sie einerseits das offizielle Organ zur Disziplinierung der Arbeiter, andererseits der institutionalisierte Widerpart der materiell privilegierten Unternehmerseite." Gunther Mai machte dann diese Interpretation zum Thema seines Artikels „‚Warum steht der deutsche Arbeiter zu Hitler?' Zur Rolle der Deutschen Arbeitsfront im Herrschaftssystem des Dritten Reiches"[206].

Die These von der „quasi-gewerkschaftlichen" Rolle der DAF, die in der neueren Forschung häufig bestimmend ist, versucht Gunther Mai zunächst am Beispiel der Vertrauensräte zu verifizieren. Er weist darauf hin, daß die Vertrauensräte zwar in vielen Betrieben bedeutungslos gewesen seien, sie in einigen Fällen aber starke Konfliktbereitschaft zeigten, die „aus dem Willen zur

202 Mason, *Arbeiterklasse* (Anm. 136), S. 124.

203 Ebd., ähnlich S. 93 f.

204 Ebd., S. 124. Zur Illustration: Im August 1941 besichtigte Ley mit großem Getöse die Siemens-Planiawerke AG in Berlin, da in diesem Werk „nicht alles in Ordnung" sei. Er „schüttelte vielen Gefolgschaftsmitgliedern die Hand" und „fragte alle, wie es ihnen ginge, erkundigte sich nach der Lohnhöhe und was sie sonst auszusetzen hätten". Danach brüstete er sich gegenüber einem Mitglied der Werksleitung: „Wenn die Partei hier den Einfluß gewinnt, den ich wünsche, dann können Sie Ihre Leistungen hier verdoppeln." (Der Besuch Leys löste erhebliche Unruhe und Aktivitäten in der Führung des Hauses Siemens aus.) *SAA*, 14/Lp 206, DAF-Besuch Dr. Leys bei Sipla, insbes. Aktenvermerk „Betr.: Besuch des Herrn Dr. Ley im Lichtenberger Werk am 21. August 1941". Den Hinweis auf diese Akte verdanke ich Carola Sachse.

205 Heinrich August Winkler, Vom Mythos der Volksgemeinschaft, in: *Archiv für Sozialgeschichte*, Bd. 17 (1977), S. 486.

206 In: *Geschichte und Gesellschaft*, 12. Jg. (1986), H. 2, S. 212 ff.

Vertretung antinomischer Interessen gespeist wurde"[207]. Er weist aber auch darauf hin, daß die Vertrauensräte von den DAF-„Amtswaltern" im Betrieb verdrängt wurden und zugunsten einer zentralistischen Steuerung seitens der DAF zunehmend an Bedeutung verloren, „bis ihre Existenz den Belegschaften schließlich z.T. völlig entging"[208]. Selbst wenn man unterstellt, daß einige Vertrauensräte eine quasi-gewerkschaftliche Interessenvertretung ausgeübt haben, so ist doch darauf hinzuweisen, daß sie keineswegs einfach mit der DAF gleichgesetzt werden können und daß das Regime mit der Abschaffung der Vertrauensrätewahlen ab 1936 diesem Teil des Experiments „Betriebsgemeinschaft" zur Bedeutungslosigkeit verhalf – eine Maßnahme, gegen die nach meiner Kenntnis von der DAF kein Protest kam.

Noch problematischer ist der zweite Schritt in Mais empirischer Verifizierung der These von der „quasi-gewerkschaftlichen" Rolle der DAF, nämlich der Hinweis, daß sich die DAF für materielle Zugeständnisse auf dem Lohnsektor und für betriebliche Sozialleistungen stark machte. Ihr Plädoyer für begrenzte materielle Zugeständnisse ist unbestreitbar, das hat schon Mason ausführlich dokumentiert. Unbestreitbar ist auch, daß die NS-Gemeinschaft „Kraft durch Freude" relativ großen Zuspruch fand. Und unbestreitbar ist schließlich, daß sich einige DAF-Funktionäre in den Anfangsjahren die Furcht der Unternehmer vor Streiks zunutze machten, um höhere Löhne oder einen größeren persönlichen Einfluß im Betrieb durchzusetzen[209]. Doch überzieht Mai die Interpretation, wenn er schreibt, eine solche Politik habe „die Belegschaften bis weit in den Krieg hinein zu kollektiven Aktionen im Betrieb ermuntert"[210]. Zumindest liefern die Quellen, die er anführt, keinen Beleg für diese Behauptung[211]. Doch dies nur nebenbei. Mein prinzipieller Einwand richtet sich gegen den Argumentationsstrang an sich, der wie folgt zusammengefaßt werden kann: Da das nationalsozialistische Regime aus Gründen der politischen Stabilisierung nicht umhin gekommen sei, auch materielle Zugeständnisse zu machen und die DAF diese Notwendigkeit in eine auf Integration gerichtete

---

207 Ebd., S. 217.
208 Ebd., S. 219.
209 Es sei hier nur auf die Beispiele in der Zusammenfassung des Reichsarbeitsministeriums „Eingriffe der Deutschen Arbeitsfront" verwiesen; abgedr. in: Mason, *Arbeiterklasse* (Anm. 136), Dok. 99.
210 Mai, Arbeiter (Anm. 206), S. 220.
211 Mai bezieht sich auf die folgenden Quellen: Mason, *Arbeiterklasse* (Anm. 136), S. 950 (Treuhänderberichte für das 1. Vierteljahr 1939; sie melden zwar, daß „Lohnerhöhungen auf Betreiben der DAF vorgenommen wurden", aber keine kollektiven Aktionen der Belegschaften); ebd., S. 1183 ff. (Ressortbesprechung v. 10.11.1939; sie zeigt, daß Arbeiter keine Überstunden mehr machen wollen, aber nicht etwa, weil die DAF sie zu dieser Verweigerung ermuntert hätte, sondern weil mit der Kriegswirtschaftsverordnung zunächst die Überstundenzuschläge gestrichen wurden); ebd., S. 1223 (2. Erlaß zur Durchführung der Anordnung über Unterstützung von Dienstverpflichteten v. 12. 12.1939; sie enthält nichts über kollektive Aktionen oder die DAF); *Sopade-Berichte*, 1940, S. 186 (März 1940 – Bericht über die Werbung der DAF für das „Gefolgschaftssparen": Meint Mai diese Art „kollektiver Aktion"?). Vielleicht verbergen sich aber hinter der Angabe *BA Koblenz*, NS 5 I/152, stichhaltigere Belege. Ich habe diese Akte nicht eingesehen, und aus Mais Angaben ist nicht zu entnehmen, auf welches Jahr und welchen Vorfall er sich bezieht.

Politik umgewandelt habe, sei auf eine „quasi-gewerkschaftliche" Rolle der DAF zu schließen.

Dieser Argumentation liegt eine recht kuriose Vorstellung von Gewerkschaftlichkeit zugrunde[212], eine Vorstellung, mit der man letztlich auch Bismarcks Sozialgesetzgebung für „quasi-gewerkschaftlich" erklären könnte. Der Grundsatz des Gewerkschaftsgedankens — wenn auch nicht immer der Gewerkschaftspraxis — ist die Eigenvertretung des Klasseninteresses. Das Material, das von Mason und auch Mai angeführt wird, zeigt jedoch, daß Ideologie und Praxis der DAF darauf hinausliefen, den Arbeitern und Arbeiterinnen die Eigenverantwortung und die Fähigkeit abzusprechen, für ihre Interessen organisiert einzutreten. Damit soll nicht lediglich gesagt sein, daß die DAF das ideologische und ganz handfeste Zuckerbrot zur Peitsche des Terrors und der ökonomischen Ausbeutung lieferte. Dieses Bild wäre zu kurz gegriffen, denn das „Zuckerbrot" war Bestandteil des Ziels einer „Neuordnung" der Gesellschaft, in der Klassenkonflikte und Interessengegensätze unter Bezug auf das „Gemeinwohl" „rationalisiert" werden, indem man die Menschen erzieht, für ihre Rolle in der „Gemeinschaft" schult, körperlich ertüchtigt (was eine „Ordnung" des Privatlebens und der Gesundheitspflege einschließt) und entsprechend ihrer körperlichen Verfassung, ihrer Führereigenschaften, ihrer Leistung für die „Gemeinschaft" und natürlich auch der ihrem Geschlecht von der „Gemeinschaft" zugebilligten Rolle mit Position und Belohnung bedenkt. In diesem Ziel bestand durchaus Einklang zwischen Vorstellungen der Parteihierarchie, der DAF, der Unternehmerschaft und der Ministerialbürokratie, zumal trotz gewisser Aufstiegschancen über die Parteileiter die tautologische Bestimmung von Führereigenschaft und Anrecht auf Privilegien einer Klassengesellschaft gewahrt blieb: Wer führt, der besitzt *per se* Führereigenschaften, wer über Privilegien verfügt, dem stehen sie auch zu.

Um den „einstigen Klassenmenschen zum Gemeinschaftsmenschen"[213] zu erziehen, wurde nicht Gleichheit angeboten, sondern ein gleicher Maßstab, an dem gemessen die unterschiedliche gesellschaftliche Stellung scheinbar objektiv gerechtfertigt war — das Leistungsprinzip. Wenn dieser Kern der „neuen Gesellschaftsordnung", die die DAF verwirklichen wollte, bislang unterbelichtet blieb, mag das daran liegen, daß die Studien über die DAF im Grunde genommen zur „Halbzeit", nämlich 1939, aufhören. Die Forcierung des Leistungsprinzips wird dann perspektivisch auf die kriegswirtschaftlichen Erfordernisse von 1939 bis 1945 bezogen[214]. Doch der Krieg — Kriegsvorbereitung

212 Noch ist niemand auf den Gedanken gekommen, der DAF, weil sie hin und wieder für eine Gleichstellung der Frauen mit den Männern in der Entlohnung eingetreten ist, eine quasi-feministische Rolle zuzubilligen.

213 Theo Hupfauer, *Die deutschen Betriebe im ersten Leistungskampf*, Berlin 1938, S. 13.

214 So z.B. Lölhöffel, *Umwandlung*, S. 178 ff.; Mason, *Arbeiterklasse* (Anm. 136), Kap. VI; Giersch (*Arbeitsfront* [Anm. 7]) richtet seine Studie explizit auf die Funktion der DAF „zur Sicherung der Herrschaft und zur Kriegsvorbereitung des faschistischen deutschen Imperialismus" aus (Titel); Neumann (*Behemoth* [Anm. 90], z.B. S. 495 ff.) betont die Strategien zur Leistungssteigerung, erwähnt dabei die DAF aber nur beiläufig; sehr deutlich hingegen arbeitet Spohn, (*Betriebsgemeinschaft*, 1980, hinsichtlich der DAF insbes. Kap. II.2) die Bedeutung des Leistungsprinzips in der nationalsozialistischen Gesellschaftspolitik heraus.

und Kriegführung — hat die nationalsozialistische Gesellschaftsordnung von Anfang an geprägt, er fing gewissermaßen schon 1933 und nicht erst 1939 an. Oder umgekehrt, das Leistungsprinzip sollte auch nach dem „Endsieg" Kern der nationalsozialistischen Gesellschaftsordnung bleiben. Vor allem aber war das Leistungsprinzip schon vor 1933 gesellschaftlich als durchaus „gut" und „richtig" anerkannt und ist es auch heute noch — und zwar nicht nur in Deutschland.

Zwar waren nationalsozialistische Herrschaft und Krieg und damit auch die nationalsozialistische Forcierung des Leistungsprinzips untrennbar miteinander verbunden. Doch wenn wir deshalb in diesem Punkt den diachronen Vergleich über die Zeit der nationalsozialistischen Herrschaft hinaus und den synchronen Vergleich mit anderen Ländern außer acht lassen, dann begeben wir uns der Möglichkeit, diese spezifische geschichtliche Erfahrung zur Reflexion darüber zu nutzen, was das Leistungsprinzip gesellschaftlich bedeutet. Es liefert eine scheinbar „objektive" Begründung gesellschaftlicher Unterschiede, der gegenüber die „subjektive" Verteidigung eigener, auch kollektiver, jedenfalls gesellschaftlich partikularer Interessen illegitim erscheint bzw. für illegitim erklärt werden kann. Deshalb konnte das nationalsozialistische Regime das Leistungsprinzip offen propagieren und sich zunutze machen. Im Leistungsprinzip trafen sich auf ideale Weise die Entpolitisierung gesellschaftlicher Unterschiede durch deren formal rationale Versachlichung mit den Profitinteressen der Unternehmer, den sozialtechnischen Vorstellungen von Bürokratie und Militär und den Expansionsinteressen des Regimes überhaupt. Da es dem selbstverständlich von oben und auf eben jene Expansion hin definierten „Gemeinwohl" zugeordnet wurde, ließen sich über die Berufung auf das Leistungsprinzip auch andere Ideologeme, beispielsweise der Grundsatz, der Wirkungskreis der Frau sei das Heim und nicht die Fabrik, leicht zurückstellen. Und schließlich ließ sich das Leistungsprinzip in der Legitimation der „Minderwertigkeit" anderer „Rassen" und der „Hochwertigkeit" der „deutschen Rasse" einsetzen[215]. Um noch einmal Ley zu zitieren[216]: „Das Schicksal ... hat Deutschland auch über alle anderen Völker hinausgehoben, indem es unserem Volke seine *Intelligenz*, seinen *Fleiß* und seine *schöpferische Gabe* schenkte. Diese Schätze müssen wir heben. Und deshalb können wir nicht darauf verzichten, daß die Fähigkeiten unserer Volksgenossen bis zum letzten ausgenützt werden."

Während die „fremdvölkischen Rassen" und die „Aufwertung" des deutschen Volkes durch Vernichtung „minderwertigen Erbgutes" vorwiegend (wenn auch nicht ausschließlich) anderen parteilichen und staatlichen Stellen überlassen blieben, war die DAF ganz mit der, sagen wir, Binnenrationalisierung der „deutschen Volksgemeinschaft" befaßt. Sie konnte sich diesem Ziel widmen, weil es — mit leichten Variationen — den Vorstellungen der anderen Machtgruppierungen entsprach. Sie konnte es aber, das sei hier noch einmal betont, nicht dem Anspruch gemäß total verwirklichen[217]. Denn Gesellschaften können nicht

---

215 Zum Verhältnis von Sozialpolitik und Rassenpolitik im nationalsozialistischen Deutschland vgl. Sachse, *Sozialpolitik* (Anm. 34), Kap. IV.2.
216 *Arbeitertum* v. 15.3.1935, S. 4.
217 Das mag die amerikanischen GI's verwundert haben, die beim Einmarsch in Deutschland nicht „the huns" (die Hunnen) vorgefunden haben, wie sie in den amerikanischen

stromlinienförmig durchrationalisiert werden — schon gar nicht die Gesellschaft unter dem nationalsozialistischen Regime, das seinen Herrschaftsanspruch nach unten zwar sehr effizient durchsetzte, dessen Machtgruppierungen aber in einem ständigen Konflikt darüber standen, *wer* welche Teile der „neuen Gesellschaft" kontrollieren sollte.

Fortsetzung Fn. 217

Wochenschauen geschildert worden waren. Das mag auch die Nachkriegsgenerationen in Erstaunen versetzen, deren Bild vom Nazi-Deutschland von Aufklärungsfilmen, wie dem nach Shirers Buch *Aufstieg und Niedergang des Dritten Reiches* gedrehten, geprägt wurde, in denen Aufmärsche, die jubelnden Massen, die Durchhalteparolen auf den Trümmerfeldern aus den NS Propagandafilmen aufgereiht werden. Und das hat auch Historikern zu Aha-Erlebnissen darüber, wie Gesellschaft funktioniert — nämlich widersprüchlich —, verholfen, als sie sich mit der Sozialgeschichte des nationalsozialistischen Deutschlands befaßten und feststellen mußten, daß damals Orwells „1984", im Sinne einer durchrationalisierten Gesellschaft mit durchrationalisierten Menschen, nicht vorweggenommen wurde.

IV. Krieg und der gerechte Lohn

Was haben Lohngerechtigkeit und Krieg miteinander zu tun? Im Krieg, so könnte man meinen, gibt es wichtigere Probleme: die Verteidigung des Vaterlandes, der — wie auch immer definierten — Freiheit des jeweiligen politischen Systems bzw. seiner Übertragung auf andere Länder. Ist einer Regierung im Krieg nicht vorwiegend daran gelegen, alle materiellen und personellen Kräfte für den Kriegserfolg zu mobilisieren, anstatt sie im Einsatz für aufwendige Umstrukturierungen der Entlohnungssysteme zu vergeuden? Kann sie nicht davon ausgehen, daß für die, von deren Leistung letztlich der Kriegserfolg abhängt, die Arbeitenden nämlich, der „gerechte" Lohn als Arbeitsmotivation eine geringere Rolle als die Einsicht in die Erfordernisse des „gerechten" Krieges spielt? Und selbst wenn es an dieser Einsicht mangeln sollte, so können sie doch alle in einer mit Staatsaufträgen wohl versorgten Wirtschaft mit steigenden Arbeitseinkommen rechnen.

Im Zweiten Weltkrieg nahm jedoch beispielsweise in den USA in der lohnpolitischen Debatte das Wort "equity" (Gerechtigkeit) einen hervorragenden Platz ein, wurden in vielen Betrieben die Entlohnungssysteme erheblich verändert. Nun könnte man meinen, die Debatte um Lohngerechtigkeit in der amerikanischen Industrie sei dem Umstand zuzuschreiben, daß ein demokratisch-parlamentarisches System auch in Kriegszeiten nicht umhin kommt, gewerkschaftliche Forderungen nach Lohngerechtigkeit zu erfüllen. Weshalb aber sollte sich ein Regime wie das nationalsozialistische, das jegliche gewerkschaftliche Repräsentation zerstört und sich alle Möglichkeiten geschaffen hatte, durch geballte Propaganda, „Erziehung" und Repression Arbeitsleistung zu erzwingen, für einen gerechten Lohn stark machen? Doch ausgerechnet 1942, als Wirtschaft und Gesellschaft auf den „totalen Krieg" ausgerichtet wurden, machte es die „Herstellung der Lohngerechtigkeit" zum lohnpolitischen Programm. Das waren nicht nur leere Worte, denn trotz des Mangels an staatlichem und betrieblichem Personal wurden, insbesondere in der Rüstungsindustrie, die Entlohnungssysteme unter relativ großem Aufwand tatsächlich verändert.

Daß diese Veränderungen nicht trotz, sondern wegen der Kriegsanstrengungen erfolgten, wie sie entstanden und welche Ergebnisse sie brachten, wird in diesem Abschnitt behandelt. Zunächst werden als Rahmen die grundsätzlichen Probleme der Lohnpolitik in der nationalsozialistischen Rüstungs- und Kriegswirtschaft skizziert und anhand einer Debatte aus dem Jahr 1940/41 über die Löhne in der Werftindustrie illustriert. Im zweiten Kapitel dieses Abschnitts werden dann die „lohnordnenden Maßnahmen" von 1942 als Bestandteil der „Arbeitseinsatzpolitik" für den „totalen Krieg" dargestellt. Wenn ich oben sagte, die Veränderungen der Entlohnungssysteme fanden nicht trotz, sondern wegen der Kriegsanstrengungen statt, dann muß diese Aussage nun dahingehend korrigiert werden, daß die Methoden nicht erst im Krieg und nicht nur in Deutschland „erfunden" wurden. Diesem Problem widmet sich Abschnitt V, in dem die Rolle der nationalsozialistischen Zeit in der Entwicklung des Begriffs, der Methoden und der Praxis der (leistungs-)gerechten Entlohnung behandelt wird.

IV.1. Lohnpolitik und „Wiederwehrhaftmachung des Volkes" — Grundsätzliche Probleme

Das „Aufbauwerk des Führers" konnte nur dann gelingen, „wenn neben die hierzu nötige Preisstabilität auch eine Lohnstabilität trat und die ausgegebenen Lohnsummen jeweilig mit den produzierten Verbrauchsgütern im Einklang standen. Dabei mußte besonders berücksichtigt werden, daß die für die Wiederwehrhaftmachung des Volkes und für den Wiederaufbau erzeugten Produktionsgüter nicht sofort oder direkt für den Verbrauch zur Verfügung stehen."[1]

Ebenso wie das DAF-Amt „Soziale Selbstverantwortung", aus dessen Abhandlung „Leistungssteigerung durch gerechte betriebliche Entlohnung" vom August 1939 dieses Zitat stammt, sah auch Ministerialdirektor Mansfeld vom Reichsarbeitsministerium 1937 die makroökonomischen Grundvoraussetzungen einer rüstungs- und kriegswirtschaftlichen Lohnpolitik: „Je geringer bei der Regelung der Arbeitsbedingungen die Lohnveränderungen waren, desto leichter mußte die gewünschte Stabilität der übrigen Wirtschaftsverhältnisse zu erreichen sein."[2] Später, 1941, äußerte er sich noch drastischer[3]: „Das starke Heer sowie die Rüstung und den gesamten Aufbau hat sich das deutsche Volk bewußt erhungert. In der bewußten Selbstbescheidung liegt also die Lohnpolitik der letzten Jahre." Mit anderen Worten, die Last der Aufrüstung muß von der Generation getragen werden, zu deren Zeiten sie geschieht — gleichgültig, ob „das Volk" sie sich „bewußt" im Sinne von bereitwillig erhungert, was ich auch für die Zeit der nationalsozialistischen Herrschaft bezweifle, oder ob ein Regime sie ihm bewußt auferlegt. Jedenfalls erfordert eine forcierte Aufrüstung, selbst wenn sie durch Staatsverschuldung finanziert wird[4], eine Umverteilung des Volkseinkommens zuungunsten der Lohn- und Gehaltseinkommen und — als Gegenstück — eine zumindest relative Drosselung des privaten Verbrauchs und der Konsumgüterproduktion zugunsten der Produktion von Investitions- und Rüstungsgütern. Diese Umverteilung des Volkseinkommens muß nicht gleichbedeutend sein mit konstanten oder sinkenden Arbeitseinkommen. Sie erfolgt auch dann, wenn die Summe der Einkommen aus abhängiger Arbeit langsamer zunimmt als das Volkseinkommen insgesamt.

1 *DZA Potsdam*, 62.01, DAF-Zentralbüro, Sign. 200, Bl. 6; Leistungssteigerung durch gerechte betriebliche Entlohnung, Ausarbeitung der Abteilung Arbeitsbedingungen des Amtes Soziale Selbstverantwortung, veröffentlicht in der Dienstschrift dieses Amtes, Nr. 15, Aug. 1939.

2 *DZA Potsdam*, 31.01, RWiMin, Sign. 10332, Bl. 43–50; Denkschrift von Min.Dir. Mansfeld, überreicht am 5.3.1937 an Staatssekretär Posse im RWiMin; abgedr. in: Timothy W. Mason, *Arbeiterklasse und Volksgemeinschaft*, Opladen 1975, S. 1249 ff.

3 *DZA Potsdam*, 62.01, Handakte Hupfauer, Sign. 194, Bl. 47; Zusammenfassender Überblick über den Vortrag des Ministerialdir. Dr. W. Mansfeld im Haus der Industrie v. 10.12.1941.

4 Zur Kritik an der populären Auffassung, interne Staatsverschuldung würde erst von späteren Generationen getragen, d.h. „zurückgezahlt" werden müssen, vgl. E.J. Mishan, *21 Popular Economic Fallacies*, Harmondsworth 1971, S. 73 ff.

Wird dieser Umstand außer acht gelassen, so ergeben sich leicht Fehlinterpretationen über den Erfolg bzw. Mißerfolg der nationalsozialistischen Lohnpolitik. Mason tendiert beispielsweise dazu, aus dem Steigen der Arbeitsverdienste ein Scheitern der nationalsozialistischen Lohnpolitik abzuleiten, so als habe vor allem die Angst vor sozialen Unruhen verhindert, daß die Arbeitsverdienste auf dem extrem niedrigen Stand von 1933 eingefroren wurden[5]. Zwar ist (s. Tab. S. 128) in der Tat ein Anstieg der Bruttoarbeitsverdienste zu verzeichnen, und zwar achtete das Regime durchaus darauf, daß der „Neubau des Reiches ... nicht durch soziale Erschütterungen wirtschaftlich gefährdet werde", doch war die Politik des Regimes durchaus insofern erfolgreich, als der Lohnanstieg im Vergleich zur „ungeheuren Ausweitung der Produktion" verschwindend klein war[6]. Die Lohnquote, d. h. der Anteil der Bruttoverdienste aus unselbständiger Arbeit am Volkseinkommen, war gesunken.

Umgekehrt schließt beispielsweise Schweitzer aus dem Umstand, daß die Tariflöhne praktisch konstant geblieben und die Lohnquote von 56,9 Prozent (1932) auf 53,6 Prozent (1938) gefallen sei, das Regime habe die effektiven Arbeitsverdienste in diesem Zeitraum wirklich total kontrollieren können[7]. Diese Interpretation ist in zweierlei Hinsicht zu korrigieren. Erstens hatte das Reichsarbeitsministerium die Treuhänder der Arbeit zwar angewiesen, den tariflichen, d.h. den durch überbetriebliche Regelungen bestimmten Lohnstand von 1933 zu halten, die Tarifordnungen legten jedoch zunächst lediglich Mindestlöhne fest und es blieb den Einzelbetrieben überlassen, ob sie höhere Löhne zahlen wollten. Mit einsetzender Rüstungskonjunktur stiegen daher, wie gesagt, die effektiven Arbeitsverdienste. Zweitens ist Schweitzers Argumentation mit der Lohnquote zu hinterfragen. Ganz abgesehen davon, daß seine Zahlenangaben nicht stimmen, läßt sich mit seinem Vergleich der Jahre 1932 und 1938 nur wenig über die Effekte der Lohnpolitik aussagen. Denn die Lohnquote, die im langfristigen Trend mit einem zunehmenden Anteil der abhängig Beschäftigten an den Erwerbstätigen steigt, schwankt kurzfristig mit der Konjunktur, d.h. in der Regel steigt sie in Krisenzeiten (da dann das Volkseinkommen schneller abnimmt als die Beschäftigung) und fällt sie in Zeiten der Hochkonjunktur. Auch ohne eine restriktive Lohnpolitik wäre also zu erwarten, daß die Lohnquote von 1932 (Tiefpunkt der Krise) bis 1938 (Hoch-

5 Mason, *Arbeiterklasse* (Anm. 2), S. 745. Masons etwas überzogene Interpretation ist erklärlich, da er sein Buch zu einer Zeit schrieb, als gemeinhin die These galt, die Arbeitsverdienste seien 1933–45 so gut wie nicht gestiegen. Doch darf, wie Rüdiger Hachtmann kürzlich zeigte (*Leistungsentlohnung und betriebliche Sozialpolitik im Dritten Reich*, Diss. TU Berlin 1986, m.M.), der Anstieg der Arbeitsverdienste nicht überbewertet werden.

6 Werner Mansfeld, Der Lohnstopp als Mittel der Kriegslohnpolitik, in: *RABl.* 1939, Teil II, S. 401.

7 Vgl. Arthur Schweitzer, Die wirtschaftliche Wiederaufrüstung Deutschlands 1934–36, in: *Zeitschrift für die gesamte Staatswissenschaft*, 1958, S. 567. Mit dieser Interpretation steht Schweitzer nicht allein. Die Vorstellung, es habe schon ab 1933 ein Lohnstopp bestanden, findet sich u.a. auch bei Alan Milward, Arbeitspolitik und Produktivität in der deutschen Kriegswirtschaft unter vergleichendem Aspekt, in: F. Forstmeier/H. E. Volkmann (Hrsg.), *Kriegswirtschaft und Rüstung 1939–1945*, Düsseldorf 1977.

Indexziffern der Brutto-Arbeitsverdienste 1928–1944[1]
(Nach den Ergebnissen der amtlichen Lohnerhebung 1936 = 100)

| Jahres-durch-schnitt | Bruttoarbeitsverdienste | | | | | | Lebenshal-tungskosten[2] | |
| | nominal | | real | | | | | |
	je Stunde	je Woche	je Stunde a^3	b^4	je Woche a^3	b^4	a	b
1928	122,9	124,5	100,9	–	102,2	–	121,8	–
1929	129,5	128,2	104,7	–	103,6	–	123,7	–
1930	125,8	118,1	105,7	–	99,2	–	119	–
1931	116,3	103,9	106,4	–	95,1	–	109,3	–
1932	97,3	85,8	100,7	–	88,5	–	96,9	–
1933	94,6	87,7	99,8	–	92,5	–	94,8	94,8
1934	97,0	94,1	99,7	–	96,7	–	97,3	–
1935	98,4	96,4	99,6	–	97,6	–	98,8	–
1936	100	100	100	–	100	–	100	–
1937	102,1	103,5	101,6	97,9	103	99,2	100,5	104,3
1938	105,6	108,5	104,7	100,9	107,5	103,1	100,9	104,7
1939	108,6	112,6	107,2	103,2	111,1	107,0	101,4	105,2
1940	111,2	116,0	106,4	102,5	111,0	106,9	104,5	108,5
1941	116,4	123,6	109,2	104,8	$115,5^5$	111,3	107	111,1
1942	118,2	124,3	108,6	103,8	$113,3^5$	109,1	109,7	113,9
1943	119,1	124,9	107,0	103,1	112,2	108,1	111,2	115,5
1944	118,9	123,4	104,7	100,8	108,6	104,7	113,6	117,9

1 Ab 1938 einschl. Österreich, ab 1942 auch mit Sudetenland und den eingegliederten Ost-gebieten.
2 Spalte a gibt den offiziellen Index der Lebenshaltungskosten an (*Statistisches Handbuch*, S. 463). Spalte b nennt einen korrigierten Lebenshaltungsindex. Laut Wirtschaftskurve (Bd. 17, S. 301 ff) sind die Lebenshaltungskosten von 1933 bis 1937 um 7 % bis 15 % ge-stiegen. Analog zu Bry (*Wages*, S. 264) gehe ich für diesen Zeitraum von dem Durch-schnittswert von 11 % aus.
3 Realverdienstindex auf Grund der offiziellen Angaben zur Entwicklung der Lebens-haltungskosten.
4 Realverdienstindex auf Grund der korrigierten Berechnung der Entwicklung der Lebens-haltungskosten.
5 Eigene Berechnung auf Grundlage der Daten des *Statistischen Handbuchs*, S. 463, 472. Das *Stat. Handbuch* gibt für die Jahre 1941 und 1942 die Indexziffern 116,0 resp. 114,2 an (offenbar ein Druckfehler).

Quelle: *Statistisches Handbuch*, S. 463, 472. Korrigierter Index der Lebenshaltungskosten und der Realverdienste nach eigenen Berechnungen (analog zu Bry, *Wages*, S. 264). Siehe auch unten Kap. VII, Statistischer Anhang, insbes. die Dokumente A_3, A_4 und A_6.

konjunktur) gesunken ist. Allerdings ist Schweitzer, auch wenn man neuere Zahlen und andere Vergleichsjahre wählt, insofern zuzustimmen, als die Ent-wicklung der Lohnquote für die Zeit unter der nationalsozialistischen Herrschaft einen deutlichen Bruch aufweist, der nicht nur konjunkturell bedingt sein konnte: Gegenüber 60,3 Prozent im Jahr 1928, das sich als Vergleichsjahr wegen der relativ günstigen Wirtschaftslage wesentlich besser eignet als 1932, betrug die Lohnquote 1938 nur noch 54,9 Prozent. Zum Vergleich: Von 1950, als die Lohnquote 58,4 Prozent betrug, stieg sie auf 64,7 Prozent im Jahr 1965 („Wirtschaftswunder"), d.h. der Effekt der wachsenden Anzahl abhängig Beschäftigter setzte sich gegen die konjunkturellen Schwankungen durch[8].

Auch wenn man die Entwicklung einer um die Beschäftigtenzahl und -struktur bereinigten Lohnquote ansieht, fällt die Zeit unter dem Nationalsozialismus aus dem Rahmen. Legt man beispielsweise die Beschäftigtenstruktur von 1950 zu Grunde, dann fiel die Lohnquote von 68,1 Prozent im Jahr 1928 auf 59,5 Prozent im Jahr 1938, d.h. um etwa 14 Prozent, wohingegen sie im Zeitraum 1950—1960 von 58,4 Prozent auf 53,8 Prozent, also um nur etwa 8 Prozent fiel[9].

Die Entwicklung der Lohnquote hängt von einer Reihe von Faktoren ab — z.B. neben Veränderungen des Lohnniveaus und des Volkseinkommens auch von Veränderungen der Beschäftigtenstruktur und der Produktivität. Sie gehört zu der Art statistischer Größen, die sehr anfällig für Manipulationen in die jeweils gewünschte Argumentationsrichtung sind. Ich beschränke mich hier somit darauf, sie als groben Indikator anzugeben, und verweise nur noch auf einen weiteren Indikator dafür, daß selbst die eher indirekte Form der Lohnpolitik in den ersten Jahren der nationalsozialistischen Herrschaft durchaus zu einer Lohnstabilität in Mansfelds Sinne geführt hat, d.h. zu einer Lohnentwicklung, die die „Wiederwehrhaftmachung" nicht „wirtschaftlich gefährdete": Obgleich auch die Angaben über die Beschäftigtenzahl und über die Lohn- und Gehaltssummen je nach Berechnungsbasis und -art beträchtlich schwanken, zeigen doch alle deutlich, daß die Lohn- und Gehaltssumme in den ersten Jahren signifikant langsamer zunahm als die Beschäftigung. Erstere lag 1936 noch deutlich unter der Summe von 1928, während die Beschäftigung im Jahr 1936 den Stand von 1928 annähernd erreichte[10] und die gesamte gewerbliche Gütererzeugung 1936 das Niveau von 1928 um sieben Prozent überschritt[11]. Eine direkte staatliche Regulierung der effektiven Lohneinkommen, die immer auch einen erheblichen bürokratischen Aufwand erfordert und zu sozial- wie auch wirtschaftspolitischen Legitimationsschwierigkeiten führt, war, wie später von seiten der Staatsbürokratie und auch der DAF fast nostalgisch festgestellt wurde, in den ersten Jahren der nationalsozialistischen

---

8 Ermittelt nach Angaben des Statistischen Bundesamtes und Berechnungen des WSI von Rainer Skiba (unter Mitarbeit von Hermann Adam), *Das westdeutsche Lohnniveau zwischen den beiden Weltkriegen und nach der Währungsreform*, Köln 1974, S. 186. Nur um Schweitzers Zahlenangaben zu relativieren, sei hier darauf hingewiesen, daß Skiba/Adam für das Jahr 1932 eine Lohnquote von 61,8 % nennen (ebd.).

9 Vgl. ebd., S. 187.

10 Vgl. Gerhard Kroll, *Von der Weltwirtschaftskrise zur Staatskonjunktur*, Berlin 1958, S. 605, 607; *Statistisches Handbuch von Deutschland*, München 1949, S. 474, 480; Franz Grumbach/Heinz König, Beschäftigung und Löhne in der deutschen Industriewirtschaft 1888—1954, in: *Weltwirtschaftliches Archiv*, Bd. 79 (1957), S. 129, 139, Walther G. Hoffmann/J. Heinz Müller, *Das deutsche Volkseinkommen 1851 1957*, Tübingen 1959, S. 43.

11 Vgl. Dietmar Petzina/Werner Abelshauser/Anselm Faust, *Sozialgeschichtliches Arbeitsbuch*, Bd. III, München 1978, S. 61. Dieser Zuwachs war nicht gleichmäßig auf alle Produktionszweige verteilt. Die Verbrauchsgüterproduktion erreichte 1936 nur 98 % des Niveaus von 1928, die Produktionsgüterproduktion hingegen 114 % (vgl. ebd.).

Herrschaft noch nicht zwingend gegeben, denn die offene Unterdrückung der Arbeiterklasse wie auch das „Gespenst der Arbeitslosigkeit" hielten „die Leistungen auf einem normalen Stand" und sorgten dafür, daß die „Ruhe an der Lohnfront" in dem für die Aufrüstung erforderlichen Maße gewährleistet werden konnte. „Mit dem Augenblick aber, als der letzte Arbeitslose einen Arbeitsplatz gefunden hatte und darüber hinaus ein weiterer Bedarf an Arbeitskräften entstand, der nicht mehr gedeckt werden konnte, zeigte sich, daß dieses Lohnsystem nicht mehr ausreichte. In dem Bewußtsein des Wertes der Arbeitskraft forderten die Gefolgschaftsmitglieder höhere Löhne unter Androhung der Auflösung des Arbeitsverhältnisses. Nicht selten waren die Betriebsführer gewillt, die an sie herangetragenen Lohnwünsche zu erfüllen oder gar durch höhere Lohnangebote Arbeitskräfte anzuwerben."[12]

Mit zunehmender Arbeitskräfteknappheit ab 1936, insbesondere aber ab 1938, drohten sich die Löhne in Kollision zum Rüstungsziel zu entwickeln. In einem Bericht über die Ergebnisse der amtlichen Lohnerhebungen vom Juni 1938 machte das Reichsarbeitsministerium auf eine „bedenkliche Entwicklung" aufmerksam[13]: „Nicht mehr Leistungssteigerungen durch Arbeitszeitverlängerung, auch nicht, wie andere Unterlagen beweisen, durch Mehrleistung innerhalb der gleichen Zeit sind in der Berichtszeit die wesentlichen Ursachen der ansteigenden Verdienste, sondern überwiegend reine Erhöhungen der Stundenlohnsätze haben zu erhöhten tatsächlichen Stunden- und Wochenverdiensten geführt."

Die Lohnsumme stieg aus mehreren Gründen: erstens, weil sich die Wochenarbeitszeit vom Krisentiefpunkt wieder dem Normalstand annäherte (ihn zum Teil sogar überschritt); zweitens, weil die Beschäftigung in der Rüstungsindustrie, die in der Regel höhere Löhne zahlte als andere Industriezweige, überproportional zunahm; drittens — und das war die „bedenkliche Erscheinung" —, weil die Unternehmen angesichts des Arbeitskräftemangels dazu übergingen, höhere Lohnsätze zu zahlen, um ihre Arbeiter und Arbeiterinnen zu halten bzw. die anderer Unternehmen abzuwerben. Das Regime sah sich mit dem Problem konfrontiert, daß sich zum einen die Lohnkosten in der Rüstungsproduktion erhöhten und zum anderen der steigenden Lohnsumme ein relativ eingeschränktes Konsumgüterangebot gegenüberstand. Denn die staatlichen Lenkungsmaßnahmen und Aufträge favorisierten die Produktionsgüterindustrie gegenüber der Konsumgüterindustrie, und durch Devisenbewirtschaftung wurde

---

12 Probleme der tariflichen Lohngestaltung im Spiegel der neuen Lohnregelung im Baugewerbe in Oberdonau, in: *Deutsches Arbeitsrecht*, Nr. 9, Sept. 1941. Den Artikel verfaßte Regierungsrat Oskar Paulsen, Sozialministerium Prag. Er ist in Argumentationsart und Wortwahl charakteristisch für die regimeinterne Bewertung der lohnpolitischen Probleme der ersten Jahre nach der „Machtergreifung". Auch in der vertraulichen Denkschrift des AWI der DAF vom Oktober 1939, „Die lohnpolitische Lage" (Mason, *Arbeiterklasse* [Anm. 2], S. 1259 ff.) wird betont, daß „die Verdienste der Arbeiterschaft beträchtlich hinter der Steigerung der Produktion zurückgeblieben sind" (ebd., S. 1266).

13 Wiedergegeben in: ebd., S. 779 (Dok. 132). In der Einsicht, daß die Tariflöhne sich immer weniger als Indikatoren der effektiven Entwicklung der Arbeitsverdienste eigneten, war das Statistische Reichsamt 1935 dazu übergegangen, vierteljährliche Lohnerhebungen durchzuführen.

der Import von Produkten für den privaten Verbrauch zugunsten rüstungswichtiger Einfuhren stark eingeschränkt. Von der Nachfrageseite drohte also die Gefahr der Inflation.

Eine denkbare Möglichkeit, dem Problem der steigenden Lohnsumme zu begegnen, wäre es gewesen, wie im Ersten Weltkrieg den inflationären Tendenzen freien Lauf zu lassen und somit die Löhne zu entwerten. Dieser Weg wurde nicht eingeschlagen. Abgesehen davon, daß eine rapide Inflation die Gefahr der wirtschaftlichen Destabilisierung birgt und wirtschaftspolitische Lenkungsmöglichkeiten einschränkt, spielte sicherlich auch die politische Erwägung eine Rolle, daß den Deutschen die Erfahrung der galoppierenden Inflation der frühen zwanziger Jahre noch in den Knochen stak. Eine Wiederholung hätte gesellschaftspolitisch destabilisierend wirken können. Im übrigen waren mit der Zerschlagung der Organisationen der Arbeiterklasse die Möglichkeiten und auch die Institutionen (Treuhänder der Arbeit) geschaffen worden, um auf anderem Wege, nämlich über direkte staatliche Kontrolle, auf die Löhne einzuwirken. Doch das Regime machte sich nur zögernd daran, dirigistisch in die Lohnentwicklung einzugreifen. Zunächst, ab Ende 1936, versuchte es, den inflationären Tendenzen durch Preiskontrollen entgegenzuwirken und den Lohnauftrieb durch Einschränkungen der Freizügigkeit auf dem Arbeitsmarkt zu bremsen[14]. Auch nachdem mit der „Verordnung über die Lohngestaltung vom 25. Juni 1938"[15] − kurz „Lohngestaltungsverordnung" − die Reichstreuhänder der Arbeit ermächtigt worden waren, „alle Maßnahmen zu treffen, die erforderlich sind, um eine Beeinträchtigung der Wehrhaftmachung und der Durchführung des Vierjahresplans durch die Entwicklung der Löhne und sonstigen Arbeitsbedingungen zu verhindern" und insbesondere die „Löhne mit bindender Wirkung nach oben und unten festzusetzen" (§ 1), wurden nur in Ausnahmefällen Höchstlöhne verordnet. Die Reichstreuhänder versuchten, Lohnsteigerungen weiterhin vorwiegend auf indirektem Wege zu verhindern, indem sie beispielsweise die Kündigungsfristen verlängerten und die Strafen bei Arbeitsvertragsbruch verschärften. Damit erschwerten sie es den Betrieben, sich gegenseitig (Fach-)Arbeiter durch Locklöhne abzuwerben[16]. Erst mit der „Kriegswirtschaftsverordnung" vom 4. September 1939[17] wurde ein allgemeiner Lohnstopp verfügt.

Allein schon der Umstand, daß sich der Lohnstopp nicht auf die staatlich festgelegten Tariflöhne, sondern auf die in der Regel sehr viel höheren effektiven Arbeitsverdienste vom Oktober 1939 bezog, zeigt, daß die Entwicklung der letzteren bis zu diesem Zeitpunkt nicht durch direkte staatliche Eingriffe geregelt und „geordnet" worden war[18]. Der Lohnstopp von 1939 löste seine

---

14 Diese Maßnahmen begannen im Zusammenhang mit dem Vierjahresplan. Vgl. die Anordnungen zur Durchführung des Vierjahresplans v. 7.11. u. 22.11.1936 (Mason, *Arbeitsklasse*, Dok. 6−12) sowie die Verordnung über das Verbot von Preiserhöhungen v. 26.11.1936 (*RGBl. I*, S. 955). Ausführlicher dazu Tilla Siegel, Lohnpolitik im nationalsozialistischen Deutschland, in: Carola Sachse u.a., *Angst, Belohnung, Zucht und Ordnung*, Opladen 1982, Kap. 3.2./3.3.

15 *RGBl. I*, S. 691; Mason, *Arbeiterklasse* (Anm. 2), Dok. 133.

16 Vgl. ebd., S. 796 ff., Siegel, Lohnpolitik (Anm. 14), S. 85.

17 *RGBl. I*, S. 1609; Mason, *Arbeiterklasse* (Anm. 2), Dok. 185.

18 Die Kriegswirtschaftsverordnung ließ offen, welche Löhne die Bezugsgröße für den Lohnstopp sein sollten. Erst durch die Verwaltungsanordnungen des Reichsarbeits-

zeitlichen Vorläufer, die Preis- und die Arbeitsmarktkontrolle, nicht ab. Sie
blieben als flankierende Maßnahmen bestehen und wurden während des Krieges
zunehmend verschärft. Sieht man einmal von dem naheliegenden Ziel ab, eine
übermäßige Verteuerung der Rüstungsgüter zu vermeiden, so hatte die Preiskontrolle hinsichtlich der Lohnentwicklung eine doppelte Funktion: Zum
einen spielte schon frühzeitig die Propagierung „stabiler" Preise als Recht-
fertigung der „stabilen" Löhne eine wichtige Rolle[19]. Zum anderen aber
versuchte man durch Kontrollvorschriften bei öffentlichen Aufträgen direkt
in die betriebliche Lohngestaltung einzugreifen; § 23 der Kriegswirtschaftsverordnung bestimmte, daß der Berechnung der Preise nur die „zulässigen"
Löhne und Gehälter sowie nur die sozialen Aufwendungen, die staatlich zwingend vorgeschrieben bzw. „betriebs- und branchenüblich" waren, zugrunde-
gelegt werden durften[20]. Auch die Kontrolle des Arbeitsmarktes hatte eine
doppelte Funktion: Zum einen sollte sie — wie schon bis 1939 — Lohnsteigerungen verhindern. Zum anderen mußte dem extremen Arbeitskräftemangel
und der durch den Lohnstopp erfolgten Beeinträchtigung der Funktion des
Lohnes als Lenkungsinstrument auf dem Arbeitsmarkt nun mit Dienstverpflichtungen entgegengewirkt werden.

Während die Preiskontrolle weiterhin institutionell getrennt von der Lohnkontrolle erfolgte, wurde die Kontrolle des Arbeitsmarktes als Bestandteil der
Lohnpolitik auch in den durchführenden Instanzen verankert. Schon im Juni
1939 wurden die Leiter der Arbeitsämter zu Beauftragten der Reichstreuhänder
der Arbeit gemacht[21]. 1942 wurde das Amt der „Generalbevollmächtigten
für den Arbeitseinsatz" geschaffen, in dem die Befugnisse der Geschäftsgruppe
Arbeitseinsatz im Vierjahresplan und der Hauptabteilung III und V des Reichsarbeitsministeriums zur Regelung des Arbeitseinsatzes und der Arbeitsbedin-

Fortsetzung Fn. 18
    ministeriums vom 7.11. und 16.11.1939 wurde der Stand der Effektivverdienste vom
    16.10.1939 als Grundlage des Lohnstopps festgelegt. *RABl. I*, S. 527, 544.
19 „Wenn wir jedoch feste und gleichbleibende Löhne vom Arbeiter verlangen, dann setzt
    dies feste und sichere Preise voraus", betonte Göring schon 1936, als er die Bestellung
    eines „Reichskommissars für die Preisbildung" ankündigte. (Zit. nach Mason, *Arbeiter-
    klasse* [Anm. 2], S. 220.) Die Kriegswirtschaftsverordnung verfügte neben dem Verbot
    von Lohnerhöhungen auch ein Verbot von Preiserhöhungen — ebenso wie in der Kriegs-
    wirtschaft der USA die Zusage der Gewerkschaften, von Lohnforderungen abzusehen,
    mit der Zusage von Unternehmerseite gekoppelt war, die Preise nicht zu erhöhen.
20 Ähnliche Bestimmungen enthielten die „Leitsätze für die Preisermittlung auf Grund der
    Selbstkosten für öffentliche Auftraggeber (LSÖ)" v. 15.11.1938, die „Verordnung über
    die Baupreisbildung (Baupreisverordnung)" v. 16.6.1939 und die „Leitsätze für die
    Preisermittlung auf Grund der Selbstkosten bei Bauleistungen für öffentliche Auftrag-
    geber (LSBÖ)" v. 25.5.1940, *RGBl. I*, 1938, S. 1623; 1939, S. 1042; 1940, S. 849.
21 Laut Mason (*Sozialpolitik im Dritten Reich*, Opladen 1977, S. 164) und Neumann
    (Mobilisierung der Arbeit in der Gesellschaftsordnung des Nationalsozialismus, in:
    ders., *Wirtschaft, Staat, Demokratie*, Frankfurt a.M. 1978, S. 263) erst ab 1.8.1939.
    Ich entnehme die Datierung des entsprechenden Erlasses v. 28.6.1939 einem Schrei-
    ben des „Generalbevollmächtigten für den Arbeitseinsatz" v. 18.3.1943 (*BA Koblenz*,
    R 41/58, Bl. 21); darin werden die Aufgaben der Arbeitsämter noch einmal genauer
    ausgeführt.

gungen (Lohnpolitik im weiteren Sinne) zentralisiert waren[22]. 1943 wurden Gauarbeitsämter gebildet, die die Aufgaben der Landesarbeitsämter und Reichstreuhänder der Arbeit vereinigten[23]. Die Bestimmungen zur Preis-, Arbeitsmarkt- und Lohnkontrolle waren zwar sehr umfassend und von drakonischen Strafvorschriften begleitet, doch sie wurden von den durchführenden Instanzen flexibel gehandhabt. Nicht nur illegale[24], sondern auch staatlich genehmigte Ausnahmen bestätigten die Regel. So ermöglichte es der in den Bestimmungen zur Preisbildung bei öffentlichen Aufträgen enthaltene Gummiparagraph, nach dem betriebs- und branchenübliche Löhne und Sozialleistungen, die über die staatlich zugelassenen hinausgingen, berücksichtigt werden konnten, steigende Lohn- und Sozialkosten auf die Preise abzuwälzen. Selbst der amtliche Gesamtindex der Preise, der die realen Preissteigerungen eher unterbewertete[25], zeigt, daß die „Ruhe an der Preisfront" eher in den Bereich der Propaganda als in den der Wirklichkeit gehörte, daß also nicht von kontrollierten, konstanten Preisen, sondern lediglich von einer kontrollierten Inflation gesprochen werden kann. Der amtliche Gesamtindex der Preise (1913/14 = 100) erhöhte sich von 116,2 (1939) auf 129,0 (1944). Der für die Berechnung der Reallöhne ausschlaggebende Index der Lebenshaltungskosten stieg nach amtlichen Angaben von 126,2 (1939) auf 141,4 (1944) an. Für einige wichtige Güter des täglichen Bedarfs stiegen die offiziellen Preise von 1939 bis 1944 wesentlich stärker an: für Bekleidung um 38 Prozent, für Margarine (Großhandelspreise) um 32 Prozent und für Kartoffeln (Einzelhandelspreise) um 34 Prozent[26].

Obgleich immer wieder von einer „Neuordnung der Löhne" die Rede war, die Reichstreuhänder mit umfassenden Befugnissen zur Kontrolle nicht nur der Löhne, sondern der Arbeitsbedingungen insgesamt ausgestattet wurden und die DAF sogar mit Plänen zu einer „Reichslohnordnung" aufwartete, wurde weder ein totales Einfrieren aller Löhne noch eine grundsätzliche, geplante Neuordnung des gesamten Lohnsystems angestrebt. Man gab sich damit zufrieden, den

22 „Führererlaß" v. 21.3.1942 (*RGBl. I*, S. 180). Durchf.-Anordnung des Beauftragten für den Vierjahresplan v. 27.3.1942 (*RABl. I*, S. 180) und VO v. 25.5.1942 (*RGBl. I*, S. 347). Das Amt übernahm der Gauleiter von Thüringen, Fritz Sauckel.

23 VO v. 27.7.1943, *RGBl. I*, S. 450.

24 Zur Umgehung der Preisvorschriften am Beispiel des Westwallbaus vgl. Arthur Schweitzer, Plans and Markets, Nazi Style, in: *Kyklos*, 1977; ders., Fixing of Cost Prices, in: *Journal of Business*, Okt. 1950. Zu einer zusammenfassenden Wiedergabe von Umgehungen des Lohnstopps vgl. das Rundschreiben des RAM an die Reichstreuhänder v. 31.3.1941, *BA Koblenz*, R 41/67, Bl. 37 ff. Unter dem Titel „tätige Reue" wurde ab 19.6.1942 den Betriebsführern Straffreiheit zugesichert, die ihre Verstöße gegen den Lohnstopp selbst anzeigten und rückgängig machten. Zunächst war die Frist für „tätige Reue" bis zum 15.9.1942 gesetzt (*BA Koblenz*, R 41/67, Bl. 57 f.). Den *Amtlichen Mitteilungen des Reichstreuhänders von Westfalen* (v. 20.1.1943, S. 10) entnehme ich, daß diese Aktion erst im Januar 1943 abgeschlossen wurde.

25 „In dem vom Statistischen Reichsamt berechneten amtlichen Index wird meist kein zuverlässiger Maßstab für die Entwicklung gesehen", schrieb Mansfeld 1937 (zit. nach Mason, *Arbeiterklasse* [Anm. 2], S. 1250 f.). Zur Entwicklung der Lebenshaltungskosten vgl. auch Gerhard Bry, *Wages in Germany 1871–1945*, Princeton 1960, S. 264; René Livchen, Net Wages and Real Wages in Germany, in: *International Labour Review*, Juli 1944, S. 66 ff.

26 *Statistisches Handbuch* (Anm. 10), S. 463, 464, 467.

Lohnstopp auf der Grundlage des existierenden Lohnsystems „elastisch" zu handhaben. So führte Mansfeld im Januar 1942 in einer Rede vor dem „Großen Beirat" der Reichsgruppe Industrie aus[27] :

> „Wie jeder solcher Stop ist er [der Lohnstopp] einer längeren Belastung nicht gewachsen, weil er der auch im Kriege fortschreitenden natürlichen Entwicklung nicht Rechnung trägt und auch nicht tragen kann. Er muß deshalb, wie jede Zwangsregulierung auf allen Gebieten unseres wirtschaftlichen Lebens, eines Tages scheitern, wenn er nicht *elastisch*, d.h. unter Anpassung an die jeweilige Lage gehandhabt wird. Diese elastische Handhabung aber setzt wieder ein großes Maß wirtschaftlichen und sozialen Verständnisses, ein feines Einfühlungsvermögen in die wirtschaftlichen und politischen Vorgänge und die Hinnahme zahlreicher ernster psychologischer Belastungen voraus, denen eine durch Einziehungen zum Heeresdienst, durch den Aufbau neuer Dienststellen im größer gewordenen Reich und durch neue Kriegsaufgaben geschwächte junge Verwaltung selbst dann nur schwer gewachsen sein kann, wenn sie alle bürokratischen Hemmnisse weitgehend abgestreift hat. Dennoch haben wir uns für diesen schweren Weg der *elastischen Gestaltung* entschieden."

Im März 1942 wurde dann der Gauleiter von Thüringen, Fritz Sauckel, zum „Generalbevollmächtigten für den Arbeitseinsatz" (GBA) ernannt und war nunmehr für die staatliche Lohn- und Arbeitseinsatzpolitik zuständig. Obgleich die von ihm verfügten „lohnordnenden Maßnahmen" in der Rüstungsindustrie eine Straffung der staatlichen Lohnkontrollen bedeuteten und Veränderungen der betrieblichen Lohnfindungssysteme induzierten, behielten weiterhin die beiden wesentlichen Gründe für eine „elastische Gestaltung" des Lohnstopps ihre Gültigkeit, die Mansfeld in seinem Vortrag vom Januar 1942 angedeutet hatte. Dies waren zum einen herrschaftstaktische Überlegungen, die auch Mason in seiner kommentierten Dokumentation der sozialpolitischen Verhältnisse bis zur Verfügung des Lohnstopps betont[28]: Aus Angst vor Protestreaktionen aus der Arbeiterschaft schreckte das Regime nicht nur vor globalen Lohnsenkungen — etwa auf das Niveau der Tariflöhne — zurück, sondern auch vor einer zentralen Neuregelung der Löhne bei gleichbleibender Lohnsumme, denn auch sie hätte in vielen Bereichen zu Lohnsenkungen zugunsten von Lohnerhöhungen in anderen Bereichen geführt. Der zweite Grund war die prinzipielle Absage an eine zentrale Wirtschaftsplanung. Man war sich sehr wohl des Umstands bewußt, daß die Mindestvoraussetzung für Lohn- und Preisstabilität eine Planung der öffentlichen Aufträge gewesen wäre, die eine Ver-

---

27 Werner Mansfeld, *Grundsätze der deutschen Lohnpolitik*, Sonderbeilage der *Mitteilungen für die Mitglieder der Reichsgruppe Industrie*, H. 2, 1942, S. 20 f. Mansfelds Plädoyer für eine „elastische Handhabung" des Lohnstopps erfolgte nicht etwa nur aufgrund der lohnpolitischen Erfahrungen der ersten Kriegsjahre. Schon am 20.10.1939 wurde in einem Erlaß des RAM an die Reichstreuhänder die Auflockerung des Lohnstopps antizipiert; vgl. Mason, *Arbeiterklasse* (Anm. 2), S. 1147.

28 Hitlers Befürchtung, daß sich die Novemberrevolution von 1918 in einem neuen Krieg wiederholen könnte, wenn nicht der Arbeiterklasse gewisse materielle Zugeständnisse gemacht würden, bildet den Ausgangspunkt für Masons Untersuchung (*Arbeiterklasse*, Einleitung Kap. I). Zum „weichen Kurs" der Lohnpolitik in den ersten Kriegsmonaten vgl. ebd., Dok. 203–244.

langsamung des Rüstungstempos bedeutet hätte[29]. Vor allem aber war Planung grundsätzlich nicht mit der Struktur der nationalsozialistischen Herrschaft vereinbar. Zwar hat sich das Regime öffentlich immer wieder mit seiner Planung gebrüstet — beispielsweise mit der Titulierung wirtschaftspolitischer Maßnahmen als „Neuer Plan" und „Vierjahresplan" oder mit der Propagierung der „Reichslohnordnung" durch die DAF. Die Struktur des nationalsozialistischen Herrschaftskompromisses aber, der in keiner Verfassung oder ähnlichen Vereinbarung festgeschrieben, sondern über die charismatische Figur des „Führers" vermittelt war, ließ keine wirkliche Planung der Lohnpolitik (wie überhaupt der Wirtschaftspolitik) zu[30]. Was schon 1935 in einem Bericht der Wehrwirtschaftsinspektion IV im Jubelton zur „nationalsozialistischen Wirtschaftsführung" gesagt wurde, gilt durchgängig auch für die nationalsozialistische Lohnpolitik[31]:

> „Die *nationalsozialistische Wirtschaftsführung* unterscheidet sich vor allem dadurch von den vorbeschriebenen Arten [„marxistische" und „liberalistische" Wirtschaftsführung]: durch ihre oft überraschende Beweglichkeit und möglichste Anpassungsfähigkeit.
> Sie bekennt sich zwar auch zu *bestimmten Zielen und Grundsätzen*, aber sie *bindet sich nicht* an bestimmte Einrichtungen oder Methoden. Sie paßt sich vielmehr in geschickter Weise den wechselvollen Geschehnissen an und bemüht sich, je nach Lage der Dinge, um die Verwirklichung von Zielen, die dem Reiche — d.h. der großen Masse des Volkes — das zu jeder Zeit geben, was es unter Berücksichtigung der Zeitverhältnisse braucht, um lebens- und arbeitskräftig zu bleiben. Vorausschauend werden auf dem Gebiete der Wirtschaft die Richtlinien aufgestellt, die am zweckmäßigsten für die nächste Zukunft der Wirtschaft gelten, ohne selbst in die Privatführung der Betriebe einzugreifen."

Mit dem Lohnstopp von 1939 mußte der Staat dann, was die Höhe der Arbeitsverdienste anbelangte, direkt in die „Privatführung der Betriebe" eingreifen. Die im März 1942 verfügten „lohnordnenden Maßnahmen" verstärkten die dirigistischen Eingriffe, denn sie brachten — so die Richtlinien Sauckels[32] —

---

29 In der Einsicht, daß der Arbeitermangel die Bauunternehmer, die mit staatlichen Aufträgen gut eingedeckt waren, veranlaßte, „sich gegenseitig Arbeiter wegzuengagieren", und zwar durch höhere Löhne, forderte im Januar 1938 der Reichskommissar für die Preisbildung, J. Wagner, die Einrichtung einer Zentralbehörde, um durch Auftragsplanung „den Beschäftigungsgrad der Wirtschaft mit den vorhandenen Arbeitskräften in ein Gleichgewicht zu bringen". Zit. nach Mason, *Arbeiterklasse* (Anm. 2), Dok. 73. Diese Forderung wurde ebenso wie andere, vom RAM und RWM vorgeschlagene Pläne zur Regulierung der öffentlichen Aufträge abgelehnt (vgl. ebd., Dok. 75, 76, 78).

30 Zur Interpretation der nationalsozialistischen Wirtschaftspolitik vgl. Franz L. Neumann, *Behemoth*, Köln/Frankfurt a.M. 1977, S. 279 f.; Arthur Schweitzer, *Big Business in the Third Reich*, London/Bloomington 1964, Anhang B: Economic Theory and Economic Systems; vgl. auch meinen Versuch, die Unmöglichkeit von Planung in dem auf Privatkapitalismus basierenden NS-Regime zu umreißen (Siegel, Thesen zur Charakterisierung faschistischer Herrschaft, in: *Ästhetik und Kommunikation*, Juni 1978, S. 59 ff.).

31 Geheimer Bericht der Wirtschaftsinspektion IV, Dresden, den 19.12.1935, *BA/MA Freiburg*, W 01-8/242.

32 *Richtlinien für die Durchführung lohnpolitischer Maßnahmen zum Zwecke der Leistungssteigerung in der Rüstungswirtschaft* (Version v. 20.9.1942), S. 12, *DZA Potsdam*, 31.01. RWiM, 3676.

„für die betroffenen Betriebe eine *weitgehende Umstellung und Neuordnung* ihres Lohnsystems mit sich". Sauckel fügte jedoch hinzu, daß „diese Neuordnung *nicht um ihrer selbst willen* erstrebt" wurde, sondern dazu dienen sollte, die „vorhandenen Leistungsreserven für den Kriegseinsatz" zu mobilisieren und eine „abträgliche Entwicklung der Löhne" zu unterbinden[33]. Die Art, wie man diese Aussage auf einer Sitzung der Bezirksgruppe Nordwest der Eisen- und Stahlindustrie am 31. März 1942 interpretierte, zeigt, daß auf Unternehmerseite kein Interesse an einer umfassenden Lohnplanung bestand, die ja die Unternehmerautonomie grundsätzlich in Frage stellen mußte. So wurde betont, es handle sich bei den „lohnordnenden Maßnahmen" „um eine zweckbestimmte und kriegsbedingte Notmaßnahme, die insbesondere auch mit der nach dem Kriege zu schaffenden ,Reichslohnordnung' nichts zu tun haben kann und will. Die Dringlichkeit der gestellten Aufgabe gestattet es ja auch nicht, im Augenblick ,lohnreformatorische' Ziele zu verfolgen — abgesehen davon, daß die theoretische Diskussion über die ,Lohnreform' noch nicht abgeschlossen ist."[34]

Auch unter den Bedingungen des Lohnstopps und selbst unter den Vorzeichen des „totalen Krieges" mußte die staatliche Lohnpolitik verschieden gelagerten Interessenkonflikten Rechnung tragen. Dem Gesamtinteresse der an der Macht beteiligten Gruppierungen, die Löhne zugunsten der Rüstung möglichst niedrig zu halten, stand das Gesamt- oder „Staats"-Interesse gegenüber, die Rüstungsproduktion mit genügend Arbeitskräften zu versorgen und bei den Lohnabhängigen zumindest einen Stillhaltekonsens zu bewirken. Beides bedeutete auch punktuelle materielle Zugeständnisse. Hinzu kamen konfligierende Einzelinteressen. Dem Interesse des Militärs an niedrigen Preisen für Rüstungsgüter stand sein Interesse gegenüber, den Rüstungsbetrieben die Möglichkeit zu erhalten, durch Lohnanreize die Arbeitsleistung zu steigern. Dem Interesse der Unternehmer an niedrigen Produktionskosten standen ihre jeweiligen Einzelinteressen gegenüber, *ihre* Produktion zu sichern und Konflikte im eigenen Betrieb zu vermeiden. Es lag insbesondere für die Rüstungsbetriebe um so näher, Lohnsteigerungen zuzulassen, als sie trotz der Preiskontrollen die höheren Löhne in verdeckter Form auf ihre Preise abwälzen konnten. Auch für die DAF, die ich in der Lohnpolitik als repräsentativ für die Partei betrachte, stand die Sicherung der Expansionsziele des Regimes außer Frage. Damit aber kollidierte ihre Aufgabe, Vehikel der Integration der Arbeiterklasse in die nationalsozialistische „Volksgemeinschaft" zu sein. Diese Aufgabe konnte sie nur dann erfüllen, wenn sie zumindest partiell bewies, daß sie auch materielle Verbesserungen für die Arbeiter und Arbeiterinnen durchsetzen konnte.

Verbunden mit diesen Konflikten zwischen Gesamt- und Einzelinteressen, die eine fast chaotische, zumindest aber oft widersprüchliche Durchsetzung der lohnpolitischen Maßnahmen bedingten, war der ständige Kampf um die Ausdehnung bzw. Sicherung der jeweiligen Einflußsphäre. Es war nicht allein

---

33 Ebd. (Hervorhebung laut Original).

34 Niederschrift der Sitzung der Bezirksgruppe Nordwest der Eisen- und Stahlindustrie (eine der wichtigsten Gruppen in der RGI) v. 31.3.1942, *IfZ München*, NI 11—1157; auszugsweise wiedergegeben in: Jürgen Kuczynski, *Die Geschichte der Lage der Arbeiter unter dem Kapitalismus*, Bd. 6, Berlin (DDR) 1966, S. 300.

die Angst vor der Reaktion der Arbeiter und Arbeiterinnen, die eine wirkliche „Neuordnung der Löhne" verhinderte. Das gesamte Lohnsystem erfassende Pläne wurden auch deshalb auf die Zeit nach dem „Endsieg" vertagt, weil ihre Verwirklichung in der einen oder anderen Weise die jeweilige Einflußsphäre tangiert und eine grundsätzliche Lösung der Machtfrage im Regime erfordert hätte — eine Konfrontation, der sich keine der Machtgruppierungen zu stellen wagte. Für den Lohnstopp bedeutete dies, daß er auch unter den Vorzeichen des „totalen Krieges" zu einem Instrument der Verwaltung des Mangels wurde und reaktiv auf der Basis der bestehenden Strukturen funktionierte, nur mit Ausnahmeregelungen, d. h. „elastisch", gehandhabt werden konnte.

Nahmen die regimeinternen Machtkonflikte zuweilen chaotische Züge an, so war man sich, was die „Arbeiterpolitik" anbelangte, in einem Punkt einig: Die Arbeiter und Arbeiterinnen sollten möglichst „leistungsfreudig" zum Erfolg der Expansionsziele des Regimes beitragen. Dabei schreckte man nicht vor Zwang zurück, der seinen entsetzlichsten Ausdruck in den Arbeitserziehungslagern, den Konzentrationslagern und in der bis zur physischen Vernichtung reichenden Ausbeutung der Millionen „fremdrassiger" Zwangsarbeiter und -arbeiterinnen fand. Doch wußten die immer um die Stabilität ihrer Herrschaft in ihrer „Volksgemeinschaft" besorgten Machthaber, daß „mit der rein negativen Verbotsseite ... auf Dauer nicht erfolgreich um eine staatsbejahende Einstellung des Arbeiters" gerungen werden konnte — um noch einmal den Geschäftsführer des RKW zu zitieren[35]. Gerade was die Arbeitsbeziehungen anbelangt, war ihnen nicht unbekannt, daß die Aufnahme von — entfremdeter — Lohnarbeit nicht automatisch mit optimaler Arbeitsleistung verbunden sein muß und daß in vielen Bereichen des modernen Produktionsprozesses eine gewisse Freiwilligkeit der Arbeitsmotivation wesentlich förderlicher ist als äußerer Zwang.

Der britische Lohntheoretiker und Wirtschaftswissenschaftler John Hicks — um eine „unverfängliche" Quelle zu nehmen — verlieh 1942 dieser recht verbreiteten Einsicht wie folgt Ausdruck: „Genauso wie der Arbeiter, der (mit Recht) vor allem an seine Anstrengung denkt, normalerweise weniger lange arbeiten möchte, als es vom Standpunkt der Produktion aus für seinen Arbeitgeber wünschenswert wäre, genauso zieht er es oft (wenn auch nicht immer) vor, sich während seiner Arbeitszeit etwas weniger Mühe zu geben, als es sein Arbeitgeber gern sähe." Hicks nennt drei Wege, den Arbeitseifer zu steigern. Die beste Methode sei es, das unmittelbare Interesse an der Arbeit zu wecken. Doch diese Methode hält er im Falle stumpfsinniger und eintöniger Arbeit für nicht realisierbar. Eine weitere, jedoch hinsichtlich ihres Erfolgs wenig befriedigende Methode seien direkte Kontrollen und die Drohung mit Entlassung. Als goldener Mittelweg blieben Methoden, die an dem wesentlichen Grund für den Verkauf des „Produktionsfaktors Arbeit" ansetzten, nämlich am Lohn, und einen unmittelbaren Zusammenhang zwischen Arbeitsergebnis und Bezahlung herstellten[36].

Leistungslohn oder der gerechte Lohn sind die Begriffe, unter denen der unmittelbare Zusammenhang zwischen Arbeitsergebnis und Bezahlung herge-

---

35 Fritz Reuter, in: *RKW Nachrichten*, 11. Jg. (1937), H. 1/2, S. 9.
36 Zit. nach der deutschen Ausgabe: John R. Hicks, *Einführung in die Volkswirtschaftslehre*, Hamburg 1962, S. 88, 91.

stellt werden soll. Daß Hicks diesen Aspekt des Lohns benennt, ist eine Ausnahme unter den Ökonomen. Die Wirtschaftstheorie kennt zwar den Begriff gerechten Lohn, sie betrachtet ihn aber als gesellschaftliche Größe. Sie befaßt sich mit dem Lohn als Preis einer Ware — je nach Schule „Arbeitskraft" (Ricardo) oder „Produktionsfaktor Arbeit" (Grenznutzen- und Grenzproduktivitätstheorie) genannt — und nicht mit dem Lohn als Preis der Leistung[37]. Obwohl man nicht müde wird zu betonen, daß es sich bei dieser Ware um eine besondere Ware handelt, nämlich um eine Ware, die nicht vom Menschen getrennt werden kann, und obwohl man sich darin einig ist, daß Lohnarbeit eine unangenehme Anstrengung des Körpers und des Geistes ist[38], kann die Schlußfolgerung aus dieser Einsicht, nämlich daß Lohnarbeit nicht automatisch mit optimaler Arbeitsleistung verbunden sein muß, nicht systematischer Teil der ökonomischen Theorie werden, die doch andererseits den optimalen Einsatz der Produktionsfaktoren zum zentralen Thema hat. Sie beschränkt sich auf die Annahme, daß der Marktmechanismus für einen optimalen Einsatz des „Produktionsfaktors Arbeit" sorge, daß also der richtige Mann bzw. die richtige Frau auf den richtigen Arbeitsplatz kommt und dort die richtige Arbeit leistet[39]. Daß dem in der industriellen Praxis keineswegs immer so ist, war ein Problem, das den „Erfahrungswissenschaften" Arbeitswissenschaften, Betriebswirtschaftslehre und Arbeitspsychologie überlassen bleibt — auf die Hicks in dem zitierten Text auch die Leser verweist, die mehr über die von ihm genannten Methoden zur Steigerung des Arbeitseifers wissen wollen.

37 Adam Smith hat noch beide Seiten gesehen, wenngleich er nur die erstere ausführlich behandelte: „Immerhin kann man soviel sagen, daß gleiche Arbeitsmengen immer und überall von gleichem Wert für den Arbeiter sind. Bei normaler Gesundheit, Kraft und seelischer Verfassung muß er, durchschnittlich erfahren und geschickt, stets gleichviel an Bequemlichkeit, Freiheit und Glück opfern. Der Preis, den er zahlt, muß also immer der gleiche sein, wie groß auch die Menge Waren sein mag, die er dafür bekommt." Adam Smith, *Der Wohlstand der Nationen*, Übersetzung der 5. Aufl. aus dem Jahr 1789 v. Horst Claus Recktenwald, München 1974, S. 30.

38 Arbeit ist „jene mühevolle Anstrengung des Körpers oder Geistes, welche man teilweise oder gänzlich mit Hinblick auf ein künftiges Gut auf sich nimmt". William Stanley Jevons, *Die Theorie der politischen Ökonomie* (1879), nach der 4. Aufl. aus dem Englischen übersetzt v. Otto Weinberger, Jena 1924, S. 159. In diesem Sinne tritt auch in den modernen mikroökonomischen Lehrbüchern das arbeitende Individuum als ein konsumierendes auf — als „Haushalt" —, welches zum Zweck des späteren Konsums den Faktor Arbeit anbietet. Das Leid der Arbeit als Tätigkeit kommt zum Ausdruck, wenn es in den mathematischen Optimierungsformeln der Lust der Arbeit als Einkommensquelle gegenübergestellt wird. Vgl. zur Mathematisierung: James M. Henderson/ Richard E. Quant, *Microeconomic Theory. A Mathematical Approach*, New York u.a. 1958, S. 23.

39 Die Unbestimmtheit des Arbeitsvertrags hinsichtlich der von der Arbeitskraft eingebrachten und geforderten Arbeitsmenge und -qualität ist allerdings in neuerer Zeit im Rahmen der Effizienzlohnmodelle zum Thema der ökonomischen Theorie geworden. Vgl. Knut Gerlach/Olaf Hübler, Lohnstruktur, Arbeitsmarktprozesse und Leistungsintensität in Effizienzlohnmodellen, in: *Staat und Beschäftigung*, hrsg. v. F. Buttler/ J. Kühl/B. Rahmann, Nürnberg 1985, S. 249—290; Edwin Schudlich, Probleme einer Theorie interner Arbeitsmärkte, in: *Arbeitsmarkt und Beschäftigung*, hrsg. v. F. Buttler/ K. Gerlach/R. Schmiede, Frankfurt a.M./New York 1987, S. 158—195.

Ich habe mir diesen kurzen Ausflug in die Wirtschaftswissenschaft gestattet, um den Bereich staatlicher Lohnpolitik in „normalen" Zeiten zu erläutern. Denn die Trennung in der Wissenschaft entspricht der Trennung in der politischen Funktionszuweisung. In „normalen" Zeiten richtet sich die staatliche Lohnpolitik in den westlichen kapitalistischen Ländern, oder wenn man so will, marktwirtschaftlichen Ländern, auf den Lohn als gesellschaftliche Größe und setzt die Rahmenbedingungen für den Markt, auf dem die Ware „Produktionsfaktor Arbeit" verkauft wird. Der unternehmerischen Lohnpolitik oder – allgemeiner – den unternehmerischen Strategien bleibt es überlassen dafür zu sorgen, daß der „Produktionsfaktor Arbeit" auch profitabel eingesetzt wird, daß also das Verhältnis von Leistung und Lohn „stimmt". Hier greift der Staat in der Regel nur indirekt ein, indem er beispielsweise Mindestnormen für Arbeitsbedingungen setzt oder die auf eine Steigerung der Arbeitsproduktivität gerichteten Wissenschaften und Institutionen fördert.

Anders sieht es in Kriegszeiten aus, in denen aus naheliegenden Gründen die Arbeitsleistung zu einer staatspolitischen Angelegenheit wird. In Deutschland wie z. B. auch in den USA versuchte der Staat im Zweiten Weltkrieg nicht nur die gesamtgesellschaftliche Lohnsumme, sondern auch die betriebliche Lohnbildung direkt zu beeinflussen[40]. In Deutschland zeichnete sich dieser Prozeß lange vor Kriegsbeginn ab. Die nationalsozialistische „Ordnung der Arbeit" machte die Bahn frei für alle drei der von Hicks genannten Methoden zur Steigerung des Arbeitseifers. Zwar konnte auch das nationalsozialistische Regime die Entfremdung der Arbeit nicht aufheben, doch es versuchte, sie durch ideologische Überhöhung der Arbeit als Dienst an der „Volksgemeinschaft" zu überdecken. Damit einher ging verstärkte direkte Kontrolle, wobei – wie in Abschnitt II.2. dargestellt – die Drohung mit Entlassung bald abgelöst wurde durch staatliche Strafvorschriften bei „Arbeitsverweigerung". Und schließlich bestimmte das AOG (§ 29) zum Zusammenhang von Leistung und Lohn: „Soweit in der Betriebsordnung der Arbeitsentgelt für Arbeiter oder Angestellte festgesetzt wird, sind Mindestsätze mit der Maßgabe aufzunehmen, daß für die seinen Leistungen entsprechende Vergütung des einzelnen Betriebsangehörigen Raum bleibt. Auch im übrigen ist auf die Möglichkeit einer angemessenen Belohnung besonderer Leistung Bedacht zu nehmen." Es bedurfte zwar nicht erst dieser Bestimmung, um die Unternehmer zur Leistungsentlohnung zu veranlassen – hatten doch viele von ihnen längst damit begonnen. Doch ermöglichte ihnen die Zerschlagung der Gewerkschaften und die „Neuordnung der Arbeit" in viel größerem Maße als vorher, nach eigenem Gutdünken vorzugehen.

---

40 Nach der Verordnung Präsident Roosevelts v. 3.10.1942 (Executive Order 9250) wurden in der amerikanischen Kriegswirtschaft Lohnerhöhungen nur noch zugelassen, wenn „Verzerrungen oder Ungleichheiten", „Löhne unter dem Subsistenzniveau" oder „grobe Ungerechtigkeiten" beseitigt werden mußten oder um „die wirksame Durchführung des Krieges zu fördern". Aufgrund dieser VO machte das *National War Labor Board* bei Anträgen auf Lohnerhöhungen wegen „Ungerechtigkeiten" die Vorlage einer systematischen Lohngruppeneinteilung zur Auflage und beschleunigte so die Einführung der Arbeitsbewertung in der amerikanischen Industrie. Vgl. u.a. Allan R. Richards, *War Labor Boards in the Field*, Chapel Hill 1953 (zur Ex. Order 9250 s. S. 35); Mark W. Leiserson, Wage Decisions and Wage Structures in the United States, in: *Wage Structure in Theory and Practice*, Amsterdam 1966, S. 19 f.

Wenngleich mit der „Neuordnung der Arbeit" das Arbeitsverhältnis entscheidend beeinflußt wurde, mag die Aufforderung zur Leistungsentlohnung noch unter die traditionelle Form staatlicher Lohnpolitik subsumiert werden. Der Lohnstopp setzte dann schon engere Grenzen, wobei aber immer noch darauf geachtet wurde, daß der Lohn als Instrument zum Leistungsanreiz eingesetzt werden konnte. Zwar sollten durch den Lohnstopp die effektiven Arbeitsverdienste der im Stundenlohn Arbeitenden und die Akkordrichtsätze auf dem Stand vom Oktober 1939 eingefroren werden, doch die individuellen Akkordverdienste wurden nicht nach oben begrenzt, d. h. Arbeitern und Arbeiterinnen, die ihre Akkordleistungen steigerten, durften auch höhere Löhne gezahlt werden[41]. Auch bei Zeitlöhnern wurde ein gewisser Raum für Leistungszulagen gelassen. Wenn die Reichstreuhänder der Arbeit Höchstlöhne festlegten, so sollten „regelmäßige Leistungsklauseln" eingebaut werden, um die „Leistungsfreudigkeit der Gefolgschaftsmitglieder anzuregen"[42]. Es sollte jeweils lediglich ein Höchstdurchschnittslohn für eine bestimmte Alters- oder Tätigkeitsgruppe vorgegeben werden: „Die Bewertung besonderer Leistungen bleibt so dem Ermessen des Betriebsführers überlassen und ist an eine Höchstgrenze nur durch die Pflicht zur Innehaltung des Durchschnitts gebunden."[43]

Im Prinzip blieb es von staatlicher Seite her bis in die ersten Jahre des Krieges hinein den „Betriebsführern" überlassen, die „Leistungsfreudigkeit der Gefolgschaftsmitglieder anzuregen". Allerdings wurde der Druck in Richtung Leistungsentlohnung verstärkt. Die Reichstreuhänder der Arbeit griffen, wie im Anschluß an dieses Kapitel am Beispiel der Werften illustriert, zuweilen direkt in die betriebliche Entlohnung ein[44]. Denn von den Unternehmen waren die Methoden der Leistungsentlohnung zwar weiterentwickelt, jedoch nicht immer konsequent angewandt worden. Angesichts der guten Auftragslage und der trotz aller Vorschriften recht laxen Preispolitik der öffentlichen Auftraggeber war der Anreiz, die Produktionskosten zu senken, geringer als die Notwendigkeit, Arbeitskräfte durch gute Verdienste zu halten bzw. anzulocken[45]. Abgesehen vom Staatsapparat hatte sich aber auch die DAF, die

---

41 Vgl. Mason, *Arbeiterklasse* (Anm. 2), S. 1139, 1149.

42 Verbindliche Richtlinien über die Bildung und Überwachung der Löhne, Gehälter und sonstigen Arbeitsbedingungen (1942), *BA Koblenz*, R 41/67, Zit.: Bl. 48 f.

43 RAM an die Reichstreuhänder v. 9.2.1940, *BA Koblenz*, R 41/57, Bl. 5; für 1939 vgl. Mason, *Arbeiterklasse* (Anm. 2), S. 203.

44 Das Reichsarbeitsministerium forderte die Reichstreuhänder am 11.10.1939 auf, die Akkordsätze zu überprüfen und gegebenenfalls zu senken (*BA Koblenz*, R 41/59, Bl. 18–21; Mason, *Arbeiterklasse*, Dok. 204). Besonders in den Fällen, in denen angelernte Arbeiter im Akkord mehr verdienten als im Zeitlohn arbeitende Facharbeiter, wurden in der Folgezeit, weil ein solcher Zustand die „soziale Ordnung im Betriebe aufs schwerste" gefährdete, die Akkordverdienste durch Korrektur der Akkordsätze gesenkt – bis zu 40 % (RAM an Göring am 2.3.1940; *BA Koblenz*, R 41/59, Bl. 60–63; Mason, *Arbeiterklasse*, Dok. 212 u. S. 1162, 1165 f.). Im übrigen bedeutete die Einführung neuer Tarifordnungen immer auch die Überprüfung der Akkordrichtsätze und zumeist die Anwendung der „Akkordschere".

45 *BA/MA Freiburg*, WiIF 5/1220, Aufzeichnungen über eine Pressekonferenz von Reichstreuhänder Daeschner am 20.9.1940: „Es muß den Unternehmern der Vorwurf gemacht werden, daß sie eine völlig instinktlose Lohnpolitik betrieben haben, indem sie sich gegenseitig die Facharbeiter wegkauften durch unvertretbare Lohnangebote. ... Zu der

sich immerhin als staatstragende Instanz empfand, frühzeitig daran gemacht, den „Leistungsgedanken" in die Betriebe zu tragen — was, wie gezeigt, nicht ohne Konflikte mit den Unternehmern und staatlichen Stellen abging.

Mit der „Ausrichtung" der Wirtschaft auf den „totalen Krieg" machte sich dann der Staat systematisch daran, vermutete „Leistungsreserven" der Arbeiter und Arbeiterinnen zu „mobilisieren". Abermals wurde die Propaganda verstärkt, größere Arbeitsleistung für den „gerechten Krieg" gefordert. In seltener Einmütigkeit machten sich Staatsapparat, DAF und Unternehmer daran, durch eine Verschärfung des Kontroll- und Terrorsystems die Leistungsbereitschaft der „Gefolgschaft" zu garantieren. Es wurden Erfahrungen der „Betriebsführer" und der Reichsgruppe Industrie, staatlicher Stellen sowie der DAF und des REFA gebündelt und zur Verbesserung des betrieblichen Verhältnisses von Leistung und Lohn gezielt eingesetzt.

Vom „Umbau des Lohngebäudes"[46] waren vor allem der Bergbau, die Bauwirtschaft und die Rüstungsindustrie betroffen. Im Bergbau vollzog sich die „Neuregelung der Gedinge" in aller Stille und galt im November 1942 als „so gut wie vollendet"[47]. Für die Bauwirtschaft wurde am 2. Juni 1942 die „Reichstarifordnung über den Leistungslohn im Baugewerbe" erlassen, die allerdings erst zum 1. Januar 1943 in Kraft trat[48]. In ihr wurde, „soweit die Natur der Arbeiten dies" zuließ, statt des Stundenlohns, der diffamierend „Anwesenheitslohn" genannt wurde, der Akkordlohn mit reichseinheitlichen Leistungsrichtsätzen vorgeschrieben, „um eine gerechte Entlohnung zu errei-

---

Fortsetzung Fn. 45

Verwirrung und Übersteigerung der Lohnpolitik hat die Auftragsvergebung der Wehrmacht wesentlich beigetragen, weil jeder Auftrag die Bedingung der Fertigstellung um jeden Preis in sich schloß." — Ähnliches wird auch über die USA im Krieg berichtet: Das *National War Labor Board* „was swamped with voluntary applications for increase from employers with and without unions. Why this sudden shift of management out of its traditional role in wage negotiations? Before the war American management operated under considerable price competition in most industries ... After 1941, costs were no longer the limiting factor of production. Many Government orders were placed on a cost-plus or fixed-fee basis. Labor could now move readily to high-wage jobs. Plants with low or even average wage levels found themselves unable to hire or retain workers at a time when labor was the key to production." John B. Parish, Relation of Wage Control to Manpower Problems, in: *Problems and Policies of Dispute Settlement and Wage Stabilization During World War II*, Bulletin No. 1009, United States Department of Labor, Washington D.C. 1950, S. 195.

46 *Frankfurter Zeitung* v. 17.11.1942.

47 Ebd.; *Berliner Börsen-Zeitung* v. 13.11.1942; Min.Rat Dr. Kalckbrenner in: *RABl. I*, 1942, S. 417; vgl. auch Wolfgang Franz Werner, „*Bleib übrig!*", Düsseldorf 1983, S. 235 ff.

48 *RABl. IV*, 1942, S. 827. Diese RTO war verbunden mit fünf Tarifordnungen für einzelne Berufssparten auf dem Bau: BA Koblenz, R 41/29, Bl. 65 f. Vgl. Werner, *Bleib übrig*, S. 234 f. Zur Vorgeschichte vgl. Marie-Luise Recker, *Nationalsozialistische Sozialpolitik im Zweiten Weltkrieg*, München 1985, S. 245 ff. Ähnliche Bestimmungen wie die RTO enthielt vorher schon die Höchstlohnanordnung für das Baugewerbe/Oberdonau vom Sommer 1941. Vgl. Oskar Paulsen, Probleme der tariflichen Lohngestaltung im Spiegel der neuen Lohnregelung im Baugewerbe in Oberdonau, in: *Deutsches Arbeitsrecht*, Nr. 9, Sept. 1941.

chen und die Leistungen zu steigern"[49]. Beschränkte sich im Bergbau der staatliche Eingriff noch darauf, die Löhne auf der Grundlage *bestehender* betrieblicher Entlohnungssysteme festzusetzen, so beinhaltete er in der Bauwirtschaft
den Versuch, auch die betrieblichen Entlohnungssysteme zu ändern – vom
Stundenlohn zum Akkordlohn. Auch die Rolle der DAF war in beiden Bereichen unterschiedlich. Im Bergbau hatte sie nur von außen Forderungen
aufstellen können. Im Baugewerbe hatte sie schon vor dem Krieg damit begonnen, Leistungsrichtsätze zu entwickeln, die der eine oder andere Reichstreuhänder übernahm und in den Betrieben durchzusetzen versuchte[50]. Auch
die Reichstarifordnung für das Baugewerbe vom 2. Juni 1942 stützte sich auf
DAF-Leistungsrichtsätze. Allerdings waren die diesen Richtsätzen entsprechenden Lohnsätze nicht einheitlich geregelt, und auch von den Leistungsrichtsätzen konnte abgewichen werden, wenn sie aus örtlichen oder betrieblichen Gründen nicht anwendbar waren. So ist es nicht verwunderlich, daß
Hupfauer (DAF) in einem Brief vom 29. September 1944 noch das „lohn-
mäßige Durcheinander" im Baugewerbe bemängelte[51].

Soweit kurz zum „Umbau des Lohngebäudes" im Bergbau und in der
Bauwirtschaft. Im Kapitel IV. 2. werden die „lohnpolitischen Maßnahmen
zum Zwecke der Leistungssteigerung in der Rüstungswirtschaft", kurz: „lohnordnende Maßnahmen", ab Oktober 1942 ausführlicher behandelt. Sie sind
hinsichtlich der an Vorbereitung und Durchführung beteiligten Institutionen,
des propagandistischen Aufwands, der Anzahl der betroffenen Branchen und
der Entlohnungssysteme der wichtigste Bereich, in dem betriebliche Leistungslohnpolitik zur Sache des Staates und – mit Einschränkungen – der DAF gemacht wurde. Begründet wurden diese Maßnahmen damit, daß durch die „Wiederherstellung einer größeren Lohngerechtigkeit im Betrieb ... die vorhandenen Leistungsreserven für den Kriegseinsatz mobilisiert" werden sollten, und
zwar ohne daß die Lohnkosten insgesamt stiegen[52]. Zum Zwecke der „größe-

---

49 *RABl. V*, 1943, S. 207.
50 Zum Vergleich zwischen Bergbau und Baugewerbe s. Werner, *Bleib übrig* (Anm. 47),
    S. 234 ff. Der Reichstreuhänder/Brandenburg weigerte sich, die DAF-Leistungsricht-
    sätze vor dem Kriege zu übernehmen, der Reichstreuhänder/Mittelelbe übernahm sie
    1938 und versuchte sie in den Betrieben durchzusetzen. Auch in die Tarifordnung für
    das Baugewerbe/Oberdonau von 1941 scheinen DAF-Leistungsrichtsätze übernommen
    worden zu sein. Vgl. ebd., S. 234; Gerhard Ziegler, Auf dem Weg zum Leistungslohn,
    in: *Arbeitertum*, H. 9, 1939, S. 3 f.; *Deutsches Arbeitsrecht* Nr. 9, 1941.
51 *DZA Potsdam*, 62.01 DAF-Handakte Hupfauer, Sign. 194, Bl. 7 f. Brief an den General-
    bevollmächtigten für den Arbeitseinsatz. In den *Meldungen aus dem Reich* (362) v.
    25.2.1943 berichtet der Sicherheitsdienst (SD) der SS über „kritische Äußerungen"
    seitens vieler Betriebsführer und Reichstreuhänder. Er nennt aber auch „zuversicht-
    liche Stimmen" und beachtliche Leistungssteigerungen nach Einführung der Leistungs-
    richtsätze. „Die günstigen Stimmen kämen jedoch vor allem aus Großbetrieben, wäh-
    rend kleinere Firmen sich den durch die Bauleistungswerte gestellten Anforderungen
    kaum gewachsen fühlten." (Sehr kleine Betriebe, mit weniger als 50 000 RM Lohnsum-
    me, waren von der RTO ausgenommen.) *Meldungen aus dem Reich*, Bd. 12, hrsg. v.
    Heinz Boberach, Herrsching 1984, S. 4850 ff. Zur branchendurchschnittlichen Ent-
    wicklung der Arbeitsverdienste vgl. die Tabelle in Kap. IV.2., S. 204 f.
52 *DZA Potsdam*, 31.01. Stat. Reichsamt, Sign. 3676, Richtlinien für die Durchführung
    lohnpolitischer Maßnahmen zum Zwecke der Leistungssteigerung in der Rüstungswirt-
    schaft, S. 12.

ren Lohngerechtigkeit" wurden neue Lohngruppen geschaffen, auf deren Grundlage sich eine leistungs-„gerechtere", arbeitsplatz-„gerechtere", geschlechts- und alters-„gerechtere" und nicht zuletzt auch rassen-„gerechtere" Differenzierung der Entlohnung aufbauen sollte. Doch zunächst eine Illustration der lohnpolitischen Probleme der ersten Kriegsjahre anhand einer Debatte um die Werftlöhne im Winter 1940/41.

Illustration: Wer, was, wie – Maßnahmen zur Leistungssteigerung in der Werftindustrie 1940/41

In den Akten des Oberkommandos der Wehrmacht (OKW), Wehrwirtschafts- und Rüstungsamt, ist eine ausführliche Debatte über die Arbeitsbedingungen in den deutschen Seeschiffswerften erfaßt[53]. Zwar war ihr Anlaß ein spezieller, nämlich der Beginn der Vorbereitungen zur Operation „Seelöwe", die zur – nie erfolgten – Invasion Englands führen sollte. Doch wurde nicht lediglich ein Spezialproblem angesprochen. Vielmehr eignet sich dieser konkrete Fall aufgrund seiner umfassenden Dokumentation wie kaum ein anderer dazu, das wer, was, wie der Lohnpolitik der ersten Kriegsjahre zu illustrieren, d. h.: die Zusammenarbeit und Konflikte zwischen Regierungsinstanzen, Wehrmachtsteilen, Unternehmern und der DAF sowie die Rolle eines „Führerbefehls" in den konkreten Entscheidungsprozessen; die Probleme des Lohnstopps und der Preiskontrolle, des zwischenbetrieblichen Abwerbens von Arbeitskräften, des Arbeitseinsatzes, der Versorgungslage, des Arbeitstempos und der Leistungssteigerung; und schließlich die Strategien, mit denen man diese Probleme zu lösen versuchte. Es muß wohl kaum besonders erwähnt werden, daß diese Debatte unter Ausschluß der Öffentlichkeit erfolgte. Alle im folgenden genannten Schreiben, Protokolle und Berichte tragen den Vermerk „Geheim".

Kurz zur Vorgeschichte: Wie alle Rüstungsbetriebe mußten sich auch die Seeschiffswerften kaum Sorgen um die „Vermarktung" ihrer Produkte (Kriegsschiffe, vor allem U-Boote) machen. Sie standen jedoch, was die Möglichkeiten der Ausweitung ihrer Kapazitäten und die Versorgung mit Arbeitskräften und Rohstoffen anbelangte, in Konkurrenz zu anderen Rüstungsbetrieben, insbesondere der Flugzeugindustrie. Letztere genoß die besondere Protektion von Reichsmarschall Göring, dem u. a. das Reichsluftfahrtministerium unterstand und der als Vorsitzender des Reichsverteidigungsrates und als Beauftragter für den Vierjahresplan die Flugzeugindustrie nicht nur in der Zuteilung von Rohstoffen bevorzugte, sondern auch dafür sorgte, daß sie durch relativ hohe Löhne und Leistungsprämien ihre Arbeitskräfte halten und neue anwerben konnte.

1939/40 betonte der Oberbefehlshaber der Kriegsmarine, Raeder, in seinen Vorträgen beim „Führer" wiederholt, daß das durch „Führerbefehl" vom September 1939[54] festgelegte und bis 1. Januar 1942 geplante Programm zum

---

53 Lohnverhältnisse auf den deutschen Seeschiffswerften, Records of Headquarters, German Armed Forces, High Command (Oberkommando der Wehrmacht), National Archives Micro-copy T 77, Roll No. 544, *IfZ München*, MA 190/1.

54 „Skl. Besprechungen beim Führer 1939–1945", Teil I (1939/40), *IfZ München*, MA 10/I, Bl. 9.

Bau von U-Booten durch einen akuten Mangel an Arbeitskräften und Eisen und Metallen verzögert werde, obgleich es gegenüber dem veranschlagten tatsächlichen Bedarf an U-Booten schon relativ eingeschränkt war[55]. Im Zuge der Vorbereitungen zur Operation „Seelöwe" bat Raeder am 31. Juli 1940 erneut um Genehmigung für ein erweitertes U-Bootprogramm und um „die Auffüllung des Fehlbestandes an Arbeitern, der jetzt schon das eingeschränkte U-Bootprogramm beeinträchtigt"[56]. Zwar wurde letzteres von Hitler auf derselben Besprechung genehmigt, doch wurde die Operation „Seelöwe", deren Erfolgsaussichten die Marine und das OKW als gering einschätzten, auch von Hitler nur als „ultima ratio" gesehen, „wenn England sich nicht friedenswillig zeigt". Man wollte erst einmal abwarten, „welche Wirkung der intensive Luftkrieg haben wird"[57]. Die Intensivierung des Luftkrieges gegen England war Anlaß für ein „Stoßprogramm" zur kurzfristigen Steigerung der Produktion von Kampfflugzeugen im September und Oktober 1940. Wie ein solches Stoßprogramm aussah, zeigt ein Bericht über die Heinkel-Werke in Rostock[58]:

„Die Heinkel-Werke haben dabei statt 45 Maschinen [= Flugzeuge] im September 1940 92 Maschinen herausgebracht. Diese Leistung ist allein durch Überstunden erzielt ... Allerdings sind alle erforderlichen Kräfte des Werkes in die Serienfabrikation eingespannt worden, so daß andere Abteilungen vernachlässigt wurden ...

Von der Gefolgschaft sind in diesen beiden Monaten durchschnittlich 14 bis 18 Stunden täglich geleistet worden; einmal sind 26 Stunden hintereinander gearbeitet worden. Das Einkommen der Gefolgschaft erhöhte sich hierbei im Durchschnitt auf RM 88,– in der Woche, Einzelne verdienten bis zu RM 170,– in der Woche, Frauen RM 52,–. Während der Durchschnitt der Gelernten vor September etwa bei RM 1,28 bis 1,30 lag, stieg er im September und Oktober auf RM 1,40 ... Während der Überstundenanteil sonst nur 5–10 v. H. aller Arbeitsstunden betrug, lag er in den beiden fraglichen Monaten bei 22 v. H.. Eine seitens der Firma durchgeführte Nachrechnung ergibt, daß in diesen beiden Monaten von der Gefolgschaft während der arbeitstäglichen Dauer von 16 Stunden je Arbeitsstunde noch etwas mehr geleistet worden ist als sonst bei normaler Zeit von 8 Stunden. Es sind also alle sonst normalerweise auftretenden Ermüdungserscheinungen durch die Mehrleistung dieser Zeit nicht nur ausgeglichen worden, sondern es ist darüber hinaus noch 1 oder 2 v. H. in jeder Stunde mehr geleistet worden. ..."

Zur Förderung des „Stoßprogramms" hatte das Reichsluftfahrtministerium Prämien ausgesetzt. Bei den Heinkel-Werken beliefen sie sich auf einen Gesamtbetrag von einer halben Million Reichsmark pro Monat. Im September wurden die Prämien in den Heinkel-Werken nicht an die einzelnen Beschäftigten ausgezahlt, sondern für den Bau eines „Gefolgschaftsheims" gutgeschrieben. Die Tatsache, daß zwei andere Firmen, die Arado-Werke und die Bachmann-Werke, die Prämien in bar ausgezahlt hatten, hatte jedoch „zu einer erheblichen Unzufriedenheit bei Heinkel geführt, so daß es nicht zu umgehen war, daß darauf hin die Oktober-Prämie in bar an die Gefolgschaft ausgekehrt worden ist." Sie betrug „RM 35,– für den Ledigen, für den Verheirateten RM 50,– und RM 10,– für jedes unterhaltspflichtige Kind".

55 „Vortrag des Oberbefehlshabers der Kriegsmarine beim Führer" v. 10.10.1939, 1.11. 39, 22.11.39, 8.12.39, 26.1.40, 20.6.40, *IfZ München*, MA 10/I, Bl. 11 ff., 33, 41, 50, 93, 150, 153.

56 Besprechung v. 31.7.1940, ebd., Bl. 196.

57 Vortrag v. 13.8.1940, ebd., Bl. 199.

58 Überprüfung der Lohn- und Arbeitsbedingungen bei den Heinkel-Werken Rostock, *IfZ München*, MA 190/I, Bl. 720160 f.

„Während der Sonderaktion ist der Gefolgschaft eine besondere *Verpflegung* verabreicht worden. Für die am Stoßprogramm beteiligten Gefolgschaftsmitglieder gab es außer der normalen Kantinenverpflegung Bohnenkaffee und ein kostenloses Abendessen, dazu ein Glas Apfelsaft. ..."

In einem Brief vom 22. November 1940 berichtete die für Rostock zuständige Rüstungsinspektion über „Unzuträglichkeiten und Mißstände", die der Neptun-Werft aus dem „Stoßprogramm" bei den in unmittelbarer Nachbarschaft gelegenen Flugzeugwerken Heinkel und Arado entstanden seien[59]: Diese Betriebe, „die in großzügigster Weise seitens des RLM [Reichsluftfahrtministerium] u. Ob.d.L. [Oberkommando der Luftwaffe] unterstützt und gefördert" würden, könnten höhere Löhne zahlen, böten bessere Arbeitsbedingungen und soziale Einrichtungen und seien zu alledem neuerdings in die Lage versetzt, „bei einer gewissen Mehrausbringung als das Fertigungssoll vorsieht, der gesamten Gefolgschaft nicht unerhebliche Prämien zu zahlen". All dies habe „naturgemäß" dazu geführt, daß Arbeitskräfte abwanderten: „Denn trotz aller Verbote über Arbeitsplatzwechsel findet ein Mann, der seine Arbeitsstelle unbedingt verlassen will, fast immer Mittel und Wege dazu." Außerdem würden Vergleiche angestellt, „die natürlich zu Ungunsten der Werft ausfallen müssen und die Arbeitsfreudigkeit und Stimmung der Gefolgschaftsmitglieder stark negativ beeinflussen". Um die Leistungsfähigkeit der Werft zu erhalten und ein Anwachsen der Mißstimmung unter den Arbeitern zu verhindern, stellte der Rüstungsinspekteur den Antrag auf eine „großzügige" Finanzierung einer einmaligen Prämienauszahlung (z. B. in Form einer Weihnachtszulage) durch die Marine[60].

In einem weiteren Brief vom 19. Dezember 1940 betonte die Rüstungsinspektion noch einmal, daß „diese Lohndiskrepanz schon unter normalen Verhältnissen eine unmittelbare Gefahr für die Arbeitsfreudigkeit der Werftarbeiter darstellt. Wenn dann aber der Schiffbauarbeiter (dessen engste Familienangehörige ja zum Teil in den benachbarten Werken von Heinkel und Arado beschäftigt sind) außerdem noch feststellen muß, daß zu diesen enormen Verdiensten in der Flugzeugindustrie noch Prämien gezahlt werden, dann muß auch bei dem Gutwilligsten der Arbeitseifer unter allen Umständen leiden." Sie konkretisierte ihren Vorschlag zur Prämienzahlung — sie sollten nach Qualifikation, Geschlecht, Alter und Familienstand hierarchisch gestaffelt werden — und betonte die Notwendigkeit einer „Neuregelung der auf die Dauer unhaltbaren Lohnverhältnisse"[61]. Das OKW, an das Kopien beider Brie-

---

59 Brief der Rüstungsinspektion des Wehrkreises II (Stettin) an das Oberkommando der Kriegsmarine v. 22.11.1940, *IfZ München*, MA 190/1, Bl. 720354 f.

60 Ebd.

61 Schreiben der Rüstungsinspektion des Wehrkreises II an das Oberkommando der Kriegsmarine v. 19.12.1940, *IfZ München*, MA 190/1, Bl. 720351 f. — Glaubt man den Berichten anderer Rüstungsinspektionen, so scheint schon früher der Arbeitseifer auf den Werften nicht sonderlich groß gewesen zu sein: In Hamburg und Wilhelmshaven klagte man im Winter 1939/40, daß die Werftarbeiter zwischen 20 und 35 Jahren nur „50 % der normalen Leistung" erbrachten. Notiz über die Mobilmachung der Wirtschaft bis Ende Februar 1940, *BA/MA Freiburg*, WO 8, Bd. 110, Bl. 4; vgl. Mason, *Arbeiterklasse* (Anm. 2), S. 170.

fe gegangen waren, reagierte ausgesprochen zurückhaltend und schrieb am 20. Dezember 1940 an die Rüstungsinspektion II (Stettin)[62]: „Der Vorschlag der Rü.In. erscheint im Hinblick auf die Lohn- und Preispolitik und die entsprechenden Lohn- und Preisstopverordnungen des Reichsarbeitsministers und des Reichskommissars für die Preisbildung nicht unbedenklich. Es wird daher ersucht, in dieser Angelegenheit mit dem zuständigen Reichstreuhänder der Arbeit Verbindung aufzunehmen."

Am 30. Dezember hatte aber auch Großadmiral Raeder (Ob.d.M.) bei Hitler vorgesprochen, und er teilte kurz darauf Staatssekretär Syrup im Reichsarbeitsministerium mit, „der Führer habe ... befohlen, die Löhne in den Seeschiffwerften denjenigen in der Flugzeugindustrie mit sofortiger Wirkung anzugleichen"[63]. Diese Mitteilung löste erhebliche Aufregung und einige Aktivitäten aus. In seinem Schreiben vom 2. Januar 1941 fragte Syrup besorgt beim Chef der Reichskanzlei, Lammers, an, wie denn der genaue Inhalt des „vom Führer gegebenen Befehls" laute. Ohne Kenntnis des Befehls könne er, Syrup, die Verantwortung für eine Angleichung der Werftlöhne an die in der Flugzeugindustrie nicht übernehmen. Sie würde in der Werftindustrie eine Lohnerhöhung um 50 Prozent bis 100 Prozent bedeuten. „Das nur unter größten Schwierigkeiten gehaltene Lohngebäude würde ernstlich zu wanken beginnen", „das gesamte Lohnbild des Reiches, beginnend mit der Eisenindustrie und von da auf andere Industrien übergreifend", würde ernstlich gefährdet werden. Da nicht die Löhne in der Werftindustrie zu niedrig, sondern die in der Flugzeugindustrie „vielfach übersteigert" seien, solle man eher die übersteigerten Löhne und sonstigen Entgelte in der Flugzeugindustrie einschränken[64].

Zum 3. Januar 1941 berief das OKM (Oberkommando der Marine) in Berlin eine Sitzung ein, „um allgemein über die Form zu sprechen, wie dieser Führerbefehl ausgeführt werden könne"[65]. Anwesend waren Vertreter des Reichsarbeitsministeriums, des Reichskommissars für die Preisbildung, der Werften Blohm und Voß (Hamburg) und Deschimag (Bremen) sowie der Reichstreuhänder der Arbeit für das Wirtschaftsgebiet Nordmark, Völtzer, der zugleich Sondertreuhänder für die Werften war. Dem Stil der Zeit gemäß setzte Völtzer dem vom OKM erwirkten „Führerbefehl" die „vom Führer gegebene Richtschnur" entgegen: „Der Führer habe wiederholt in meisterhafter Weise den Grundsatz unserer Lohnpolitik dahin umrissen, daß jede nicht auf tatsächliche Leistung gegründete Lohnerhöhung nichts anderes sei als ein Stück inflationistisches Papier." Völtzer wandte sich entschieden gegen jede Art von Lohnerhöhung auf den Werften: Der unmittelbare Anlaß für den Wunsch des OKM nach höheren Werftlöhnen, die Prämienzahlungen in der Luftfahrtindustrie, sei auf Veranlassung des Reichsarbeitsministeriums bereits eingestellt worden. Eine generelle Lohnerhöhung auf den Werften würde auch in anderen Branchen

---

62 Schreiben des OKW an die Rüstungsinspektion des Wehrkreises II v. 30.12.1940, *IfZ München*, MA 190/2, Bl. 720341.

63 Laut Schreiben des Staatssekretärs im RAM, Syrup, v. 2.1.1941 an den Chef der Reichskanzlei, Lammers, *IfZ München*, MA 190/1, Bl. 720316 ff.

64 Ebd.

65 Vermerk über die Besprechung beim OKM Berlin über die Angleichung der Werftlöhne an die Löhne in der Flugzeugindustrie am 3.1.1941, *IfZ München*, MA 190/1, Bl. 720111 ff.

Lohnsteigerungen nach sich ziehen; das zeige die Erfahrung vom Juli 1939, als — ebenfalls auf Wunsch des OKM — die meisten Löhne in den Seeschiffs- werften um zehn Prozent erhöht worden waren. Partielle Lohnerhöhungen kämen gleichfalls nicht infrage, da sie „die seit Jahrzehnten eingelaufene Lohn- hierarchie der Werftarbeiterschaft" bzw. „die lohnpolitische Struktur des großdeutschen Reiches" störten. Was die Alternative anginge, die Löhne in den Flugzeugwerken zu senken, so bedürfe er, Völtzer, „einer Weisung des Reichsmarschalls (Göring), sonst könne er sich bei Heinkel, Arado usw. nicht mit Aussicht auf Erfolg durchsetzen"[66].

Völtzers Ausführungen scheinen nicht ohne Wirkung auf die Repräsentan- ten des OKM geblieben zu sein. Als am 7. Januar 1941 hierarchisch höher- stehende Vertreter des Reichsarbeitsministeriums, des OKM und des OKW im Reichsministerium zu einer erneuten Besprechung zusammentrafen, einig- te man sich auf eine beträchtliche Korrektur des „Führerbefehls" vom 30. Dezember 1940[67]:

> „Eine allgemeine Erhöhung der Werftarbeiterlöhne soll vermieden werden; dagegen sollen die Sonntagszuschläge verdoppelt, die Auslösung für Verheiratete, die Wohnungszulage, die Entschädigung für die Wege zur Arbeitsstelle und die Trennungszulage nach Möglichkeit erhöht und eine Zulage für Arbeiten im Freien gewährt werden. Der Reichstreuhänder d. A. Völtzer soll die Verhältnisse auf den einzelnen Werften prüfen, auch in Bezug auf eine Mil- derung des zu großen West-Ostgefälles der Löhne. Wegen der besseren Versorgung der Werft- arbeiter mit Lebensmitteln und Bohnenkaffee soll Min.Rat. Stamm versuchen, aus Marine- beständen Vorräte abzugeben. Min.Dir. Dr. Beisiegel soll arbeitseinsatzmäßig die Betriebe mit Marinefertigung besonders bevorzugt behandeln. Die Auswirkungen dieser Maßnahmen sollen abgewartet werden und evtl. nach 4 Wochen eine neue Besprechung stattfinden."

Ich nehme hier die Gelegenheit wahr, auf die Funktion, die der „Führerbefehl" in politischen Entscheidungsprozessen damals hatte, einzugehen. Denn sie wird — zumindest was die Sozialpolitik anbelangt — in der Nationalsozialismusfor- schung häufig überschätzt. So interpretiert beispielsweise Marie-Luise Recker das Besprechungsergebnis vom 7. Januar 1941 so, als seien die Arbeitsbedingun- gen auf den Werften aufgrund eines Führerbefehls verbessert worden[68]:

> „Da aber Hitler auf einer besseren Entlohnung auf den Werften bestand, einigte man sich schließlich auf einen Kompromiß: eine Anhebung der Löhne wurde abgelehnt, dafür aber

---

66 Auf Anordnung des Reichstreuhänders waren bereits von Ende 1938 bis September 1939 die Akkorde in den Flugzeugwerken überprüft und die Akkordzeiten z. T. erheb- lich gesenkt worden, bei Heinkel um 20 % (ebd., Bl. 720117 f.).

67 *IfZ München*, MA 190/1, Bl. 720340, Vermerk über die Besprechung im RAM am 7.1. 1941; vgl. auch ebd., Bl. 720338, Vermerk über die Besprechung im WiRüAmt v. 9.1. 1941.

68 Recker, *Sozialpolitik* (Anm. 48), S. 197. Sie stützt sich auf die Akten *BA/MA Freiburg*, RW 19/176, Vermerk über eine Besprechung im RAM am 7.1.1941, und *BA/MA Frei- burg*, RW 19/164, KTB WiRüAmt/Stab, Eintragung v. 7.1.1941. Während Recker darauf hinweist, daß Hitler eine Lohnerhöhung auf den Werften forderte, um genügend Ar- beitskräfte und -leistung für den U-Bootbau zu sichern, könnte die Interpretation im Masonschen Bezugsrahmen heißen, Hitler habe die Lohnerhöhung befohlen, weil er- hebliche Unruhe unter den Werftarbeitern konstatiert worden war.

Nebenleistungen (Verdoppelungen der Sonntagszuschläge, Erhöhung der Auslösung für Verheiratete, der Wohnungszulage, der Trennungszulage und des Wegegeldes sowie Gewährung einer Zulage für Arbeiten im Freien) fühlbar verbessert."

Der unmittelbare Anlaß für die Sitzungen vom 3. und 7. Januar 1941 war in der Tat der Umstand, daß Großadmiral Raeder mit dem von ihm selbst erwirkten „Führerbefehl" versucht hatte, eine sofortige Angleichung der Werftlöhne an die der Flugzeugindustrie durchzusetzen. Argumentiert man analog zum damaligen regimeinternen Verhandlungsstil mit „Führerbefehlen", dann könnte man jedoch das vorläufige Ergebnis von Raeders Bemühungen auch umgekehrt interpretieren: Da „jede nicht auf Leistung beruhende Lohnerhöhung ... nach dem Ausspruch des Führers vermieden werden" sollte (so am 7. Januar 1941 Staatssekretär Syrup wie vor ihm Völtzer), wurde beschlossen, die Werftlöhne nicht zu erhöhen. Auch diese Interpretation wäre nur eine verzerrte Wiedergabe des eigentlichen Entscheidungsprozesses, in dem „Führerbefehle" im Endergebnis kaum eine Rolle spielten. Die Kriterien, auf deren Grundlage die verschieden gelagerten Interessen des OKM, des Reichsarbeitsministeriums, der DAF und der „Betriebsführer" − um die Hauptbeteiligten in diesem Fall zu nennen − zu einem Kompromiß kamen, waren (kriegs-)ökonomischer und herrschaftsstrategischer Natur. Ähnliches erweist sich bei näherem Hinsehen auch in den Entscheidungsprozessen bezüglich der Dienstverpflichtung von Frauen und der Frauenlöhne im Krieg. Auch in diesen Fällen wurden damals „Führerbefehle" in die Diskussion gebracht, auf die sich heute die einschlägige Literatur in Interpretation der Ergebnisse mit Vorliebe beruft. Ich komme in Abschnitt IV. 2. darauf zurück.

Jedenfalls ist die Debatte um die Werftlöhne ein gutes Beispiel dafür, wie die Fixierung auf einen „Führerbefehl" dazu führen kann, daß die Zwischentöne in politischen Entscheidungen überhört werden. Das Besprechungsergebnis vom 7. Januar 1941 entsprach keineswegs dem „Führerbefehl" vom 30. Dezember 1940. Die Nebenleistungen sollten nicht „erheblich verbessert" werden, wie Marie-Luise Recker schreibt, sondern „nach Möglichkeit erhöht" werden. Der Beschluß war nicht endgültig, sondern die Auswirkungen sollten „abgewartet" und gegebenenfalls revidiert werden. (Wozu sonst eine neue Besprechung vier Wochen später?) Ein Schreiben vom 12. Januar 1941 an Völtzer, in dem Staatssekretär Syrup vom Reichsarbeitsministerium die einzelnen Punkte des Beschlusses vom 7. Januar noch einmal konkretisierte, macht deutlich, wie vorläufig er war. Die einzige Verbesserung, die tatsächlich durchgeführt werden sollte, war die Verdoppelung der Sonntagszuschläge. (Auch sie wurde bald wieder rückgängig gemacht.) Alle anderen Punkte sollte Völtzer „überprüfen" und nur „notfalls", „gegebenenfalls", bei „etwa bestehenden Unzuträglichkeiten" Verbesserungen vornehmen bzw. auf andere Instanzen (OKM und DAF) „einwirken", daß sie das ihre taten[69].

In Konsequenz ihres Ansatzes interpretiert Marie-Luise Recker das Resul-

---

69 Schnellbrief des RAM v. 12.1.1941 an den Sondertreuhänder für die deutschen Seeschiffswerften, Reichstreuhänder Dr. Völtzer, *IfZ München*, MA 190/1, Bl. 720335 ff. In dem Schreiben wird der Sondertreuhänder aufgefordert, nicht nur mit den „Betriebsführern", dem OKM und dessen Dienststellen sowie der DAF eng zusammenzuarbeiten, sondern auch mit den zuständigen Gauleitern.

tat der Besprechung vom 7. Januar 1941 als eine versteckte Lohnerhöhung[70]. Doch es sollte lediglich die Möglichkeit solcher versteckter Lohnerhöhungen geprüft werden. Vor allem aber sollte nach Möglichkeiten gesucht werden, das Verhältnis von Leistung und Lohn auf den Werften — selbstverständlich zugunsten der Leistung — zu verbessern[71]:

> „Bei der Überprüfung der Arbeitsverhältnisse sind gemeinsam mit den Betriebsführern, den Vertretern der Deutschen Arbeitsfront und den Betriebsobmännern Wege und Mittel zu suchen, um die Leistungen der Gefolgschaften zu erhöhen. Die Verdienstunterschiede der Werftarbeiter und z.B. der Arbeiter in der Luftfahrtindustrie erklären sich zu einem erheblichen Teil aus den geringeren Leistungen und dem ruhigeren Arbeitstempo auf den Werften. Gelingt es, die Leistungen der Arbeiter zu heben und, soweit möglich, auch die Wochenarbeitszeit zu verlängern, so werden sich die Verdienste wenigstens teilweise an die der Luftfahrtindustrie von selbst angleichen, ohne daß eine allgemeine Lohnerhöhung notwendig wäre. Die Löhne der einzelnen Werften, ..., sind darauf zu überprüfen, ob jede Arbeit auch die ihrer Art ..., ihrer Schwere und ihrer Verantwortung entsprechende Einstufung in die betriebliche Lohnordnung gefunden hat."

Während sich Sondertreuhänder Völtzer daran machte, die Arbeitsbedingungen auf den Seeschiffswerften aufs genaueste unter die Lupe zu nehmen — übrigens ohne daß die Belegschaften etwas davon merken sollten[72] —, hatte sich im Auftrag des Chefs des Wehrwirtschafts- und Rüstungsamtes (WiRüAmt) beim OKW die Abteilung Vertrags- und Preisprüfwesen mit den Verdienstunterschieden zwischen Werft- und Flugzeugindustrie und mit den möglichen Folgen einer Lohnerhöhung auf den Werften befaßt. Man kam zu dem Schluß, der Hauptgrund für die Verdienstunterschiede lägen darin, „daß die Flugzeugbauer die Chancen der Stücklohnarbeit voll ausnutzen, die Werftarbeiter dagegen an einer bestimmten, genau erkennbaren Grenze (bei etwa 35 % Akkordverdienst) Halt machen, weil sie entweder a) fürchten, daß die Werftleitung die Vorgabezeiten kürzt, wenn die Akkorde klettern, oder b) bei dieser Kraftanspannung Wochenverdienste erzielen, die ihnen, gemessen an den Kaufmöglichkeiten, ausreichend erscheinen, oder c) weil durch Störungen im Arbeitsfluß Höchstleistungen nicht aufkommen können."

Bei Grund b und c, so der Bericht, versage die Grundlohnerhöhung als Mittel zu Leistungssteigerungen vollkommen. In den Ausführungen zu Grund a wird ein Prinzip deutlich, das die Lohnpolitik während des ganzen Zweiten Weltkrieges bestimmen sollte. Mag die Angst vor Unruhen in der Arbeiter-

---

70 „Diese Vorgänge zeigen deutlich, daß die Absicht, durch die direkte Kontrolle der Löhne und Preise das Mißverhältnis zwischen dem sich verknappenden Warenangebot und der gesteigerten Kaufkraft möglichst zu begrenzen, kaum zu verwirklichen war." Recker, *Sozialpolitik* (Anm. 48), S. 197.

71 *IfZ München,* MA 190/1, Bl. 720335. Brief des RAM v. 12.1.1941 an Sondertreuhänder Völtzer.

72 „Dr. Völtzer bittet die Sachverständigen, die Sitzung absolut vertraulich zu behandeln und insbesondere die auf der Sitzung erörterten Fragen nicht innerhalb der Gefolgschaften zu besprechen und dadurch etwa Unruhe und Hoffnungen in die Gefolgschaften zu bringen." Besprechung am 23.1.1941 in Hamburg, ebd., Bl. 720182 f. Diese Bitte wiederholte Völtzer sinngemäß auch auf den anderen Sachverständigenausschußsitzungen.

schaft generelle Lohnsenkungen, ja sogar eine rigide Durchsetzung des Lohnstopps verhindert haben, so schreckte man keineswegs davor zurück, „Leistungsreserven" durch Akkordverschärfungen zu „mobilisieren": „Im Falle a
ist von der Grundlohnerhöhung eine Leistungssteigerung nur dann zu erhoffen,
wenn gleichzeitig die Akkordvorgabezeiten gesenkt werden. (So hat z. B. der
Reichstreuhänder von Thüringen durch eine etwa 25 prozentige Senkung der
Vorgabezeiten eine ebenso große Steigerung der Leistungen, die gleichwertig
mit der Arbeitskraft von 55 000 Mann eingeschätzt wird, erreicht, weil die Arbeiter ihre ursprünglichen Verdienste wieder zu erreichen bestrebt waren.)"[73]

Reichstreuhänder Völtzers Untersuchungen betrafen nicht lediglich die
beiden Betriebe, die Anlaß für die Überprüfungsaktion gegeben hatten, nämlich Heinkel und die Neptun-Werft in Rostock. In sechs großen Sachverständigenausschußsitzungen in Kiel, Hamburg, Bremen, Stettin, Danzig und Königsberg wurden „Betriebsführer und Betriebsobmänner sämtlicher führender
Werften gehört". Heinkel in Rostock, die Neptun-Werft in Rostock, die Schichau-Werft in Königsberg und die Kriegsmarinewerften in Wilhelmshaven und
Kiel wurden besichtigt. Bei den Beratungen waren ständige Vertreter der DAF
und des OKM anwesend. Hinzugezogen wurden auch die zuständigen Reichs-
verteidigungskommissare, Gauleiter, Gauwalter der DAF, Rüstungsinspekteure,
Reichstreuhänder und Präsidenten der Landesarbeitsämter. Zwar standen sämtliche Erhebungen „unter der Hauptfrage, ob auf dem Wege über den Lohn
eine Leistungssteigerung der deutschen Seeschiffswerften zu erzielen" sei,
doch kam − anders als im Bericht der Abteilung Vertrags- und Preisprüfwesen
des OKW − so ziemlich alles zur Sprache, was nur irgendwie mit Lohn und
Leistung zusammenhing: Grundlagen der Lohnordnung, die tatsächlichen Verdienste auf den Werften und in der Flugzeugindustrie, die Akkordarbeit auf
den Werften, die Akkordfähigkeit der Leistungszulagen, das Arbeitstempo auf
den Werften, Löhne der Jugendlichen, Prämienzahlungen, Außenarbeiten-Zu-
lage, Arbeitszeit, Erhöhung des Sonntagszuschlags, Berechnung der Zuschläge,
Arbeitsdisziplin, Verkehrsfragen und Fahrgelderstattung, Trennungsgelder
und Verdienstausgleich für Dienstverpflichtete, Wohnungssituation, Lagerbe-
treuung und Sozialräume, Verpflegung, Bekleidung, Schuhzeug, ärztliche Betreuung, Abbau der Lohnabzüge, Arbeitseinsatz und sogar immaterielle Anreize wie z. B. das Kriegsverdienstkreuz[74].

Aus den Protokollen der Sachverständigenausschußsitzungen und der Be-
sichtigungen geht hervor, daß sich die Arbeitsbedingungen von Betrieb zu
Betrieb, von Region zu Region, erheblich unterschieden. Durchgängig aber

73 Aktenvermerk v. 13.1.1941 über die Besprechung am 10.1.1941 beim OKM, ebd., Bl.
720323. In Thüringen waren in einigen ausgewählten Betrieben ab 1938/39 in Zusammenarbeit mit der DAF neue Entlohnungssysteme zur Leistungssteigerung erprobt worden. Diese Versuche wurden vom Gauleiter von Thüringen, Fritz Sauckel, unterstützt.
Sauckel war ab 1942 als Generalbevollmächtigter für den Arbeitseinsatz für die „Beschaffung" und „Zuteilung" ausländischer Arbeitskräfte und für die Lohnpolitik zuständig. Vgl. Abschnitt IV.2. unten.
74 Überprüfung der Arbeitsbedingungen bei den deutschen Seeschiffswerften. Berichter-
statter: Reichstreuhänder Dr. Völtzer, Hamburg, 15.2.1941, *IfZ München*, MA 190/1,
Bl. 720107−720252. Zu den Angaben im obigen Absatz vgl. Überprüfung, Bl. 720122f.,
720108.

konnte man die Wohnungssituation „ohne Übertreibung als katastrophal bezeichnen", waren die Verkehrsverhältnisse „teilweise äußerst schlecht"[75] und erachtete man oft auch die Versorgung mit Lebensmitteln und Kleidung als nicht sonderlich zufriedenstellend[76]. Obwohl es sich hierbei um eher betriebsunspezifische Probleme handelte, wirkten sie sich doch auf den „Arbeitseifer" in den Betrieben aus. So betonte Völtzer in seinem zusammenfassenden Bericht[77]:

> „Es muß erreicht werden, daß die Dienstverpflichteten und auswärtigen Arbeitskräfte, die nun schon seit langem auf eine Wohnung warten, endlich ihre Familien nachkommen lassen können. Damit wäre einer der wesentlichsten Gründe der Unzufriedenheit auf den Werften überhaupt beseitigt. Die Dienstverpflichteten versuchen heute alles, um wieder in die Heimat zu kommen. Alle Schwierigkeiten, die sich daraus ergeben, und alle Unzufriedenheit würden mit einem Schlage beseitigt werden, wenn es gelingt, einen Teil der Auswärtigen seßhaft zu machen."

Zur Verkehrslage führte er aus, sie sei insbesondere in Wilhelmshaven, Kiel, Lübeck, Stettin und Gotenhafen katastrophal: „Das wirkt sich auch auf die Arbeitsdisziplin aus, indem unzuverlässigen Elementen ein bequemer Grund zur Arbeitsversäumnis gegeben wird. ... In der Lösung dieser Frage steckt ebenfalls gewisse Leistungsreserve." Hinsichtlich der Verpflegung in den Betrieben, die ja für die Stärkung der Arbeitskraft und auch der Betriebstreue wichtig war, in der die Betriebe jedoch aufgrund der Rationierung relativ wenig Spielraum hatten, wurde auf einige Sonderfälle hingewiesen. So wurde beispielsweise bei Heinkel die recht spärliche Versorgung der Kantinen mit Fleisch aus einer betriebseigenen Schweinezucht aufgebessert. Und bei der Kriegsmarinewerft in Wilhelmshaven mußten die Arbeiter nicht − wie ansonsten üblich − für ihr Essen Fleischmarken abliefern, weil die Kantine aus Beständen der Kriegsmarine versorgt wurde[78].
   In der Einsicht, daß die Wohnungs-, Verkehrs- und Versorgungsmisere unter den Kriegsbedingungen kurzfristig nicht zu beheben war, beschränkten sich die Abhilfevorschläge auf Hinweise wie den, daß mehr Wohnungen gebaut werden sollten, auf einen Appell an das OKM, es möge aus seinen Beständen zusätzliche Verpflegung bereitstellen, oder etwa auf die Zusage der DAF, sie werde die Werften in ihre Verteilung von Vitaminpillen mit einbeziehen[79]. Während also die allgemeinen Lebensbedingungen zwar einer umfassenden Bestandsaufnahme unterzogen, jedoch nicht ebenso umfassend verbessert wurden, widmete man seine erhöhte Aufmerksamkeit den Möglichkeiten, durch die „versteckte Leistungsreserven" *in* den Betrieben mobilisiert werden könnten. Diskutiert wurde im wesentlichen, ob die Arbeitszeit verlängert und wie das „Arbeitstempo" gesteigert werden könnte.
   Die einfachste Form, unter gegebenen Bedingungen mehr Arbeitsleistung

---

75 Ebd., Bl. 720071, 720129.
76 Ebd., Bl. 720128.
77 Ebd., Bl. 72015, 720154.
78 Ebd., Bl. 720164, 720236.
79 Ebd., Bl. 720071, 720156.

pro Beschäftigtem zu erzielen, scheint die Anordnung von Überstunden zu sein. Eine solche Maßnahme stößt — innerhalb gewisser Grenzen — in der Regel bei den Lohnabhängigen auf relativ geringen Widerstand, da ihr Verdienst steigt. Aus dieser Überlegung heraus hatte das Reichsarbeitsministerium zunächst eine Verdoppelung der Sonntagszuschläge auf der Neptun-Werft bewilligt, um so einerseits die Produktion zu erhöhen und andererseits die Unzufriedenheit der Werftarbeiter über die Diskrepanz zwischen ihren Verdiensten und denen bei Heinkel zu beschwichtigen. Die Werftbesichtigungen und Sachverständigenausschußsitzungen ergaben dann jedoch, daß weder eine Verlängerung der Arbeitszeit in der Woche noch eine Vermehrung der Sonntagsarbeit leistungssteigernd wirken würde. Auf den Werften wurde ohnehin schon, soweit es die Witterungsverhältnisse und die Verdunklungsvorschriften (gegen Fliegerangriffe) erlaubten, 60 Stunden und mehr in der Woche und zumeist noch zusätzlich zwei bis drei Sonntage im Monat gearbeitet[80]. In den Ausschußsitzungen wurde sowohl von Seiten der „Betriebsführer" als auch der DAF-Obleute wiederholt betont, „es habe keinen Zweck, mehr als 60 Stunden in der Woche zu arbeiten"[81], „durch weitere Überstunden würde ... eine irgendwie nennenswerte Mehrleistung nicht erzielt werden"[82]. Auch eine Vermehrung der schon extensiv praktizierten Sonntagsarbeit und insbesondere die Verdoppelung des Zuschlags für Sonntagsarbeit (von 50 Prozent auf 100 Prozent) wurde abgelehnt:

„Eine *dauernde* Sonntagsarbeit *aller* Werftarbeiter ist nicht durchführbar. ... Der jetzige Zuschlag von 50 % für Sonntagsarbeit bietet genügend Anreiz, um ausreichend Arbeiter für Sonntagsarbeit zu erhalten. Eine Erhöhung oder Verdoppelung würde zur Folge haben, daß zwar das Drängen nach Sonntagsarbeit stärker würde, dafür würde aber das Abfeiern des doppelt bezahlten Sonntags an einem Werktag einen solchen Umfang annehmen, daß sich daraus statt einer Leistungssteigerung ein Leistungsrückgang ergeben würde."[83]

Damals war die Mobilisierung der Wirtschaft noch von dem Konzept eines „Blitzkrieges" bestimmt. Nach dem Krieg kam der Schlußbericht der „United States Strategic Bombing Surveys" zu dem Ergebnis, daß die deutsche Kriegsführung in den ersten Jahren die Ressourcen nicht voll ausgeschöpft hatte, weil sie von einem baldigen Ende des Krieges ausging[84]. Diese Politik war *ein* Grund dafür, weshalb sich die Sachverständigen in der Überprüfung der Ar-

---

80 Vgl. ebd., Bl. 720071, 720152, 720176, 720192, 720208, 720270.

81 Ebd., Bl. 720228 (Äußerung der Deschimag, Seefeld).

82 Ebd., Bl. 720208 (Äußerung des Vertreters der Flensburger Schiffsbaugesellschaft). Auch Schiffsbaudirektor Paesch von der Howaldwerft, Hamburg, stimmte Gauobmann Habedank zu, als dieser darauf hinwies, „daß die Leistungsfähigkeit der einzelnen Gefolgschaftsmitglieder bei verlängerter Arbeitszeit außerordentlich abnimmt, und zwar liegt die Grenze schon bei 50 Stunden wöchentlich". (Ebd., Bl. 720192.) Völtzer stellte in seinem Endbericht fest: „Die Wochenarbeitszeit der Werften ist voll ausgenutzt. Eine erhebliche Steigerung scheint ohne Gefährdung der Leistungen nicht mehr möglich." (Ebd., Bl. 720125.)

83 Ebd., Bl. 720124 (Völtzers Zusammenfassung).

84 *The Effects of Strategic Bombing on the German War Economy*, The United States Strategic Bombing Survey, Overall Economics Effects Division, Washington D.C. 1945, S. 6.

beitsbedingungen auf den Werften gegen eine Ausdehnung der Arbeitszeit aussprachen. Doch wußten sie sicherlich auch, daß eine längere Arbeitszeit kein sehr zuverlässiges Mittel war, um den Arbeitskräftemangel auszugleichen. Trotz zunehmend drakonischer Disziplinierungsmaßnahmen erhöhten sich die Fehlzeiten und sank die Arbeitsproduktivität. In der „stärkeren Mechanisierung aller Arbeitsvorgänge (und) der dadurch erhöhten Arbeitsintensität" sah das Statistische Reichsamt Anfang 1943 die wesentliche Ursache für die „zunächst befremdliche Feststellung", daß 1942 die Wochenarbeitszeit in der Metallindustrie kürzer war als 1913/14[85]. In einem Bericht über eine Rundfrage, die das OKW bei den Rüstungsinspektionen Ende 1942 zur Frage „gleiche oder erhöhte Leistung bei verkürzter Arbeitszeit" durchgeführt hatte, wurde festgestellt, „daß bei einer verlängerten Arbeitszeit bis 60 Stunden in der Woche und darüber hinaus die erwarteten Steigerungen in den Fertigungen nicht erreicht wurden". Angeführt wurden die Erfahrungen eines großen Werkes in Sachsen, das dazu übergegangen war, „alle 3 Wochen eine 4. sogen. Entspannungswoche mit 48-stündiger Arbeitszeit einzuführen. Die Arbeitsleistung insgesamt ist trotzdem höher, als wenn durchgehend 59–60 Stunden gearbeitet würden." Ein Betrieb in Berlin sei 1941 von einem Zehn- auf einen Acht-Stunden-Arbeitstag übergegangen und habe als Erfolg eine erhebliche Reduktion des Krankenstandes verzeichnen können[86].

Es ist bemerkenswert, daß sich später, am 11. März 1943, auch der Leiter des Amts „Soziale Selbstverwaltung" der DAF, Hupfauer, auf einer Besprechung der Unterkammer „Mensch und Leistung" der Reichsarbeitskammer auf die Rundfrage des OKW berief. In seiner Rede vor „Betriebsführern" und DAF-Funktionären stellte er fest, daß eine Verlängerung der Arbeitszeit im Hinblick auf die notwendige Leistungssteigerung zwar sehr verlockend erscheine, der Erfolg aber „mehr als fraglich" sei, und verwies dabei auch auf frühere Untersuchungen in den USA (F.W. Taylor) und im Ersten Weltkrieg in England, die erbracht hätten, daß in acht Stunden täglicher Arbeitszeit mehr geleistet werde als in zehn oder zwölf Stunden. Aufgrund dieser Erfahrungen plädierte Hupfauer für eine Begrenzung der Arbeitszeit für Männer auf 54 Stunden und für Frauen auf 48 Stunden pro Woche, betonte aber auch, daß die „Festsetzung der Arbeitszeit dem Betriebsführer nach wie vor in eigener Verantwortung überlassen bleiben muß"[87]. Denn es sei „kaum möglich", „die Arbeitszeit in Hinblick auf die notwendige Leistungssteigerung für alle kriegswirtschaftlichen Gewerbezweige einheitlich festzusetzen und formal zu regeln"[88].

---

85 Ergebnisse der amtlichen Lohnerhebungen für März 1943, Statistisches Reichsamt, *DZA Potsdam*, 31.02, Sign. 2890, Bl. 95.

86 Zit. nach einem Vortrag von Hupfauer vor der Unterkammer „Mensch und Leistung" der Reichsarbeitskammer am 11.3.1943; *BA Koblenz*, NS 5 I/21, S. 7 f.

87 Ebd., S. 6, 7, 9.

88 Ebd., S. 10. Daß Hupfauers Arbeitszeitvorstellungen Illusion blieben, illustriert der folgende Auszug aus einem Schreiben des Generalbevollmächtigten für den Arbeitseinsatz (*BA Koblenz*, R 41/228, Bl. 6): „Eine Beschäftigung von männlichen Gefolgschaftsmitgliedern über 18 Jahre in zwölfstündigen Wechselschichten *und* achtstündiger Arbeit an jedem zweiten Sonntag muß auf längere Sicht zwangsläufig zu einem Absinken der Arbeitsleistung und zu Gesundheitsschädigungen der Gefolgschaftsmitglieder

Als einen wichtigen Grund, der keine einheitlichen Regelungen zulasse, führte Hupfauer an, „daß Intensitätssteigerungen bei Arbeitszeitverkürzungen fast ausschließlich nur bei den tüchtigen Arbeitern und Arbeiterinnen beachtet werden könnten"[89]. Der Weg von dieser arbeitswissenschaftlichen Einsicht zu einer Diskriminierung „fremdvölkischer" Arbeitskräfte war nicht weit. Als gegen Ende des Krieges diskutiert wurde, ob man „Freizeitakkorde" einführen sollte – eine Akkordform, bei der ein bestimmtes Arbeitspensum vorgegeben wird und der Arbeiter/die Arbeiterin (früher) nach Hause gehen kann, wenn das Pensum erledigt ist –, sprach sich der REFA (Reichsausschuß für Arbeitsstudien) grundsätzlich dagegen aus. „Allenfalls hat sich bei minderleistenden Ausländer-Gruppen bewährt, sie über die übliche Arbeitszeit des Werkes hinaus weiterarbeiten zu lassen, bis sie die verlangte Menge geschafft haben."[90]

Auch im Fall „deutscher Gefolgschaftsmitglieder" blieben die Versuche, durch eine Reduktion der Arbeitszeit eine Steigerung der Arbeitsintensität zu erreichen, Ausnahmen. Im statistischen Durchschnitt wurden in der deutschen Industrie in den Jahren 1940 bis 1943 etwa 49 Stunden pro Woche gearbeitet[91]. Hinter diesem Durchschnitt verbergen sich jedoch gegenläufige Tendenzen für einzelne Industriezweige und Beschäftigtengruppen. Der Durchschnitt für Frauen lag niedriger, vor allem weil viele von ihnen nur halbtags arbeiteten. In den Verbrauchsgüterindustrien, die einen hohen Anteil an Frauen unter den Beschäftigten hatten und deren Produktion und Rohstoffversorgung eingeschränkt wurde, lag der Durchschnitt ebenfalls niedriger. In den Branchen der Rüstungsindustrie hingegen war eine Arbeitswoche von 60 Stunden – im statistischen Durchschnitt – die Regel. In den Bemühungen, die Notwendigkeit, den Arbeitskräftemangel durch eine längere Arbeitszeit ausgleichen zu müssen, mit dem Umstand zu vereinbaren, daß der moderne Produktionsprozeß leistungsfähige und zu einem gewissen Grade auch leistungswillige Arbeitskräfte erfordert, hat das Regime zunehmend auf „Stoßprogramme" oder „Schwerpunktprogramme" zurückgegriffen, die, wie eingangs am Beispiel der Flugzeugindustrie beschrieben, auf einen bestimmten Zeitraum beschränkt waren, in dem den Beschäftigten extrem lange Arbeitszeiten abverlangt wurden[92].

Fortsetzung Fn. 88

führen. Ich habe deshalb den Reichsminister für Bewaffnung und Munition gebeten, bei regelmäßigen zwölfstündigen Schichten von der Forderung nach Sonntagsarbeit Abstand zu nehmen, und ... dafür zu sorgen, daß der Firma Stahlwerke Röchling-Buderus AG. in Wetzlar die zur Einführung einer tragbaren Arbeitszeit benötigten zusätzlichen Arbeitskräfte baldmöglichst überwiesen werden. Mit Rücksicht auf die Wichtigkeit und Dringlichkeit der Aufträge bin ich mit der Aufrechterhaltung der erteilten Genehmigung vom 19. Nov. 1942 ... für eine Übergangszeit bis zur Zuweisung der benötigten Arbeitskräfte einverstanden."

89 Hupfauer in seiner Rede vom 11.3.1943 (Anm. 86), S. 10. Hupfauer bezog sich dabei auf die oben erwähnten Untersuchungen in England und in den USA.

90 Bericht vor der Hauptausschußsitzung des REFA, 20./21.10.1944 in Dresden, 1. Zusatz zur ZW 8 – Mitteilung Nr. 22 v. 14.12.1944, S. 1, *SAA*, 14/Lb 696. In dem Siemens-Betrieb IW-Sonneberg hatte man zeitweise „Ostarbeiterinnen solange am Tage arbeiten lassen, bis sie die Schichtleistung normalleistender deutscher Arbeitskräfte erreicht" hatten. *SAA*, 60/Ls 657, ZW-Mitteilungsblatt, Nr. 11, Juli 1943.

91 Vgl. *The Effects* (Anm. 84), S. 215; Ergebnisse (Anm. 85), Bl. 97 f.

92 Vgl. *The Effects* (Anm. 84), S. 35.

Durchgängig gehörten zu den Bestrebungen, die Leistung zu steigern, auch konzertierte „Erziehungsmaßnahmen", denn — so Hupfauer 1943 — „seelisch wird das Wissen um die *Notwendigkeit der längeren Arbeitszeit* zweifellos einen günstigen Einfluß auf die Gesamtleistung eines Betriebes ausüben. Beweis dafür sind die wirklich gewaltigen Leistungen unserer Kriegsmusterbetriebe."[93] Die Erziehungsmaßnahmen wurden durch Kontrollmaßnahmen ergänzt. 1943/44 setzte sich die DAF für die Einführung einer standardisierten „Arbeitsversäumniskartei" in den Betrieben ein, die nicht nur den Unterschied zwischen vorgegebener und tatsächlich geleisteter Arbeitszeit, sondern auch die Gründe für „Arbeitsversäumnisse" erfaßte[94]. Parallel dazu verschärfte der Generalbevollmächtigte für den Arbeitseinsatz die Strafvorschriften für unentschuldigtes Fehlen[95].

Doch zurück zur Überprüfung der Arbeitsbedingungen auf den Werften 1941. Auch hier kamen „Arbeitsversäumnisse" zur Sprache. Ein besonderes Problem waren die Dienstverpflichteten. Direktor Rodin von der Schichau-Werft in Königsberg klagte: „Der Wille zur Arbeit ist bei den Dienstverpflichteten z. T. nicht vorhanden." Direktor Schmitz von der Neptun-Werft lieferte eine Erklärung für diesen mangelnden Arbeitswillen. Er wies darauf hin, „daß die Unzufriedenheit der Dienstverpflichteten hauptsächlich auf den Wohnungsmangel und den Arbeitszwang zurückzuführen ist". (Ein weiterer Grund war oft auch der im Vergleich zum alten Arbeitsplatz niedrigere Verdienst.) Und er klassifizierte die Arbeitsbereitschaft der Dienstverpflichteten folgendermaßen: Sie „stammen hauptsächlich aus Frankfurt a. M. (ihre Arbeitsleistung wird als schlecht bezeichnet), Saarbrücken (befriedigend) und Heilbronn (gute Arbeitsleistung)"[96]. Die Klagen über die Dienstverpflichteten waren kein

---

93 Rede v. 11.3.1943 (Anm. 86), S. 10. Der Kriegsmusterbetrieb Messerschmitt in Regensburg führte im März 1943 zusätzliche „freiwillige" Sonderschichten ein, deren Erlös Ley überwiesen wurde. Im April 1944 wurde die wöchentliche Arbeitszeit (einschl. Sonntagsarbeit) auf 72 Stunden festgelegt. Die Mittagspause dauerte 45 Minuten, die Frühstückspausen wurden gestrichen. Diese Arbeitszeit galt auch für Frauen und Jugendliche. *BA Koblenz*, NS 5 I/74, Bekanntmachungen des Betriebsführers v. 1.4.1943 u. 25.4.1944.

94 Die DAF *Betriebs-Information*, Nr. 2, 1943, meldete: „Wegen der Lieferung der ... Arbeitsversäumniskartei sind derartig viele Anfragen eingegangen, daß der Verlag der DAF sich veranlaßt gesehen hat, diese Karteikarte in einer größeren Auflage zu drucken." In der Besprechung der Unterkammer „Mensch und Leistung" am 11.3.1943 (*BA Koblenz*, NS 5 I/21) betonte Hupfauer: „Die Analyse der Arbeitsfehlzeiten vermittelt ein einwandfreies und klares Bild über jedes einzelne Gefolgschaftsmitglied und gibt dem Betriebsführer darum auch die Möglichkeit, dort zu erziehen, wo mit Erfolg erzogen werden kann, dort zu strafen, wo auf Grund dauernder schlechter Haltung unbedingt und dann auch scharf gestraft werden muß." (S. 15.) Direktor Benkert wies in derselben Besprechung (S. 21) auf Untersuchungsergebnisse des Siemens Konzerns hin: „Insgesamt betrüge der Arbeitsausfall heute 20—25 % der Soll-Zeiten, von denen 10—12 % durch entsprechende Maßnahmen glatt hereingeholt werden könnten."

95 Beispielsweise durch die Anordnungen des Generalbevollmächtigten für den Arbeitseinsatz „Zur Sicherung der Ordnung in den Betrieben" v. 15.11.1943 (*RGBl. I*, S. 581) und vom 23.9.1944 (*RGBl. I*, S. 359). Vgl. auch Siegel, Lohnpolitik (Anm. 14), Kap. 4.4.

96 *IfZ München*, MA 190/1, Bl. 720286, 720180.

werftspezifisches Problem, sondern ein immer wiederkehrendes Thema in den Lageberichten verschiedener Behörden im Reich[97]. Allerdings bereitete das allgemeine „Arbeitstempo" den Werftsachverständigen und Reichstreuhänder Völtzer weitaus mehr Kopfzerbrechen. Völtzer berief sich zur Charakterisierung der „Bummelei" auf den Werften sogar auf die Aussagen Dienstverpflichteter, von denen „in großem Umfange in Briefen an ihre Angehörigen berichtet würde, daß das Tempo bei der Werft außerordentlich träge sei und sie an ihrem alten Arbeitsplatz weit mehr leisten könnten. Es fehle völlig an genügendem Aufsichtspersonal."[98] In seinem Ergebnisbericht stellte Völtzer zusammenfassend fest[99]:

> „Die *geringeren Leistungen* und das *ruhigere Arbeitstempo* müssen bei den Werften als geradezu betriebs- ja *wesensbedingt* angesehen werden. Die Verlustzeiten, die sich daraus ergeben, sind im Schiffbau stärker, wie in den in geschlossenen übersichtlichen Hallen liegenden Werkstätten. Sie sind bedingt durch den häufigen Wechsel des Arbeitsplatzes, durch lange Wegezeiten, mannigfache Verdrückungsmöglichkeiten usw. Das ruhigere ‚Tempo' kann gegenüber der Flugzeugindustrie und anderen Zweigen der Metallindustrie mindestens gut 5 % (gleich täglich mindestens 1/2 Stunde) angesetzt werden. *Gegenmittel:* Ständige Betriebsrationalisierung, verstärkte Aufsichten und Kontrolle, Erziehung. Diese Maßnahmen werden erschwert durch den Personalmangel und sind besonders schwierig durchführbar bei den heute bunt zusammengewürfelten Gefolgschaften."

Da es an Aufsichtspersonal — ebenso wie an Arbeitskräften überhaupt — mangelte, meinte man, die „Verdrückungsmöglichkeiten" kaum beseitigen, das Arbeitstempo kaum durch direkten Zwang erhöhen zu können. So suchte man nach Wegen der Leistungssteigerung über die Modifikation der Löhne. Fast einhellig vertraten die „sachverständigen" Betriebsobmänner und Betriebsführer die Ansicht, daß durch *allgemeine* Lohnerhöhungen oder Prämien die „Arbeitsfreudigkeit" nicht gesteigert werde[100]. Die Überprüfung der Arbeitsbe-

97 Recker (*Sozialpolitik* [Anm. 48], S. 43, Anm. 100) nennt z.B. den Bericht der Wirtschaftskammer Bayern und der Industrie- und Handelskammer München für die Wirtschafts- und Versorgungslage im Gau München-Oberbayern v. 27.10.1939 (*BHStA*, Reichsstatthalter 475); den Bericht der Rüstungsinspektion XII v. 27.12.1939 (*BA/MA Freiburg*, WiIf 5/1220); das Rundschreiben des Ministers für Bewaffnung und Munition v. 16.7.1940 (ebd.). Mason (*Arbeiterklasse* [Anm. 2], S. 1182, 1204, 1210) nennt den SD-Bericht zur innenpolitischen Lage v. 15.11.1939, nach dem viele in Wilhelmshaven eingesetzte „Wiener, sudetendeutsche und schlesische Arbeitskräfte versuchen, durch vorgetäuschte Krankheit die Rückkehr in ihre Heimat zu erzwingen"; den Lagebericht des Führerstabes Wirtschaft in Dresden v. 6.12.1939. Siemens führte 1942 in seinen Betrieben Nürnberger Werk und Transformatorenwerk eine „Leistungserhebung" durch und stellte fest, im Vergleich zur Leistung eines „vollwertigen deutschen Stammarbeiters" (= 100 %) betrage im Schnitt die Leistung der Dienstverpflichteten 88,5 %, der Ausländer 80 % und der Kriegsgefangenen 69,5 % (*SAA*, 60/Ls 657, ZW-Mitteilungsblatt, Nr. 7, Juli 1942).
98 *IfZ München*, MA 190/1, Bl. 720193.
99 Ebd., Bl. 720125.
100 Ebd., Bl. 720146, 720149. Die Begründung war: „Die Arbeiter seien mit den von ihnen erzielten Verdiensten durchaus in der Lage, sich die Mengen, die ihnen auf ihre Karten zustehen, für sich und ihre Familie anzuschaffen. ... Eine Erhöhung des Verdienstes würde den Arbeiter im Gegenteil unlustig zur Ableistung von Überstunden, Sonntags-

dingungen auf den Werften ergab jedoch, daß durch eine Verbesserung der Akkordsysteme Leistungsreserven in Höhe von 10 Prozent bis 20 Prozent mobilisiert werden könnten[101].

80 Prozent bis 90 Prozent der Werftarbeiter arbeiteten im Akkord. Doch war das Akkordsystem häufig — so Reichstreuhänder Völtzer — sehr „undurchsichtig"[102]. Nur auf wenigen Werften waren alle Akkorde nach dem REFA-Verfahren kalkuliert. Ich gehe in Kapitel V. ausführlicher auf das REFA-Verfahren ein. Hier mag der Hinweis genügen, daß Grundlage des REFA-Zeitstudienakkords die systematische Kalkulation der Vorgabezeit ist, d.h. der Zeit, in der eine bestimmte Leistung für einen bestimmten Lohn erbracht werden soll. Das REFA-Verfahren beansprucht, diese Zeit objektiv und wissenschaftlich zu messen. Hingegen herrschte in dem „undurchsichtigen" Akkordsystem der Werften der Stückgeldakkord vor, d.h. es wurde ein bestimmter Lohn für eine bestimmte Anzahl hergestellter „Stücke" festgelegt, wobei die zur Herstellung dieser Stücke erforderliche Zeit lediglich geschätzt war. Verkürzte sich diese Zeit, weil die Produktionsmethode geändert wurde, dann mußte die Stück-Lohn-Relation neu festgesetzt werden, sollte die Leistungs-Lohn-Relation dieselbe bleiben. Beließ man es bei der alten Stück-Lohn-Relation, dann entstanden „Scheinakkorde", auch „unechte" Akkorde genannt. Die Arbeiter konnten dann bei gleicher Leistung mehr verdienen bzw. mußten für denselben Verdienst weniger leisten — sie konnten also „mit der Leistung zurückhalten". Die Möglichkeit von „Scheinakkorden" ist — idealiter — bei den REFA-Zeitstudienakkorden ausgeschlossen, denn sie beziehen sich ja von vornherein auf eine bestimmte Leistungsverausgabung.

In der Frage, ob eine refamäßige Kalkulation aller Akkorde auf den Werften überhaupt möglich sei, divergierten die Meinungen erheblich. Die Betriebsobmänner (DAF) sprachen sich im allgemeinen für die Einführung des REFA-Verfahrens aus. Auch ein Vertreter der Kriegsmarinewerft Wilhelmshaven, wo „im vollen Umfange nach REFA gearbeitet" wurde, vertrat die Ansicht, „daß die Akkorde auch im Schiffbau refamäßig einwandfrei ermittelt werden können. Die sogenannten Erfahrungssätze sind seit langem überholt."[103] Die Vertreter der meisten anderen Werften waren aus unterschiedlichen Gründen skeptischer. Erstens wurde angeführt, daß im Schiffbau — im Gegensatz etwa zum Maschinenbau — lange Stückzeiten, wechselnde und wenig standardisierte Tätigkeiten eine refamäßige Erfassung der Akkorde kaum erlaubten. Zudem

Fortsetzung Fn. 100
stunden usw. machen." (W. Blohm von Blohm & Voß, Hamburg, ebd., Bl. 720188 f.) Das Argument, daß die Lohnabhängigen sich bei höheren Verdiensten doch nicht mehr kaufen könnten, zog sich durch die ganze lohnpolitische Debatte im 2. Weltkrieg. So z.B. Mansfeld (RAM), *Grundsätze* (Vortrag v. 13.1.1942), S. 18 f.; Hupfauer in seiner Rede vor der Unterkammer „Mensch und Leistung" am 11.3.1943, S. 12 (*BA Koblenz*, NS 5 I/21), und Hitler im April 1944: „Das Geld habe heute nicht mehr den Wert wie früher, weil es an den Konsumartikeln fehle, die gekauft werden könnten." (Dörte Winkler, *Frauenarbeit im „Dritten Reich"*, Hamburg 1977, S. 172.)
101 So die Schätzung des Reichstreuhänders Völtzer. Überprüfung (Anm. 74), *IfZ München*, MA 190/1, Bl. 720129.
102 Ebd., Bl. 720125.
103 Ebd., Bl. 720221.

bedeute diese einen erheblichen Personal- und Zeitaufwand. So wies der Vertreter der Vulcan-Werft, Bremen, darauf hin, „eine Verbesserung der Akkordberechnung sei nur durch Anstellung zahlreicher Angestellter zu erreichen. Auf der Vulcan-Werft sei das Verhältnis der Arbeiter zu Angestellten 1:10, während auf der Kriegsmarinewerft das gleiche Verhältnis 1:5 sei." (Offensichtlich sind in der Niederschrift die Zahlen vertauscht. Es muß heißen 10:1 und 5:1[104].)

Ein weiterer Grund, der nicht so offen ausgesprochen wurde, wird der gewesen sein, daß die „undurchsichtigen" Akkorde versteckte Lohnerhöhungen ermöglichten. Mit der Ausrichtung auf die Kriegsproduktion waren für die Werften Absatz und Lohnkosten gegenüber dem Arbeitskräftemangel zu einem zweitrangigen Problem geworden. So stellte Schiffbaudirektor Paech von den Howaldwerken, Hamburg, fest, es „müsse durchaus anerkannt werden, daß das gegenwärtige Preissystem (nicht festgesetzte Preise) dazu verleiten könne, daß der Betrieb nicht in dem Maße daran interessiert ist, die größtmögliche Arbeitsintensität herauszuholen, wie das bei Festpreisen der Fall sein würde"[105]. Mit anderen Worten: Da die Betriebe die Lohnkosten weitgehend auf die Preise abwälzen konnten − der Abnehmer, nämlich der Staat, stand sowieso fest −, zogen sie es vor, sich durch steigende Löhne Arbeitskräfte und Arbeitsfreude zu sichern. Bei den Stundenverdiensten durften sie wegen des Lohnstopps vom September 1939 ohne besondere Genehmigung des betreffenden Reichstreuhänders der Arbeit nicht über den Stand vom Oktober 1939 hinausgehen. Doch die individuellen Akkordverdienste waren, wenn sich der Grundlohn nicht veränderte, durch den Lohnstopp formal nicht nach oben begrenzt worden, denn besondere Arbeitsleistung sollte ja weiterhin belohnt werden. Die Beibehaltung von Scheinakkorden scheint für viele Betriebe − und dies gilt nicht nur für die Werften − ein willkommenes Mittel gewesen zu sein, den Lohnstopp zu umgehen. Jedenfalls wurden in den Sachverständigenausschußsitzungen für die Werften Akkordverdienste genannt, die im Betriebs*durchschnitt* zumeist mehr als 35 Prozent, häufig mehr als 40 Prozent und zuweilen, in bestimmten Abteilungen, weit mehr als 50 Prozent über dem Grundlohn lagen[106].

Im übrigen wurde vermutet, daß viele Arbeiter aus Angst, bei zu hohen Akkordüberverdiensten werde die „Akkordschere" angesetzt, d.h. das Ver-

104 Ebd., Bl. 720222. Der Vertreter der Deschimag-Weser gab an, daß 300−400 Angestellte in den Akkordbüros eingestellt werden müßten, um die „Leistungsreserven" durch Akkordüberprüfungen heben zu können (ebd., Bl. 720223).
105 Ebd., Bl. 720190 f. Auf den Umstand, daß es in der Rüstungsindustrie trotz der offiziellen Preiskontrolle relativ leicht war, steigende Lohnkosten auf die Preise abzuwälzen, verweist auch Völtzers Erklärung der Arbeitsverdienstunterschiede zwischen Werften und Flugzeugindustrie: „Bei den Werften handelt es sich um einen jahrzehntealten Industriezweig, der zudem stets im stärksten internationalen Konkurrenzkampf gestanden hat; während die Betriebe der Luftfahrtindustrie im wesentlichen Umfange erst nach 1933 nach modernsten Grundsätzen zur Hauptsache für die Versorgung der deutschen Luftwaffe errichtet und ausgebaut wurden und mit ausländischen Werken nicht in Konkurrenzkampf zu treten hatten." Ebd., Bl. 720183.
106 Der höchste Wert lag bei 60,5 %, der niedrigste bei 25 % (ebd., Bl. 720184, 720207, 720239, 720244, 720260, 720286 f.).

hältnis von Leistung und Lohn zu ihren Ungunsten verändert, langsamer arbeiteten, um nicht auffällig viel zu verdienen[107]. Das Problem, daß Arbeiter und Arbeiterinnen die Funktion des Akkords als Leistungsanreiz unterlaufen und aus Angst vor der „Akkordschere" ihren Arbeitseinsatz auf einen bestimmten Akkordverdienst hin ökonomisieren, der unter dem höchstmöglichen liegt, ist so alt wie der Akkord selbst. Das Besondere an der hier beschriebenen Situation ist lediglich, daß die Arbeitgeber in der nationalsozialistischen Kriegswirtschaft die „Akkordschere" seltener aus rein betriebsökonomischen (Kostenersparnis) Gründen und häufiger auf Druck der staatlichen Instanz der Reichstreuhänder hin anwendeten[108]. Zwar hatte der Reichsarbeitsminister anläßlich des Lohnstopps in einer Pressenotiz vom 21. Oktober 1939 verkünden lassen, „da Verdiensterhöhungen in Auswirkung einer gestiegenen Leistung nicht unterbunden werden sollen, sind Akkordverdienste nicht begrenzt"[109]. Doch in seinem Erlaß an die Reichstreuhänder der Arbeit vom 11. Oktober 1939 hatte er konstatiert, daß die „Akkorde vielfach falsch" seien und sie angewiesen:„Eine Richtigstellung der Akkordzeiten ist unbedingt anzustreben. Die Richtigstellung wird aber recht lange Zeit erfordern und zunächst nur in größeren Betrieben, die über geschulte Zeitmesser und Akkordingenieure verfügen, durchgeführt werden können."[110] Entsprechend dieser vorsichtigen Formulierung wurden die Akkorde nicht sogleich nach einem einheitlichen Maßstab und überall überprüft[111]. Diese systematische Überprüfung erfolgte erst mit den „lohnordnenden Maßnahmen" ab 1942.

107 „Betriebsobmann Pauli (Blohm & Voß, Hamburg) erklärt, daß er seit 8 Jahren die Beobachtung und Erfahrung gemacht habe, daß auf den Werften alles daran krankt, daß die Akkorde nicht einwandfrei kalkuliert würden. Die Gefolgschaftsmitglieder hielten mit ihren Leistungen zurück, weil sie ständig die Akkordschere befürchteten." (Ebd., Bl. 720189.) Diese Ansicht vertrat auch die Abteilung Vertrags- und Preisprüfwesen beim OKW in ihrem Bericht v. 13.1.1941 über die Neptun-Werft (ebd., Bl. 720324).

108 Bei Heinkel wurden 1939/40 auf Anweisung des Reichstreuhänders die Akkordzeiten gesenkt. Dazu „wurde vom Betriebsobmann bestätigt, daß diese dauernde Verminderung der Akkordzeiten entgegen den Wünschen der Gefolgschaft, ja sogar der Betriebsleiter durchgeführt worden ist" (ebd., Bl. 720163). Recker (*Sozialpolitik* [Anm. 48], S. 39) berichtet: Als der „Reichstreuhänder für die Schweinfurter Kugellagerindustrie eine generelle Reduzierung der Löhne um ca. 20 % anordnete, erhoben die betroffenen Firmen sofort Protest und konnten schließlich die − vorläufige − Aussetzung dieser Maßnahme erreichen". Zu weiteren Protesten von „Betriebsführern" gegen Akkordverkürzungen vgl. ebd.

109 Mason, *Arbeiterklasse* (Anm. 2), S. 1148 f.

110 *BA Koblenz*, R 41/59, Bl. 20 f.; vgl. Mason, *Arbeiterklasse* (Anm. 2), S. 1142.

111 Recker (*Sozialpolitik* [Anm. 48], S. 46) bezieht sich auf einen Erlaß des Generalbevollmächtigten für die Wirtschaft (Göring) an den Reichsarbeitsminister vom 7.10.1939. In diesem Erlaß wird bestimmt, daß in den Fällen, in denen Akkordverdienste um mehr als 30 % über den Akkordgrundlagen lagen, die Richtwerte überprüft werden sollten. Doch scheint dieser Prozentsatz damals noch nicht, wie bei Recker anklingt, als Richtlinie zum Abbau von „Scheinakkorden" gegolten zu haben. Jedenfalls nannte der RAM in seinen nachfolgenden Erlassen diese Marge nicht und gab nur allgemeinere Richtlinien für eine Akkordsenkung vor: Abbau von Locklöhnen und Abbau von Akkordverdiensten dort, wo im Akkord arbeitende Angelernte mehr verdienten als im Zeitlohn arbeitende Facharbeiter. Vgl. Mason, *Arbeiterklasse* (Anm. 2), Dok. 203−212; Brief des RAM an die RTdA v. 9.2.1940, *BA Koblenz*, R 41/57, Bl. 5 Rs.

Allerdings wurden ab 1939/40 in einigen Fällen, in denen ganze Beschäftigtengruppen im Verhältnis zum Grundlohn sehr hohe Akkordverdienste erzielten,
Akkordüberprüfungen und -senkungen angeordnet. Danach wurden erhebliche Leistungssteigerungen gemeldet; mit anderen Worten, die betroffenen
Arbeiter und Arbeiterinnen intensivierten ihre Arbeit, um auf den gleichen
Verdienst wie vorher zu kommen[112]. Aufgrund dieser Erfahrungen wurde
auch Anfang 1941 den Werften in den Sachverständigenausschußsitzungen
nahegelegt, ihre Akkorde zu überprüfen und nach dem REFA-Verfahren neu
festzulegen. Doch die „Betriebsführer" und „Betriebsobmänner" zeigten sich
keineswegs alle begeistert von diesem Ansinnen. Als Gegenargumente führten
einige „das Mißtrauen (der Arbeiter) gegen REFA", den „Widerstand der Arbeiter gegen die Stoppuhr" an[113]. Diese Befürchtungen waren sicherlich nicht
ganz unberechtigt, und sie waren symptomatisch für die lohnpolitischen Überlegungen in der nationalsozialistischen Kriegswirtschaft. So hob Reichsarbeitsminister Seldte wenig später anläßlich seiner Ablehnung der vom OKM geforderten Verdienstausfallsentschädigung für Dienstverpflichtete hervor[114]:

„Lohndiskussionen müssen jedoch gegenwärtig auf den Werften vermieden werden, da die
Vergangenheit, insbesondere die Weltkriegszeit (gemeint ist der Erste Weltkrieg; die Verf.),
gelehrt hat, daß nichts zu stärkeren Leistungsrückgängen führt, als eine unruhige Arbeiterschaft, die lohnpolitische Maßnahmen nicht versteht und die Einführung bisher nicht be-
kannter Unterschiede in der Entlohnung als ungerecht empfindet."

„Erziehung" und „Gerechtigkeit", das waren die Schlüsselbegriffe, um leistungsmindernde „Lohndiskussionen" — eine vorsichtige Umschreibung für
Lohnkonflikte — zu verhindern. Nicht daß man auf Kontrollen und Zwang
verzichtet hätte[115], doch man wußte, daß sie der „Arbeitsfreude" nicht gerade förderlich waren. Effizienter war es, das Mißtrauen der Arbeiter gegen Ak-
kordveränderungen durch „eine große Aufklärungsaktion" zu zerstreuen[116].

112 Die Senkungen der Akkordzeiten bei Heinkel 1939/40 sollen zu erheblichen Produk-
    tionssteigerungen geführt haben. Besonders oft wurde auf die Maßnahmen des Reichs-
    treuhänders von Thüringen hingewiesen; eine Senkung der Vorgabezeiten um 25%
    habe eine ebenso große Steigerung der Leistung erbracht (*IfZ München*, MA 190/1,
    Bl. 720162 f., 720323). Zu weiteren „Akkordberichtigungen" vgl. den Bericht des
    RAM an Göring v. 2.3.1940, *BA Koblenz*, R 41/59, Bl. 60 ff., wiedergegeben in Mason,
    Arbeiterklasse, Dok. 212.
113 So Betriebsführer und -obmann der Deschimag-Weser, *IfZ München*, MA 190/1, Bl.
    720223.
114 Schreiben des RAM an den Oberbefehlshaber der Marine v. 11.7.1941, *IfZ München*,
    MA 190/1, Bl. 720027.
115 Wie erwähnt, wurde mit der „Dritten Durchführungsbestimmung zum Abschnitt III
    (Kriegslöhne der Kriegswirtschaftsverordnung" v. 2.12.1939, *RGBl. I*, S. 2370) den
    Reichstreuhändern der Arbeit das Ordnungsstrafrecht bei „Arbeitsverweigerung" ver-
    liehen. Nach den „Grundsätzen der inneren Staatssicherheit" wurde bei „Arbeits-
    verweigerung" oder „Bummelei" die Gestapo eingeschaltet. In einigen Betrieben scheint
    es ständige Gestapo-Kommandos gegeben zu haben. Haftstrafen, Einweisung in Ar-
    beitslager, in Sonderarbeitskolonnen oder sogar in Konzentrationslager konnten die
    Strafen bei „Arbeitsverweigerung" und „Bummelei" sein. Vgl. Mason, *Arbeiterklasse*
    (Anm. 2), Dok. 215, 217 ff.
116 *IfZ München*, MA 190/1, Bl. 720223.

Und am effizientesten war es, wenn man sich dabei auf ein Verfahren berufen konnte, das unter dem Anspruch entwickelt worden war, die Akkorde wissenschaftlich, objektiv und gerecht zu kalkulieren. Das in Deutschland vorherrschende REFA-Verfahren basierte und basiert auch heute noch auf eben diesem Anspruch. Es verband das betriebsökonomische Ziel der Leistungssteigerung mit dem betriebspolitischen Ziel der Versachlichung von Konfliktbereichen und damit der Erhaltung des „Betriebsfriedens".

Oberingenieur Galewsky von der Kriegsmarinewerft Wilhelmshaven, die ihre Akkorde schon seit einiger Zeit in großem Umfang nach dem REFA-Verfahren kalkulierte, betonte denn auch diese Vorzüge. Er stellte nicht nur fest, es habe sich nach eingehenden (REFA-)Zeitstudien herausgestellt, daß die früheren Erfahrungsätze um 20 Prozent zu hoch lagen, er pries auch die konfliktbereinigende Wirkung des REFA-Akkordsystems: Seit seiner Einführung „sei jegliche Diskussion in der Belegschaft zurückgegangen. Wenn echte Zeiten vorgegeben werden, brauche man nicht mehr zu diskutieren."[117] Ebenso argumentierte auch ein Vertreter von Blohm & Voß, Hamburg[118]:

„Die Gefolgschaftsmitglieder waren zunächst, als die neue Akkordberechnung eingeführt wurde, außerordentlich mißtrauisch. Das Refa-System hat jedoch, da es auf einer absolut gerechten Grundlage aufbaut, schnell Anerkennung bei der Gefolgschaft gefunden, so daß bereits jetzt Gefolgschaftsmitglieder kommen und Berechnung ihrer Akkorde nach dem Refa-System beantragen."

Die Überprüfung der Akkorde als leistungssteigernde Maßnahme nahm einen zentralen Stellenwert in dem Abschlußbericht Völtzers und in der darauf fußenden Anordnung des Reichsarbeitsministers vom 28. Februar 1941 ein. Gleichzeitig mit der Anordnung schrieb der Reichsarbeitsminister (bzw. in Stellvertretung sein Staatssekretär Syrup) an die DAF (bzw. an Marrenbach und Hupfauer) und bat sie, die entsprechende Erziehungsarbeit zu leisten[119]:

„... Ich wäre dankbar, wenn auch Sie sich für eine Bereinigung der Akkordsätze und der Verlustzeiten auf den Werften einsetzten. Es wird insbesondere den Betriebsobmännern obliegen, zusammen mit den Betriebsführern im Sinne der in meinem Erlaß aufgestellten Richtlinien für eine Hebung der Arbeitsleistungen besorgt zu sein. Die erforderliche Leistungssteigerung wird das Ergebnis einer intensiven Erziehungsarbeit sein können. Ihre Unterstützung auf diesem Gebiet darf ich voraussetzen.'

Von allgemeinen Lohnerhöhungen wurde abgesehen. Lediglich für einige Werften wurden leichte Lohnerhöhungen angeordnet. Dazu gehörte wegen „der besonderen Umstände"[120] auch die Neptun-Werft, deren Lohn- und Gehalts-

117 Ebd., Bl. 720221 f.
118 Ebd., Bl. 720186.
119 Der Reichsarbeitsminister an den Reichsorganisationsleiter der NSDAP (Ley) und die DAF, Kriegshauptarbeitsgebiet II, Schreiben v. 28.2.1941, ebd., Bl. 720090.
120 Völtzers Abschlußbericht, ebd., Bl. 720130. – Die Werften in Gotenhafen, Danzig und Memel wurden in die Reichstarifordnung für die deutschen Seeschiffswerften von 1939 einbezogen, was z.T. Lohnerhöhungen bedeutete. Die Grundlöhne der gelernten Arbeiter auf den Werften in Memel, Königsberg und Elbing wurden denen Danzigs und Gotenhafens angeglichen. RAM-Anordnung vom 28.2.1941, ebd., Bl. 720085.

sätze um rund fünf Prozent erhöht wurden[121] . Damit war jedoch die Diskrepanz zu den Arbeitsverdiensten bei Heinkel, die ja Anlaß zur Überprüfung gegeben hatten, keineswegs ausgeglichen. Sie hatte etwa 24 Prozent betragen[122]. Die Anordnung vom 28. Februar 1941 enthielt noch einen weiteren wichtigen Ansatz zur Veränderung der betrieblichen Entlohnungssysteme[123]:

„Um die Leistungen der auf den Werften in Königsberg und Memel beschäftigten Arbeiter zu verbessern, sind im Einvernehmen mit dem örtlichen Reichstreuhänder der Arbeit entsprechend den von Ihnen (d.h. von Reichstreuhänder Völtzer; die Verf.) ausgearbeiteten Vorschlägen neue Tätigkeitsgruppen nach der Wertigkeit der Arbeit in den Betrieben zu bilden. Den Werften in Danzig, Gotenhafen und Elbing ist anzukündigen, daß sie mit einer alsbaldigen Einführung gleicher Wertigkeitsstufen rechnen müßten."

Vorgesehen war eine Abkehr von den traditionellen drei Lohngruppen: I für gelernte, II für angelernte und III für ungelernte Arbeiter. Es sollte nunmehr acht Lohngruppen geben, die nach der Art der Tätigkeit definiert waren. Frauen, vorher in Lohngruppe IV eingestuft, sollten nun 75 Prozent der Männerlöhne der entsprechenden neuen Lohngruppe erhalten[124]. Diese Anordnung kam nicht aus heiterem Himmel. Sowohl von Seiten der DAF als auch der Industrie hatte man sich schon seit einigen Jahren mit der Entwicklung von Entlohnungssystemen befaßt, in denen die Tätigkeitsbewertung bzw., um den gebräuchlicheren Begriff zu nehmen, die Arbeitsbewertung an die Stelle der reinen Qualifikationsbewertung tritt (vgl. V. 4. unten). Anfang September 1939 war der Reichstreuhänder der Arbeit für Brandenburg, Daeschner, zugleich Sondertreuhänder für die Eisen- und Metallindustrie, vom Reichsarbeitsministerium beauftragt worden, Richtlinien für die Einführung des Arbeitsbewertungsverfahrens (mit damals erst sechs Lohngruppen) zu entwickeln. Ebenfalls Anfang September 1939 vereinbarte das Reichsarbeitsministerium mit der DAF, daß ihr Fachamt „Eisen und Metall" an der Ausarbeitung der neuen Lohngruppen beteiligt werde[125]. Am 9. Februar 1940 wies der Reichsarbeitsminister die Reichstreuhänder an[126]:

„Bisher ist die Entlohnung nach den Kategorien: gelernt — angelernt — ungelernt ausgerichtet. Dieser Maßstab ist heute unzureichend. Mehr als bisher muß die Entlohnung in Zukunft von der Wertigkeit der Arbeit abhängig gemacht werden. In neuen Lohngruppen müssen alle Arbeitsvorgänge gleichen Wertes zusammengefaßt werden, um so dem Arbeiter eine bessere Aufstiegsmöglichkeit zu bieten und damit den Anreiz zu weiterer Leistungssteige-

---

121 Ebd., Bl. 720085.
122 Der Akkorddurchschnittsverdienst der Facharbeiter betrug bei der Neptun-Werft 1,02 RM und bei Heinkel 1,26 RM. Ebd., Bl. 720140 ff.
123 Anordnung des RAM vom 28.2.1941, ebd., Bl. 720085 f. — Abgesehen von den oben erwähnten Maßnahmen wurde der Reichstreuhänder mit dieser Anordnung auch noch beauftragt, jugendlichen Arbeitern, falls sich „Härten ergeben sollten", Verdiensterhöhungen durch Mietbeihilfen und Unterhaltszuschüsse zu bewilligen.
124 Ebd., Bl. 720131, 720301 f.
125 DZA Potsdam, 62.01, DAF/Handakte Hupfauer, Sign. 194, Bl. 108 f. Brief von Jäzosch, Leiter des Fachamtes „Eisen und Metall", an Mansfeld (RAM) v. 8.9.1939. Vgl. Recker, *Sozialpolitik* (Anm. 48), S. 223 ff.
126 BA Koblenz, R 41/57, Bl. 4.

rung auszulösen. Außerdem lehrt die Erfahrung, daß nur bei weiterer Aufgliederung der Löhne der Lohnstand wirksam gehalten werden kann.

Diese Aufgabe kann und muß auch im Kriege durchgeführt werden. Die sicher nicht ausbleibende Diskussion über das Lohnproblem wird bei richtiger Aufklärung keine Unruhe in die Betriebe tragen. Allerdings muß die Neuregelung in behutsamer Art erfolgen. Die Leistungsfreudigkeit und der Leistungswille der deutschen Arbeiterschaft dürfen keine Minderung erfahren."

Im August 1940 regte dann Völtzer für die Schichauwerft in Königsberg die Einführung von acht Tätigkeitsgruppen an. Der „Betriebsführer" und der „Betriebsobmann" sowie der Reichstreuhänder für Ostpreußen hatten Völtzers Anregung bereitwillig angenommen, da sie sich „eine Leistungssteigerung" davon versprachen[127]. Es bestand für die Schichauwerft Königsberg auch aller Anlaß, sich über Lohnveränderungen Gedanken zu machen. Im Grunde genommen hatten alle Werften im Osten wegen des West-Ost-Gefälles der Löhne, das – wie wiederholt betont wurde – nicht mehr dem West-Ost-Verhältnis der Lebenshaltungskosten entsprach, Schwierigkeiten, ihre Arbeiter zu halten, insbesondere die dienstverpflichteten Facharbeiter aus dem Westen Deutschlands[128]. Bei der Schichauwerft Königsberg lagen die Arbeitsverdienste noch niedriger. Diese Werft hatte als neuerrichtetes Werk zudem besonders mit einem Problem zu kämpfen, das die ganze Rüstungsindustrie beschäftigte: die qualitativen Folgen des Arbeitskräftemangels. Ganz abgesehen davon, daß neben „regulären" Arbeitskräften Dienstverpflichtete und hierarchisch abgestufte „anerkannte Volksdeutsche", Kaschuben, Ukrainer, Polen und andere „nichtdeutschstämmige" sowie Kriegsgefangene arbeiteten, konnten mit den herkömmlichen Lohngruppen die unterschiedlichen Qualifikationen nicht mehr adäquat erfaßt werden. Insbesondere die Eingruppierung der Facharbeiter war ins Schwimmen geraten, denn neben den Facharbeitern der betreffenden Branche (hier Werftfacharbeitern) gab es Facharbeiter aus anderen Branchen sowie „Spezialarbeiter", die sich als Angelernte auf anderem Wege als durch eine Lehre qualifiziert hatten.

Mit der Einführung der neuen „Wertigkeitsstufen" sollte die Lohnhierarchie zwischen angelernten und gelernten Arbeitern wiederhergestellt werden, und es sollten die raren und für die Produktionsleistung besonders wichtigen Werftfacharbeitskräfte als „Stoßtrupp lohnmäßig gehoben" werden[129]. Diese Intention kommt in der Abstufung der den Lohngruppen zugeordneten Grund-

---

127 *IfZ* München, MA 190/1, Bl. 720131, 720300.

128 Dieses Problem betonte besonders die DAF immer wieder. In den Worten des Betriebsobmanns der Schichauwerft Königsberg: „Die Lebenshaltungskosten bewegen sich nach einer eingehenden Untersuchung des AWI der DAF auf der Höhe von Westfalen-Nord. Der Arbeiter kann in Ostpreußen bei dem gegenwärtigen Lohnniveau nur einigermaßen auskommen, wenn er im großen Umfange Überstunden leistet. Auf der Werft wird die Lohnfrage, insbesondere in Bezug auf die unterschiedlichen Lohnverhältnisse zum Westen des Reiches, stark diskutiert. ... Wenn wieder Freizügigkeit hinsichtlich des Arbeitsplatzwechsels eingeführt werden sollte, würde die Mehrzahl der Gefolgschaftsmitglieder ihren Arbeitsplatz verlassen, um im Westen des Reiches zu arbeiten." Ebd., Bl. 720287 f.

129 So der Betriebsführer und der Betriebsobmann der Schichauwerft Königsberg, ebd., Bl. 720285, 720303. Dieselbe Strategie verfolgten auch die Flugzeugwerke in Gotenhafen, Graudenz und Marienburg, ebd., Bl. 720261 f.

löhne deutlich zum Ausdruck: Nach Einführung der acht Tätigkeitsgruppen — statt vorher insgesamt drei Gruppen gab es nun drei für gelernte, drei für angelernte und zwei für ungelernte Arbeiter — bei der Schichauwerft Königsberg sollte die Diskrepanz zwischen dem Grundlohn der ungelernten und dem der gelernten Arbeiter erheblich größer werden. Bei der herkömmlichen Eingruppierung betrug der Grundlohn der obersten Gruppe 119 Prozent, nach der neuen Eingruppierung 158 Prozent dessen der untersten Gruppe. Und mehr noch, sogar die Unterschiede zwischen den neuen drei Gruppen für gelernte Arbeiter waren größer als die zwischen gelernten und ungelernten Arbeitern vorher: Der Grundlohn der höchsten Gruppe der Gelernten sollte 132 Prozent dessen der niedrigsten Gruppe der Gelernten betragen[130]. Da man in der Einführung der neuen Tätigkeitsgruppen einen Weg sah, den Facharbeitern höhere Löhne zugestehen zu können ohne das gesamte Lohnniveau allzusehr anheben zu müssen, stieß sie bei den Betriebsleitungen der Werften im Osten vorwiegend auf positive Resonanz. Nicht jedoch bei den Generaldirektoren der Schichauwerften. Dort sträubte man sich gegen die Einführung eines neuen Entlohnungssystems in Königsberg, weil man Rückwirkungen auf die beiden anderen Werften der Firma in Elbing und Danzig befürchtete. Deshalb bedurfte es der oben zitierten Anordnung des Reichsarbeitsministers vom 28. Februar 1941, um das neue Entlohnungssystem in Königsberg durchzusetzen.

Im Westen Deutschlands, wo die Werftleitungen — abgesehen von der Neptun-Werft — Lohnerhöhungen nicht für erforderlich hielten, erhob man „allgemein Einspruch gegen diese Neuerung ... weil während des Krieges eine zu große Unruhe aus Anlaß der Neueinstufung der Arbeiter befürchtet wird"[131]. Die Kombination unterschiedlicher Einwände kam anläßlich der Überprüfung der Arbeitsbedingungen auf der Neptun-Werft am deutlichsten zum Ausdruck. Direktor Schmitz von der Neptun-Werft führte aus, „daß die Einführung von Wertigkeitsstufen im gegenwärtigen Augenblick von den Lohnbüros nicht durchgeführt werden könne, abgesehen von der Unruhe, die mit derartigen Neuerungen nun einmal verbunden wäre". Der Vertreter des Fachamts „Eisen und Metall" aus Berlin betonte, „daß eine derartige Änderung des Lohnsystems in der Kriegszeit von der DAF nicht zugelassen werde. Er wies dabei auf die im Entwurf vorliegende neue Lohnordnung hin, die die Wertigkeitsstufen vorsehe. Diesen Plänen könne aber heute nicht vorgegriffen werden."[132]

Beide sollten kaum ein Jahr später eines besseren belehrt werden. Im Oktober 1942 wurde den Betrieben der Rüstungsindustrie — und dazu zählte auch die Werftindustrie — trotz des weiterhin bestehenden Personalmangels die Auflage gemacht, ihre Entlohnungssysteme auf den Lohngruppenkatalog Eisen und Metall (LKEM) umzustellen. Der LKEM war aus einer Zusammenarbeit des Fachamts „Eisen und Metall" der DAF, der Fachgruppe Eisen und Metall der Reichsgruppe Industrie und des Reichsarbeitsministeriums hervorgegangen. Er glich im wesentlichen dem Entlohnungssystem, das für die Schichauwerft 1941 angeordnet worden war. Die befürchtete Unruhe unter den Arbeitern

---

130 Diese Prozentsätze entsprechen nur bedingt den realen Verdienstunterschieden, da sie durch unterschiedliche Akkordverdienste, Leistungszulagen und individuelle Prämien modifiziert wurden. Zu den Verhältnissen der Grundlöhne vgl. ebd., Bl. 720132 f.
131 So Völtzer in seinem Endbericht, ebd., Bl. 720132.
132 Besprechung v. 15.1.1941, ebd., Bl. 720175.

nahm bei der Einführung des LKEM allem Anschein nach keine Ausmaße an, die als regime- oder zumindest produktionsbedrohend angesehen wurden. Der LKEM war Bestandteil der Maßnahmen, mit denen der im März 1942 zum „Generalbevollmächtigten für den Arbeitseinsatz" ernannte Gauleiter von Thüringen, Fritz Sauckel, die Leistungsreserven in der Rüstungsindustrie mobilisieren wollte.

IV.2. „Herstellung der Lohngerechtigkeit zum Zwecke der Leistungssteigerung" — Die „lohnordnenden Maßnahmen" ab 1942

Speer, Sauckel und die „Lösung der Arbeiterfrage"

Am 8. Februar 1942 ernannte Hitler Albert Speer „zum Nachfolger von Minister Todt in allen seinen Ämtern". Das waren nicht wenige Ämter, denn Todt, der am Morgen desselben Tages unter dubiosen Umständen bei einem Flugzeugunglück ums Leben gekommen war, hatte den Rang von drei Ministern gehabt — als oberster Chef des gesamten Straßenbaus, als Chef der Wasserstraßen, Flüsse und Meliorationen und aller Kraftwerke sowie als Beauftragter für Bewaffnung und Munitionsbeschaffung. Zudem leitete er die Bauwirtschaft in Görings Vierjahresplan-Organisation und die „Organisation Todt", für die er berühmt geworden war und die für den Westwall- und U-Bootbunkerbau am Atlantik sowie den Straßenbau in allen besetzten Gebieten zuständig war. Mit diesen Funktionen stand er in Konkurrenz zu Göring, der ebenfalls mit Ämtern reich gesegnet war und der nur drei Stunden nach Todts Flugzeugabsturz angereist kam, um bei Hitler Todts Ämter — vergeblich — für sich zu beanspruchen[133].

Hitler stattete Speer mit erheblich umfassenderen Befugnissen aus als Todt sie hatte, was zugleich einer gewissen Entmachtung Görings gleichkam[134]. Speers Ernennung signalisierte den Übergang vom „Blitzkrieg", in dem die Organisation, oder besser Desorganisation, der Kriegswirtschaft von der Hoffnung auf einen schnellen Sieg geprägt war, auf den „totalen Krieg"[135]. Gemeinhin wird der Beginn des „totalen Krieges" erst später datiert — nach Goebbels „Stalingradrede" vom 18. Februar 1943 —, doch setzte bereits mit Speers Amtsantritt die Umorganisation der Wirtschaft, die „organisierte Improvisation", wie er es nannte, zum „totalen Krieg" ein.

Speer, der sich der Spielregeln des nationalsozialistischen Regimes durchaus bewußt war, bemühte sich nicht um genauere formale Abgrenzungen seines Amtsbereichs, sondern ließ sich von Göring zum „Generalbevollmächtigten für die Rüstung" im Amt Vierjahresplan ernennen und per Erlaß vom 1. März 1942 bevollmächtigen, „der Rüstung ... im gesamten Wirtschaftsleben

133 Vgl. Albert Speer, *Erinnerungen*, Frankfurt a.M. 1969, S. 20 ff. Zu Todts Tätigkeit vgl. Recker, *Sozialpolitik* (Anm. 48), S. 139 ff.

134 Zu den regimeinternen Konflikten bei Speers Amtsantritt vgl. Speer, *Erinnerungen* (Anm. 133), S. 211–222.

135 Zum Übergang vom „Blitzkrieg" zum „totalen Krieg" vgl. u.a. Ludolf Herbst, *Der Totale Krieg und die Ordnung der Wirtschaft*, Stuttgart 1982, Teil III; Recker, *Sozialpolitik* (Anm. 48), Kap. IV.1.

den Vorrang zu geben, der dem Krieg zukommt"[136]. Wichtiger noch war, daß er sich kurz darauf auch durch einen Erlaß Hitlers eine Art rüstungswirtschaftlicher Generalvollmacht ausstellen ließ. Die Begründung für dieses Vorgehen illustriert treffend, wie auch unter den Bedingungen des „totalen Krieges" im nationalsozialistischen Herrschaftskompromiß Politik gemacht wurde[137]:

„Improvisiert und vage wie dies alles waren auch die staatsrechtlichen Formen unserer Organisation. Es gab keine präzise Umschreibung meiner Aufgabenbereiche und Zuständigkeiten, ich hielt sie auch für unzweckmäßig und suchte sie erfolgreich zu vermeiden. Infolgedessen konnten wir unsere Kompetenzen von Fall zu Fall und Impulsivität der Mitarbeiter bestimmen. Eine juristische Formulierung der Rechte, die sich aus meiner von Hitlers Zustimmung gedeckten, fast unumschränkten Machtstellung ableiten ließe, hätte nur Zuständigkeitsstreitigkeiten mit anderen Ministerien zur Folge gehabt, ohne daß· eine befriedigende Einigung hätte erzielt werden können."

Speer kam seiner Aufgabe nach, indem er für eine erneute Selbstorganisation der Wirtschaft sorgte — „oft meinten wir im Scherz, daß wir im Begriff seien, das parlamentarische System wieder einzuführen"[138] —, für Standardisierung, Normierung und Typisierung der Produkte, für zwischenbetriebliche Zusammenarbeit in Forschung und Entwicklung, für eine verbesserte Koordinierung und Preispolitik der öffentlichen Auftraggeber, für eine bessere Rohstoffverteilung sowie für die Stillegung nicht kriegswichtiger Produktionen, Betriebe und Bauvorhaben — der sich die Parteihierarchie mit ihrem Prunk- und Repräsentationsgehabe und ihrer Angst (Luftschutzbunker auch in dem abgelegensten Jagdschlößchen) allerdings nicht unterwarf[139].

„Von all den dringenden Fragen, die mich [Speer] in den ersten Wochen belasteten, war die Lösung der Arbeiterfrage zunächst am dringendsten."[140] Der Mangel an Arbeitskräften wurde 1942 auf etwa eine Million beziffert. Als Leiter der „Geschäftsgruppe Arbeitseinsatz im Vierjahresplan" war damals der für die Lohnpolitik im Reichsarbeitsministerium verantwortliche Ministerialdirektor Mansfeld zuständig. Sein Verhältnis zu Speer scheint gut gewesen zu sein[141], und es fehlte ihm auch nicht an Bereitschaft, die Rüstungswirtschaft mit Arbeitskräften zu versorgen. In einer Besprechung im Reichsarbeitsministerium am 20. Februar 1942 stellte er eine Art Programm vor[142]. Er deutete an, daß der Reichsausgleich von Arbeitskräften erheblich ausgebaut werden sollte. Zusätzliche Arbeitskräfte müßten im wesentlichen aus dem Ausland

---

136 Speer, *Erinnerungen* (Anm. 133), S. 221.

137 Ebd., S. 222.

138 Ebd., S. 226.

139 Ebd., S. 230 f., insbes. Anm. 16. Zur Reorganisation der Wirtschaft vgl. Ingeborg Esenwein-Rothe, *Die Wirtschaftsverbände von 1933 bis 1945*, Berlin 1965, Kap. E; (Rolf Wagenführ, *Die deutsche Industrie im Kriege 1939—1945*, hrsg. v. Deutschen Institut für Wirtschaftsforschung, Berlin 1954; Gregor Janssen, *Das Ministerium Speer*, Berlin 1968; Herbst, *Totaler Krieg* (Anm. 135); Recker, *Sozialpolitik* (Anm. 48), S. 167 ff.

140 Speer, *Erinnerungen* (Anm. 133), S. 232.

141 Vgl. ebd.

142 *DZA Potsdam*, 6201 DAF, Handakte Hupfauer, Sign. 194, Bl. 37 ff. Vermerk v. 23.2. 1942 „Betr.: Besprechung über die Arbeitseinsatzlage am 20. Febr. 1942 im Reichsarbeitsministerium".

herbeigeschafft werden, denn das „Kräftereservoir", das die — deutschen — Frauen bildeten, schätzte Mansfeld als nicht sehr groß ein. Seiner Meinung nach könnten „selbst bei Einführung der Melde*pflicht* nicht mehr als 200000 neuer Arbeitskräfte geschaffen werden". So befaßte sich Mansfeld denn auch ausführlich mit den Ländern, aus denen weitere Arbeitskräfte kommen könnten — Italien, Ungarn, Rumänien, Frankreich, Belgien, Holland, Norwegen, Rußland[143]. Und schließlich bedauerte Mansfeld, „daß mit dem Einsatz russischer Gefangener solange gewartet worden ist. Inzwischen sind diese ganz außerordentlich zusammengeschmolzen. Nach den letzten Meldungen des OKW beträgt die Zahl der gefangenen Russen nur noch knapp 1 Million. Die anderen sind gestorben. Zurzeit sterben auch täglich noch etwa 5—7 000. ... Augenblicklich sind von 51 russischen Lagern 48 wegen Flecktyphus gesperrt."[144]

Dieses Zitat illustriert die Kaltschnäuzigkeit, mit der schon Mansfeld an die „Arbeiterfrage" heranging. Allerdings mußte er Speer eröffnen, daß es ihm an Autorität fehle, gegen den Widerstand der Gauleiter den „Reichsausgleich" auszubauen, d.h. durch Produktionsstillegungen oder Auskämmaktionen freigesetzte Arbeitskräfte von einem Gau in den anderen zu verpflichten. Speer beschloß daher, daß für den Arbeitseinsatz einer der Gauleiter erforderlich war, „um durch eine besondere Vollmacht Hitlers diese Schwierigkeiten zu lösen". Er hatte für diesen Posten seinen „alten Freund, den langjährigen Staatssekretär von Goebbels, Karl Hanke", seit 1941 Gauleiter von Niederschlesien, im Auge. Doch Hitler bestimmte am 21. März 1942 den Gauleiter von Thüringen, Fritz Sauckel, zum „Generalbevollmächtigten für den Arbeitseinsatz"[145]. Formal war Sauckel in Görings Vierjahresplan-Organisation eingesetzt, doch wurde er von Hitler ernannt und mit einer weitgehenden „Generalvollmacht" ausgestattet, die es ihm erlaubte, im Prinzip unabhängig von Göring zu operieren. Sauckel übernahm Mansfelds Aufgaben nicht nur auf dem Gebiet des „Arbeitseinsatzes", sondern auch auf dem Gebiet der Lohnpolitik, die allerdings in seinem ersten Programm zur Lösung „des größten Arbeiterproblems aller Zeiten" vom April 1942 noch nicht erwähnt wird[146]. Dieses Programm charakterisiert die Radikalität, mit der sich Sauckel an seine Aufgabe machte, nämlich für die Beschaffung, Kontrolle und effektive Nutzung der einen wichtigen Variablen des „totalen Krieges" zu sorgen: der Arbeitskraft. Die Punkte im einzelnen waren[147]:

— Die Arbeitskräfte, insbesondere die Facharbeiter aus der stillgelegten Bauwirtschaft und aus den Betrieben, die ihre Produktion einstellen mußten,

---

143 Auf die Arbeitskräfte aus dem „Generalgouvernement Polen" und dem „Protektorat Böhmen und Mähren" ging Mansfeld nicht ein.

144 DZA Potsdam, 62.01 DAF, Sign. 194, Bl. 41 f. Zu den „Fremdarbeiter und -arbeiterinnen" vgl. Edward L. Homze, *Foreign Labor in Nazi Germany*, Princeton N.J. 1967; Ulrich Herbert, *Fremdarbeiter*, Berlin/Bonn 1985.

145 Speer, *Erinnerungen* (Anm. 133), S. 233; vgl. auch Recker, *Sozialpolitik* (Anm. 48), S. 163ff. Zu Hitlers Erlaß vom 21.3.1942 vgl. *DZA Potsdam*, 23.01 Rechnungshof, Sign. 5303, Bl. 1. Mansfeld kündigte seinen Abschiedsbesuch bei Ley allerdings erst am 24.9.1942 an (*DZA Potsdam*, 62.01, Sign. 194, Bl. 26).

146 DZA Potsdam, 23.01 Rechnungshof, Sign. 5303, Bl. 1 Rs ff. Das „Programm des Generalbevollmächtigten für den Arbeitseinsatz", herausgegeben am Geburtstag des „Führers" 1942, findet sich ebenfalls in *BA Koblenz*, R 36/554.

147 Ebd., Bl. 2 ff.

weil sie weniger kriegswichtig oder von Bomben zerstört waren, sollten den Rüstungsbetrieben „ohne Zeitverlust zur Verfügung gestellt werden".

- „Alle schon in Deutschland befindlichen Kriegsgefangenen, sowohl aus den West- wie den Ostgebieten, müssen soweit dies noch nicht geschehen ist, ebenfalls restlos der deutschen Rüstungs- und Ernährungswirtschaft zugeführt, ihre Leistung muß auf den denkbar höchsten Stand gebracht werden."

- Insbesondere aus dem „größten Reservoir", den besetzten Gebieten des Ostens, „muß noch eine gewaltige Zahl fremder Arbeitskräfte ins Reich hereingenommen werden ..." „Gelingt es nicht, die benötigten Arbeitskräfte auf freiwilliger Grundlage zu gewinnen, so muß unverzüglich zur Aushebung derselben bzw. zur Zwangsverpflichtung geschritten werden." Sie sollten ebenfalls in der „deutschen Rüstungs- und Ernährungswirtschaft" eingesetzt werden. Zusätzlich sollten „aus den östlichen Gebieten etwa 4—500 000 ausgesuchte gesunde und kräftige Mädchen ins Reich ... hereingenommen werden", um der „deutschen Hausfrau", der „kinderreichen Mutter" sowie der „Bauersfrau" eine fühlbare Entlastung zuteil werden zu lassen.

- Zur Sicherung der Frühjahrsbestellung sollte die „deutsche Jugend schulklassenweise" eingesetzt werden.

- Auffallend ausführlich und fast entschuldigend ging Sauckel darauf ein, daß auf eine Dienstverpflichtung „*aller* Frauen für die deutsche Kriegs- und Ernährungswirtschaft" vorläufig verzichtet werde. „Wenn ich auch selbst anfänglich und mit mir wohl der größte Teil der führenden Männer der Partei und der Frauenschaft aus bestimmten Gründen glaubte, eine Dienstverpflichtung der Frauen durchführen zu müssen, so sollten sich hier doch alle verantwortlichen Männer und Frauen aus Partei, Staat und Wirtschaft mit der größten Ehrfurcht, aber auch in tiefster Dankbarkeit der Einsicht unseres Führers Adolf Hitler beugen, dessen größte Sorge der Gesundheit der deutschen Frauen und Mädchen und damit der jetzigen und zukünftigen Mütter unseres Volkes gilt." Sorge bestand ebenfalls um die Schädigung des „Seelen- und Gemütslebens" der deutschen Frauen und Mädchen. Allerdings war die Intensität dieser Sorgen klassenspezifisch gestaffelt: „Es gilt weiter zu überlegen, daß es eben ein ungeheurer Unterschied ist, ob eine Frau oder ein Mädchen schon frühzeitig an bestimmte Arbeiten in der Fabrik oder in der Landwirtschaft gewöhnt war und ob sie diese Arbeiten auch schon durchgehalten hat oder nicht." All den „vielen Millionen Frauen, die treu und fleißig innerhalb der deutschen Volkswirtschaft und besonders jetzt im Kriege eine wertvolle Arbeit leisten", wurde die „beste Fürsorge und Betreuung, die überhaupt denkbar ist", sowie die Aussicht versprochen, nach gewonnenem Kriege aus „unfraulichen", „gesundheitsschädlichen", „die Geburtenzahl unseres Volkes gefährdenden, das Familien- und Volksleben schädigenden" Berufen „herausgenommen" zu werden.

- „Eine letzte, aber nicht unerhebliche Reserve ergibt sich aus der Möglichkeit der persönlichen Leistungssteigerung eines jeden deutschen Arbeiters." Das sollte erfolgen durch bessere gesundheitliche Betreuung und — wie sich erweisen sollte — Kontrolle der Krankmeldungen sowie durch bessere Versorgung mit Nahrungsmitteln. Letztere wollte Sauckel, wie er an anderer Stelle sagte, durch verstärkte Ausbeutung der besetzten Gebiete bewerkstelligen[148]. Hinsichtlich der persönlichen Leistungssteigerung der deutschen Arbeiter (und Arbeiterinnen) betonte Sauckel abschließend: „Gegen das Bummelanten-Unwesen muß an und für sich mit scharfen Mitteln eingegriffen werden, denn es kann nicht geduldet werden, daß sich Faulenzer auf Kosten der Anständigen und Fleißigen ihren Pflichten in diesem Schicksalskampf unseres Volkes entziehen."

In die Durchführung seines Programms spannte Sauckel nicht nur die „vorhandenen Staats- und Wirtschaftseinrichtungen" ein, sondern auch Parteistellen, insbesondere die Gauleiter und die DAF[149]: „In den Gauen ist die Propaganda und Aufklärung des deutschen Volkes über die Notwendigkeit des Arbeitseinsatzes und die Durchführung wichtiger Maßnahmen zur Betreuung der eingesetzten Jugend und Frauen, ebenso die Obsorge für den Zustand von Lagern und Unterkünften, Aufgabe der Gauleiter der NSDAP." Für die „Propaganda, Aufklärung, Beobachtung der politischen Auswirkungen und Betreuung" innerhalb der gewerblichen Betriebe, für die Betreuung der Dienstverpflichtetenlager wie auch der „Ostarbeiterlager" war die DAF zuständig.

Sauckel litt nicht an einem Übermaß an Bescheidenheit — jedenfalls was seine Sprache und seine unablässigen Erfolgsmeldungen anbelangt. Schon am 30. Juli 1942 gab er auf einer Treuhändersitzung im Reichsarbeitsministerium bekannt, „daß er den Auftrag, der ihm bei Übernahme seines Amtes gestellt wurde, nämlich 1,6 Millionen fremdländischer Arbeiter ins Reich zu bringen, erfüllt habe. Heute seien insgesamt in den deutschen Betrieben tätig 5 120 000 fremdländische Arbeiter, davon 1 200 000 Ostarbeiter, 2 000 000 Arbeiter anderer Staaten und rund 2 000 000 Kriegsgefangene."[150] 1944 sollen es 7,1 Millionen gewesen sein[151]. Zieht man in Betracht, daß in diesem Zeitraum eine Reihe „fremdländischer" Arbeiter und Arbeiterinnen in ihre Länder zurückkehren konnte und viele „Fremdarbeiter und -arbeiterinnen" und Kriegsgefangene aufgrund schlechter Behandlung starben, so ist die Zahl von insgesamt zehn Millionen Ausländer/innen, die im Zweiten Weltkrieg für die deutsche Wirtschaft „mobilisiert" wurden, sicherlich noch eine vorsichtige Schätzung. Dennoch war Speer mit Sauckel nicht zufrieden — zumindest stellt er es in seinen Memoiren so dar. In einer Fußnote schreibt er in der ihm eigenen kühl bedauernden Art: „Für Sauckels unglückselige Arbeiterpolitik fühle ich mich mitverantwortlich. Trotz aller Meinungsverschiedenheiten war ich immer mit

---

148 *DZA Potsdam*, 62.01 DAF, Sign. 194, Aktennotiz über eine Treuhändersitzung im RAM am 30.7.1942 (Bl. 27 ff.): „Wenn auch im Ausland die offiziellen Kontingente für den einzelnen Menschen geringer sein mögen, so stünde doch fest, daß hinsichtlich des tatsächlichen Verbrauchs noch eine günstigere Situation bestehe und daß es daher notwendig sei für eine entsprechende Verlagerung Rechnung zu tragen. Wenn er [Sauckel] an die fruchtbaren Gebiete dieses europäischen Raumes denke, so müsse er feststellen, daß es bei entsprechendem Durchgreifen deutscherseits möglich würde, die Brotrationen in Deutschland wiederum auf den Stand vor der letzten Kürzung zu erhöhen. ... er hat die Absicht, im Zeitpunkt der Bekanntgabe dieses Erfolges auch mit der Lohnaktion offiziell zu starten."

149 *DZA Potsdam*, 23.01 Rechnungshof, Sign. 5303, Bl. 2, 5 Rs, 20.

150 *DZA Potsdam*, 62.01 DAF, Sign. 194, Bl. 27.

151 Wagenführ, *Industrie* (Anm. 139), S. 46 (nach einer Kräftebilanz des Statistischen Reichsamts).

den von ihm betriebenen Massendeportationen ausländischer Arbeiter nach Deutschland einverstanden."[152] Über die Anzahl der „mobilisierten" Ausländer und Ausländerinnen macht er keine Angaben. Ja, er spielt sie sogar herunter, indem er schreibt, Sauckels Versprechungen, „aus einer Bevölkerung von 250 Millionen" im besetzten Osten „die in Deutschland fehlenden Arbeiter herauszuholen", hätten sich nicht erfüllt[153].

Speers Ausführungen zeigen, daß sein „Bedauern" der seiner Ansicht nach mangelnden Mobilisierung der deutschen Arbeitskräfte galt. Neidvoll zitiert er einen Artikel über Bevins „außerordentliche Organisationsleistung" in Großbritannien[154]: „Die industrielle Kriegsarbeitsleistung Englands war die intensivste irgendeines kriegführenden Landes. Die gesamte englische Zivilbevölkerung, Frauen eingeschlossen, war tatsächlich eine einzige, riesige mobile Arbeitsarmee, die rücksichtslos, nicht anders als irgend eine Armee im Felde, im Lande herumdirigiert und ‚eingesetzt' wurde, wo es gerade nötig war. Diese Totalmobilisierung der englischen Arbeitskraft war Bevins Werk."

Speers größte Meinungsverschiedenheiten mit Sauckel hatten sich auf dessen Weigerung bezogen, eine wirklich totale Dienstpflicht für Frauen anzuordnen. Im Nachhinein betont Speer, die Verwirklichung eines 1939 vorgestellten Plans von Syrup, Staatssekretär im Reichsarbeitsministerium, nach dem 5,5 Millionen „unbeschäftigte" Frauen mobilisiert und zusätzlich zwei Millionen Frauen aus Friedens- in Kriegsindustrien „umgeschichtet" werden sollten, hätte gereicht, um „unseren Mangel an Arbeitern zumindest bis 1943 zu decken"[155].

Die Zahlenangabe von etwa fünf Millionen „unbeschäftigter" Frauen und der Topos, hätte Hitler es nicht abgelehnt, „mit Meldepflicht und Arbeitszwang die zweifellos noch vorhandenen Reserven an [arbeitsscheuen?] Frauenarbeitskräften zu mobilisieren", dann hätten die „Fremdarbeiter" nicht ins Reich gemußt, halten sich hartnäckig in der einschlägigen Literatur[156]. Obgleich dieser Topos abseits von meinem Thema zu liegen scheint, setze ich mich

---

152 Speer, *Erinnerungen* (Anm. 133), S. 548, Fußnote 12.

153 Ebd., S. 233, 234.

154 Artikel im *Mercator* von 1946, zit. nach ebd., S. 548.

155 Ebd., S. 548 f. Immerhin stieg die Anzahl der in der Industrie beschäftigten Frauen von 6,8 Millionen im September 1939 auf 10,2 Millionen im September 1942 an. Vgl. Statistisches Reichsamt: Ergebnisse der amtlichen Lohnerhebungen für März 1943; *DZA Potsdam*, 31.02, Sign. 2890, Bl. 96.

156 „Richtungweisend" waren in dieser Hinsicht Dörte Winkler (das Zitat stammt aus: dies., *Frauenarbeit* [Anm. 100], S. 118) sowie Timothy Mason, Zur Lage der Frauen in Deutschland 1930 bis 1940. Wohlfahrt, Arbeit und Familie: *Beiträge zur Marxschen Theorie 6*, Frankfurt a.M. 1976. Vgl. auch Ursula v. Gersdorff, *Frauen im Kriegsdienst*, Stuttgart 1969; Joachim C. Fest, *Das Gesicht des Dritten Reiches*, München 1963, bes. S. 358−360; Jill Stephenson, Nationalsozialistischer Dienstgedanke, bürgerliche Frauen und Frauenorganisation im Dritten Reich, in: *Geschichte und Gesellschaft*, 1981 (7. Jg.), H. 3/4, S. 555−571; Jürgen Kuczynski, *Studien zur Geschichte der Lage der Arbeiterin in Deutschland von 1700 bis zur Gegenwart*, Berlin 1963, bes. S. 253−255; Dorothee Klinksiek, *Die Frau im NS-Staat*, München 1982; Recker, *Sozialpolitik* (Anm. 48), bes. S. 78 f. Dagegen vgl. Annemarie Tröger, Die Dolchstoßlegende der Linken: *Frauen und Wissenschaft. Beiträge zur Berliner Sommeruniversität für Frauen*, hrsg. v. d. Gruppe Berliner Dozentinnen, Berlin 1976; dies., Die Frau im wesensgemäßen Ein-

hier kurz damit auseinander, denn er wird überlagert von dem in der Faschismusforschung häufig gebrauchten Interpretationsrahmen: rationale Wirtschaft, Behörden und Wehrmacht versus irrationale Partei (einschließlich DAF). Zeigt schon die Lohnpolitik selbst, daß dieser Interpretationsrahmen mehr Verwirrung als Aufklärung stiftet, so stimmt es meines Erachtens auch nicht, daß der Rationalisierung der Lohnpolitik unter dem Parteimann Sauckel ein irrationales Vorgehen in der Mobilisierung der Frauen für die Kriegswirtschaft gegenüberstand.

Geht man davon aus, daß es nur rational ist, in einem Krieg, den man selbst angezettelt hat, alle Kräfte total für den Sieg zu mobilisieren, dann war es sicherlich irrational, wenn die Parteibonzen und das Bürgertum ihre Hausangestellten behalten wollten, anstatt sie per Dienstverpflichtung in die Rüstungsindustrie zu pressen. (Die Zahl der in der Hauswirtschaft Tätigen betrug 1943 in Deutschland etwa 1,4 Millionen gegenüber 0,4 Millionen in Großbritannien[157].) Dann war es sicherlich ein Ärgernis, wenn die Damen aus der „besseren Gesellschaftsschicht ... buntbemalt von den Fußnägeln bis zum Gesicht, unbeeindruckt von den Geschehnissen des Krieges" in den Cafés herumsaßen[158]. Dann erscheint es sicherlich angesichts des permanenten Arbeitskräftemangels irrational, daß die Familienunterstützung für die Frauen der Soldaten im Vergleich zu anderen Ländern recht hoch war und daß der Arbeitsverdienst der Frauen auf diese Familienunterstützung angerechnet, d.h. von ihr abgezogen wurde — zu etwa 60 Prozent[159].

Und sicherlich war Hitlers Argument gegen die totale Dienstpflicht, die Gebärfähigkeit „der deutschen Mutter" müsse erhalten bleiben, rassistisch. Doch aus rassistisch/bevölkerungspolitischer Sicht war es gar so irrational nicht, hatte man doch die Folgen des radikalen Einsatzes und der Überbeanspruchung der Frauen in der Rüstungswirtschaft des Ersten Weltkriegs sowohl in der Weimarer

---

Fortsetzung Fn. 156

satz, in: *Mutterkreuz und Arbeitsbuch. Zur Geschichte der Frauen in der Weimarer Republik und im Nationalsozialismus*, hrsg. v.d. Frauengruppe Faschismusforschung, Frankfurt a.M. 1981; Ingrid Schupetta, Jeder das Ihre — Frauenerwerbstätigkeit und Einsatz von Fremdarbeitern/-arbeiterinnen im Zweiten Weltkrieg, in: *Mutterkreuz ...*; Susanna Dammer/Carola Sachse, Nationalsozialistische Frauenpolitik und weibliche Arbeitskraft, in: *Beiträge 5 zur feministischen Theorie und Praxis*, München 1981, S. 108—117. Carola Sachse danke ich für das Material und die Argumente, mit denen sie mir geholfen hat, den Mythos von der irrationalen Frauenfreundlichkeit des NS-Regimes in Frage zu stellen.

157 Speer, *Erinnerungen* (Anm. 133), S. 549; Winkler, *Frauenarbeit* (Anm. 100), S. 201, 119.

158 SD-Bericht vom 2.12.1940, in: *Meldungen aus dem Reich*, Bd. 6, hrsg. v. Heinz Boberach, Herrsching 1984, S. 1833. Dörte Winkler (*Frauenarbeit*, S. 110ff.) zitiert derartige Berichte so ausführlich, daß der Eindruck entsteht, als hätten alle „arbeitseinsatzfähigen, unbeschäftigten" fünf Millionen Frauen sich unablässig in Cafés, Strandbädern und auf Tennisplätzen herumgetrieben.

159 Vgl. Clarence D. Long, *The Labor Force in War and Transition. Four Countries*, National Bureau of Economic Research, Occ. Paper 36, New York 1952, S. 40ff. Setzt man die Familienunterstützung ins Verhältnis zum Einkommen des Ehemanns, ehe er Soldat wurde, so war diese Verhältniszahl in Deutschland fast doppelt so hoch wie in den USA und in Großbritannien. Ebd.

Republik als auch unter dem Nationalsozialismus ausführlich diskutiert und als „volkshygienische Katastrophe" wahrgenommen[160]. Außerdem befanden sich selbst bis 1942 nicht alle Frauen gleichermaßen in einer „relativ beschützten Stellung im sozialen und ökonomischen System des Krieges", wie Mason schreibt[161]. Sorgte man sich um die Gebärfähigkeit und das „Seelen- und Gemütsleben" „asozialer", „minderwertiger", „fremdrassischer" und jüdischer Frauen kaum oder gar nicht, so wurden auch bei den „erbgesunden deutschen" Frauen verschiedene Maßstäbe angelegt. Görings Vergleich mit der Pferdezucht — ein zur Zucht bestimmtes Rassepferd verbrauche sich, vor den Pflug gespannt, schneller als ein Arbeitspferd, deshalb könne man nie zu einer allgemeinen Frauendienstverpflichtung kommen — drückt nicht nur den „Sozialdarwinismus" des Regimes aus, sondern auch ganz einfach den Klassencharakter der nationalsozialistischen „Volksgemeinschaft"[162]. Qua Definition war „die Dame aus besseren Kreisen" rassisch „wertvoller" als „die Arbeiterin". Das wirkte sich auch auf die Praxis aus. Obwohl es die allgemeine Meldepflicht erst seit 1943 gab, hatte man Frauen aufgrund früherer Verordnungen schon vorher in großem Umfang dienstverpflichtet[163]. Es handelte sich dabei einmal um Frauen, die von ihren Arbeitsplätzen auf Arbeitsplätze in kriegswichtigen Betrieben verpflichtet wurden, und zum anderen um Frauen, die zwar keiner bezahlten Beschäftigung nachgingen, die aber früher erwerbstätig gewesen waren und daher durch die Arbeitsbuchkartei erfaßt werden konnten.

Weiterhin ist zu bezweifeln, ob die rechnerisch ermittelten fünf Millionen „zweifellos noch vorhandenen Reserven an Frauenarbeitskräften", die wegen Hitlers Veto gegen Meldepflicht und Arbeitszwang nicht mobilisierbar gewesen seien[164], wirklich alle „unbeschäftigt" waren. Selbst das Regime sah ein, daß der Krieg, insbesondere der Bombenkrieg, den Hausfrauen zusätzliche Zeit und Kraft abverlangte und daß viele der nicht erwerbstätigen Frauen als Großmütter, Schwestern oder ältere Töchter damit beschäftigt waren, den Haushalt und die Familie ihrer erwerbstätigen Töchter, Geschwister oder Mütter zu versorgen. Hinzu kamen noch die vielen anderen, mehr oder minder freiwilligen unbezahlten Dienste in der NS-Volkswohlfahrt, dem Reichsmütterdienst, der organisierten Nachbarschaftshilfe, beim Roten Kreuz, beim Deutschen Frauen-

160 Ein wichtiges Buch in dieser Diskussion war das der Leiterin der Frauenarbeitszentrale im 1. Weltkrieg, Marie Elisabeth Lüders, *Das unbekannte Heer*, Berlin 1936.
161 Mason, Lage (Anm. 156), S. 178.
162 Wie sehr der Frauenarbeitseinsatz klassenspezifisch gestaffelt war, kommt bei Dörte Winkler (*Frauenarbeit* [Anm. 100], S. 110 ff.) deutlich zum Ausdruck. Doch sie rundet ihre Darstellung unter Bezug auf Hitlers „Vorurteile" und Görings Zynismus auf eine Weise ab, auf die das Klassendenken beider, das gewiß nicht spezifisch nationalsozialistisch ist, aus der „Rationalität" des Kapitalismus in die „Irrationalität" der nationalsozialistischen Ideologie gerückt wird.
163 „Verordnung über die Meldung von Männern und Frauen für Aufgaben der Reichsverteidigung vom 13.1.1943", *RGBl*. I, S. 67. Von den früheren VO seien hier nur genannt: „VO zur Sicherstellung des Kräftebedarfs für Aufgaben von besonderer staatspolitischer Bedeutung" v. 22.6.1938 sowie die VO gleichen Titels v. 13.2.1939 mit ihren vielen Durchführungsverordnungen. *RGBl*. I, 1938, S. 652; *RGBl*. I, 1939, S. 206.
164 Winkler, *Frauenarbeit* (Anm. 100), S. 118.

werk, in der NS-Frauenschaft, im Reichsarbeitsdienst usw. Jedenfalls zeigte sich nach Erlaß der Meldepflichtverordnung 1943, daß Mansfeld sich mit seiner Schätzung vom Februar 1942, es könnten nicht wesentlich mehr als 200000 deutsche Frauen zusätzlich für die Kriegswirtschaft mobilisiert werden, kaum geirrt hat. Denn 1943 nahm die Anzahl der (bezahlt) beschäftigten Frauen um ganze 370000 zu[165].

Schließlich ist ein Umgang mit statistischen Belegen fragwürdig, bei dem für Deutschland zwar die Quote der Frauenerwerbstätigkeit — 1939 betrug sie 52,8 Prozent —, für Großbritannien und die USA jedoch nur die Steigerungsraten der Frauenerwerbstätigkeit während des Krieges — etwa 50 Prozent für beide Länder — genannt werden und zugleich hervorgehoben wird, daß sich in Deutschland im Krieg die „Zahl der arbeitenden … Frauen wenig erhöhte"[166]. Der Anstieg der Frauenerwerbstätigkeit in Großbritannien und den USA ist weniger erstaunlich, wenn man berücksichtigt, daß in beiden Ländern — im Gegensatz zu Deutschland — bei Kriegseintritt eine relativ hohe Arbeitslosigkeit herrschte. Mit der kriegswirtschaftlichen Annäherung an die Vollbeschäftigung mußte in beiden Vergleichsländern natürlich auch die Frauenerwerbstätigkeit steigen. Clarence D. Long hat versucht, die national unterschiedlichen statistischen Erfassungsmethoden vergleichbar zu machen. Nach seiner Definition der Frauenerwerbsquote — die Zahl der erwerbstätigen Frauen, bezogen auf die Gesamtzahl der Frauen über 14 Jahre — lag diese Quote in Deutschland vor dem und während des Krieges deutlich über 40 Prozent. In den USA betrug sie bis 1944/45 etwa 37 Prozent, in Großbritannien erreichte sie 1943 in etwa den Stand von Deutschland[167].

Während nach außen hin das Zögern des nationalsozialistischen Regimes, eine allgemeine Meldepflicht anzuordnen, vor allem mit Hitlers väterlicher Sorge um Gebärfähigkeit, Seelen- und Gemütsleben „der deutschen Frau" begründet wurde, spielte — das zeigt auch Dörte Winklers Darstellung — in den regimeinternen Diskussionen der Umstand eine weitaus größere Rolle, daß schon die partiellen Dienstverpflichtungen von Frauen beträchtliche Unmutsäußerungen „im Reich" und unter den Soldaten „im Feld" hervorgerufen hatten[168]. Wenngleich in den Protesten der Männer oft ähnliche Argumente vor-

---

165 Vgl. ebd., S. 201.
166 Ebd., S. 198, 176.
167 Long, *Labor Force* (Anm. 159), S. 33. Trotz dieser Zahlenangaben zerbricht auch Long sich den Kopf darüber, weshalb man in Deutschland im 2. Weltkrieg die Frauenerwerbstätigkeit nicht so steigern konnte wie in Großbritannien und den USA. Mit der Einschränkung, daß er die wichtigste Erklärung, nämlich die hohe Frauenerwerbsquote in Deutschland zu Beginn des Krieges, ausläßt, ist Longs Ausführung über die Arbeitseinsatzpolitik im internationalen Vergleich sehr aufschlußreich (ebd., S. 37 ff.).
168 Winkler, *Frauenarbeit* (Anm. 100), S. 104 f. In der regimeinternen Debatte um „den verstärkten Einsatz von Frauen für Aufgaben der Reichsverteidigung" (Titel des RAM-Entwurfs) war es nicht nur Göring, wie es bei D. Winkler erscheint, der die Unruhe in der Bevölkerung fürchtete. Auf mögliche „stimmungsmäßige Rückwirkungen" bzw. „die besondere politische Bedeutung" einer allgemeinen Meldepflicht wiesen auch Vertreter des RAM, des RWM und des Reichsmin.d.Inneren hin (*DZA Potsdam*, 31.01, RWM, Sign. 10347, Bl. 47 ff., 166 ff.). Auch nach der Meldepflichtverordnung von 1943 wies Sauckel die Arbeitsämter an, bei der Dienstverpflichtung aus bevölkerungspolitischen, wirtschaftlichen und „stimmungsmäßigen" Gründen äußerste Rücksicht walten zu lassen. Nach Recker, *Sozialpolitik* (Anm. 48), S. 183.

gebracht wurden, wie die Machthaber sie vertraten, sah es doch so aus, als
seien die deutschen Männer und Frauen nicht ganz so bedingungslos kriegs-
wütig, wie es das Regime gewünscht hätte. Angesichts einer für damalige Verhältnisse — auch im internationalen Vergleich! — sehr hohen Frauenerwerbsquote und angesichts einer möglichen Gefährdung der sozialpolitischen Stabilität des Regimes war es aus herrschaftsstrategischer Sicht doch nur zweck-
dienlich, von einer „totalen Mobilisierung" der Frauen abzusehen — zumal die
Industrie einiges an der „Arbeitsfreude" der dienstverpflichteten Frauen auszusetzen hatte und zumal ein nennenswerter Zuwachs an Arbeitskräften für
die Rüstungsindustrie nicht zu erwarten war, wollte man nicht den ebenfalls
kriegswichtigen Bereich Ernährung und Versorgung der Bevölkerung ins Chaos
stürzen.

*Die „lohnordnenden Maßnahmen" im einzelnen — Programm und
unmittelbare Vorgeschichte*

Mit einer ähnlich herrschaftsstrategischen Rationalität machte man sich 1942
daran, die „nicht unerhebliche Reserve" zu mobilisieren, „die sich aus der Möglichkeit der persönlichen Leistungssteigerung" derjenigen Männer und Frauen
ergab, die schon in den industriellen Arbeitsprozeß eingespannt waren. Zwar
kündigte Sauckel unter diesem Programmpunkt am 24. April 1942 vor allem
an, daß Kontrolle und Disziplinierung verschärft würden. Doch versprach man
sich ebensoviel, wenn nicht mehr leistungssteigernden Erfolg von Maßnahmen
zur „Neuordnung der Löhne", die an das Gerechtigkeitsgefühl „des deutschen
Arbeiters" appellierten. Es waren Maßnahmen, die, basierend auf einer bis in
die Weimarer Zeit hineinreichenden arbeitswissenschaftlichen Tradition, schon
unter Mansfeld entwickelt und partiell auch erprobt worden waren und die
Sauckel der Wirtschaft jetzt nur noch in gebündelter Form verordnen mußte[169].
Man hatte bislang gezögert, sie reichsweit einzuführen. Das lag zum einen daran, daß die Entwicklung und Verbesserung von Entlohnungsmethoden Zeit
kostete und das Reichsarbeitsministerium, die Reichsgruppe Industrie und die
DAF sich erst auf eine gemeinsame Politik einigen mußten. Es lag aber sicherlich auch daran, daß man vermeiden wollte, „Unruhe unter die Arbeiterschaft"
zu bringen[170]. Unruhen waren aber bei einer umfassenden Neuregelung der
Löhne zu befürchten, bedeutete sie doch — bei gleichbleibendem Lohnniveau —
nicht nur Lohnerhöhungen für die einen, sondern auch Lohnsenkungen für die
anderen. Ob man nun einer massiven Konfrontation mit dem jeweiligen „Kon-

169 Die Konflikte um die Neuordnung der Löhne hat Recker (ebd., S. 223 ff.) ausführlich
   dargestellt.
170 Z. B.: RAM an das OKM, Schreiben v. 11.7.1941: „... die Vergangenheit" (insbes. der
   1. Weltkrieg) hat gelehrt, „daß nichts zu stärkeren Leistungsrückgängen führt als eine
   unruhige Arbeiterschaft, die lohnpolitische Maßnahmen nicht versteht ..." (*IfZ München*, MA 190/1, Bl. 720027). Lohmann (RGI) in einem Vermerk v. 20.2.1940: „Keine
   Lohnexperimente während des Krieges, da hierdurch Beunruhigung in den Betrieben
   und die Gefahr sozialer Spannungen auf Kosten des Leistungswillens wie der Leistung
   schlechthin hervorgerufen würden." (*BA Koblenz*, R 12 I/268. Vgl. auch Recker, *Sozialpolitik*, S. 225.)

kurrenten" (RGI bzw. DAF) aus dem Wege gehen wollte oder die Kriegsproduktion nicht durch eine unruhige Arbeiterschaft gefährden wollte, jedenfalls
wurde in den Jahren 1939 bis 1941 immer wieder betont, daß die anvisierte
„Neuordnung der Löhne" erst nach dem Kriege allgemein durchgeführt werde[171].

Auch 1942, als abzusehen war, daß dieses Kriegsende nicht unmittelbar be-
vorstand, kam es zu keiner „totalen" Neuordnung der Löhne. Doch in den
drei kriegswichtigen Bereichen Bergbau, Bauwirtschaft und Rüstungsindustrie
setzte man die in den Vorjahren entwickelten Strategien − und Kompromisse −
ein, um über eine Veränderung der Entlohnung „die nicht unerhebliche Reserve" zu mobilisieren, die „in der persönlichen Leistungssteigerung eines jeden deutschen Arbeiters" lag (Sauckel-Programm vom April 1942). Auf die
Maßnahmen im Bergbau und in der Bauwirtschaft bin ich in Kapitel IV.1. kurz
eingegangen. In der ausführlichen Behandlung hier beschränke ich mich auf
die Maßnahmen in der Rüstungsindustrie, weil sie hinsichtlich der Anzahl der
betroffenen Branchen, des Propagandaaufwandes und der Methoden am umfassendsten waren.

Am 20. September 1942 erließ der Generalbevollmächtigte für den Arbeitseinsatz „Richtlinien über lohnpolitische Maßnahmen zur Herstellung der Lohn-
und Akkordgerechtigkeit und zur Leistungssteigerung in deutschen Rüstungsbetrieben", auch kurz „lohnordnende Maßnahmen" genannt[172] (vgl. Auszug
aus den *Richtlinien*, S. 176 f.). Sie galten reichsweit für die folgenden Branchen:
Metallindustrie, Gießereiindustrie, Stahl- und Eisenbau, Maschinenbau, Fahr-
zeugindustrie, Luftfahrtindustrie, Elektroindustrie, Feinmechanik und Optik,
Werkstoffverfeinerung und verwandte Industriezweige, Eisen-, Stahl- und Blech-
warenindustrie, Metallwaren und verwandte Industriezweige, Schiffbau[173].
Der eisenschaffenden Industrie, die auch zur Rüstungsindustrie zählte, war es
gelungen, von den „lohnordnenden Maßnahmen" ausgenommen zu werden[174].
In einer Sitzung ihrer wichtigsten Bezirksgruppe, der Bezirksgruppe Nordwest,
am 31. März 1942, in der der Inhalt der „lohnordnenden Maßnahmen" vorgestellt wurde, betonte ihr Leiter, Generaldirektor Ernst Poensgen, daß den Werken der eisenschaffenden Industrie und ihren Weiterverarbeitungsbetrieben die
mit diesen Maßnahmen verbundene Überprüfung durch den Reichstreuhänder
der Arbeit erspart bliebe, da in diesen Werken „die Löhne allgemein in Ordnung" seien. Ganz so „in Ordnung" scheinen die Löhne in der eisenschaffenden Industrie jedoch nicht allgemein gewesen zu sein, denn Poensgen forderte
seine Kollegen auf, von sich aus eine Überprüfung der Akkorde vorzunehmen.
Das Motiv für die eisenschaffende Industrie, alles daran zu setzen, um „aus der
allgemeinen Behandlung" herausgelassen zu werden − und als wichtige Macht-

---

171 Es waren vor allem die Industrie und die DAF, die betonten, daß eine umfassende Neuordnung der Löhne erst nach dem Kriege durchgeführt werden könne. Auf beiden Seiten wurde dieses Argument eingesetzt, um zu verhindern, daß die jeweils andere Seite
mit ihren lohnordnenden Vorstellungen zum Zuge kam. Vgl. Recker, *Sozialpolitik*
(Anm. 48), S. 224, 227−232, 234 f.
172 *DZA Potsdam*, 31.02 Stat. Reichsamt, Sign. 3676.
173 *SAA*, 14/Lh 914, Betriebslohngruppen-Katalog, Vorwort zum Lohngruppen-Katalog
für die Eisen-, Metall- und Elektroindustrie, Bl. 1.
174 Vgl. Recker, *Sozialpolitik* (Anm. 48), S. 231, 242 ff.

A. DIE AUFGABE:

Lohnpolitische Maßnahmen zur Leistungssteigerung in der Rüstungsindustrie

1. Die Entwicklung des Krieges macht eine Mobilisierung der nach allgemeinem Urteil in der Rüstungsindustrie vorhandenen Leistungsreserven erforderlich. Da eine Ursache der Leistungshemmungen in bestimmten Mängeln der Lohngestaltung liegt, sind außer Maßnahmen des Arbeitseinsatzes, der Preisgestaltung, der Menschenführung, der Betriebsrationalisierung, der Aktivierung des betrieblichen Vorschlagwesens usw., auch Maßnahmen zur Sicherung richtiger und gerechter Akkorde und Löhne geboten.

2. Zu diesem Zweck müssen anerkannte Fehlerquellen und Mängel beseitigt und Versäumnisse nachgeholt werden. Als Grundfehler gilt das in vielen Betrieben gestörte Verhältnis zwischen den Akkordverdiensten der Angelernten und den Zeitlohnverdiensten der Facharbeiter. Die Ursache der Störung liegt oft auf beiden Seiten: Bei den Facharbeitern sind die Zeitlöhne mancherorts unberechtigt hinter der Lohnentwicklung zurückgeblieben; auf Seiten der Akkordarbeiter sind die Verdienste – meist durch zu günstige Zeitfestsetzungen – vielfach überhöht. Eine solche Überhöhung und damit fehlerhafte Akkordfestsetzung liegt insbesondere auch dann vor, wenn die Akkordverdienste zwar nicht überhöht erscheinen, die Akkordleistung jedoch unter einer normalen zeitgerechten Leistung liegt. Dementsprechend gilt es auch, sowohl einen angemessenen Facharbeiterlohn zu finden als auch für die Akkordarbeiten richtige Stückzeiten und angemessene Geldfaktoren festzulegen. Beide Aufgaben dienen dem gemeinsamen Ziel, die Beziehung zwischen Lohn und Leistung dort wiederherzustellen, wo sie verlorengegangen ist. Es soll dadurch erreicht werden, daß in Abweichung von dem früheren Lohnschema (Gelernte, Angelernte, Hilfsarbeiter) künftig die Entlohnung nach dem Wert der Arbeit erfolgt und hiernach die Lohngruppen neu ausgerichtet werden.

3. Im einzelnen sind folgende Grundsätze zu beachten:

a) Die Einteilung der Arbeiten in die neuen Lohngruppen wird durch zentral zusammengestellte Beispiele praktisch erleichtert und reichseinheitlich gesteuert.

b) Die Lohngruppen werden in ein bestimmtes Zahlenverhältnis zueinander gesetzt, um so eine allgemein gültige feste Beziehung zwischen dem Wert und der Arbeit und der Höhe des Lohnes herzustellen.

c) Die Abstaffelung der Lohnsätze für Frauen und Jugendliche wird nach reichseinheitlichen Regeln durchgeführt.

d) Bei der Ortsklasseneinteilung soll eine reichseinheitliche Regelung erfolgen, die insbesondere die Lohnabstände zwischen den einzelnen Ortsklassen vereinheitlicht.

e) Zur Erleichterung und Vereinheitlichung der Lohnüberwachung wird eine als normal anzusehende Verdienstspanne zwischen Mindest- (Einstell-) Lohn und Durchschnittslohn – bei Zeitlohnarbeiten – bzw. Akkorddurchschnittsverdiensten – bei Akkordarbeiten – ermittelt und ebenfalls einheitlich festgelegt.

4. Es hat sich als notwendig erwiesen, Richtlinien zu entwickeln, wann und in welchem Umfange die Reichstreuhänder der Arbeit bei Abweichungen des betrieblichen Lohnstandes von den zu errechnenden Lohnzahlen des Entlohnungsplanes eine Überprüfung und gegebenenfalls Lohnkorrektur vorzunehmen haben.

5. Die Verwirklichung dieses Planes bringt für die betroffenen Betriebe eine weitgehende Umstellung und Neuordnung ihres Lohnsystems mit sich. Dennoch wird diese Neuordnung nicht um ihrer selbst willen erstrebt, sondern sie soll dazu dienen, daß

a) die Wiederherstellung einer größeren Lohngerechtigkeit im Betrieb durchgeführt wird,

b) die vorhandenen Leistungsreserven für den Kriegseinsatz mobilisiert werden,

c) die nach den bestehenden Kriegsverordnungen für die allgemeine Lohnpolitik abträgliche Entwicklung der Löhne in einzelnen Bezirken in der Rüstungsindustrie unterbunden wird.

6. Eine solche Neuordnung des Lohnsystems in der Metallindustrie darf im Interesse der Lohnstabilität nur eine im Rahmen dieser Richtlinien vertretbare Auswirkung auf den Lohnstand im großen und ganzen haben. Das Ziel ist eine leistungsfördernde Ordnung der Löhne auf der Ebene des jetzt in der Gesamtheit der deutschen Metallbetriebe erreichten Lohnstandes, der gewiß nicht frei von Zufälligkeiten ist, der aber für die einzelnen Betriebe nur insoweit geändert werden soll, als es die Beseitigung der unberechtigten leistungsstörenden Lohnspannungen zwingend erforderlich macht.

7. Für den Preisstand der deutschen Rüstungswirtschaft ergibt sich daraus, daß die geplanten lohnpolitischen Maßnahmen keine allgemeine Produktionsverteuerung bewirken, sondern durch die angestrebte Intensivierung der Leistung eher zu Kostensenkungen führen werden.

Quelle: *Richtlinien*, Bl. 6 f.

gruppierung konnte sie da mit einigem Erfolg rechnen –, wird wohl eher gewesen sein, in ihren Werken nach ihrem Gutdünken vorgehen zu können. Nicht nur die Überprüfung durch den Reichstreuhänder, sondern auch der lästige Einfluß der DAF sollte abgeblockt werden, denn letztere war nicht nur im propagandistischen Bereich an den „lohnordnenden Maßnahmen" beteiligt, wie Poensgen es darstellte[175], sondern auch an der sachlichen Durchführung. Dazu weiter unten.

Hatten lohnpolitische Maßnahmen bis dato eher die Züge geheimer Aktionen angenommen, so wurde im Fall der „lohnordnenden Maßnahmen" auf eine großangelegte „Aufklärungskampagne" Wert gelegt. In den Betrieben sollten für eine „außerordentlich intensive Aufklärung ... Tausende von Leuten" eingesetzt werden, „um den Sinn der Sache den schaffenden Menschen klarzulegen". In der Presse ist eine Flut von begleitenden Artikeln in Zeitungen aller Art zu registrieren[176]. Bemerkenswert an der Berichterstattung über die „lohn-

---

175 Zu Poensgens Ausführungen vgl. *IfZ München*, NI-1157, Niederschrift über die Sitzung des Beirates der Bezirksgruppe Nordwest am Dienstag, den 31.3.1942. In Auszügen wiedergegeben in: Kuczynski, *Lage der Arbeiter* (Anm. 34), S. 298 ff.

176 *Wirtschaftlicher Sonderdienst*, Nr. 92 v. 30.11.1942 (von der DAF an einen begrenzten Adressatenkreis gerichtet); *DZA Potsdam*, 62.03 DAF/AWI, Sign. 4076, Bl. 122 Rs. Artikel über die „lohnordnenden Maßnahmen" erschienen z.B.: im *Vierjahresplan* vom September und Dezember 1942, in der *Frankfurter Zeitung* v. 17.11., 20.11.1942 u. 14.1.1943, in *Der Deutsche Volkswirt* v. 16.10.1942, in der *Berliner Börsen-Zeitung* v. 13.11.1942 u. 29.11.1942, in der *Deutschen Bergwerkszeitung* v. 14.11.1942, in *Das Reich* v. 6.12.1942, in der *Kölnischen Zeitung* v. 29.11.1942, im *Angriff* v. 14.11. 1942, im *Völkischen Beobachter* v. 11., 15., 16. u. 22.11.1942. Später wurden dann die Erfolgsmeldungen veröffentlicht, z.B. in *Soziale Praxis* vom Januar 1943, in *Der Deutsche Volkswirt* v. 12.2.1943 u. 6.1.1944, in *Deutsche Bergwerkszeitung* v. 2.2. 1944, im *Völkischen Beobachter* v. 14.7.1943, im *Angriff* v. 23.9.1944, in *Der Ruhr Arbeiter* v. 11.2.1944, in *Deutsche Allgemeine Zeitung* v. 8.4.1944 und in *Deutscher Reichsanzeiger* v. 23.11.1944.

ordnenden Maßnahmen" ist, daß sie kein reines Propagandagewäsch war, das über den eigentlichen Inhalt der Maßnahmen hinweggetäuscht hätte. Wenngleich die „Richtlinien" nur für den „inneren Dienstgebrauch" bestimmt waren, wurden sie doch relativ ausführlich referiert. Nur beiläufig ging man auf das schwülstige Vorwort ein, in dem der Generalbevollmächtigte für den Arbeitseinsatz „unser großes, unübertrefflich schöpferisches, tüchtiges und fleißiges deutsches Volk" darauf hinwies, „die Gerechtigkeit gegenüber dem Soldaten draußen" erfordere es, „daß die Leistungen in den Betrieben genau gemessen werden und daß ein jeder schon aus Kameradschaft angehalten wird, seine Leistung auf das erreichbare Höchstmaß zu steigern"[177]. Selten auch nahm man darauf Bezug, daß die „lohnpolitischen Maßnahmen" den „Gefolgschaftsmitgliedern" durch erhöhte Brot- und Fleischrationen schmackhaft gemacht werden sollten[178]. Es wurde kein Hehl daraus gemacht, daß die Arbeitsleistung gesteigert, also im Prinzip für den gleichen Lohn mehr geleistet werden sollte. Dennoch erwartete man bei den Beschäftigten Verständnis für diese Maßnahmen, „weil der einzelne Gefolgsmann sich nunmehr gerechter behandelt fühlt als unter den alten Arbeitsbedingungen"[179].

Im folgenden sei auf Ziel und Inhalt der „lohnordnenden Maßnahmen" ausführlicher eingegangen. Der „Leitfaden für die Lohngestaltung Eisen und Metall"[180], der aus einer Gemeinschaftsarbeit der DAF (Fachamt Eisen und Metall), der Reichsgruppe Industrie (Fachgemeinschaft Eisen und Metall), des Reichsausschusses für Arbeitsstudien (REFA) und der Abteilung IIIb (Löhne) des Reichsarbeitsministeriums entstanden war und in dem die „Richtlinien" „für den Betriebspraktiker" ausführlich erläutert wurden, faßte ihr Ziel so zusammen[181]: „Das Ziel der Neuordnung der Löhne ist ein doppeltes; sie beabsichtigt 1. die Lohngerechtigkeit, 2. die Leistungssteigerung im Rahmen der grundsätzlichen Lohnstabilität." Die Mittel zur Verwirklichung dieses Zieles sollten sein:

— Überprüfung der Akkorde in Betrieben mit „überhöhten Akkordverdiensten oder unausgeschöpften Akkorden", kurz: in „leistungsschwachen Betrieben";
— Einführung neuer Lohngruppen;
— reichseinheitliche Abstufung der Löhne von Frauen und Jugendlichen und — was nur implizit zum Ausdruck kam — von „Fremdarbeitern und -arbeiterinnen";
— Ortsklasseneinteilung nach reichseinheitlichen Gesichtspunkten.

Im wesentlichen handelte es sich um einen Versuch, schon bestehende lohnpolitische Bestimmungen und Einzelmaßnahmen zu systematisieren und in einigen Punkten zu ergänzen, um so das Lohnchaos in der Rüstungsindustrie „leistungsgerecht" zu ordnen — und natürlich auch kontrollierbarer zu machen.

---

177 *Richtlinien*, S. 3, 5.
178 In den *Richtlinien* (S. 5) behauptet Sauckel, die Erhöhung der Brot- und Fleischrationen sei möglich, weil „das deutsche Landvolk ... eine einmalige Leistung weltgeschichtlichen Ausmaßes vollbracht" habe. Auf der Treuhänderbesprechung am 30.7.1942 hatte er allerdings einen anderen Ton angeschlagen (vgl. Anm. 148).
179 So Jäzosch im *Völkischen Beobachter* v. 14.7.1943.
180 *Leitfaden für die Lohngestaltung Eisen und Metall*, Gera 1943.
181 Ebd., S. 11.

Das galt insbesondere für die Akkordlöhne. Trotz der punktuellen Eingriffe der Reichstreuhänder der Arbeit in den ersten Kriegsjahren ging das Regime davon aus, daß viele Akkordverdienste überhöht seien und die Leistungsreserven nicht voll ausgeschöpft würden. Die vom REFA 1943 herausgegebenen „Praktischen Winke für die Einführung der lohnordnenden Maßnahmen in der Rüstungsindustrie" schilderten die Situation folgendermaßen[182]:

„Die Unordnung, ja man möchte beinahe sagen das Chaos auf dem Gebiete der Entlohnung in der Eisen- und Metallindustrie und Elektroindustrie, den Hauptzweigen der Rüstungsindustrie, ist bekannt. Angelernte Arbeiter, die mit einfachen, aber in großen Stückzahlen vorkommenden, gleichartigen Arbeiten beschäftigt werden, verdienen mehr als Wertarbeiter. Sie verdienen mehr auf Grund falscher Akkorde. Falsch sind diese Akkorde insofern, als sie nach Einarbeitung die Möglichkeit zu niemals gewollten hohen Verdiensten geben. Diese falschen Akkorde wirken leistungshemmend in doppelter Hinsicht; infolge ihrer ungerechtfertigten Höhe wird das an sich mögliche Arbeitstempo nicht eingehalten, und so entstehen unausgenutzte Leistungsreserven; sie wirken weiter leistungshemmend auf die hochwertigen Zeitlöhner, die auf Grund der bestehenden Tarifverhältnisse für ihre entscheidend hochwertige Arbeit einen weit geringeren Verdienst in Kauf nehmen müssen."

Allerdings erscheint es fraglich, ob in der Tat viele Akkordarbeiter „bei ‚gemütlicher' Arbeit reichlich" verdienten, wie die „Frankfurter Zeitung" am 17. November 1942 schrieb. So „gemütlich" kann eine 60stündige Arbeitswoche mit zusätzlicher Sonntagsarbeit nicht gewesen sein. Was die „Leistungsreserven" anbelangt, so wurde zwar als Grundlage der Vorgabezeitberechnung die „normale Leistung" angegeben, doch hatte man wohl eher das „erreichbare Höchstmaß" (Sauckel) im Auge als die „Normalleistung" im heutigen Sinne, d. h. die Leistung, die auf Dauer, über das ganze Arbeitsleben hinweg, erträglich ist.

Im Zuge der „lohnordnenden Maßnahmen" wurde den Betrieben die Anordnung des Generalbevollmächtigten für den Arbeitseinsatz vom 24. April 1942 über die Überprüfung der Akkorde zugestellt[183]. Die Akkordrichtsätze wurden einheitlich so festgelegt, „daß ein Gefolgschaftsmitglied mit durchschnittlicher Leistungsfähigkeit bei berufsüblicher Leistung und unter normalen Arbeitsbedingungen nach Einarbeitung einen Verdienst erreicht, der 15 v. H. über dem Grundlohn (des im Zeitlohn Arbeitenden; die Verf.) liegt". Die Grundlöhne galten als Mindestverdienstgarantie, „sofern die Gründe des Minderverdienstes nicht in seiner (des Arbeiters) Person liegen. Voraussetzung für diese Garantie ist, daß es sich um deutsche Arbeiter mit normaler Leistung

---

182 *REFA-Schriften*, H. 8, Beuth-Vertrieb, Berlin 1943, S. 7. Wie in dieser REFA-Schrift weisen auch interne Berichte bei Siemens darauf hin, daß den „Betriebsführern" mit vollen (Rüstungs-)Auftragsbüchern angesichts des Arbeitskräftemangels daran gelegen gewesen war, den Lohnstopp zu umgehen, um den „Betriebsfrieden" zu wahren und genügend Arbeitskräfte zu haben. Die Akkorde wurden „verfälscht", indem sie nach technischen und organisatorischen Verbesserungen nicht berichtigt wurden ("heimlicher Fortschritt" bzw. „method-drift") oder indem bewußt Mehrverdienstzuschläge gewährt wurden. SAA, 60/Ls 657, *ZW-Mitteilungsblatt*, Nr. 6, 1942, sowie 14/Lt 397, Niederschrift über die Berichte, gegeben beim Besuch von Gauleiter Sauckel am 25.9. 1942 in den Wernerwerken der Siemens & Halske A.G. in Siemensstadt.
183 *Richtlinien*, S. 15.

und nicht etwa um Ausländer handelt." Nach oben waren die individuellen Akkordverdienste weiterhin formal nicht begrenzt. Allerdings war der Akkord „von vornhinein für die zu erwartende größte aufeinanderfolgende Stückzahl scharf zu errechnen". Mit anderen Worten, die Vorgabezeit sollte so berechnet werden, daß bei bester Leistung im Gruppendurchschnitt höchstens 15 Prozent über dem Akkordrichtsatz verdient werden konnte. Lag der durchschnittliche Überverdienst höher, konnte der Reichstreuhänder eine Überprüfung der Akkorde anordnen[184].

Um dem Anspruch auf Gerechtigkeit Genüge zu tun, wurde angestrebt, die neuen Vorgabezeiten, d.h. das neue Verhältnis von Leistung und Lohn nach dem REFA-Verfahren zu bestimmen. Im Gegensatz zu geschätzten Berichtigungen oder Pauschalberichtigungen, bei denen der Einzelne nie sicher sein konnte, ob nicht bald wieder die „Akkordschere" angesetzt würde, wenn er durch hohe Leistung auf einen hohen Verdienst kam, beansprucht das REFA-Verfahren die Akkordgrundlagen so objektiv zu bestimmen, daß sie „gerecht" sind und später nicht mehr berichtigt werden müssen. Wandte man das REFA-Verfahren an, konnte man der „Unruhe in der Arbeiterschaft", die bei der geplanten Verringerung der Vorgabezeiten sicherlich auftreten würde, mit dem Versprechen begegnen, von nun ab würde die „Akkordschere" nicht mehr angesetzt. (Dazu ausführlicher in Kapitel V. 2.) Da man aber damit rechnete, daß vielen Betrieben das Personal und die Zeit für eine konsequente Anwendung der REFA-Zeitsudien fehlte, räumte man ihnen auch die Möglichkeit ein, sich darauf zu beschränken, die Vorgabezeiten durch Berechnungen, Schätzungen und Erfahrungswerte und gelegentliche stichprobenweise Zeitaufnahmen auf das „berufsübliche Normalmaß" hin zu korrigieren. Doch es wird betont[185]: „Bei der Bedeutung, die der richtigen Akkordgestaltung zukommt, wird auch dann auf eine Nachprüfung der Akkordzeiten nicht verzichtet werden können, wenn etwa auf Grund eines Appells die Gefolgschaft

---

184 Zu den vorstehenden Ausführungen s. *Richtlinien*, S. 26 f. – Da Rudi Schmiede und Edwin Schudlich (*Die Entwicklung der Leistungsentlohnung in Deutschland*, Frankfurt a.M. 1976, Kap. VI.1.3., bes. S. 309 f.) die lohnordnenden Maßnahmen und die *nie praktisch umgesetzte* „Reichslohnordnung" der DAF als identisch behandeln, interpretieren sie die Bestimmungen der ersteren nicht ganz richtig. Nicht die „durchschnittliche" Leistung, sondern die „normale" Leistung war Bezugsgröße der Vorgabezeitberechnung. Und eine Stunde „normaler Leistung" wurde nicht mit dem Grundlohn, sondern mit dem Akkordrichtsatz (Grundlohn + 15 %) abgegolten (*Leitfaden*, S. 107 f.). Zwar stimmt es, daß die Akkordverdienste je nach Mehr- oder Minderleistung um den Akkordrichtsatz schwanken sollten und daß „für den Fall der Minderleistung ... auch eine Entlohnung unter dem Grundlohn" vorgesehen war, somit also die für die Akzeptanz der Akkordentlohnung wichtige Mindestverdienstgarantie punktuell aufgegeben wurde. Doch zeigen die weiteren Ausführungen im *Leitfaden*, daß man – zumindest hinsichtlich der „deutschen Gefolgschaftsmitglieder" – den schmalen Grat zwischen der Disziplinierung von „Bummelanten" und „Saboteuren" und der Erhaltung der „Arbeitsfreude" doch sehr vorsichtig beschritt. Unterschreitungen des Grundlohns wurden als „Grenzfälle" angesehen, waren im wesentlichen für „mangelhafte Arbeit und selbstverschuldeten Ausschuß" vorgesehen und bedurften dort, wo tarifliche Mindestlohngarantien vorlagen, der vorherigen Entscheidung des Reichstreuhänders der Arbeit. Die Zuschläge in der Einarbeitungszeit blieben erhalten (*Leitfaden*, S. 59 f., 56).
185 *Richtlinien*, S. 26.

sich freiwillig mit einer pauschalen Senkung der Akkordsätze einverstanden erklärt hat."

Der 1943 erschienene „Leitfaden" zur Durchführung der „lohnordnenden Maßnahmen" berichtet, daß sich derartige „Gefolgschaftsbeschlüsse" tatsächlich ereignet haben[186]: Es „ist vielfach im Zuge der Aufklärungsarbeit zur Mobilisierung der Leistungsreserven spontan von der Gefolgschaft vorgeschlagen worden, durch freiwilligen Pauschalabschlag von z.B. 20 oder 30% die Vorgabezeiten zu berichtigen und das Leistungsniveau entsprechend zu heben". Der „Leitfaden" erklärt jedoch auch, weshalb sich die „Betriebsführer" mit diesem doch recht erfreulichen Gefolgschaftsverhalten nicht zufrieden geben dürften:

„So sehr die Bereitwilligkeit der Gefolgschaft zur Leistungssteigerung in diesem Falle anzuerkennen ist, so bedenklich ist doch dieses pauschale Abschlagsverfahren, weil es die ganze Neuordnung der Löhne in Mißkredit bringen kann ...
Durch ein derartiges Vorgehen würde die gegenwärtig bestehende Lohnungerechtigkeit weiter beibehalten werden und in kurzer Zeit zu neuen Leistungszurückhaltungen führen. Um alle Leistungshemmungen zu beseitigen und eine dauernde, anhaltende Leistungs- und Produktionssteigerung zu erreichen, müssen daher grundsätzlich alle Akkordunterlagen überprüft und refamäßig berichtigt werden."

Soweit zum Anspruch. Zur Praxis, auf die ich weiter unten ausführlicher eingehe, sei hier nur angemerkt, daß der Mangel an Fachleuten groß war, daß die Qualität der zusätzlich im Eilverfahren zu „REFA-Männern" geschulten Leute nicht immer die beste gewesen zu sein scheint[187] und daß selbst ein Unternehmen wie Siemens, das maßgeblich am REFA beteiligt war, Anfang 1945 damit rechnete, einen Großteil seiner Akkorde durch Pauschalumrechnungen bereinigen zu müssen[188].

Nicht nur bei den Akkorden sollte die „Lohngerechtigkeit" — mehr oder minder refamäßig — wiederhergestellt werden, sondern auch im Verhältnis der Arbeitsplätze zueinander. Die alte Lohngruppeneinteilung — gelernte, angelernte und ungelernte Arbeiter — wurde durch den „Lohngruppenkatalog Eisen und Metall", kurz: LKEM, abgelöst, der in Gemeinschaftsarbeit zwischen der DAF (Fachamt Eisen und Metall) und der Reichsgruppe Industrie (Fachgemeinschaft Eisen und Metall) unter Rücksprache mit dem Reichsarbeitsministerium ausgearbeitet und schon im März 1942 fertiggestellt worden war[189]. Die neuen Lohngruppen — nunmehr acht statt vorher drei — wurden nach dem Arbeitsbewertungsverfahren festgelegt. Zudem wurde die Spanne zwischen den Grundlöhnen erheblich erweitert. Lagen vorher die Grundlöhne der gelernten Arbeiter um etwa 30 Prozent[190] über denen der ungelernten Arbeiter, so sollte nun der Grundlohn der am höchsten eingestuften Arbeit (Lohngruppe

186 *Leitfaden*, S. 50.
187 SD-Bericht vom 21. Februar 1944; *Meldungen* (Anm. 158), S. 6356 ff.
188 *SAA*, 14/Lb 696; 21. Werkleiter-Besprechung v. 17.1.1945.
189 *BA Koblenz*, R 12 I/327.
190 Diese Differenz entnehme ich einer Graphik aus dem *Leitfaden* (S. 23). Die Differenzen schwankten, je nachdem, auf welche Branche(n) oder Betriebe Bezug genommen wurde. Auf der Schichauwerft beispielsweise lag 1940 der Grundlohn der gelernten Arbeiter nur 19% über dem der ungelernten. *IfZ München*, MA 190/1, Bl. 720132.

VIII) um 77 Prozent über dem der am niedrigsten eingestuften Arbeit (Lohngruppe I) liegen (s. Schaubild S. 183).

Die Akkordüberprüfung, die stärkere Grundlohndifferenzierung, die Untergliederung der ursprünglichen Gruppe „Gelernte" in vier Lohngruppen (wobei Lohngruppe V auch für gutausgebildete, erfahrene angelernte Arbeiter gelten konnte) sowie schließlich der Umstand, daß in den Lohngruppenbeschreibungen die erforderliche Qualifikation noch immer eine große Rolle spielte, weisen auf ein wichtiges Ziel der „lohnordnenden Maßnahmen" hin: Neben der Leistungssteigerung schlechthin ging es auch um die „Schließung der Facharbeiterlücke"[191]. Facharbeitern, deren Zeitlohn im „Zeichen des Lohnstops" stärkerer Kontrolle unterlag als der Akkordlohn der Angelernten, sollte das „berechtigte" − und leistungsmindernde − „Gefühl ungerechter Entlohnung" genommen werden; außerdem sollten Facharbeiter, die wegen der besseren Verdienstmöglichkeiten lieber Akkordarbeitsplätze für Angelernte eingenommen hatten, motiviert werden, sich wieder um qualifizierte Arbeitsplätze zu bewerben[192]. Dieser Aspekt wurde auch in den Erfolgsmeldungen immer wieder hervorgehoben[193]:

„Ferner wurde das Bestreben, schwierigere Arbeiten als bisher durchzuführen, günstig beeinflußt. Fast alle Betriebe waren in der Lage, eine große Anzahl von Mitarbeitern aus Tätigkeiten niederer Lohngruppen an schwierige Arbeiten auf Grund eigener Meldung umzusetzen. ... Ein Großbetrieb berichtete, daß er in der Lage war, die Facharbeiter für ein neu von ihm einzurichtendes Werk auf diesem Wege aus seiner eigenen Gefolgschaft heraus zu gewinnen ohne Inanspruchnahme des Arbeitsamtes. Allein schon diese Tatsache muß als ein außerordentlicher Erfolg der lohnordnenden Maßnahmen betrachtet werden."

Doch es ging nicht allein darum, die Lohnhierarchie zwischen gelernten und angelernten Arbeitern wiederherzustellen, damit erstere qualifikationsgerechte Arbeitsplätze einnehmen konnten. Der Lohn als Instrument der Arbeitskräftelenkung sollte auch dazu dienen, „daß im Zuge des Fraueneinsatzes und des Ersatzes deutscher Arbeiter durch Ausländer ... die deutschen Arbeiter für höher qualifizierte Arbeiten" − und „verantwortlichere" Positionen − freigestellt und entsprechend bezahlt wurden[194]. Dem allgemeinen Arbeitskräfte-

---

191 So Jäzosch, Leiter des Fachamts „Eisen und Metall" (DAF), in: *Völkischer Beobachter* v. 14.7.1943.

192 Vgl. *Frankfurter Zeitung* v. 17.11.1942. Vgl. auch *Soziale Praxis* v. Januar 1943; *Berliner Börsenzeitung* v. 29.11.1942; *Der Deutsche Volkswirt* v. 12.2.1943.

193 Jäzosch, in: *Völkischer Beobachter* v. 14.7.1943. Zu anderen Meldungen über Leistungssteigerungen und Freisetzung von Facharbeitern vgl. auch Jäzoschs Bericht im 1. Januarheft 1944, *Die Deutsche Volkswirtschaft* sowie *Wirtschaftspolitischer Dienst*, Nr. 56 v. 21.3.1944; *DZA Potsdam*, 62.03 DAF/AWI, Sign. 4149.

194 Bekanntmachung des Reichstreuhänders der Arbeit, Westfalen v. 21.5.1943; *DZA Potsdam*, 32.03 DAF/AWI, Sign. 4148, Bl. 21. Sauckel betonte auf einer Treuhänderbesprechung am 31.7.1942: „Im übrigen müsse der Grundsatz gelten, daß jeder deutsche Arbeiter Vorgesetzter eines jeden fremden Arbeiters ist." *DZA Potsdam*, 62.01 DAF, Sign. 194, Bl. 27. Als Erfolg der lohnordnenden Maßnahmen meldet das *Europa Kabel* v. 25.2.1944, in einem Betrieb sei der Anteil der gelernten Arbeiter von 75 % auf 35 % zurückgegangen, der der angelernten von 20 % auf 32 % und der der Arbeiterinnen von 5 % auf 35 % gestiegen. *DZA Potsdam*, 62.03 DAF/AWI, Sign. 4149.

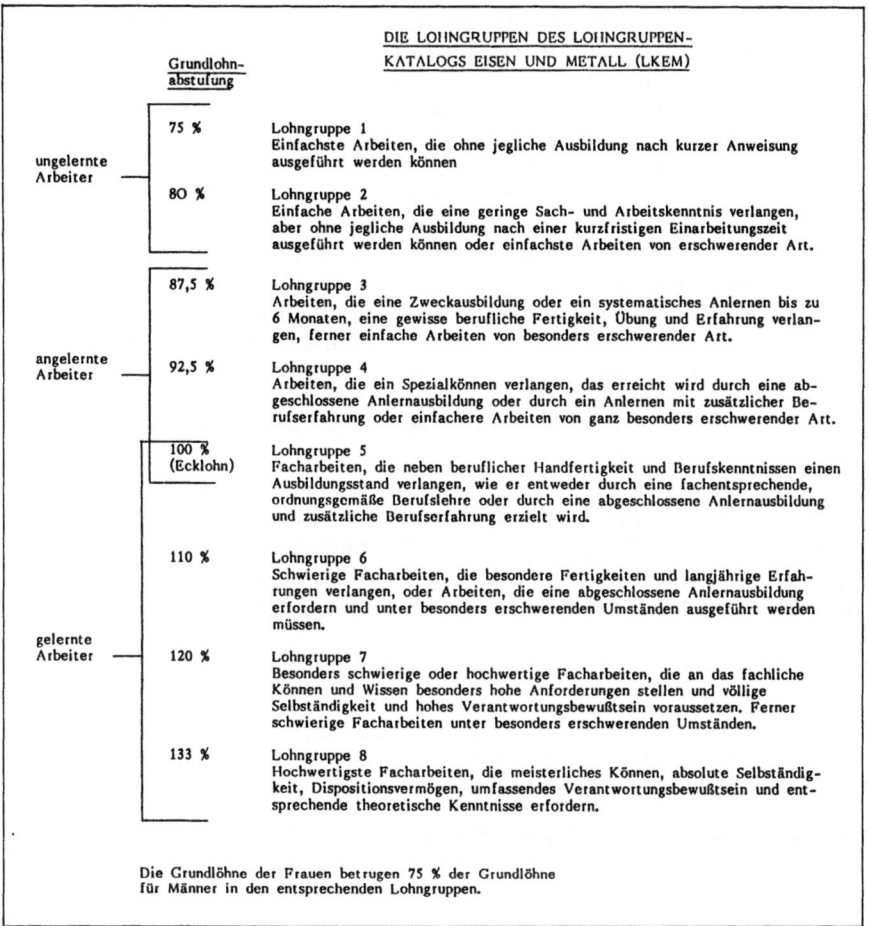

	Grundlohn-abstufung	DIE LOHNGRUPPEN DES LOHNGRUPPEN-KATALOGS EISEN UND METALL (LKEM)
ungelernte Arbeiter	75 %	**Lohngruppe 1** Einfachste Arbeiten, die ohne jegliche Ausbildung nach kurzer Anweisung ausgeführt werden können
	80 %	**Lohngruppe 2** Einfache Arbeiten, die eine geringe Sach- und Arbeitskenntnis verlangen, aber ohne jegliche Ausbildung nach einer kurzfristigen Einarbeitungszeit ausgeführt werden können oder einfachste Arbeiten von erschwerender Art.
angelernte Arbeiter	87,5 %	**Lohngruppe 3** Arbeiten, die eine Zweckausbildung oder ein systematisches Anlernen bis zu 6 Monaten, eine gewisse berufliche Fertigkeit, Übung und Erfahrung verlangen, ferner einfache Arbeiten von besonders erschwerender Art.
	92,5 %	**Lohngruppe 4** Arbeiten, die ein Spezialkönnen verlangen, das erreicht wird durch eine abgeschlossene Anlernausbildung oder durch ein Anlernen mit zusätzlicher Berufserfahrung oder einfachere Arbeiten von ganz besonders erschwerender Art.
gelernte Arbeiter	100 % (Ecklohn)	**Lohngruppe 5** Facharbeiten, die neben beruflicher Handfertigkeit und Berufskenntnissen einen Ausbildungsstand verlangen, wie er entweder durch eine fachentsprechende, ordnungsgemäße Berufslehre oder durch eine abgeschlossene Anlernausbildung und zusätzliche Berufserfahrung erzielt wird.
	110 %	**Lohngruppe 6** Schwierige Facharbeiten, die besondere Fertigkeiten und langjährige Erfahrungen verlangen, oder Arbeiten, die eine abgeschlossene Anlernausbildung erfordern und unter besonders erschwerenden Umständen ausgeführt werden müssen.
	120 %	**Lohngruppe 7** Besonders schwierige oder hochwertige Facharbeiten, die an das fachliche Können und Wissen besonders hohe Anforderungen stellen und völlige Selbständigkeit und hohes Verantwortungsbewußtsein voraussetzen. Ferner schwierige Facharbeiten unter besonders erschwerenden Umständen.
	133 %	**Lohngruppe 8** Hochwertigste Facharbeiten, die meisterliches Können, absolute Selbständigkeit, Dispositionsvermögen, umfassendes Verantwortungsbewußtsein und entsprechende theoretische Kenntnisse erfordern.

Die Grundlöhne der Frauen betrugen 75 % der Grundlöhne
für Männer in den entsprechenden Lohngruppen.

Quelle: *Leitfaden*, S. 21, 22, 53

mangel versuchte man also nicht nur durch Dienstverpflichtung deutscher Frauen und durch „Anwerbung" ausländischer Arbeitskräfte beizukommen, sondern auch dadurch, daß die teure Mangelware „deutsche männliche Arbeitskräfte" nach Qualifikation gestaffelt in höhere und häufig mit Aufsichtsfunktionen versehene Posten aufstieg und die unteren Ränge der Arbeitsplatzhierarchie mit deutschen weiblichen Arbeitskräften und ausländischen, mehr oder weniger zwangsrekrutierten Arbeitskräften aufgefüllt wurden[195]. Auch

195 Vgl. Bericht über eine Umfrage des Fachamtes „Eisen und Metall" in LKEM-Betrieben, in: *Wirtschaftspolitischer Dienst* v. 21.3.1944; *Deutsche Volkswirtschaft*, Januar 1944; *Europa Kabel* v. 25.2.1944; *DZA Potsdam*, 62.03 DAF/AWI, Sign. 4149, Bl. 26, 29, 38. Zur Formulierung „mehr oder weniger zwangsrekrutiert" nur die folgende Bemerkung aus der Niederschrift über die Sitzung des Beirats der Bezirksgruppe Nordwest (der eisenschaffenden Industrie) am 31.3.1942: „Unter den heutigen Umständen hat es wenig

die (Minder-)Entlohnung der beiden letzteren Gruppen wurde im Zuge der „lohnordnenden Maßnahmen" systematisiert.

Die traditionelle Einstufung der Arbeiterinnen unter den drei anderen Lohngruppen — gelernte, angelernte und ungelernte Arbeiter — in die Lohngruppe IV „Frauen", die für sie zwischen 20 %—40 % niedrigere Löhne bedeutete[196], hatte in dem Maße Schwierigkeiten verursacht, wie Frauen mit zunehmendem Arbeitskräftemangel traditionell den Männern vorbehaltene Arbeitsplätze einnahmen und auch einnehmen sollten[197]. Da ihre Minderbezahlung „zweifellos den Arbeitswillen der Frauen ungünstig beeinflußte"[198], hatten sich Vertreter mehrerer Ministerien und Behörden und auch der DAF schon im Mai 1940 mit dem Problem der Frauenentlohnung im Kriege befaßt[199]. Diese Diskussion wie auch die gleichermaßen umfassende Diskussion über die Dienstverpflichtung von Frauen im April 1940 ist von Dörte Winkler ausführlich beschrieben worden[200]. Hier sei dazu nur das folgende bemerkt: Im Prinzip wurde der Forderung der DAF nach gleicher Entlohnung der Frauen wie der Männer bei gleicher Leistung zugestimmt. Allerdings war man einhellig der Meinung, daß im Zeitlohn davon ausgegangen werden müsse, „Frau leistet nicht dasselbe wie der Mann, den sie ersetzt. Infolgedessen auch bei neuen Arbeiten unterschiedliche Entlohnung"[201], und daß „es unmöglich sei, das Problem des Frauenlohnes in einem größeren Rahmen der Lösung näher und etwa schon jetzt den Grundsatz der reinen Leistungsentlohnung ohne Berück-

Fortsetzung Fn. 195
Sinn, die Russen nach Westen zu bringen, zumal wenn ihnen von den Werbern sehr weitgehende Versprechungen gemacht werden (freier Arbeiter, gute Verdienstmöglichkeiten), die nach Lage der Dinge nicht gehalten werden können." *IfZ München*, NI-1157, S. 47.

196 *DZA Potsdam*, 31.01 RWM, Sign. 10347, Vermerk v. 25.5.1940.

197 Nicht alle Betriebe scheinen wie Siemens in der Lage gewesen zu sein, in solchen Fällen „Männerarbeitsplätze" in „Frauenarbeitsplätze" umzugestalten: „Es wird an eine etwa 1940 gegebene Stellungnahme der Firmenleitung erinnert, daß im Hause Siemens keine Frau einfach an ausgesprochene Männerarbeit gestellt wird; die Arbeit wird durch Schaffung von Hilfen dem weiblichen Leistungsvermögen angepaßt. Nur in seltensten Ausnahmen dürfte sich die Notwendigkeit ergeben, beim RTA den Männer-Lohnsatz für die Frau an Männerarbeit zu beantragen (bisher bei SSW-Berlin nicht vorgekommen)." *SAA*, 14/Lb 696, 1. Zusatz zur ZW 8-Mitteilung Nr. 22, Bericht von der Hauptausschuß-Sitzung des Refa, 20./21.10.1944 in Dresden.

198 *DZA Potsdam*, 31.01 RWM, Sign. 10347, Bl. 99, Vermerk v. 25.5.1940 über die Sitzung v. 8.5.1940. Auf einer Besprechung am 17.5.1940 (ebd., Bl. 109) wurde festgestellt, „daß beispielsweise in den Berliner Betrieben bis zu 30 v.H. der Gefolgschaften meist zum Wochenende (ab Freitag) unentschuldigt fehlen. Dazu kommt die steigende Kurve der Krankmeldungen. Es handele sich überwiegend um Frauen."

199 Beteiligt waren Vertreter des Reichsarbeitsministeriums, des Reichswirtschaftsministeriums, des Reichsministeriums des Inneren, des Reichsministeriums für Ernährung und Landwirtschaft, des Reichsministeriums für Bewaffnung und Munition, des OKW, des Beauftragten für den Vierjahresplan (Göring), der DAF sowie der Stellvertreter des Führers und der Reichskommissar für die Preisbildung.

200 Winkler, *Frauenarbeit* (Anm. 100), Kap. VIII.4.

201 *DZA Potsdam*, 31.01 RWM, Sign. 10347, Bl. 97: Besprechungsunterlage für die Sitzung v. 8.5.1940.

sichtigung der soziologischen Verhältnisse zur Durchführung zu bringen". Die „Mehrbelastung" einer „lückenlosen Angleichung der Löhne" wurde auf drei bis vier Mrd. RM beziffert[202].

Angesichts derartiger Kosten hielt man es wohl für billiger, den „Arbeitswillen" der Frauen auf andere Weise zu fördern. Der mangelnden Arbeitsdisziplin erwerbstätiger Frauen sollte durch „moralische Beeinflussung" abgeholfen werden. „Diese müsse von der Erziehungsarbeit der DAF und der Haltung der Betriebsführung ausgehen."[203] Auch hielt man das Angebot höherer Verdienste für nicht zweckmäßig, um die „Kriegerfrauen" wieder an ihre Arbeitsplätze zurückzuholen, die sie nach Kriegsbeginn aufgegeben hatten, weil ihnen die Unterstützung für „Kriegerfamilien" zustand und sicherlich auch weil die Versorgung des Haushalts und der Familie im Krieg erheblich mehr Zeit und Kraft beanspruchte. Die Anzahl der abhängig beschäftigten Frauen hatte im April 1940 ohnehin wieder den relativ hohen Stand vom August 1939 erreicht. Jedenfalls beließ man es bei der Regelung, daß den Frauen etwa 60 Prozent ihres Arbeitsverdienstes von der Familienunterstützung abgezogen wurden, denn man war „überwiegend übereinstimmend" der Meinung, „daß es zweifelhaft bleibe, ob durch eine Lockerung der Anrechnungsgrundsätze (völlige Nichtanrechnung des Arbeitsverdienstes oder günstigere Gestaltung) tatsächlich der Arbeitswille gestärkt werde ... Die Arbeitswiederaufnahme der Frauen müsse in der Hauptsache von den in Vorbereitung befindlichen Sondermaßnahmen über den verstärkten Einsatz von Frauen für Aufgaben der Reichsverteidigung (Meldepflicht) erwartet werden."[204] So sollte schließlich in einigen wenigen, besonders kriegswichtigen Ausnahmen der „Arbeitswille" der Frauen, die Männerarbeitsplätze einnahmen, gestärkt werden, indem sie bei gleicher Leistung und gleichen Bedingungen den gleichen Lohn wie „der Mann" erhielten. Dabei sollte möglichst restriktiv vorgegangen werden[205]:

„Alle waren darüber einig, daß Rückwirkungen ernstester Art auf das gesamte soziale und wirtschaftliche Gefüge entstehen und die Kriegswirtschaft auf das Nachteiligste beeinflussen können, wenn nicht mit aller Sorgfalt die Abgrenzung der für eine Gleichstellung in Frage kommenden Betriebe vorgenommen wird und gleichzeitig alle Sicherungen getroffen werden, die eine Ausweitung und eine Übertragung des jetzt anzuerkennenden Grundsatzes auf andere Berufszweige verhindern."

202 *DZA Potsdam,* 31.01 RWM, Sign. 10347, Bl. 100 u. 99 Rs.

203 *DZA Potsdam,* 31.01 RWM, Sign. 10347, Bl. 109, Vermerk v. 25.5.1940 über die Besprechung am 17.5.1940. „Nach eingehender Erörterung wird für richtig gehalten, nur gegen die notorischen Bummelanten im Schnellverfahren der Justiz — das bereits eingerichtet sei — und durch die Gestapo vorzugehen. In den weniger schweren Fällen müsse das Ordnungsstrafrecht der Reichstreuhänder der Arbeit Anwendung finden" (ebd.).

204 Ebd., Bl. 108 Rs., Bl. 99.

205 Ebd., Bl. 101. Die vom Reichsarbeitsminister zunächst vorgelegte Liste der Ausnahmefälle (ebd., Bl. 107) wies vor allem Industriezweige auf, in denen Frauenarbeit so gut wie gar nicht vorkam. Nach Meinung des Vertreters der DAF würde sie „daher zweifellos Verärgerung hervorrufen" (ebd., Bl. 108). Sie wurde jedoch nur geringfügig geändert (ebd.).

In diesem Tenor war denn auch der aus der Diskussion resultierende Erlaß des Reichsarbeitsministeriums vom 15. Juni 1940[206] gehalten, in dem die Reichstreuhänder der Arbeit grundsätzlich angewiesen wurden, die Frauenlöhne in besonders kriegswichtigen Wirtschaftszweigen — und nur da — zu überprüfen. Bei Arbeiten, die „traditionsgemäß von Frauen verrichtet wurden" und dort, „wo schon seit langem gleiche Arbeiten von Männern und Frauen verrichtet werden, die Frau jedoch eine andere Vergütung als der Mann erhält", sollten die niedrigeren Frauenlöhne erhalten bleiben. Dort, wo Frauen traditionelle Männerarbeiten ausführten, sollten sie denselben Akkord- und Prämienlohn erhalten, in der Zeitlohnarbeit allerdings nur 80 Prozent des Männerlohns. Im Grunde hatte man also „die bisherige Regelung trotz mancher ihr anhaftender Unschönheiten beibehalten"[207].

1942 meinte man, mit dem LKEM die Unterscheidung zwischen „typischen" und „nichttypischen Frauenarbeiten" durch „leistungsgerechte" Kriterien ersetzen zu können, „da die Lohngruppeneinteilung nach dem ‚Wert der Arbeit' automatisch die *leistungsbedingte Differenzierung* zwischen Männer- und Frauenlohnsätzen bewirkt"[208]. So waren auch in den den Betrieben vorgeschriebenen Formularen zur „Meldung der Durchschnittsverdienste der Gefolgschaftsmitglieder" für die Verdienste der Frauen nur die unteren fünf Lohngruppen vorgesehen[209]. Daß Frauen „schwierige Facharbeiten", „besonders schwierige Facharbeiten" oder gar „hochwertige Facharbeiten" verrichten könnten, hielt man für wenig wahrscheinlich. Doch selbst die „leistungsgerechte" Abstufung der Frauenlöhne genügte nicht[210]:

206 *RABl. I*, 1940, S. 301. Vgl. auch *BA Koblenz*, R 41/69, Bl. 5: „Frauenlöhne im Kriege. Grundsätzlich keine Gleichstellung mit dem Mann", Pressenotiz des RAM v. 28.1.1940.
207 *DZA Potsdam*, 31.01 RWM, Sign. 10357, Bl. 101, Schnellbrief des Reichsarbeitsministers v. 10.5.1940. Im Erlaß vom 15.6. verzichtete der Reichsarbeitsminister auf die von der DAF bemängelte Aufzählung der Gewerbezweige, in denen Frauen auf Männerarbeitsplätzen den gleichen Akkord- oder Prämienlohn erhalten sollten. Ebd., Bl. 138, Brief des RAM v. 3.6.1940. (Vgl. auch Anm. 205 oben.)
208 *Richtlinien*, S. 30.
209 *Leitfaden*, Formulare zu Anhang II. — „Tätigkeiten der höheren Lohngruppen werden in der Praxis von *Frauen nicht* ausgeübt. Schon die Verrichtung von Arbeiten der Lohngruppe 5 durch Frauen wird eine *seltene* Ausnahme sein. Die Reichstreuhänder der Arbeit haben sich daher bei Arbeiten, die von Frauen verrichtet werden, die Genehmigung zur Einstufung in eine höhere Gruppe als Gruppe 4 im Einzelfall vorzubehalten. Wenn ein Betrieb behauptet, daß bei ihm Frauen Arbeiten der höheren Lohngruppen verrichten, so wird dies in der Regel ein Indiz dafür sein, daß die Einstufung der im Betrieb vorkommenden Arbeiten — auch der Männerarbeiten — zu hoch erfolgt ist." *BA Koblenz*, R 41/60, Bl. 80. Schnellbrief des GBA v. 22.6.1942 an die Reichstreuhänder der Arbeit.
210 *Richtlinien*, S. 30. Schon in seinem Schreiben v. 21.12.1939 an Göring hatte der Reichsarbeitsminister es abgelehnt, für die Entlohnung von Jugendlichen und Frauen ausschließlich die Leistung maßgebend zu machen, denn die sich daraus ergebende Gleichbezahlung von Jugendlichen und Erwachsenen bzw. Frauen und Männern werde zu sozialen Erschütterungen führen. Er versäumte es jedoch nicht, auch darauf hinzuweisen, daß eine Angleichung der Frauen- an Männerlöhne zu erheblichen Kostensteigerungen führen würde. *BA Koblenz*, R 41/69, Bl. 2. Mit einer ähnlichen Mischung aus ökonomischen und „sozialen" Argumenten lehnte auch Hitler 1944 Leys Forderung ab, Frauen

„Die auf *sozialen Gründen beruhende Differenzierung* bleibt dabei jedoch unberücksichtigt. Der hierfür anzusetzende *Abschlag* soll grundsätzlich auf 25 v. H. der entsprechenden Männerlohnsätze festgelegt werden. Von diesem Grundsatz ist abzuweichen, wenn durch seine Verwirklichung im Betrieb oder in anderen Gewerbezweigen erhebliche Schwierigkeiten auftreten würden."

Aus den gleichen „sozialen" Gründen wurden auch die vom Reichsarbeitsministerium entwickelten Regeln zur Abstufung der Löhne von Jugendlichen beibehalten: 19- und 20-jährige männliche Jugendliche sollten 10 Prozent weniger als erwachsene Männer (21 Jahre und darüber) erhalten, 17- und 18-jährige 30 Prozent weniger, 16-jährige 40 Prozent weniger und unter 16-jährige 50 Prozent weniger. Bei Frauen betrug die entsprechende Abstufung 10 Prozent, 20 Prozent, 30 Prozent und 50 Prozent[211].

Daß „fremdrassige" Arbeitskräfte gesondert „erfaßt" wurden, geht aus den „Richtlinien" und dem „Leitfaden" nur beiläufig hervor[212]. Für Juden, die Opfer der „Vernichtung durch Arbeit" wurden, finden sich überhaupt keine Lohnregelungen. Auf ausländische Arbeiter und Arbeiterinnen wurden, wie aus anderen Quellen hervorgeht, in spezifischer, genau geregelter Weise die Prinzipien einer „leistungsgerechten" Entlohnung für „deutsche Gefolgschaftsmitglieder" übertragen. Dies sei hier am Beispiel der größten Gruppe, der sogenannten Ostarbeiter, illustriert.

Als Orientierungspunkt galt der Lohnsatz der entsprechenden Lohngruppe für „deutsche Gefolgschaftsmitglieder". Allerdings sollten bei der Ermittlung dieses Vergleichslohns „Sozialzulagen und Sozialleistungen aller Art, die deutschen Arbeitern zustehen", nicht berücksichtigt werden. Außerdem hatten „Ostarbeiter" keinen Anspruch auf Zuschläge für Mehr-, Sonntags- und Feiertagsarbeit sowie auf Trennungs- und Unterkunftsgelder, Auslösung und Zehrgelder. Bei überdurchschnittlicher Leistung sollten Leistungszulagen in gleicher Höhe, wie sie „Deutschen" gewährt wurden, in den Vergleichslohn miteinbezogen werden. Bei „Minderleistung" galt die Grundlohngarantie nicht, der Vergleichslohn wurde entsprechend niedriger berechnet[213]. Doch selbst den reduzierten Vergleichslohn bekamen die „Ostarbeiter" nicht ausgezahlt. Vom Bruttolohn wurden 1,50 RM täglich für Unterkunft und Verpflegung und die „Ostarbeiterabgabe" abgezogen. Die „Ostarbeiterabgabe" stieg über-

---

Fortsetzung Fn. 210
    bei gleicher Leistung wie Männer zu entlohnen. *BA Koblenz*, R 41/69, Bl. 26 sowie R 3/1509, Protokoll der Besprechung im Führerhauptquartier am 25.4.1944.

211 Erlaß des RAM über Staffelakkorde für Jugendliche v. 24.10.1941, in: *Richtlinien*, S. 30.

212 Abgesehen von der schon zitierten „Sonderstellung" von Ausländern in Zusammenhang mit der Mindestlohngarantie bei Akkordentlohnung, finden Ausländer und Juden nur bei der Erläuterung zum lohnstatistischen Bericht Erwähnung, den die Betriebe beim Reichstreuhänder einreichen mußten. *Richtlinien*, S. 26 u. Anhang I; *Leitfaden*, S. 20, 77.

213 „Verordnung vom 30.6.1942 über Einsatzbedingungen der Ostarbeiter", *RGBl.* I, S. 419–424, § 3. Vgl. auch „Verordnung zur Durchführung und Änderung der Verordnung über die Einsatzbedingungen der Ostarbeiter vom 5.4.1943", nach: *DZA Potsdam*, 2301 Rechnungshof d. Dt. Reiches, 5303: *Mitteilungen des Beauftragten für den Vierjahresplan*, Der Generalbevollmächtigte für den Arbeitseinsatz, Bl. 41 ff.

proportional mit dem wachsenden Bruttolohn. So sollte beispielsweise ein „Ostarbeiter" mit einem Vergleichslohn von 5,35 RM pro Tag nach Abzug von 1,50 RM für Unterkunft und Verpflegung und der „Ostarbeiterabgabe" von 1,85 RM effektiv nur 1,90 RM pro Tag ausbezahlt bekommen. Bei einem Vergleichslohn von 8,75 RM pro Tag wurden 2,80 RM, und bei einem für „Ostarbeiter" fast astronomisch hohen Vergleichslohn von 13,00 RM wurden effektiv nur 3,65 RM ausbezahlt[214].

Die „Ostarbeiter" nahmen, was ihre Behandlung und Entlohnung anbelangte, in etwa eine Mittelstellung in der Hierarchie derer ein, die nicht als „deutsche Gefolgschaftsangehörige" galten. Sie rangierten, zusammen mit „Polen", nach den „Zivilarbeitern" aus anderen Ländern und vor den Kriegsgefangenen, KZ-Häftlingen und Strafgefangenen. Ein Zitat aus dem von Oberingenieur Dr. Erich Kupke (Siemens) verfaßten Protokoll einer Besprechung von REFA-Referenten am 8. Februar 1945 im Siemens-Verwaltungsgebäude, Berlin, soll illustrieren, wie die drei letztgenannten Gruppen in die „lohnordnenden Maßnahmen" einbezogen wurden[215]:

> „Es wurde besprochen, ob und *wieweit die lohnordnenden Maßnahmen auf Kriegsgefangene, KZ-Häftlinge und Strafgefangene auszudehnen sind.* S&H [Siemens & Halske] hat die KZ-Häftlinge in Ravensbrück außerhalb der neuen Lohnordnung gelassen. Das erscheint bei uns unmöglich, weil die betr. Arbeitskräfte nicht in einem abgeschlossenen Betrieb für sich eingesetzt sind. In verschiedenen Werken werden auch gleiche Arbeiten wechselnd an Gefangene und andere Gfm. [Gefolgschaftsmitglieder] vergeben. Demnach müssen bei dem betrachteten Personenkreis in unseren Betrieben wohl oder übel die lohnordnenden Maßnahmen durchaus so durchgeführt werden wie bei der anderen Gefolgschaft."

Es sei betont, daß dieser Personenkreis, wenn überhaupt, in noch geringerem Maße in den Genuß des in Rechnung gestellten Lohns kam[216].

Galt der Grundlohn des deutschen Arbeiters in der Lohngruppe V als der Ecklohn, von dem die „leistungsgerechten" und „sozialen" Verdienstdifferenzierungen ausgingen, so stand unter dem Zeichen der „Wiederherstellung der Lohngerechtigkeit" — und der Kontrollierbarkeit der Löhne — 1942 auch eine Neueinteilung der Ortsklassen an. Die aus der „Systemzeit" übernommene Ortsklasseneinteilung stimmte häufig nicht mit dem Verhältnis der örtlichen

---

214 Entgelttabelle für Ostarbeiter, Anlage zur VO v. 5.4.1943; *DZA Potsdam*, 2301, Rechnungshof, 5303, Bl. 42 (*Mitteilungen* ...).

215 *SAA*, 14/Lb 696, Protokoll v. 13.2.1945. Kupke war maßgeblich an der Weiterentwicklung des REFA-Zeitstudienakkords beteiligt. Sein Buch, *Beiträge zur Frage des Leistungsgradschätzens und der Vorgabezeit*, München 1951 (erstmals — unter anderem Titel — 1943 veröffentlicht), gehörte zu den Standardwerken der Zeitstudienliteratur.

216 Um beim Beispiel Siemens zu bleiben: Kriegsgefangene erhielten 70 Pf. und ggf. — wenn sie noch zu erhöhter Leistung imstande waren — eine Leistungszulage in Lagergeld ausbezahlt. Der Rest des Lohns wurde an die zuständige Behörde, „Stalag", abgeführt. *SAA München*, 60/Ls 657; *ZW-Mitteilungsblatt für die Werksleitung*, Nr. 5, Mai 1942. Auch die Entlohnung der Kriegsgefangenen war hierarchisch gestaffelt: Sowjetische Kriegsgefangene sollten zwischen 20 und höchstens 40 Pfennig erhalten, polnische Kriegsgefangene mindestens 50 Pfennig und „sonstige" Kriegsgefangene mindestens 70 Pfennig pro Tag in Lagergeld erhalten. Erlaß des Generalbevollmächtigten für den Arbeitseinsatz vom 24. März 1943, erläutert in: *Bauindustrie*, Nr. 8 v. 1.5.1943.

Lebenshaltungskosten überein, noch war sie für alle Berufe bzw. Tarifordnungen einheitlich. Das Arbeitswissenschaftliche Institut (AWI) der Deutschen Arbeitsfront, das verschiedentlich zu diesem Thema Stellung genommen hatte, stellte 1939 fest, die staatliche Lohnpolitik habe nach der „Machtergreifung" sogar noch dazu beigetragen, die regionale tarifliche Abstufung der Löhne zu einem „undurchsichtigen und unentwirrbaren Gebilde" zu machen[217]. Und 1941 beschrieb das AWI die Ortsklasseneinteilung in den Tarifordnungen als „vollkommen systemlos"[218]:

> „Die eine Tarifordnung hat zehn Ortsklassen, eine andere acht, wieder eine andere sechs, und eine schließlich vier, eine weitere zwei Ortsklassen, manche Tarifordnungen kommen dafür mit einer Ortsklasse aus. Diese Unterschiede ergeben sich von Industrie zu Industrie einerseits, jedoch auch innerhalb derselben Industrie von Wirtschaftsgebiet zu Wirtschaftsgebiet andererseits. Ein Ort ist in der einen Industrie in der Ortsklasse I, in einer anderen Industrie in der Ortsklasse II und schließlich in einer weiteren Industrie in Ortsklasse III. Ein Durcheinander, das nicht mehr überboten werden kann und das infolge der übertariflichen Lohnentwicklung weitgehend überhaupt jede Bedeutung verloren hat."

Ganz so irrelevant, wie hier vom AWI dargestellt, war jedoch die Ortsklasseneinteilung auch dann nicht, als sich die Entwicklung der effektiven Arbeitsverdienste von den Tariflöhnen abgekoppelt hatte. Sie wurde wieder zum Konfliktstoff, wo Tarifordnungen Höchstlöhne vorsahen. Und sie war, wie das Beispiel der Werften zeigt, dort ein Problem, wo Dienstverpflichtete von Hochlohngebieten in Regionen versetzt wurden, in denen die Löhne aufgrund der ursprünglich niedrigen Ortsklassenabstufung in ihrer Entwicklung relativ zurückgeblieben und die Lebenshaltungskosten stärker gestiegen waren. Im Sinne einer der „Wehrwirtschaft" dienenden „Stabilität" der Löhne hatte die staatliche Lohnpolitik jedoch von einer grundsätzlichen Neuregelung abgesehen und nur punktuelle Korrekturen vorgenommen.

Dem Anschein nach wurde mit den „lohnordnenden Maßnahmen" dann eine fast „totale Neuordnung" der Ortsklasseneinteilung für die Löhne in der Rüstungsindustrie in Angriff genommen. Das gesamte Reichsgebiet sollte in neun Ortsklassen eingeteilt werden. Der Ecklohn (Lohngruppe V) der höchsten Ortsklasse sollte 0,96 RM betragen und bis zur niedrigsten um 0,04 RM pro Ortsklasse abgestuft werden. Theoretisch hätten also die Reichstreuhänder der Arbeit nur noch die regionale Zuordnung der Ortsklassen neu festlegen müssen; die Differenzierung der Löhne nach Geschlecht, Alter, Status („deutsche Gefolgschaftsangehörige" oder Ausländer, KZ-Häftlinge usw.), Leistung und Art der Arbeit hätte sich dann nach den vorgegebenen Regeln von selbst ergeben. Der optimistischen Formulierung, daß die „unnötigen Differenzierungen" der alten Ortsklassenregelungen „verhältnismäßig leicht" zu beseitigen seien, folgte

---

217 *Jahrbuch 1939 des Arbeitswissenschaftlichen Instituts der DAF* (kurz: *AWI-Jahrbuch 1939*), Bd. 2, S. 121. Zu weiteren Studien der DAF s. *AWI Jahrbuch 1937*, S. 65 ff., *AWI-Jahrbuch 1938*, Bd. 1, S. 561 ff.; die am 4.9.1937 dem Reichskommissar f.d. Peisbildung und dem Reichswirtschaftsministerium zugesandte Denkschrift „Bereinigung der Ortsklasseneinteilung", DZA Potsdam, 31.01 RWM, Sign. 10332, Bl. 203 f.
218 *AWI-Jahrbuch 1940/41*, Bd. 1, S. 185. Vgl. auch: Die Abstufung der Arbeitsverdienste nach Ortsgrößenklassen, in: *Wirtschaft und Statistik*, 22. Jg. (1942), S. 425 ff.; *RABl.* V, 1943, S. 538–543.

jedoch die Einschränkung: „Gleichwohl sind auch hier einer absoluten einheitlichen und gerechten Ortsklassenregelung *Grenzen* gesetzt."[219] Es wurde deutlich, daß, solange keine größeren Störungen der „Leistungsfreude" auftraten — Arbeitsplatzwechsel oder merkbare Unzufriedenheit der Beschäftigten —, „‚Mängel' oder ‚Fehler' im Sinne einer lebenshaltungs- oder wirtschaftsstruktur-‚gerechten' Ortsklasseneinteilung" in Kauf genommen werden sollten. Das den Reichstreuhändern vorgeschriebene Prozedere bei der Neueinteilung der Ortsklassen konnte kaum vorsichtiger und „untotaler" sein[220]:

> „Weil die jetzige Aktion nicht um ihrer selbst willen betrieben wird und keine umfassende Lohn- oder Preisbewegung auslösen darf, *ist für die Einteilung eines Ortes in die reichseinheitliche Ortsklassenregelung in erster Linie der gegenwärtige Lohnstand maßgeblich.* Als ‚gegenwärtiger Lohnstand' müssen naturgemäß die Effektivverdienste in den soliden, alteingesessenen Betrieben eines Ortes angesehen ... werden. ... Auch für die Ortsklassenregelung gilt, daß sie zunächst für den inneren Dienstgebrauch bestimmt ist und nur von Fall zu Fall im erforderlichen Umfang den Betrieben mitgeteilt werden soll. Insbesondere ist die *Bezeichnung der Ortsklassen* (z. B. ‚B') aus allgemeinen Gründen vertraulich zu behandeln. Es wird sich überhaupt erübrigen, den Betrieben mitzuteilen, daß die angegebenen Zahlen einer besonderen reichseinheitlich aufgestellten Regelung entnommen sind."

Für die Anpassung der effektiven Löhne an die Richtzahlen wurden nur allgemeine Grundsätze aufgestellt, „deren Verwirklichung in der Praxis ... Verantwortungsbewußtsein und Feingefühl erfordert"[221]:

- *Innerhalb* der „Betriebsgemeinschaft" sollte eine *„volle Anpassung"* an eine „leistungsgerechte" Entlohnung durchgeführt werden.
- „Liegen die Löhne *eines Betriebes oder einer Gruppe von Betrieben seit dem 1. Oktober 1938* erheblich über den Richtzahlen und sind daraus örtliche Spannungen entstanden, so wird ... wenigstens eine *Annäherung* an die Richtzahlen erfolgen müssen."
- „Liegen die Löhne *eines Betriebes oder eine Gruppe von Betrieben seit jeher* über den Richtzahlen, ohne daß dadurch der örtliche Arbeitsfrieden oder das Gerechtigkeitsgefühl gestört wurden, so kann dieser traditionelle Lohnstand beibehalten werden. Durch besonders sorgfältige Zeitfestsetzungen bei Akkordarbeiten und besonders hohe Anforderungen an die Arbeit der Zeitlöhner muß jedoch versucht werden, den objektiv überhöhten Lohnstand leistungsmäßig etwa zu rechtfertigen."
- „Erschwert der Effektivlohnstand eines Ortes die Einteilung in die lohnpolitisch sonst passende Ortsklasse, so können ausnahmsweise mit Zustimmung des Generalbevollmächtigten für den Arbeitseinsatz auch die Richtzahlen der nächsthöheren Ortsklasse angewandt werden."

Doch die „Generaleinteilung" in Ortsklassen — ob mit oder ohne Ausnahmen — war Zukunftsmusik. Man hielt

> „nach den bisherigen Erfahrungen ... ein *Vorgehen von Betrieb zu Betrieb* (für) zweckmäßig, weil sich damit unnötige und unübersehbare Weiterungen in lohnpolitischer, stimmungsmäßiger, preislicher usw. Hinsicht vermeiden lassen, bei den zunächst nicht betroffenen Betrieben

---

219 *Richtlinien*, S. 22.
220 Ebd., S. 22, 23.
221 Ebd., S. 32, 33, 25.

zeitraubende Arbeiten erspart bleiben und die Maßnahmen selbst auf die wirklich notwendigen Fälle beschränkt werden."[222]

Die Regel war, daß zunächst im Betrieb unter Beibehaltung der betrieblichen Lohnsumme die Akkorde „berichtigt" und die Arbeiten in die neuen Lohngruppen eingeteilt werden sollten, ehe die Reichstreuhänder der Arbeit daran gehen konnten, die Ortsklasse und den entsprechenden Ecklohn festzulegen. Dabei wurden sie dann mit demselben Problem konfrontiert, das sie schon vorher bei der Anordnung von Höchstlöhnen hatten[223]: Richteten sie sich nach dem in dieser Region üblichen Lohnniveau, so mußten sie erhebliche Störungen des „Arbeitsfriedens" in den Betrieben befürchten, deren Lohnniveau überdurchschnittlich war. Richteten sie sich aber nach diesen Betrieben, dann mußten sie Lohnsteigerungen in den anderen Betrieben der entsprechenden Ortsklasse befürchten. So beließ man es offensichtlich weitgehend dabei, unter Bezug auf das jeweils gegebene betriebliche Lohnniveau die Entlohnung durch Akkordüberprüfungen und Neueinstufungen „leistungsgerechter" zu gestalten und allenfalls im Zuge dieser Maßnahmen das Lohnniveau betriebsspezifisch zu senken. Stand aber eine Festlegung der Ortsklasse an, so wurde der angestrebte Ecklohn den wichtigeren Betrieben vorab unter der Hand mitgeteilt und ihnen damit die Möglichkeit einer Stellung- und Einspruchnahme eingeräumt[224]. Und es sollte sich erweisen, daß der in den „Richtlinien" vorgesehene Ecklohn (= Grundlohn für Lohngruppe V) von 0,96 RM für die höchste Ortsklasse nicht immer durchgesetzt werden konnte. Zumindest für Berlin wurde er im Herbst 1944 auf 1,08 RM festgelegt[225].

Die Rolle der DAF

Für die DAF bedeuteten die „lohnordnenden Maßnahmen" Sieg und Niederlage zugleich. Ob Hupfauer nicht nur bei der DAF, sondern auch beim Generalbevollmächtigten für den Arbeitseinsatz und im Reichsministerium für Bewaffnung und Munition (Speer) federführend in Lohnfragen wurde, wie die „Kölnische Zeitung" (2. Morgenblatt) vom 29. November 1942 berichtete, ist zweifelhaft. Einerseits spielte Hupfauer als Vertrauter und ab Dezember 1944 als Stellvertreter Speers sicherlich eine wichtige Rolle. Andererseits aber wurde in den öffentlichen Darstellungen die Rolle der DAF stark übertrieben — insbesondere von der DAF selbst[226] — und beispielsweise die der Reichs-

222 Ebd., S. 15.
223 Ausführlicher dazu Siegel, Lohnpolitik (Anm. 14), S. 92 ff.
224 SAA, 14/Lb 696, Aktenvermerk v. 20.12.1944.
225 DZA Potsdam, 62.03 DAF/AWI, Sign. 4076, Hauptamt Soziale Betriebsgestaltung, Der Geschäftsführer, Referat Sonderdienst, Fachdienst 20.10.1944, Folge 6.
226 Der Wirtschaftliche Sonderdienst (der DAF), Nr. 92 v. 30.11.1942, beginnt mit dem Satz: „Sie werden in den großen Zeitungen am letzten Sonntage manche Einzelheiten über die Neuordnung der Löhne gelesen haben, die von der DAF im Einvernehmen mit dem Reichsminister Speer und dem Generalbevollmächtigten für den Arbeitseinsatz sowie den anderen zuständigen Stellen zur Zeit durchgeführt wird." DZA Potsdam, 62.03 DAF/AWI, Sign. 4076, Bl. 121.

gruppe Industrie nur selten erwähnt. Nach diesem Verfahren hob auch Sauckel die Beteiligung der DAF bei den Vorbereitungen zu den „lohnordnenden Maßnahmen" besonders hervor (vgl. den Auszug aus einem Interview vom Herbst 1942 S. 193 f.). Festzuhalten ist jedenfalls, daß die vielfältigen Versuche der DAF in den vorausgegangenen Jahren, auf die staatliche und betriebliche Lohn- und Leistungspolitik Einfluß zu nehmen[227], 1942 Früchte trugen. Zwar blieb auch nach den „lohnordnenden Maßnahmen" die alte institutionelle Aufgabenverteilung insofern erhalten, als die Reichstreuhänder die anordnende, die „Betriebsführer" die durchführende Instanz waren. Doch wurde die *Mitwirkung* der DAF im staatlichen wie im betrieblichen Bereich institutionalisiert und beschränkte sich nicht allein auf ihren „Erziehungsauftrag". Aufgabe der DAF sollte sein[228]:

- „die *allgemeine Propagandaaktion für eine Leistungssteigerung in den Betrieben*;
- die „*weltanschauliche"* aber auch die „*fachliche Schulung der betrieblichen Amtswalter und Unterführer"*;
- „die *verstärkte ständige Betreuung der Schaffenden* in den Rüstungsbetrieben und den dazugehörigen Lägern mit Hilfe ihrer Amtswalter (Betriebs-, Zellen-, Blockobmänner, Werkscharen, Werkfrauengruppen usw.)";
- die „*politische Vorarbeit und Aufklärung bei etwaigen Lohnkorrekturen"*, aber auch die „Beobachtung der Auswirkungen der Lohnkorrekturen" und das „Zusammenwirken mit dem Reichstreuhänder der Arbeit bei der *Abstellung etwaiger Mängel"*;
- die „*fachliche Mitarbeit bei der Lohnüberprüfung der einzelnen Betriebe"*. Diese Mitarbeit galt nicht nur für die von der DAF zumindest weltanschaulich geschulten „REFA-Männer", sondern für die Erstellung des Betriebslohngruppenkatalogs. Sie war „in Zusammenarbeit mit dem Betriebsobmann der DAF vorzunehmen"[229];
- „die *Bereitstellung geeigneter Arbeitsausschüsse für Akkordwesen"*, die dem Reichstreuhänder bei der „*laufenden Lohnüberwachung"* zur Verfügung standen;
- die „*Mitarbeit* an der vom Reichsminister für Bewaffnung und Munition durchgeführten *Überholung einer Anzahl von Betrieben zwecks Verbesserung der betrieblichen Fertigungszeiten"*.

Die Reichstreuhänder hatten ihre Maßnahmen „in Zusammenarbeit mit der DAF vorzubereiten". Bevor sie beispielsweise die Einführung eines Betriebs-

---

227 Damit ist nicht so sehr das „quasi-gewerkschaftliche" Eintreten einzelner DAF-Funktionäre für höhere Löhne in den Anfangsjahren der NS-Herrschaft gemeint, sondern vielmehr die Untersuchungen des AWI zu einzelnen lohnpolitischen Aspekten bis hin zum Entwurf einer „Reichslohnordnung", die schon 1935 vereinbarte Zusammenarbeit des REFA mit der DAF, die Erörterung lohnpolitischer Probleme mit „Betriebsführern" in den Arbeitsausschüssen, die Propagierung des Leistungslohns im Zuge des „Leistungskampfes der Betriebe", die praktische Erprobung bestimmter Maßnahmen in „Exerzierbetrieben" – insbesondere durch das Fachamt „Eisen und Metall" – und nicht zuletzt die regelmäßigen Rücksprachen zwischen Hupfauer und Mansfeld sowie die Beteiligung der DAF an wichtigen lohnpolitischen Entscheidungen auf Regierungsebene seit 1940 – um nur einige wesentliche Bereiche zu nennen.

228 *Richtlinien*, S. 13 f. (Hervorhebungen im Original).

229 *Leitfaden*, S. 36.

„HÖCHSTLEISTUNG DURCH GERECHTE ENTLOHNUNG"
Die Neuregelung im Lohn- und Akkordgebäude der Eisen- und Metallindustrie
(Auszüge aus einem Interview des Generalbevollmächtigten für den Arbeitseinsatz,
Gauleiter Fritz Sauckel, vom Herbst 1942)

Thüringens wirtschaftsgeschichtliches Verdienst

Frage: Stimmt es, daß bereits im Jahre 1939 solche lohnpolitischen Maßnahmen in
Thüringen mit bestem Erfolg angewandt und erprobt worden sind, und daß sie sich
bestens bewährt haben?

Der Gauleiter: Gewiß, das entspricht absolut den Tatsachen. Bereits im Jahre 1936
unternahmen wir im Gau Thüringen, und zwar in einem Erfurter Großbetrieb, durch
Pg. Hoffmann, Gauhauptstellenleiter in der Gauwaltung Thüringen der DAF, einen
meiner bewährtesten Mitarbeiter, den ersten Versuch, Löhne und Akkorde in ein ge-
rechtes Verhältnis zueinander zu bringen. Zwar wurden die sich von Jahr zu Jahr stärker offenbarenden Unzulänglichkeiten des Lohnsystems im ganzen Reich beobachtet
und zum Gegenstand lebhafter theoretischer Erörterungen gemacht, nirgends sonst
aber wurden für die Praxis die Konsequenzen daraus gezogen. Die erste Erprobung in
Erfurt glückte und zeigte sogar überraschende Ergebnisse.

Im Winter 1938 auf 1939 beauftragte ich auf Grund der gemachten Erfahrungen
und meiner eigenen Beobachtungen den Reichstreuhänder der Arbeit, Pg. Dr. Wiesel
— der sich durch seine große Erfahrung und hohes Verantwortungsbewußtsein dabei
hohe Verdienste erwarb —, die Deutsche Arbeitsfront im Gau Thüringen, meinen Gau-
wirtschaftsberater in Zusammenarbeit mit einigen tüchtigen nationalsozialistischen Betriebsführern namhafter thüringischer Werke, darunter vor allem der Gustloff-Werke,
deren Stiftungsführer ich bin, mit der Einführung eines neuen Lohnsystems zur Herstellung der Akkord- und Lohngerechtigkeit. Ich ordnete die Durchführung an, weil
ich mich überzeugte, daß der nun verfolgte Weg der richtige, nationalsozialistische war.
Das Wohl der mir anvertrauten Arbeiterschaft, aus deren Reihen ich komme und zu
der ich mich stets von neuem fanatisch bekenne, stand auf dem Spiel. Ihr Gerechtigkeit widerfahren zu lassen, war selbstverständliche Pflicht. Durch engste Zusammenarbeit von Partei, Reichstreuhänder und DAF wurde schließlich ein Erfolg erzielt, der
unsere Erwartungen weit übertraf. In einer Anordnung des Reichstreuhänders der Arbeit vom 22. Februar 1939 wurde zunächst 22 großen Betrieben die Auflage zur
Durchführung der lohnordnenden Maßnahmen gemacht, die dann im Laufe der Zeit
auf weitere Betriebe ausgedehnt wurde.

Die in unserem Gau getroffenen Maßnahmen rückten nun nicht mehr ausschließlich
die berufliche Vorbildung, sondern besonders auch die Wertigkeit der Arbeit in jeder
Beziehung als Maßstab für die Entlohnung in den Mittelpunkt. Früher war in den Tarifen die Dreiteilung der Gefolgschaft in Facharbeiter, angelernte Arbeiter und Hilfsarbeiter üblich. Diese Dreiteilung aber hat sich für die Metallindustrie im Hinblick auf
den Stand der modernen, schnellen und gewaltigen technischen Entwicklung als völlig
unzureichend erwiesen. In Übereinstimmung mit Plänen, die auch in anderen Wirtschaftsgebieten vorlagen, sind in Thüringen daraufhin die in der Metallindustrie vorkommenden Arbeiten zunächst in sechs, später in acht Leistungsstufen aufgeteilt worden. Dieser Grundsatz allein ermöglichte eine zuverlässige Grundlage für eine gerechte
Entlohnung der einzelnen Leistungen.

Das bedeutet nicht, daß der Facharbeiter dem angelernten bzw. dem Hilfsarbeiter
lohnmäßig gleichgeschaltet wurde. Vielmehr setzte die neue Bewertung gerade ihn wieder in den richtigen Platz und gab ihm genügend Ansporn, hochqualitative Leistungen
zu vollbringen und diese zu seiner eigenen Genugtuung durch die neue Lohngestaltung
auch anerkannt zu bekommen. Bei dem Mangel an Facharbeitern in der deutschen
Wirtschaft war noch ein besonderer Erfolg der Aktion, daß der Facharbeiter durch die

gerechte Bewertung und Anerkennung seines Könnens, seiner Leistung veranlaßt wurde, geringerwertige Arbeit, wo sie durch angelernte Arbeiter ersetzt werden konnte, aufzugeben und sich um hochqualifizierte Arbeiten zu bemühen.

Mobilisierung der Leistungsreserven

Frage: Mit der Wiederherstellung der Lohn- und Akkordgerechtigkeit konnte in den überprüften Betrieben vielfach gleichzeitig eine wesentliche Leistungssteigerung erzielt werden. Bestand da ein ursächlicher Zusammenhang?

Der Gauleiter: Ursprünglich war angeordnet, die Betriebe lediglich zur Ermittlung gerechter Lohn- und Akkordsätze zu veranlassen. Dabei stießen jedoch die von mir angesetzten Mitarbeiter immer wieder auf sehr große gehortete, also aufgesparte Zeitreserven, die lediglich unausgeschöpft blieben, weil überholtes Lohn- und Akkordsystem dem Arbeiter diese Zeit leistungsgemäß einfach nicht zu nutzen gestattete. Ging beispielsweise ein Betrieb aus Prinzip über 20 bis 30 Prozent des Akkordrichtsatzes nicht hinaus, war der mühelos mehr schaffende Arbeiter gezwungen, sein Arbeitstempo zu drosseln oder aber unverrechenbare Akkordzettel in die Schublade zu legen, um sie bei Gelegenheit durch eine Feierschicht, durch Freistunden usw. zu realisieren. Konnten wir uns in Deutschland seit Jahren schon im Frieden solch einen Luxus unmöglich erlauben, war das unverantwortliche Brachliegen der Leistungsreserven im Kriege, in dem jede ersparte Minute der Front durch Beschaffung von Waffen in verschwenderischer Fülle zugute kommen muß, ein Verbrechen an der Nation. Hier wurde also radikal durchgegriffen, die Durchschnittszeit pro Stück des fertigen Produktes einwandfrei errechnet, geprüft und, wenn notwendig, richtiggestellt und dem leistungsstarken Arbeiter die Möglichkeit gegeben, seine Zeit und Leistung unter vernünftiger Berücksichtigung seiner Gesundheit und seiner körperlichen Kräfte voll anzusetzen. Durchschnittlich wurden in den überprüften Betrieben auf diese Weise 15 bis 20 Prozent der Leistungsreserven erfaßt und — was noch wertvoller war — zugleich mobilisiert. Dabei ist mir klar, daß in allen übrigen Betrieben weitere Zeitreserven vorhanden sind.

Unser Verfahren hat vor Monaten bereits staatlicherseits in der Ermittlung der Gruppen- und Festpreise nach dem Bestverfahren — der am rationellsten und daher auch am vorteilhaftesten und billigsten arbeitende Betrieb bestimmt jetzt den Preis und teilt seine Erfahrungen ungünstiger gelagerten Betrieben der gleichen Fertigung mit — eine unsere Bestrebungen stützende Reaktion ausgelöst.

Quelle: *DZA Potsdam*, 23.01 Rechnungshof d. dt. Reiches, Sign. 5303, Bl. 33a f.

lohngruppenkatalogs oder einen Ecklohn anordneten, holten sie die Zustimmung des betreffenden Gauobmannes der DAF ein[230].

Mit ihrem institutionalisierten Mitwirken bei den lohnordnenden Maßnahmen in der Eisen-, Metall- und Elektroindustrie gab sich die DAF nicht zufrieden. 1943 versuchte sie, eine führende Stellung in der Vorbereitung von Lohngruppenkatalogen für die anderen Branchen und für den Angestelltenbereich einzunehmen. Sie reorganisierte vom März bis Mai 1943 ihre Reichsarbeitskammer und richtete die „Unterkammer ‚Leistung und Lohn'" ein, in deren

---

230 Am 21.2.1945 schrieb der Reichstreuhänder für Berlin an die Siemens-Schuckertwerke A.G.: „Ich ... erkläre im Einvernehmen mit dem Gauobmann der Deutschen Arbeitsfront Pg. Spangenberg mein Einverständnis, daß mit Rücksicht auf die besonderen Verhältnisse in Ihren Betrieben der Einführungstermin für die lohnordnenden Maßnahmen um ca. 8 Wochen hinausgeschoben wird ..." *SAA*, 14/Lb 696.

beiden Arbeitsgremien diese Fragen zusammen mit Vertretern der Industrie behandelt werden sollten. In Verhandlungen zwischen Hupfauer (DAF) und Zangen (Geschäftsführer der RGI) einigte man sich im Oktober zwar prinzipiell auf eine Gemeinschaftsarbeit, nicht jedoch auf die Modalitäten. Hupfauer verlangte, die „Gemeinschaftsarbeit solle von Anbeginn in den neuen Organen der DAF ... geleistet werden". Zangen war „aus sachlichem Interesse" zu einer Gemeinschaftsarbeit bereit, aber nur „unter der Voraussetzung, daß die Reichsgruppe Industrie und ihre Gliederungen ein Präsentationsrecht der Betriebsführerseite erhielten und die sachlichen Arbeitsunterlagen erstellten"[231]. Die DAF beharrte darauf, daß die Reichsgruppe Industrie „auf eine eigene sozialwirtschaftliche Betätigung", d.h. auf ihre sozialwirtschaftlichen Ausschüsse verzichten müsse, was diese immer wieder ablehnte[232]. So blieb es bei einer Form der „Gemeinschaftsarbeit", die man schon vorher von den DAF-Arbeitsausschüssen kannte: Die Reichsgruppe Industrie bestand auf eigenständigen Beratungen in *ihren* Gremien, es gelang ihr aber zugleich, sich „mit Erfolg in die Arbeit (der Unterkammern; die Verf.) hineinzuschalten"[233] — was nichts anderes hieß, als daß, wenn es darauf ankam, in diesen Ausschüssen durchaus Männer saßen, die die Interessen der Industrie vertraten (z.B. Dr. Ing. Schlüter von Siemens & Halske als Leiter des Arbeitsgremiums „Lohnordnende Maßnahmen für die gewerblichen Gefolgschaftsmitglieder in Industrie, Handel und Handwerk" in der Unterkammer III, s. Schaubild S. 82).

In der kurzen Schilderung der Auseinandersetzungen zwischen DAF und Reichsgruppe Industrie geht es nicht so sehr um die konkreten Ergebnisse der „Unterkammer III", denn sie stellte ihre Tätigkeit im August 1944 ein, als ihre Arbeiten sich noch im Vorbereitungsstadium befanden[234]. Wie der sozialpolitische Experte der RGI, Lohmann, in einem Bericht zum Stand der „lohnordnenden Maßnahmen" vom 24. Januar 1945 feststellte, beanspruchte das Erstellen eines Branchen-Lohngruppenkataloges etwa zwei Jahre, und es habe „keinen Sinn, heute hochqualifizierte Kräfte mit Arbeiten auf weite Sicht zu betrauen, deren Erfolg erst nach Beendigung des Krieges wirksam werden könne, jetzt aber diese Kräfte von kriegswichtiger Tagesarbeit abhalten müßten"[235]. Wichtiger ist, daß sich die DAF in ihrem „alten Streben ..., immer mehr Einfluß und Macht zu gewinnen"[236], nicht durchsetzen konnte. Bis zuletzt behielt sich die Reichsgruppe Industrie das Recht vor, die „sachlichen Grundlagen" der Lohngestaltung zu erstellen. Und das hatte auch für die lohnordnenden Maßnahmen von 1942 für die Rüstungsindustrie gegolten. Denn wenngleich die DAF 1942 insofern einen Sieg zu verzeichnen hatte, als ihr

231 *BA Koblenz*, R 12 I/279, DAF-Anordnung 12/43 v. 2.3.1943; Lohmann, Betr.: Verhältnis zur DAF, Bericht v. 18.4.1944.
232 Hupfauers Entwurf zu einer Vereinbarung zwischen Reichsgruppe Industrie und Reichsarbeitskammer v. 21.1.1944; Lohmanns Bericht v. 18.4.1944; beide *BA Koblenz*, R 12 I/279.
233 *BA Koblenz*, R 12 I/327; Lohmann, Stand der lohnordnenden Maßnahmen v. 24.1.1945.
234 Vgl. ebd.
235 Ebd.
236 *BA Koblenz*, R 12 I/279, Lohmanns Bericht v. 18.4.1944.

Mitwirken auch in fachlichen Fragen der Lohnpolitik institutionalisiert wurde, konnte sie doch ihren Führungsanspruch in der Lohnpolitik nicht verwirklichen. Diesen Führungsanspruch hatte sie schon seit Jahren auf breiter Front erhoben[237]. In den Jahrbüchern ihres Arbeitswissenschaftlichen Instituts finden sich Ausführungen zu allen relevanten lohnpolitischen Fragen, die dann im Jahrbuch von 1940/41 in einen Entwurf zu einer „Reichslohnordnung" mündeten[238]. Zudem hatte die DAF immer wieder vertrauliche Stellungnahmen versandt, z. B. zu den Problemen Staffelakkorde für Jugendliche, Frauenlöhne, Ortsklasseneinteilung, Akkordlöhne, „Leistungssteigerung durch gerechte Entlohnung"[239]. In der letzteren Stellungnahme vom August 1939 machte die DAF deutlich, wie sie ihre theoretischen und praktischen Vorarbeiten eingesetzt sehen wollte: „Das bei den Dienststellen der Deutschen Arbeitsfront liegende Material" solle „für die Lösung entscheidender Arbeitsprobleme von staatlicher Seite" benutzt werden, denn im Gegensatz zu staatlichen Stellen stehe die DAF mit „ihren Organen der Sozialen Selbstverantwortung (Betriebsführer — sic! — Vertrauensrat, Arbeitsausschüsse und Arbeitskammern) in ständigem engen Konnex mit den Betrieben" und habe „durch den Leistungskampf der deutschen Betriebe die Weiterentwicklung betrieblicher Lohnberechnungen und Entlohnungsarten sowie die Weiterempfehlung vorwärts getrieben"[240]. Zusammen mit ihr wohlgesonnenen „Betriebsführern", Gauleitern und Reichstreuhändern konnte sie einige ihrer Vorstellungen in die Praxis umsetzen. So wurden — wie berichtet — mit Hilfe von Gauleiter Sauckel und Reichstreuhänder Wiesel in Thüringen die DAF-Leistungsrichtsätze im Baugewerbe eingeführt[241] und die DAF-Arbeitsbewertungsmethode „in vielen Betrieben theoretisch erprobt"[242]. In Luxemburg erließ der Chef der Zivilverwaltung im Oktober eine Verordnung, in der für die Betriebe der Eisen-, Metall- und Elektroindustrie ein Lohngruppenkatalog mit sechs Tätigkeitsgruppen vorgeschrieben wurde, der auf Vorarbeiten des DAF-Fachamts „Eisen und

237 Vgl. dazu auch Recker, *Sozialpolitik* (Anm. 48), Kap. III. 1, IV. 2.
238 *AWI-Jahrbuch 1940/41*, Zur Problematik einer Reichslohnordnung (S. 179 ff.), sowie: Entwicklung und Begründung eines Systems der Arbeitsbewertung. Das AWI entwickelte in der Folgezeit sein Konzept einer „Reichslohnordnung" weiter. Die wohl prägnanteste Schrift, die auch die Unterschiede zu den lohnordnenden Maßnahmen von 1942 deutlich macht, ist: *Begründung und Grundsätze einer Reichslohnordnung*, hrsg. v. AWI, Berlin, Nov. 1944, *IfZ München*, Sign. Db 66.45.
239 *DZA Potsdam*, 62.03 DAF/AWI, Sign. 4075, Bl. 84 ff. („Reichslohnordnung. Insbesondere Staffelakkorde", Berlin, April 1941); Sign. 4228, Bl. 71 ff. („Beiträge zur Beurteilung des Frauenlohnes", Berlin, Anfang Juli 1938); 31.01 RWM, Sign. 10332 („Bereinigung der Ortsklasseneinteilung" und „Leistungslohn oder Akkordschere", beide Stellungnahmen vom Sept. 1937); 62.01 DAF-Zentralbüro, Sign. 200 („Leistungssteigerung durch gerechte betriebliche Entlohnung", Berlin, Juli 1939). Vgl. auch Mason, *Arbeiterklasse* (Anm. 2), S. 1259 ff. („Die lohnpolitische Lage", Okt. 1939).
240 *DZA Potsdam*, 62.01 DAF-Zentralbüro, Sign. 200, Bl. 19, 22.
241 Siehe oben S. 141 f., 193.
242 *Begründung* (Anm. 238), S. 7. Vgl. auch *Die Arbeitsbewertung als Teilproblem der Lohnordnung. Vorläufiger Bericht über Bewertungsversuche in Betrieben*, hrsg. v. AWI („nur für den Dienstgebrauch"), Berlin, Mitte März 1942 (*Stabi Berlin*, Sign. Fd. 2648/20).

Metall" und auf dem „wissenschaftlichen Punktsystem" des AWI beruhte[243]. Wurden andererseits umfassendere Neuregelungen der Löhne in Angriff genommen, die nicht auf Entwürfen der DAF beruhten, dann versuchte sie diese mit dem Hinweis abzublocken, man dürfe einer Reichslohnordnung nicht vorgreifen. Der Einwand eines Vertreters des Fachamts „Eisen und Metall" 1941, die DAF werde die Einführung von acht Tätigkeitsgruppen in der Werftindustrie im Kriege nicht zulassen, da man der „im Entwurf vorliegenden neuen Lohnordnung" nicht zuvorkommen könne, ist nur ein Beispiel dafür[244].

Mit all den Versuchen, ihren Führungsanspruch in der Lohnpolitik durchzusetzen, hatte die DAF bis 1942 ein Klima geschaffen, in dem, rechnete man ihre nicht gerade bescheidene Selbstdarstellung und Sauckels Lobeshymnen dazu, durchaus der Eindruck entstehen konnte, die lohnordnenden Maßnahmen stammten aus der Feder der DAF. Dieser Eindruck wirkte so nachhaltig, daß sogar eine 1978 erschienene, sehr umfassende Studie zur Entwicklung der Leistungsentlohnung in Deutschland davon ausgegangen ist, die „lohnordnenden Maßnahmen" und die DAF-,,Reichslohnordnung" seien identisch[245]. Dem war aber keineswegs so. Die lohnordnenden Maßnahmen schrieben nicht den Pensumlohn der DAF-Reichslohnordnung vor, sondern den REFA-Zeitstudienakkord[246]. Und auch das Prunkstück der lohnordnenden Maßnahmen, der LKEM, war zwar aus einer Gemeinschaftsarbeit zwischen der DAF und der Reichsgruppe Industrie hervorgegangen, basierte aber nicht auf den in der DAF-Reichslohnordnung entwickelten Vorstellungen, sondern auf einem Arbeitsbewertungssystem, das aus den Reihen der Reichsgruppe Industrie kam[247]. Dieser Bewertungsplan soll damals schon in vielen Betrieben der Eisen- und Metallindustrie angewandt worden sein, wo er „gute Ergebnisse zeitigte"[248]. Er wurde vom Sozialwirtschaftlichen Ausschuß der Fachgemeinschaft Eisen- und Metallindustrie 1941 in der sogenannten Grauen Broschüre vorgelegt,

243 Recker, *Sozialpolitik* (Anm. 48), S. 229 f. (Die RGI konnte verhindern, daß diese Lohnordnung auch auf die entsprechenden Branchen in Lothringen und im Saarland übertragen wurde; vgl. ebd.).

244 Siehe oben S. 164. Als der Sondertreuhänder für den Bergbau Ley am 17.10.1941 mitteilte, er wolle die Löhne im Bergbau neu ordnen, wandte sich Ley entschieden dagegen. In einer Besprechung v. 18.10.1941 im Reichsarbeitsministerium faßte Hupfauer die Position der DAF wie folgt zusammen: „Die Deutsche Arbeitsfront wünscht nicht, daß jetzt während des Krieges auf dem Lohngebiet experimentiert wird und neue Lohnsysteme versucht und durchgeführt werden. ... Die Deutsche Arbeitsfront arbeitet intensiv an einer wirklich neuen Reichslohnordnung, welche bisherige Mängel auf dem Sektor Lohn auf zweckmäßigste Weise beheben wird." *DZA Potsdam*, 62.01, Handakte Hupfauer, Sign. 194, Bl. 61, 64, 72.

245 Schmiede/Schudlich, *Entwicklung* (Anm. 184), Kap. IV.1.3, bes. S. 303 ff.

246 Vgl. ebd., S. 310. Der *Leitfaden* (Kap. VI und VII.c.) schreibt ausdrücklich die refamäßige Berechnung der Akkordgrundlagen vor.

247 Vgl. Josef Wibbe, *Arbeitsbewertung. Entwicklung, Verfahren und Probleme*, München 1966, S. 164; Johannes Paasche, *Aus der Praxis der Arbeitsbewertung*, Kassel 1953, S. 12 f.; Dieter Freiling, *Die analytische Arbeitsbewertung als Grundlage einer leistungsgerechten Entlohnung in der Giesserei-Industrie*, Diss., Frankfurt a.M. 1958, S. 29. Vgl. auch den Auszug aus dem Besprechungsergebnis im RAM v. 16.1.1942, unten S. 199.

248 Wibbe, *Arbeitsbewertung* (Anm. 247), S. 164; vgl. auch Recker, *Sozialpolitik* (Anm. 48), S. 243.

die jedoch kurz nach ihrem Erscheinen verboten worden sein soll[249]. Im Kapitel V.4. gehe ich näher auf die methodischen Unterschiede ein. Hier sei nur die Art der „Gemeinschaftsarbeit" zwischen DAF und Reichsgruppe Industrie bezüglich des LKEM skizziert. Lohmann (RGI) schrieb dazu am 18. April 1944 in einem Bericht[250]:

„Andererseits Gemeinschaftsarbeit bei Aufstellen des Lohngruppenkatalogs Eisen-, Metall- und Elektroindustrie: Hervorragend bewährt. Diese mehrjährige, umfängliche und schwierige Arbeit ist praktisch vom Sozialwirtschaftlichen Ausschuß der Fachgemeinschaft Eisen-, Metall- und Elektroindustrie in der Reichsgruppe Industrie erstellt, während sie nach außen hin als Arbeitsergebnis der DAF herausgestellt ist.'

Doch die „Gemeinschaftsarbeit" beschränkte sich nicht darauf, daß die Reichsgruppe Industrie die sachlichen Grundlagen des LKEM erstellte und die DAF den Lorbeer einheimste. Sowohl die Reichslohnordnung der DAF als auch der Bewertungsplan der RGI gingen von der „analytischen" Arbeitsbewertung aus. Die Merkmale der einzelnen Tätigkeiten — erforderliche Qualifikation, geistige und körperliche Beanspruchung, Verantwortung, Umwelteinflüsse — wurden nach Punkten bewertet, und die gesamte Punktzahl ergab dann die Einstufung der jeweiligen Tätigkeit. Um die Einstufung zu erleichtern, wurden im RGI-Arbeitsbewertungssystem für die wichtigsten der in der Eisen- und Metallindustrie gegebenen Tätigkeiten „Lohngruppenmerkmale" aufgestellt und mit „Richtbeispielen" ergänzt. Es ist auf das Betreiben der DAF zurückzuführen, daß dann im LKEM die methodische Grundlage zur Einstufung der Arbeiten, nämlich der Bewertungsplan der RGI, weggelassen wurde[251]. Was blieb, war der Katalog von Lohngruppenmerkmalen und Richtbeispielen, nach denen die zu bewertenden Tätigkeiten im vergleichenden Verfahren ‚(„summarisches" Verfahren) den acht Lohngruppen zugeordnet wurden. (Vgl. Auszug aus einem Besprechungsergebnis im RAM auf S. 199.) Deshalb, das sei nur nebenbei bemerkt, waren die Betriebslohngruppenkataloge, an deren Erstellung der Betriebsobmann (DAF) mitwirken sollte, so wichtig. Denn da der LKEM an „normalen" Betriebsverhältnissen orientiert war, konnte er in dieser Form nicht einheitlich in die Praxis umgesetzt werden. Mit den Betriebslohngruppenkata-

---

249 *Die Arbeitsbewertung in den Betrieben der Fachgemeinschaft Eisen- und Metallindustrie,* hrsg. v. Sozialwirtschaftlichen Ausschuß der Fachgemeinschaft Eisen- und Metallindustrie in der Reichsgruppe Industrie, Okt. 1941. Über das Verbot berichten Wibbe, *Arbeitsbewertung* (Anm. 247), S. 164; Paasche, *Arbeitsbewertung* (Anm. 247), S. 13. (In der 3., neubearbeiteten Auflage von Paasches Buch 1963 fehlt die ausführlichere Behandlung des RGI-Bewertungsplanes und des LKEM der 1. Aufl. 1953.)

250 BA Koblenz, R 12 I/279.

251 In seiner Geschichte der Arbeitsbewertung schreibt Johannes Paasche: Aus dem LKEM mußten „leider auf staatliche Veranlassung (DAF) die Bewertungspunkte entfernt werden...". Johannes Paasche, Entwicklung der Arbeitsbewertung, in: *Arbeitsstudien heute und morgen,* hrsg. v. Verband für Arbeitsstudien — REFA — e.V., Darmstadt 1963, S. 139. Dir. Schlüter von Siemens stellte 1951 rückblickend fest: „Wir sind uns darüber klar, daß der alte LKEM durch das damalige Verbot der analytischen Erläuterung der Bewertung der Beispiele durch Punkte seitens der DAF viel von seiner Überzeugungskraft eingebüßt hatte." *SAA,* 64/Lm 103, Arbeits- und Zeitstudien. ZBtL- und ZW-Arbeitstagung am 6./7.12.1951 in Rothenburg o. d. Tauber, S. 70.

Ergebnis der am 16. Januar 1942 mit den Sachbearbeitern
für das Metallgewerbe durchgeführten Besprechung im
Reichsarbeitsministerium Berlin

(Auszug)

Der "Sozialwirtschaftliche Ausschuß der Fachgemeinschaft Eisen-
und Metallindustrie" hat in seiner Schrift "Die Arbeitsbewertung in den
Betrieben der Fachgemeinschaft Eisen- und Metallindustrie", herausgegeben Oktober 1941, eine Einteilung in 7 Lohngruppen zuzüglich einer Lohngruppe S ausgearbeitet. Diese Einteilung beruht auf dem in der gleichen
Schrift behandelten System einer Arbeitsbewertung nach Punkten. Es
herrscht die Auffassung, daß im Augenblick eine derartige Punktbewertung der einzelnen Arbeiten in den Betrieben nicht durchführbar, daß in-
dessen die Ergebnisse, nämlich die Herausbildung der 7 Lohngruppen (zuzüglich Lohngruppe S) anwendbar ist.
    3. Die Einteilung der einzelnen Arbeiten in die 8 Lohngruppen
soll sich deshalb nicht nach der "Wertsumme der Arbeit", sondern nach
den "Merkmalen" (Anlage 4 a.a.O.) richten. Zur Erleichterung sollen die
"Richtarbeitsbeispiele" dienen, die noch zu vervollständigen und den
Reichstreuhändern der Arbeit zu übermitteln sind. Bei dieser Übermitt-
lung der Richtarbeitsbeispiele sollen die Spalten "Fachkenntnisse" bis
"Umgebung" entfallen und in der letzten Spalte anstatt der "Wertsumme"
die "Lohngruppe" angegeben werden.

Quelle: *BA Koblenz*, R 41/60, Bl. 12

logen sollten die jeweils betriebsspezifischen, keineswegs immer „normalen"
Arbeitsbedingungen berücksichtigt werden.

Ein Grund, weshalb die DAF darauf bestanden hat, daß den Betrieben mit
dem LKEM nicht auch der Bewertungsplan der RGI zugänglich gemacht wurde, war vermutlich ihre Hoffnung, eines Tages die Version der Punktbewertung
ihrer Reichslohnordnung durchsetzen zu können. Das macht insbesondere die
Schrift „Begründung und Grundsätze einer Reichslohnordnung" des AWI vom
November 1944 deutlich, in der das Konzept der DAF-Reichslohnordnung in
Abgrenzung zu den lohnordnenden Maßnahmen von 1942 ausgeführt wird[252].
Der Reichsgruppe Industrie und dem Reichsarbeitsministerium wird der Kom-
promiß, im LKEM nur das Ergebnis, nicht aber die methodische Grundlage der
„Grauen Broschüre" festzuhalten, nicht allzu schwer gefallen sein. Denn die
Einstufung der Tätigkeiten nach dem analytischen Verfahren hätte relativ viel
Zeit und ausgebildetes Personal beansprucht. Beides war damals knapp, und
man wollte bald Ergebnisse sehen. Die vergleichende Einstufung der Tätigkei-
ten nach den Lohngruppenmerkmalen und Richtbeispielen des LKEM war

---

252 *Begründung und Grundsätze einer Reichslohnordnung*, hrsg. v. AWI der DAF, Berlin,
Nov. 1944; *IfZ München*, Sign. Db 66.45.

zwar weniger genau, aber dafür einfacher und schneller. Und auch sie versprach das gewünschte Ergebnis: die Rückstufung der Tätigkeiten, die geringere Qualifikation erforderten, gegenüber jenen, die größere Fachkenntnis und Geschicklichkeit verlangten, und die starke Aufgliederung der Facharbeitergruppe – beides sollte an das Gerechtigkeitsgefühl und den Aufstiegswillen der „deutschen Gefolgschaftsmitglieder" appellieren. Zudem konnte die DAF nicht verhindern, daß einige Betriebe auch nach 1942 das analytische Verfahren der „Grauen Broschüre" anwandten. 1943 gab die Junkers Flugzeug- und Motorenwerke A.G. die Schrift „Bewertung der Arbeit" heraus, in der ganz offen der Bewertungsplan der „Grauen Broschüre" dargestellt und empfohlen wird[253]. Gleiches gilt für den Artikel „Praktische Richtlinien zur Vorbereitung der lohnordnenden Maßnahmen", der 1944 erschienen ist[254]. Von seinen Autoren, August Vaerst, Hans Stevens und Hans Euler, waren zumindest die letzteren beiden an der Ausarbeitung des Arbeitsbewertungssystems der „Grauen Broschüre" beteiligt gewesen; sie galten später, in den fünfziger Jahren, als die Päpste der Arbeitsbewertung.

Obgleich ich damit meine Ausführung über die Beteiligung der DAF am LKEM unterbreche, möchte ich es nicht unterlassen, auf einen Aspekt des Artikels von 1944 hinzuweisen. Unter Punkt IV befaßt er sich mit der Frage der Bezahlung, wenn sowohl deutsche als auch ausländische Arbeitskräfte in einer Gruppe zusammenarbeiten. Es wird betont, daß der Zeitzuschlag auf die Vorgabezeit, der „deutschen Gefolgschaftsmitgliedern (Gfm)" in der Einarbeitungszeit zustand, ausländischen Arbeitskräften nicht gewährt werden durfte. In der Eingruppierung der Tätigkeiten sollten bei ausländischen Arbeitskräften die im RGI-Bewertungsplan vorgesehenen Kriterien körperliche Beanspruchung, Umwelteinflüsse und Verantwortung nicht berücksichtigt werden. Die höchstmögliche Wertzahlsumme für die drei übrigen Kriterien, Berufsausbildung, Handfertigkeit sowie Denkfertigkeit und Aufmerksamkeit, sollte weit unter der für „deutsche Gefolgschaftsmitglieder" möglichen liegen. Mit anderen Worten: Es wurde dafür Sorge getragen, daß ausländische Arbeitskräfte nur in den untersten Lohngruppen eingestuft werden konnten. Abschließend wurde kühl und emotionslos vorgerechnet, mit welchen Verdienstzuschlägen die „deutschen Gefolgschaftsmitglieder" für die Belastung entschädigt werden sollten, die ihnen dadurch entstand, „daß sie meistens die Verantwortung für die ordnungsmäßige Erledigung der Arbeit tragen und die hochwertigen Arbeiten mit Rücksicht auf die geringere Einsatzfähigkeit der Ausländer selbst verrichten müssen"[255]. Dies ist ein Paradebeispiel für die „objektive" und „gerechte" Lösung eines schwierigen Entlohnungsproblems.

Während das AWI unverdrossen an der Entwicklung seiner Reichslohnordnung weiterarbeitete, scheint die Beteiligung des Fachamts „Eisen und Metall"

---

253 *Bewertung der Arbeit. Bewertungsunterlagen und Wertzahl-Merkmale insbesondere für Lohngruppen „Eisen und Stahl" und „Luftfahrtindustrie"*, Bearbeitung: Junkers Flugzeug- und Motorenwerke A.G., Dessau 1943 (REFA-Bibliothek Darmstadt).

254 August Vaerst/Hans Stevens/Hans Euler, *Praktische Richtlinien zur Vorbereitung der lohnordnenden Maßnahmen*, Verein Deutscher Eisenhüttenleute im NSBDT, Gruppe F, Nr. 200; vgl. auch Rudolf Kapteina, Betriebliche Lohngestaltung, in: *Zeitschrift für Organisation*, Nr. 2 v. 15.2.1943.

255 Vaerst/Stevens/Euler, *Praktische Richtlinien* (Anm. 254), S. 17.

an der Gemeinschaftsarbeit zum LKEM vor allem in der Mitarbeit beim Erstellen der Richtbeispiele gelegen zu haben. Als der LKEM verordnet wurde, enthielt er etwa 850 Richtbeispiele[256]. Die Betriebe und das Fachamt „Eisen und Metall" wurden jedoch angehalten, falls erforderlich, weitere Richtbeispiele zu erstellen und beim Reichstreuhänder der Arbeit einzureichen. Zusammen mit den genehmigten Ergänzungen enthielt der LKEM im Herbst 1943 etwa 2 000 Richtbeispiele[257].

Erfolgsmeldungen — Mängelberichte

Die Meldungen über den Erfolg der lohnordnenden Maßnahmen sind beachtlich. Für die probeweise Durchführung der lohnordnenden Maßnahmen in Thüringen nannte Sauckel in dem für die Öffentlichkeit bestimmten Interview vom Herbst 1942 (siehe oben S. 193 f.) Leistungssteigerungen zwischen 15 Prozent und 20 Prozent. In einer internen Besprechung berichtete er über diese Aktion: „Durch den Abbau der Akkorde seien rund 25 000 Arbeiter erspart worden, Leistungssteigerungen in der Spitze von 3—400 % erzielt, im Durchschnitt eine Leistungssteigerung von 15—40 %."[258] 1943 berichtete Sauckel, in den etwa 300 Betrieben, die bis Ende des Jahres 1942 die Prinzipien des LKEM angewandt hätten, schwankten die erzielten Leistungssteigerungen um 10 Prozent bis 30 Prozent[259]. Im Januar 1944 berichtete der Leiter des Fachamts „Eisen und Metall", Jäzosch, der LKEM sei in einem Drittel der in Frage kommenden Betriebe eingeführt[260].

Die Berichte über Leistungssteigerungen unterscheiden selten, ob sie sich aus den Akkordüberprüfungen und/oder aus der Einführung der neuen Lohngruppen ergeben haben. Doch stets sind die Angaben erstaunlich. Hier einige Beispiele: Laut „Europa-Kabel" vom 25. Februar 1944 meldete ein Betrieb Zeiteinsparungen von 35 Prozent, Einsparungen des Lohnanteils von 40 Prozent. Der „Wirtschaftspolitische Dienst" vom 21. März 1944 berichtete von einem Betrieb, der 23 Prozent seiner Arbeitskräfte eingespart, die Fertigungszeit um 23 Prozent, den Lieferpreis um 20 Prozent, den Fertigungslohnanteil um 12 Prozent gesenkt habe. Die persönlichen Leistungen der Arbeiter aus den Lohngruppen I bis IV seien um 83 Prozent, die der Facharbeiter sogar um 100 Prozent gestiegen. Ebenso hätten andere Betriebe drastische Steigerungen der Fertigung und Senkungen der Kosten sowie Einsparungen von Facharbeitern gemeldet. Die deutschen Arbeiter seien in höhere Positionen aufgestiegen, in den

---

256 Vgl. *Frankfurter Zeitung* v. 17.11.1942. In einer Rede anläßlich der Tagung der Reichsleiter und Gauleiter der NSDAP in München am 24.2.1942 wies Hupfauer darauf hin, daß die Richtbeispiele vom Fachamt „Eisen und Metall" und der RGI gemeinsam erstellt worden waren. *IfZ München*, MA 253, S. 15 (Bl. 469).

257 Vgl. Wibbe, *Arbeitsbewertung* (Anm. 247), S. 166.

258 *BA/MA Freiburg*, Wi IF 5/2692, Präsidentenbesprechung v. 15.4.1942. Vgl. Recker, *Sozialpolitik* (Anm. 48), S. 237.

259 *BA Koblenz*, R 41/29, Bericht des GBA über die Aufgaben und Ergebnisse auf dem Gebiet des Arbeitseinsatzes 1.1.—30.6.1943. Vgl. Recker, *Sozialpolitik* (Anm. 48), S. 241.

260 Wilhelm Jäzosch, Leistung und Lohn, in: *Die Deutsche Volkswirtschaft*, Nr. 2, Jan. 1944.

unteren Positionen seien sie durch „Fremdarbeiter" ersetzt worden. Der „Neue Wirtschafts-Dienst" vom 22. November 1944 berichtete: „Der Facharbeiter hat nunmehr kein Interesse mehr daran, Akkordarbeit, die auch ein ungelernter Arbeiter verrichten kann, auszuführen ... Es ergaben sich Leistungssteigerungen zwischen 15 und 70 v. H., das Mittel lag über 20 v. H." Der „Deutsche Reichsanzeiger" vom 23. November 1944 meldete „Millionen von (zusätzlichen) Rüstungsstunden durch den gerechten Lohn" und durchschnittliche Leistungssteigerungen von über 27 Prozent[261].

In ihrem internen „ZW-Mitteilungsblatt für die Werksleitung" meldete die Zentrale Werksverwaltung von Siemens[262]:

„EW II teilt mit, daß es die *Überholung der Akkorde* für die wichtigsten z. Z. laufenden Fabrikate-Typen bei rd. 420 Akkordarbeitern mit 4 Zeitnehmern in 4 Monaten durchgeführt hat. Die fast ohne Verdiensteinbußen erzielte echte Leistungssteigerung beträgt 18 % der Akkordarbeit des Werkes." (Nr. 8, November 1942.)

„Schaltwerk I – IV melden für 1941/42, daß 182 Gfm. für anderweitige Arbeiten freigemacht wurden. Fast die Hälfte davon kommt auf Rechnung lohnordnender Maßnahmen (ca. 10 %) bzw. der *Einführung von Leistungslohn für bisherige Zeitlohnarbeit* (ca. 36 % = 65 Peronen).

Die Akkordierung von Lagerarbeiten ersparte 50 Arbeitskräfte, die Akkordierung von Hilfsarbeiten in der Packerei 9 Arbeitskräfte, ein neuer Leistungslohn für Elektrokarrenfahrer 6 Arbeitskräfte." (Nr. 10, April 1943.)

Noch Anfang 1945 rechnete man in dem Unternehmen Siemens, dessen Werke wohl kaum zu den „leistungsschwachen" Betrieben gehörten, mit einer Senkung der Vorgabezeiten um 18 Prozent bis 30 Prozent[263].

Betriebsinterne Informationen geben wohl am verläßlichsten an, ob Leistungssteigerungen stattgefunden haben und worauf sie zurückzuführen sind. Bei den öffentlichen Angaben heißt Leistungssteigerung, soweit sie überhaupt

---

261 Alle Angaben aus: *DZA Potsdam*, 62.03 DAF/AWI, Sign. 4149.

262 *SAA*, 60/Ls 657. Hervorhebungen im Original. Offenbar war man bei Siemens an den Ergebnissen einer Umstellung von Zeit- auf Akkordlohn recht interessiert. In einer Akte zu den lohnordnenden Maßnahmen (*SAA*, 14/Lb 696) findet sich die Liste „Änderung der Stückpreise infolge Einführung der Stücklohnarbeit", Hamburg, den 17.6.1943 (um welchen Betrieb es sich handelt, ist aus der Akte nicht zu entnehmen). Für verschiedene Tätigkeiten werden enorme Steigerungen der Tagesleistung angegeben. Und obgleich auch die Stundenverdienste nach Akkordierung gestiegen sind, sind die Stückpreise zwischen 13 % und 122 %, im Mittel um etwa 30 % gesunken. Die Liste trägt den handschriftlichen Vermerk: „Besten Dank, schöne Resultate!"

263 *SAA*, 14/Lb 696; Werkleiterbesprechung am 17.1.1945. Recker (*Sozialpolitik* [Anm. 48], S. 240) irrt, wenn sie schreibt, nach einer Erhöhung des Akkordrichtsatzes müsse der Akkordarbeiter mehr arbeiten, um auf den alten Verdienst zu kommen. Das Gegenteil ist der Fall. Der Akkordrichtsatz drückt den Lohn für eine bestimmte Leistung aus. Wird der Akkordrichtsatz erhöht und bleibt die Vorgabezeit dieselbe, so verändert sich das Verhältnis von Leistung und Lohn zugunsten des Lohns. Im Installationsgerätewerk Sonneberg, von dem Recker berichtet, wurden tatsächlich die Akkordrichtsätze erhöht. Im Aktenvermerk v. 20.12.1944 wurde für ein anderes Werk lediglich berichtet, daß die Akkordrichtsätze um ca. 20 % „zurückgeführt", also gesenkt werden müßten, *wenn* der von dem RTdA vorgesehene Ecklohn eingeführt *würde*. Vgl. *SAA*, 14/Lb 696, Notiz v. 25.11.1943 bzw. Aktenvermerk v. 20.12.1944.

stattgefunden hat, zunächst einmal nur, daß intensiver gearbeitet wurde. Sie mag eine Folge der lohnordnenden Maßnahmen gewesen sein. Sie wird sich aber zum Teil auch daraus ergeben haben, daß unter Speer die Auftragsvergabe der öffentlichen Stellen besser organisiert und verstetigt wurde. Hatten vorher die Rüstungsbetriebe häufig Ausfallzeiten, weil Aufträge und Auftraggeber ständig wechselten, so konnten sie nun langfristig planen und mußten ihre Produktion nicht ständig umstellen. Und schließlich werden wohl auch die verschärften Disziplinierungsmaßnahmen des Generalbevollmächtigten für den Arbeitseinsatz das ihre zu den Leistungssteigerungen beigetragen haben.

Jedenfalls sind nach den Verdiensterhebungen des Statistischen Reichsamts die durchschnittlichen Verdienste in der Metallindustrie nach 1942 bis 1944 leicht zurückgegangen, während sie sich in diesem Zeitraum beispielsweise in der eisenschaffenden Industrie und im Bergbau weiter erhöht haben. Zur folgenden Tabelle der Verdienstentwicklung in einzelnen Branchen sei noch gesagt, daß sie auf Indexziffern beruht, weil diese im Gegensatz zu den absoluten Verdienstangaben des Statistischen Reichsamts um die Veränderungen in der Beschäftigungsstruktur bereinigt wurden. Ergänzend ist die Rangfolge der Branchen nach ihren Durchschnittsverdiensten 1939 angeführt (zu den amtlichen Lohnerhebungen und weiteren Daten über die Entwicklung der Arbeitsverdienste im Zweiten Weltkrieg vgl. Anhang, Dok. A6).

Hinter den Kulissen sah das Erfolgsbild der lohnordnenden Maßnahmen nicht ganz so rosig aus. Sprach Jäzosch im Januar 1944 davon, daß der LKEM in einem Drittel der in Betracht kommenden Betriebe eingeführt worden sei, so zeigt eine Zusammenstellung aus dem Reichsarbeitsministerium vom November 1944 ein anderes Bild[264]: Aus ihr geht hervor, daß von insgesamt 10 710 Betrieben, denen man die Auflage gemacht hatte, einen entsprechenden betrieblichen Lohngruppenkatalog zu erstellen, nur 3 755 einen solchen Katalog überhaupt einreichten (bei den Reichstreuhändern der Arbeit); davon wurden wiederum nur 1 783 für in Ordnung befunden, und schließlich wurde lediglich 1 317 (= 12,3 Prozent aller aufgeführten Betriebe) Betrieben die Anordnung erteilt, die Betriebslohnordnung durchzuführen.

Um wieder das Beispiel Siemens zu nehmen, so meldete die Zentrale Werksverwaltung (ZW) in ihren „Mitteilungen" vom Juli 1944, der Betriebs-Lohngruppenkatalog sei für neun Werke des Unternehmens genehmigt worden, zehn Werke hätten ihn bei dem entsprechenden Reichstreuhänder eingereicht, und „bei den wenigen übrigen Werken ist der Betriebs-Lohngruppenkatalog in Arbeit". Allerdings verzögerte sich die Einführung noch erheblich. Am 21. Februar 1945 schrieb der Präsident des Gauarbeitsamts und Reichstreuhänder der Arbeit Berlin an die Siemens-Schuckertwerke A.G.[265]: „Ich ... erkläre im Ein-

---

264 *BA Koblenz*, R 41/61, Bl. 83—84.

265 *SAA*, 60/Ls 657, 14/Lb 696. Die Verzögerung bei Siemens ist nicht als „innerer Widerstand" gegen den LKEM zu interpretieren. Siemens wollte den LKEM in allen Werken gleichzeitig einführen. Und es legte Wert auf eine korrekte Anwendung des LKEM: „Die Tatsache, daß verschiedentlich schon Betriebskataloge ,genehmigt' wurden, die den Anforderungen der offiziellen Richtlinien nicht oder nur bedingt entsprachen, kann uns nur Ansporn sein, den großen Arbeitsaufwand für die Erstellung der Lohngruppenkataloge *im Interesse unserer Werke* ... zu voller positiver Auswirkung zu bringen. In diesem Sinne werden die Werke, denen der Treuhänder *zu kurze Fristen* für die Erstellung des

VERÄNDERUNGEN DER INDEXZIFFERN DER ARBEITSVERDIENSTE NACH
GEWERBEN[1]
(in v. H.)

| Gewerbe | September 1943 | März 1944 gegen | | | | 1933 |
		März 1943	1942	1941	1940	
Bergbau	+ 1,7	+ 0,5	+ 3,9	+ 5,9	+ 10,3	+ 22,9
Eisenschaffende Industrie	+ 2,6	+ 1,9	+ 3,9	+ 4,1	+ 7,3	+ 33,6
Nichteisenmetall-Industrie	+ 0,9	+ 1,0	+ 2,5	+ 4,9	+ 9,5	–
Gießerei-Industrie	+ 0,5	+ 0,2	+ 1,2	+ 4,0	+ 9,9	–
Metallverarbeitende Industrie	– 0,6	– 1,0	– 0,5	+ 2,0	+ 7,7	+ 29,6
Chemische Industrie[2]	+ 0,1	+ 0,3	+ 1,7	+ 1,7	+ 4,4	+ 17,1
Steine und Erden	– 1,8	– 1,0	+ 3,2	+ 3,5	+ 9,2	+ 39,8
Keramische Industrie	+ 0,1	– 1,0	+ 3,5	+ 6,7	+ 13,8	+ 35,6
Glasindustrie	+ 2,1	+ 2,4	+ 6,0	+ 11,2	+ 18,7	+ 53,3
Baugewerbe	– 0,3	+ 0,8	+ 3,0	+ 1,8	+ 5,5	+ 23,0
Sägeindustrie	+ 0,2	+ 0,8	+ 4,2	+ 6,5	+ 14,0	+ 40,3
Bautischlerei und Möbelherstellung	0,0	+ 0,5	+ 6,2	+ 9,5	+ 18,1	+ 42,5
Papiererzeugende Industrie	– 0,4	– 0,3	+ 4,0	+ 5,2	+ 10,1	+ 17,5
Papierverarbeitung	+ 0,3	– 0,4	+ 1,6	+ 4,8	+ 11,4	+ 22,5
Buchdruckgewerbe	+ 0,1	+ 0,6	+ 1,7	+ 2,1	+ 8,1	+ 9,7
Flachdruckgewerbe	+ 0,3	+ 0,2	+ 2,2	+ 2,6	+ 9,7	–
Textilindustrie	+ 0,6	0,0	+ 2,3	+ 5,4	+ 11,7	+ 24,1
Bekleidungsgewerbe	– 0,2	– 0,6	+ 0,8	+ 3,2	+ 12,1	+ 33,7
Schuhindustrie	+ 0,5	+ 0,5	+ 4,6	+ 7,8	+ 15,4	–
Süß-, Back- und Teigwarenindustrie	+ 1,0	+ 0,9	+ 3,3	+ 6,2	+ 11,5	–
Braugewerbe	– 0,7	+ 0,4	+ 2,1	+ 1,4	+ 4,2	–
Insgesamt	0,0	– 0,3	+ 1,2	+ 3,0	+ 8,2	+ 25,7

Rangfolge der Gewerbe nach den durchschnittlichen Stundenverdiensten von 1939[3]:
1. Buchdruckgewerbe (= höchste Stundenverdienste), 2. Braugewerbe, 3. Eisenschaffende
Industrie, 4. Gießerei-Industrie, 5. Metallverarbeitende Industrie, 6. Nichteisenmetall-Industrie, 7. Flachdruckgewerbe, 8. Bergbau, 9. Chemische Industrie, 10. Bautischlerei und Möbelherstellung, 11. Baugewerbe, 12. Steine u. Erden, 13. Schuhindustrie, 14. Glasindustrie, 15.
Papiererzeugende Industrie, 16. Keramische Industrie, 17. Sägeindustrie, 18. Papierverarbeitung, 19. Bekleidungsgewerbe, 20. Textilindustrie, 21. Süß-, Back- u. Teigwarenindustrie
(= niedrigste Stundenverdienste).

vernehmen mit dem Gauobmann der Deutschen Arbeitsfront Pg. Spangenberg
mein Einverständnis, daß mit Rücksicht auf die besonderen Verhältnisse in
Ihren Betrieben der Einführungstermin für die lohnordnenden Maßnahmen um
ca. 8 Wochen hinausgeschoben wird …" Was die Überprüfung der Akkorde an-

Fortsetzung Fn. 265
LK vorzugeben versucht, eindringlich gebeten, hiergegen schärfstens zu protestieren. Es
kommt nicht darauf an, daß ein Betrieb 4 Wochen früher als andere mit seinem LK fertig wird, sondern daß die lohnordnenden Maßnahmen ein voller Erfolg werden – zumal
da die Bereinigungsmöglichkeit in dieser Form eine einmalige ist." SAA, 60/Ls 657,
ZW-Mitteilungsblatt, Nr. 11, Juli 1943.

VERÄNDERUNGEN DER INDEXZIFFERN DER ARBEITSVERDIENSTE NACH
GEWERBEN[1]
(in v. H.)

Gewerbe	Wochenverdienste					
	September 1943	März 1944 gegen März				1933
		1943	1942	1941	1940	
Bergbau	+ 8,0	+ 0,3	+ 7,2	+ 11,7	+ 15,2	+ 67,9
Eisenschaffende Industrie	+ 6,3	+ 14,1	+ 19,8	+ 20,4	+ 25,0	+ 79,4
Nichteisenmetall-Industrie	+ 4,4	+ 1,4	+ 2,3	+ 4,3	+ 11,9	−
Gießerei-Industrie	+ 2,2	+ 0,4	+ 2,4	+ 5,3	+ 15,1	−
Metallverarbeitende Industrie	− 0,7	− 3,3	− 3,6	− 1,7	+ 6,9	+ 50,3
Chemische Industrie[2]	+ 0,5	− 1,5	− 0,6	+ 0,5	+ 5,6	+ 42,5
Steine und Erden	− 5,3	− 3,9	+ 4,4	+ 0,6	+ 11,6	+ 34,9
Keramische Industrie	+ 0,2	− 1,2	+ 0,9	+ 3,1	+ 14,0	+ 55,9
Glasindustrie	+ 2,8	+ 1,2	+ 3,9	+ 8,6	+ 18,2	+ 63,2
Baugewerbe	− 4,4	− 3,5	+ 3,7	− 3,5	+ 6,4	+ 24,7
Sägeindustrie	− 2,5	− 3,4	− 0,5	+ 1,2	+ 12,5	+ 39,9
Bautischlerei und Möbelherstellung	− 0,5	− 1,5	+ 5,3	+ 9,3	+ 24,2	+ 61,0
Papiererzeugende Industrie	− 1,1	− 2,4	+ 4,4	+ 2,0	+ 12,7	+ 44,6
Papierverarbeitung	− 1,3	− 5,4	− 6,3	− 6,7	+ 1,1	+ 29,1
Buchdruckgewerbe	− 0,8	− 0,2	− 1,0	− 2,8	+ 8,0	+ 19,5
Flachdruckgewerbe	− 0,2	− 2,1	− 0,9	− 2,4	+ 9,4	−
Textilindustrie	+ 2,4	− 4,8	− 0,4	+ 0,4	+ 12,9	+ 30,5
Bekleidungsgewerbe	− 1,5	− 7,9	− 9,2	− 9,2	+ 0,3	+ 14,1
Schuhindustrie	− 1,0	− 4,1	− 0,5	+ 2,3	+ 20,0	−
Süß-, Back- und Teigwarenindustrie	− 0,5	− 6,1	− 4,5	− 4,0	− 0,2	−
Braugewerbe	− 2,9	+ 0,9	+ 3,7	+ 0,5	+ 7,2	−
Insgesamt	+ 0,7	− 1,9	+ 0,3	+ 1,4	+ 9,9	+ 41,4

1 Für 1933 auf Grund der Ergebnisse der Industrieberichterstattung berechnet.
Für 1940−44 auf Grund der amtlichen Lohnsummenerhebung berechnet − jeweiliger Gebietsstand (Quelle a).
2 Ab März 1942 einschließlich Kautschukindustrie.
3 Abgesehen vom Bergbau zusammengestellt nach Quelle (b), die für Salz-, Kohlen-, Eisenerz- und Metallerzbergbau unterschiedliche Positionen angibt. Die Position des Bergbaus insgesamt habe ich annähernd nach Quelle (c) bestimmt.

Quellen: (a) Statistisches Reichsamt: Ergebnisse der Lohnerhebungen März 1944; *DZA Potsdam*, 31.02 Stat. R. A., Sign. 2887, Bl. 11 Rs. und 12.
(b) *Ebd.*, Bl. 9; s. auch Dok. A$_4$, S. 290 unten.
(c) *Statistisches Handbuch*, S. 470 f.

belangt, so war sie selbst bei Siemens, das maßgeblich am REFA beteiligt war, nicht immer ganz so „refamäßig", wie man es sich gewünscht hätte. Nach einer internen Umfrage rechneten die Berliner Werke damit, daß zwischen 30 Prozent und 90 Prozent der Akkordüberprüfungen durch eine Pauschalumrechnung erfolgen müßten. Allerdings scheint man die Aufforderung des „Leitfadens" von 1943 beherzigt zu haben, Pauschalberichtigungen von Vorgabezeiten auch dann durch Stichprobenaufnahmen zu ergänzen, wenn sie von der „Gefolgschaft" freiwillig beschlossen würden[266].

Wie SD-Berichte vom Februar 1944 zeigen, fehlte es einfach an ausgebildeten Refa-Fachkräften, um die Akkorde in der gesamten Rüstungsindustrie nach den vorgegebenen Regeln zu überprüfen. Durch zusätzliche Kurzkurse wurde die Anzahl von Refa-Bearbeitern gesteigert, doch scheint deren Kompetenz mehr als fragwürdig gewesen zu sein. „Starke Bedenken" wurden „gegen die von den Betrieben vorgenommene Auswahl des Menschenmaterials für diese Kurse vorgebracht, das sich meistens aus Nichtfachleuten zusammensetzte". Als ein Beispiel von vielen wurde ein Schlosser angeführt, „der unter seinen Kameraden als Faulenzer und Drückeberger bekannt war". Er habe zu seiner Teilnahme an einem Refa-Lehrgang erklärt, „er könne viel besser andere Leute stoppen, als selbst nach der Stoppuhr arbeiten". An der aus welchen Gründen auch immer mangelhaften Qualifikation der im Schnellverfahren ausgebildeten Refa-Leute drohte das erklärte Ziel der „lohnordnenden Maßnahmen" zu scheitern, den „Arbeitsfrieden" durch die „Wiederherstellung der Lohngerechtigkeit" zu sichern: „Selbst der Teil der Arbeiterschaft, der durch die Neuregelung der Metallarbeiterlöhne eine Besserstellung erwartet hatte, stehe nunmehr der Entwicklung etwas skeptisch gegenüber. Man befürchte, daß von einer Lohngerechtigkeit bei den gerade aus den Kursen gekommenen und fachmännisch nur halb ausgebildeten Refa-Leuten kaum die Rede sein könne, sondern daß diese ihre Hauptaufgabe in einem Herabdrücken der Akkorde sehen würden." „Zahlreiche Betriebsführer" sahen sich daher vor die „ernste Frage gestellt, ob sie die Mitarbeit bei der Einführung der lohnordnenden Maßnahmen in der Metallindustrie ablehnen oder diese Einführung den doch meistens nur unvollkommen ausgebildeten Kräften überlassen sollten". Im ersten Fall hatten sie mit Schwierigkeiten „von außen her", d.h. mit den Behörden, zu rechnen, im zweiten Fall mit „andauernden Differenzen zwischen Refa-Bearbeiter und Arbeiterschaft"[267].

Es liegen nur wenige Quellen vor, die Aufschluß über die Reaktionen aus der Arbeiterschaft geben. Jedoch lassen die Äußerungen der durchführenden Organe vermuten, wie prekär es um den „Arbeitsfrieden" stand. Auf einer Werkleiterbesprechung vom 17. Januar 1945 wies Direktor Benkert von Siemens „auf die Bedeutung sorgsamer Vorbereitung der Gefolgschaft hin"[268]: „Der Lohn ist nun einmal der nervus rerum, an dem jeder besonders empfindlich ist. Man sollte nicht vermeiden, eindeutig zu betonen, daß bei einer so großen Umstellung auch Fehler vorkommen können. Die Aufgabe ist in der heutigen Zeit doppelt schwierig. Wir gehen gleichsam ‚mit offenem Licht in die Pulverkammer'. Es ist alles psychologische Geschick aufzuwenden, um ‚Explosionen' zu verhüten." Die Vorkehrungen, um diese Pulverkammer nicht zur Explosion zu bringen, waren vielfältiger Natur. Sauckels Versprechungen, für eine bessere Versorgung mit Brot und Fleisch zu sorgen, sind bereits erwähnt worden. Hinzu kam die „Erziehungsarbeit" der DAF, die sich nicht allein darauf beschränkte, die „Gefolgen" an ihre Pflicht zur Arbeit für die „Volksgemeinschaft" zu erinnern. Großer Wert wurde − von der DAF *und* den Be-

266 *SAA*, 14/Lb 696, Aktenvermerk v. 31.1.1945. (Vgl. Anm. 186 oben.)
267 *Meldungen* (Anm. 158), Bd. 16, S. 6356ff.
268 *SAA*, 14/Lb 696, Aktenvermerk v. 31.1.1945.

trieben — darauf gelegt, der „Gefolgschaft" die „lohnordnenden Maßnahmen"
in ihrem sachlichen Gehalt ausführlich zu erklären, damit sie einsehen konnte,
wie sehr dem Prinzip Gerechtigkeit Rechnung getragen wurde[269].

Eine Zusammenstellung von SD-Meldungen über „die stimmungsmäßigen
Äußerungen aus der Arbeiterschaft" hatte bereits im Januar 1943 betont, wie
wichtig es sei, die Arbeiter über den „eigentlichen Sinn der Maßnahme, nämlich die Beseitigung des Mißverhältnisses zwischen den Akkordverdiensten der
Angelernten und Zeitlöhnen der Facharbeiter und die Wiederherstellung einer
gesunden Relation zwischen Leistung und Lohn" aufzuklären. „Unter Ver-
kennung des eigentlichen Zwecks dieser Aktion" sähen nämlich „viele Arbeiter in den getroffenen Maßnahmen den Versuch, die Löhne herabzusetzen",
und sprächen sich, „je nach ihrer Einstellung und der besonderen Lage ihrer
Verhältnisse, mehr oder weniger scharf dagegen aus". Aus Karlsruhe wurden
die folgenden Äußerungen von Arbeitern und „Betriebsführern" gemeldet[270]:

> „Wer hat eigentlich Zeit, während einer machtpolitischen Auseinandersetzung, wie wir sie
> zur Zeit erleben, solche Pläne auszuarbeiten, die doch die Summe einer Arbeitszeit ergeben,
> die anders besser verwendet werden würde."
>
> „Die Arbeiterschaft hat die Ankündigung der neuen Leistungslöhne mit großer Skepsis
> und Mißtrauen aufgenommen. Obwohl die meisten Arbeiter noch gar keine Kenntnis von
> der Höhe und Bedeutung dieser Löhne haben, so wittern sie doch in diesem ganzen neuen
> Lohnsystem eine Art Antreiber- und Stachanowsystem. Sie befürchten, es solle jetzt das
> Letzte aus ihnen herausgequetscht werden, was sie überhaupt noch leisten können."

Diese Äußerungen sollen charakteristisch für die Einstellung und das Verhalten
vieler Arbeiter gewesen sein. Das wurde durch weitere Beispiele illustriert:
Auf den Werften in Wesermünde gebe man zwar „in der Gefolgschaft zu, daß
mehr geleistet werden könne, fasse aber die neue Planung als eine einseitig gegen die Arbeiter gerichtete Maßnahme auf", und zum Teil würden „scharfe
Äußerungen laut, wie z.B., daß ,offenbar wieder einmal die von den Wirt-
schaftsführern gemachten Fehler aus den Knochen der Arbeiter herausgeschun-
den werden müßten'". In Düsseldorf sei sogar „von Arbeitern mit einer sonst
politisch ausgesprochen positiven Einstellung" geäußert worden, daß die „neue
Lohnregelung ein Betrug an der Arbeiterschaft" sei. „In Dortmund nannten
Arbeiter die Neuregelung einen ,Vorläufer des Stachanow-Systems'." Der Bericht schließt mit der Feststellung: „Insgesamt ist das Mißtrauen unter den
Arbeitern gegen die neue Lohnregelung — Meldungen zufolge — außerordentlich groß. Noch mehr als bisher müsse die Propaganda eingeschaltet werden
und den Arbeitern verständlich machen, daß es sich bei den jetzigen Maßnah-

---

269 *SAA*, 60/Ls 657, ZW-Mitteilungsblatt, Nr. 6, Juni 1942: Anweisung zur Durchführung
   von leistungssteigernden Maßnahmen auf dem Lohngebiet. Das Mitteilungsblatt, Nr. 14,
   Juli 1944, meldet: „SW II hatte zur Einführung des Lohngruppenkatalogs eine *Betriebs-
   ausstellung* aufgebaut, die der Gefolgschaft das Wesen der neuen Lohnordnung näher-
   bringen sollte." Diese Ausstellung wurde von der DAF belobigt. *Der Neue Wirtschafts-
   dienst* v. 16.2.1944 (*DZA Potsdam*, 62.03 DAF/AWI, Sign. 4149) meldet, eine bedeutende Maschinenfabrik habe ebenfalls eine solche Ausstellung veranstaltet: „Die Ausstellung hat sich als ein ausgezeichnetes Mittel erwiesen, den Sinn der neuen Lohnordnung, die Arbeitsleistung gerecht zu bewerten, allgemein verständlich zu machen."
270 *Meldungen* (Anm. 158), Bd. 12, S. 4730.

men nicht um die Anwendung der ‚Akkordschere' handele, sondern um eine
Berichtigung, die sich aus den technischen Verbesserungen ergäbe und von
der man sich eine Leistungssteigerung für die Kriegswirtschaft erhoffe."[271]

Im Mai 1943 vermerkten SD-Berichte, daß es schwer sei, „die Masse der
schwer schaffenden Volksgenossen anzusprechen und mitzureißen, da sie außerordentlich nüchtern im Alltag des Krieges steht und in der Beurteilung der
Situation nur handgreifliche Tatsachen gelten läßt"[272]. Wenngleich die „Volksgenossen" weiterhin den Propagandawalzen eines Ley, Sauckel oder Goebbels
ausgesetzt waren, hat man in der Durchführung der „lohnordnenden Maßnahmen" in der Tat auf die Überzeugungskraft der „handgreiflichen Tatsachen"
gesetzt. Allerdings wurden gleichzeitig die Disziplinierungsmaßnahmen verschärft. Sauckel erließ eine Reihe von Verordnungen, die bei „Bummelei"
Strafen vorsahen, die von der Verweigerung des Krankengeldes bei unentschul-
digtem Fehlen über die Streichung von Prämien, Sondervergünstigungen, Ra-
tionen usw. bis hin zur Auslieferung an die Gestapo und Einlieferung ins Konzentrationslager reichten[273]. Hatten einerseits die Lohnabhängigen so gut wie
keine Möglichkeit, sich den „lohnordnenden Maßnahmen" wirksam zu wider-
setzen, so mögen jedoch gerade der Terror und die Willkür des nationalsozialistischen Regimes dazu beigetragen haben, daß das Konzept eines „objektiven
leistungsgerechten" Lohns akzeptiert wurde — bot es doch in einem Klima von
Irrationalität und Chaos kalkulierbare Regeln und damit den Anschein von
Rationalität und Sicherheit.

Tatsächlich wurde der leistungsgerechte Lohn nicht ganz so total durchgesetzt, wie man es nach außen hin darstellte. Wie beschrieben, waren die vielen Kürzungen der Vorgabezeiten, die trotz der Sorge um den „Arbeitsfrieden"
vorgenommen wurden, nicht immer „refamäßig", sondern doch ziemlich über
den Daumen gepeilt. Bei den Neueinstufungen nach dem LKEM erhielten Arbeiter, die niedriger als vorher eingruppiert wurden, hin und wieder als Über-
gangsregelung Zuschläge zum Grundlohn[274]. Auch entsprachen die effektiven
Verdienstdifferenzen nicht den Grundlohndifferenzen, denn zum Grundlohn
kamen nicht nur die Leistungszulagen, sondern auch vielerlei betriebliche Sozialleistungen hinzu. (Das ist übrigens auch heute der Fall.) Und schließlich
verlor gegen Ende des Krieges der Lohn als Leistungsanreiz seine Bedeutung.
Das Problem, die Produktion nach Bombenangriffen und in einer absoluten
Mangelsituation überhaupt wieder in Gang zu bringen, war weitaus größer. Und
wie Hitler in seiner einsichtigen Art anläßlich Leys Forderung nach Gleichbezahlung von Frauen und Männern bei gleicher Leistung 1944 feststellte, hatte
das Geld „nicht mehr den Wert wie früher, weil es an Konsumgütern fehle, die

---

271 Ebd., S. 4731 f.
272 *Meldungen* (Anm. 158), Bd. 13, S. 5219.
273 Allgemein durch die Anordnungen des GBA „Zur Sicherstellung der Ordnung in den
    Betrieben" v. 15.11.1943 (*RABl. I*, S. 581) u. 23.9.1944 (*RABl. I*, S. 359). Hinzu kom-
    men Sondermaßnahmen wie z.B. Wegfall der Dienstverpflichtetenunterstützung bei
    Abwesenheit von der Arbeitsstelle (*DZA Potsdam*, 23.01, Sign. 5304, Schreiben des
    GBA v. 26.6.1944) oder Entzug von Lebensmittelkarten bei pflichtwidriger Arbeits-
    versäumnis (*BA Koblenz*, 12 I/322, Rundschreiben Nr. 123 v. 24.11.1944). Vgl. Siegel,
    Lohnpolitik (Anm. 14), S. 129 ff.; Werner, *Bleib übrig!* (Anm. 47), Kap. V.8.
274 Vgl. Recker, *Sozialpolitik* (Anm. 48), S. 241.

gekauft werden könnten"[275]. Als ich Hupfauer im März 1985 interviewte, hob er als eine seiner besonderen Leistungen als Leiter des Einsatzstabes „Rhein-Ruhr" seine Idee hervor, die Arbeiter und Arbeiterinnen nach den Bombenangriffen dadurch daran zu hindern, einfach zu Hause zu bleiben, daß er die Verteilung der lebensnotwendigen Gebrauchsgüter in die Betriebe verlegte. Wer macht sich unter solchen Umständen noch Gedanken darüber, ob sein Lohn gerecht ist. „So steuerte mit den wachsenden Kriegslasten auch die Anwendung des Arbeitsstudiums einem Zusammenbruch zu", schreibt Pechhold in seiner Geschichte des REFA[276]. Auch in der unmittelbaren Nachkriegszeit spielten das Problem, die Produktion überhaupt wieder in Gang bringen zu müssen, und Versorgungsfragen eine größere Rolle als der „leistungsgerechte" Lohn. Hinzu kam, daß man ein wenig Mühe hatte, den Arbeitenden die Nützlichkeit des REFA verständlich zu machen[277].

Zwar wurden in der „organisierten Improvisation" der nationalsozialistischen Herrschaft die lohnordnenden Maßnahmen in der Rüstungsindustrie nicht total durchgesetzt, in anderen Industriezweigen blieben sie sogar schon im Planungsstadium stecken. Zwar steuerte das Arbeitsstudium im letzten Kriegsjahr seinem Zusammenbruch zu und konnte in der unmittelbaren Nachkriegszeit nur mit Mühe reaktiviert werden. Zwar büßte der Leistungslohn in diesen Jahren gegenüber anderen Problemen an Relevanz ein. Doch heißt dies nicht, daß die nationalsozialistische Zeit ohne Bedeutung für die Geschichte der Leistungsentlohnung gewesen wäre. Nach den Anfängen in der Weimarer Zeit hat die nationalsozialistische „Leistungsgemeinschaft" (und ihr Krieg) einiges dazu beigetragen, daß der Leistungsgedanke und der Leistungslohn in der „Leistungsgesellschaft" der Bundesrepublik zu ihrer Blüte kamen. Augenfällige Beispiele sind der Zeitstudienakkord und die Arbeitsbewertung. Die „refamäßige" Versachlichung der Akkordbestimmung, der Bezug der Vorgabezeit auf die „Normalleistung" waren Bestandteil der lohnordnenden Maßnahmen von 1942 und wurden zur dominierenden Form der Akkordbestimmung in den fünfziger Jahren. Der LKEM bildete die Grundlage der meisten Tarifverträge in der Metallindustrie der fünfziger Jahre. Daß Arbeitsbewertung ein richtiger Weg zum „gerechten Lohn" sei, war allgemein anerkannt – wenngleich man sich über die Methoden stritt. „Überlebt" hatte auch eine sozialtechnische Vorstellung von Gerechtigkeit – verkörpert im Leistungsprinzip, das gewiß keine nationalsozialistische Erfindung ist, das jedoch im Arsenal der Herrschaftsinstrumente des nationalsozialistischen Regimes eine nicht unbeträchtliche Rolle spielte.

275 *BA Koblenz*, R 41/69, Bl. 26. Schreiben des GBA v. 25.5.1944, in dem über die Besprechung im Führerhauptquartier am 25.4.1944 berichtet wird, in der Hitler Leys Forderung ablehnte. Zur Schlußphase des Krieges, insbes. was die Lebens- und Arbeitsbedingungen angeht, vgl. Werner, *Bleib übrig!* (Anm. 47), Kap. VI.
276 Engelbert Pechhold, *50 Jahre REFA*, Darmstadt 1974, S. 89.
277 Zu den Nachkriegsbedingungen bezüglich der Anwendung des Arbeitsstudiums vgl. ebd., S. 101–109. Um die Aufklärung der Arbeiterschaft ging es der 1948 erschienenen Studie *Gewerkschaften und Arbeitsstudien*, hrsg. v. Wirtschaftswiss. Institut der Gewerkschaften (Brit. Zone), Köln (Verfasser Peter Keller). Diese Studie war vom Bundesvorstand in Auftrag gegeben worden, als dieser sich zur Mitarbeit am Verband für Arbeitsstudien (REFA) bereit erklärt hatte.

V. „Sachlichkeit und Gerechtigkeit" – Die Entwicklung des „gerechten Lohns" in der nationalsozialistischen Zeit

Im Februar 1948 erschien die erste Nachkriegsnummer der „REFA-Nachrichten". Der Vorsitzende des REFA-Verbandes für die britische Zone, Hans Girod, schrieb zum Geleit[1]:

> „Wenn heute, fast drei Jahre nach dem Zusammenbruch, die erste Nummer der REFA-Nachrichten erscheint, wollen wir REFA-Männer darin einen Schimmer von Hoffnung erblicken. Wir wollen daraus ersehen, daß unsere Arbeit auf dem schwierigen und oft umstrittenen Gebiet der Gestaltung und der Bewertung der menschlichen Leistung im Betrieb beim Neuaufbau unserer noch tief darnieder liegenden Wirtschaft nicht entbehrt werden kann. Deshalb nehmen wir unsere Arbeit mit Tatkraft und bestem Wollen wieder auf. Unser Grundsatz wird weiterhin bleiben: Sachlichkeit und Gerechtigkeit."

Girod wies nicht zu Unrecht auf die Kontinuität der Prinzipien der „REFA-Männer" hin. Auch mußte er nicht befürchten, knapp drei Jahre nach dem „Zusammenbruch" in eine nicht mehr akzeptable Terminologie zu verfallen. Denn die Schlüsselbegriffe in dem nationalsozialistischen Konzept der sozialen Rationalisierung waren wenn nicht „Sachlichkeit", so doch „Leistung" und „Gerechtigkeit". Sie gehörten insbesondere dann zum Standardvokabular, wenn es um Lohnfragen ging. Allen voran setzte die DAF sie als Argument in ihrem Bestreben ein, die deutsche Volks- und Leistungsgemeinschaft zu verwirklichen. Ich beginne daher dieses Kapitel damit, die Vorstellungen der DAF zu beschreiben, obgleich sie keineswegs originär waren und obgleich es der DAF nicht gelungen ist, ihre „Reichslohnordnung" in die Praxis umzusetzen.

V.1. Vom „gerechten Lohn" zur „richtigen Leistungsermittlung" – Die Argumentation der DAF

Zu Beginn der nationalsozialistischen Herrschaft handhabte man den Begriff „gerechter Lohn" noch recht vage[2]. Auf einem offiziellen Festakt zur Ehrung

---

1 Zit. nach Engelbert Pechhold, *50 Jahre REFA*, Darmstadt 1974, S. 107.
2 An mangelnden wissenschaftlichen Bemühungen schien dies nicht gelegen zu haben, jedenfalls wurde der „gerechte Lohn" zu einem beliebten Thema. Vgl. u. a. F. A. Westphalen, Die Lohnfrage, in: *Deutsche Beiträge zur Wirtschafts- und Gesellschaftslehre*, Nr. 12, Jena 1934; Fritz Giese, *Die Frage des gerechten Lohnes*, Stuttgart 1935; Günter Amtmann, *Zur Frage des gerechten Arbeitslohnes*, Lauenburg 1937 (Diss. Göttingen 1936); Gertrud Maßmann, *Der gerechte Lohn nach den verschiedenen gesellschafts- und wirtschaftspolitischen Grundanschauungen*, Emsdetten 1937 (Diss. Münster 1937); Hans Heinrich Quincke, *Gemeinschaft und Lohnpolitik*, Halle 1937 (Diss. Freiburg 1937); Heinrich Schales, *Der ‚gerechte' Lohn in der Nationalökonomie*, Limburg a. d. Lahn 1939 (Diss. Frankfurt a. M. 1939). Auch Hupfauer äußerte sich frühzeitig: ders.,

von Siemens-Mitarbeitern und -Mitarbeiterinnen, die 25 Jahre lang dem Betrieb angehört hatten, stellte der DAF-Führer Robert Ley am 12. Oktober 1933 fest[3]: „Daß ein gerechter Lohn sein muß, ist ganz klar. Kein Unternehmer hat ein Interesse daran, eine schlechtbezahlte Arbeiterschaft zu haben. Sonst wäre er ja sein eigener Feind. Wenn er fröhliche, frische Menschen hat, die auch in den materiellen Dingen zufrieden sind, dann wird weit mehr geleistet."

Um Mißverständnissen vorzubeugen, machte Ley die richtige Reihenfolge deutlich: Nicht höhere Löhne sollten zu höherer Arbeitsfreude führen, sondern, umgekehrt, höhere Arbeitsfreude zu höheren Löhnen. Allein schon durch die Neugestaltung des Arbeitsverhältnisses seien „in diesem neuen Deutschland" die Menschen „wieder froh geworden": „Gestern sagte mir ein Unternehmer: ‚Es ist geradezu eine Freude, jetzt durch das Werk zu gehen; ich möchte am liebsten von morgens bis abends umherlaufen und mich freuen!'" Freuen konnte sich der Unternehmer insbesondere darüber, daß die Menschen wieder mehr leisteten:

„Der Direktor der Schichau-Werft in Elbing sagte mir kürzlich: ‚Wir sehen mit Staunen, daß die Menschen anders geworden sind und froh', und ich sage: ‚Diese Menschen müssen auch etwas ganz anderes leisten. Ist Ihnen denn noch nicht aufgefallen in diesen Wochen, daß die Belegschaft mehr leistet?' Darauf antwortete mir der Direktor: ‚Jawohl, das haben wir sogar an Hand von Zahlen nachweisen können, und zwar können wir sagen, daß die Belegschaft bereits 10 % und darüber mehr leistet als bisher.' Ich erwiderte ihm nun: ‚Dann werden Sie selbstverständlich doch auch so anständig sein und diesen Menschen nun auch 10 % mehr Lohn geben, denn Sie werden von ihnen doch nichts geschenkt haben wollen!' Darauf erhielt ich zur Antwort: ‚Jawohl, das ist doch ganz klar!' Das ist der richtige Standpunkt."

Die Reihenfolge: erst leisten, dann fordern, wandte Ley in die fast gewerkschaftlich anmutende Aussage[4]: „Wer nichts leistet und nur fordert, der handelt unanständig. Wer etwas fordert, muß auch etwas leisten, wenn er aber etwas leistet, hat er auch das Recht zu fordern, und er soll dann auch fordern."

In Leys Rede klangen schon die Varianten an, die in der Argumentation der DAF über den „gerechten Lohn" immer wieder auftauchten – allerdings mit unterschiedlicher und sich verschiebender Gewichtung. „Gerechter Lohn" sollte heißen: erstens, daß die Arbeiter – nicht unbedingt aber die Arbeiterinnen – genügend für ihren Lebensunterhalt und den ihrer Familien verdienten; zweitens, daß die Unternehmer von der „Ruhe an der Lohnfront" nicht „ungerechtfertigt" profitieren sollten; und drittens, daß die Lohnsumme gerecht unter den Lohnabhängigen verteilt werden sollte. Die beiden ersten Varianten betreffen die Verteilung des Volkseinkommens, d.h. die Frage, wieviel die Lohnabhängigen vom gesamten erwirtschafteten Einkommen der „Volksge-

Fortsetzung Fn. 2
Der gerechte Lohn, Ref. anläßlich der 3. Tagung der Arbeitskammer Schlesien am 14. Mai 1936, nach: *Lohntheorie und Lohnpolitik in Deutschland*, hrsg. v. AWI der DAF, Berlin 1941, S. 34.
3 *Siemens-Mitteilungen*, Okt. 1933, S. 10 f.
4 Allerdings distanzierte sich Ley explizit von den früheren Gewerkschaften, die – so Ley – zum Teil sogar zur Sabotage aufgerufen und dennoch Forderungen gestellt hätten. Ebd., S. 10.

meinschaft" erhalten sollten. Die dritte Variante orientierte sich zunehmend an einer engen Verknüpfung von individueller Leistung und Entlohnung. All dies waren Versprechungen, die zunächst nicht näher konkretisiert wurden. Im „Aufruf des Führers der Deutschen Arbeitsfront zum 1. Mai" kündigte Ley 1935 an, daß man sich nun an die Lösung der Frage machen werde, „Wie finden wir den gerechten Lohn?":

> „Ich bin gewillt, dieses größte Problem jeder Sozialordnung gründlich anzufassen, wie es der Nationalsozialismus verlangt. Deshalb habe ich die besten Männer auf diesem Gebiete zusammengerufen, damit sie uns alle wissenschaftlichen Grundlagen auf diesem Gebiet zusammentragen ... Wir werden nichts tun, was nur einem Teil der Wirtschaft nützt. Was dem Arbeiter nützt, soll gleichermaßen dem Unternehmer dienlich sein, und was dem Unternehmer Nutzen bringt, soll gleichzeitig dem Arbeiter zum Segen gereichen."

1937 legte dann das Arbeitswissenschaftliche Institut (AWI) der DAF in seinem „Jahrbuch" drei Studien vor, in denen ausführlich auf die Frage des „gerechten Lohnes" eingegangen wurde: „Politische Maßstäbe der Lohnbildung", „Die Problematik der Ortsklasseneinteilung in Tarifordnungen" und „Der Akkordlohn, Grundsätzliches zur Frage der Leistungsmessung und Leistungsbewertung"[5].

In der ersteren Studie ging es im wesentlichen um die volkswirtschaftliche Bestimmung der Lohneinkommen. Hier plädierte das AWI dafür, vom Begriff „gerechter Lohn" Abstand zu nehmen. Weshalb es dafür eintrat, signalisierten allein schon die Überschriften der beiden Hauptteile der Studie, „Der ‚gerechte' Lohn" und „Der Lohn als politisches Instrument": Politischen Zielen wurde der Vorrang gegenüber der proklamierten wirtschaftlichen Lohngerechtigkeit eingeräumt. Die Studie ist eine verwirrende Mischung „weltanschaulicher" Statements, ökonomischer Platitüden und rhetorischer Hervorhebungen des Treue-Fürsorge-Verhältnisses in der „Volksgemeinschaft"[6]. Und sie lehnt explizit jegliche durch eine Lohntheorie legitimierte Lohnpolitik ab[7]:

---

5 *Jahrbuch 1937*, hrsg. v. AWI der DAF, Berlin 1937. In einem weiteren Aufsatz, „Die Angemessenheit der Gewinnbeteiligung von Vorstands- und Aufsichtsratsmitgliedern nach dem neuen Aktiengesetz", wurde auf diesen zusätzlichen Aspekt der „gerechten Einkommensverteilung" eingegangen. Darauf, daß der Öffentlichkeitsgrad der AWI-Jahrbücher gering war, verweist der Umstand, daß die Studie „Lohnpolitische Maßstäbe ..." im Februar 1938 vom AWI noch einmal mit dem Aufdruck „Streng vertraulich" herausgegeben wurde. (*Weltwirtschaftliches Archiv Kiel.*)

6 Hier nur einige Kostproben: „... die materielle Bewertung der Arbeit (kann), der weltanschaulichen Ausrichtung des Nationalsozialismus entsprechend, nur von der Gemeinschaft, nicht vom Individuum ausgehen." „Je mehr die Gemeinschaft mittelbar oder unmittelbar aus einer Arbeit Nutzen zieht, ... desto größer ist ihr materieller Wert." „Damit nun aber die gemeinsame Arbeit aller Schaffenden das Auskommen der gesamten Gemeinschaft auch tatsächlich zu sichern vermag, muß allerdings ... die Zahl der Schaffenden in einem gewissen Mindestverhältnis zur Zahl aller Volksgenossen stehen." „Zwischen Löhnen und Preisen muß ein irgendwie gearteter Zusammenhang bestehen." „Dieser Pflicht zur Arbeit und diesem Recht auf Arbeit steht dann einmal die Verpflichtung der Gemeinschaft gegenüber, dem einzelnen die Erwerbs- und Lebensmöglichkeiten zu sichern ..." In der Reihenfolge der Zitate ebd., S. 15, 16, 21, 14.

7 Ebd., S. 12.

„Der Führer hat für die Wirtschaftspolitik einmal den Grundsatz aufgestellt, daß es unsere Theorie sein müsse — und daß das Geheimnis des Erfolgs unserer Wirtschaftspolitik gerade darin liege —, an keine andere Doktrin gebunden zu sein. Es liegt nahe, diesen für die wirtschaftspolitische Diskussion geprägten Satz auch in die lohnpolitischen Erörterungen einzuführen. ...

Alle Lohntheorien suchten die ‚Gerechtigkeit' aus dem Eigennutz abzuleiten, während wir heute erkannt haben, daß die Leistungsfähigkeit des Volkes als Ganzheit oberster Leitsatz der Politik schlechthin und damit auch der Lohnpolitik zu sein hat. ...

Der Lohn ist nämlich nicht Selbstzweck, sondern eines der Mittel, die dem gestaltenden Politiker zur Erneuerung und Entfaltung des Volkes zur Verfügung stehen."

Wenngleich die Studie, weil sie von der DAF kommt, gegenüber Veröffentlichungen von anderer Seite — etwa des lohnpolitischen Experten im Reichsarbeitsministerium, Mansfeld — einen spezifisch nationalsozialistischen „sozialen" und „politischen" Bias hat, ist sie doch sowohl in der Art als auch in der Zielrichtung der Argumentation typisch für die lohnpolitische Diskussion der Jahre um 1937. Ich referiere sie daher hier kurz, auch um damit die sich abzeichnende Schwerpunktverlagerung von einer „volks"-wirtschaftlichen auf eine betriebliche Definition des „gerechten" Lohns zu skizzieren.

Auf die recht eigenwillige Auslegung der „christlichen und marxistischen Soziallehre", der „klassischen (Wirtschafts-)Theorie" und des „Liberalismus"[8] sei hier nicht weiter eingegangen, denn sie diente lediglich dem Zweck, in der volkswirtschaftlichen Argumentation um den „gerechten Lohn" das „Gemeinwohl" an die Stelle partikularer Interessen zu setzen. Ebenso, wie in der nationalsozialistischen Arbeitsordnung das Arbeitsverhältnis nicht lediglich ein Rechtsverhältnis zwischen Privaten sein sollte, sondern Arbeit zur Pflicht an der Volksgemeinschaft gemacht wurde, sollte der Lohn nicht auf einem wie auch immer ausgehandelten Rechtsanspruch eines Individuums bzw. eines Standes beruhen, sondern dem einzelnen von der Volksgemeinschaft je nach der „Nützlichkeit der Arbeit für den Bestand der Nation" zugebilligt werden[9] — natürlich immer unter der Maßgabe, wieviel im „Kampf um die Erweiterung unseres Lebensraumes" überhaupt für die Einkommenszumessung übrig blieb[10]. Der Begriff „Lohn" selbst paßte nicht mehr in eine volksgemeinschaftliche Betrachtungsweise, da er ja auch die Unterscheidung in Klassen beinhaltete. Die AWI-Studie plädierte daher dafür, eher von „Einkommen" als von „Lohn" zu sprechen[11]:

„Vor den großen Aufgaben, die das Leben der Nation stellt", sind in der Volksgemeinschaft „Unternehmer und Lohnarbeiter" „nichts als ‚Arbeiter' in einem höheren, wenn

---

8 „Die *christliche Lehre* hält den Lohn für gerecht, der den einzelnen je nach seinem Stande und dem Grad seiner Gotterkenntnis belohnt. Der *Marxismus* erstrebt für den einzelnen ein Maximum an materiellen Gütern ohne Rücksicht auf die Mitmenschen und ohne Rücksicht vor allem auf die kommenden Generationen des Volkes.
Der *Liberalismus* gewährt jedem volle Ellbogenfreiheit zur Erringung des größtmöglichen Vorteils. Er proklamiert das hemmungslose Faustrecht des Stärkeren ohne höhere Bindung." Ebd., S. 61.
9 Ebd., S. 47.
10 Ebd., S. 25.
11 Ebd.

auch dem eigentlichen Sinn des Wortes. Und beider Arbeit soll ihren Lohn finden. Dieser ‚Lohn' kann aber nichts mehr zu tun haben mit dem Lohn alter Auffassungen. Denn bei einer solchen Betrachtung ist jegliche Arbeit darauf gerichtet, ihren Teil zum Auskommen der Gemeinschaft beizutragen. Erst aus diesem Auskommen der Gemeinschaft leitet sich das Auskommen des einzelnen ab und durch dieses Auskommen der Gemeinschaft wird es entscheidend beeinflußt und bestimmt."

Auch der Begriff „gerecht" paßte nicht so recht in die volksgemeinschaftliche Betrachtung, beinhaltete er doch die Vorstellung, daß der einzelne aus seiner Leistung ein bestimmtes, vorausdefiniertes Einkommen ableiten könne. Das AWI glaubte jedoch 1937 noch nicht daran, daß es möglich sei, eine Bewertungsskala aufzustellen, „in die sich ein jeder Arbeitsvorgang einwandfrei einreihen ließe und an Hand derer man sodann den Wert des einzelnen Arbeitsvorganges für die Gemeinschaft zahlenmäßig, d. h. bruchteilsmäßig bezogen auf die Gesamtarbeitsleistung, abzulesen vermöchte"[12]. Vor allem aber kollidierte die Vorstellung vom „Recht auf etwas" mit dem Postulat, daß in der „Volksgemeinschaft" das wie auch immer definierte Gemeinwohl absoluten Vorrang gegenüber partikularen Interessen habe:

„Die Folge dieser Auffassung ist, daß in einer volkswirtschaftlichen Betrachtung besser von einem *richtigen* statt von einem *gerechten* Einkommen gesprochen wird, denn die volkswirtschaftliche Betrachtung hat immer von Zweckmäßigkeiten oder Unzweckmäßigkeiten auszugehen, nicht aber von der gerechten oder ungerechten Beurteilung einer einzelnen Person oder einer einzelnen Klasse."[13]

Die mit der argumentativen Umwandlung eines volkswirtschaftlich „gerechten Lohnes" in das volksgemeinschaftliche „richtige Einkommen" verbundene Anforderung an die staatliche Lohnpolitik traf sich mit den Aussagen aus dem Staatsapparat. Zur Erinnerung sei dies kurz anhand einiger Aussage von Ministerialdirektor Mansfeld (RAM) illustriert: Ist der Lohn für das AWI „nicht Selbstzweck, sondern eines der Mittel, die dem gestaltenden Politiker zur Erneuerung und Entfaltung des Volkes zur Verfügung stehen", so betont Mansfeld 1939, „man darf nicht die Lohnpolitik als etwas Selbständiges und aus dem sonstigen Geschehen herausgelöstes betrachten"; und 1942 äußert er, „die führenden Männer des Dritten Reiches haben nun aber von vornherein betont, daß die *Sozialpolitik* (hierzu zählt er auch die Lohnpolitik; die Verf.) *niemals Selbstzweck* sein darf und daß *nur dann* eine *soziale Maßnahme* dem deutschen Arbeiter *dauerhaften Nutzen* bringen könne, *wenn* sie genauestens auf die *gesamten wirtschaftlichen und politischen Bedingungen abgestimmt* sei"[14]. Ist die nationalsozialistische Lohnpolitik laut AWI an keine Theorie gebunden, so hat laut Mansfeld die „*Eingliederung aller sozialpolitischen Maßnahmen in die gesamtpolitische Planung* ... zu einer, bis 1933 auch in

12 Ebd., S. 15. Einige Jahre später allerdings machte sich die DAF daran, in einer „Reichslohnordnung" eben diese Bewertungsskala zu entwickeln. Dazu weiter unten.
13 Ebd., S. 33.
14 Ebd., S. 12; Werner Mansfeld, Der Lohnstopp als Mittel der Kriegslohnpolitik, in: *RABl. 1939*, Teil II, S. 400; ders., Grundsätze der deutschen Lohnpolitik, Sonderbeilage der *Mitteilungen für die Mitglieder der RGI*, H. 2, 1942, S. 3 f. (Hervorhebungen im Original).

Deutschland unbekannten *Realpolitik* auf dem sozialen Gebiet geführt. Von vornherein wurde darauf verzichtet, irgendwelchen Illusionen nachzujagen oder weltfremde Theorien zu verwirklichen."[15] Und ebenso wie für das AWI bestand für Mansfeld diese „Realpolitik", die dem Kampf um eine „Erweiterung des Lebensraumes" dienen sollte, darin, daß der Lohn als Kostenfaktor und als Einkommensfaktor „stabil" bleiben mußte, denn die Rüstungsproduktion durfte nicht zu teuer und die Nachfrage mußte dem beschränkten Verbrauchsgüterangebot angepaßt werden[16].

Soweit man damit einverstanden war, daß das „Gemeinwohl" von den Führern und nicht den „Gefolgschaftsmitgliedern" definiert wurde und die gewaltsame territoriale Expansion beinhaltete, mußte diese Orientierung des „richtigen Einkommens" am „Gemeinwohl" einleuchten. Es verblieben aber noch einige ungelöste Probleme. Das geringste Problem schien in der Verteilung des „richtigen Einkommens" auf „Arbeitseinkommen" und „Unternehmereinkommen" zu liegen. Jedenfalls enthielt sich die AWI-Studie in dieser Hinsicht jeden Kommentars zu einer Graphik, mit der demonstriert werden sollte, daß die Unternehmereinkommen stärkeren Schwankungen unterliegen als die Arbeitseinkommen, aus der sich aber auch ablesen läßt, daß erstere sich bis 1936 dem Stand von 1928/29 schneller angenähert hatten als letztere. Über die Gründe für diese Enthaltsamkeit läßt sich nur spekulieren. Folgte man den Postulaten der Studie, daß „oberster Maßstab" des Lohns „die Nützlichkeit der Arbeit für den Bestand der Nation" sein solle, daß in der Volksgemeinschaft „Unternehmer und Lohnarbeiter" gleichermaßen „Arbeiter" seien, daß „beider Arbeit ... ihren Lohn finden" solle und daß „eine allgemeine Nivellierung" „eine Utopie wäre"[17], dann läge die Vermutung nahe, daß das AWI die Nützlichkeit der Arbeit der Unternehmer wesentlich höher einschätzte als die der Lohnarbeiter. Andererseits geht es in der Studie, ohne daß dies explizit gesagt wird, vor allem um die Bestimmung des „richtigen Einkommens" der abhängig Arbeitenden und nicht der „Unternehmereinkommen", einer vornehmen Umschreibung für Profite. Ohne den entsprechenden Profitanreiz aber — das wußten schon die „liberalistischen" Wirtschaftstheoretiker und -praktiker und das mußte auch dem AWI bekannt sein — wären die Unternehmer wohl kaum bereit gewesen, die für den „Kampf um die Erweiterung des Lebensraumes" erforderlichen Rüstungsinvestitionen zu tätigen[18].

15 Ebd., S. 4.
16 Ebd., S. 4 f.; *AWI-Jahrbuch 1937*, S. 30.
17 Ebd., S. 17, 25, 35 (Graphik), 48.
18 Die Entwicklung der Anlageinvestitionen in der deutschen Industrie nach der „Machtergreifung" ist beachtlich. Allerdings wurde die Investitionstätigkeit in der Verbrauchsgüterindustrie durch staatliche Maßnahmen beschränkt. Ihr Anteil an den gesamten industriellen Anlageinvestitionen fiel von 34,4 % (1928) auf 28,9 % (1938). Vgl. Dietmar Petzina/Werner Abelshauser/Anselm Faust, *Sozialgeschichtliches Arbeitsbuch*, Bd. III: *Materialien zur Statistik des Deutschen Reiches 1914–1945*, München 1978, S. 65. Es sei hier nur erwähnt, daß die Bezüge der Vorstands- und Aufsichtsratsmitglieder, die „Direktorengehälter" und die Gehälter der leitenden Angestellten offensichtlich nicht in dem Maße „stabil" blieben wie die Lohneinkommen. Bis etwa Herbst 1935 hatte die DAF zur Höhe von „Direktorengehältern" wiederholt kritisch Stellung genommen, ein Vorgang, der die RGI in einige Unruhe versetzte (*SAA*, 14/Lp 479). Im August 1936 kritisierte die DAF in Heidelberg überhöhte Vorstandsbezüge — offensichtlich nicht zu

Ein weiteres das Konzept des „richtigen Einkommens" störendes Problem war die aus der „Systemzeit" übernommene Ortsklasseneinteilung in den Tarifordnungen. Ihr widmete das AWI bzw. die DAF nicht nur im „Jahrbuch 1937" eine Studie. In fast allen allgemeineren DAF-Schriften zur Lohnfrage wurde sie bemängelt[19]. Doch ebenso wie die staatliche Lohnpolitik im Sinne einer der „Wehrwirtschaft" dienenden Stabilität der Löhne von einer grundsätzlichen Neuregelung absah und nur punktuelle Korrekturen vornahm, verlegte sich auch die DAF darauf, die Lösung dieses Problems für die Zeit nach dem „Endsieg" anzuvisieren. Das sollte dann mit der Einführung der „Reichslohnordnung" geschehen. Auf die gleiche Weise verfuhr man mit einem weiteren Problem, das das Gerechtigkeitsempfinden der Volksgenossen jedoch seltener zu stören schien – der Unterbezahlung der Frauen. Im Prinzip trat die DAF für die Gleichbezahlung von Frauen und Männern – bei gleicher Leistung und unter gleichen Bedingungen – ein. Doch ebenso wie die staatlichen Stellen sah auch sie ein, daß die unmittelbare Verwirklichung dieses Prinzips die Kriegswirtschaft teuer zu stehen kommen würde[20]: „Mögen die Frauenlöhne wie auch die Männerlöhne noch so sehr Ausdruck kapitalistischer Interessenpolitik sein, für die gegenwärtig verantwortlichen Stellen sind sie sachlich die Grundlage der Preisgestaltung. Eine weitgehende Angleichung der Frauenlöhne an die Männerlöhne würde die gegenwärtige Preisbildung unmittelbar beeinflussen."

Auch perspektivisch, nämlich in ihrer „Reichslohnordnung", trat die DAF später keineswegs dafür ein, daß die Frauen immer das gleiche wie die Männer *verdienen* sollten. Wofür sie eintrat war, daß die Frauen, wenn sie die gleiche Tätigkeit ausübten und die gleiche Leistung erbrachten wie die Männer, auch nach denselben Regeln entlohnt werden sollten wie diese. Damit kollidierte sie weder mit dem von Göring vorgebrachten Argument, daß es zu „sozialen Erschütterungen" führen werde, wenn „in einer Familie die Frau das gleiche oder sogar ein höheres Einkommen hat als der Mann, die Tochter mehr verdient als der Vater"[21], noch mit Hitlers Ansicht, daß „eine völlige Gleichsetzung der Frauenlöhne eine Mißachtung der Leistungen des Mannes für die Volksgemeinschaft" sei[22]. Denn zum einen ging die DAF in ihrer „Reichslohnordnung" da-

Fortsetzung Fn. 18

Unrecht, denn Daten, die der TdA für Südwestdeutschland, Kimmig, am 24.10.1936 vorlegte, zeigen, daß die Bezüge der Vorstands- und Aufsichtsratsmitglieder sich seit 1933 oft mehr als verdoppelt hatten (*DZA Potsdam*, 31.01. RWiMin, 10300, Bl. 169 ff. und 126 ff.). Laut Aktiengesetz v. 30.1.1937 sollte die Gewinnbeteiligung der Vorstands- und Aufsichtsratsmitglieder in einem „angemessenen" Verhältnis zu den Aufwendungen zugunsten der „Gefolgschaftsmitglieder" stehen (§§ 77, 98). 1941 war das RAM bemüht, angesichts des Lohnstopps die „sanftere" Behandlung der Bezüge der leitenden Angestellten vor der Öffentlichkeit zu verbergen (*BA Koblenz*, R 41/68, Bl. 8 ff.).

19 Vgl. dazu oben S. 189.

20 Beiträge zur Beurteilung des Frauenlohns: *AWI-Jahrbuch 1938*, Bd. 2, S. 594.

21 Schreiben des Reichsarbeitsministers an Göring v. 21.12.1939, *BA Koblenz*, R 41/69, Bl. 2.

22 So Hitler am 25.4.1944 in einer Chefbesprechung, als Ley vorschlug, man solle zur Erhöhung der Arbeitsleistung der Frauen deren Löhne „bei gleicher Leistung und gleichem Effekt" an Männerlöhne angleichen. *BA Koblenz*, R 3/1509, Speers Protokoll der Besprechung, ausgefertigt am 27.4.1944. Vgl. Dörte Winkler, *Frauenarbeit im „Dritten*

von aus, daß die Frauen ihrer „Eignung" entsprechend Arbeiten geringerer „Wertigkeit" verrichten würden, also Arbeiten, bei denen man die Grundlöhne am Ende der Lohnskala ansiedelt. Zum anderen sah sie vor, daß erwachsenen Männern, sollten sie auch derartige Arbeiten verrichten, der Lohn bis zu dem Verdienst eines „Vollarbeiters" aufgestockt würde[23].

Die Ansicht, daß die wie auch immer gestaltete Unterbezahlung der Frauen eine soziale Selbstverständlichkeit sei, war nicht nur den Regierungskreisen und der DAF damals eigen. 1957 äußerte sich Dir. Schlüter von Siemens folgendermaßen zum „Frauenabschlag" in den Tarifverträgen, der unter anderem ja auch durch den LKEM systematisiert worden war[24]:

„Es hat von den Tarifpartnern, soweit ich Kenntnis habe, und ich habe mich auch mit den älteren Semestern darüber unterhalten, niemand daran gedacht, jemand nur seines Geschlechtes wegen zu benachteiligen, sondern Tatsache war und ist wohl auch heute noch (das) folgende: Die größeren sozialen Lasten liegen im Durchschnitt beim Mann. Er soll die Familie gründen, er soll für die Familie sorgen, ihm obliegt es, für die Erziehung der Kinder usw. die Mittel bereitzustellen. Er hat also, immer im Durchschnitt gesehen, und hatte insbesondere früher fraglos die höheren sozialen Lasten zu tragen. Heute hat nach dem Gesetz auch die Frau die Verpflichtung, für die Familie zu sorgen. Der Lohn als solcher ist aber noch nie reines Leistungsentgelt gewesen, sondern hatte immer eine soziale Komponente . . .
Schon damals, als wir im Refa an dem Lohngruppenkatalog Eisen und Metall arbeiteten, haben wir gesagt: Den Frauenabschlag von der Arbeitsbewertung her zu erklären, ist praktisch nicht möglich. Er muß erklärt werden aus den sozialen Unterschieden."

(Als das Bundesarbeitsgericht 1955 den „Frauenabschlag" für unzulässig erklärte, gelang es den Unternehmern dennoch, die Arbeitsbewertung so umzugestalten, daß „der größere Prozentsatz der Frauen keine kalten Lohnerhöhungen bekommt", nämlich indem man den bestehenden Lohngruppen drei „Leichtlohngruppen" „vorschuhte"[25].)

Doch zurück zur Behandlung des „gerechten Lohnes" durch die DAF. Wenn in der volksgemeinschaftlichen Einkommensverteilung der „weltanschaulichen" Betrachtung Vorrang vor der wirtschaftlichen gegeben wurde, dann sollte das „freilich nicht heißen, daß die Wirtschaft der Zukunft etwa unwirtschaftlich arbeiten sollte, und daß ihre Handlungen etwa ausschließlich durch Gefühle bestimmt werden sollten"[26]. Schon in der argumentativen wie der prakti-

---

Fortsetzung Fn. 22
Reich", Hamburg 1977, S. 172 ff.; Annemarie Tröger, Die Frau im wesensgemäßen Einsatz, in: *Mutterkreuz und Arbeitsbuch*, hrsg. v. d. Frauengruppe Faschismusforschung, Frankfurt a. M. 1981, S. 249 f.
23 *Begründung und Grundsätze einer Reichslohnordnung*, hrsg. v. AWI, Nov. 1944, S. 13 ff.
24 SAA, 64/Lm 103, Arbeits- und Zeitstudien, S & H/SSE/SE-Arbeitstagung am 3./4.12. 1957 in Hannover, S. 25, 26.
25 Ebd., S. 28 ff. Auch die Leichtlohngruppen, mit denen scheinbar geschlechtsunspezifisch und objektiv die Minderentlohnung von Frauen legitimiert werden sollte, gerieten unter Beschuß. Die Debatte Ende der 60er/Anfang der 70er Jahre zeigt, daß der Anspruch der Arbeitsbewertung, „objektiv wissenschaftliche" Kriterien von gesellschaftlichen Kriterien in der Lohnfindung zu trennen, nicht durchgehalten wurde. Zur Darstellung dieser Debatte vgl. Johannes Paasche, REFA und die Bewertung der sogenannten „Leichtlohngruppen", in: *REFA-Nachrichten*, Jg. 28 (1975), H. 6, S. 323–326.
26 *AWI-Jahrbuch 1937*, S. 61.

schen Bestimmung des „richtigen Einkommens" spielten volkswirtschaftliche Erwägungen eine wichtige Rolle — Ausrichtung der Wirtschafts-, Sozial- und Lohnpolitik auf kriegswirtschaftliche Erfordernisse sowie weitgehende Beibehaltung „lohnstabilisierender" Ungerechtigkeiten. Vor allem aber sah selbst die DAF ein, was für Unternehmer und Staatsapparat eine Selbstverständlichkeit war, daß nämlich im Betrieb an wirtschaftlichen Kriterien orientiertes Handeln oberstes Gebot sein und bleiben mußte. So betonte das AWI anläßlich der Definition des „richtigen Einkommens"[27]:

„Der wirtschaftende Unternehmer muß ..., ob er will oder nicht, nach wie vor wirtschaftlich handeln. ...
   Es ist keineswegs ein Widerspruch, wenn man hohe sozialpolitische Ideale den wirtschaftlichen Erfordernissen des Einzelbetriebes gegenüberstellt, ebensowenig wie etwa die Begriffe Strategie und Schießkunst Widersprüche darstellen. Um es noch einmal zu betonen: Das Unternehmen muß, wenn es nicht zugrunde gehen will, an den Grundsätzen äußerster Wirtschaftlichkeit in jedem einzelnen Falle festhalten."

Zur „äußersten Wirtschaftlichkeit" gehöre, daß der Unternehmer die Lohnkosten so niedrig wie möglich halte bzw. bei gegebenen Lohnsätzen soviel wie möglich an Arbeitsleistung erhalte. Das sei jedoch — sind die äußeren Bedingungen „geordnet" — keine „weltanschauliche" Frage mehr, sondern lediglich eine „technische"[28]: „Die Fragen der Bemessung des Lohnsatzes, also z. B. die Frage der Akkordmethode, der Lohnabrechnung usw. erscheinen so nicht mehr als grundsätzliche Probleme, sondern als Probleme der technischen Zweckmäßigkeit. Sie werden damit in ihrer Bedeutung für die tägliche Praxis nicht verkleinert. Jedoch fällt die Notwendigkeit weg, sie grundsätzlich und weltanschaulich im einzelnen zu würdigen."
   Dem „technischen" Problem des Akkordlohns widmete sich die dritte Studie des „AWI-Jahrbuchs" von 1937[29]. Gegenüber der Studie „Politische Maßstäbe der Lohnbildung" zeichnete sie sich durch eine ausgesprochen nüchterne Argumentation aus. Zwar wurde nicht versäumt zu betonen, daß der „Leistungslohn als solcher ... nationalsozialistischem Leistungsdenken" entspräche und daß „das Gemeinschaftsdenken des Nationalsozialismus ... die Voraussetzungen" geschaffen habe, „unter denen der Akkordlohn zu einem gesunden Leistungslohn weiterentwickelt werden kann"[30], doch entbehrten auch diese „weltanschaulichen" Äußerungen nicht eines Kerns an Wahrheit. In der Tat war das Leistungsprinzip wesentlicher Bestandteil der angestrebten „nationalsozialistischen Gesellschaftsordnung". Das galt insbesondere für die Entlohnung. So bestimmte das AOG (§ 29): „Soweit in der Betriebsordnung der Arbeitsentgelt für Arbeiter oder Angestellte festgesetzt wird, sind Mindestsätze mit der Maßgabe aufzunehmen, daß für die seinen Leistungen entsprechende Vergütung des einzelnen Betriebsangehörigen Raum bleibt. Auch im übrigen ist auf die Möglichkeit einer angemessenen Belohnung besonderer Leistung Bedacht zu nehmen." Als dann die staatliche Lohnpolitik zu dirigi-

27 Ebd.
28 Ebd.
29 Ebd., S. 180 ff.
30 Ebd., S. 182, 189.

stischen Eingriffen in die Lohnbildung übergehen mußte, wurde peinlich darauf geachtet, daß den Betrieben für die Leistungsentlohnung genügend Spielraum gegeben wurde[31], ja sie sollte mit den „lohnordnenden Maßnahmen" von 1942 sogar forciert werden.

Eine — und die damals in Deutschland verbreitetste — Form des Leistungslohns ist der Akkordlohn. Ob sein Prinzip, über die Lohngestaltung einen unmittelbaren Anreiz für höhere Arbeitsleistung auszuüben, tatsächlich wirksam wird, hängt davon ab, ob der Akkordlohn von den Arbeitern und Arbeiterinnen akzeptiert wird. In der Einleitung zu seiner Studie äußerte sich das AWI in dieser Hinsicht ausgesprochen optimistisch[32]:

„Während in der Vergangenheit noch vielfach Auseinandersetzungen bestanden über die Frage, ob zur Entlohnung des arbeitenden Menschen ein Zeitlohn oder ein Leistungslohn (insbesondere Akkordlohn) zur Anwendung gelangen sollte, kann heute eindeutig festgestellt werden, daß fast ausnahmslos der Wunsch nach einer Leistungsentlohnung vorherrschend ist."

Gegen Ende der Studie wird jedoch festgestellt[33]:

„Die Gefolgschaft, gleichgültig ob sie nationalsozialistisch gesinnt ist oder nicht, steht oft noch — wenn auch vielleicht unbewußt — auf der marxistisch-gewerkschaftlichen Grundlage der Ablehnung des Leistungsprinzips. Der höchste Lohn soll im Aushandeln erkämpft werden. Der wirtschaftlichen Lage eines Werkes wird nicht Rechnung getragen. Kontrolle der eigenen Leistung wird verweigert. Alle Versuche, Zeitaufnahmen durchzuführen, werden demnach abgelehnt."

Da auch viele „Betriebsführer" der „durch den Marxismus geforderten Parole ‚Akkordlohn ist Mordlohn'" Vorschub leisteten, weil sie das Akkordsystem falsch anwendeten, lag es nahe, daß „Gefolgschaftsmitglieder" wie „Betriebsführer" erst einmal „erzogen" werden mußten[34]:

„In den Vordergrund muß die Erziehungsarbeit treten, die in Zukunft an Betriebsführer und Gefolgschaft vorzunehmen ist, damit die charakterliche Grundlage vertieft wird, die nun einmal von der Behandlung der gesamten Akkordfrage nicht zu trennen ist. Sauberkeit, Klarheit, Gerechtigkeit und Offenheit sowie die Erziehung aller in der Wirtschaft tätigen Volksgenossen zur vertrauensvollen Zusammenarbeit und zur Achtung der Leistung des anderen müssen die Voraussetzung der Leistungsbewertung werden. Das Gesetz zur Ordnung der nationalen Arbeit weist uns diesen Weg und macht ihn zu weiterem Ausbau frei."

Hatten „klassenkämpferische Argumente" den „Akkordlohn zu einem der umstrittensten Begriffe der Sozialpolitik" gemacht[35], so schuf das AOG die rechtlichen Grundlagen für die „Betriebsgemeinschaft", in der mit Hilfe der „Erziehungsarbeit" der DAF das „klassenkämpferische Denken" überwunden werden sollte. Und es ersetzte die Tarif*verträge* durch Tarif*ordnungen*. Das waren

---

31 Siehe auch Tilla Siegel, Lohnpolitik im nationalsozialistischen Deutschland, in: Carola Sachse u. a., *Angst, Belohnung, Zucht und Ordnung*, Opladen 1982, S. 94, 124 ff.

32 *AWI-Jahrbuch 1937*, S. 182.

33 Ebd., S. 206.

34 Ebd., S. 211.

35 Ebd., S. 189.

sozusagen die äußeren Bedingungen, mit denen der „ ‚Kuhhandel' und das Feilschen beider Parteien um den Lohn"[36] beendet werden sollten. Damit war jedoch noch nicht der Akkordlohn um sein Konfliktpotential bereinigt und die „Zufriedenheit des arbeitenden Menschen" sichergestellt, die „oberster Grundsatz unseres weitverzweigten Arbeitslebens ist".

„Nun hat jeder Mensch ein gewisses Gerechtigkeitsgefühl. Es wird jeder sich dann am ehesten zufrieden geben, wenn er bei einem Vergleich seiner Leistungen mit der Leistung anderer, seines Verdienstes mit den Verdiensten anderer sieht, daß gerecht mit ihm verfahren wird."[37] Damit der Akkordlohn seiner Funktion als Leistungsanreiz gerecht werden konnte und nicht zu innerbetrieblichen Konflikten führte, mußte seine Bemessung „objektiv", d. h. nicht unmittelbar an den Interessen der Betriebsleitung (Lohnkostensenkung) oder der Arbeitenden (hoher Verdienst) orientiert sein. Hierfür bot sich das vom Reichsausschuß für Arbeitszeitermittlung (REFA) entwickelte Verfahren an, das in der AWI-Studie dann auch in aller Ausführlichkeit dargestellt wurde (und das − wenngleich mit einigen methodischen Änderungen − auch in der Bundesrepublik in der Akkordfestsetzung dominiert). Ohne „die Werbetrommel für das REFA-System" rühren zu wollen, betonte das AWI 1937, „daß es [das REFA-System] auf Grund seiner klaren Gliederung die beste Form der zur Zeit in Deutschland herrschenden Leistungsermittlung ist". Es erfülle weitgehend „die Voraussetzung für die Schaffung des Gefühls einer gerechten Entlohnung", nämlich „einfach, klar und durchsichtig" zu sein, „damit jeder einzelne erkennen kann, was er leistet und wie hoch seine Leistung im Vergleich zu anderen ist".

„Bei gerechter Handhabung der Zeitvorgabemessung und genauer Kenntnis der Arbeitsverhältnisse muß die auch heute noch zum Teil hörbare und schlagwortmäßig vertretene, durch den Marxismus geförderte Parole ‚Akkordlohn ist Mordlohn' von selbst in sich zusammenfallen."[38]

V.2. Die betriebspolitische Neutralisierung des Lohns − Das Beispiel Zeitstudienakkord

Den Anspruch, durch wissenschaftliche und objektive Messung dem Gerechtigkeitsgefühl zu entsprechen und dadurch „den ohnedies schwer geprüften Be-

---

36 Ebd., S. 182.
37 Ebd., S. 138. Der Gedanke, daß die Methoden der „wissenschaftlichen Betriebsführung" nur dann erfolgreich sein könnten, wenn die Beschäftigten sie akzeptierten, begleitete die gesamte Diskussion um neue Leistungslohnformen. Taylor, der einen auf Zeitstudien basierenden Pensumlohn propagierte, hatte schon 1903 betont: „Machen Sie Ihren Arbeiter zu Ihrem Freund und meinen Sie es ehrlich und aufrichtig mit dieser Freundschaft. Erst wenn dieser Geist in Ihren Betrieb eingezogen ist, erst wenn Sie Ihrem Arbeiter durch die Tat bewiesen haben, daß Ihr Vorteil ebenso auch der seinige ist, wird er Ihnen freiwillig und ungezwungen und ohne Widerstand helfen, die Grundsätze der wissenschaftlichen Betriebsführung durchzuführen." Frederick Winslow Taylor, *Shop Management*, 1903, deutsch: *Die Betriebsleitung, insbesondere der Werkstätten*, dt. Bearb. v. A. Wallichs, Berlin 1909.
38 *AWI-Jahrbuch 1937*, S. 194, 184, 189.

Auszug aus einer Rede des Direktors des Vereins Deutscher Ingenieure, Hellmich, auf einer Konferenz über die Ausbildung von Kalkulatoren am 24.2.1924 in Berlin

„Es gibt kaum etwas, was die Psyche wenigstens des abendländischen Menschen heftiger ergreift als verletzte Gerechtigkeit, kaum etwas, was den Arbeiter tiefer empört und sein Mißtrauen mehr nährt. Das Bewußtsein, gerecht bewertet zu werden, ist am ehesten geeignet, den leider immer noch traditionellen Gegensatz des Arbeiters zum Arbeitgeber zu überbrücken. Und gerade in diesem Punkt zeigt sich die Überlegenheit der Wissenschaft gegenüber der Empirie. Die Empirie haftet, wie wir gesehen haben, an der Persönlichkeit. Sie arbeitet naturgemäß mit subjektivem Urteil, für dessen Richtigkeit der Nachweis in exakten Merkmalen fehlt, und insofern wird sie der Eigenart des Menschen als Produktionsfaktor, der sich von den anderen Produktionsgliedern, wie bereits dargelegt, durch die Befähigung zu einem Werturteil und eigenem Willen unterscheidet, nur höchst mangelhaft gerecht. Indem wir objektive Maßstäbe einführen, schalten wir die unvermeidlichen Reibungen, die sich stets beim Austausch subjektiver Ansichten ergeben, aus unseren Betrieben aus. Zu solchen objektiven Maßstäben gehört in erster Linie die Zeit.

Das Geld unterliegt, wie wir ja zu unserem Leidwesen erfahren mußten, schwankender Bewertung. Eine Inflation der Zeit aber haben wir bis heute wenigstens noch nicht feststellen können. Diese und weitere Maßstäbe, Stücke, Gewichte, Mengen usw., sind unbestechlich und durch keine persönliche Auffassung beirrbar. Hieraus erkennen wir die überragende Bedeutung der wissenschaftlichen Ermittlung von Stückzeiten für die gesamte Industrie. Wir leisten mit diesen Arbeiten ein tüchtiges Stück praktischer Sozialpolitik, die sich nicht aufbaut auf verwaschenen Gefühl des Wohlwollens und der Liebestätigkeit, sondern die herauswächst aus dem gesunden Boden sachgemäßer Arbeit, aus der klaren Gleichung von Leistung und Gegenleistung. Wir entlasten den ohnedies schwer geprüften Betriebsleiter von einer Unsumme unnötiger Auseinandersetzungen, indem wir die Stückzeitfestsetzung gewissermaßen objektivieren. Wir beseitigen eine Unmenge von Reibungsstoff und schaffen sachliche Erörterungs- und Berechnungsgrundlagen. Wir schaffen aber damit gleichzeitig auch ein wichtiges Stück praktischer Produktionspolitik. Indem die Wissenschaft gezwungen ist, den Arbeitsvorgang zu analysieren, leuchtet sie bis in alle Winkel der Fertigung, deckt Schwächen auf, gibt die Möglichkeit der Sammlung und Beurteilung gleichgearteter Arbeitsverrichtungen und zwingt zu klarer Arbeitsdisposition. Ein überaus reichhaltiges Material wird uns aus unseren Arbeiten entgegenströmen, dessen Sichtung und kritische Beurteilung uns sicherlich noch über viele Dinge Aufschluß geben wird, der uns bisher verborgen ist.

Es geht nicht mehr an, daß wir die Stückzeitberechnung dem Meister so nebenher überlassen. Wir brauchen einen Stamm gut vorgebildeter Stückzeitberechner, wir brauchen für diesen Zweig der Betriebsführung einen besonderen Berufsstand, der jetzt keine Stelle hat, wo er hinreichend vorgebildet werden kann. Wir danken dem Ausschuß für Maschinen- und Handarbeitszeiten in dem seinerzeit von mir geschaffenen AWF* für wertvolle Vorarbeiten und wollen diesen Dank dadurch zum Ausdruck bringen, daß wir die Ergebnisse nunmehr im Feuer der Erfahrung erhärten. Diese dankenswerten Arbeiten müssen nunmehr in die lebendige Praxis übergeführt, in den einzelnen Betrieben auf ihre Richtigkeit und Brauchbarkeit geprüft und während der dort gemachten Erfahrungen weiter forgebildet werden, um auf diese Weise zum Gemeingut der gesamten Industrie zu werden."

* AWF = Ausschuß für wirtschaftliche Fertigung im Verein Deutscher Ingenieure, gegründet am 23. Februar 1918

Aus: Engelbert Pechhold, *50 Jahre REFA* (Anm. 1), S. 54/55

triebsleiter von einer Unsumme unnötiger Auseinandersetzungen" zu entlasten, hatte schon der Direktor des Vereins Deutscher Ingenieure, Hellmich, im Februar 1924 auf einer Konferenz über die Ausbildung von Kalkulatoren in Berlin formuliert. (Siehe den entsprechenden Auszug aus seiner Rede, die — so die REFA-Geschichtsschreibung — „geradezu als Begründung und Programm des Arbeitsstudiums anzusehen" sei[39], S. 221) Ebenso wie Hellmich 1924 sahen auch später andere in der Inflation der frühen zwanziger Jahre einen wesentlichen Grund für die verstärkten Bemühungen, den Zeitakkord in der deutschen Industrie einzuführen. So schreibt ein REFA-Mitarbeiter in seinen Erinnerungen 1963[40]:

> „Als zu Beginn der zwanziger Jahre die Inflation ein immer stärkeres Ausmaß annahm, befaßten sich namhafte Leiter und Fachleute Berliner Großbetriebe mit der Frage nach einem stabilen Maßstab für die Lohnberechnung industrieller Arbeiten. Sie beschlossen, statt des schwindenden Geldwertes für den Leistungslohn (Akkord) die zur Ausführung eines Arbeitsauftrages benötigte Zeit festzustellen, die dann, mit dem am Lohnzahlungstag gültigen Stunden- oder Minutensatz (Verdienstsatz des Arbeiters) multipliziert, den vollen Entgelt für die erbrachte Leistung sicherstellte."

Mag die Inflation die Einführung von Arbeitsstudien auch beschleunigt haben, so war sie doch nicht deren Ursache, noch waren die Männer des REFA die ersten, die Zeitstudien und Arbeitsstudien entwickelten. Vielmehr war REFA Bestandteil der deutschen Variante des schon seit langem diskutierten und zum Teil auch praktizierten „Taylorismus". Um Mißverständnissen vorzubeugen sei betont, daß „Taylorismus" hier als schlagwortartiger Begriff für die Versuche um eine Rationalisierung der Leistungsentlohnung und des Arbeitsprozesses benutzt und Taylor lediglich stellvertretend für die US-amerikanischen Protagonisten dieser Versuche genannt wird. Zu der Kontroverse um die Vaterschaft des Arbeitsstudiums sei nur vermerkt, daß es in ihr nicht selten um den Versuch einer Ehrenrettung des deutschen (europäischen) Arbeitsstudiums geht. In Kritik an Autoren, die in Taylor den „Vater des Arbeitsstudiums"[41] sehen, wird bis Leonardo da Vinci als Wegbereiter des systematischen Arbeitsstudiums

39 Pechhold, *50 Jahre REFA* (Anm. 1), S. 53.
40 A. Winkel, Das REFA-Buch — Erinnerungen eines Mitarbeiters, in: *Arbeitsstudium heute und morgen*, hrsg. v. Verband für Arbeitsstudien REFA e.V. (Darmstadt), Berlin u.a. 1963, S. 9. Ähnlich auch im Vorwort zum *Zweiten REFA-Buch* (*Erweiterte Einführung in die Arbeitszeitermittlung*), Berlin 1939, S. 5. (Erste Aufl. ohne dieses Vorwort: 1933): „Als Ende 1921 in der Großen Tarifkommission des ‚Gesamtverbandes Deutscher Metallindustrieller' die Anregung gegeben wurde, sich eingehender mit dem Problem des ‚gerechten Arbeitslohnes' zu beschäftigen, waren es vor allem die Mängel und Schwierigkeiten der Inflationszeit, die die Umrechnung der bisher bestehenden Geldakkorde und ihre Anpassung an die mehr und mehr sinkende Kaufkraft der Mark verursachten. Der einzige Weg, zu stabileren Verhältnissen zu gelangen, war die Einführung des Zeitakkordes."
41 Kurt Pentzlin, *Meister der Rationalisierung*, Düsseldorf/Wien 1963, S. 231. Ähnlich auch Pechhold, *50 Jahre REFA* (Anm. 1), S. 16; vgl. auch Stichwort Frederick Winslow Taylor, in: *dtv-Brockhaus-Lexikon*, Bd. 18, Wiesbaden/München 1984.

und der ersten exakt durchgeführten Zeitstudien zurückgegangen[42]. Und es wird hervorgehoben[43]:

> „Wenn heute noch jemand Taylorismus sagt und das Arbeitsstudium in unserem Land meint, muß er sich den Vorwurf mangelnder Kenntnis der tatsächlichen geschichtlichen Vorgänge oder den Vorwurf der bösartigen Verleumdung gefallen lassen. Unser deutsches Arbeitsstudium wurzelt in einer langen europäischen Tradition des Bewußtseins sozialethischer Verantwortung."

Daß diese Tradition doch recht gut mit der nationalsozialistischen Herrschaft vereinbar war, dürfte aus den vorstehenden Ausführungen schon ersichtlich geworden sein und wird auch in diesem Kapitel noch einmal thematisiert. Hinsichtlich meiner Behandlung des Zeitstudienakkords kommt es mir hier, wenn ich von der deutschen Variante des Taylorismus spreche, lediglich darauf an, daß die Anwendung von Zeitstudien und die Einführung des Zeitakkords in der Industrie in Deutschland Bestandteil einer Entwicklung war, in deren Verlauf nicht nur die Arbeitsleistung gesteigert, sondern auch durch eine systematische Zerlegung und Erfassung des betrieblichen Arbeits-, Produktions- und Organisationsprozesses Störfaktoren lokalisiert und beseitigt werden sollten.

Der damals weit verbreitete Geld- bzw. Stückgeldakkord ist in doppelter Hinsicht störanfällig. Er beruht auf dem Prinzip, den Preis für eine bestimmte Sachleistung, eine bestimmte Anzahl hergestellter oder bearbeiteter Einheiten festzulegen. Doch Geldwert und Stückzahl sind keine konstanten Maßstäbe. Ändern sie sich (aufgrund von volkswirtschaftlichen Prozessen oder von Steigerungen der Produktivität), so wird ein erneutes Aushandeln des jeweiligen Stückpreises erforderlich. Dieses Aushandeln war insofern besonders konfliktträchtig, als die Zeit, in der ein bestimmtes Stück fertiggestellt oder bearbeitet werden konnte, nur geschätzt war. Das heißt, es hing auch von der jeweiligen Stärke der Parteien des Arbeitsverhältnisses ab, ob nach der Festlegung eines neuen Geldakkords die betreffenden Arbeiter bzw. Arbeiterinnen nur durch intensivere Arbeit auf den alten Lohn kommen oder aber aufgrund eines günstigeren Verhandlungsergebnisses unmittelbar am Produktivitätsfortschritt partizipieren konnten. Zudem lassen sich Geldakkorde nur schwer einheitlich für verschiedenartige Arbeitsplätze und noch schwerer betriebsübergreifend kollektiv aushandeln, denn die eine Bezugsgröße, das herzustellende oder zu bearbeitende Stück, hat jeweils unterschiedliche stoffliche Eigenschaften. Geldakkorde haben also unmittelbar betriebspolitische Relevanz, ihre Änderung kann unmittelbar zu Konflikten führen, die den Produktionsprozeß stören, und sogar

---

42 P. Mounier, Léonard de Vinci et l'étude des mouvements, in: *L'étude du travail*, Paris 1963 (136); F. Francheo, Léonard de Vinci — Précurseur de Taylor et de l'étude de temps, in: *L'étude du travail*, Paris 1961 (120), S. 33—36; diese beiden Aufsätze sind auf deutsch wiedergegeben in: Rolf Hackstein, *Arbeitswissenschaft im Umriß*, Bd. 2: *Grundlagen und Anwendung*, Essen 1977; Carl Alexander Roos/Ulrich Blank, Das Ende der Taylor-Legende, in: *REFA-Nachrichten*, 31/1978, H. 2, S. 69—76; Rolf Hackstein, Europäische Wurzeln des Arbeitsstudiums, in: *Zeitschrift für Arbeitswissenschaft*, Bd. 32 (4. NF) 1978, S. 129—139.

43 Ebd., S. 129.

das Antizipieren einer Änderung kann eine profitable Nutzung der Arbeitskraft behindern, nämlich dann, wenn die Beschäftigten aus Angst vor der Akkordschere „mit der Leistung zurückhalten"[44].

Die galoppierende Inflation in Deutschland hatte, indem sie die mangelnde Eigenschaft des Geldes als Maßstab drastisch offenbarte, lediglich die Störanfälligkeit des Geldakkords besonders deutlich gemacht[45]. Sie hat das Interesse an einer, wie Lutz es nennt, „lohnpolitischen Neutralisierungsfunktion ‚leistungsgerechter‘ Lohnanreize"[46] oder, wie ich es nenne, an einer Entpolitisierung der betrieblichen Leistungsentlohnung verstärkt, das schon vorher zumindest partiell gegeben war und das auch späterhin grundlegende Motivation für die Anwendung und Verbesserung des Zeitakkords bzw. anderer auf Zeitstudien basierender Leistungsentlohnungen war. Daß diese Motivation über mehrere Jahrzehnte hinweg gültig und „parteiunabhängig" war, sei anhand ausgewählter Zitate illustriert[47]:

44 Der Ausdruck „Akkordschere" wird für die Fälle benutzt, in denen die Betriebsleitung die Vorgabezeiten kürzt, weil sie aufgrund überdurchschnittlicher Akkordverdienste zu dem Schluß kommt, die Vorgabezeit sei zu großzügig angesetzt. Das geschieht bei Geldakkorden indirekt, indem der Stückpreis gesenkt wird. Bei Zeitstudienakkorden spricht man nicht von der Anwendung der Akkordschere, weil unterstellt wird, die Vorgabezeiten seien wissenschaftlich und objektiv ermittelt. Kürzungen der Vorgabezeiten gelten dann als ebenso wissenschaftliche und objektive Korrekturen. Letztendlich soll die Zeitstudie eine nachträgliche Korrektur des Akkords — bei gleichbleibendem Arbeitsvorgang — überflüssig machen, die Akkordschere in der Bestimmung der Vorgabezeit sozusagen antizipieren. Vgl. Rudi Schmiede/Edwin Schudlich, *Die Entwicklung der Leistungsentlohnung in Deutschland*, Frankfurt a. M. 1976, S. 270.

45 So hat die Inflation bei Hellmich einen bemerkenswerten Sinneswandel bewirkt. In seiner Rede von 1924, die ich auf S. 221 in Auszügen wiedergegeben habe, preist er die „überragende Bedeutung der wissenschaftlichen Ermittlung von Stückzeiten", während er 1919 noch geschrieben hatte: „Ich könnte mir einen nach Taylorschen Gesichtspunkten geleiteten Betrieb denken, in dem Zeitstudien ganz oder teilweise wegfallen." Hellmich/Hahn, *Was will Taylor?*, VDI, Berlin 1919, S. 22.

46 Burkhart Lutz, *Krise des Lohnanreizes*, Frankfurt a. M., S. 62.

47 Herkunft der Zitate: Frederick Winslow Taylor, *The Principles of Scientific Management*, 1911, deutsch: *Die Grundsätze wissenschaftlicher Betriebsführung*, autoris. dt. Ausg. v. Rudolf Roesler, Berlin/München 1913, S. 154, 156; Eduard Michel, Ein Beitrag zur Frage des Akkordlohnes, in: *Metallarbeiterzeitung*, Nr. 38, 1919 (Ed. Michel, Obering., war Obmann des Ausschusses für Zeitstudien im „Ausschuß für wirtschaftliche Fertigung" (VDI); Gottlieb Peiseler, *Richtige Akkorde*, Berlin 1929, S. 8 f. (Peiseler, Dr. Ing., hatte ein Gerät zur Arbeitszeitermittlung entwickelt, den „Diagnostiker", das auch im 2. REFA-Buch behandelt wurde); *Zweites REFA-Buch*, Aufl. 1939, S. 5 (das Zitat stammt aus dem erst 1939 hinzugefügten Vorwort, das schon deutlich die Handschrift der DAF trägt); Erich Kupke, *Vom Schätzen des Leistungsgrades*, Berlin 1943; 1951 erschienen unter dem Titel *Beiträge zur Frage des Leistungsgrades und der Vorgabezeit* als Bd. 8 *Grundlagen und Praxis des Arbeits- und Zeitstudiums*, hrsg. v. H. Böhrs u. a., München 1951, S. 9 (Kupke, Dr. Ing., früherer Bedaux-Ingenieur, war später Obering. bei Siemens); Hermann Böhrs, *Probleme der Vorgabezeit*, München 1950, S. 8 (Dr. Böhrs wurde 1951 Schriftleiter und Hauptgeschäftsführer des REFA-Instituts); *Arbeitsstudium*, hrsg. v. d. Industriegewerkschaft Metall (IGM) für die Bundesrepublik Deutschland, Vorstand (Tarifabteilung), Frankfurt a. M. 1958, S. 31.

- „Was eine angemessene Tagesleistung darstellt, wird eine Frage für wissenschaftliche Untersuchungen, statt ein Gegenstand zu sein, über den man handelt und feilscht. Das ‚Sich-Drücken‘ oder Zurückhalten mit der Arbeit wird aufhören, weil kein Grund mehr dafür vorhanden sein wird. Die bedeutende Erhöhung der Löhne, welche diese Verwaltungs- und Betriebsart auszeichnet, wird zum großen Teil die Lohnfrage als Streikquelle ausschalten." ... Der Arbeiter „steht jetzt freundschaftlich und in gewissem Sinne wohlwollend seinen Arbeitgebern und allen Arbeitsbedingungen gegenüber, während früher ein beträchtlicher Teil seiner Zeit mit Kritisieren, argwöhnischem Aufpassen und selbst mit offenem Streiten dahinging." (Taylor, 1911.)

- „In allen Betrieben, in denen sich die gerechten, wissenschaftlichen Methoden der Zeitbestimmung erst einmal durchgesetzt haben, handelt es sich nicht mehr um unwägbare Leistungen und Gegenleistungen, sondern um *meßbares Geld, meßbare Arbeiten und meßbare Ruhe*. Der Wirtschaftskampf hat dort seine anarchischen Formen verloren, während die oben erläuterten Methoden der Zeitfestsetzung den Schlüssel zu einem dauernden sozialen Frieden bieten." (Eduard Michel in der „Metallarbeiterzeitung" 1919.)

- „Durch die objektive Zeitermittlung wird das vordem vielfach übliche Aushandeln des Akkords zwischen Betriebsleitung und Arbeiterschaft vermieden und damit eine Quelle mancher Mißhelligkeiten und Störungen verstopft." (Erstes REFA-Buch, 1928, S. 7.)

- „Man nannte früher dem Arbeiter aber den Akkordwert, während man ihm heute den für entsprechende Abschlußzeiten geltenden Geldfaktor meistens durch Tarif bekannt gibt und zu den einzelnen Akkorden ihm nur noch die Akkordzeiten nennt. Man spricht demnach zur Unterscheidung von dem früher üblichen Geldakkord und dem heutigen Zeitakkord ...
  Daß eine Arbeit für ein bestimmtes Geld gemacht werden kann, ist dem Arbeiter viel schwieriger klarzumachen, als daß die Erledigung in einer bestimmten Zeit möglich ist. Auseinandersetzungen über den Geldfaktor sind heute im allgemeinen im Einzelbetrieb ausgeschlossen, weil in den meisten Fällen eine Regelung der Mindestwerte tariflich erfolgt." (G. Peiseler, 1929.)

- „... einerseits mußten die in allen Betrieben nach einheitlichen Gesichtspunkten ermittelten Arbeitszeiten nach und nach überall zu einer Richtigstellung und Vereinheitlichung der Voranschläge und damit zu einer Beseitigung der auf Grund unrichtiger Akkorde entstandenen Schleuderkonkurrenz führen. Andererseits sollten die unparteiisch und durchsichtig auf der Zeitrechnung aufgebauten Akkorde dem Feilschen und Aushandeln der Löhne zwischen Arbeiter und Meister ein Ende bereiten, damit wesentlich zur Befriedigung der Belegschaften beitragen und letzten Endes leistungssteigernd sich auswirken." (Vorwort zur 1939er Ausgabe des 2. REFA-Buches.)

- „Der normale Verdienstspielraum im Akkord ergibt sich daraus, daß der Zeitwert nach Refa auf Grund einer Leistung aufgebaut wird, die von einem durchschnittlich geeigneten Arbeiter ohne weiteres verlangt werden muß. Steigert der Arbeiter seine Leistung, so wird ihm für eine kürzere ‚Ist-Zeit‘ doch die höhere ‚Darf-Zeit‘ (wenn man so will) der Vorgabe verrechnet. Auf dieser ‚Zeitbeweglichkeit‘ (Heidebroek) beruht der Leistungslohn-Grundsatz: Der tüchtigere Arbeiter erhält das gleiche Entgelt wie der schwächere – für weniger Zeitaufwand." (Erich Kupke, 1943/1951.)

- „Für die Gestaltung der Leistung des Arbeiters ist es von unschätzbarem Wert, wenn die Betriebsleitung neutrale und nachprüfbare *Zeiten* zu vertreten hat. Geldakkorde müßten stets erst wieder in Zeiten zurückgerechnet werden, was ein Umweg wäre. Was aber entscheidender ist: *Die Diskussion über die Höhe der Löhne ist in erster Linie nicht eine betriebliche, sondern eine gesamtwirtschaftliche und sozialpolitische Angelegenheit.* Betriebsleiter und Zeitnehmer sollten mit dem Arbeiter nur über Möglichkeiten der *Leistung* verhandeln, in der Frage der Lohnhöhe aber auf die *Tarife* verweisen. Die Vorgabe*zeit* bewirkt damit eine *Versachlichung* der innerbetrieblichen Erörterung der Leistungs- und Verdienstfragen. *Die Vorgabezeit macht die Verdienst-*

*frage innerhalb der Grenzen des Betriebes zu einer Frage der neutralen, wissenschaft-
lich begründeten Leistungsvorgabe.*" (Hermann Böhrs, 1950.)

- „Der Geldakkord verschwindet mehr und mehr, da bei Tariflohnerhöhungen die Umrechnung immer Schwierigkeiten bereitet und bei Festlegung des Preises die Grundlage der Normalleistung und des tarifvertraglichen Akkordrichtsatzes nicht einwandfrei gewährleistet ist.
      Zeitakkorde sind auf die vorgesehene Zeit für eine bestimmte Arbeit bezogen. Im
  Zeitakkord baut der Akkordverdienst auf dem Akkordrichtsatz auf. Dieser ist in der
  Regel für eine Stunde Vorgabezeit zu zahlen. Es werden für Zeitakkorde Vorgabezeiten
  festgelegt. Die Vorgabezeiten werden mit Hilfe der Zeitstudien und der Leistungsbewertung ... ermittelt. Bezahlt wird die vorgegebene Zeit grundsätzlich ohne Rücksicht
  auf die tatsächlich *verbrauchte* Zeit." (Industriegewerkschaft Metall, Tarifabteilung,
  1958.)

Das zuletzt angeführte Zitat unterscheidet sich in einem
Punkt von den vorhergehenden: Es betont nicht wie sie,
daß eine auf Zeitstudien aufbauende Leistungsentlohnung
dem Betriebsfrieden nützt. Als Ergänzung sei daher eine
Abbildung wiedergegeben, die den an die Arbeiter gerichteten Anhang „Wie errechnet sich Dein Akkordverdienst"
des zitierten IGM-Buchs schmückt.

Die Auswahl der Zitate erfolgte auch mit der Absicht,
Fachleute die Elemente des Zeitakkords beschreiben zu
lassen, wozu allerdings Nichtfachleuten sicherlich recht
kryptisch anmutende Formulierungen gehören, wie: „Der
tüchtige Arbeiter erhält das gleiche Entgelt wie der schwächere — für weniger Zeitaufwand" (Kupke), oder „Bezahlt
wird die *vorgegebene* Zeit grundsätzlich ohne Rücksicht
auf die tatsächlich *verbrauchte* Zeit" (IG Metall). Auf die
Gefahr hin, die Geduld der Zeitstudienfachleute durch die
Wiederholung und Vereinfachung einer breiten und diffe-
renzierten einschlägigen Diskussion zu strapazieren, sollen deshalb im folgenden
die Grundelemente des Zeitstudienakkords, die Normalleistung und der Leistungsgrad, diskutiert werden, auf die sich der Anspruch auf wissenschaftliche
und objektive Akkordfestsetzung stützt und deren Ermittlung zugleich auch im
Dienst einer Rationalisierung des Arbeitsprozesses stand. Um die Kontinuität
zwischen den dreißiger/vierziger Jahren und den fünfziger Jahren zu betonen,
verwende ich vorwiegend Literatur aus diesem Zeitraum. In der Kritik beziehe
ich mich allerdings auch auf Arbeiten aus den siebziger Jahren, die auf die Krise
des Zeitakkords reagierten[48].

48 Abgesehen von den im folgenden häufig zitierten Arbeiten von Kupke (*Beiträge*) und
   Böhrs (*Probleme*) zeigt auch schon der Leitfaden zur Durchführung der lohnordnenden
   Maßnahmen, daß „Normalleistung" und „Leistungsgradschätzen" spätestens Anfang der
   40er Jahre fester Bestandteil des REFA-Repertoires waren (*Leitfaden*, 1943, S. 106 ff.,
   vgl. S. 335 unten). Zur neueren Entwicklung vgl. auch *Tarifvertrag zur Verbesserung industrieller Arbeitsbedingungen*, hrsg. v. Soziologischen Forschungsinstitut (SOFI) Göttingen, Frankfurt a. M./New York 1984, Teil A. Edwin Schudlich vom Institut für
   Sozialforschung, Frankfurt a. M., danke ich dafür, daß er mir bei der Überarbeitung
   dieses Kapitels seine Unterlagen zur Problematik des Zeitstudienakkords zur Verfügung
   gestellt hat.

Das Prinzip des Zeitstudienakkords, oder kurz Zeitakkords, ist es, nicht mehr unmittelbar eine bestimmte Sachleistung, eine bestimmte Anzahl hergestellter oder bearbeiteter Einheiten zu honorieren (wie beim Geldakkord), sondern eine bestimmte Leistungsverausgabung. Es wird eine bestimmte Zeit vorgegeben (Vorgabezeit), in der eine bestimmte Leistung für einen bestimmten Lohn (Akkordrichtsatz) erbracht werden soll. In der Regel bezieht sich der Akkordrichtsatz auf eine Stunde und entspricht dem tariflichen Zeitlohn (plus einem prozentualen Zuschlag). Die Vorgabezeit kann einen Bruchteil oder ein Vielfaches einer Stunde betragen — je nach Arbeitsvorgang. Wird die Vorgabezeit unterschritten, also mehr Leistung in der gleichen Zeit erbracht, dann erhöht sich der effektive Verdienst entsprechend — in Deutschland zumeist proportional[49]. Beim Zeitakkord spielt das Arbeitsergebnis, das „Stück", natürlich ebenso wie beim Geldakkord eine wichtige Rolle; schließlich erweist sich erst an der Menge der hergestellten oder bearbeiteten Stücke, ob die Vorgabezeit eingehalten, über- oder unterschritten wurde. Das soll die folgende Formel, eine der vielen Varianten zur Berechnung des Akkordverdienstes, illustrieren:

$$\text{Akkordstundenverdienst} = \frac{\text{Vorgabezeit (je Stück)}}{\text{gebrauchte Zeit (je Stück)}} \times \text{Akkordrichtsatz}$$

Der Unterschied zum Geldakkord besteht darin, daß bei diesem der Lohn direkt auf das Stück bezogen ist, beim Zeitakkord aber auf die Leistung, die unter gegebenen Arbeitsbedingungen in einer bestimmten Zeit erbracht werden soll. Dieser kleine Unterschied wird wichtig, wenn es um das Aushandeln des Akkordes geht. Beim Zeitakkord werden im Tarifvertrag der Akkordrichtsatz und das Verfahren festgelegt, mit dem die Vorgabezeit ermittelt werden soll. Ändern sich die Arbeitsbedingungen, so muß nicht mehr neu verhandelt, sondern lediglich die Vorgabezeit nach dem vereinbarten Verfahren neu ermittelt werden. (Was natürlich nicht immer ausschließt, daß Betriebsleitung und Betriebsrat sich darum streiten, ob das Verfahren richtig angewandt wurde.)

Die Vorgabezeit enthält Zeiten für sehr verschiedenartige von Menschen und Betriebsmitteln ausgeführte Arbeitsabläufe[50]. Das Hauptproblem bei der Ermittlung der Vorgabezeit ist es, den Teil der benötigten Zeit zu bestimmen, der von der menschlichen Leistung abhängt, oder umgekehrt gesagt, die menschliche Leistungsverausgabung zu bestimmen, auf die der Lohn sich beziehen soll. Taylor legte die Leistung eines erstklassigen Mannes unter günstigen Umständen, also die Höchstleistung als Bezugsleistung zugrunde. Das war einer der

---

49 Der Taylorsche Pensumlohn beispielsweise bezog sich auch auf eine bestimmte, durch Zeitstudien ermittelte und vorgegebene Leistung; Mehrleistung oder Minderleistung wurde jedoch durch gestaffelte Prämien beziehungsweise Abzüge abgegolten.

50 *Methodenlehre des Arbeitsstudiums*, Teil 2: *Datenermittlung*, hrsg. v. Verband für Arbeitsstudien — REFA — e.V., München 1971, S. 41. Die wichtigsten Zeiten sind die regelmäßig anfallende Zeit der vorgeschriebenen Tätigkeit (Verrichtungszeit), die regelmäßig anfallende Zeit zur Überwachung von Arbeitsabläufen (Überwachungszeit), die arbeitsablaufbedingte Wartezeit, die Erholungszeit, die Zeit zur Vorbereitung der auszuführenden Arbeit (Rüstzeit) sowie die sachliche und persönliche Verteilzeit (für zusätzliche, mit der Arbeit verbundene Tätigkeiten bzw. für die Ausübung biologischer Grundfunktionen während der Arbeitszeit).

Gründe, weshalb der „Taylorismus" in der Arbeiterschaft so verschrien war. Die Ablehnung manifestierte sich im Haß auf die Stoppuhr, mit deren Hilfe die Bezugsleistung ermittelt wurde. Wegen dieses Widerstandes[51], wohl aber auch, weil man erkannte, daß es letztendlich unproduktiv, weil zu kräfteverschleißend ist, wenn man die Arbeiter auf Dauer zu Höchstleistungen anspornt, orientierte man sich in Deutschland an anderen Bezugsgrößen, zunächst, im „Ersten REFA-Buch" von 1928, an der Leistung eines „Durchschnittsarbeiters". Das „Zweite REFA-Buch" von 1933 spricht dann von der „Normalleistung", die damals allerdings, im Gegensatz zu heute, im Sinne einer — wenngleich modifizierten — „Durchschnittsleistung" definiert wurde, nämlich als „durchschnittliche Leistung, die normalerweise dauernd ohne gesundheitlichen Schaden eingehalten werden kann". 1943 wird dann in dem vom REFA mitverfaßten „Leitfaden" zur Durchführung der lohnordnenden Maßnahmen deutlich zwischen „Durchschnittsleistung" und „Normalleistung" unterschieden[52]. Erstere wurde zugunsten letzterer als Bezugsgröße explizit abgelehnt. Der Begriff „Normalleistung" enthält schon 1943 die Vorstellung von einem — wie Böhrs 1950 schreibt[53] — arbeitsplatz- und betriebsübergreifenden „wertbeständigen Maß" menschlicher Leistung, die auch den Definitionen zugrunde liegt, die im Bd. 2 des („Dritten") REFA-Buches von 1952 und — wenngleich mit größerer Vorsicht — in der REFA-Methodenlehre, die erstmals 1971 erschien und bis heute gültig ist, angeführt werden. (Siehe die nebenstehenden Definitionen von 1943 und von 1971.)

Während man jedoch 1943 davon ausging, daß die Normalleistung in der Regel dem „Gruppenleistungs-Durchschnitt" entspricht, schreibt die REFA-Methodenlehre von 1971: „Die Normalleistung liegt gewöhnlich unter der Durchschnittsleistung der im Leistungslohn Arbeitenden."[54] Daß die Normalleistung unter einer „durchschnittlichen" oder „mittleren" Leistung liegen sollte, wurde schon in den fünfziger Jahren betont — allerdings mit unterschiedlichen Begründungen. Von gewerkschaftlicher Seite wurde hervorgehoben: „Der Begriff ‚auf die Dauer' ist so zu vestehen, daß die Normalleistung so bemessen sein muß, daß der gesunde Arbeitnehmer vor Eintritt in die Altersinvalidität in der Lage ist, diese Leistung ohne Gesundheitsschädigung zu vollbringen …"[55]. Böhrs weist darauf hin, daß es sich auch für die Betriebsleitung als zweckmäßig erwiesen hat, „die Vorgabezeit auf eine Normalleistung zu beziehen, die von jedem für die jeweilige Arbeit ausreichend geeigneten Arbeiter bei voller Übung und Einarbeitung *mindestens* erreicht" werden kann:

„Die Betriebsleitung hat damit eine klare und eindeutige Forderung gegenüber den Arbeitern zu vertreten, was bei Vorgabezeiten auf der Basis ‚mittlere Leistung als Norm' nicht

---

51 Vgl. Eduard Michel, *Wie macht man Zeitstudien?*, Berlin 1920, S. 89, 139 ff.
52 *Erstes REFA-Buch*, 1928, S. 26; *Zweites REFA-Buch*, 1933, S. 77; *Leitfaden* (Anm. 49), S. 109 f.
53 Böhrs, *Probleme* (Anm. 47), S. 43.
54 *Methodenlehre* (Anm. 50), S. 136; *Leitfaden* (Anm. 48), S. 110.
55 IG Metall, *Arbeitsstudium* (Anm. 47), S. 140. Die Bestimmung, daß Normalleistung die Leistung ist, die ohne Gesundheitsschädigung auf die Dauer erreicht werden kann, ist auch im *REFA-Buch* (Bd. 2, München 1952, S. 28) enthalten.

NORMALLEISTUNG 1943

„Die Normalleistung des Menschen ist diejenige Leistung, die von einer Großzahl für die jeweilige Arbeit geeigneter Menschen im Durchschnitt auf Dauer eingehalten werden kann sowie Können und Einsatz des einzelnen so beansprucht, daß sein Leistungsergebnis an Hand einer siebenstufigen Notenreihe (auffallend gut — sehr gut — gut — befriedigend — schwach — sehr schwach — auffallend schwach) das Urteil „befriedigend" im Sinne einer mittleren Leistung verdient. Die befriedigende Leistung stelle zugleich eine billigerweise zu fordernde Leistung dar, die — bei gesunden Leistungsverhältnissen — mit der berufsüblichen Leistung identisch ist oder eben in Zukunft zur berufsüblichen Leistung werden soll. Der Begriff der Normalleistung gilt für die menschliche Arbeit allgemein, ohne Rücksicht auf den Arbeitsvorgang und die individuelle Leistungsfähigkeit. Der einzelne geeignete und geübte Mensch kann bei besonderem Einsatz eine höhere als die Normalleistung erzielen. Der Ungeeignete, Ungeübte oder minder Strebsame wird mit seiner Leistung unter der Normalleistung bleiben."

Quelle: *Leitfaden* (Anm. 48), S. 107

NORMALLEISTUNG 1971

„Unter REFA-Normalleistung wird eine Bewegungsausführung verstanden, die dem Beobachter hinsichtlich der Einzelbewegungen, der Bewegungsfolgen und ihrer Koordinierung besonders harmonisch, natürlich und ausgeglichen erscheint. Sie kann erfahrungsgemäß von jedem in erforderlichem Maße geeigneten, geübten und voll eingearbeiteten auf die Dauer und im Mittel der Schichtzeit erbracht werden, sofern er die für persönliche Bedürfnisse und gegebenenfalls auch für Erholung vorgegebenen Zeiten einhält und die freie Entfaltung seiner Fähigkeiten nicht behindert wird."

Quelle: *Methodenlehre* (Anm. 50), S. 136

möglich ist, weil hier die Hälfte aller Arbeitenden auch *unter* der Norm liegen kann, ohne daß eine ,zulässige' Grenze der Unterleistung festgelegt ist. Die Festsetzung einer jedem Geeigneten zumutbaren Mindestleistung als Norm muß deshalb besonders in psychologischer Hinsicht als zweckmäßig angesehen werden. Für Arbeiter mit besserer als ausreichender Eignung und größerem als normalem Können bleibt bei entsprechender Bereitschaft zur vollen Leistungsentfaltung ein weiter Spielraum zu höherer Leistung und höherem Verdienst."

Nur indirekt klingt bei Böhrs der zweite, in psychologischer Hinsicht zweckmäßige Aspekt an: Sich auf statistische Untersuchungen berufend, geht er davon aus, daß bei richtig festgesetzter Vorgabezeit eine „Großzahl von geeigneten, geübten und eingearbeiteten Arbeitern" etwa ein Drittel mehr leisten kann, als durch die Vorgabe verlangt wird — nur wenige aber noch höhere Leistungen auf Dauer erbringen können. Es wird also eine gewisse Obergrenze der Akkordverdienste antizipiert, so daß ohne weiteres das Versprechen gegeben werden kann, das eine der Bedingungen für die „Bereitschaft zur vollen Leistungsentfaltung" ist, nämlich die „Akkordschere" nicht anzusetzen[56].

56 Böhrs, *Probleme* (Anm. 47), S. 37 f.

Ein weiterer wichtiger Punkt, durch den die für eine erfolgreiche Anwendung der Leistungsentlohnung notwendige Akzeptanz auf Seiten der Arbeitnehmer gefördert werden soll, ist, daß man der gewerkschaftlichen Forderung nach einer Mindestlohngarantie nachkommt, d. h. auch wenn zum Beispiel in der Einarbeitungszeit weniger als die Normalleistung erbracht wird, soll mindestens der tariflich ausgehandelte Grundlohn gezahlt werden. Dennoch müssen die Betriebsleitungen sich nicht mit faulen oder ungeeigneten Arbeitern abfinden. So Böhrs: „Sofern hingegen Arbeiter auch nach längerer Einarbeitung die Normalleistung nicht erreichen, muß nach Prüfung der näheren Umstände auf unzureichende Eignung oder auf ungenügende Eignung oder auf ungenügenden Arbeitswillen geschlossen werden. Auch in diesen Fällen ist die Entscheidung der Betriebsleitung eindeutig gegeben: Versetzung auf einen anderen Arbeitsplatz, bei welchem ausreichende Eignung angenommen werden kann, oder Lösung des Arbeitsverhältnisses."[57]

Im REFA-Selbstverständnis war „die Geldseite nicht Aufgabe des Arbeitsstudiums". Mit dieser allgemeinen Formulierung ist auch die Funktion charakterisiert, die der Bezug des Zeitakkords auf die Normalleistung hat. So wie die „REFA-Männer" „die Grundlage einer sachlichen Zusammenarbeit zwischen Betriebsleitung und Arbeiterschaft in allen Fragen der Arbeitsgestaltung und Leistungsentlohnung schaffen" sollen, so soll mit dem Bezug auf die „Normalleistung" der betriebspolitische Interessenkonflikt um die für einen bestimmten Lohn geforderte Leistung versachlicht werden[58]. Ausgehandelt wird der Akkordrichtsatz. Doch der zweite neuralgische Punkt der Akkordentlohnung, nämlich die jeweilige Vorgabezeit zu bestimmen, gilt im Prinzip als objektivierbar. Ebenso wie die durch die Betriebsmittel festgelegten Zeiten werden — dem Anspruch nach — auch die von der menschlichen Leistung bestimmten Zeiten nicht mehr als Gegenstand konfligierender Interessen begriffen, sondern auf ein „technisches" Problem reduziert, das wissenschaftlich oder zumindest auf der Grundlage praktischer Erfahrungen objektiv und zum Wohle beider Parteien des Arbeitsverhältnisses gelöst werden kann. Und in der Tat versprachen sich sowohl die Arbeitgeber als auch die Gewerkschaften Vorteile von diesem Verfahren[59].

Erstere berufen sich auf die „Normalleistung" als das objektive Maß der Leistung, die sie von den Arbeitnehmern als Mindestleistung erwarten können. Damit sind sie auf betrieblicher Ebene von dem lästigen Problem befreit, bei Veränderungen des Produktionsprozesses jedesmal erneut mit den bei ihnen Beschäftigten darüber zu verhandeln, welches deren Anteil am Produktivitätsfortschritt sein soll. Denn die „Normalleistung" gilt als ein Maß, das unabhängig vom jeweiligen Arbeitsablauf definiert ist. Ändert er sich, zum Beispiel durch den Einsatz neuer Maschinen, so „gehört" der Produktivitätszuwachs

---

57 Schwierig wird es bei Arbeitskräftemangel: „Wenn allerdings für eine Arbeit nicht genug ausreichend oder besser geeignete Arbeiter verfügbar sind, dann müssen auch weniger geeignete Arbeiter herangezogen werden, die die Normalleistung meist nicht erreichen können." Ebd.

58 Pechhold, *50 Jahre REFA* (Anm. 1), S. 80; *Das REFA-Buch*, Bd. 1, München 1951, S. 21.

59 Zum folgenden vgl. Lutz, *Krise* (Anm. 46), S. 65 ff.; Schmiede/Schudlich, *Entwicklung* (Anm. 44), S. 268 ff.

dem Unternehmer. Er wird allenfalls auf überbetrieblicher Ebene zum Verhandlungsgegenstand. Auf betrieblicher Ebene sollen die im Akkord Arbeitenden lediglich an der Produktivitätssteigerung partizipieren, die durch erhöhte Arbeitsintensität erzielt wird.

Umgekehrt hat für die Gewerkschaften der Bezug auf die „Normalleistung" als einer „angenommenen, allgemeingültigen, feststehenden Größe"[60] die Funktion, objektive, wissenschaftliche Argumente in den Verhandlungen über Arbeitnehmerinteressen anführen zu können. Als Bezugspunkt für den tariflichen Akkordrichtsatz gilt die „Normalzeit" als Schutz gegen eine Überbeanspruchung der menschlichen Leistungskraft und gegen die „Akkordschere". Auch die Gewerkschaften versprechen sich einen Vorteil davon, daß mit der „Normalleistung" das Verfahren zur Ermittlung der Vorgabezeit im Prinzip unabhängig vom Arbeitsablauf festgelegt ist und damit bei Änderungen der Produktionsmethode auf betrieblicher Ebene nicht jedesmal aufs neue über das Verhältnis von Vorgabezeit und Lohn verhandelt werden muß. Denn derartige Verhandlungen bergen ja nicht nur die Möglichkeit, die Arbeitenden stärker am Produktivitätsfortschritt zu beteiligen, sondern auch − bei schwacher Verhandlungsposition − die Gefahr, daß sich das Verhältnis von Leistung und Lohn zuungunsten der Beschäftigten verschlechtert.

Dreh- und Angelpunkt bei alledem ist die Legitimation der „Normalleistung" als wissenschaftlich und objektiv. Trotz aller verfeinerter Methoden ist jedoch die Höhe der menschlichen Normalleistung keineswegs eindeutig wissenschaftlich und allgemeingültig bestimmt. Das erweist sich allein schon an den vielfältigen Versuchen, die „Normalleistung" am Beispiel einer „Arbeit" zu bestimmen, für die es überall genügend geeignete, voll geübte Testpersonen gibt und bei der die menschliche Leistung aus dem Verhältnis nur zweier Variabler errechnet werden kann. Diese „Arbeit" ist das Gehen in der Ebene, ohne Last, auf glattem Weg und ohne schweres Schuhwerk. Die Leistung wird in km/Std. gemessen. Die Werte, die seit den zwanziger Jahren aufgrund von physiologischen Untersuchungen und/oder Zeitstudien gewonnen wurden und als allgemeine Orientierungsgröße für die Höhe der menschlichen Normalleistung gelten sollten, schwanken zwischen 4,2 und 5,5 km pro Stunde[61]. Je nach Definition müßte also jemand, der im Akkord geht − ein Acht-Stunden Arbeitstag und 20 Prozent Erholzeit voraussetzt −, täglich zwischen 27 km und 35 km gehen, um die für den Akkordgrundlohn erforderliche Normalleistung zu erbringen.

60 IG Metall, *Arbeitsstudium* (Anm. 47), S. 146.

61 Nach älteren physiologischen Untersuchungen (20er Jahre) liegt der optimale Energieverbrauch bei einer Geschwindigkeit zwischen 4,2 km/Std. und 6,4 km/Std. Das Bedaux-Prinzip (20er bis 50er Jahre) gab einen Wert zwischen 4,4 km/Std. und 4,2 km/Std. vor. Der amerikanische Arbeitswissenschaftler Presgrave (30er bis 50er Jahre) gibt als „Standard" eine Leistung von 4,83 km/Std. an. Für „billig" hält Kupke (40er/50er Jahre) die Forderung nach einer Normalleistung von 5,5 km/Std. bzw. 5,0 km/Std. bei Dauerleistung. Böhrs (50er Jahre) gibt für den Akkord als normale Geschwindigkeit 4,8 km/Std. an. In den 50er/60er Jahren wurde von gewerkschaftlicher Seite und in vielen Tarifverträgen 4,5 km/Std. als Orientierungsgröße genommen. Vgl. Kupke, *Beiträge* (Anm. 47), S. 79; Böhrs, *Probleme* (Anm. 47), S. 40; IG Metall, *Arbeitsstudium* (Anm. 47), S. 138, 145.

Ist schon die Bestimmung dieser Orientierungsgröße problematisch – nicht zufällig vermeidet es der REFA-Verband in seiner „Methodenlehre" (Bd. 2) von 1971, einen definitiven Wert anzugeben –, so wirft ihre Übertragung auf andere Arbeitsvorgänge zusätzliche Probleme auf – sollen doch sehr verschiedenartige Bewegungsabläufe, Eignungsvoraussetzungen und Belastungen auf ein einheitliches Maß bezogen werden und ist doch die menschliche Arbeit in ihrer Gesamtheit noch nicht meßbar[62]. Im Zeitstudium hat man sich in dieser Schwierigkeit mit dem Schätzen des Leistungsgrades beholfen[63]. Zugleich mit den Zeitaufnahmen wird geschätzt, ob die Leistung desjenigen, der die Arbeit ausführt, über oder unter der Normalleistung liegt. Der Vergleich zwischen vorgestellter Normalleistung und festgestellter Ist-Leistung ergibt den Leistungsgrad und wird in Prozenten ausgedrückt. Die aufgenommene Ist-Zeit eines Arbeitsvorgangs wird mittels des geschätzten Leistungsgrades nach oben oder nach unten korrigiert. Das Ergebnis soll die bei Normalleistung erforderliche Zeit (die Normalzeit) sein.

Die Problematik des Leistungsgradschätzens ist ein Standardthema in der Literatur über das Zeitstudium. Hier sei dazu lediglich eine Erfahrung referiert, die Oberingenieur Erich Kupke (Siemens) 1939 machte, als er Arbeitsbewerter (Zeitnehmer) trainierte, um das „subjektive Leistungsschätzen in seiner Treffsicherheit" zu verbessern[64]. Die zu Beginn des Versuchs durchgeführte Befragung der Arbeitsbewerter hatte ein für sie nicht sonderlich schmeichelhaftes Ergebnis: „Grundsätzlich war zu erkennen, daß die Mehrzahl der Mit-

---

62 Zu frühen Versuchen, das Arbeitstempo rechnerisch/mathematisch zu ermitteln – in den USA z. B. Barth und Merrick, die Taylor nahestanden, in Deutschland, 1944, Stevens –, vgl. Böhrs, *Probleme* (Anm. 47), S. 63 ff. Auf den Ansatz von F. B. Gilbreth, die Arbeit in kleinste Bewegungseinheiten zu zerlegen, bauten später die „Systeme vorbestimmter Zeiten" (Methods-Time-Measurement bzw. Work Factor System) auf. Sie wurden vor allem in der amerikanischen Rüstungsindustrie in den frühen 40er Jahren entwickelt und fanden seit den 60er Jahren auch in die REFA-Literatur, die REFA-Lehrgänge und in die deutsche Industrie Eingang. Allerdings wurde die Möglichkeit, von diesen synthetisch ermittelten Zeiten auf allgemeingültige Vorgabezeiten überzugehen, skeptisch eingeschätzt. Vgl. Pechhold, Begriff, Wesen und Einflußgrößen des menschlichen Leistungsgrades, in: *afa-Informationen*, H. 4–5, 1961, S. 48. Das von den Arbeitgeberverbänden der Metallindustrie gegründete Institut für angewandte Arbeitswissenschaft unternahm einen Versuch, allgemeingültige Umrechnungsfaktoren zu ermitteln. Auch dieser Versuch wurde nicht weiter verfolgt. Vgl. *Arbeitswissenschaftliche Probleme bei der Anwendung von Systemen vorbestimmter Zeiten*, hrsg. v. Institut für angewandte Arbeitswissenschaft e. V., Köln 1970. Zur ausführlichen Beschreibung und Kritik der Systeme vorbestimmter Zeiten vgl. Schmiede/Schudlich, *Entwicklung* (Anm. 44), S. 358 ff, 492 f.

63 Zum Schrifttum über den menschlichen Leistungsgrad bis in die 50er Jahre vgl. Kupke, *Beiträge* (Anm. 47), S. 37 ff. und Böhrs, *Probleme* (Anm. 47), S. 63 ff. In der REFA-Literatur der 70er Jahre spricht man von der „Beurteilung" des Leistungsgrades, da nur quantitative Mengen schätzbar sind, es hier jedoch um das Beurteilen qualitativer Größen ginge. Am konkreten Vorgehen beim Zeitstudium hat dieser Begriffswechsel nichts geändert. Ich behalte daher den früheren Begriff bei. Vgl. K. Schlaich, Methodenlehre des Arbeitsstudiums, 4. Zeitaufnahme, in: *REFA-Nachrichten*, 1971, H. 6, S. 394.

64 Kupke, *Beiträge* (Anm. 47), S. 37. Kupke hatte schon in den Jahren 1931–34 als Bedaux-Ingenieur Gehversuche in der Ausbildung von Zeitnehmern durchführen lassen (vgl. ebd., S. 51).

arbeiter sich der Problematik ihres täglichen Rüstzeugs, der Leistungsgradschätzung, kaum bewußt waren."[65] Kupke wählte, wie viele Ausbilder vor und nach ihm auch, den Arbeitsvorgang „Gehen" für den umfassendsten Teil des Trainings im Leistungsgradschätzen[66]. Zwei Ergebnisse illustrieren, wie schwierig es ist, die Subjektivität beim Leistungsgradschätzen zu objektivieren. Acht Bewerter sollten zehnmal die Leistung der „Versuchsperson Kupke" beim „Gehen, 10 m, mit fliegendem Start und Ziel" nach sechs Leistungsstufen (von 1. „Sonderleistung — sehr gute Leistung aber bedingt durch ganz besondere Eignung", bis 6. „Leistung nicht befriedigend") beurteilen. In mehreren Durchgängen stuften einige Bewerter Kupkes „Gehleistung" als „Sonderleistung" ein. Auch nachdem sie darüber aufgeklärt worden waren, daß „der Vp. Ku — 1,74 m groß . . . die ganz besondere Eignung für Geh-Arbeit keineswegs zugebilligt werden" konnte, erfolgten bei weiteren Versuchen vereinzelt Eintragungen in der Spalte „Sonderleistung". „Auf Befragung gaben die betreffenden Bewerter an, die Spalte müsse doch benutzt werden . . ."[67]

Nun ist die in diesem Versuch festgestellte Tendenz der Bewerter, den Leistungsgrad der beobachteten arbeitenden Person zu hoch einzuschätzen, wäre sie verallgemeinerbar, durchaus begrüßenswert — vom Arbeitnehmerstandpunkt. Denn je höher der Leistungsgrad bei der Zeitaufnahme geschätzt wird, desto großzügiger ist die Vorgabezeit bemessen. Doch scheint in dem geschilderten Versuch der Umstand, daß die „Versuchsperson Kupke" zugleich eine Autoritätsperson, nämlich der Ausbilder, war, die Bewerter zu außergewöhnlichem Verhalten veranlaßt zu haben. Denn Kupke stellte schon in der Befragung allgemeiner fest: „Die höchstmögliche Dauerleistung (Bestleistung) wird von erfahreneren Fachleuten im Durchschnitt höher angesetzt als von berufsjüngeren Bewertern."[68] Auf die Normalleistung zurückbezogen heißt das, daß auch sie in der Tendenz von erfahreneren Fachleuten höher angesetzt wurde, d. h. daß von den Arbeitenden mehr gefordert wurde. An dieser Tendenz haben offensichtlich die nach der Befragung durchgeführten Übungen auch bei Kupke selbst wenig geändert. Denn er setzt am Schluß seiner Studie eine im Vergleich zu den Ergebnissen anderer Zeitstudien sehr hohe Normalleistung beim Gehen an: „. . . die Forderung einer Normalleistung von 5,5 km/h bzw. 5,0 km/h (bei Dauerleistung)" kann „als billig bestätigt werden"[69]. Böhrs meint dazu, er habe in mehreren Versuchen festgestellt, daß „Zeitnehmer und Betriebspraktiker

65 Ebd., S. 47.
66 Für das Üben im Leistungsgradschätzen wurden zumeist einfache Arbeitsvorgänge gewählt. Kupke ergänzte die Übungen durch Versuche beim Falten, Sortieren, Umstecken von Bleistiften. Böhrs (*Probleme* [Anm. 17], S. 67 ff., 75 ff., 78 ff.) schildert Versuche beim Abtrocknen von Tellern, bei einfacher Bewegungshandarbeit (Auslegen von Scheiben), bei einfacher Genauigkeitsarbeit (Anzeichnen von Segmenten auf Pappe) und bei einseitig ermüdender Handarbeit (Ausschneiden der Segmente). Seine Versuchspersonen sind Frauen. Wohingegen in dem Buch der IG Metall (*Arbeitsstudium* [Anm. 47], S. 156) als Versuchspersonen wieder Männer zum Zuge kommen und bei den ihnen gemäßen Tätigkeiten beobachtet werden: beim Gehen, Spielkartenverteilen, Bleistiftumlegen und Bolzen stecken.
67 Kupke, *Beiträge* (Anm. 47), S. 52 f.
68 Ebd., S. 47.
69 Ebd., S. 79.

meist eine relativ hohe Geschwindigkeit als normal schätzen"[70], d. h., umgekehrt, eher einen relativ niedrigen Leistungsgrad annehmen.

Diese kurze Ausführung soll lediglich illustrieren, daß der Anspruch, durch das Zeitstudium sei die Bestimmung der Vorgabezeit verwissenschaftlicht und objektiviert, in einem wesentlichen Punkt hinterfragt werden muß, nämlich in der Umrechnung der aufgenommenen Istzeiten zu Normalzeiten, oder besser: in der Bestimmung der Leistung, die als „normal" gelten soll.

Die Umrechnung von Istzeit in Normalzeit nimmt sich im „REFA-Buch" von 1952 recht einfach aus[71]. Es führt als Gleichung der Normalzeit an:

$$\text{Normalzeit} = \text{Istzeit} \times \frac{\text{Leistungsgrad}}{100}$$

Ein Zeitstudienmann hat die Leistungsgrade verschiedener Arbeiter (bei gleichem Arbeitsvorgang) dann „gerecht" beurteilt, wenn er zu annähernd übereinstimmenden Normalzeiten kommt. Ob jedoch die beim Schätzen der Leistungsgrade vorausgesetzte Normalleistung selbst „gerecht", d. h. in ihrer Höhenlage „richtig" bestimmt ist, bleibt offen. Denn in dieser Hinsicht ist die angegebene Formel tautologisch. Der Leistungsgrad wird in der Regel als das Verhältnis von Leistungen definiert, d. h. die beobachtete Leistung (Istleistung) wird im Vergleich zur vorgestellten Normalleistung in Prozenten ausgedrückt. Das Ergebnis ist aber identisch mit dem Verhältnis der für die Durchführung des betreffenden Arbeitsvorganges erforderlichen Zeiten, nämlich dem Verhältnis der Zeit, die bei vorgestellter normaler Leistung erforderlich wäre (Normalzeit), zu der Zeit, die tatsächlich gemessen wird (Istzeit). Es gilt also:

$$\text{Leistungsgrad} = 100 \times \frac{\text{Istleistung}}{\text{Normalleistung}} = 100 \times \frac{\text{Normalzeit}}{\text{Istzeit}}$$

Setzt man die letztere Definition für den Leistungsgrad in die Gleichung für die Normalzeit ein, so erhält man:

$$\text{Normalzeit} = \frac{\text{Istzeit} \times \text{Normalzeit} \times 100}{\text{Istzeit} \times 100}$$

Das Ergebnis ist: Normalzeit = Normalzeit.

Vom REFA wird betont, die Sicherheit im Erkennen der Normalleistung könne „durch *Übung* im Leistungsgradschätzen und durch kritisches *Beobachten* und *Vergleichen* menschlicher Leistungen im Betriebe, also durch Sammeln von *Erfahrungen*" erworben werden. Doch auch auf diesem Wege ergibt sich keine objektive Bestimmung der Normalleistung im Sinne einer naturwissenschaftlichen Größe. Allenfalls findet eine „Objektivierung" insofern statt, als ein Zeitstudienmann seine individuelle Vorstellung von einer normalen Leistung

70 Böhrs, *Probleme* (Anm. 47), S. 41.

71 *Das REFA-Buch*, Bd. 2 (Zeitvorgabe), München 1952. Zu den nachfolgenden Ausführungen vgl. ebd., S. 30 u. S. 28. Ähnlich wird das Verhältnis von Normalzeit und Leistungsgrad behandelt, in: IG Metall, *Arbeitsstudium* (Anm. 47), S. 151.

an die gesellschaftlich vorherrschende Vorstellung angleicht und immer dieselbe Normalleistung voraussetzt, wenn er die Leistungsgrade der beobachteten
Arbeiter und Arbeiterinnen schätzt. Gleichwohl bleibt die Normalleistung eine
von gesellschaftlichen Gegebenheiten abhängige Größe.

Die Gewerkschaften, für die ja ebenso wie für den REFA „die Normalleistung eine allgemeine, unveränderliche und feststehende Größe" war, beteiligten sich daher nicht nur an der Weiterentwicklung der REFA-Methoden, um sie
in ihrem Sinne korrigieren zu können; sie legten auch großen Wert auf die Ausbildung „eigener" Zeitstudienmänner. Denn, so das zitierte Buch der IG Metall
von 1958[72]: „Vom gewerkschaftlichen Standpunkt ist jede Leistungsgradschätzung sehr *kritisch* zu betrachten, weil sie von Menschen durchgeführt wird
— also mit allen menschlichen Unzulänglichkeiten behaftet ist und im Interesse
der Betriebsleitung durchgeführt wird."

Auch um die wissenschaftlichen (statistischen) Versuche, die Normalleistung
zu bestimmen, kam es immer wieder zu Auseinandersetzungen. Dies äußerte
sich allgemein in dem Streit um die Streubreite menschlicher Leistungen[73]
und konkret in dem Streit darum, in welcher Häufigkeit und in welchem Grade
die Istzeiten von den Vorgabezeiten abweichen dürften, ehe man davon ausgehen müsse, letztere seien nicht richtig bestimmt. In den lohnordnenden Maßnahmen von 1942 wurde beispielsweise diese Grenze bei durchschnittlichen
Akkordleistungen von 115 Prozent (der Soll-Leistung) angegeben. Das REFA-
Buch von 1952 stellte fest: „Bei hohem Stand der Auslese und guter Anlernung kann die Durchschnittsleistung zu etwa 20 % über dem Zeitgrad von
100 % liegen." Von gewerkschaftlicher Seite wurde diese „Kennziffer" heftig
kritisiert und nach oben (etwa 30 Prozent) korrigiert[74].

Daß die Normalleistung ein von Interessenkonflikten eben doch nicht unbe-
einflußtes „wertbeständiges" Maß ist, kam dann wieder in der REFA-Methodenlehre zum Ausdruck, die 1971 an die Stelle des REFA-Buches von 1952
trat und bis heute gültig ist[75]. Der Begriff „Normalleistung" ist durch den allgemeineren Begriff „Bezugsleistung" abgelöst worden, und es werden drei
mögliche Bezugsleistungen zur Auswahl gestellt: die „Durchschnittsleistung",

72 Ebd., S. 146, 150.
73 Vgl. ebd., S. 141 ff.
74 *Das REFA-Buch* (1952), Bd. 2, S. 103. Der Zeitgrad drückt das Verhältnis von Vorgabezeit zu Istzeit aus. Zeitgrad = 100 % heißt, das beide Zeiten gleich sind. Vgl. auch
Kupke, *Beiträge* (Anm. 47), S. 38; Böhrs, *Probleme* (Anm. 47), S. 38; E. Bramesfeld,
Das Bedaux-System, in: *Arbeitsschutz*, 1929, Nr. 8. Die Stimmung von Betriebsrats-
mitgliedern im Vorfeld der Veröffentlichung des *REFA-Buches* (Bd. 2) 1952 illustriert
der Artikel von H. Rentschler, Was versteht der REFA-Verband unter Normalleistung?,
in: *Die Quelle*, 1952, H. 3, S. 131—133. Rentschler greift zwar den REFA (vor allem
dessen Schriftleiter Böhrs) an, lehnt den Leistungslohn aber nicht grundsätzlich ab:
„Es gibt auch noch andere Methoden der Leistungsentlohnung als die von REFA. Wir
sind nicht auf REFA angewiesen, wenn wir Akkordzeit leisten" (S. 133). Zu Böhrs'
Antwort vgl. *Die Quelle*, 1952, H. 7, S. 359—360. Vgl. auch IG Metall, *Arbeitsstudium*
(Anm. 47), S. 142 ff.; Lutz, *Krise* (Anm. 46), S. 344 ff.
75 *Methodenlehre des Arbeitsstudiums*, Bd. 2 (Datenermittlung), hrsg. v. REFA-Verband,
München 1971. Zu den nachfolgenden Ausführungen vgl. S. 133—135, 440 ff. Zur Be-
gründung der neuen Begriffe vgl. Hermann Böhrs, Stichwort „Normalleistung", in:
Handwörterbuch des Personalwesens, hrsg. v. E. Gangler, Stuttgart 1975.

die „Standardleistung der Systeme vorbestimmter Zeiten" und die „REFA-Normalleistung". Die Entscheidung darüber, welche Art der Bezugsleistung in einem Tarifvertrag oder in einer Betriebsvereinbarung festgesetzt wird, soll den Vertragsparteien überlassen bleiben. Allerdings favorisiert die REFA-Methoden-lehre die „REFA-Normalleistung". Es wird aber betont, der Name „Normalleistung" werde nur deshalb beibehalten, weil er in jahrzehntelanger Praxis eingeübt sei, und es wird festgestellt: „Einen schlüssigen und quantitativen Beweis dafür, ob diese Erscheinung der Normalleistung tatsächlich existiert, gibt es nicht." Die Frage, wie weit und in welcher Häufigkeit bei richtiger Bestimmung der Vorgabezeit die Istzeiten abweichen können, wird elegant mit dem Beispiel „einer Abteilung" umgangen. Ansonsten setzt man, wie gehabt, hinsichtlich einer „annähernd objektiven Bestimmung" des Leistungsgrades und damit implizit auch der Normalleistung auf eine „sorgfältige Ausbildung und Übung der Zeitnehmer".

Hatte sich schon in den sechziger Jahren aufgrund einer technologischen Entwicklung, in der das Arbeitsergebnis immer weniger direkt mit der menschlichen Leistung variierte, eine Krise des Zeitstudienakkords angebahnt, so wurde verstärkt in den siebziger Jahren der alte Glaube an den Zeitstudienakkord als Element des Fortschritts in den Arbeitsbeziehungen in Frage gestellt oder zumindest relativiert. Lutz beispielsweise weist 1975 auf den doppelten Zweck der Verfahren zur Sicherung der Leistungsgerechtigkeit der Akkordvorgaben und der von ihnen stets beanspruchten „Wissenschaftlichkeit" und „Objektivität" hin[76]: Sie sicherten einmal den Arbeiter gegen die traditionelle Praxis der „Akkordschere".

„Gleichzeitig nehmen sie den Arbeitern jegliche Möglichkeit, ihren Lohndruck im Betrieb im Hinblick auf ihre Leistungsverdienste geltend zu machen: Leistungsgerechte Akkorde bieten im Prinzip weder Anlässe und Präzedenzfälle, noch belassen sie den Arbeitern Argumente, um an der Legitimität des bestehenden Zustandes zu zweifeln und seine Verbesserung zu fordern. So sehr die theoretischen Grundlagen des entwickelten Zeitstudienakkords umstritten sind, so geschlossen und unangreifbar wirkt doch im allgemeinen die Argumentation, mit der ein Zeitstudienmann die Richtigkeit eines Akkordsatzes zu begründen vermag."

Auch Schmiede/Schudlich heben diesen Aspekt hervor[77]:

„Das Problem der ‚Zuordenbarkeit von Leistungssteigerungen' — das im Grunde genommen nur das Problem der Betriebsleitungen war, die Arbeiter von den Effekten der Produktivitätssteigerungen auszuschließen — wird durch die Einführung des REFA-Zeitstudiums zuungunsten der Akkordarbeiter gelöst. Hatten früher die Arbeiter noch die Möglichkeit, in den Akkordverhandlungen mit dem Meister zumindest partiell am Produktivitätszuwachs teilzuhaben, so wird dies mit der Einführung von Zeitstudien durch die Verwendung des ‚Normalleistungs'-Begriffs und den Verweis auf die ‚wissenschaftliche' Methodik unterbunden."

Lutz ging es 1975 um die gesellschaftlichen und in den Veränderungen der Produktionsmethoden liegenden Ursachen der „Krise des Lohnanreizes". Er meinte damit im wesentlichen die Krise des Akkordlohns, die u. a. dadurch bedingt

---

76 Lutz, *Krise* (Anm. 46), S. 65.
77 Schmiede/Schudlich, *Entwicklung* (Anm. 44), S. 270.

war, daß in den modernen Produktionsmethoden das Arbeitsergebnis rechnerisch/prozessual vorgegeben ist und weniger mit den Variationen menschlicher Leistung schwankt. Schmiede/Schudlich hingegen sahen in dem damit verbundenen Übergang zum modernen Pensumlohn weniger ein Ende der Leistungsentlohnung als einen Prozeß der Veränderung der Formen der Leistungsentlohnung, in dem die Prinzipien des REFA-Verfahrens als einer Variante des Taylorismus erhalten blieben. Sie betonten, daß das politische Zugeständnis der deutschen Unternehmer, den Akkordrichtsatz auf die Normalleistung statt auf die Höchstleistung zu beziehen, in Einklang mit dem tayloristischen Prinzip steht, die Arbeitsintensität zur Bezugsgröße des Leistungslohns zu machen und letzteren auf betrieblicher Ebene vom Produktivitätsfortschritt abzukoppeln sowie den Leistungslohn seines betriebspolitischen Konfliktstoffs zu berauben. Zudem erübrigt eine „richtige" Kalkulation der Vorgabezeit – gleichgültig, ob sie auf die Normal- oder die Höchstleistung bezogen ist – die konflikträchtige Anwendung der „Akkordschere", da in dieser „richtigen" Kalkulation schon die von den Unternehmern akzeptierte Höhe des Akkordüberverdienstes antizipiert wird[78].

Eng mit der „wissenschaftlichen" und „objektiven" Ermittlung der Vorgabezeiten verbunden ist ein zweiter, wichtiger und von Schmiede/Schudlich ebenfalls hervorgehobener Aspekt der tayloristischen Prinzipien, der sich auch im REFA-Verfahren wiederfindet[79]: Nicht die Arbeitsabläufe und Arbeitsmethoden, so wie sie sind, d. h. so wie sie von den Zeitstudienleuten vorgefunden werden, werden zur Grundlage der Vorgabezeitkalkulation gemacht, sondern sie werden auf ihre Effizienz hin überprüft, verbessert und in der neuen Form den Arbeitenden zur Ausführung vorgeschrieben. Mit anderen Worten, nicht nur die Zeit für eine bestimmte Leistung, sondern auch die Arbeitsmethode, in der diese Leistung erbracht werden soll, wird vorgegeben. Am deutlichsten wurde das betriebspolitische Ziel dieses Vorgehens in der Frühzeit des Zeit- und Arbeitsstudiums artikuliert. So erklärte Taylor in seiner systematischsten Ausführung 1906[80]:

„In unserem System wird jedem Arbeiter bis ins Kleinste vorgeschrieben, genau was er zu tun hat und wie er es auszuführen hat: jedwede Verbesserung, die ein Arbeiter diesen Vorschriften gegenüber vornimmt, ist von Übel. ...

Den Arbeitern sollen alle Dispositionen und Entscheidungen, von denen der Ausstoß der Werkstatt abhängt, aus der Hand genommen und auf einige wenige Leute übertragen werden, welche durch spezialisierte Ausbildung und Anleitung instand gesetzt worden sind, die nötigen Anweisungen zu geben und ihnen Wirksamkeit zu verschaffen ..."

Auf einer Tagung des Ausschusses für wirtschaftliche Fertigung (AWF) im Jahre 1920, auf der es um die Anwendung der Prinzipien Taylors in Deutschland ging, stellte einer der Experten (Friedrich) programmatisch fest[81]:

---

78 Ebd.
79 Ebd., S. 163 ff., 271 ff.
80 Frederick W. Taylor, *On the Art of Cutting Metals*, Vortrag vor der American Society of Mechanical Engineers, 1906, §§ 118, 124.
81 Zit. nach Michel, *Zeitstudien* (Anm. 50), S. 95 f.

„Die mit den Zeitstudien in Zusammenhang stehenden Fragen über menschliche Arbeitsleistung und Entlohnung derselben müssen besonders Rücksicht nehmen auf den *Selbsterhaltungstrieb*, denn der Wille des Menschen kann die beste Theorie und deren Anwendung zunichte machen, wenn er sich widersetzt. ...

Wir müssen den Willen des Arbeiters beherrschen. Ein Mittel hierzu sollen die Zeitstudien sein."

Der REFA selbst beschränkte sich nach seiner Gründung 1924 zunächst auf die Sammlung, Entwicklung und Verbreitung der Methoden zur Arbeitszeitermittlung. Erst allmählich „erschloß sich REFA das weitaus ertragreichere Feld der betrieblichen Rationalisierung, auf dem aber schon andere Verbände (RKW, AWF, VDI) mit Erfolg tätig gewesen waren"[82], und machte sich die Arbeitsstudie zur Hauptaufgabe. 1936 wurde REFA entsprechend seinem erweiterten Arbeitsgebiet umbenannt in „Reichsausschuß für Arbeitsstudien". „Nur ‚Arbeitszeitermittlung' war eine zu enge Aufgabe geworden. Es ging im Kern um die Gestaltung der Arbeit und der Leistung selbst. Arbeitszeitermittlung war hierzu nur ein Mittel zum Zweck, allerdings ein sehr wichtiges ..." Die wechselnden politischen Verhältnisse haben dem Vormarsch des REFA und seiner Männer auf lange Sicht wenig anhaben können. Im „zweiten Jahrzehnt der REFA-Arbeit" (d.h. 1934 bis 1944) wurde in „Betrieben mit weitblickender Leitung ... der verantwortliche REFA-Mann gewissermaßen zum ‚Steuermann' des Betriebes, indem die von ihm durchgeführten mannigfaltigen Untersuchungen der Arbeitsabläufe Grundlage für die maßgeblichen und richtunggebenden Entscheidungen der Leitung wurden". Der REFA konnte sich „auch während der Zeit der ‚Gleichschaltung' aller Organisationen nach 1933 seine fachliche Selbständigkeit und Eigenart bewahren ... und dank der Haltung seiner Leitung nur zu formalen Konzessionen gezwungen werden ..."[83].

Die Gründe für die günstige Position des REFA im „zweiten Jahrzehnt seiner Arbeit" formulierten namhafte Vertreter damals noch ein wenig deutlicher. E. Bramesfeld schrieb 1942 in seiner Darstellung der Erweiterung der REFA-Zeitstudien auf die REFA-Arbeitsstudien: „Der Arbeitsstudienmann ist zum *Erzieher zur Leistung* geworden, und zwar auf Grund seiner Kenntnis hier des Menschen, dort der Arbeitsabläufe und Arbeitsgehalte". K. Pentzlin hob in Vorträgen vor den „Führerkorps großer deutscher Rüstungsbetriebe" 1942 die Bedeutung der Arbeitsrationalisierung für die Mobilisierung „noch vorhandener Leistungsreserven der deutschen Kriegswirtschaft" hervor[84]. Heute firmiert der Verband — unter gewerkschaftlicher Beteiligung — als „REFA-Verband für Arbeitsstudien und Betriebsorganisation e. V.". Er bietet ein „immer weiter gefächertes Programm von Rationalisierungsmöglichkeiten" (auch für die Hauswirtschaft) an und nimmt „unter den Institutionen, die sich zu einem Bildungsverband in Wirtschaft und Technik zusammengeschlossen haben, die Spitzenstellung ein"[85].

82 Pechhold, *50 Jahre REFA* (Anm. 1), S. 78.
83 *Das REFA-Buch*, Bd. 1, München 1951, S. 34, 33, 35.
84 E. Bramesfeld, Entwicklung und Stand der Zeitstudie in Deutschland, in: *Technik und Wirtschaft*, Juni 1942, S. 96; Kurt Pentzlin, Arbeitsforschung und Betriebspraxis. Rationalisierung durch Arbeitstechnik, in: *Technik und Wirtschaft*, April 1942, S. 57. Gänzlich unumstritten scheint die Arbeitsstudie aber auch damals nicht gewesen zu sein. Als

V.3. Der REFA und seine Männer auf dem Vormarsch

Die Darstellung einiger wesentlicher Elemente des Zeitstudienakkords sollte die Rolle illustrieren, die das Konzept des gerechten Lohns im Prozeß der Rationalisierung des betrieblichen Arbeitsverhältnisses spielte – ein Prozeß, der auf eine Steigerung der Arbeitsleistung und auf eine betriebspolitische Neutralisierung der Entlohnung abzielte. Doch der Zeitstudienakkord ist, wie überhaupt die auf Zeitstudien aufbauenden Leistungslohnformen, nur ein Aspekt des gerechten Lohns. Der andere ist der Anspruch der Arbeitsbewertungssysteme, die Löhne für verschiedenartige Tätigkeiten nach objektiven Kriterien abstufen zu können. Obgleich dieses Problem auch zum Programm des REFA gehörte und gehört, war es nicht in dem Maße Domäne des REFA wie der Zeitstudienakkord. Ehe ich also näher auf die Prinzipien und die Entwicklung der Arbeitsbewertung eingehe, möchte ich das akzentuieren, woran ich mich schon in der Auswahl der Autoren, auf die sich die vorstehenden Ausführungen über den Zeitstudienakkord stützen, orientiert habe: die Kontinuitäten in der Geschichte der Leistungsentlohnung von der Leistungsgemeinschaft der dreißiger/vierziger Jahre zur Leistungsgesellschaft der fünfziger Jahre.

Augenfällig ist zunächst die personelle Kontinuität. Mit anderen Worten: Viele der Männer, die in den fünfziger Jahren tonangebend auf dem Gebiet der Leistungsentlohnung waren, hatten sich in den dreißiger und frühen vierziger Jahren ihre Sporen verdient und durch praktische Untersuchungen und vielfältige Veröffentlichungen zur Entwicklung der Methoden der Leistungsentlohnung beigetragen. Daß die Abhandlung Erich Kupkes über das Leistungsgradschätzen von 1943 mit zwar verändertem Titel, jedoch mit im wesentlichen gleichen Inhalt 1951 wiederveröffentlicht wurde, ist kein Zufall. Es ist Ausdruck des Umstands, daß – zumindest was die Entwicklung der Methoden angeht – nach dem Kriege fast nahtlos an die Erkenntnisse der Kriegs- und Vorkriegszeit angeknüpft wurde. Symptomatisch dafür ist auch, daß sich Böhrs' Abhandlung über die Probleme der Vorgabezeit von 1950 zum großen Teil auf Literatur aus den Jahren 1933–45 bezieht. 34 von insgesamt 56 Titeln seiner ausgewählten Literaturliste stammen aus dieser Zeit – darunter auch drei Artikel von Böhrs selbst. Böhrs und Kupke gehörten zu den Autoren des dritten REFA-Buches, zu dem das Manuskript 1943 nach zweijähriger Vorarbeit fertiggestellt worden war, das dann aber aus kriegsbedingten Gründen nicht gedruckt wurde[86]. Doch die Arbeit war nicht vergebens[87]:

Fortsetzung Fn. 84
Kuriosum sei auf den Artikel „Eigentum an der Arbeitsmethode" (in: *Die Wirtschaftskurve*, Sept. 1944, S. 570) hingewiesen, in dem die Frage diskutiert wird, ob die Arbeitsstudie einen Diebstahl am geistigen Eigentum des Arbeiters darstelle. (Die Antwort war „nein".)

85 Pechhold, *50 Jahre REFA* (Anm. 1), S. 7, 242.

86 Pechhold, *50 Jahre REFA* (Anm. 1), S. 91/92. Einzelne Abschnitte, z. B. über den Leistungsgrad und die Verlustzeiten, wurden vorab im Mitteilungsblatt *Der REFA-Mann* veröffentlicht. Dieses Blatt, 1936 gegründet und mit Kriegsbeginn wieder eingestellt, erschien seit September 1943 unter Kupkes Leitung in zehn Folgen bis Kriegsende. Vgl. ebd., S. 93.

87 Ebd., S. 106.

„Im Entwurf des dritten REFA-Buches lagen bereits die Grundlagen der Weiterentwicklung vor, auf denen jetzt aufgebaut werden konnte. Die Bearbeiter, meist einer jüngeren Generation des REFA entstammend, fanden sich bald zu gemeinsamer Weiterarbeit zusammen. Mit dem Willen zur Rationalisierung und im Glauben an die Bedeutung des Arbeitsstudiums bemühten sie sich, das über die Stürme gerettete geistige Werkzeug für den Wiederaufbau einzusetzen."

Wie Böhrs und Kupke hatten sich auch andere Mitarbeiter an dem Manuskript zum dritten REFA-Buch schon mit einschlägigen Publikationen einen Namen gemacht und zwar nicht nur im REFA-Schrifttum, sondern auch in Fachzeitschriften wie „Industrielle Psychotechnik", „Werkstatt und Betrieb", „Archiv für das Eisenhüttenwesen", „Technik und Wirtschaft", „Stahl und Eisen", „Maschinenbau-Betrieb". Sie nahmen auch in der Bundesrepublik — abgesehen von Kupke, der 1946 gestorben ist — wichtige Positionen ein. Neben Böhrs, der — wie erwähnt — 1951 Schriftleiter und Hauptgeschäftsführer des REFA-Instituts wurde, seien hier nur Kothe, Bramesfeld, Euler und Pentzlin genannt. Kothe, bis 1943 Geschäftsführer des REFA, wurde Anfang der fünfziger Jahre Direktor des VDI. Ausgesprochen treffend — wenngleich ungewollt — illustrierte er mit seinem Artikel „Sind Arbeitsstudien noch zeitgemäß?" aus dem Jahr 1948 die Haltung der REFA-Leitung, nämlich die radikale Selbstbeschränkung auf das „rein Sachliche", die die bemerkenswerte Entwicklung des REFA durch die Fährnisse wechselnder politischer Systeme ermöglichte[88]. Bramesfeld, der schon in der Weimarer Zeit zu den führenden Arbeitswissenschaftlern gehörte, hatte zwar 1938 seine Professur an der Technischen Hochschule Darmstadt niedergelegt, weil, wie biographischen Angaben zu entnehmen ist, „die Unabhängigkeit der akademischen Lehre immer mehr eingeengt wurde"[89]. In der Ausübung seiner arbeitswissenschaftlichen Tätigkeit in der Industrie und im REFA jedoch schien er nicht sonderlich „eingeengt" gewesen zu sein. Er übernahm die Aufgabe, dafür zu sorgen, daß in der REFA-Arbeit neben den technischen Voraussetzungen der Leistungssteigerung auch die physiologischen und psychischen Eigenschaften des Menschen stärker berücksichtigt wurden — eine Vertiefung, die u. a. auch von der DAF gefordert wurde[90]. Auf der VI. REFA-Jahrestagung in Gotha, die 1939 zusammen mit der DAF veranstaltet wurde und unter dem Generalthema „REFA und Leistungssteigerung" stand, war er einer der Hauptreferenten[91]. 1953 wurde er geschäftsführendes Vorstandsmitglied des REFA-Verbandes. Hans Euler hatte 1935 zusam-

---

88 Vgl. ebd., S. 93, 129; Erich Kothe, Sind Arbeitsstudien noch zeitgemäß?, in: *Werkstatt und Betrieb*, 1948, H. 1, S. 10 f.

89 Vgl. *Arbeitsstudium heute und morgen*, Darmstadt 1963, S. 6.

90 Vgl. ebd., S. 11. Diese Wende deutete sich in der im Auftrag des REFA-Vorstandes von Bramesfeld und Graf verfaßten REFA-Schrift an: *Leitfaden für das Arbeitsstudium*, VDI-Verlag, Berlin 1937.

91 Sein Referat „Methodik des Rangreihen-Verfahrens" behandelte die Problematik der Arbeitsbewertung. Ein anderer Referent mit dem Thema „Ruf nach einem gerechten System zur Bewertung des inneren Wertes der Arbeit" war der Mitbegründer des REFA, Direktor Kurt Hegner (von der Firma Ludwig Loewe, Berlin), seit 1938 Vorsitzender des REFA, nach dem Krieg bis zu seinem Tod 1949 an der Neugründung des REFA beteiligt. Die Vorträge der REFA-Jahrestagung von 1939 sind veröffentlicht in *REFA-Schriften*, H. 4, Berlin 1940.

men mit Hans Stevens, beide Mitglieder des Vereins Deutscher Eisenhüttenleute, das analytische Verfahren zur Arbeitsbewertung entwickelt, das später
von der Reichsgruppe Industrie übernommen, ausgebaut und „mit gutem Erfolg in vielen Betrieben der Eisen- und Metallindustrie praktisch eingeführt"
wurde[92] und die Grundlage für den Lohngruppenkatalog Eisen und Metall
(LKEM) von 1942 bildete. Ihr 1950 im Verlag Stahleisen, Düsseldorf, erschie-
nenes Buch „Die analytische Arbeitsplatzbewertung" gehört zu den Standardwerken auf diesem Gebiet. Kurt Pentzlin, der bis in den Zweiten Weltkrieg hinein auf dem Gebiet der rationellen Arbeitsgestaltung „beispielgebend
tätig" war, hielt im September 1949 zur Feier des 25-jährigen Bestehens des
REFA den Festvortrag „Und immer wieder Rationalisierung". Er war Mitglied des ersten, 1951 gewählten REFA-Bundesvorstandes[93]. Abschließend
zu den Namen, die die personelle und darin verkörperte methodische Kontinuität des Arbeitsstudiums von der nationalsozialistischen Zeit bis in die
Bundesrepublik illustrieren, sei noch der Autor des Buches „50 Jahre REFA"
genannt: Engelbert Pechhold, der in der Bundesrepublik Leiter des Ausbil-
dungswesens des REFA wurde, hatte „bereits im alten REFA den Gauaus-
schüssen Sudetenland und Protektorat angehört"[94].

Es geht hier nicht darum, ob diese Männer und ihre Kollegen „Nazis"
waren oder nicht. Von Bedeutung ist vielmehr, daß sie sich mit ihrem Sach-
verstand ebenso in der nationalsozialistischen „Leistungsgemeinschaft" ent-
falten konnten wie ihr Verband. Der REFA war nicht der nationalsozialistischen Bewegung entsprungen. Seine „Paten" waren der Gesamtverband Deutscher Metallindustrieller und der Verein Deutscher Ingenieure. Seine „Väter",
so könnte man sagen, waren Unternehmen der Berliner Metallindustrie –
u. a. Siemens, AEG, Borsig und Hanomag[95]. Nach der „Machtergreifung"
1933 mag für eine kurze Zeit Unsicherheit darüber bestanden haben, ob man
das Ziel, „Sachlichkeit und Gerechtigkeit" in die industriellen Arbeitsbeziehungen zu tragen, weiter verfolgen könnte. Doch nachdem die nationale
Arbeit „neu geordnet" und die DAF von braun-revolutionären Elementen
gesäubert war, hat sich „der Schatten der politischen Verhältnisse in Deutschland", auf den sich Pechhold in der Darstellung der REFA-Entwicklung 1935–
1945 (vgl. S. 243 f.) beruft, insgesamt doch als recht förderlich erwiesen.

Auch wenn sie sich gegenüber heutigen Verhältnissen recht bescheiden
ausnehmen, sind die Zahlen der REFA-Lehrgänge und Lehrgangsteilnehmer
in der Zeit von 1935 bis 1943 beachtlich gestiegen[96]. Die Anzahl der REFA-

92 Pechhold, *50 Jahre REFA* (Anm. 1), S. 81.

93 Ebd., S. 79, 118, 130. Pentzlins Buch *Rationelle Produktion*, Gera 1945, wurde 1950
   erneut herausgegeben.

94 Pechhold, *50 Jahre REFA* (Anm. 1), S. 126. *Arbeitsstudium heute und morgen* (Anm.
   89), S. 1; Engelbert Pechhold, Psychotechnik und Arbeiterauslese in einem Großbetrieb (d. h. ein Eisenwerk in Witkowitz; die Verf.), in: *Industrielle Psychotechnik*, 1937,
   H. 14.

95 Vgl. Pechhold, *50 Jahre REFA* (Anm. 1), S. 56; Schmiede/Schudlich, *Entwicklung*
   (Anm. 44), S. 256.

96 Ich nenne im Text nur die Zahlen bis 1943, da die offiziellen Unterlagen für die letzten Kriegsjahre verlorengegangen sind. Nach Schätzungen ging die Anzahl der Lehrgänge und Teilnehmer 1944 leicht, 1945 drastisch zurück. Vgl. Pechhold, *50 Jahre
   REFA* (Anm. 1), S. 86f., 67.

Lehrgänge, die 1935 mit knapp 40 pro Jahr wieder annähernd den Höchststand von 1924, 1928 und 1929 erreicht hatte, stieg bis 1943 auf etwa 450 pro Jahr an. Die Anzahl der Lehrgangsteilnehmer, die 1935 zwar noch nicht ganz den Höchststand der Jahre 1924 und 1929 mit knapp 2000 pro Jahr erreicht, aber den der anderen Jahre seit Gründung des REFA schon wieder weit überschritten hatte, stieg bis 1943 auf etwa 12 000 pro Jahr an. Ebenso wie in zeitgenössischen Stellungnahmen wird auch in der Rückschau beklagt, daß die Qualität der Ausbildung nicht mit der quantitativen Entwicklung von 1935 bis 1945 Schritt hielt, daß nämlich „in den Betrieben manche Leute als „REFA-Experten" eingesetzt wurden, die nach Ausbildungsstand und Charakter nicht die erforderlichen Eigenschaften mitbrachten und damit den guten Namen des REFA bei den Belegschaften in Mißkredit brachten. Die Reaktion der Arbeitnehmerseite blieb nicht aus, als die Zwangswirtschaft der N.S.-Zeit nach verlorenem Krieg aufhörte. Der REFA mußte von unten auf neu beginnen und seine Organisation den geänderten Verhältnissen anpassen"[97].

Es darf nicht vergessen werden, daß die beklagten Mängel nicht Folge einer zu geringen Wertschätzung der REFA-Prinzipien seitens der Herrschenden im nationalsozialistischen Deutschland waren. Ganz im Gegenteil, sie waren Folge einer — im Vergleich zur Weimarer Zeit — fast explosionsartigen Entwicklung des REFA im günstigen Klima der nationalsozialistischen „Leistungsgemeinschaft". Ob der REFA bei der Arbeiterschaft in Mißkredit geraten war, weil die frisch ausgebildeten „REFA-Männer" in Charakter und Qualifikation einiges zu wünschen übrig ließen oder weil man in der Praxis der Überprüfung der Akkorde eher eine den Kriegserfordernissen angepaßte „Normalleistung" zur Grundlage der Vorgabezeit machte als eine „Normalleistung", die über das ganze Arbeitsleben hinweg ertragen werden könnte, vermag ich nicht zu beurteilen. Jedenfalls nahm der REFA nach seiner den neuen politischen Verhältnissen angepaßten Reorganisation 1951 bald wieder die Position ein, die er im Laufe der nationalsozialistischen Herrschaft hatte erobern können: Er hatte sich in den dreißiger und vierziger Jahren zu *der* Institution für Zeit- und Arbeitsstudien in Deutschland gemausert.

Auch der Leiter des DAF-Amts „Leistungsertüchtigung, Berufserziehung und Betriebsführung", mit dem der REFA seit 1935 zusammenarbeitete, hatte 1944 anläßlich des 20-jährigen Bestehens des REFA einiges an der „Auslese, Ausrichtung und dem Ansatz neuer REFA-Männer" auszusetzen. Er vergaß dabei jedoch nicht zu betonen[98]:

„Seit Taylor gibt es in den meisten Industrieländern der Welt ein Arbeits- und Zeitstudienwesen. Doch nur in Deutschland ist es gelungen, die Methoden zu vereinheitlichen, eigene Begriffe zu schaffen und zum Träger einer Lehre und Forschung zu werden, die Gemeinnützigkeit, Gemeinschaftsarbeit und soziale Gerechtigkeit verbürgt. Wir verdanken es dem REFA, daß es heute in Deutschland nicht so viel verschiedene Arten von Zeitstudienmethoden gibt, als wir private Industrieberatungsbüros, freie Organisatoren oder ihre eigenen Wege gehenden Großbetriebe haben. Durch das Dasein des REFA ist verhindert worden,

97 A. Winkel, Das REFA-Buch — Erinnerungen eines Mitarbeiters, in: *Arbeitsstudium heute und morgen* (Anm. 89), S. 12. Zur Qualität der REFA-Männer vgl. auch Pechhold, *50 Jahre REFA* (Anm. 1), S. 88 f.
98 Zit. nach ebd., S. 94.

REFA-Entwicklung 1935 bis 1945

Die äußere Entwicklung des REFA bis zum Kriegsende stand im Schatten der politischen Verhältnisse in Deutschland. Diese Epoche stillschweigend zu übergehen, wäre nicht vereinbar mit einer wirklichkeitsnahen Darstellung. Nach der nationalsozialistischen Machtergreifung setzte zuerst langsam, dann zwingender ein für alle autoritären Systeme charakteristischer Prozeß der Vereinheitlichung und Parallelschaltung ein. Zunächst verschwanden aus den leitenden Stellungen alle Personen, die aus politischen, rassischen oder sonstigen Gründen dem Regime nicht genehm waren – ohne Rücksicht auf erworbene Verdienste.

So verlor der REFA seinen Geschäftsführer Prof. Meyenberg. An seiner Stelle betraute der VDI – dem bei Besetzung der Geschäftsführerstelle des REFA ein Vorschlagsrecht zukam – Herrn Reg.-Baurat Dipl.-Ing. Kothe mit der hauptberuflichen REFA-Geschäftführung. Es war eine schwierige Aufgabe, den Verband ohne Schaden durch die kommenden Jahre zu steuern. Kothe war aus der technischen Gemeinschaftsarbeit hervorgegangen, hatte die Entstehung des REFA von Anfang an mitgemacht und war nicht nur überzeugender Vortragender und Lehrer, sondern auch erfolgreicher Praktiker des Arbeitsstudiums. Wie kaum ein anderer verstand er es, für die REFA-Arbeit zu begeistern. Später, vielfach geehrt, leitete er als Direktor den VDI und sollte im Ruhestand auch die Geschichte des REFA schreiben. Sein plötzlicher Tod 1962 hat dies leider verhindert.

Organisatorisch wurde der REFA als fachlich-technischer Verband so wie der VDI und alle technischen Vereine ein Glied des NS-Bundes Deutscher Technik. Jede Gemeinschaft, ob wirtschaftlicher, fachlicher oder gesellschaftlicher Art, mußte, wenn sie weiterbestehen wollte, einen Platz in dem komplizierten Organisationsgefüge von Staat und Staatspartei erhalten. Bei REFA war die Lage wegen der Einflußnahme auf Lohn und Leistung komplizierter und gefährlicher. Zunächst schien die DAF (Deutsche Arbeitsfront) als Betreuerin dieses Gebietes das Mißtrauen der gewerkschaftlichen Vorgänger übernommen zu haben. Auch weltanschaulich wurde eingewendet, daß der deutsche Mensch von sich aus Leistungsmensch wäre und daher keine Antriebe zur Leistungssteigerung brauche. Wahrscheinlich unter dem Einfluß der Reichsgruppe Industrie wurde aber bald die sozialpolitische Bedeutung des Arbeitsstudiums erkannt. Es bestand die Gefahr, daß die REFA-Arbeit einem der beiden neugegründeten Zentralstellen der DAF, dem Amt für Berufserziehung und Betriebsführung oder dem Arbeitswissenschaftlichen Institut eingegliedert würde und damit ihre Selbständigkeit verloren hätte. Nach längeren, schwierigen Verhandlungen wurde folgendes Abkommen über die künftige Zusammenarbeit geschlossen:

Die Deutsche Arbeitsfront, vertreten durch das „Amt für Berufserziehung und Betriebsführung", und der „Reichsausschuß für Arbeitsstudien" vereinbaren für die Durchführung von REFA-Lehrgängen folgendes:

1. *Die Lehrgänge werden grundsätzlich gemeinsam durchgeführt wie auch die Werbung hierfür gemeinsam erfolgt.*
2. *Die Dienststellen des Amtes für Berufserziehung und Betriebsführung sorgen für die Erfassung und Zuführung der Teilnehmer, die zuständigen REFA-Kuratorien für die Durchführung des Unterrichts und die Gestaltung der Lehrkräfte.*
3. *Die Ausführung erfolgt nach besonderen gemeinsam ausgearbeiteten Arbeitsrichtlinien.*

Berlin, den 4. Oktober 1935

Reichsausschuß für Arbeitsstudien – REFA –

  gez. O. Knoop
  Vorsitzender

Die Deutsche Arbeitsfront
Amt für Berufserziehung und Betriebsführung

gez. *Arnhold* / Amtsleiter

(Dienststempel)

Ergänzt wurde es durch Arbeitsrichtlinien für die Einrichtung und Durchführung von REFA-Lehrgängen, wobei REFA die fachliche Betreuung der REFA-Lehre, die Stellung von Lehrkräften und Lehrmitteln übernahm, während die DAF für Werbung, organisatorische und wirtschaftliche Sicherung der Lehrgänge zuständig war. In einem Zusatzabkommen wurde vereinbart, daß REFA außer den Gemeinschaftslehrgängen auch allein oder mit anderen Partnern REFA-Lehrgänge veranstalten könne und daß die allgemeine Werbung für das Arbeitsstudium, Vortragsveranstaltungen usw. nicht unter dieses Abkommen fallen.

Quelle: Pechhold, *50 Jahre REFA* (Anm. 1), S. 82 f.

daß aus dem Zeitstudienwesen betriebliche Patentmedizinen gemischt wurden, wie sie besonders in den USA gern von privaten Erwerbsgesellschaften vertrieben werden."

Wie weiter oben ausgeführt, wurde in diesem Zeitraum auch der REFA-Zeitstudienakkord beträchtlich weiterentwickelt. Wenn in der Leistungslohnstudie von Schmiede/Schudlich durchklingt, daß sich die „Normalleistung" als Bezugspunkt der Vorgabezeitermittlung erst in den fünfziger Jahren durchgesetzt habe[99], dann stimmt das allenfalls für ihre praktisch konsequente Anwendung. Konzept und Methode der Bestimmung der Normalleistung waren schon in der nationalsozialistischen Zeit voll entwickelt worden. Auch die – wenngleich nur partielle – Umsetzung in die Praxis der Akkordentlohnung begann schon unter dem Nationalsozialismus. Am deutlichsten wird dies bei den „lohnordnenden Maßnahmen" ab 1942. Der vom REFA mitverfaßte „Leitfaden" zur betrieblichen Durchführung dieser Maßnahmen lehnt es ausdrücklich ab, daß das alte Konzept der „Durchschnittsleistung" zur Bezugsgröße der Akkordüberprüfung gemacht wird[100]:

„Vollkommen fehl gehen die Versuche, auf der sogenannten Durchschnittsleistung als Grundlage richtige, allgemeingültige Akkorde aufbauen zu wollen. Die Durchschnittsleistung eines Betriebes oder einer Arbeitsgruppe ist keine feststehende Größe. Sie schwankt um so stärker, je kleiner der betrachtete Personenkreis ist. Als statistische Größe wird sie nachträglich – nach beendigtem Leistungsvollzug – ermittelt. Sie scheidet also aus verschiedenen Gründen als Bezugsmaß für allgemeingültige Akkorde aus."

Die Definition der „Normalleistung" im „Leitfaden" von 1943 weist auffallende Ähnlichkeiten mit neueren Definitionen auf. In beiden Definitionen ist die Abstraktion von den unmittelbar gemessenen Leistungen nicht durch Durchschnittsbildung, sondern durch gleichzeitige Schätzungen des jeweiligen Leistungsgrades enthalten. Und ähnlich wie in der neueren Definition wird auch im „Leitfaden" Wert auf eine „gute Arbeitsvorbereitung" als Vor-

99 Vgl. Schmiede/Schudlich, *Entwicklung* (Anm. 44), S. 324.
100 *Leitfaden*, S. 109.

bedingung einer „freien Leistungsentfaltung" gelegt[101]. Allerdings wird vom REFA 1971 betont, „die Normalleistung liegt gewöhnlich unter der Durchschnittsleistung von im Leistungslohn Arbeitenden"[102], während der „Leitfaden" 1943 feststellt: „Besonders häufig kommt die 100-prozentige Leistung (Normalleistung) vor. Deshalb wird der Gruppenleistungs-Durchschnitt des Betriebes oder einer größeren Anzahl von Gefolgschaftsmitgliedern praktisch der Normalleistung allgemein entsprechen."[103] Der in Klammern hinzugefügte Satz, „auf diese Erfahrung stützt sich u. a. die Überwachung des betrieblichen Lohnniveaus durch die Reichstreuhänder der Arbeit", macht deutlich, weshalb man sich in der Überprüfung der Akkorde an einer „Normalleistung" und nicht an den gemessenen betrieblichen Durchschnittsleistungen orientierte: Man wollte die Betriebe daran hindern, weiterhin den Lohnstopp durch großzügiger berechnete Vorgabezeiten zu umgehen. Festzuhalten bleibt aber, daß die Elemente des modernen Zeitstudienakkords − eine Arbeitsvorbereitung, in der die Arbeitsausführung den Arbeitenden vorgeschrieben wird, und eine Definition der „billigerweise zu fordernden Leistung", die von der jeweiligen Arbeitsart abstrahiert − zur Grundlage der staatlichen Vorschriften ab 1942 und idealiter auch der betrieblichen Leistungslohnpolitik gemacht wurden. Wenn man die „Normalleistung" damals auf einem höheren Niveau ansiedelte als heute[104], dann zeigt das lediglich, daß ihre Bestimmung eben nicht nur ein technisches oder wissenschaftliches, sondern auch ein gesellschaftliches Problem ist, d. h. auch von der jeweiligen Verhandlungsstärke der Parteien des Arbeitsverhältnisses abhängt.

Doch im Selbstverständnis des REFA war und ist die Wahrnehmung des gesellschaftlichen Aspekts die Sache anderer − heute der Gewerkschaften und der Arbeitgeberverbände[105], damals der „Betriebsführung gemeinsam mit der Deutschen Arbeitsfront und dem Treuhänder"[106]. Mit diesem Selbst-

101 Ebd., S. 110; vgl. auch oben S. 229.

102 *Methodenlehre* (Anm. 75), S. 136.

103 *Leitfaden*, S. 110.

104 Das zeigt sich auch an der Spannweite des „natürlichen Streubereiches der menschlichen Leistung", von dem man ausging. Im *Leitfaden* (S. 111) wurde ein Streubereich zwischen 75 % und 125 % (Normalleistung = 100 %) angenommen. Gegen Ende der 50er Jahre galt − zumindest für die Gewerkschaften − ein Streubereich von etwa 80 % bis 180 % (vgl. IG Metall, *Arbeitsstudium*, S. 142). Allerdings ist dieser Streubereich heute noch umstritten. Der REFA legt sich daher nicht mehr auf genaue Angaben fest.

105 So z. B. Kurt Wolf, Lohnpolitik und Arbeitswissenschaft, in: *Arbeitsstudium heute und morgen* (Anm. 89), S. 41, 45, 46: „Bei der Akkordentlohnung − ein Gebiet, auf dem sich Arbeitswissenschaft und Lohnpolitik berühren − bedient sich letztere bekanntlich des Begriffes ‚Normalleistung' und benutzt ihn als Maßstab für die Festsetzung eines bestimmten Lohnsatzes. Der Begriff und sein Inhalt sind vom Arbeitsstudium bestimmt, und zwar in der Form einer Wortdefinition, die dem Sachverständigen eine klare Vorstellung von der gemeinten ‚Leistung' vermitteln soll und kann ... Andererseits: Es liegt in völlig freiem Ermessen der Lohnpolitik, für ihre Bedürfnisse, d. h. hier als Maßstab für den Leistungslohn den so bestimmten Begriff anzunehmen oder abzulehnen oder sich irgend eines anderen zu bedienen."

106 *Praktische Winke für die Einführung der lohnordnenden Maßnahmen in der Rüstungsindustrie*, Berlin 1943.

verständnis konnte der REFA die lohnordnenden Maßnahmen ab 1942 nur begrüßen[107]:

„Dazu ist zunächst zu sagen, daß durch die Einführung der neuen lohnordnenden Maßnahmen eine große Reihe derjenigen Forderungen erfüllt wird, die der Refa seit seinem Bestehen wieder und wieder gestellt hat, Forderungen, die überhaupt die Basis für die Durchführung der Refaarbeit bilden. Infolgedessen muß der Refa sich für die Verwirklichung dieser von ihm längst verlangten Ziele ganz besonders einsetzen ..."

Hinsichtlich der Überprüfung der Akkorde wurde betont[108]:

„Der Refa muß also hier mit Energie und Rücksichtslosigkeit die Gelegenheit wahrnehmen, um den von ihm in Wort und Schrift vertretenen und auch immer gelehrten Standpunkt zur Verwirklichung zu bringen, nur die der normalen Leistung entsprechende Herstellungszeit festzustellen und vorzugeben. Die Refamänner dürfen sich durch keinerlei äußere Umstände, durch keinerlei Verdienstfragen, auch nicht durch persönliche Beeinflussung von irgendwelcher innerhalb oder außerhalb der Betriebe befindlichen Stellen von der ihnen durch die neuen lohnordnenden Maßnahmen gestellten Aufgabe abbringen lassen, künftig nur refawahre Zeiten zu ermitteln."

Damit sich die „REFA-Männer" mit „Energie und Rücksichtslosigkeit" an das Ermitteln und Durchsetzen „refawahrer Zeiten" im Sinne eines „gerechten Lohns" machen konnten, mußte auch die andere Seite des Lohns, das „Geld", in einen systematischen Zusammenhang zu den ausgeübten Tätigkeiten gebracht werden. Die Zeit muß geldlich bewertet werden. Dazu dient der „Geldfaktor", mit dem eine Minute „Zeit" abgegolten wird. Der Geldfaktor multipliziert mit 60 Minuten Istzeit (Anwesenheitszeit) ergibt den Zeitlohn, multipliziert mit 60 Minuten Vorgabezeit ergibt er den Akkordlohn (Akkordrichtsatz).

Der Geldfaktor ist durch die tariflichen Lohngruppen vorgeschrieben. Der REFA war von den lohnordnenden Maßnahmen ab 1942 nicht nur deshalb so begeistert, weil sie die Überprüfung der Vorgabezeiten nach dem REFA-Verfahren vorschrieben, sondern auch deshalb, weil mit dem Lohngruppenkatalog Eisen und Metall (LKEM) ein wichtiges Problem gelöst wurde, das sich aus den herkömmlichen Lohngruppen — gelernte, angelernte und ungelernte Arbeiter sowie Frauen — ergeben hatte. Solange sich beim Akkordlohn beispielsweise der Geldfaktor nur aus der einen Lohngruppe „angelernte Arbeiter" ableitete, verdienten diese zwar alle — den Zeitstudienakkord vorausgesetzt — im gleichen Verhältnis mehr, wie sie jeweils ihre Vorgabezeiten unterschritten, die einen mußten dafür aber schwierigere Arbeit leisten als andere. Man hatte sich damit beholfen, die unterschiedlichen Arbeitsschwierigkeiten durch Zuschläge zu den Vorgabezeiten oder zum Akkordrichtsatz bzw. Geldfaktor auszugleichen. Diese Zuschläge wurden mehr oder weniger geschätzt, waren nicht systematisiert. Als nach dem Lohnstopp von 1939 die Akkordrichtsätze nicht mehr verändert werden durften, blieb die Möglichkeit der Reichstreuhänder, die Akkordverdienste zu kontrollieren, noch relativ gering, denn sie verfügten nicht über systematische Kriterien, anhand derer sie feststellen

107 Ebd., S. 9.
108 Ebd., S. 10.

konnten, ob die Vorgabezeit und die Schwierigkeitszuschläge „richtig" berechnet worden waren.

Mit dem LKEM wurde die Bewertung „des Arbeiters" abgelöst durch die Bewertung „der Arbeit", was eine Bewertung und Abstufung der Schwierigkeitsgrade der einzelnen Arbeiten beinhaltete. Die aus den Grundlöhnen der neuen Lohngruppen abgeleiteten Geldfaktoren enthielten also schon in systematisierter Form den „Schwierigkeitszuschlag". Hinsichtlich der Akkordlöhne bestand nun – zumindest dem Anspruch nach – kein Anlaß mehr, „richtige Vorgabezeiten" nachträglich durch Schwierigkeitszuschläge wieder zu „verfälschen".

V.4. Der relativ gerechte Lohn – Das Beispiel der Arbeitsbewertung

Mit der Einführung des Lohngruppenkatalogs Eisen und Metall (LKEM) 1942 verfolgte man drei Ziele. Zum einen hoffte man, die Kontrolle über die vielfältigen Zuschläge zu erlangen, mit denen die Betriebe versuchten, den Lohnstopp zu umgehen. Zweitens wollte man die hierarchische Ordnung unter den Lohnabhängigen wiederherstellen. Die Spanne der Grundlöhne zwischen gelernten und angelernten Arbeitern wurde vergrößert, damit letztere, wenn sie im Akkord arbeiteten, nicht mehr verdienen konnten als erstere. Ferner wurde die relative Unterbezahlung der Arbeiterinnen wie auch – durch zusätzliche Regelungen – der „fremdrassigen" Arbeiter und Arbeiterinnen systematisiert. Drittens wollte man durch Untergliederung der herkömmlichen Lohngruppen den „Aufstiegswillen" der Arbeiter (Frauen hatten nicht aufzusteigen) fördern. Insbesondere die Aufgliederung der alten Lohngruppe „gelernte Arbeiter" in vier Lohngruppen sollte dazu dienen, daß hochspezialisierte Facharbeiter (die Mangelware waren) „stoßtruppmäßig" herausgehoben wurden. Soweit zu den unmittelbar aus der damaligen Situation begründeten Absichten; die „Förderung des Aufstiegswillens" war jedenfalls auch zu anderen Zeiten und von Unternehmerseite erklärte Absicht bei der Einführung der Arbeitsbewertung[109].

In der Geschichte der Ablösung der Bewertung „des Arbeiters" – später auch „des Angestellten" – durch die Bewertung „der Arbeit" wurden verschiedene Termini gebraucht: „Arbeitsplatzbewertung", „Tätigkeitsbewertung" und eben „Arbeitsbewertung". Ich werde im folgenden als Globalbegriff den letzteren benutzen und nicht auf Unterschiede eingehen, da es hier um die Grundgedanken geht. Zusammen mit den Zeitstudien konstituieren die Verfahren der Arbeitsbewertung das Konzept eines (leistungs-)„gerechten Lohnes", in dem Lohngerechtigkeit von einem gesellschaftlichen auf ein technisches Problem reduziert und die Entlohnung betriebspolitisch neutralisiert werden soll. Aus diesen Grundgedanken läßt sich nicht nur die herrschaftspolitische

---

109 „Für die Erhaltung der Arbeitsfreude ist die Aufstiegsmöglichkeit eine der wichtigsten Vorbedingungen, jede Nivellierung sollte vermieden werden." *Vorschlag einer Arbeitsbewertung*, hrsg. v. Arbeitsausschuß für Fragen der betrieblichen Leistungsgestaltung, Gesamtverband der metallindustriellen Arbeitgeberverbände e.V., Wiesbaden, Juni 1954, S. 25.

Relevanz des LKEM erklären. Sie erklären auch, weshalb die mit ihm eingeführte Arbeitsbewertung nicht als nationalsozialistischer Betriebsunfall gesehen wurde, den es nach dem „Zusammenbruch" rückgängig zu machen galt. Vielmehr stand die Arbeitsbewertung in den fünfziger und sechziger Jahren in voller Blüte.

Die Arbeitsbewertung wurde nicht erst im Zweiten Weltkrieg und auch nicht allein in Deutschland „erfunden"[110]. Die ersten Versuche einer praktischen Anwendung der Arbeitsbewertung — damals für Gehaltsempfänger — wurden 1909 bis 1917 und dann weiter in den zwanziger Jahren in den USA unternommen[111]. Nach einer Flaute in der Weltwirtschaftskrise wurde die Arbeitsbewertung weiterentwickelt und allmählich auch auf den Bereich der Lohnempfänger ausgedehnt[112]. Wesentliche Faktoren waren das — von staatlicher Seite her — günstigere Klima für gewerkschaftliche Organisation und das Erstarken der Industriegewerkschaften im CIO. Von staatlicher Seite wurde die Klassifikation von Berufen/Arbeiten durch systematische Sammlungen von Arbeitsuntersuchungen unterstützt[113]. Wie bereits erwähnt, bewirkten die Lohn- und Gehaltskontrollen im Zweiten Weltkrieg einen weiteren Schub für die Einführung der Arbeitsbewertung in der amerikanischen Industrie. Nach der Verordnung des Präsidenten vom 3. Oktober 1942 durften Lohnerhöhungen nur noch zugelassen werden, um Steigerungen der Lebenshaltungskosten auszugleichen, um in besonderen Fällen eine wirksame Steigerung der Kriegsproduktion zu bewirken oder um besonders krasse Lohnungerechtigkeiten zu beseitigen. Insbesondere auf den letzten Punkt bezogen sich die Anträge auf Lohnerhöhungen bei dem für die Lohnkontrolle zuständigen National War Labor Board (NWLB) — Anträge, die nicht nur von den

110 Zur Entwicklung der Arbeitsbewertung und Darstellung von Arbeitsbewertungsmethoden in verschiedenen Ländern vgl. Peter Keller, *Grundfragen der Arbeitsbewertung*, Köln [2]1949; Josef Wibbe, *Arbeitsbewertung. Entwicklung, Verfahren und Probleme*, München [3]1966. Freunde teurer Schuhe mag interessieren, daß die Bally-Schuhfabriken A.G. in der Schweiz schon 1918 die Arbeitsbewertung einführten, die „heute noch sehr modern anmutet, dies sowohl in Bezug auf die verwandten Merkmale wie auf die Gewichtung". Willy Bloch, *Arbeitsbewertung. Grundlagen und Anwendung*, Zürich 1958, S. 31. Johannes Paasche hält es für erforderlich, in der Geschichte bis auf die alten Ägypter, die Sumerer, Babylon, den alten Iran und die spätrömische Zeit zurückzugehen. Vgl. ders., *Die Praxis der Arbeitsbewertung*, Köln [3]1963. Michael Gikas, *Arbeitsbewertung. Entlohnungsverfahren oder Ideologisches Instrument*, Münster 1985 (Industriesoziologie Bd. 3).

111 Vgl. das Stichwort „Job Evaluation", ausgearbeitet von Samuel L. H. Burk und Eugene J. Benge — beides bekannte amerikanische Arbeitsbewertungsspezialisten —, in: *The Encyclopedia of Management* (3. Aufl.), hrsg. v. Carl Heyel, New York 1982. Zu den von ihnen entwickelten und vertretenen Methoden vgl. E. J. Benge/S. L. Burk/E. N. Hay, *Manual of Job Evaluation*, New York 1941.

112 Bei der Pennsylvania Rapid Transit Co. wurde schon 1926 ein Arbeitsbewertungssystem für Gehalts- *und* Lohnempfänger eingeführt. Dazu und zu Beispielen aus den dreißiger Jahren vgl. Wibbe, *Arbeitsbewertung* (Anm. 110), S. 201 ff.; Keller, *Grundfragen* (Anm. 110), S. 8 ff.

113 Seit 1934 vom United States Employment Service. Wichtigstes Ergebnis war das vom US-Arbeitsministerium 1940 herausgegebene *Dictionary of Occupational Titles*. Vgl. Wibbe, *Arbeitsbewertung* (Anm. 110), S. 201 f.

Gewerkschaften kamen, sondern auch von den Unternehmern, die ebenso wie ihre deutschen Kollegen angesichts der günstigen Rüstungskonjunktur eher an der Erhaltung des „Arbeitsfriedens" und der Bindung von Arbeitskräften an ihren Betrieb interessiert waren, als an niedrigen Lohnkosten. Das National War Labor Board, beziehungsweise nach der Dezentralisierung der Lohnkontrolle die Regional War Labor Boards, machte in den Fällen, in denen Lohnerhöhungen beantragt wurden, eine systematische Einstufung der Tätigkeiten in den betreffenden Betrieben zur Auflage, wobei das Verfahren und die Methoden nicht im einzelnen vorgeschrieben waren[114].

Zwar war Lohnungerechtigkeit (inequity) einer der Fälle, in denen Löhne erhöht werden durften, doch wurde das NWLB nicht von sich aus tätig, um Lohngerechtigkeit herzustellen. Es konnte Lohnerhöhungen nur auf Antrag veranlassen. Des weiteren genehmigte es z. B. Lohnerhöhungen im Sinne einer Gleichbezahlung von Frauen und Männern nur dort, wo Frauen Männer ersetzten oder in einem Betrieb die gleiche Arbeit bei gleicher Leistung wie Männer verrichteten. Das Prinzip der Gleichbezahlung galt nicht dort, wo Frauen in einem Betrieb einen geringeren Lohn als Frauen oder Männer erhielten, die in einem anderen Betrieb die gleichen Tätigkeiten ausübten. Ebensowenig galt dieses Prinzip für traditionelle Frauenarbeitsplätze. In diesen Fällen wurde angenommen, daß die niedrigere Einstufung auf einer korrekten Bewertung der Frauenarbeitsplätze im Vergleich zu den anderen Arbeitsplätzen im Betrieb beruhe[115]. Jedoch war selbst eine Einstufung nach der systematischen Arbeitsbewertung keineswegs eine Garantie gegen die geschlechtsspezifische Differenzierung des Lohns. Das *Job Evaluation Manual* von General Electric beispielsweise, ein Unternehmen, das schon in den zwanziger Jahren die Arbeitsbewertung eingeführt hatte, bestimmte: „Für weibliche Arbeitskräfte soll der Wert (Lohn) zwei/drittel des Wertes für männliche Arbeitskräfte betragen." Bis in die Nachkriegszeit hinein wurden bei General Electric, wie übrigens auch bei Westinghouse, Frauen- und Männerarbeitsplätze zwar nach der gleichen Methode bewertet, Frauenarbeitsplätze jedoch mit einem besonderen Abschlag bedacht, d. h. niedriger eingestuft[116].

Insgesamt gesehen hat der Zweite Weltkrieg in den USA dazu beigetragen, die Arbeitsbewertung in der Industrie zu etablieren – oft gegen den Wider-

114 Vgl. Allan R. Richards, *War Labor Boards in the Field*, Chapel Hill 1953, S. 35; Mark W. Leiserson, Wage Decisions and Wage Structures in the United States, in: *Wage Structure in Theory and Practice*, Amsterdam 1966, S. 19 f.; John B. Parish, Relation of Wage Control to Manpower Problems, in: *Problems of Policies of Dispute Settlement and Wage Stabilization During World War II*, Washington, D.C. 1950, S. 195. Kurz auch Wibbe, *Arbeitsbewertung* (Anm. 110), S. 207.

115 *Equal Pay For Equal Work For Women*, Bericht über das Hearing des House of Representatives, Subcommittee Nr. 4 – Wages and Hours of Labor, Committee on Education and Labor, Washington D.C. 1948, S. 95. Aufgrund der ‚General Order No. 16' des NWLB vom 24.11.1942 durften die Unternehmen entsprechend diesen Richtlinien Frauenlöhne freiwillig erhöhen. Bis zum 3.1.1944 mußten sie das NWLB davon in Kenntnis setzen. Nach Schätzungen des NWLB haben in diesem Zeitraum Unternehmen die Löhne für ganze 60 000 Frauen erhöht (vgl. ebd.).

116 Ruth Milkman, Female Factory Labor and Industrial Structure, in: *Politics and Society*, 1983 (12. Jg.), Nr. 2, S. 172, 184; vgl. auch *Equal Pay* (Anm. 115), S. 207.

stand der Gewerkschaften und auch vieler Unternehmen. In der Zeit nach dem Zweiten Weltkrieg setzte sich dieser Trend fort, zum einen, weil die staatliche Lohnkontrolle im Koreakrieg ähnliche Züge trug wie die im Zweiten Weltkrieg, zum anderen aber, weil man sich auf unternehmerischer und auf gewerkschaftlicher Seite aufgrund der gemachten Erfahrungen Vorteile von der Arbeitsbewertung versprach. Ich will es bei dieser groben Beschreibung der Entwicklung in den USA belassen, denn sie soll nur als Illustration dazu dienen, daß die Einführung der Arbeitsbewertung in der deutschen Industrie kein spezifisch nationalsozialistisches Phänomen war, sondern sowohl einem langfristigen Trend als auch, in ihrer Beschleunigung, kriegsspezifischen Bedingungen der Lohnpolitik entsprach.

Auf die unterschiedlichen Methoden der Arbeitsbewertung in den USA kann hier nicht eingegangen werden[117]. Statt dessen soll auf die Beziehung zwischen der Arbeitsbewertung und dem „Taylorismus" hingewiesen werden, wobei „Taylorismus" im allgemeinen Sinne einer Strategie verstanden wird, Störfaktoren im Produktionsprozeß systematisch zu lokalisieren und zu beseitigen. Da die Arbeitsbewertung eine genaue Untersuchung der einzelnen Tätigkeiten erfordert, liefert sie die Grundlage zur systematischen Verbesserung der Kontrolle des Arbeitsprozesses, der Auslese, Schulung und des Einsatzes von Arbeitskräften. Neben dieser methodischen Verbindung ist aber auch das betriebspolitische Ziel wichtig, Konfliktpotentiale zu entschärfen. Aufgrund der spezifischen Bedingungen gewerkschaftlicher Organisation kam dieser Aspekt in der amerikanischen Diskussion deutlicher zum Ausdruck als in der deutschen. Während in der Zeit der Einführung der Arbeitsbewertung in Deutschland die Gewerkschaften total aus den Arbeitsbeziehungen und der Gesellschaft ausgeschlossen waren und sich die Unternehmer später in der Bundesrepublik bereitgefunden haben, die Gewerkschaften als „Sozialpartner" zu akzeptieren, waren die Verhältnisse zwischen Gewerkschaften und Unternehmern in den USA nie so „eindeutig". Zwar fanden sich auch in den USA Unternehmen zur Zusammenarbeit mit den Gewerkschaften bereit − je nach politischer Konstellation und Kräfteverhältnis mal mehr, mal weniger −, doch zieht sich durch Managementstrategien, insbesondere durch die Strategien der tayloristischen „wissenschaftlichen Betriebsführung", wie ein roter Faden die Überlegung, auf welche Weise die betriebliche Personalpolitik den Gewerkschaften ihren wichtigsten Ansatzpunkt der Verankerung im Betrieb nehmen könne, nämlich die „grievances", d.h. die Unzufriedenheit der Belegschaften mit den Arbeitsbedingungen. So schreibt das „Management Handbook" der American Management Association (AMA) 1983, nachdem es mit kurzen klaren Worten die Rolle der Gewerkschaften als Interessenvertretung der Beschäftigten erklärt hatte[118]:

„By learning why unions are considered important to workers and building good relationships with employees, organizations can reduce the ability to win representation elections. Many workers do not feel the need for a union if their organization encourages communication at all levels and demonstrates a sincere concern for employees."

---

117 Zur Darstellung der Arbeitsbewertungsmethoden in den USA bis Ende des Zweiten Weltkrieges vgl. Charles W. Lytle, *Job Evaluation Methods*, New York 1946, Kap. 3.
118 *AMA Management Handbook*, hrsg. v. William K. Fallcon, New York ²1983, S. 7−98. (Organization = Unternehmung.)

Klagen über ungerechte Löhne waren immer ein zentraler Ansatzpunkt für gewerkschaftliche Organisation. Dabei ging es nicht allein um die absolute Lohnhöhe, sondern auch um das Verhältnis der Löhne zueinander. In der „Encyclopedia of Management" schreiben Benge und Burk dazu[119]: „Experience has shown that employees are usually more concerned with equitable comparison of their individual *job rates* with those of fellow workers than they are with the absolute amounts of their salaries or wages." Die amerikanischen Gewerkschaften müssen sich das Recht der kollektiven Interessenvertretung durch Wahlen in jedem einzelnen Betrieb erkämpfen und behalten es auch nur, wenn sie weiterhin über eine ausreichende betriebliche Basis verfügen. Sie sahen in der Arbeitsbewertung einen weiteren Versuch der Unternehmer, die Arbeit zu intensivieren und die Entlohnung durch „Versachlichung" betriebspolitisch zu neutralisieren. Sie freundeten sich daher nur zögernd mit der Arbeitsbewertung an und dann oft auch nur da, wo sie an ihrer Ausarbeitung beteiligt waren[120]. Dort, wo die Belegschaften schon gewerkschaftlich organisiert waren, zeigten sich auch die Unternehmen allmählich an einer gewerkschaftlichen Beteiligung interessiert, denn, wie Benge und Burk betonen, eine Arbeitsbewertung kann nur erfolgreich sein, wenn allgemeine Übereinstimmung darin besteht, daß sie genau und korrekt ist[121]. Folgt man dem „AMA Management Handbook" von 1983, dann scheint die gewerkschaftliche Beteiligung immer noch nur als die zweitbeste Lösung gesehen zu werden. Es führt aus, daß viele große Unternehmen einer gewerkschaftlichen Organisationskampagne nach der anderen erfolgreich widerstanden und manchmal sogar erreicht hätten, daß Gewerkschaften das Recht der kollektiven Interessenvertretung in ihren Betrieben wieder entzogen wurde, indem sie die Beschäftigten von den Meriten ihres (des Managements) Entlohnungssystems überzeugten[122]:

„Many large companies, however, have successfully won campaign after campaign, even to the extent of having trade unions decertified, by carefully establishing at all levels of supervision that the company recognizes employees both as individuals and as groups. They have communicated that its reward system [Entlohnungssystem] for work performed is realistically competitive; that it has the requisite benefits, and that organizing to get these benefits is unnecessary. In short, they have convinced employees they do not need an outside party to obtain satisfaction in their work."

Wenngleich in Deutschland unter dem Nationalsozialismus das Problem der gewerkschaftlichen Repräsentation mit einem Schlag „erledigt" worden war, spielte der hier beschriebene betriebspolitische Aspekt der Arbeitsbewertung eine wichtige Rolle. Denn das Verbot der Gewerkschaften garantierte keines-

---

119 *Encyclopedia* (Anm. 111), S. 510.
120 Vgl. William Gomberg, Union Attitudes on the Application of Industrial Engineering Techniques to Collective Bargaining, in: *Personnel*, Mai 1948, S. 445; Solomon Barkin, Wage Determination: Trick or Technique, in: *Labor and Nation*, Juni/Juli 1946; vgl. auch den Bericht über eine Umfrage bei Arbeitgebern und Gewerkschaften: W. S. Woytinsky u. a., *Labor and Management Look at Collective Bargaining*, New York 1949, in Auszügen wiedergegeben in W. S. Woytinsky u. a., *Employment and Wages in the United States*, New York 1953, S. 432 ff.
121 Vgl. *Encyclopedia* (Anm. 111), S. 510.
122 *AMA Management Handbook* (Anm. 118), S. 7—103.

wegs automatisch den „Arbeitsfrieden" in den Betrieben. Deshalb wurde, wie dargestellt, bei der Einführung des LKEM in der deutschen Kriegsindustrie besonderer Wert darauf gelegt, ihn den Belegschaften genau zu erklären, die Neueinstufungen ausführlich zu begründen[123].

In Deutschland reichen die Anfänge einer stärkeren Aufgliederung der traditionellen, an der Ausbildung (und dem Geschlecht) orientierten Lohngruppen und der Entwicklung der Arbeitsbewertung bis in die Weimarer Zeit zurück. In dem Tarifvertrag für die Berliner Metallindustrie vom Herbst 1919 wurden 44 Aufgabenbereiche aus verschiedenen Berufsgruppen nach der Schwierigkeit fünf Lohnklassen zugeordnet. Im Tarifvertrag von 1928 wurde die Anzahl der Lohnklassen zwar wieder auf vier reduziert, doch weist der folgende Passus darauf hin, daß man in diesem Industriezweig schon seit damals vertraut damit war, die „Arbeiten" und nicht den „Arbeiter" zur Grundlage der Entlohnung zu machen[124]: „Die Einteilung ist unter ausschließlicher Bewertung der tatsächlich zu verrichtenden Arbeit erfolgt, die Ausbildung des die betreffende Arbeit verrichtenden Arbeiters ist auf die Einteilung ohne Einfluß."

1927/28 wurde innerhalb der „Arbeitsgemeinschaft deutscher Betriebsingenieure" ein Ausschuß für qualitative Wertung der Arbeit gegründet, der sich insbesondere der Bestimmung des Geldfaktors bei der Akkordentlohnung widmete. Kurt Hegner, einer der ersten REFA-Lehrer und damals technischer Direktor bei der Firma Ludwig Loewe, Berlin, von 1938 bis 1945 dann Vorsitzender des REFA, betonte das Problem, daß falsche Geldfaktoren bei verschiedenen Arbeitsarten die Bemühungen um korrekte Arbeitszeitermittlung zunichte machten[125]. 1932 veröffentlichte E. Michel einen in seinem Institut in Berlin entwickelten Arbeitsbewertungsplan, in dem die Merkmale erforderlicher Gütegrad der Arbeit, erforderliche körperliche Anstrengung, Milieuüberwindung und erforderliche Willensleistung (Verantwortung, Ausbildung, Gefahr) jeder Tätigkeit nach einem Punktsystem bewertet wurden[126].

Größere Aufmerksamkeit erregte das Entlohnungssystem, das der französische Ingenieur Bedaux in den USA entwickelt hatte[127]. Bedaux hatte nach

123   Daß man auch im Vorfeld der lohnordnenden Maßnahmen die Meinung nicht nur der „Betriebsführer", sondern auch der „Gefolgschaft" zu eruieren versuchte, zeigt der Artikel von Eberhard v. Faber, Leistungslohn nach der Arbeitsschwierigkeit, in: *Industrielle Psychotechnik*, 1941 (18. Jg.), S. 48 ff. Er berichtet über eine Untersuchung bei den Heinkel-Flugzeugwerken in Rostock, wo auch die „Gefolgschaft" darüber befragt wurde, ob sie Stundenlohn oder Akkordlohn bevorzuge und in welcher Weise die „Faktoren: Schwierigkeit der Arbeit, Qualität sowie charakterliches und persönliches Verhalten in der Entlohnung Berücksichtigung finden" sollten (ebd., S. 48).

124   Johannes Paasche, *Aus der Praxis der Arbeitsbewertung*, Kassel 1953, S. 7.

125   Vgl. Kurt Hegner, Stückzeitberechnung und Tarifvertrag, in: *Maschinenbau − Der Betrieb*, 1928 (Bd. 7), H. 3; vgl. Wibbe, *Arbeitsbewertung* (Anm. 110), S. 160.

126   Vgl. ebd., S. 161.

127   Einer „gutachtlichen Stellungnahme" zum Bedaux-System, die das AWI 1937 erstellte, ist eine Bibliographie beigefügt, die allein für die Jahre 1929/1930 über fünfzig Artikel (und zwei Dissertationen) zählt, die in gewerkschaftlichen Publikationen, in Fachzeitschriften wie dem *Reichsarbeitsblatt*, der *Sozialen Praxis*, *Werkstatt-Tech-*

amerikanischem Muster eine Gesellschaft gegründet, die sein System an Unternehmen in den USA und anderen Ländern „verkaufte". 1927 ließen die Continental-Gummiwerke, Hannover, ihr Lohnwesen nach dem Bedaux-System neu ordnen. Später folgten weitere Unternehmen diesem Beispiel[128]. Das Bedaux-System verband beide Aspekte des „gerechten Lohns" — die Leistungsermittlung und die Arbeitsbewertung. Es erhob den Anspruch einer wissenschaftlichen Ermittlung der Vorgabezeiten für den Leistungslohn in der sogenannten „B-Minute" — B nach Bedaux, später in „E-Minute" umbenannt —, der sich Ende der zwanziger Jahre und Anfang der dreißiger Jahre vor allem die Aufmerksamkeit widmete, und einer schwierigkeitsgerechten Festlegung des Geldfaktors durch eine systematische „Klassifizierung" der Tätigkeiten, die in der neueren Literatur stärker behandelt wird[129]. Die Kritik kam damals vor allem von Seiten der Arbeiterorganisationen, die im Bedaux-System eine Methode kapitalistischer, arbeiterfeindlicher Rationalisierung sahen[130]. Aber auch in den Reihen der deutschen Arbeitswissenschaftler stieß es zuweilen auf heftige Ablehnung, wobei sicherlich auch ein gewisses Maß an Konkurrenzdenken mit im Spiel war[131].

Das Bedaux-System wurde in Deutschland nur in wenigen Betrieben praktiziert. Es nahm jedoch in der Diskussion um den Leistungslohn einen großen Raum ein und wurde wie andere amerikanische Managementmethoden mit großem Interesse und dem Vorbehalt rezipiert, daß man eigene, den „deutschen Verhältnissen" (was immer man darunter verstand) angepaßte Methoden entwickeln wollte. Gegen Ende der dreißiger Jahre wurde das Bedaux-System in der Fachliteratur kaum noch erwähnt. Ein Gutachten des AWI von 1938 ist in dieser Hinsicht eine der wenigen Ausnahmen[132]. Am Beispiel der Art,

Fortsetzung Fn. 127

nik u. a. bis hin zum *Zentralblatt für Okkultismus* erschienen waren. *Das Bedaux System*, hrsg. v. AWI der DAF, Berlin o. J., *Kieler Weltwirtschaftsarchiv*, Sign. D 4437. In Auszügen wiedergegeben in: *AWI-Jahrbuch 1938*.

128 Das amerikanische Unternehmen Goodrich, das schon vorher das Bedaux-System eingeführt hatte, besaß ein Aktienpaket von Continental. Bis 1938 wurde das Bedaux-System auch in den Excelsior-Werken, Hannover, in den Deutschen Linoleum Werken, Stuttgart, der Günther Wagner AG, Hannover, und in den Elberfelder Glanzstoffwerken eingeführt. Vgl. Hans Grewe, *Die Organisation der Erfassung und der Errechnung des Lohnes in der Metallindustrie*, Diss. an der Johann-Wolfgang-Goethe-Universität Frankfurt a.M. 1941, S. 48.

129 Vgl. Wibbe, *Arbeitsbewertung* (Anm. 110), S. 203 f.

130 So beispielsweise in dem Artikel „Methoden kapitalistischer Rationalisierung. Das Bedaux-System", in: *Betrieb und Gewerkschaft*, 1930, H. 16.

131 Zu kritischen Stellungnahmen s. Bramesfelds Artikel im *Reichsarbeitsblatt*, Teil III, 1929 (S. 209) und 1930 (S. 110); s. auch *Soziale Praxis*, 1929, S. 1224, 1248. Pentzlin, der mit seinem Artikel „Grundsätzliches zur deutschen Arbeitsrationalisierung" 1938 noch einmal in *Technik und Wirtschaft* (H. 2) das Bedaux-System einer scharfen Kritik unterzog, schloß seine Ausführungen mit der Feststellung, Bedaux habe nichts geleistet und könne nichts leisten, was nicht andere, auf deutsche Verhältnisse besser passende Verfahren auch leisten könnten. Als Standardwerk über das Bedaux-System galt lange Zeit die Dissertation von W. Unteutsch, *Das Bedauxsystem und seine Kritik*, Technische Hochschule Aachen, 1934.

132 Interesse an amerikanischen Entlohnungssystemen war wohl auch unter dem NS vorhanden, doch prägte es kaum noch den fachöffentlichen Diskurs. So wurde beispiels-

wie das Bedaux-System bei Siemens (1929), beim RKW (1933) und beim AWI (1938) rezipiert wurde, soll im folgenden illustriert werden, wie sich in der Diskussion um den Leistungslohn der Schwerpunkt von einer fast ausschließlichen Behandlung der Probleme der Leistungsermittlung auf deren Ergänzung durch die Arbeitsbewertung im Verlauf der dreißiger Jahre verlagert hat.

Siemens hatte sich 1929 eingehend über die Methoden und Erfolge des Verfahrens bei der „Deutschen Bedaux-Gesellschaft" und bei Continental, Hannover, informiert. Die gemeldeten Erfolge waren recht beeindruckend. In einem Brief vom 27. Februar 1929 schrieb die „Deutsche Bedaux-Gesellschaft", nach Einführung des Systems in über 240 Fabriken in Amerika und Europa hätten sich durchschnittliche Ersparnisse von 15 Prozent bis 25 Prozent der Lohnkosten ergeben, „trotz einer durchschnittlichen Erhöhung der Löhne um 10–20 %, bei einer durchschnittlichen Leistungssteigerung von etwa 46 %". Diese Resultate seien ohne kostspielige Neuanschaffungen von Maschinen, teure Umstellungen oder Änderungen bereits als erprobt befundener Arbeitsmethoden erzielt worden[133]. Von den Continental-Gummiwerken, Hannover, wurde berichtet, „daß bei einer 18 %igen Erhöhung des Lohnstandards der Arbeiterschaft (die landesüblichen Tariferhöhungen sind daraus eliminiert) augenblicklich eine jährliche Lohnersparnis von 3 Millionen Mark bei einer Gesamtlohnrolle von 12 Millionen Mark angefallen ist"[134].

Ein Schreiben der Direktion des Siemens-Elektromotoren- (Elmo-) Werkes an Generaldirektor Köttgen vom 2. April 1929 macht deutlich, weshalb man bei Siemens das Bedaux-System nicht einführte[135]. Es wurde festgestellt: „Leistungssteigerungen um 30 % und mehr sind nach Refasystem ebenfalls zu erreichen; wir haben im Durchschnitt 70 % erreicht." Der Gedanke, „einer Gesellschaft, die mit ihren Erkenntnissen aus fremden Betrieben Handel treibt", „unsere Betriebe zugängig [zu] machen", schien dem Schreiber großes Unbehagen zu bereiten. Auf keinen Fall wollte man „auswärts die Ansicht aufkommen ... lassen, *daß wir als mittreibende Kraft im Refa, uns selbst aufgeben, und uns von außenstehenden betriebsfremden Menschen raten lassen müssen, unsere Betriebe wirtschaftlich zu leiten"*. Diese Erwägungen hatten

---

Fortsetzung Fn. 132

weise eines der amerikanischen Standardwerke über den Leistungslohn (Charles W. Lytle, *Wage Incentive Methods, Their Selection, Installation and Operation*, New York 1942) in einer vom Statistischen Reichsamt zusammengestellten Bibliographie genannt, in der Fachöffentlichkeit m. W. aber nicht behandelt. Vgl. *Bibliographie der Staats- und Wirtschaftswissenschaften. Internationale Monatshefte der Buch- und Zeitschriftenliteratur über Volk, Wirtschaft, Kultur und Politik*, Berlin 1943 (39. Jg.), Sp. 208. 1941 berichtete der Leiter der DAF-Reichsschule für Arbeitsführung in Augustusburg, Kleinschmidt, über: Fragen der Lohngestaltung. Kenntnisse aus Studienreisen in Volkswirtschaften Europas, Asiens und Amerikas. Vgl. „Der gerechte Lohn", in: *Schuhfabrikanten-Zeitung*, Nr. 77 v. 24.9.1941. *DZA Potsdam*, 62.03 DAF/AWI, Sign. 4075, Bl. 69. Die Reichsschule Augustusburg veranstaltete REFA-Internatslehrgänge.

133   *SAA*, 11/Lf 373 (Köttgen).

134   Ebd., Aktennotiz über die Reise von Dr. Dransfeld nach der Continental-Caoutschuc- und Guttapercha-Company, Hannover, v. 2.4.1929.

135   *SAA*, 11/Lf 373 (Köttgen).

den Schreiber nicht daran gehindert, „alle Mittel" zu ergreifen, „um selbst festzustellen, was für uns aus einem neuen Zeitstudien- und Prämiensystem herauskommen könnte. ... Ebenso habe ich die Verbindung mit Westinghouse aufnehmen lassen, um von dort einmal offenen und ehrlichen Bescheid zu bekommen, wie weit das Ursprungsland [die USA] sich mit den Ideen Bedaux' beschäftigt und danach arbeitet. Weiter wird das Bedaux-System natürlich von ... Refa verfolgt ..."[136] Am Schluß des Briefes wird das Verhältnis der deutschen Rationalisierungsbewegung zum amerikanischen Taylorismus beschrieben, wie es kürzer kaum möglich ist:

> „Ergeben unsere im Gange befindlichen Untersuchungen die Möglichkeit einer weiteren wesentlichen Leistungssteigerung durch Anwendung der Bedaux'schen Ideen, dann werden wir aus der Eigenart unserer Betriebe heraus auch selbst eine entsprechende Organisation mit allen den S.S.W. [Siemens-Schuckertwerken] zur Verfügung stehenden Mitteln aufziehen können. Es wird uns dies ebenso gelingen, wie es uns gelungen ist, die Taylorschen Ideen auf deutsche Verhältnisse umzuwerten, umsomehr, da die ganze deutsche Industrie jetzt doch mehr denn je an allen diesen Entwicklungsarbeiten sich beteiligt."

1933 gab das Reichsarbeitsministerium dem RKW den Auftrag, ein Gutachten über die Methode und Praxis des Bedaux-Systems zu erstellen. Als Grund für das Gutachten wurde angegeben[137]:

> „Es sind Zweifel über die Berechtigung, das Bedaux-System aufrecht zu erhalten, laut geworden. Da klassenkämpferisch-marxistische Angriffe vergangener Zeiten heute nicht mehr zu erwarten oder zu berücksichtigen sind, muß mit sachlichen Angriffen und Unterlagen gerechnet werden. ... Insbesondere wurde die Frage gestellt, ob es möglich oder richtig sei, das Bedaux-System, mithin ein im deutschen Wirtschaftsleben verwendetes Arbeitsmeß- und Lohnsystem, schlankweg zu verbieten."

Obgleich „die zersetzende marxistische Einflußnahme auf vernünftige Versuche einer optimalen Lösung der Arbeitszeitfragen durch sachliche und von jedermann nachprüfbare Berechnung heute nicht mehr möglich sein" konnte[138], rechnete man von Seiten des RKW und des Reichsarbeitsministeriums doch sehr mit den Folgen, jedenfalls widmete sich das RKW in seiner Untersuchung auch den Gründen für die Unzufriedenheit von Arbeitnehmern mit dem Bedauxschen Leistungslohnsystem. In einem Bericht über die Besichtigung der Vereinigten Glanzstoffabriken, Werk Oberbruch, vom Oktober 1933 machte das RKW jedoch die beruhigende Feststellung, daß „die *Hemmungen* und *Beschwerden*, die seitens der Belegschaft (gegen das Bedaux-System) vorgebracht wurden, ... mehr auf *psychologischem Gebiete* zu liegen" schienen. Der Diagnose entsprach das Mittel, das in der nationalsozialistischen Zeit immer mehr in Mode kommen sollte: „Erziehungsarbeit"[139]. Zusammen-

136 Der spätere REFA-Fachmann für Leistungsgradschätzen und Oberingenieur bei Siemens, Erich Kupke, hatte vor seiner Anstellung bei Siemens als Bedaux-Zeitnehmer das Leistungsgradschätzen gelernt. Kupke, *Beiträge* (Anm. 47), S. 38.

137 SAA, 11/Lf 373 (Köttgen). Reichskuratorium für Wirtschaftlichkeit (RKW). Gutachten über das Bedaux-System im Vergleich mit deutschen Arbeitsmeßverfahren (wahrscheinlich vom Oktober 1933), S. 1.

138 Ebd., S. 9.

139 Ebd. (Bericht v. 12.10.1933), S. 12 f.

fassend fand das RKW keinen Grund, „dem Bedaux-System bezüglich der an
sich natürlich bei jedem Akkordsystem vorhandenen Möglichkeit der Überarbeitung einen besonderen Vorwurf zu machen, welcher dann nicht logi-
scherweise auch auf alle anderen Akkordsysteme zutreffen müßte"[140].

Mit diesen Erkenntnissen und insbesondere, weil es die leistungssteigernde Wirkung des Bedaux-Systems durchaus anerkannte, sprach sich das RKW
natürlich gegen ein Verbot dieses Systems aus. Es plädierte aber auch nicht
dafür, es weiter zu verbreiten. Vielmehr bot es sich an, „in einer *Reichsarbeits-
gemeinschaft für Arbeitsanalyse und wirtschaftliche Arbeitsgestaltung* alle
einschlägigen Bestrebungen und Arbeiten zusammenzufassen und dadurch
alle Teilaufgaben in ihren größeren Zusammenhängen einer besten Lösung
zuzuführen". Es hielt den Zeitpunkt dafür gekommen, weil es zum einen
galt, „in Deutschland aus einer gewissen Erstarrung der Arbeitszeitstudien
zu kommen", und weil es zum anderen selbstverständlich sei, „daß im Aufbau und Ausbau unserer *ständischen Wirtschaft* vor allem die *Fragen der richtigen Kalkulation* und damit auch der *richtigen Lohnvorgabe* und Arbeits-
zeitmessung *zur Sicherung des Leistungslohnes* eine wesentliche Rolle spielen"[141].

Die Bedaux-Gesellschaft scheint sich 1933 ihrer Zukunft im „neuen Deutschland" nicht sehr sicher gewesen zu sein. Jedenfalls löste sie ihre deutsche
Niederlassung auf. 1937 wurde dann wieder die „Gesellschaft für Wirtschafts-
beratung" in Berlin gegründet, die das Bedaux-System in unveränderter Form
„verkaufen" sollte[142]. Zu diesem Zeitpunkt war selbst die DAF, von der ja
der REFA anfangs gefürchtet hatte, sie werde das Mißtrauen der gewerkschaftlichen Vorgänger übernehmen[143], davon überzeugt, daß der Leistungslohn nicht nur vereinbar mit, sondern geradezu ein Element der „Volksgemeinschaft" sei. Ihr Arbeitswissenschaftliches Institut (AWI), das damals
noch rückhaltlos für das REFA-Verfahren eintrat, widmete 1937 dem Bedaux-System in seinem Artikel „Der Akkordlohn. Grundsätzliches zur Frage
der Leistungsmessung und Leistungsbewertung" eine kurze Passage, in der die
Ermittlung des „E"-Wertes (vormals „B"-Wert) erläutert wird. Nur ein Punkt,
der auch in den Kritiken bis dato immer wieder aufgetaucht war, wurde negativ bewertet[144]:

„Das System ist in seinem Aufbau auch heute noch nicht ganz einfach zu verstehen. Es
kann deshalb die vorhin aufgestellte Forderung, daß jedes Akkordberechnungssystem auch
vom einfachen Arbeitskameraden verstanden wird und von ihm leicht nachgeprüft werden
kann, nicht voll erfüllen."

Im „AWI-Jahrbuch" von 1938 wurde dann die gutachtliche Stellungnahme
des AWI zum Bedaux-System in Auszügen wiedergegeben[145]. In dieser Stellungnahme wird das System mit seinen Modifikationen gegenüber 1933, die

---

140 Ebd., Gutachten, S. 8.
141 Ebd., Gutachten, S. 10, 11 (Hervorhebungen im Original).
142 Grewe, *Organisation* (Anm. 128), S. 48.
143 So Pechhold, *50 Jahre REFA* (Anm. 1), S. 82.
144 *AWI-Jahrbuch 1937*, S. 203.
145 *AWI-Jahrbuch 1938*, S. 255—309.

allerdings nur die Ermittlung des „E"-Wertes flankierende Bereiche betrafen, ausführlich dargestellt und diskutiert. Interessant ist die Anpassungsfähigkeit des Bedaux-Systems an die wechselnden wirtschaftlichen Erfordernisse, die das AWI konstatiert. Es eröffnet den Betrieben zwei Möglichkeiten: 1. Bei gleicher Belegschaftsstärke die Produktion zu erhöhen, oder 2. bei gleicher Produktionshöhe die Belegschaft zu reduzieren[146]:

„Vor der Machtübernahme gingen alle Bestrebungen Bedauxs darauf hinaus, die zweite Möglichkeit in die Tat umzusetzen. Es war den Betrieben infolge Schrumpfung des Absatzes nicht möglich, an eine Erhöhung ihrer Erzeugung zu denken. In der Tat sind in den von Bedaux vor der Machtübernahme bearbeiteten Betrieben in erheblichem Umfang Arbeiterentlassungen vorgekommen. Bei einem Unternehmen der Gummiindustrie in Hannover wurde nach Einführung des Bedaux-Systems die Belegschaft um rund ein Drittel verringert.

Heute, wo bei der Durchführung des zweiten Vierjahresplanes die Arbeitskräfte in Deutschland dringend benötigt werden und wo außerdem die Erzeugung möglichst erhöht werden soll, sieht Bedaux neue Möglichkeiten für sein System, so daß vor kurzem die Neugründung einer Bedaux-Gesellschaft erfolgte."

Wie auch bei Siemens und im Gutachten des RKW richtete man im AWI seine besondere Aufmerksamkeit auf die Bedauxsche Methode der Arbeitszeitermittlung. Trotz aller Kritik sparte man nicht mit Anerkennung, betonte aber auch, daß „die Notwendigkeit, das Bedaux-System erneut zu einer größeren Anwendung zu bringen", nicht vorliege, da inzwischen in Deutschland „neuere und bessere Systeme erdacht und erprobt" worden seien[147].

Während jedoch bei Siemens 1929 und im RKW-Gutachten 1933 die Bestimmung der „Lohnbasis", d. h. die Arbeitsbewertung im Bedaux-System, nur beiläufig erwähnt worden war, schenkte ihr das AWI 1938 größere Aufmerksamkeit − und das, obwohl 1937/38 selbst die Betriebe, die das Bedaux-System anwandten, die Bedauxsche Arbeitsbewertung aufgegeben hatten und die Entlohnung nach den Lohngruppen der Tarifordnungen vornahmen. In der Bedaux-Lohnbasis werden keine Unterschiede zwischen Gelernten, Angelernten und Ungelernten gemacht. Vielmehr werden die Anforderungsarten der Arbeit − 1. Vorbildung, Geschicklichkeit und Erfahrung, 2. Verantwortung und Geistesfähigkeit, 3. Psychische Anforderungen und 4. Risiko − nach einer Punktwerttabelle bewertet. Die Arbeiten werden dann entsprechend ihrer „Wertigkeit" (d. h. der Summe der zu vergebenden Punkte) zehn Lohngruppen („Lohnbasen") zugeordnet. „Eine so weitgehende Neuaufgliederung der Lohnsätze" schien dem AWI damals noch „für die in den deutschen Tarifen üblichen Arbeitsgruppen ... nur schwer möglich". Gleichwohl hielt es die herkömmliche Unterteilung der Tarifsätze für unzureichend und meinte: „Die Punktbewertung [von Bedaux] kann als Diskussionsgrundlage für die Feinaufteilung der tariflichen Mindestlöhne evtl. verwendet werden."[148]

Mit seinem vorsichtig/perspektivisch formulierten Interesse an der Arbeitsbewertung blieb das AWI damals noch hinter dem Stand der Fachleute anderer Organisationen und der Fachliteratur zurück. Schon 1935 hatte der Ausschuß für Betriebswirte im Verein Deutscher Eisenhüttenleute unter maßgeb-

146 Ebd., S. 261.
147 Ebd., S. 308.
148 Ebd., S. 304, 309.

licher Mitwirkung seiner Mitglieder Hans Euler und Hans Stevens das analytische Bewertungsverfahren entwickelt, auf dem das in der „Grauen Broschüre" 1941 veröffentlichte Verfahren der Reichsgruppe Industrie basierte[149]. In der Zeitschrift „Maschinenbau — Der Betrieb" befaßten sich 1936 zwei Artikel mit der Notwendigkeit einer Neuordnung der Lohngruppen nach der Art der Arbeit[150]. Bis dann 1941 das AWI im Zusammenhang mit seiner „Reichslohnordnung" und die Reichsgruppe Industrie in ihrer „Grauen Broschüre" jeweils ein System der Arbeitsbewertung vorlegten, waren in der Fachliteratur eine Reihe von Beiträgen erschienen, die sich in der einen oder anderen Weise mit der Problematik der Arbeitsbewertung auseinandersetzten[151].

Seinen Rückstand in der Fachliteratur holte das AWI, nachdem es 1939 von Ley mit der Ausarbeitung einer Reichslohnordnung beauftragt worden war, sehr schnell auf. Im April 1940 legte es sein Konzept einer Arbeitsbewertung in einem (vertraulichen) Manuskript vor[152]. Fast zeitgleich mit der „Grau-

---

149 Pechhold, *50 Jahre REFA* (Anm. 1), S. 81.

150 H. Walter, Leistungsentlohnung des Stücklohnarbeiters, in: *Maschinenbau — Der Betrieb*, 1936 (Bd. 15), H. 15/16. Walter betonte, „daß mit ‚gerechter Lohn' nicht ein allgemein höherer Lohnstand gemeint ist, sondern daß darunter lediglich und ausschließlich eine bessere und gerechtere Anpassung an die Leistung des einzelnen zu verstehen ist" (ebd., S. 458). Otto Gautzsch, Arbeitsbewertung als Mittel zur gerechten Entlohnung. Ein Vorschlag zur Leistungsentlohnung des Stücklohnarbeiters, in: ebd., H. 21/22. Gautzsch führte aus, er habe schon 1929 und in den folgenden Jahren versucht, den Leistungslohn nicht lediglich auf die Zeit, sondern darüber hinaus auf den Wert der Arbeit abzustellen (vgl. ebd., S. 627).

151 Ed. Kracmar, *Industrielle Arbeitsbewertung*, Prag 1937; E. Bramesfeld, Bewertung. der Arbeitsschwierigkeit und des menschlichen Leistungsgrades, in: *Technik und Wirtschaft*, 1938, H. 7, S. 177 f.; Kurt Pentzlin, Fragen der Lohngestaltung, in: ebd., H. 5; ders., Aus der Praxis der Arbeitsbewertung. Ein Beitrag zur Frage der Lohngestaltung, in: ebd., 1939, H. 5; H. Schaumann, Gerechter Lohn durch Bewertung von Mensch und Arbeit. Aufbau eines gerechten Lohnsystems, in: *Maschinenbau — Der Betrieb*, Mai 1940 (Bd. 19), H. 5, S. 215 f.; H. Rudolph, Von der Zeitstudie zur Leistungslohnermittlung, in: *Zeitschrift für Organisation*, Jan. 1940, H. 1; K. Haase, Versuch einer gerechten Leistungsbewertung, in: *Werkstatt und Betrieb*, Febr. 1940; A. L. Kreß, Wie bewertet man Arbeitsaufgaben und Arbeitsleistung?, in: *Werkstattechnik und Werkleiter*, Juni 1940, H. 11; K. Hegner, Referat auf der Betriebswirtschaftlichen Tagung des VDI, Mai 1940, in: ebd.; v. Schütz, Leistungslohn und Soziallohn, in: *RABl.* Teil V, 1940, Nr. 30; H. Stein, Vom Akkordlohn zum Leistungslohn, in: *Zeitschrift für Organisation*, 1941, H. 9; E. Beck, *Arbeitsplatzbewertung und Tarifgestaltung, insbesondere im Eisenhüttenwesen*, Diss., Aachen 1941. Ein Hauptthema der VI. REFA-Jahrestagung in Gotha, 1939, war die Arbeitsbewertung. Die Vorträge sind veröffentlicht in: *REFA-Schrift*, H. 4, Berlin 1940. Von den nach 1941 erschienenen Artikeln seien hier nur zwei genannt, die explizit auf die Punktbewertung eingehen: Hans Euler/Hans Stevens, Prüfung des Verfahrens zur Arbeits-(Platz-)Bewertung und der Ergebnisse ihrer praktischen Anwendung, in: *Technik und Wirtschaft*, Aug. 1942, S. 137–140 u. Sept. 1942, S. 151–154; Ingo Ingenohl, Die Anwendung des Punktbewertungs-Systems bei der Lohngruppenentlohnung in der Metallindustrie, in: *Industrielle Psychotechnik*, 1942, H. 1/2, S. 19–32.

152 *Die Arbeitsbewertung als Teilproblem einer Lohnneugestaltung (Theoretische Grundlegung und Diskussionsbeitrag)*, Manuskript des AWI, Berlin, April 1940; *Kieler WWA*, Sign. IV 2330.

en Broschüre" der Reichsgruppe Industrie[153] wurde es dann in Zusammenhang mit dem Entwurf einer „Reichslohnordnung" im AWI-Jahrbuch 1940/41 veröffentlicht[154]. Ebenfalls 1941 erschienen die „Richtlinien zur Durchführung der Arbeitsbewertung". Dabei handelte es sich lediglich um die Bewertung von Arbeiten in verschiedenen Betrieben nach den Kriterien des AWI, ohne daß die betrieblichen Entlohnungssysteme praktisch geändert worden wären[155]. Die Schriften des AWI waren nie namentlich gekennzeichnet. Doch läßt sich im Fall der AWI-Arbeitsbewertung einer der Autoren identifizieren: Albert Brengel, langjähriger wissenschaftlicher Mitarbeiter des AWI, hatte in dessen Auftrag eine umfassende Studie zur Bewertung der Arbeit erstellt, mit der er 1941 in Heidelberg promovierte und die dann noch einmal 1942 vom AWI herausgegeben wurde[156].

Im grundsätzlichen Vorgehen gleichen sich die Arbeitsbewertungssysteme des AWI und der Reichsgruppe Industrie. Beide basieren auf dem „analytischen" Verfahren, d. h. die Arbeiten werden nicht in ihrer Gesamtheit miteinander verglichen und entsprechend ihrer Schwierigkeit in eine Rangfolge gebracht (das wäre das „summarische" Verfahren), sondern die mit jeder Tätigkeit verbundenen Anforderungsarten werden untersucht und nach dem Grad der jeweilig erforderlichen Beanspruchung bewertet. Der Grad der Beanspruchung wurde sowohl im AWI- als auch im RGI-Arbeitsbewertungssystem in Punkten ausgedrückt. Die Summe der Punkte ergab dann die Position der betreffenden Arbeit in der Rangfolge der Arbeiten. Unterschiedlich war die Definition der Anforderungsarten, ihre Aufgliederung und ihre Gewichtung zueinander (s. die Bewertungstabellen des AWI und der RGI auf den Seiten 261, 262). Die Bewertungstabelle des AWI stammt aus dem Jahr 1942[157]. Sie war gegenüber der im „AWI-Jahrbuch 1940/41" publizierten[158] drastisch modifiziert worden. Insbesondere die Gewichtung der Anforderungsarten „geistige Beanspruchung" und „Berufsausbildung und Sondererfahrung" hatte sich verändert. Nimmt man als groben Indikator das Verhältnis der höchstmöglichen Wertzahlen für diese Anforderungsarten zu den höchstmöglichen Wertzahlen für alle Anforderungsarten, dann hatte es sich für die „geistige

153 *Die Arbeitsbewertung in den Betrieben der Fachgemeinschaft Eisen- und Metallindustrie* („Graue Broschüre"), hrsg. v. Sozialwirtschaftlichen Ausschuß der Fachgemeinschaft Eisen- und Metallindustrie in der RGI, Okt. 1941.

154 Entwicklung und Begründung eines Systems der Arbeitsbewertung, in: *AWI-Jahrbuch 1940/41*, Bd. 1, S. 215 ff.

155 Den Hinweis auf die „Richtlinien ..." entnehme ich Wibbe, *Arbeitsbewertung* (Anm. 110), S. 164. Ich habe nur einen Bericht über erste Ergebnisse finden können: *Die Arbeitsbewertung als Teilproblem der Lohnordnung. Vorläufiger Bericht über Bewertungsversuche in Betrieben*, hrsg. v. AWI, Berlin, März 1942 (dieses Manuskript war nur für den Dienstgebrauch bestimmt); *Stabi Berlin*, Sign. Fd 2648/20.

156 Albert Brengel, *Die Problematik der Arbeitsbewertung*, Diss. Heidelberg, Saarbrücken 1941; ders., *Die Bewertung der Arbeit. Eine Darstellung ihrer Probleme* (bearb. im Auftrage des AWI), Berlin 1942. Nach dem Zweiten Weltkrieg wurde der AWI/Brengel-Arbeitsbewertungsplan in praktisch unveränderter Form in den NSU-Werken Neckarsulm angewandt. Bauer/Brengel, *Richtlinien und Anweisung zur Durchführung der Arbeitsbewertung in der Praxis*, Stuttgart 1948 (4. Aufl. 1959).

157 Vgl. Brengel, *Bewertung* (Anm. 156), S. 287.

158 *AWI-Jahrbuch 1940/41*, S. 269.

Beanspruchung" von 16 Prozent auf 26 Prozent und für die „Berufsausbildung und Sondererfahrung" von 28 Prozent auf 47 Prozent verschoben. Im Gegensatz zur Reichsgruppe Industrie strebte das AWI auch eine Bewertung der Angestelltentätigkeiten an[159]. Und schließlich war die Anzahl der Lohngruppen, denen die Arbeiten zugeordnet werden sollten, unterschiedlich. Das AWI hatte seine 1938 geäußerten Bedenken über die zehn Lohngruppen im Bedauxsystem über Bord geworfen und schlug 1941 selbst zehn Lohngruppen vor[160]. Die Reichsgruppe Industrie sah acht Lohngruppen vor, die ja dann auch mit dem LKEM durchgesetzt wurden (s. oben S. 183).

Laut Wibbe hat sich vor allem die eisenschaffende Industrie Westdeutschlands gegen die Einführung des AWI-Verfahrens gewandt. Man habe ihm eine unzureichende Begriffsbestimmung der einzelnen Bewertungsstufen und eine ungenügende Gewichtung für verschiedene Merkmale, z. B. Umgebungseinflüsse, vorgeworfen[161]. Die unzureichende Begriffsbestimmung einiger Tätigkeitsmerkmale im Arbeitsbewertungssystem des AWI kritisierte später — 1950 — auch Oberingenieur Pfennig von Siemens, nachdem 1948 die damalige „Gesellschaft für Arbeitsstudien und Lohnentwicklung REFA e.V., Württemberg Baden" den AWI-Plan in praktisch unveränderter Form wieder propagiert hatte. Er verwies noch auf einen weiteren Grund, weshalb ein Großteil der Industrie und des REFA das System des AWI ablehnte[162]: „Wir und auch der Haupt-REFA lehnen diese Methode ab, da ihr daneben infolge Fehlens jeglicher Richtbeispiele noch alle Schwächen der rein analytischen Methode anhaften."

Der Grund für die kritische Einstellung der Reichsgruppe Industrie war sicherlich nicht nur ein methodischer, sondern auch ein politischer, nämlich die Einbettung der AWI-Arbeitsbewertung in der von der DAF propagierten „Reichslohnordnung". Mit ihr wollte die DAF das Konzept, die Entlohnung innerbetrieblich zu „versachlichen" und zu einem „rein technischen" Problem zu machen und von gesellschaftlichen Bestimmungsfaktoren und Konflikten zu befreien, in einer Totalität verwirklichen, die selbst Unternehmern, denen dieses Konzept ja nicht fremd war, kalte Schauer über den Rücken jagen mußte: „An die Stelle der liberalistisch-kapitalistischen Grundsätze sollen in der Lohnbildung künftig volksgemeinschaftliche Grundsätze treten. Der volksgemeinschaftliche Leistungsgrundsatz soll zur Durchführung kommen. Der sachliche Arbeitswert jeder Tätigkeit soll die Grundlage für die volksgemeinschaftliche Lohngestaltung bilden." Der Lohn sollte „marktunabhängig"

---

159 Damit war das AWI relativ „fortschrittlich". Erst in den fünfziger Jahren begann man allmählich, sich in der Bundesrepublik auch über eine analytische Arbeitsbewertung für Angestelltentätigkeiten Gedanken zu machen. Vgl. Euler/Stevens/Schilling/ Schoppe, Analyse und Bewertung von Angestelltentätigkeiten (*Sozialwirtschaftliche Schriftenreihe*, H. 5), 2. überarb. Aufl. 1955; Hans Gert Woelke, Analytische Bewertung von Angestelltentätigkeiten, in: *Arbeit und Leben*, 1972, H. 10, S. 265 ff.

160 Vgl. *AWI-Jahrbuch 1940/41*, S. 278.

161 Vgl. Wibbe, *Arbeitsplatzbewertung* (Anm. 110), S. 165.

162 Obering. Pfennig, SSW/Zentralwerksverwaltung 8, Die Arbeiten des REFA auf dem Gebiet der Arbeitsbewertung und die Arbeitsbewertung bei Siemens: Arbeits- und Zeitstudien. ZFL- und ZW-Arbeitstagung, 7./8.9.1950 in Rothenburg o. d. Tauber, S. 22; *SAA*, 64/Lm 103. Der AWI-Arbeitsbewertungsplan war damals bei den NSU-Werken, Neckarsulm, in Gebrauch. Vgl. Wibbe, *Arbeitsbewertung* (Anm. 110), S. 166.

Arbeitsbewertungstabelle des AWI (1942)

Arbeitsbewertungstabelle Durchgeführt von .... am .... Name der Firma .... Fachuntergruppe ....

Beruf bzw. Tätigkeit	A-I Körperhaltung	A-II Arbeitswiderstand	A-III Arbeitsschnelligkeit	A-IV Arbeitseinflüsse	A insgesamt	B-I Arbeitsselbständigkeit	B-II Sinnesorgane	B-III Genauigkeit	B-IV Wendigkeit	B-V Gedächtnis	B-VI Dispositionsaufgaben	B-VII Gestaltungsaufgaben	B insgesamt	C-I Führungsaufgaben	C-II Verantwortung	C-III Daueranspannung	C insgesamt	D-I prakt. Arbeitsausbildung	D-II theoret. Arbeitsausbildung	D-III Sondererfahrg.	D insgesamt	Arbeitswert
Schachtsteiger (im Kohlenbergbau)	3	1	3	4	11	3	3	3	3	2	2	2	18	3	4	3	10	8	22	6	36	75
Bergmann (vor Ort, im Erzbergbau, Schrämer)	4	4	4	4	16	4	4	4	0	0	0	0	12	0	4	4	8	5	0	6	11	47
Modellschlosser	3	1	1	2	7	3	2	3	0	0	0	0	8	0	2	1	3	8	0	6	14	32
Werkzeugmacher	2	1	3	2	8	3	3	2	0	0	0	0	8	0	2	3	5	8	0	0	8	29
Ziegelbrenner	2	2	1	3	8	2	2	2	0	0	0	1	7	0	3	3	6	3	0	0	3	24
Verkäuferin (Molkereifiliale)	2	0	1	0	3	3	1	2	2	1	0	0	9	1	2	2	5	0	0	0	0	17
Werkstattlehrerin (Textilbetrieb)	2	0	0	2	4	0	0	1	0	0	0	0	1	0	0	1	1	0	0	0	0	6

Spaltengruppen: A. Körperliche Beanspruchung; B. Geistige Beanspruchung; C. Willentliche Beanspruchung; D. Arbeitsausbildung u. Sondererfahrung.

Bewertungstafel der Reichsgruppe Industrie (1941)

Bewertung der Arbeit
Erforderliche Anforderungsarten und deren Abstimmung zueinander

Wertzahl	I Erforderliche Fachkenntnisse (Berufsausbildung, Berufserfahrung)	II Geschicklichkeit (Handfertigkeit)	III Anstrengung a — Körperliche Beanspruchung, Anforderung an Muskeln u. Aufmerksamkeit	III Anstrengung b — Geistige Beanspruchung, Denkfähigkeit und für das Betriebsmittel	IV Verantwortung a — für das Werkstück und für die Arbeitsgüte	IV Verantwortung b — für die Gesundheit anderer	IV Verantwortung c	V Umgebungseinflüsse a — Temperatur-Beeinflussg.	V b — Öl, Fett-, Schmutz-, Staub- und Wasser-Belästigung	V c — Gase und auf Schleimhäute und Geruchsorgane einwirkende Einflüsse u. ä.	V d — Unfallgefährdung	V e — Sonst. unangen. Umgeb.-Einflüsse durch Lärm, Blendung, Erkältungsgefahr, Erschütterung u. ä.
0	kurze Anweisung	ohne Ansprüche an Geschicklichkeit	geringe Beanspruchung	geringe Beanspruchung	gering	gering	gering	gering	gering	gering	gering	gering
1	Anweisung bis 3 Monate	geringe Geschicklichkeit	zeitweise mittlere Beanspruchung	zeitweise mittlere Beanspruchung	mittel	mittel	mittel	gering	gering	gering	gering	gering
2	Anlernen bis 6 Monate	mittlere Geschicklichkeit	dauernd mittlere oder zeitweise hohe Beanspruchung	dauernd mittlere oder zeitweise hohe Beanspruchung	hoch	hoch	hoch	gering	gering	gering	gering	gering
3	Anlernen mindst. 6 Monate u. zusätzl. Berufserfahrung od. abgeschloss. Anlernausb. ohne zusätzl. Berufserfahrung	hohe Geschicklichkeit	dauernd hohe oder zeitweise sehr hohe Beanspruchung	dauernd hohe oder zeitweise sehr hohe Beanspruchung	sehr hoch	sehr hoch	sehr hoch	hoch	gering	gering	gering	gering
4	abgeschlossene Anlernausbildung und zusätzliche Berufserfahrung	höchste Geschicklichkeit	dauernd sehr hohe Beanspruchung	dauernd sehr hohe Beanspruchung	hoch	hoch	hoch	hoch	mittel	gering	gering	gering
5	abgeschloss. Facharbeit.-Ausbildung od. abgeschloss. Anlernausbildung mit besonderer Berufserfahrung		dauernd ganz außergewöhnliche Beanspruchung	dauernd ganz außergewöhnliche Beanspruchung	—	ganz außergewöhnl.	—	hoch	mittel	mittel	mittel	gering
6	abgeschloss. Facharbeit.-Ausbildung od. abgeschloss. Berufserfahrung od. abgeschlossene Anlernausbildung mit höchstem fachlichen Können											
7	abgeschloss. Facharbeit.-Ausbildung mit höchstem fachlichen Können / Ausbildung und höchstes fachliches Können											

höchste Wertzahlsumme 6[1] (Spalte I)
höchste Wertzahlsumme 5[1] (Spalte III)
höchste Wertzahlsumme 5[1] (Spalte IV)
höchste Wertzahlsumme 5[1] (Spalte V)

[1] Vorstehende Höchstsätze der Wertzahlsummen sind festgelegt worden, um einen unverhältnismäßigen Einfluß einer Anforderungsart auf die Gesamtbewertung zu vermeiden. — Für außergewöhnliche betriebliche Verhältnisse, die sorgfältig zu prüfen sind, kann der Betrieb es zulassen, daß bei den Anforderungsarten II oder IV oder V die Wertzahlbegrenzung bei 7 liegt.

werden. Alle Tätigkeiten sollten nach einem einheitlichen Arbeitsbewertungsplan beurteilt und eingestuft werden. Durch volksgemeinschaftlich/politischen Akt sollte der Grundlohn für die niedrigste Stufe und für alle Wirtschaftszweige gültig festgelegt werden. Auf ihm sollten die weiteren Grundlöhne allein entsprechend der „Wertigkeit" der Arbeit aufbauen. Es war keine Bewertung des Charakters und der Persönlichkeit vorgesehen, denn „die Erziehung von Charakter und Persönlichkeit ist Sache der Partei und ihrer Gliederungen, mit dem Leistungsgrundsatz hat dies alles nicht unmittelbar zu tun". Mit der konsequenten Verwirklichung des Leistungslohnprinzips würde auch das Problem der Löhne für Frauen und Jugendliche, die bekanntlich weniger Geld brauchten als die erwachsenen Männer, weitgehend gelöst werden können: Man nahm an, daß sie entsprechend ihrer „Eignung" vorwiegend niedrig bewertete Tätigkeiten ausüben würden. Sollten auch erwachsene Männer diese Tätigkeiten ausüben, dann müßte ihnen eben die Volksgemeinschaft den Lohn bis zum Verdienst eines „Vollarbeiters" aufbessern. Soweit kurz zur „Reichslohnordnung", wie das AWI sie unverdrossen noch einmal 1944, als das nationalsozialistische Deutschland auf seinen Zusammenbruch zusteuerte, vorstellte[163]. Es dürfte deutlich geworden sein – und auch darauf ging das AWI in aller Ausführlichkeit ein –, daß mit der „Reichslohnordnung" eine totale Planwirtschaft angepeilt wurde. Bei aller Sympathie für den Leistungslohngedanken konnten die Unternehmer sich, wollten sie Unternehmer bleiben, mit einem solchen Konzept nicht einverstanden erklären. Die DAF trennte daher auch fein säuberlich zwischen ihrer „Reichslohnordnung", die erst nach dem „Endsieg" durchgeführt werden sollte, und ihrer praktischen Mitwirkung bei den „lohnordnenden Maßnahmen".

Mit diesen Maßnahmen hatte die Reichsgruppe Industrie, wie beschrieben, ihre Vorstellungen zur Arbeitsbewertung weitgehend in die Praxis umsetzen können. Zwar war auf Veranlassung der DAF der Punktbewertungsplan weggelassen worden, wodurch die praktische Anwendung des LKEM dem (summarischen) Katalogverfahren zuzurechnen ist – die Arbeiten werden als Ganze mit den Richtbeispielen des Katalogs verglichen und entsprechend deren Rangfolge eingestuft. Doch die Richtbeispiele selbst waren nach dem RGI-Punktbewertungsplan „analytisch" bewertet worden, und eine Reihe von Betrieben orientierte sich an ihm beim Erstellen ihres Betriebslohngruppenkatalogs. Über den LKEM wurde das Arbeitsbewertungssystem der Reichsgruppe Industrie zumindest indirekt in die fünfziger Jahre transportiert. In der Überzeugung, daß „mit dem System gut zu arbeiten ist", setzte die Unternehmensleitung von Siemens auch nach Kriegsende die Einführung der acht Lohngruppen des LKEM in ihren Betrieben gegen alle Widrigkeiten fort[164]. Bis Ende der fünfziger Jahre war der LKEM trotz einiger Differenzen die Grundlage der Entlohnung nicht nur in den Siemensbetrieben, sondern auch der meisten Tarifverträge der Metallindustrie. Doch wurde schon Anfang der fünfziger Jahre von verschiedenen

163 Vgl. *Begründung und Grundsätze einer Reichslohnordnung*, hrsg. v. AWI, S. 4, 6, 8, 13 ff.

164 Die acht Lohngruppen waren „in den ersten Nachkriegsjahren doch sehr angefeindet", und Siemens mußte „nicht mehr gestützt durch eine Verfügung eines Reichstreuhänders die Durchführung unternehmen". So Dir. Schlüter auf der S&H/SSW/SE-Arbeitstagung am 3./4.12.1957 in Hannover, *SAA*, 64/Lm 103, S. 18.

Seiten an der Weiterentwicklung der Arbeitsbewertung gearbeitet. Denn man konnte sich – nicht zuletzt deshalb, weil nun wieder mit den Gewerkschaften zu rechnen war – mit dem LKEM nicht zufrieden geben. Dir. Schlüter, für den der LKEM „nach wie vor die bei weitem erfolgreichste Arbeitsbewertungsmethode in Deutschland" war, wies auf einen Grund für ein mögliches Scheitern des LKEM hin, „den man öffentlich (nicht) nennen dürfte"[165]:

> „Der wahre Grund der Ablehnung des LKEM durch die Gewerkschaften ist die Allgemeinverbindlichkeit des Katalogs. Die Lohngruppe für einen Arbeitsgang wird nicht mehr in jedem Betrieb ‚ausgehandelt', sondern der Katalog sorgt für eine überbetrieblich richtige Eingruppierung. Da bleibt im betrieblichen Alltag kein Platz mehr für ‚Beratende Ingenieure'."

Er deutete auch den Ausweg aus diesem Dilemma an:

> „Wir sind uns darüber klar, daß der alte LKEM durch das damalige Verbot der analytischen Erläuterung der Bewertung der Beispiele durch Punkte seitens der DAF viel von seiner Überzeugungskraft eingebüßt hatte.
>   Die Verbindung der analytischen Punktbewertung mit einer größeren Beispielsammlung war und ist also in den letzten Jahren das Ziel aller jener Männer, denen es um die Schaffung eines wirklich objektiven, allgemein gültigen Maßstabes für die Schwierigkeit der Arbeit zu tun ist."

Mit diesem Ziel hatte sich schon im Juli 1949 aus dem damaligen Hauptausschuß des REFA ein Arbeitsausschuß „Arbeitsbewertung" gebildet, dem auch ein Vertreter der Gewerkschaften, Peter Keller, angehörte. Dir. Schlüter soll in diesem Arbeitsausschuß die „fachliche Führung" übernommen haben, wozu er ja auch nicht nur aufgrund seiner langjährigen Erfahrung bei Siemens, sondern auch seiner Erfahrung als Leiter des Arbeitsgremiums „lohnordnende Maßnahmen …" in der Unterkammer III der Reichsarbeitskammer bestens qualifiziert war (vgl. oben S. 82). Doch schon nach fünf Sitzungen löste sich dieser Ausschuß im April 1950 auf. Interessanterweise scheint er nicht wegen einer Kontroverse zwischen dem Gewerkschaftsvertreter und Vertretern der Industrie gescheitert zu sein. Vielmehr waren es der erste, von Euler vorgelegte Vorschlag und die Kritik eines Siemens-Mitarbeiters, Pfennig, daran, die zu Reibereien führten. Pfennig führte dazu 1950 aus[166]:

> „Leider hat Herr Dr. Euler meine Kritik, die von Herrn Dr. Schlüter und von anderen – ich möchte nur nennen die Herren Prof. Bramesfeld, Direktor Hehmann von der DEMAG-Duisburg und Dr. Lorenz (von der BASF; die Verf.) – sehr unterstützt worden ist, übel genommen und er hat auch bis heute sein System noch nicht so überarbeitet, wie wir es forderten."

Euler hatte sich an eine Weiterentwicklung der Punktbewertungsmethode der Reichsgruppe Industrie gemacht. Kritisiert wurde, daß er dabei weitgehend von Richtbeispielen Abstand nahm und eine Punktdifferenzierung

---

165 *SAA*, 64/Lm 103; Arbeits- und Zeitstudien, ZBtL- und ZW-Arbeitstagung am 6./7.12.1951 in Rothenburg o. d. Tauber, S. 70 f.

166 Ebd., Tagung v. 6./7.12.1951, S. 70; Tagung v. 7./8.9.1950, S. 20 (Zitat), 23.

bis zu zwei Stellen hinter dem Komma vorsah, was seinem Kritiker (Pfennig) als eine unzulässige Vortäuschung von Genauigkeit erschien, da es sich bei der Bewertung der Arbeit nach ihrer Schwierigkeit um eine „rein subjektive Methode" handele. Es sollte zu keiner Einigung kommen – allenfalls darin, daß alle nachstehend genannten Vorschläge in der einen oder anderen Form die Anforderungsarten enthielten, die in dem 1950 vereinbarten „Genfer Schema" genannt sind: 1. Erforderliches Können und Wissen einschließlich Vorbildung, Erfahrung, Geschicklichkeit; 2. körperliche und geistige Belastung beim Arbeitsvollzug; auferlegte Verantwortung für Sachen, Vorgänge, Menschen; 4. erschwerende Begleitumstände wie z.B. Hitze, Lärm, Staub. Hinzu kann noch die zeitliche Verteilung der Anforderungen über die Schichtzeit kommen.

Das Bedaux-System wurde weiterhin in einigen wenigen Betrieben praktiziert. Das AWI-Bewertungsverfahren erlebte, wie beschrieben, 1948 mit Unterstützung der „Gesellschaft für Arbeitsstudien und Lohnentwicklung REFA e.V., Württemberg-Baden" eine Neuauflage, wurde in den NSU-Werken, Neckarsulm, eingeführt, und wurde vom Hauptausschuß des REFA entschieden abgelehnt. Die BASF, Ludwigshafen, führten ein von F. R. Lorenz 1949 entwickeltes System ein, in dem die Bewertung nach einem Punktstufenverfahren unter hilfsweiser Verwendung von Rangreihen und Richtbeispielen erfolgte. Es galt als spezifisch für die Bedingungen in der Chemieindustrie zugeschnitten[167]. Euler setzte zusammen mit Stevens seine Verfeinerung des RGI-Systems fort. Sie genossen dabei die Unterstützung der eisenschaffenden Industrie. 1950 wurde im Verlag Stahleisen, Düsseldorf, ihr Buch „Die analytische Arbeitsbewertung als Hilfsmittel zur Bestimmung der Arbeitsschwierigkeit" veröffentlicht. Ebenfalls an eine Weiterentwicklung des RGI-Systems hatte sich, unter Beteiligung von Siemens, der Arbeitsausschuß für Fragen der betrieblichen Leistungsentlohnung im Gesamtverband der metallindustriellen Arbeitgeberverbände gemacht. Sein „Vorschlag einer Arbeitsbewertung" wurde 1954 veröffentlicht und beinhaltete eine durch Richtbeispiele ergänzte Punktbewertung. Die Kritik, die von gewerkschaftlicher Seite an diesem Vorschlag geübt wurde, gilt im großen auch für die anderen oben genannten Verfahren. Sie bezieht sich im wesentlichen auf drei Punkte[168]:

— die Gewichtung, d.h. die Bedeutung, die den einzelnen Anforderungsarten in der Bewertung der Tätigkeiten (Arbeiten) zugemessen wurde, sowie den Umstand, daß diese Gewichtung nach Einführung der Verfahren unveränderlich feststehen würde;

— die von den Arbeitgebern vorgesehene Möglichkeit des unmittelbaren Lohnabbaus, wenn ein Arbeitnehmer auf einen Arbeitsplatz geringerer Wertigkeit versetzt wurde oder wenn sein/ihr Arbeitsplatz durch technische Veränderungen niedriger eingestuft werden konnte[169];

— den Anspruch, daß die Verantwortung für die richtige Bewertung nur beim Arbeitgeber liege und die betriebliche Vertretung der Arbeitneh-

---

167 Vgl. Wibbe, *Arbeitsbewertung* (Anm. 110), S. 168–187.
168 Vgl. IG Metall, *Arbeitsstudium* (Anm. 47), S. 119 f.
169 Vgl. *Vorschlag einer Arbeitsbewertung*, Arbeitsausschuß für Fragen der betrieblichen Leistungsentlohnung, Gesamtverband der metallindustriellen Arbeitgeberverbände e.V., Wiesbaden, Juni 1954, S. 39.

mer allenfalls kontrollieren dürfe, ob die Methode richtig angewandt worden ist. „Die richtige Anwendung des Systems verbietet es aber, die Bewertung als objektiv ermittelbare Größe zum Gegenstand des Aushandelns zu machen, ebensowenig wie das hinsichtlich der Zeitvorgabe bei Akkordarbeit angängig ist."[170]

Die beiden Sachverständigen der IG Metall, Hagner und Weng, legten 1951 ein eigenständiges Arbeitsbewertungsverfahren vor[171]. Hagner/Weng verzichteten auf eine besondere Gewichtung der Anforderungsarten. In ihrem Vorschlag werden zur Beurteilung der Arbeiten für die einzelnen Bewertungsmerkmale Rangreihen gebildet. Der Grad der Beanspruchung wird als Prozentsatz der möglichen Maximalbelastung ausgedrückt. Die tatsächliche Gewichtsverteilung kommt bei der praktischen Anwendung des Verfahrens durch die Einstufung der sogenannten „obersten" Beispiele für die jeweilige Maximalbelastung zustande. Die Kritik, die Wibbe im Anschluß seiner Darstellung des Verfahrens von Hagner/Weng äußert, deutet auf einen weiteren Punkt in der Kontroverse um die Arbeitsbewertung hin. Wibbe schreibt, die von Hagner/Weng vorgeschlagene Lohnberechnungsweise bedeute „eine Tendenz zur Nivellierung der Lohnsätze, die wir ja gerade mit der Einführung der Arbeitsbewertung vermeiden wollen"[172]. An sich hat eine Arbeitsbewertung nichts unmittelbar mit der Frage zu tun, welche Lohngruppe oder wieviele Lohngruppen gebildet werden, wie hoch die Differenzen zwischen den Grundlöhnen dieser Lohngruppe sind und ob beispielsweise die Grundlöhne linear oder in einer Kurve aufeinander aufbauen. Sache der Arbeitsbewertung ist es lediglich, die Arbeiten zu klassifizieren. Es ist Sache einer Verordnung (wie z. B. unter dem Nationalsozialismus) oder einer Vereinbarung zwischen den Tarifparteien zu bestimmen, welchen Lohngruppen die so klassifizierten Arbeiten zugeordnet werden[173]. Allerdings ist diese Trennung in der Praxis nicht immer eingehalten worden[174]. Im Vorschlag des Gesamtverbandes der metallindustriellen Arbeitgeberverbände wird beispielsweise dieselbe Spanne zwischen den Grundlöhnen (für acht Lohngruppen) vorgesehen wie im LKEM[175]. Auch die Tarifverträge, die den LKEM zur Grundlage hatten, behielten diese Spanne bei. Mitarbeiter von Siemens, die sich 1963 auf einer Studienreise in den USA mit den Entlohnungssystemen verschiedener Unternehmen der Elektroindustrie befaßt hatten, stellten dort als besonders auffällig „die vorwiegend geringe

170 Ebd., S. 33.
171 G. W. Hagner/H. Weng, *Arbeitsschwierigkeit und Lohn*, Köln 1951.
172 Wibbe, *Arbeitsbewertung* (Anm. 110), S. 181.
173 Vgl. dazu ausführlicher Keller, *Grundfragen* (Anm. 110), Kap. V; Dieter Freiling, *Die analytische Arbeitsbewertung als Grundlage einer leistungsgerechten Entlohnung in der Gießerei-Industrie*, Diss., Frankfurt a. M. 1958, Teil B.6.
174 In den USA, wo die Unternehmen aufgrund der anderen Gewerkschaftsstruktur nicht von Tarifverträgen ausgehen können, die für ihre Branche und Region allgemein gültig sind, benutzen Unternehmen seit einiger Zeit wieder den „Marktwert" einer Arbeit als Bewertungskriterium. Das *AMA Management Handbook* (S. 7–40) schreibt 1983 dazu: „This ‚marketplace' approach is based on the philosophy that, in the final analysis, the worth of a job is the rate that companies are willing to pay for it rather than the manipulation of largely extraneous points and factors."
175 *Vorschlag* (Anm. 169), S. 26.

Spannweite in den Löhnen zwischen der niedrigsten und der höchsten Lohngruppe" fest, „die stark leistungsnivellierend wirkt"[176].

Im Reigen der Arbeitsbewertungsvorschläge der fünfziger Jahre sei schließlich noch erwähnt, daß der REFA-Grundsatzausschuß Arbeitsbewertung am 19. Juni und 15. November 1954 einen Beschluß über „Methodische Grundlagen der analytischen Arbeitsbewertung" faßte, in dem die gewerkschaftlichen Forderungen insofern berücksichtigt wurden, als die Art der Gewichtung unterschiedlich durch Vereinbarung festgelegt werden konnte und die Umwandlung der Ergebnisse in Lohn durch die Tarifparteien zu vereinbaren war[177]. Arbeitgeberverbände und Gewerkschaften einigten sich jedoch nie auf eine für alle Industriezweige, oft nicht einmal für einen Industriezweig gültige Arbeitsbewertung. Dennoch kann man für die fünfziger und sechziger Jahre insofern nicht von einer „Krise der Arbeitsbewertung" sprechen, als beide Parteien sich darin einig waren, daß eine analytische Arbeitsbewertung nützlich sei. Nur darüber, wie sie im konkreten Fall aussehen sollte, gab es Streit.

Im Zuge der Automation ist jedoch die analytische Arbeitsbewertung ebenso wie der Akkordlohn in eine Krise geraten. Am Beispiel der Volkswagen AG hat Eva Brumlop in einer neueren Studie die Probleme und den zwischen der IG Metall und der Unternehmensleitung 1979 vereinbarten Lösungsversuch in einem neuen Verfahren der Lohndifferenzierung (LODI) geschildert[178]. Die analytische Arbeitsbewertung erfordert eine ständige Untersuchung der Arbeiten daraufhin, wie sich ihr „Wert" verändert, und sie legt den „Wert" jeweils nur eines Arbeitsplatzes fest. Mit zunehmender Automatisierung *und* Flexibilisierung der Produktion entstehen sowohl für die Arbeitgeber als auch für die Arbeitnehmer Probleme. Für die Arbeitgeber erwachsen Kosten aus der ständigen Neubewertung der Arbeiten und daraus, daß die Anzahl der Lohngruppen anschwillt (bei VW auf 28) und die Beschäftigten nicht mehr nur eine Tätigkeit, sondern wechselnde Tätigkeiten ausführen — die Lohnkalkulation verteuert sich also. Zwar bietet sich mit der „Entwertung" der Arbeitsplätze und dem Einsatz von Beschäftigten auf geringer bewerteten Arbeitsplätzen als denen, für die sie ursprünglich eingestellt worden waren, die Möglichkeit eines Lohnabbaus, den die Gewerkschaften nur schwer verhindern können (was diesen wiederum Kopfzerbrechen bereitet), doch untergräbt sie auch einen wichtigen Grund für die Einführung der Arbeitsplatzbewertung: die Erhaltung des innerbetrieblichen „Arbeitsfriedens". Die betriebspolitische „Neutralisierung" der Entlohnung durch die Arbeitsbewertung setzt voraus, daß die Arbeitenden sie auch akzeptieren. Müssen sie aber gerade wegen der Arbeitsbewertung einen Lohnabbau hinnehmen, dann kommt auch die Akzeptanz ins Wanken.

176 *SAA*, 15/Lk 432, Aus Theorie und Praxis des Industrial Engineering in den USA. Bericht über eine Studienreise Sept./Okt. 1963. Verfaßt von E. Haller-Wedel, SSW/ ZW 71 Erlangen, Erlangen im April 1964, S. 161. Zu diesem Zeitpunkt war die Spanne zwischen den Löhnen der niedrigsten und der höchsten Lohngruppe bei Siemens durch die Einführung der „Siemens Arbeitsbewertung" 1961 nochmals vergrößert worden. Der Grundlohn der höchsten Lohngruppe betrug 192 % dessen der niedrigsten Lohngruppe. Beim LKEM waren es 177 % gewesen.

177 IG Metall, *Arbeitsstudium* (Anm. 47), S. 109, 120 ff.

178 Eva Brumlop, *Arbeitsbewertung bei flexiblem Personaleinsatz*, Frankfurt a. M./New York 1986.

Mit dem LODI-Verfahren werden nicht einzelne Arbeiten, sondern „Arbeitssysteme" klassifiziert, die mehrere Tätigkeiten mit ähnlicher Beanspruchung umfassen. Die Anzahl der Lohngruppen wurde auf zwölf reduziert. Nur bei „wesentlichen" Veränderungen im Arbeitssystem soll ein neues geschaffen und gegebenenfalls einer anderen Lohngruppe zugeordnet werden (woran dann wieder die Gewerkschaft beteiligt wäre). Der Vorteil für das Unternehmen liegt, abgesehen von geringeren Kosten in der Lohnkalkulation, darin, daß es sich mit der EDV-gestützten Katalogisierung der Arbeitssysteme eine Datenbank geschaffen hat, die eine gezieltere Personalsteuerung und -einsatzplanung ermöglicht. Die Gewerkschaft sieht im Übergang zum LODI-Verfahren einen wirksameren Schutz gegen Abgruppierungen sowie die Chance, eine Anreicherung der Tätigkeiten durchsetzen zu können.

Mit dieser kurzen und sehr groben Beschreibung soll die neuere Entwicklung in der Arbeitsbewertung lediglich skizziert werden, da es mir in der Einordnung der nationalsozialistischen Zeit in die Entwicklung des „gerechten Lohns" vor allem darum ging, die Lücke zwischen der Weimarer Zeit und den fünfziger Jahren ein wenig aufzufüllen. Festzuhalten bleibt, daß die Arbeitsbewertung umstrittener war als der Zeitstudienakkord. Der Streit ging vor allem um die Methoden und nicht um das Prinzip, die „Werte" der einzelnen Arbeiten nach vorgegebenen „sachlichen" Regeln zu bestimmen und zu hierarchisieren. Daß unterschiedliche Arbeitsbewertungsmethoden und -systeme entwickelt und eingeführt und daß sie mit der Zeit geändert wurden, hatte einerseits technische Gründe wie unterschiedliche Produktionsmethoden und Betriebsstrukturen. Doch zeigt sich gerade in den Auseinandersetzungen, daß die „gerechte" Bestimmung des relativen „Wertes" einer Arbeit nicht nur ein technisches, sondern auch ein gesellschaftliches Problem ist. Mag man den Vorgang der Arbeitsbewertung dann als „objektiv" im Sinne von technisch/rechnerisch sehen[179], *wenn* die Kriterien vorgegeben sind, so sind diese selbst doch immer auch gesellschaftlich begründet. Das wird in der Gewichtung der Anforderungsarten besonders deutlich. Was ist mehr „wert": das Ertragen von Kälte und Schmutz, das Tragen schwerer Lasten oder das Tragen von Verantwortung, die Beanspruchung des Geistes oder das Abschalten des Geistes durch Monotonie? Auch die Frage, wievielen Lohngruppen die bewerteten Arbeiten zugeordnet und wie die Grundlöhne gegeneinander abgestuft werden sollen, kann nicht nur technisch gelöst werden, sondern ist Gegenstand von Interessenkonflikten.

So wichtig es ist, die Regeln der Entlohnung verständlich und verbindlich zu machen, um den Lohnabhängigen einen gewissen Schutz vor Willkür zu bieten, so bedenklich ist es, wenn diese Regeln so behandelt werden, als seien sie aus dem „Gemeinwohl" objektiv abgeleitet und nicht das Resultat einer Übereinkunft zwischen Parteien unterschiedlichen Interesses und unterschied-

---

179 Selbst Praktiker äußerten zuweilen Zweifel an der Objektivität des Vorgangs der Arbeitsbewertung. So betonte 1950 Oberingenieur Pfennig von Siemens anläßlich seiner Kritik am Arbeitsbewertungssystem von Euler und Stevens, daß es sich bei der Bewertung der Arbeit nach ihrer Schwierigkeit um eine „rein subjektive Methode" handle. Sein Vorgesetzter, Dir. Schlüter, allerdings glaubte an die „Schaffung eines wirklich objektiven, allgemein gültigen Maßstabes für die Schwierigkeit der Arbeit". (Vgl. S. 264 f. oben.)

licher Stärke. Im nationalsozialistischen Deutschland sind die Regeln nicht zwischen den Parteien des Arbeitsverhältnisses ausgehandelt, sondern oktroyiert worden. Die Konsequenz aus dieser Erfahrung kann jedoch nicht lediglich die Feststellung sein, daß die Falschen das Gemeinwohl definiert haben, daß Objektivität und Wissenschaftlichkeit pervertiert wurden. Denn diese Erfahrung hat auch gezeigt, was „Sachlichkeit und Gerechtigkeit" bedeuten, wenn sie auf die rein technische Dimension reduziert werden. Es ist die Sachlichkeit und Gerechtigkeit der blinden Justitia, die wohl abwägen kann, was ihr in die Waagschalen gelegt wird, nicht aber sieht, was außerhalb geschieht.

VI. Schluß

Die nationalsozialistische Zeit bedeutete keinen Bruch, sondern eine Fortsetzung der Bestrebungen, die Entlohnung betriebspolitisch zu neutralisieren. Es ging nicht um den „gerechten Lohn" schlechthin, sondern darum, individuelle Intensität und Wirkungsgrad der Arbeit (beispielsweise im Zeitstudienakkord) und den relativen „Wert" der Arbeiten, d. h. die unterschiedlichen Anforderungen an die Arbeitskraft, meßbar zu machen. Beides zusammen macht den modernen Leistungslohn aus.

Meine Absicht war es, für die Periode des Nationalsozialismus den Trend zur Versachlichung des Leistungslohns sichtbar zu machen, wie er schon in der Weimarer Zeit deutlich geworden war, und bis in die fünfziger Jahre hinein zu verfolgen. Den Kontinuitäten müssen aber korrigierend zumindest kurz die Diskontinuitäten gegenübergestellt werden. Praktisch gesehen hat sich der Leistungslohn in diesem Zeitraum fast immer in einer Krise befunden — angefangen mit der Inflation der frühen zwanziger Jahre, der erste Versuche um eine Ablösung des Geldakkords durch den Zeitakkord folgten. Diese Versuche waren erst spärlich in die Praxis umgesetzt worden, als mit der Weltwirtschaftskrise das Problem Arbeitslosigkeit die Frage nach dem Leistungslohn vergleichsweise irrelevant machte. Wenngleich danach das Leistungsprinzip und der Leistungslohn zum Element der nationalsozialistischen „Volksgemeinschaft" gemacht wurden und der REFA seine erste Blütezeit erlebte, führten der Arbeitskräftemangel und der Lohnstopp dazu, daß sich die Unternehmer eher darüber Gedanken machten, wie sie durch höhere Arbeitsverdienste Arbeitskräfte an ihren Betrieb binden konnten, als darüber, wie sie die neuesten Methoden der Leistungsentlohnung in ihrem Betrieb durchsetzen könnten. Die „Herstellung der Lohngerechtigkeit zur Leistungssteigerung" durch die lohnordnenden Maßnahmen in der Rüstungsindustrie ab 1942 wurde zwar von den Unternehmen weitgehend mitgetragen, da es nunmehr auch ihnen darum gehen mußte, die „Leistungsreserven" der ihnen zur Verfügung stehenden Arbeitskräfte zu mobilisieren; doch angesichts der Mangelsituation und der chaotischen Zustände gegen Ende des Krieges verlor der Leistungslohn gegenüber direkten Disziplinierungsmaßnahmen und der Notwendigkeit, die Produktion überhaupt in Gang zu halten, wiederum an Bedeutung. Auch in den Jahren unmittelbar nach dem Krieg gab es größere Probleme als den Leistungslohn. Anfang der fünfziger Jahre erlebte er eine kurze Blüte. Doch schon ab Ende der fünfziger Jahre geriet der Akkordlohn in eine Krise, die allerdings nicht als eine Krise des Leistungslohnes schlechthin interpretiert werden sollte, denn der Akkordlohn wurde zunehmend durch den Pensumlohn abgelöst, und die Arbeitsbewertung erfreute sich noch immer großer Beliebtheit. Spätestens Mitte der siebziger Jahre wurde die „Krise der Leistungsentlohnung" wieder zum Topos.

Durch alle diese Krisen hindurch hat der Grundgedanke des (leistungs-)gerechten Lohns, nämlich den Lohn auf betrieblicher Ebene seines politischen Gehalts zu entledigen und das Arbeitsverhältnis zu versachlichen, nicht nur eine bemerkenswerte Resistenz bewiesen, sondern auch eine bemerkenswerte Entwicklung genommen. Daran hat die nationalsozialistische Herrschaft in Deutschland einen nicht unbeträchtlichen Anteil gehabt. So wie die Technokraten Speer und Hupfauer, aber auch Mansfeld oder Staatssekretär Bracke im Reichsministerium für Ernährung und Landwirtschaft unter ihren Herren, dem megalomanischen Hitler, dem „Reichstrunkenbold" Ley, dem alten Stahlhelmkämpfer Seldte, dem Blut- und Bodenromantiker Darré, aufblühten, so gedieh auch die formale Rationalität des Leistungsprinzips und des „gerechten Lohns" im verbalen Schwulst der „Volksgemeinschaft" und in der Verlogenheit der „Betriebsgemeinschaft".

Die formale Rationalität, hier in Anlehnung an Max Weber verstanden als zweckrationales Handeln, das definierte Ziele unter gegebenen Bedingungen zu verwirklichen sucht[1], ist ein Charakteristikum der kapitalistischen Produktion. Sie stand nicht im Gegensatz zur nationalsozialistischen Herrschaft. Vielmehr hat diese sich der formalen Rationalität auf doppelte Weise bedient. Zum einen machten Technokraten das despotische Chaos durch „organisierte Improvisation" funktionsfähig und die rassistische Rationalisierung der „Volksgemeinschaft" bis hin zur industriellen Organisation der Vernichtungslager effizient. Zum anderen erklärte das Regime gesellschaftliche Konfliktfelder zu „Sachzwängen", indem es die Definition der Ziele, des „Gemeinwohls", zu seinem Monopol machte. Zu diesem Definitionsmonopol gehörte eine Ideologie, die behauptete, „das Tüchtige aber ist identisch mit dem Guten"[2], und damit unterstellte, daß Leistung nicht nur Mittel, sondern selbst schon Ziel sei, es sich also erübrige, über die Grenzen der formalen Rationalität hinauszudenken. Die nationalsozialistische Herrschaft bot allen Anlaß, sich dieser Ideologie zu unterwerfen. Machten Terror und Willkür das „anders sein" und das „anders denken" zu einem lebensgefährlichen Risiko, so wurde zumindest denjenigen, die sich zur „deutschen Volksgemeinschaft" zählen durften, mit dem Leistungsprinzip ein Maßstab geboten, der die Folgen des persönlichen Handelns innerhalb der Grenzen der „Sachzwänge" kalkulierbar zu machen schien.

Wie erfolgreich diese Mischung aus „weltanschaulichem" Terror und forma-

---

1 Max Weber (*Wirtschaft und Gesellschaft*, Tübingen 1956, Bd. 1, S. 44 f.) unterscheidet zwischen der formalen und der materialen Rationalität wirtschaftlichen Handelns. Der Begriff materiale Rationalität „besagt lediglich dies Gemeinsame: daß eben die Betrachtung sich mit der rein formalen (relativ) eindeutig feststellbaren Tatsache: daß zweckrational, mit technisch tunlichst adäquaten Mitteln *gerechnet* wird, *nicht* begnügt, sondern ethische, politische, utilitarische, hedonische, ständische, egalitäre oder irgendwelche anderen *Forderungen* stellt und daran die Ergebnisse des — sei es auch formal noch so „rationalen", d.h. rechenhaften — Wirtschaftens *wertrational* oder *material* zweckrational bemißt. Der möglichen, in diesem Sinne rationalen, Wertmaßstäbe sind prinzipiell schrankenlos viele, und die ... ethischen und egalitären Wertmaßstäbe sind selbstverständlich nur *eine* Gruppe unter dieser Mannigfaltigkeit (ständische Abstufung, Leistung für politische Macht-, insbesondere aktuelle Kriegszwecke und alle denkbaren sonstigen Gesichtspunkte sind in diesem Sinne gleich „material"). *Selbständig,* gegenüber auch dieser materialen Kritik des Wirtschafts*ergebnisses*, ist dagegen überdies eine ethische, asketische, ästhetische Kritik der Wirtschafts*gesinnung* sowohl wie der Wirtschafts*mittel* möglich, was wohl zu beachten ist." (Ebd., S. 45).

2 So der Generalbevollmächtigte für den Arbeitseinsatz, Fritz Sauckel, im Januar 1945. („Unsere Parole für 1945: Mit dem Führer zum Sieg!", in: *RABl. V*, 1945, S. 5.)

ler Rationalität war, ist nur schwer abzuschätzen. Immerhin zeigten sich recht deutliche Nachwirkungen in der Bundesrepublik, in der es genügte festzustellen, daß unter dem Nationalsozialismus eben die Falschen das „Gemeinwohl" definiert haben, um zu demonstrieren, daß man „mit der ganzen Sache" nichts zu tun hatte. Die nationalsozialistische Herrschaft und ihre entsetzlichen Folgen konnten so zu einem historischen Betriebsunfall stilisiert und als das „deutsche Verhängnis" auch noch als Argument dafür angeführt werden, daß man kontroverses Denken über gesellschaftliche Ziele und Gegebenheiten als Ideologie abtat und sich scheinbar wertfrei und unideologisch der formalen Rationalität des technischen und industriellen Fortschritts verschrieb, in dem sich gesellschaftliche Widersprüche wie von selbst aufheben würden. Nur wenige zogen aus der Erfahrung mit dem Nationalsozialismus die für die Analyse von Herrschaft in kapitalistischen Industriegesellschaften wichtige Konsequenz, daß formale Rationalität nicht nur sehr verschiedenen Herren dienen kann, sondern auch selbst zur Legitimation von Herrschaft wird, wenn das Denken ihre Grenzen nicht überschreitet. Es bedurfte erneuter gesellschaftlicher Krisen wie überhaupt der Krise des lange Zeit anerkannten „Ford"-schrittmodells, um diese Konsequenz zum Gegenstand breiterer gesellschaftlicher Debatte zu machen.

Provoziert wurde diese Debatte von sozialen Bewegungen wie der Studentenbewegung mit ihrer Kritik an der modernen Leistungsgesellschaft, der ökologischen Bewegung mit ihrer Kritik an der maßlosen Wachstumseuphorie und der Frauenbewegung mit ihrer Kritik an dem, was in der „dem Mann" zugeordneten öffentlichen Sphäre unserer Gesellschaft als rational gilt. Jedenfalls haben sie ein soziales Ambiente geschaffen, das meinem Versuch in der hier vorgelegten Studie Rückhalt bot, aus einer Analyse der Irrationalität des Nationalsozialismus eine Kritik der Rationalität des Leistungsprinzips zu entwickeln.

VII. Statistischer Anhang

1. Zur Herkunft des Materials
2. Dokumente:

A_1 — Die Arbeitsverdienste im September 1943

A_2 — Durchschnittliche Bruttoverdienste für ausgewählte Orte und Gebiete in den Gewerben Schiffbau, Maschinenbau, elektrotechnische Industrie. Stand März 1944

A_3 — Die Arbeitsverdienste im März 1944 (enthält zwei Statistiken: 1. Gesamtverlauf der Indexziffern der Arbeitsverdienste von 1913/14 bis März 1944; 2. Indexziffern der Arbeitsverdienste nach Gewerbe- und Arbeitergruppen von März 1939 bis März 1944)

A_4 — Abstufung der durchschnittlichen Stundenverdienste nach Gewerben 1933 und von 1937 bis 1944

A_5 — Anteil der Empfänger von Trennungs- und Übernachtungs-Geld im September 1943 und März 1944

A_6 — Hauptergebnisse der Lohnerhebungen nach Gewerben und Arbeitergruppen (Stundenverdienste) von 1939 bis März 1944

A_7 — Die wöchentliche Arbeitszeit in der deutschen Industrie in den Jahren 1935–1942

A_8 — Die Veränderung der Wochenarbeitszeit von März 1943 bis September 1943

A_9 — Die Wochenarbeitszeit bis März 1944

VII.1. Zur Herkunft des Materials

1935 stellte das Statistische Reichsamt das Verfahren zur Erfassung der Arbeitsverdienste in der deutschen Industrie um. Ziel war eine umfassende, kontinuierliche und aktuelle Berichterstattung. Vierteljährlich, in den letzten Kriegsjahren halbjährlich, wurden ausgewählte Betriebe (in der eisenschaffenden Industrie alle Betriebe) nach den gezahlten Lohnsummen pro Arbeitergruppe — geschlechts- und qualifikationsspezifisch definiert — befragt. Von dieser repräsentativen Lohnsummenerhebung waren 1939/40 26 000 Betriebe und etwa drei Millionen Beschäftigte erfaßt[1]. Im Krieg wurden die Ergebnisse der Lohnerhebungen als „streng vertraulich" und in ihrer Aufschlüsselung nach Fabrikationszweigen und Regionen als „geheim" deklariert. In Publikationen,

---

1 Die Ziele und Methoden der Lohnsummenerhebungen behandelt ausführlich Friedland Krause, Die deutsche Lohnstatistik, in: *Die Statistik in Deutschland nach ihrem heutigen Stand*, hrsg. v. Friedrich Burghöfer, Berlin 1940, S. 1175 f. Ein Oberregierungsrat Dr. Krause war in der Abteilung III, Sozialstatistik, des Statistischen Reichsamtes mit den Lohnerhebungen befaßt. *DZA Potsdam*, 31.02, Stat. R. A., Sign. 3682.

beispielsweise in der Zeitschrift „Wirtschaft und Statistik", wurden nur noch sehr allgemeine Indexziffern wiedergegeben[2]. Auch das nach dem Zweiten Weltkrieg zusammengestellte „Statistische Handbuch für Deutschland" führte die Ergebnisse in hochaggregierter Form und die Indexziffern nur bis 1942 an[3]. Abgesehen von einem Artikel des ehemaligen Oberregierungsrates im Statistischen Reichsamt, Oelrich, in der Zeitschrift „Statistik in Baden", der detailliertere Angaben über die Lohnentwicklung im Zweiten Weltkrieg und einen Vergleich zum Ersten Weltkrieg enthält, scheinen die Berichte über die Lohnerhebungen von 1943 und März 1944 — die letzte im September 1944 wurde nicht mehr ausgewertet — in der Bundesrepublik nicht mehr verfügbar zu sein[4]. Demgegenüber befinden sich in den Beständen des Zentralen Staatsarchivs Potsdam (DZA Potsdam) die Auswertungen des Statistischen Reichsamts zu den einzelnen Lohnerhebungen bis 1944, aus denen die in diesem Anhang wiedergegebenen Texte und Statistiken stammen. Zwar sind darin auch Statistiken und Ausführungen über längerfristige Entwicklungen enthalten (Dok. A_3, A_4, A_7), doch habe ich mich in der Auswahl im wesentlichen auf den Zeitraum des Zweiten Weltkriegs und darin wiederum auf die letzten Kriegsjahre beschränkt. Denn dieser Zeitraum ist in den bereits bekannten Statistiken, wenn überhaupt, nur sehr lückenhaft behandelt[5].

In der Reduktion auf die Fragestellung dieser Studie ist der vorliegende Anhang weder für den Umfang der Berichte repräsentativ noch für die Vielzahl der Gesichtspunkte, nach denen das Statistische Reichsamt die Ergebnisse der Lohnerhebungen auswertete. Neben der allgemeinen Verdienstentwicklung und der geschlechts- und qualifikationsspezifischen Verdienstentwicklung in den einzelnen Gewerben und Regionen wurde beispielsweise auch über die Entwicklung der geleisteten Arbeitszeit berichtet, ferner über den Anteil der Empfänger von Trennungs- und Übernachtungsgeld an der Gesamtzahl der erfaßten Be-

2 Am 4.9.1939 hatte Göring ein Verbot erlassen, statistische Daten zu veröffentlichen. Am 26.7.1939 fragte das Statistische Reichsamt beim Reichsarbeitsministerium an, ob es wie in den Vorjahren in *Wirtschaft und Statistik* einen Bericht über die Entwicklung der Arbeitsverdienste veröffentlichen dürfe. Die Genehmigung zur Veröffentlichung — recht hochaggregierter Zahlen — wurde erteilt, weil sie „gut für Deutschland" aussähen. *DZA Potsdam*, 31.02 Stat. R. A., Sign. 3682, Bl. 191. Zu den Genehmigungen der Berichte für 1940 und 1941 vgl. ebd., Bl. 219 ff.

3 *Statistisches Handbuch für Deutschland*, München 1949, S. 472 ff.

4 Dr. Oelrich, Die Entwicklung der Arbeitsverdienste seit Beginn des zweiten Weltkrieges bis zum Frühjahr 1944, verglichen mit den Lohnverhältnissen während des ersten Weltkrieges, in: *Statistik in Baden*, hrsg. v. Statistischen Landesamt Baden, Freiburg i. Br., H. 2, 1950. Die Position Oelrichs entnehme ich einem Briefwechsel vom Juli 1944 in den Akten des Statistischen Reichsamtes, *DZA Potsdam*, 31.02 Stat. R. A., Sign. 3694.

5 Zu Auswertungen bereits zugänglicher Ergebnisse der Lohnerhebungen vgl. u. a. Gerhard Bry, *Wages in Germany 1871–1945*, Princeton 1960; Timothy W. Mason, *Arbeiterklasse und Volksgemeinschaft*, Opladen 1975; Tilla Siegel, Lohnpolitik im nationalsozialistischen Deutschland, in: Carola Sachse u. a., *Angst, Belohnung, Zucht und Ordnung*, Opladen 1982. Zu einer Untersuchung der Verdienstentwicklung auf Grundlage der Unterlagen der Versicherungsträger s. Franz Grumbach/Heinz König, Beschäftigung und Löhne der deutschen Industriewirtschaft 1888–1954, in: *Weltwirtschaftliches Archiv*, 1957 (Bd. 79).

schäftigten in den einzelnen Gewerben oder über die Rangfolge der Gewerbe nach den durchschnittlichen Stundenverdiensten.

Das Interesse an den Ergebnissen der Lohnerhebungen war groß. Die Berichte wurden beispielsweise bezogen von Ministerien wie der Reichskanzlei, dem Reichsarbeitsministerium, dem Reichswirtschaftsministerium, aber auch vom Reichsverkehrsministerium, den Wirtschaftsministerien der Provinzen, den Regierungspräsidenten, den Rüstungsinspektionen, den Landesversicherungsanstalten, den Reichstreuhändern der Arbeit, dem Reichskommissar für die Preisbildung, der Reichsstelle für Raumordnung und der Forschungsstelle für Wehrwirtschaft. Bezieher waren aber auch Stellen wie die Abteilung für zentrale Wirtschaftsbeobachtung bei der Reichswirtschaftskammer, die Reichsgruppe Industrie und die Industrie- und Handelskammern, die Wirtschafts- und Fachgruppen sowie Landesversicherungs-Anstalten, die Reichskreditgesellschaft und schließlich die Gauwaltungen und die DAF mit ihrem Arbeitswissenschaftlichen Institut und den Zentral- und Fachämtern. Auch einzelne Firmen baten gelegentlich um Auskunft und bekamen sie − in Auszügen und mit dem Hinweis auf Vertraulichkeit, so Blohm & Voß 1938, die Feldmühle AG 1940 und die Saargruben AG 1941. Die Bewag erhielt ab Ende 1941 vom Statistischen Reichsamt regelmäßig Auskunft über den Durchschnittsverdienst eines Facharbeiters in der Berliner Metallindustrie und benutzte ihn in ihren Kalkulationen mit der Reichsbahn und den Elektrowerken als Lohnklausel im Arbeitspreis der zu verrechnenden elektrischen Energie[6].

Der enorme Aufwand, mit dem die Entwicklung der Arbeitsverdienste erfaßt wurde, das große Interesse der Behörden, parteipolitischen Stellen und Wirtschaftsorganisationen an den Ergebnissen, aber auch die Bemühungen des Statistischen Reichsamts, den Bezieherkreis immer wieder zu reduzieren und nur sehr begrenzt Auskunft zu erteilen, spiegeln ein informationspolitisches Dilemma wider, in dem sich die nationalsozialistische Lohnpolitik befand. Einerseits kam es für das Regime durchaus gelegen, daß die Tariflöhne, die ja in den Tarifordnungen seit 1933 weitgehend eingefroren waren und für die effektive Verdienstentwicklung immer weniger Relevanz hatten, an Aussagekraft verloren: Den Lohnabhängigen waren Vergleichsmöglichkeiten mit anderen Betrieben, Branchen, Regionen genommen, dem feindlichen Ausland war der Einblick in die wirtschaftliche und soziale Lage erschwert, und schließlich sollten unter den Bedingungen des Lohnstopps auch die Betriebe möglichst wenig über den allgemeinen Lohnstand in ihrer Branche und/oder Region wissen. Andererseits aber war das nationalsozialistische Regime in der Durchführung seiner Wirtschafts- und Sozialpolitik auf genaue und umfassende Kenntnis der effektiven Lohnentwicklung angewiesen. Mit der Einschränkung, daß Statistiken nie das Abbild der Wirklichkeit sein können, halte ich gerade wegen dieses Informationsbedürfnisses des Regimes die Ergebnisse der amtlichen Lohnerhebungen für das wichtigste statistische Material über die Entwicklung der Arbeitsverdienste und auch der geleisteten Arbeitszeit im nationalsozialistischen Deutschland.

Die amtliche Lohnerhebung erfaßte 21 Industriezweige im gesamten Deutschen Reich. Ab März 1939 wurde Österreich in den Reichsdurchschnitt mit einbezogen, ab Dezember 1941 auch das Sudetenland und die „eingegliederten"

---

6 *DZA Potsdam*, 31.02 Stat. R. A., Sign. 3682, Bl. 2 ff., 11 ff., 198, 238, 247 ff., 305.

Ostgebiete. Erfragt wurden bei den erfaßten Betrieben die Gesamtlohnsummen für die einzelnen Arbeiter- bzw. Arbeiterinnengruppen. Sie umfaßten in diesen Gruppen sämtliche Altersstufen, also auch die jugendlichen Arbeitnehmer. Nicht einbezogen waren die Gruppen der Lehrlinge, Volontäre, Gehaltsempfänger, Pförtner, Wächter, Reinemachfrauen u. ä. sowie alle berufsfremden Arbeitskräfte. Die angegebenen Wochenverdienste galten nur für eine feiertagsfreie Lohnwoche[7]. Ausländische Arbeitskräfte wurden in die Lohnerhebung mit einbezogen, da sie „nach den Grundsätzen der Entlohnung in der Regel einheimischen Kräften" gleich standen[8]. „Ostarbeiter" allerdings sollten erst in der Lohnerhebung vom September 1944 miterfaßt werden, da für sie erst nach der „Verordnung über die Einsatzbedingungen der Ostarbeiter vom 25.3.1944" die „gleichen Lohnbedingungen wie für sonstige ausländische Arbeiter" bestanden[9]. „Die von den Arbeitern polnischen Volkstums und den Ostarbeitern ... zu entrichtende Sozialausgleichsabgabe in Höhe von 15 % des Einkommens" sollte bei der Bruttolohnsumme nicht abgesetzt werden[10].

Die Entwicklung der Durchschnittsverdienste in absoluten Zahlen entspricht nicht der Entwicklung der Verdienste *am Arbeitsplatz*, denn erstere ist auch beeinflußt von Veränderungen in der Beschäftigungsstruktur. Die Zunahme der Anzahl der in der Industrie beschäftigten Frauen von 6,8 Millionen im September 1939 auf 10,2 Millionen im September 1942 (vgl. unten Dokument A[7]) hat sich beispielsweise senkend auf den Gesamtdurchschnitt der Arbeitsverdienste in der Industrie ausgewirkt. Steigernd — und das überwog — wirkte sich der wachsende Anteil der Rüstungsindustrie aus, wo überdurchschnittliche Verdienste erzielt wurden. In der Berechnung der Indexziffern hat das Statistische Reichsamt versucht, die Verschiebungen in der Beschäftigungsstruktur weitgehend auszuschalten[11]. Die Abweichungen der absoluten Meßzahlen von den Indexziffern zeigen, daß die Zunahme der Verdienste am Arbeitsplatz nicht ganz so spektakulär war, wie die Entwicklung der ersteren vermuten ließe. Bei den Stundenverdiensten betrug diese Abweichung + 0,8 Prozent im Jahr 1934, + 4,6 Prozent im Jahr 1938 und + 9,5 Prozent im Dezember 1941. Für die Wochenverdienste betrug sie in den entsprechenden Jahren + 0,9 Prozent, + 6,1 Prozent und + 11,3 Prozent[12]. Für die Interpretation des Erfolgs oder Mißerfolgs des Lohnstopps und der lohnordnenden Maßnahmen sind also die Indexziffern aussagekräftiger als die absoluten Werte. So wur-

7 *DZA Potsdam*, 31.02 Stat. R. A., Sign. 2894, Bl. 3: Vorbemerkung im Bericht zum März 1941.

8 *DZA Potsdam*, 31.02 Stat. R. A., Sign. 2893, Bl. 4 Rs. Wenngleich die „Grundsätze der Entlohnung" dieselben gewesen waren, so wurde doch immer wieder hervorgehoben, daß die effektiven Verdienste der ausländischen Arbeitskräfte „in der Regel" niedriger als die der einheimischen waren.

9 *RGBl.* I, 1944, S. 68. Vgl. auch den Vermerk Dr. Oelrichs v. 8.6.1944 „Betr.: Vordrucke für Lohnerhebungen ab September 1944", *DZA Potsdam*, 31.02 Stat. R. A., Sign. 3694, Bl. 364.

10 Ebd., Bl. 363. Die „Sozialausgleichsabgabe" war eine Sondersteuer. Siehe auch oben S. 187 f.

11 Vgl. *Wirtschaft und Statistik 1937*, S. 514.

12 Ergebnisse der amtlichen Lohnerhebungen für März 1943: *DZA Potsdam*, 31.02 Stat. R. A., Sign. 2895, Bl. 6.

de von Dezember 1942 bis März 1943 — also nach der Verordnung der lohnordnenden Maßnahmen — zwar die bislang höchste Steigerung der durchschnittlichen Stundenverdienste in absoluten Zahlen verzeichnet, die um die Beschäftigungsverschiebungen bereinigten Indexziffern waren jedoch gesunken (vgl. Dok. A_3). Um auf die Faktoren hinzuweisen, die hinter der Entwicklung der Arbeitsverdienste standen, sind in Dokument A_1 und A_3 Auszüge aus den Einleitungen zu den Berichten über die amtlichen Lohnerhebungen wiedergegeben, in denen das Statistische Reichsamt ausführlich auf die Veränderungen in der Beschäftigung eingeht. Dokument A_2 soll am Beispiel ausgewählter Industriezweige einen Eindruck von den regionalen Verdienstunterschieden vermitteln. Dokument A_4 soll zeigen, daß sich die Lohnpolitik und die (kriegs-) wirtschaftliche Entwicklung nicht gleichförmig auf die Entwicklung der Verdienste in den einzelnen Gewerben ausgewirkt haben. Der Anteil der Empfänger von Trennungs- und Übernachtungsgeld in Dokument A_5 gibt einen Hinweis darauf, wie hoch die Beschäftigung von Dienstverpflichteten in den einzelnen Gewerben war. Und schließlich gibt Dokument A_6 die Entwicklung der Stundenverdienste der Arbeiter- und Arbeiterinnengruppen in den einzelnen Gewerben von 1939 bis März 1944 wieder. Es ist als Ergänzung zu Daten für die Jahre 1936 und 1938 gedacht, die schon an anderer Stelle publiziert wurden[13].

Wie bereits erwähnt, wurden in den Berichten des Statistischen Reichsamtes regelmäßig auch die Angaben über die Zahl der geleisteten Arbeitsstunden ausgewertet, die mit den amtlichen Lohnerhebungen anfielen. Bei den hier in den Dokumenten A_7 bis A_9 wiedergegebenen Statistiken ist zu beachten, daß sie nur die wirklich geleisteten Arbeitsstunden wiedergeben und nicht die Länge des „Regelarbeitstages" und der „Regelarbeitswoche". Ausfallzeiten auf Grund von Krankheit, Bombenschäden u. ä. m. sind nicht enthalten. Ferner muß darauf hingewiesen werden, daß die Anzahl der von Frauen durchschnittlich geleisteten Arbeitsstunden in den letzten Kriegsjahren insbesondere deshalb gesunken ist, weil zusätzlich Frauen eingestellt wurden, die nur halbtags arbeiteten. Die verschiedenen Faktoren, die den Umfang der tatsächlich geleisteten Arbeitsstunden beeinflußten, werden in Dokument A_7 ausführlich diskutiert, in dem die Entwicklung der wöchentlichen Arbeitszeit von 1935 bis 1942 mit der Entwicklung während des Ersten Weltkrieges verglichen wird. Die Dokumente A_8 und A_9 sollen der Fortschreibung der Daten für die Jahre 1943 bis Anfang 1944 dienen. Es sei darauf hingewiesen, daß die Zahlenangaben im Text von Dokument A_8 nicht genau mit denen in der Statistik von Dokument A_9 übereinstimmen. Die Gründe für die Abweichungen habe ich nicht feststellen können. Es ist zu vermuten, daß die Zahlen im Nachhinein korrigiert wurden. Die Unterschiede sind jedenfalls nicht so gravierend, daß der allgemeine Entwicklungstrend grundsätzlich korrigiert werden müßte. Wegen der Abweichung habe ich jedoch die Statistiken und die Graphik in Dokument A_7 nicht einfach mit den Angaben für 1943 und 1944 ergänzt, sondern in Dokument A_9 später erstellte Statistiken und eine auf deren Grundlage erstellte Graphik aufgenommen.

---

13 Vgl. *Statistisches Handbuch* (Anm. 3), S. 470 f.; Siegel, Lohnpolitik (Anm. 5), S. 120 ff.

VII.2. Dokumente

Dokument A₁: Die Arbeitsverdienste im September 1943 *

I.

Der durch die Indexziffern gekennzeichnete *Gesamtverlauf* der periodisch ermittelten durchschnittlichen Arbeitsverdienste weist seit dem Dezember des Jahres 1942, wo die mit dem Jahr 1933 begonnene Aufwärtsbewegung der effektiven Verdienste ihren Höhepunkt erreicht hatte, in den ersten drei Kalendervierteln des Jahres 1943 einen leichten Rückgang auf.

Während jedoch im ersten Vierteljahr 1943 die Entwicklung der Stunden- und Wochenverdienste nahezu parallel verlief, weicht die Veränderung der Indexziffer der durchschnittlichen *Stundenverdienste* für die Zeit vom März bis September 1943 mit einem Sinken um 0,3 v.H. erheblich von der Indexziffer der durchschnittlichen *Wochenverdienste* mit einem Rückgang von 2,3 v.H. ab. Hierbei ist zu berücksichtigen, daß selbst jahreszeitliche Gründe, die sonst ein leichtes Anziehen der Arbeitsverdienste in diesem Zeitraum mit sich bringen, gegenüber den stärkeren Faktoren der lohnordnenden und lohnpolitischen Maßnahmen nicht durchdringen konnten und daß innerhalb dieser Zeit die Lebenshaltungskosten um 0,3 v.H. gestiegen sind, so daß die durchschnittlichen Reallöhne der Arbeiter je Stunde von März bis September 1943 um 0,5 v.H. und die durchschnittlichen Reallöhne je Woche im gleichen Zeitraum um 2,9 v.H. gefallen sind.

Eine Gegenüberstellung der lohnstatistischen Ergebnisse der Monate September 1943 und September 1939 läßt eine Steigerung der durchschnittlichen Stundenverdienste während der ersten vier Kriegsjahre um 10,9 v.H. und eine Erhöhung der durschnittlichen Wochenverdienste um 11,3 v.H. erkennen. Wird bei diesem Vergleich die Kaufkraft in Rechnung gezogen, so beträgt bei den durchschnittlichen Stundenverdiensten die Steigerung zwischen September 1939 und September 1943 1,1 v.H., bei den durchschnittlichen Wochenverdiensten 1,4 v.H. Hinsichtlich der Stundenlöhne überschritten den Gesamtdurchschnitt der kriegsbedingten Veränderung wesentlich nur die Verdienste der Facharbeiterinnen mit einem Anstieg von 14,4 v.H., wogegen die Verdienste der Hilfsarbeiterinnen mit einer Steigerung von 7,7 v.H. hinter dem Gesamtdurchschnitt von 11,3 v.H. zurückbleiben. Bei der Entwicklung der durchschnittlichen Wochenverdienste während der ersten vier Kriegsjahre treten jedoch die Facharbeiterinnen mit einer Erhöhung ihrer durchschnittlichen Wochenverdienste von nur 8,0 v.H. hinter dem Gesamtdurchschnitt zurück; bei den Hilfsarbeiterinnen liegen infolge Umschichtung in der Zusammensetzung der Beschäftigten und damit geringerer Arbeitszeit die durchschnittlichen Wochenverdienste um 7,3 v.H. niedriger als vor dem Kriege. Die durchschnittlichen Wochenverdienste der männlichen Facharbeiter haben in der gleichen Zeit eine Steigerung von 13,7 v.H. erfahren.

---

* Statistisches Reichsamt: Ergebnisse der amtlichen Lohnerhebungen von September 1943: *DZA Potsdam*, 31.02 Stat. R.A., Sign. 2891, Bl. 5 ff.

II.

Der Grund für die im Vergleich mit den durchschnittlichen Stundenverdiensten größeren *Veränderungen* der durchschnittlichen Wochenverdienste während des zweiten und dritten Viertels des Jahres 1943 liegt in einem Rückgang der Wochenarbeitszeit, an welchem männliche und weibliche Arbeitszeit einerseits und Facharbeits- sowie Hilfskräfte andererseits verschiedene Anteile haben, wie weiter unten ausgeführt wird.

Von der leichten Abschwächung der Arbeitsverdienste sind natürlich nicht alle erfaßten Gewerbe oder Arbeitergruppen gleichmäßig betroffen, da sich neben den unterschiedlichen Tarifordnungen und den vor allem auch durch kriegsbedingte Verlagerungen der Betriebe sich ergebenden neuen Arbeitsverdiensten eine Anzahl Faktoren bemerkbar machen können, die einen steigernden oder einen senkenden Einfluß auf die effektive Lohnhöhe in den einzelnen Gewerben auszuüben vermögen.

Zu den Einflüssen ersterer Art sind die Leistungslohn- und Prämienlohnformen zu rechnen, sowie Arbeitsverhältnisse, die Zuschläge für Mehrarbeit, Nacht-, Sonn- und Feiertagseinsätze, für erschwerte Arbeiten und Werkzeugstellung mit sich bringen.

Ferner hat sich gezeigt, daß dort, wo weibliche Arbeitskräfte zur Verrichtung männlicher Arbeiten übergegangen sind, wie z. B. in der Gießerei- und in der Nichteisenmetall-Industrie, diese häufig auch Arbeitsverdienste wie männliche Arbeiter erhalten. Zum Teil sind weibliche Arbeitskräfte, die sich bisher in einer Einarbeitungsperiode befunden haben, zu einer höheren Arbeitsstufe vorgerückt und erhalten nunmehr Leistungslöhne. Mancherorts hat die Einberufung jugendlicher deutscher Arbeiter zur Wehrmacht die Einstellung älterer und daher mitunter höher bezahlter ausländischer Arbeitskräfte nach sich gezogen.

Umgekehrt kann die Verwendung besonders junger ausländischer Arbeitskräfte an Stelle qualifizierter deutscher Arbeitskräfte oder die Feststellung geringer Anstrengungsbereitschaft und herabgesetzter Leistungsfähigkeit bei ausländischen Arbeitern zu der Festsetzung eines niedrigeren Lohnes im Betrieb führen. Weiterhin dürften Lohnkürzungen, die innerhalb eines bestimmten Gewerbes auf einen örtlichen Kreis und eine bestimmte Arbeitskategorie beschränkt sind, wie z. B. die 10 bis 20prozentige Kürzung für polnische Arbei-

*Veränderungen der Indexziffern der Arbeitsverdienste September 1943 gegen März 1943 in v. H.***

Gewerbe- und Arbeitergruppen	Stundenverdienste	Wochenverdienste
Produktionsgüterherstellung	−0,3	−2,3
Verbrauchsgüterherstellung	−0,3	−5,1
zusammen	−0,3	−2,6
Facharbeiter (mit Angelernten)	−0,9	−2,4
Hilfsarbeiter	+0,4	−0,5
Arbeiterinnen	−0,8	−8,0

** Die Statistik im Original ist hier nur in gekürzter Form wiedergegeben, da die ausführlicheren Angaben auch in der zweiten Statistik des Dokuments A₃ enthalten sind.

ter im Baugewerbe des Warthelandes, sich vermindernd auf den durchschnittlichen Arbeitsverdienst auswirken. Entscheidendes Gewicht bei der leichten durchschntitlichen Senkung der effektiven Stundenverdienste wird jedoch unter anderem auch für den Zeitraum des zweiten und dritten Viertels des Jahres 1943 der weiteren Einstellung von Frauen als Hilfsarbeiterinnen beizumessen sein.

III.

(...)

2. Innerhalb der einzelnen *Arbeitergruppen* entspricht das leichte Zurückgehen der durchschnittlichen Stundenverdienste für die männlichen Facharbeiter im zweiten und dritten Viertel 1943 der Veränderung der Gesamtindexziffer der Arbeitsverdienste, während die Stundenverdienste der männlichen Hilfsarbeiter um 0,4 v.H. gestiegen sind. Demgegenüber hat sich die Indexziffer für die durchschnittlichen Wochenverdienste der männlichen Facharbeiter um 2,4 v.H. und die der männlichen Hilfsarbeiter um 0,5 v.H. gesenkt. Die durchschnittlichen Stundenlöhne der weiblichen Facharbeiter und der Hilfsarbeiterinnen sind fast gleichmäßig zurückgegangen (0,7 und 0,9 v.H.). Dasselbe Bild ergibt die Veränderung der Wochenverdienste der weiblichen Facharbeiter und der weiblichen Hilfsarbeiter, deren Indexziffern um 8,0 v.H. zurückgegangen sind.

[Zu den Veränderungen der Wochenarbeitszeit siehe unten Dokument A_8; die Verf.]

(...)

3. Betrachtet man die Gesamtindexziffern vom September 1943 schließlich noch vom Gesichtspunkt des Anteils aus, den die *Verbrauchsgüterherstellung* und die *Produktionsgüterherstellung* an ihrer Veränderung gegenüber März 1943 tragen, so ist festzustellen, daß die Ursache für den geringfügigen Rückgang der durchschnittlichen Stundenverdienste sich gleichzeitig auf beide Herstellungsgruppen verteilt, sodaß (...) keine von beiden einen besonders hervortretenden Impuls vor der anderen dazu beigesteuert hat. Dabei ist zu beachten, daß die Gliederung nach diesen beiden Gruppen nach der Art der zur Zeit überwiegenden Fertigung erfolgt, wobei genaue Zuordnung nicht immer möglich ist. Bei der Entwicklung der durchschnittlichen Wochenverdienste verhält es sich anders. Hier weist die Produktionsgüterherstellung einen Rückgang innerhalb ihrer Gewerbegruppen gezahlten durchschnittlichen Wochenlöhne um 2,3 v.H. auf, während die Verbrauchsgüterherstellung ein Sinken der durchschnittlichen Wochenverdienste um 5,1 v.H. erkennen läßt. Diese Unterschiedlichkeit ist im wesentlichen darauf zurückzuführen, daß der um ein Vielfaches größere Anteil der Produktionsgüterherstellung an erfaßten Arbeitskräften gegenüber dem Anteil, den die Verbrauchsgüterherstellung stellt, auch den größeren Einfluß auf die Gestaltung der Indexziffern für alle Gewerbe ausübt. Innerhalb der *Produktionsgüterherstellung* verteilt sich gewichtsmäßig die Einwirkung auf das Zustandekommen der Indexziffer für die durchschnittlichen Wochenverdienste der gesamten Arbeiterschaft und damit auf die eingetretene Senkung von 2,3 v.H. folgendermaßen: Die geringste Einwirkung übt der Rück-

gang der Wochenverdienste der weiblichen Facharbeiter von 4,7 v.H. aus; auch die Senkung der Wochenverdienste der weiblichen Hilfsarbeiter von 9,2 v.H. fällt verhältnismäßig wenig ins Gewicht, während einen stärkeren Einfluß die Wochenverdienste der männlichen Hilfsrabeiter trotz ihrer geringeren Senkung von 0,6 v.h. ausüben und die durchschnittlichen Wochenverdienste der männlichen Facharbeiter mit einem Rückgang von 2,1 v.H. den Ausschlag geben. Innerhalb der *Verbrauchsgüterherstellung*, die an sich augenblicklich für die Höhe der Indexziffern nur von sekundärer Bedeutung ist, hat der durchschnittliche Wochenverdienst der sogenannten weiblichen Spezialarbeiter mit einem Rückgang von 8,1 v.H. gemäß dem größeren Anteil weiblicher Arbeitskräfte an dieser Herstellungsgruppe zwar den stärksten Einfluß auf die Bildung der Indexziffer für die durchschnittlichen Wochenlöhne in der Verbrauchsgüterherstellung ausgeübt, jedoch vermag dieses Ergebnis gegenüber dem in der Produktionsgüterherstellung vorliegenden verhältnismäßigen Übergewicht männlicher Arbeitskräfte nicht durchzudringen. Während also die effektiven Wochenverdienste der weiblichen Arbeitskräfte sowohl in der Produktionsgüterherstellung wie in der Verbrauchsgüterherstellung infolge des Rückgangs der Wochenarbeitsstunden stärker gesunken sind als die Wochenverdienste der männlichen Arbeitskräfte, ist die Höhe der Indexziffer für alle Gewerbe und Arbeitergruppen und somit auch deren Senkung während des zweiten und dritten Vierteljahres 1943 gewichtsmäßig ziemlich unbeeinflußt davon geblieben, da die Gesamtindexziffer überwiegend die Bewegung der durchschnittlichen Wochenverdienste der männlichen Arbeitskräfte, vor allem der in der Produktionsgüterherstellung beschäftigten Arbeiter, widerspiegelt.

4. Der Anteil der Empfänger von *Trennungs-* und *Übernachtungszuschlägen*[1] ist im Gesamtdurchschnitt von 8,6 v.H. im März 1943 auf 9,5 v.H. im September 1943 gestiegen. Den größten Hundertsatz an Zulageempfängern stellten infolge der besonderen Beschaffenheit des Arbeitseinsatzes das Baugewerbe mit 40,1 v.H. und einzelne Fabrikationszweige der metallverarbeitenden Industrie, so der Stahlbau mit 15 v.H., der Schiffbau mit 16 v.H. und der Bau von Land- und Luftfahrzeugen mit 17 v.H., während die vorwiegend Frauen beschäftigenden Gewerbegruppen auch im September 1943 wieder die geringste Quote von Zulagenempfängern aufweisen***.

IV.

Für die dem Reich seit 1938 eingegliederten Gebiete, die in den Indexziffern und Durchschnittslöhnen berücksichtigt sind, ergibt sich im einzelnen:

In den *Alpen- und Donaureichsgauen* sowie im *Sudetenland* ist die Zahl der Wochenarbeitsstunden gegenüber dem Stand vom März 1943 ebenfalls zurückgegangen, und zwar in den Alpen und Donaureichsgauen nicht ganz soviel, im Sudetenland stärker als im gesamten Reich. Dies wirkt sich auch in beiden Gebieten weniger auf die Gestaltung der Stundenverdienste aus, die in den Alpen- und Donaureichsgauen nur unerheblich zurückgegangen und im

---

1 Ohne eisenschaffende Industrie.
*** Vgl. auch Dok. A₅.

Sudetenland sogar um 2 v.H. gestiegen sind, als vielmehr auf die durchschnittlichen Wochenverdienste, die in den Alpen- und Donaureichsgauen um fast denselben Anteil wie im übrigen Reich, im Sudetenland dagegen etwas weniger gefallen sind.

Obwohl *Danzig, Westpreußen* und *Wartheland* in mancher Hinsicht einen geschlossenen Komplex bilden, geht die Lohnentwicklung in diesen drei Gebieten recht verschieden vor sich. Während in Danzig die durchschnittlichen nominalen Stundenverdienste nahezu dem Reichsdurchschnitt gleichkommen und die nominalen Wochenverdienste über dem Reichsdurchschnitt stehen, liegen beide Verdienstformen über Westpreußen bis Wartheland hin wie bisher erheblich unter dem Reichsdurchschnitt. Der Verlauf der Indexziffern für Danzig und Westpreußen deutet jedoch an, daß infolge der in Danzig schon seit längerer Zeit bestehenden höheren Effektivverdienste sich keine so starke Aufwärtsbewegung der Löhne angebahnt hat wie in Westpreußen, wo sich seit der Eingliederung ins Reich — von verhältnismäßig niedrigen Verdiensten ausgehend — die Effektivlöhne stärker als im übrigen Reich erhöht haben. Deshalb steht die Indexziffer für die durchschnittlichen Arbeitsverdienste in Westpreußen zwar erheblich über derjenigen des Reichs, während die absoluten Werte bleiben. In Danzig lassen zwar die durchschnittlichen Wochenarbeitsstunden einen geringfügigen Rückgang erkennen; trotzdem sind die Wochenverdienste und die Stundenverdienste in nahezu gleicher Weise leicht gestiegen. Es mag dies damit zusammenhängen, daß einerseits in stärkerem Maße Leistungslöhne und Zuschläge gezahlt wurden, andererseits Tarifgestaltungen sich dementsprechend ausgewirkt haben. Im Gegensatz hierzu sind im Wartheland die durchschnittlichen Stundenlöhne gegenüber dem Reich um 1,4 v.H. und die durchschnittlichen Wochenverdienste infolge einer Senkung der Wochenarbeitszeit um 6 v.H. zurückgegangen, was zu einem Teil mit dem größeren Einsatz von ausländischen Arbeitskräften, zum anderen Teil mit tariflichen Regelungen zusammenhängt.

In *Oberschlesien* sind bei einer kaum nennenswerten Veränderung der Wochenarbeitszeit im westlichen Gebietsteil und einem stärkeren Abfallen der Arbeitszeit im östlichen Teil die durchschnittlichen Stunden- und Wochenverdienste, mit Ausnahme eines leichten Anstiegs der Stundenverdienste im östlichen Oberschlesien, im allgemeinen stabil geblieben.

V.

Im Protektorat *Böhmen und Mähren* waren die effektiven Arbeitsverdienste vom März bis September 1943 weiter im Steigen begriffen, und zwar die durchschnittlichen Stundenlöhne um 0,9 v.H., die durchschnittlichen Wochenlöhne dagegen nur um 0,6 v.H. Die durchschnittliche Wochenarbeitszeit für alle Industrie- und Arbeitergruppen hat sich gegenüber März 1943 kaum verändert und steht mit 49,6 Stunden um etwa 3 v.H. über dem Reichsdurchschnitt für September 1943. Der Reallohnindex ist vom März bis September 1943 um rund 5 v.H. für die Stunde und die Woche angestiegen.

Während innerhalb der ersten vier Kriegsjahre die nominalen Stundenverdienste um 77 v.H., die nominalen Wochenverdienste um 95 v.H. angestiegen sind, haben die auf Grund der Indexziffer für die Lebenshaltungskosten errechneten Realverdienste eine Steigerung von rund 9 v.H. je Stunde und rund 20 v.H. je Woche zu verzeichnen.

Dokument A₂: *Durchschnittliche Bruttoverdienste für ausgewählte Orte und Gebiete in den Gewerben Schiffbau, Maschinenbau und elektrotechnische Industrie. Stand: März 1944**

Orte oder Gebiete	männliche Facharbeiter		männliche angel. Arbeiter		männliche Hilfsarbeiter		weibliche Arbeiter	
	je Stunde Rpf	je Woche RM	je Stunde Rpf	je Woche RM	je Stunde Rpf	je Woche RM	je Stunde Rpf	je Woche RM
	1	2	3	4	5	6	7	8
Schiffbau (Sämtliche Werkstätten, die zum Werftbetrieb gehören, also einschl. Maschinenbau, Schiffskesselbau usw.)								
Berlin	118,1	61,51	100,7	54,08	85,4	44,31	–	–
Brandenburg	106,8	60,40	102,5	57,03	69,1	36,88	–	–
Bremen	109,6	57,54	94,6	50,94	76,8	39,32	–	–
Breslau	99,7	51,75	77,5	36,49	58,8	29,36	–	–
Danzig	111,4	65,83	93,9	52,25	70,5	35,73	–	–
Duisburg	114,3	61,84	104,9	58,11	69,5	34,43	–	–
Emden	106,2	58,04	94,0	50,69	79,4	38,81	–	–
Flensburg	104,0	56,23	94,8	51,65	71,4	33,89	–	–
Hamburg	121,0	64,68	103,4	54,24	81,8	41,96	–	–
Kiel	115,9	57,91	100,8	48,53	82,3	38,85	–	–
Köln	111,5	61,83	104,0	60,21	80,9	42,74	–	–
Königsberg	108,6	54,03	87,4	44,53	71,8	35,25	–	–
Lemwerder	111,2	59,34	105,3	53,42	79,4	39,85	–	–
Lübeck	115,5	61,07	101,1	52,92	76,4	39,93	–	–
Mainz	108,3	54,34	90,3	46,10	68,3	29,63	–	–
Mannheim	120,4	63,50	98,2	46,81	78,6	38,93	–	–
Regensburg	117,4	59,20	88,3	47,79	77,9	30,14	–	–
Rostock	114,4	59,94	105,1	55,26	79,8	43,22	–	–
Stettin	104,4	54,46	90,6	45,30	69,8	31,34	–	–
Wilhelmshaven	119,4	66,41	99,6	56,97	87,8	42,26	–	–
Maschinenbau (mit Apparatebau)								
Berlin	145,4	74,71	116,7	60,08	88,0	46,17	68,4	25,59
Bochum	124,9	64,20	93,7	47,56	62,4	31,16	52,7	16,46
Chemnitz	126,4	69,22	108,6	56,61	82,5	45,07	64,8	25,38
Duisburg	111,9	64,35	86,6	48,03	66,6	35,28	53,9	18,95
Düsseldorf	141,1	60,93	113,3	56,32	89,0	44,15	77,5	33,20
Essen	123,1	67,11	108,3	57,39	79,3	39,12	57,8	20,65
Hagen	135,2	85,84	122,4	67,17	100,9	54,51	70,0	21,09
Köln	116,3	65,22	100,4	55,38	80,9	41,14	67,9	24,11
Leipzig	122,7	65,49	100,6	49,40	85,7	43,60	59,9	21,11
Magdeburg	116,9	66,84	98,3	57,49	75,9	39,14	54,5	18,36
Remscheid	127,4	64,51	123,8	60,43	92,9	39,86	66,0	19,29
Stuttgart	137,4	73,81	113,4	58,52	88,5	42,93	68,2	25,08
Herstellung von elektrotechnischen Erzeugnissen aller Art								
Berlin	131,7	62,90	107,9	51,38	85,9	38,83	67,8	24,04
Frankfurt a.M.	128,1	60,81	105,4	50,20	82,1	38,86	67,1	22,33
Mannheim	116,1	56,10	101,7	48,47	78,7	37,70	58,7	22,58
Niedersedlitz	123,0	63,75	98,7	51,01	73,2	38,15	61,4	21,95
Nürnberg	113,2	61,03	92,2	48,14	78,2	41,05	58,9	22,45

* Statistisches Reichsamt: Ergebnisse der amtlichen Lohnerhebungen für März 1944, *DZA Potsdam*, 31.02 Stat. R.A., Sign. 2888, Bl. 8 Rs, 9, 10.

Dokument A₃: Die Arbeitsverdienste im März 1944*

1. Die durchschnittlichen nominalen *Stundenverdienste* sind im Frühjahr 1944 gegenüber dem Stand vom Herbst des Vorjahres unverändert geblieben. Sie lehnen sich eng an die im September 1942 vorwaltenden Lohnverhältnisse an, während in dem dazwischenliegenden Zeitraum (Dezember 1942 bis März 1943) die bisher höchste Steigerung der Stundenlöhne zu verzeichnen war. Da die Lohntarife sich im allgemeinen nicht verändert haben – nur zum Teil hat der Übergang auf die Leistungslohnsätze das Bild beeinflußt –, ist die Veränderung der durchschnittlichen Stundenverdienste hauptsächlich auf Verschiebungen in der Zusammensetzung und im Einsatz der Arbeitskräfte zurückzuführen. Die realen Stundenlöhne sind, da die Lebenshaltungskosten von September 1943 bis zum März 1944 um etwa 1,5 v.H. gestiegen sind, in derselben Zeit um 1,5 v.H. gesunken. Gegenüber September 1939 ergibt sich für März 1944 erstmalig ein geringer Rückgang der Lohnkaufkraft – gemessen an den Preisen der Güter des täglichen Lebensbedarfes – um 1,5 v.H.

Von den einzelnen *Gewerben* aus betrachtet haben die nominalen Stundenverdienste vom September 1943 bis März 1944 sich am stärksten in der Eisen schaffenden Industrie (+ 2,5 v.H.), in der Glasindustrie (+ 2,1 v.H.) und im Bergbau (+ 1,7 v.H.) erhöht. Am meisten gesunken sind sie in der Industrie der Steine und Erden (– 1,8 v.H.), dann folgen mit einem nur geringfügigen Rückgang das Braugewerbe (– 0,7 v.H.) und die metallverarbeitende Industrie (– 0,6 v.H.). Die Erhöhung der Stundenverdienste in der Glasindustrie dürfte zu einem großen Teil darauf zurückzuführen sein, daß die Spezialarbeiter häufig zum Einsatz in drei Schichten herangezogen waren. Die Senkung der Löhne in der Industrie der Steine und Erden ist saisonbedingt. Bei allen anderen, nicht besonders aufgeführten Gewerben und Industrien halten sich die Veränderungen zwischen einer Steigerung von 1,0 v.H. und einer Senkung von 0,4 v.H. Die Aufwärtsbewegung oder der Rückgang der Arbeitsverdienste in diesen Gewerben liegt zumeist in der Arbeitszeit, in der Leistungssteigerung oder in der völligen Einstellung von Betrieben infolge Umschichtung der Gefolgschaften begründet.

Die absoluten durchschnittlichen Stundenverdienste sind am höchsten im Buchdruckgewerbe (114,2 Rpf), in der Eisen schaffenden Industrie (103,6 Rpf), im Braugewerbe (101,5 Rpf), in der Gießerei-Industrie (100,0 Rpf) und in der Nichteisenmetallindustrie (98,0 Rpf). In der metallverarbeitenden Industrie sind sie seit September 1943 von 97,7 Rpf auf 96,5 Rpf heruntergerückt. Die Gewerbe mit verhältnismäßig niedrigen absoluten Werten für die Stundenverdienste, wie die papiererzeugende Industrie (73,6 Rpf), die keramische Industrie (71,9 Rpf), die Sägeindustrie (71,8 Rpf), die Papierverarbeitung (68,3 Rpf), das Bekleidungsgewerbe (66,4 Rpf), die Textilindustrie (62,8 Rpf) und die Süß-, Back- und Teigwarenindustrie (61,8 Rpf) haben ihre Stellung innerhalb der Reihenfolge der Gewerbe nach der Höhe der absoluten Werte für die Stundenverdienste wie bisher behalten. Auch die Abstufung der Gewerbe mit mittleren durchschnittlichen Stundenlöhnen hat sich gegenüber dem Herbst 1943 nicht grundlegend geändert.

---

* Statistisches Reichsamt: Ergebnisse der amtlichen Lohnerhebungen für März 1944, *DZA Potsdam*, 31.02 Stat. R.A., Sign. 2887, Bl. 6 ff.

Innerhalb der erfaßten *Arbeitergruppen aller* Gewerbe sind geringe Veränderungen in den durchschnittlichen Stundenverdiensten gegenüber September 1943 nur bei den weiblichen Arbeitskräften festzustellen. Die Stundenverdienste der weiblichen Facharbeiter stehen im März 1944 um 0,3 v.H. höher als im September des Vorjahrs; die der weiblichen Hilfsarbeiter sind dagegen in demselben Zeitraum um 0,6 v.H. gefallen. Der Rückgang der durchschnittlichen Verdienste der Hilfsarbeiterinnen hängt mit der vermehrten Einstellung ungelernter und ungeübter weiblicher Halbtagskräfte zusammen, bei denen Leistungs- und Mehrarbeitszulagen nicht in Frage kommen. Außerdem ist gerade unter die Hilfsarbeiterinnen der überwiegende Teil ausländischer weiblicher Arbeitskräfte eingereiht worden, der nicht immer an das Leistungsniveau deutscher Arbeitskräfte heranzureichen vermag, deshalb niedriger bezahlt werden muß und auf den Durschnittslohn der Hilfsarbeiterinnen einen senkenden Einfluß ausübt.

Unter Berücksichtigung der erfaßten Arbeitergruppen zur *Produktionsgüterherstellung* und zur *Verbrauchsgüterherstellung* ergibt sich, daß innerhalb der Produktionsgüterherstellung die durchschnittlichen Stundenverdienste der Hilfsarbeiter vom Herbst 1943 bis zum Frühjahr 1944 stabil geblieben sind. Die durchschnittlichen Stundenverdienste der Facharbeiterinnen sind um 0,2 v.H. gestiegen und die der Hilfsarbeiterinnen um 0,7 v.H. gesunken. Die Verdienste der in der Verbrauchsgüterherstellung beschäftigten Arbeitskräfte zeigen demgegenüber ein anderes Bild. Hier haben im Herbst, Winter und Frühjahr 1943/ 44 die durchschnittlichen Stundenverdienste der männlichen Facharbeiter und der Angelernten um 0,5 v.H., die der Hilfsarbeiter um 0,2 v.H. angezogen. Die leichte Steigerung der Stundenverdienste der Facharbeiterinnen um 0,3 v.H. deckt sich beinahe mit derjenigen bei den Facharbeiterinnen in der Produktionsgüterherstellung, wogegen sich die Bewegung der Stundenverdienste der Hilfsarbeiterinnen in der Verbrauchsgüterherstellung mit einem Auftrieb von 0,9 v.H. gegenüber dem Rückgang der Stundenverdienste in der Produktionsgüterherstellung (−0,8 v.H.) besonders deutlich unterscheidet. Die Verschiedenheit erklärt sich einmal aus der unterschiedlichen Zusammensetzung der Hilfsarbeiterinnen in der Produktions- und Verbrauchsgüterherstellung, zum anderen aus der etwas höheren durchschnittlichen Wochenarbeitszeit der weiblichen Hilfsarbeiter in der Verbrauchsgüterherstellung, die sich teilweise durch Überstunden ergab, und drittens aus der Tatsache, daß die Stundenverdienste der Hilfsarbeiterinnen in der Verbrauchsgüterherstellung, die schon immer niedriger lagen als die entsprechenden Verdienste in der Produktionsgüterherstellung, im Laufe der Kriegsjahre stärker angezogen haben, wie ja auch die Verdienste der anderen Arbeitergruppen in der Verbrauchsgüterherstellung seit Beginn des Krieges durchschnittlich um 3 v.H. stärker gestiegen sind als die Verdienste der gleichen Arbeiterkategorien in der Produktionsgüterherstellung. Trotzdem schlagen sie bei der Gesamtbetrachtung der Stundenverdienste *aller* Gewerbe mit ihrer größeren Steigerung nicht durch, da die Verdienste in der Produktionsgüterherstellung gegenwärtig gewichtsmäßig im Vordergrund stehen.

2. Die durchschnittlichen *Wochenverdienste*, die nach dem März 1943 zurückgegangen waren, haben sich seit Herbst 1943 wieder etwas gehoben, und und zwar um 0,8 v.H. Unter Berücksichtigung der Kaufkraft macht das eine

Gesamtverlauf der Indexziffern der Arbeitsverdienste (1936 = 100)

Zeit	Bruttoverdienste der Arbeiter			
	nominal		real**	
	je Stunde	je Woche	je Stunde	je Woche
1913/14	64,7	76,0	80,6	94,6
1925	94,6	93,4	93,1	82,0
1926	100,8	97,1	88,3	85,1
1927	110,6	109,6	93,1	92,3
1928	122,9	124,5	100,9	102,2
1929	129,5	128,2	104,7	103,5
1930	125,8	118,1	105,7	99,2
1931	116,3	103,9	106,4	95,1
1932	97,6	85,8	100,7	88,5
1933	94,6	87,7	99,6	92,5
1934	97,0	94,1	99,7	96,7
1935	98,4	96,4	99,6	97,6
1936	100,0	100,0	100,0	100,0
1937	102,1	103,5	101,6	103,0
1938	105,6	108,5	104,7	107,5
1939[1]	108,6	112,6	107,2	111,1
1940	111,2	116,0	105,4	111,0
1941	116,4	123,6	109,2	116,0
1942	118,2	124,3	108,6	114,2
1943	119,1	124,9	107,7	112,9
1940 März	110,0	112,8	106,5	109,2
1940 September	112,4	119,1	106,3	112,7
1940 Dezember	114,5	120,8	108,9	114,9
1941 Dezember[2]	117,9	124,3	110,4	116,4
1942 März	117,5	123,6	107,6	113,2
1942 September	118,9	125,0	109,5	115,1
1942 Dezember	119,5	126,4	109,5	115,9
1943 März	119,3	126,5	108,0	114,5
1943 September	118,9	123,2	107,3	111,2
1944 März	118,9	124,1	105,7	110,3

1 Erstmals mit Alpen- und Donau-Reichsgauen.
2 Erstmals mit Sudetenland und eingegliederten Ostgebieten.

kaum ins Gewicht fallende Senkung des realen Wochenverdienstes um 0,9 v.H. aus. Am stärksten haben sich seit Herbst 1943 die durchschnittlichen Wochenverdienste im Bergbau (+ 8,0 v.H.), in der Eisen schaffenden Industrie (+ 6,3 v.H.) und in der Nichteisenmetallindustrie (+ 4,4 v.H.) erhöht, was hauptsächlich in der Veränderung der durchschnittlichen Wochenarbeitszeit seinen Grund hat, und zwar beim Bergbau in einer Steigerung der Wochenarbeitszeit von 48,2 auf 51,1 Stunden, bei der Eisen schaffenden Industrie in einer Steigerung von 60,4 auf 62,7 Wochenstunden und bei der Nichteisenmetallindustrie in einer Steigerung von 48,2 auf 49,9 Wochenstunden. Am stärksten gesunken

** Berechnet unter Berücksichtigung der jeweiligen Lebenshaltungskosten. Zur Korrektur siehe S. 128 oben.

sind infolge des Rückgangs der Arbeitszeit, der mit Betriebseinstellungen oder saisonbedingten Ursachen zusammenhängen dürfte, die durchschnittlichen Wochenverdienste im Baugewerbe (−4,4 v.H.), in der Sägeindustrie (−2,5 v.H.) und im Braugewerbe (−2,9 v.H.). Gegenüber März 1943 beträgt die Veränderung im Baugewerbe nur −3,5 v.H., im Braugewerbe +0,9 v.H. und in der Sägeindustrie −3,4 v.H.

Innerhalb der erfaßten Arbeitergruppen haben sich seit Herbst 1943 die durchschnittlichen Wochenverdienste der männlichen Facharbeiter um 0,7 v.H. erhöht, während die Wochenverdienste der männlichen Hilfsarbeiter in dieser Zeit nur um 0,2 v.H. angezogen haben. Bei den durchschnittlichen Wochenverdiensten der weiblichen Arbeitskräfte liegen die Verhältnisse ähnlich wie bei den Stundenverdiensten. Die Wochenverdienste der Facharbeiterinnen haben um 0,7 v.H. angezogen, die der Hilfsarbeiterinnen sind um 0,6 v.H. zurückgegangen.

(...)

Bei der Aufteilung der erfaßten Gewerbe und Arbeitskräfte auf die *Produktionsgüterherstellung* und die *Verbrauchsgüterherstellung* unterschieden sich innerhalb der Produktionsgüterherstellung nur die Wochenverdienste der weiblichen Facharbeiter gegenüber dem Gesamtbild aller Gewerbe. Während die Verdienste der Facharbeiterinnen in der Zusammenfassung aller Gewerbegruppen um 0,7 v.H. gestiegen sind, weisen sie innerhalb der Produktionsgüterherstellung einen Rückgang um 1,7 v.H. auf. In der Verbrauchsgüterherstellung haben sich, wie auch bei den Stundenverdiensten festzustellen war, die Wochenverdienste aller Arbeitergruppen, mit Ausnahme der Hilfsarbeiterinnen, etwa um das Doppelte der bei den Stundenverdiensten hervorgehobenen Steigerungen gehoben. Für die Wochenverdienste der männlichen Facharbeiter macht das eine Steigerung von 0,8 v.H. aus, für diejenigen der Hilfsarbeiter eine Erhöhung um 0,4 v.H. und für diejenigen der weiblichen Facharbeiter eine solche um 0,8 v.H., während die Wochenverdienste der Hilfsarbeiterinnen nur um 1,0 v.H. angezogen haben. Auch bei der Gesamtbeurteilung der Entwicklung der durchschnittlichen Wochenverdienste behalten die Veränderungen der Verdienste in der Produktionsgüterherstellung das Übergewicht. Gegenüber September 1939 ergibt sich für März 1944 eine Erhöhung der realen Wochenverdienste um 0,7 v.H. (...)

[Zur Veränderung der Arbeitszeit siehe unten, Dokument A₉; die Verf.]

Indexziffern der Arbeitsverdienste nach Gewerbe- und Arbeitergruppen (Dezember 1935 = 100)

Gewerbe- und Arbeitergruppen	1939[1]		1940		1941		1942[2]		1943		1944
	März	Sept.	März	Sept.	März	Sept.	März	Sept.	März	Sept.	März
Stundenverdienste											
A. Produktionsgüterherstellung											
1. Alle Arbeitergruppen	109,7	108,6	111,3	113,7	116,8	118,6	118,9	120,3	120,7	120,3	120,3
2. Männl. Facharbeiter	110,9	110,1	112,5	115,3	118,4	120,2	120,7	122,4	122,5	122,1	122,1
3. Männl. Hilfsarbeiter	108,1	106,5	109,3	111,5	114,0	115,9	115,0	115,8	116,7	117,2	117,2
4. Weibl. Facharbeiter	101,6	100,4	101,9	103,5	107,5	110,0	109,8	111,1	111,5	110,1	110,3
5. Weibl. Hilfsarbeiter	109,4	109,8	111,7	113,3	116,5	118,6	119,1	119,0	118,4	117,2	116,3
Weibl. Arbeiter zusammen	109,1	109,4	111,3	112,9	116,1	118,3	118,8	118,8	118,2	117,0	116,1
B. Verbrauchsgüterherstellung											
1. Alle Arbeitergruppen	106,9	107,2	109,8	112,8	116,7	119,0	119,7	121,3	122,5	122,1	122,6
2. Männl. Facharbeiter	110,1	110,3	112,5	115,3	119,9	121,7	122,2	124,3	126,0	126,1	126,7
3. Männl. Hilfsarbeiter	105,1	104,9	107,0	108,6	111,1	113,7	114,2	114,6	116,3	116,9	117,1
4. Weibl. Facharbeiter	107,2	107,5	110,3	114,4	118,2	120,9	121,7	123,2	123,9	123,0	123,4
5. Weibl. Hilfsarbeiter	106,4	108,3	111,4	114,6	118,7	122,3	124,0	124,6	125,7	126,2	127,3
Weibl. Arbeiter zusammen	107,1	107,8	110,8	114,6	118,5	121,5	122,5	123,8	124,7	124,0	124,5
C. Alle Gewerbezweige											
1. Alle Arbeitergruppen	109,3	108,5	111,2	113,6	116,8	118,7	118,9	120,3	120,7	120,3	120,3
2. Männl. Facharbeiter	110,0	109,4	111,8	114,6	117,8	119,6	120,1	121,9	122,1	121,7	121,7
3. Männl. Hilfsarbeiter	108,1	106,6	109,4	111,6	114,1	116,2	114,5	116,2	117,1	117,6	117,6
4. Weibl. Facharbeiter	107,0	107,3	110,1	114,0	117,9	120,6	121,4	122,9	123,6	122,7	123,1
5. Weibl. Hilfsarbeiter	109,1	109,8	111,9	113,7	117,0	119,3	119,9	119,9	119,4	118,3	117,5
Alle männl. Arbeiter	109,7	108,9	111,4	114,1	117,2	119,1	119,3	120,9	121,3	121,1	121,1
Alle weibl. Arbeiter	107,9	108,3	110,6	113,1	116,5	118,9	119,6	120,2	120,3	119,3	118,9
Alle Facharbeiter	110,0	109,5	111,9	114,8	118,0	119,9	120,5	122,2	122,6	122,2	122,2
Alle Hilfsarbeiter	108,3	107,4	110,0	112,1	114,8	116,9	116,4	117,0	117,5	117,5	117,3

Indexziffern der Arbeitsverdienste nach Gewerbe- und Arbeitergruppen (Dezember 1935 = 100)

Gewerbe- und Arbeitergruppen	1939[1]		1940		1941		1942[2]		1943		1944
	März	Sept.	März	Sept.	März	Sept.	März	Sept.	März	Sept.	März
Wochenverdienste											
A. Produktionsgüterherstellung											
1. Alle Arbeitergruppen	113,1	113,4	115,4	121,5	124,7	127,6	126,1	127,5	128,9	125,9	126,8
2. Männl. Facharbeiter	114,8	114,9	117,4	124,3	127,7	130,6	129,8	131,1	133,1	129,8	130,7
3. Männl. Hilfsarbeiter	110,4	111,8	112,0	118,8	120,9	125,0	119,6	122,4	123,5	122,8	123,0
4. Weibl. Facharbeiter	94,3	91,4	93,6	97,8	99,8	99,9	97,4	95,9	96,1	91,6	90,0
5. Weibl. Hilfsarbeiter	109,9	107,8	106,8	108,8	112,1	113,4	111,6	109,6	107,0	98,2	97,4
Weibl. Arbeiter zusammen	106,8	104,7	103,9	106,0	109,2	110,5	108,6	106,6	104,1	95,7	94,9
B. Verbrauchsgüterherstellung											
1. Alle Arbeitergruppen	118,6	112,7	116,3	125,1	129,1	131,8	130,2	121,4	134,0	127,2	128,2
2. Männl. Facharbeiter	122,0	118,2	121,4	131,1	137,3	140,0	138,5	142,7	146,4	143,5	144,6
3. Männl. Hilfsarbeiter	113,1	112,9	114,4	120,1	123,1	126,4	125,4	127,9	129,3	127,9	128,4
4. Weibl. Facharbeiter	118,3	108,5	112,7	123,0	125,6	128,2	126,4	125,4	127,9	117,5	118,4
5. Weibl. Hilfsarbeiter	105,9	100,6	105,1	109,8	112,1	114,8	114,1	112,7	112,5	105,3	106,4
Weibl. Arbeiter zusammen	115,7	106,8	111,1	120,1	122,6	125,2	123,6	122,6	124,8	114,9	115,8
C. Alle Gewerbezweige											
1. Alle Arbeitergruppen	113,9	113,4	115,7	122,2	125,4	128,3	126,7	128,1	129,6	126,2	127,1
2. Männl. Facharbeiter	115,3	115,1	117,7	124,8	128,3	131,3	130,4	132,0	134,1	130,9	131,8
3. Männl. Hilfsarbeiter	110,6	112,0	112,3	119,0	121,1	125,1	120,0	122,8	123,9	123,2	123,4
4. Weibl. Facharbeiter	116,7	107,1	111,2	121,0	123,7	126,2	124,3	123,3	125,8	115,7	116,5
5. Weibl. Hilfsarbeiter	109,2	106,5	106,4	108,8	112,0	113,6	111,7	109,7	107,3	98,7	98,1
Alle männl. Arbeiter	114,4	114,6	116,7	123,7	126,9	130,1	128,4	130,2	132,0	129,2	130,0
Alle weibl. Arbeiter	112,5	107,2	108,5	113,5	116,5	118,4	116,5	114,9	114,4	105,2	105,1
Alle Facharbeiter	115,7	114,7	117,5	124,8	128,2	131,1	130,2	131,5	133,6	129,7	130,6
Alle Hilfsarbeiter	109,9	110,1	110,3	115,6	118,1	121,2	117,2	118,4	118,3	114,8	114,7

1 Ab März 1939 mit Alpen- und Donau-Reichsgauen.
2 Mit Sudetenland und eingegliederten Ostgebieten.

Dokument A₄: *Abstufung der durchschnittlichen Stundenverdienste nach Gewerben[1] 1933 und 1937 bis 1944**

Gewerbe	Stundenverdienste in Rpf							
	März							
	1933	1938[2]	1939[2]	1940[2]	1941[3]	1942[3]	1943[3]	1944[3]
1 Buchdruckgewerbe	–	106,3	108,3	107,0	113,1	111,9	113,0	114,2
2 Eisenschaffende Industrie	80,0	93,9	97,1	99,4	103,0	100,2	102,0	103,6
3 Braugewerbe	–	102,0	100,9	101,1	104,2	98,9	100,9	101,5
4 Gießerei-Industrie	–	87,4	92,6	94,3	100,2	100,1	100,3	100,0
5 Salzbergbau[4]	–	89,3	91,1	90,5	92,4	93,6	98,9	98,1
6 Nichteisenmetall-Industrie	–	–	90,6	91,9	97,2	97,3	97,4	98,0
7 Flachdruckgewerbe	–	84,7	86,6	86,6	92,8	92,8	95,9	97,4
8 Metallverarbeitende Industrie	79,1	90,0	92,1	93,5	99,2	99,8	99,1	96,5
9 Kohlenbergbau[4]	–	84,0	86,3	89,4	93,2	89,1	92,0	91,5
10 Bautischlerei und Möbelherstellung	66,8	73,3	78,8	80,3	86,7	87,5	90,8	90,8
11 Eisenerzbergbau	–	72,9	81,5	83,5	88,6	90,0	90,3	88,6
12 Metallerzbergbau[4]	–	75,0	78,3	82,6	85,7	83,2	86,1	86,6
13 Chemische Industrie[5]	78,8	83,0	83,6	85,6	88,7	88,2	88,3	88,2
14 Glasindustrie	57,1	64,0	68,0	71,4	76,5	79,5	82,5	85,2
15 Baugewerbe	66,8	73,9	76,8	78,1	83,1	79,6	82,0	82,3
16 Schuhindustrie	–	65,3	68,1	70,9	75,7	76,9	80,2	80,8
17 Steine und Erden	59,2	69,5	74,3	75,4	80,0	78,5	81,5	80,3
18 Papiererzeugende Industrie	63,8	65,3	66,8	68,4	71,5	71,0	73,8	73,6
19 Keramische Industrie	55,9	58,4	63,2	65,8	70,4	70,2	71,6	71,9
20 Sägeindustrie	51,2	58,3	62,7	65,0	68,7	68,8	71,1	71,8
21 Papierverarbeitung	56,8	58,8	61,5	62,0	65,5	66,4	68,2	68,3
22 Bekleidungsindustrie	51,8	57,3	60,1	61,6	65,7	66,0	66,8	66,4
23 Textilindustrie	53,3	56,4	58,2	58,5	61,6	61,5	62,8	62,8
24 Süß-, Back- und Teigwaren	–	51,6	53,0	54,9	57,4	58,7	60,4	61,8

Bemerkung: Für die Höhe des Durchschnittsverdienstes ist außer der Lohnhöhe auch die Zusammensetzung der Gefolgschaft nach Geschlecht, Alter und Qualifikation maßgebend.

1 Geordnet nach der Lohnhöhe im März 1944.
2 Mit Alpen- und Donau-Reichsgauen (ausgenommen Bergbau).
3 Mit Alpen- und Donau-Reichsgauen, Sudetenland und Ostgebieten.
4 Jeweils 1. Vierteljahr.
5 Ab März 1942 mit Kautschukindustrie.

* Statistisches Reichsamt: Ergebnisse der amtlichen Lohnerhebungen für März 1944, *DZA Potsdam*, 31.02 Stat. R.A., Sign. 2887, Bl. 9.

Dokument A5: Anteil der Empfänger von Trennungs- und Übernachtungs-Geld[1] im September 1943 und März 1944 (Deutsches Reich)*

Gewerbe und Fabrikationszweige	Anteil der Zulagenempfänger an der Gesamtzahl der erfaßten Gefolgschaftsmitglieder in vH	
	September 1943	März 1944
Nichteisenmetall-Industrie	9,0	8,2
Gießerei-Industrie	8,3	7,6
Metallverarbeitende Industrie	11,2	10,1
darunter:		
Herstellung von Eisen- und Stahlwaren	6,6	6,2
Herstellung von Metallwaren	4,7	4,6
Maschinenbau (mit Apparatebau)	8,5	8,4
Kessel-, Behälter- und Rohrleitungsbau (einschl. Zentralheizungs- u. Lüftungsbau)	13,2	10,3
Stahlbau (Stahl- und Eisenkonstruktionen)	15,0	16,2
Schiffbau (einschl. Schiffskesselbau)	16,0	17,0
Bau von Land- und Luftfahrzeugen	17,6	14,2
Eisenbahnwagenbau (einschl. Feld- und Industriebahnmaterial)	7,9	9,7
Herstellung von elektrotechnischen Erzeugnissen aller Art	6,1	5,2
Optische und feinmechanische Industrie	10,7	10,1
Chemische Industrie (mit Kautschukindustrie)	11,5	10,2
Steine und Erden	2,8	3,0
Keramische Industrie	2,3	2,2
Glasindustrie	2,6	2,6
Baugewerbe	40,1	40,6
Sägeindustrie	3,2	3,8
Bautischlerei und Möbelherstellung	5,2	5,2
Papiererzeugende Industrie	2,6	2,4
Papierverarbeitung	0,9	0,8
Textilindustrie	1,0	0,7
Schuhindustrie	1,1	0,8
Süß-, Back- und Teigwarenindustrie	0,4	0,5
Durchschnitt	9,2	9,7

1 Ohne Wegegeld und Reisekosten sowie ohne Aufwendungen für die Heimfahrten zur Familie.

* Statistisches Reichsamt: Ergebnisse der amtlichen Lohnerhebungen für März 1944, *DZA Potsdam*, 31.02 Stat. R.A., Sign. 2887, Bl. 13.

Dokument A$_6$: Hauptergebnisse der Lohnerhebungen: Stundenverdienste nach Gewerben und Arbeitergruppen 1939 (Jahresdurchschnitt) bis März 1944 (in Rpf)*

Gewerbe und Arbeitergruppen	1939	1940 Dez.	1941 März	1941 Sept.	1941 Dez.	1942 März	1942 Sept.	1942 Dez.	1943 März	1943 Sept.	1944 März
Eisenschaffende Industrie											
Männl. Arbeitergefolgschaft	96,5	102,5	103,0	99,4	101,3	100,2	100,6	100,6[1]	102,0	101,4	103,6
darunter:											
1. Leute (ohne Jugendliche)	103,3	110,2	111,1	108,4	111,2	109,5	111,1	111,1	112,4	110,8	113,3
3. Leute	110,8	106,5	107,1	102,4	104,8	103,4	102,8	102,8	105,3	104,8	107,2
Platz- u. Hilfsarb. (o. Jugendl.)	83,1	90,5	90,9	86,8	89,1	86,9	87,2	87,2	89,3	86,2	88,4
Nichteisenmetall-Industrie											
Insgesamt	90,3	96,5	97,2	96,7	97,2	97,3	98,7	98,4	97,4	97,2	98,0
Facharbeiter	99,4	105,2	106,2	106,3	107,5	108,6	110,9	111,2	110,0	111,3	112,8
Spezialarbeiter	97,1	103,8	104,0	104,0	104,7	105,2	107,6	106,6	106,6	106,1	106,5
Hilfsarbeiter	84,6	90,1	89,8	87,7	88,6	87,0	86,5	86,1	84,7	85,5	86,6
Arbeiterinnen	55,0	59,0	59,9	59,3	59,2	59,5	58,7	59,1	58,0	57,8	58,6
Gießerei-Industrie											
Insgesamt	92,8	98,4	100,2	99,9	100,3	100,1	101,2	101,2[1]	100,3	99,7	100,0
Gelernte Arbeiter	102,7	108,6	110,4	110,7	111,4	112,8	114,6	114,6	114,8	116,3	117,8
Angelernte Arbeiter	97,5	103,1	104,9	105,0	105,6	105,1	107,1	107,1	106,6	105,1	105,0
Hilfsarbeiter	77,7	82,1	83,1	81,4	81,8	81,3	81,9	81,9	80,2	80,7	81,2
Arbeiterinnen	56,5	60,2	60,1	60,1	60,6	60,0	59,5	59,5	58,6	58,0	56,4
Metallverarbeitende Industrie											
Insgesamt	92,2	98,2	99,2	99,4	100,0	99,8	99,9	100,5	99,1	97,7	96,5
Facharbeiter	108,6	114,9	116,2	117,0	117,7	118,6	120,7	120,9	120,7	120,9	121,0
Angelernte Arbeiter	95,7	102,1	103,1	103,9	104,3	104,5	104,8	104,5	103,5	102,4	101,1
Hilfsarbeiter	74,7	78,8	79,7	79,5	80,5	80,2	79,5	79,4	79,0	79,7	79,5
Arbeiterinnen	56,7	59,5	60,1	60,3	60,8	60,7	60,5	60,9	60,0	59,2	58,2

1 Angaben von September 1942.

* Statistisches Reichsamt, DZA Potsdam, 31.02 Stat. R. A., Sign. 2887, 2890, 2891, 2893, 2894, 2895; *Statistisches Handbuch*, S. 470 f. Vgl. auch Siegel, Lohnpolitik, S. 120 ff.

Fortsetzung Dokument A6

Gewerbe und Arbeitergruppen	1939	1940	1941			1942			1943		1944
		Dez.	März	Sept.	Dez.	März	Sept.	Dez.	März	Sept.	März
Chemische Industrie											
Insgesamt	83,0	87,4	88,7	83,0	88,8						
Betriebshandwerker	107,0	110,0	112,1	109,9	110,3						
Betriebsarbeiter insgesamt	89,3	94,0	94,7	93,8	94,6						
darunter:											
Postenleute oder Vorarbeiter	104,0	109,4	108,4	108,0	109,6						
sonst. qualifizierte Betriebsarb.	91,5	95,7	95,4	95,4	97,2						
Hilfsarbeiter	80,1	83,0	85,2	83,3	84,1						
Arbeiterinnen	52,9	55,5	56,6	56,2	56,7						
Kautschukindustrie											
Insgesamt	83,5	90,7	92,0	91,4	91,9						
Betriebshandwerker	105,1	111,3	112,7	113,3	115,0						
Betriebsarbeiter insgesamt	97,4	104,4	105,9	106,1	106,6						
darunter:											
Postenleute oder Vorarbeiter	112,3	118,5	120,0	120,2	121,3						
sonst. qualifizierte Betriebsarb.	101,3	107,7	109,4	108,2	110,1						
Hilfsarbeiter	91,7	97,7	98,8	100,7	99,5						
Arbeiterinnen	58,0	64,0	64,3	63,4	63,6						
Chemische Industrie (m. Kautschukindustrie)											
Insgesamt						88,2	88,6	90,1	88,3	88,5	88,2
Handwerker u. Gleichgestellte						112,5	113,4	114,1	112,4	113,4	113,6
Maschinisten und Heizer						103,3	105,6	106,8	105,0	106,5	105,9
Hilfshandwerker u. Gleichgestellte						97,3	96,0	97,5	95,4	96,1	95,1
Chemiebetriebs- u. -laborfacharbeiter						106,0	109,5	110,1	108,6	110,1	109,4
Chemiebetriebs- u. -laborwerker						99,0	99,7	100,8	99,7	99,2	99,1
Hilfswerker						83,7	81,9	83,4	82,8	83,1	82,8
Arbeiterinnen						57,4	57,6	58,4	57,6	57,1	57,7

ab März 1942 s. u.: „Chemische Industrie (m. Kautschukindustrie)"

Fortsetzung Dokument A₆

Gewerbe und Arbeitergruppen	1939	1940 Dez.	1941 März	1941 Sept.	1941 Dez.	1942 März	1942 Sept.	1942 Dez.	1943 März	1943 Sept.	1944 März
Steine und Erden											
Insgesamt	75,2	77,3[2]	80,0	79,7	80,0	78,5	80,1	81,2	81,4	80,8	80,3
Facharbeiter	87,4	89,5	91,0	90,9	90,9	90,6	92,7	93,2	93,9	94,3	93,9
Spezialarbeiter	81,7	83,9	86,1	87,2	86,6	84,0	87,1	87,7	88,3	88,7	87,2
Hilfsarbeiter	68,4	70,9	71,1	71,3	71,4	69,4	72,0	72,1	72,0	72,5	71,3
Arbeiterinnen	46,3	49,8	49,7	49,3	49,0	48,1	49,2	48,6	47,8	48,4	46,7
Keramische Industrie											
Insgesamt	63,9	69,0	70,4	70,0	70,4	70,2	71,7	72,2	71,6	72,5	71,9
Facharbeiter	88,3	96,5	98,0	97,6	97,9	97,6	99,3	99,8	100,0	101,9	102,3
Spezialarbeiter	78,4	84,8	86,4	87,4	88,1	88,1	88,8	89,7	90,1	90,4	90,4
Hilfsarbeiter	69,0	75,4	75,4	74,8	74,5	73,5	75,9	76,0	75,6	76,6	75,1
Facharbeiterinnen	48,8	56,1	56,7	55,8	56,8	56,2	57,4	58,2	58,7	58,8	58,8
Sonstige Arbeiterinnen	42,1	45,8	47,0	48,4	48,8	48,6	49,8	50,3	49,5	49,9	49,9
Glasindustrie											
Insgesamt	68,2	75,9	76,5	77,9	79,2	79,5	81,0	83,2	82,5	83,2	85,2
Facharbeiter	84,4	93,9	95,7	96,5	99,0	100,1	100,9	103,3	103,3	104,9	107,6
Spezialarbeiter	84,7	94,7	94,9	95,7	98,1	97,0	98,1	101,4	100,4	99,8	102,0
Hilfsarbeiter	61,9	67,5	67,8	68,5	68,5	68,8	70,9	71,9	71,9	72,6	73,6
Spezialarbeiterinnen	40,2	45,3	45,9	48,3	49,0	49,7	49,8	51,2	51,4	52,0	52,4
Hilfsarbeiterinnen	36,2	40,3	41,4	42,9	43,7	44,9	45,5	45,9	45,6	45,6	47,2
Baugewerbe											
Insgesamt	76,8	81,7	83,1	81,3	81,1	79,6	81,9	81,9[1]	82,0	82,1	82,3
Maurer	88,2	91,5	92,5	90,8	91,6	90,5	92,6	92,6	92,3	92,8	92,9
Zimmerer, Einschaler, Zementfacharb.	91,5	95,6	97,9	95,7	95,6	93,0	96,5	96,5	96,0	96,8	96,9
Bauhilfsarbeiter, Zementarbeiter	73,1	75,5	76,3	74,1	74,3		81,0	81,0	82,7	82,7	83,6
Tiefbauarbeiter	67,8	71,2	71,2	68,6	68,5		68,5	68,5	68,2	68,6	68,4

2 Steine und Erden, Sägeindustrie, Buchdruckgewerbe, Bekleidungsgewerbe, Süß-, Back- und Teigwarenindustrie sowie Braugewerbe September 1940 (statt Dezember).

Fortsetzung Dokument A₆

Gewerbe und Arbeitergruppen	1939	1940 Dez.	1941 März	1941 Sept.	1941 Dez.	1942 März	1942 Sept.	1942 Dez.	1943 März	1943 Sept.	1944 März
Sägeindustrie											
Insgesamt	63,6	66,1[2]	68,7	69,0	69,4	68,8	70,7	70,9	71,1	71,7	71,8
Facharbeiter	68,9	71,9	74,1	75,5	75,7	75,7	77,6	77,5	78,6	78,5	78,7
Hilfsarbeiter	58,6	60,3	62,4	61,5	62,0	60,9	62,4	62,4	62,6	63,7	63,7
Bautischlerei und Möbelherstellung											
Insgesamt		84,5	86,7	86,3	87,2	87,5	89,0	89,9	90,8	90,7	90,8
Facharbeiter		91,7	94,0	94,0	95,1	95,5	97,6	98,4	99,5	99,3	99,1
Angelernte Arbeiter		76,2	78,3	77,6	77,8	78,0	79,2	80,9	82,9	84,3	84,8
Hilfsarbeiter		60,1	61,9	60,0	60,9	61,1	62,5	62,8	64,0	65,9	66,1
Papiererzeugende Industrie											
Insgesamt	66,8	71,2	71,5	71,7	71,9	71,0	73,5	73,8	73,8	74,0	73,6
Gelernte und angelernte Arbeiter	73,8	78,8	79,3	79,3	79,6	78,6	81,7	81,6	82,0	82,3	82,3
Ungelernte Arbeiter	68,2	72,1	72,1	72,4	72,5	71,3	73,3	74,0	74,2	74,5	73,4
Arbeiterinnen	45,1	48,7	49,4	49,8	49,8	49,1	51,3	51,7	51,7	51,3	51,4
Buchdruckgewerbe											
Insgesamt	107,0	109,4[2]	113,1	111,5	111,6	111,9	113,0	113,5	113,0	114,2	114,2
Männliche Gehilfen	120,5	124,2	128,8	127,1	127,8	128,2	129,0	129,9	129,8	130,0	130,3
Männliches technisches Hilfspersonal	100,5	105,0	107,0	106,1	106,2	107,0	107,8	108,5	108,4	109,3	109,0
Weibliches technisches Hilfspersonal	51,4	52,9	54,1	54,3	54,2	54,5	55,3	55,5	55,1	55,8	55,8
Textilindustrie											
Insgesamt	58,0	60,1	61,6	61,3	61,2	61,5	62,4	62,5	62,8	62,4	62,8
Facharbeiter	73,6	76,8	78,9	77,3	77,6	77,5	79,5	79,3	80,3	79,8	80,3
Hilfsarbeiter	58,9	61,7	62,6	61,1	61,1	61,9	61,7	62,1	61,9	61,9	62,0
Facharbeiterinnen	51,9	54,5	56,0	56,5	56,2	56,7	57,3	57,2	57,6	57,1	57,4
Hilfsarbeiterinnen	41,4	45,0	45,7	46,2	46,7	46,4	46,1	46,5	46,8	47,0	47,4

2 Steine und Erden, Sägeindustrie, Buchdruckgewerbe, Bekleidungsgewerbe, Süß-, Back- und Teigwarenindustrie sowie Braugewerbe September 1940 (statt Dezember).

Fortsetzung Dokument A6

Gewerbe und Arbeitergruppen	1939	1940 Dez.	1941 März	1941 Sept.	1941 Dez.	1942 März	1942 Sept.	1942 Dez.	1943 März	1943 Sept.	1944 März
Bekleidungsgewerbe											
Insgesamt	60,4	63,9 [2]	65,7	66,0	66,2	66,0	66,4	66,9	66,8	66,5	66,4
Gelernte und angelernte Arbeiter	91,0	95,1	99,6	98,9	99,8	99,0	97,9	99,4	99,7	98,1	97,3
Gelernte u. angelernte Arbeiterinnen	52,3	57,1	58,9	59,6	59,8	59,6	60,2	60,5	60,7	60,4	60,2
Schuhindustrie											
Insgesamt	68,5	72,8	75,7	76,1	76,7	76,9	79,1	79,2	80,2	80,0	80,8
Schuhfabrikarbeiter	83,5	88,0	91,7	92,6	93,2	93,8	95,6	95,5	98,1	98,8	99,5
Schufabrikarbeiterinnen	55,7	59,8	62,0	62,3	63,1	63,1	64,8	64,8	65,1	64,6	64,8
Süß-, Back- u. Teigwarenindustrie											
Insgesamt	53,3	55,8 [2]	57,4	57,1	58,4	58,7	60,0	60,1	60,4	61,0	61,8
Facharbeiter	89,4	91,4	93,5	93,1	94,8	93,9	94,8	95,9	96,0	96,0	96,7
Hilfsarbeiter	70,7	70,9	73,1	71,0?	73,4	73,1	74,1	75,0	75,7	76,2	76,4
Facharbeiterinnen	51,3	54,0	55,6	55,1	57,4	57,6	57,4	57,3	57,7	57,8	59,3
Hilfsarbeiterinnen	45,7	47,9	49,5	49,0	49,5	49,4	49,8	50,1	50,7	50,5	50,8
Braugewerbe											
Insgesamt	101,9	102,3 [2]	104,2	99,8	98,7	98,9	100,7	100,1	100,9	102,2	101,5
Gelernte und angelernte Arbeiter	103,9	104,3	105,5	101,2	100,5	100,2	101,7	100,7	101,5	102,2	101,5
Ungelernte Arbeiter	91,0	90,2	90,9	86,6	85,8	85,8	87,1	87,2	87,8	88,8	88,7
Fahrpersonal	108,4	108,9	122,2	107,0	106,1	106,6	108,5	107,7	108,8	110,4	109,2

2 Steine und Erden, Sägeindustrie, Buchdruckgewerbe, Bekleidungsgewerbe, Süß-, Back- und Teigwarenindustrie sowie Braugewerbe September 1940 (statt Dezember).

Dokument A₇: Die wöchentliche Arbeitszeit in der deutschen Industrie in den Jahren 1935—1942*

Bei den amtlichen Lohnerhebungen fallen regelmäßig auch Angaben über die Zahl der geleisteten Arbeitsstunden an, mittels derer aus den gemeldeten Lohnsummen die durchschnittlichen Stundenverdienste errechnet werden.

Da beide, Gesamtverdienste wie Arbeitsstundenzahlen, von den Betrieben aber jeweils nur für die wichtigsten Arbeitergruppen zusammengefaßt, nicht aber für jedes einzelne Gefolgschaftsmitglied besonders gemeldet werden, lassen sich diese nicht nach ihrer individuell geleisteten Arbeitsstundenzahl gruppieren. Die anfallenden Arbeitszeitangaben bieten jedoch eine Vorstellung von der Dauer und den Veränderungen der d u r c h s c h n i t t l i c h e n Arbeitszeit.

Die zusammenhängenden Zahlenreihen beginnen mit dem Jahre 1935, in dem die viertel-jährlichen Lohnsummenerhebungen einsetzten. Für die Zeit ab 1927 liegen außerdem Angaben aus den in loser Aufeinanderfolge vorgenommenen sogenannten Einzellohnerhebungen vor, die jeweils nur auf eine einzelne Industrie bezogen sind.

Die durchschnittliche Wochenarbeitszeit zeigt für die Zeit seit 1939 trotz Erfordernissen des totalen Krieges ein im Verhältnis nur mäßiges Ansteigen. Im Gesamtdurchschnitt der durch die amtlichen Lohnerhebungen erfaßten Gewerbe verlängerte sie sich von September 1939 bis September 1942 um rd. 5 v.H. Dabei zeigten die stärkste Zunahme außer der Eisen schaffenden Industrie (+ 5,5 v.H.) die Schuhindustrie (+ 7,9 v.H.) und die holzarbeitende Industrie (+ 8,3 v.H.). Unter dem Gesamtdurchschnitt blieb der Anstieg im Buchdruckgewerbe, in der Textilindustrie, im Baugewerbe und in der metallverarbeitenden Industrie. Im Braugewerbe war die Arbeitszeit unverändert, dagegen lag in der chemischen sowie in der Süß-, Back- und Teigwarenindustrie die Zahl der seit September 1942 im Durchschnitt wöchentlich geleisteten Arbeitsstunden sogar unter dem Durchschnitt von September 1939. Es sind also spezifisch für den Kriegseinsatz arbeitende Industrien, in denen länger gearbeitet wird, während die vergleichsweise weniger wehrwichtige und vielfach rohstoffbeschränkte Produktion, vor allem der Verbrauchsgüterindustrien, Verkürzungen vorgenommen hat.

Bei der Zusammenfassung aller Industrien ergibt sich für die wichtigsten Arbeitergruppen der männlichen sowie der weiblichen Facharbeiter und Hilfsarbeiter, daß die Arbeitszeit

der Männer im September 1942 um 3,2 v.H. länger,

die der Frauen dagegen um 5,3 v.H. kürzer

war als im September 1939. Bei beiden Geschlechtern prägte sich der Unterschied jeweils bei den Facharbeitern weniger als bei den ungelernten Hilfskräften aus, und zwar nahm die Arbeitszeit bei den männlichen Facharbeitern nur um 2,6 v.H., bei den männlichen Hilfsarbeitern dagegen um 4,3 v.H. zu. In der gleichen Richtung liegt die Abstufung in der Veränderung der Arbeitszeit innerhalb der Gruppe der Facharbeiter: Die Arbeitszeit der Gelernten hat um 2,1 v.H., die der Angelernten um 3,6 v.H. zugenommen. Die Unterschiede

*   Statistisches Reichsamt: Ergebnisse der amtlichen Lohnerhebungen für März 1943; *DZA Potsdam*, 31.02 Stat. R. A., Sign. 2890, Bl. 95—98.

in der Veränderung der Arbeitszeit der männlichen Arbeiter in den ersten drei Kriegsjahren lassen vermuten, daß die Arbeitszeit des gelernten Arbeiters sich ohne Beeinträchtigung der Gesamtleistung nur noch geringfügig steigern ließ. Etwas größer war die Veränderung bei den Angelernten und den Hilfsarbeitern, deren Arbeitszeit 1939 fast genau ebenso lang gewesen war wie die der Gelernten, diese im September 1942 aber um 0,8 und 0,6 Stunden überschritt. Bei den Frauen betrug der Rückgang für die Facharbeiterinnen 3,0 v.H. und für die Hilfsarbeiterinnen 6,8 v.H. und während im September 1939 die Arbeitszeit der Hilfsarbeiterinnen länger war als die der Facharbeiterinnen, war 1942 umgekehrt die Facharbeiterinnen länger als die der Hilfsarbeiterinnen. Dies ist zum größten Teil daraus zu erklären, daß bei einer Zunahme der Anzahl der beschäftigten Frauen von 6,8 Mill. im September 1939 auf 10,2 Mill. im September 1943** die neu eingestellten Frauen mit Rücksicht auf persönliche Verhältnisse nur kürzere Zeit arbeiten können als die bei Kriegsausbruch beschäftigten Frauen. Da der Zugang an neu eingestellten Frauen bei den Hilfsarbeiterinnen vermutlich größer ist als bei den Facharbeiterinnen und die Art der Arbeit bei den Hilfsarbeitern eher eine kürzere Arbeitszeit als bei den Facharbeitern gestattet, ist der Rückgang bei den Hilfsarbeiterinnen größer als bei den Facharbeiterinnen.

Die Veränderungen in der durchschnittlichen Arbeitszeit zeigen hiernach eine im ganzen erklärliche und sinnvolle Abstufung. Sie sind Ausdruck der großen Strukturwandlungen, die sich im Arbeitsdienst während des Krieges vollzogen haben. Mit einer Veränderung der Arbeitsleistung oder der Leistungsfähigkeit als solcher haben diese Umschichtungen in der durchschnittlichen Arbeitszeit nichts zu tun. Um für eine der wichtigsten Kriegsindustrien, die Eisen schaffende, einen, soweit das vorhandene Zahlenmaterial es zuläßt, tieferen Einblick zu bieten, ist für diese Industrie aus den Meldungen der einzelnen Betriebe ein Streuungsbild der Arbeitszeiten zusammengestellt worden. Von der Auszählung wurden im September 1939 insgesamt 178 Betriebe mit zusammen rd. 185.000 fast ausschließlich männlichen Gefolgschaftsmitgliedern erfaßt.

Im September 1942 lag die Zahl der Betriebe wie die der Gefolgschaft um rd. 10 v.H. höher als im September 1939. Im September 1939 waren in den Betrieben, in denen wöchentlich 50 Stunden und weniger gearbeitet wurde, rd. ein Viertel aller erfaßten Arbeiter beschäftigt; im Jahre 1942 dagegen nur noch 10 v.H. Demgegenüber stieg der Anteil der Arbeitskräfte in Betrieben mit einer wöchentlichen Arbeitszeit von mehr als 50 Stunden zwischen 1939 und 1942 von rd. 74 v.H. auf 90 v.H. Bei einer Teilung in drei Gruppen ergibt sich folgende Veränderung:

Durchschnittliche Arbeitszeit der Betriebe	Beschäftigte Arbeiter (v.H.) September	
	1939	1942
bis zu 48 Stunden	14	3
über 48 bis 54 Stunden	52	36
über 54 Stunden	34	61

** Druckfehler im Original. Muß heißen: 1942.

Im Gesamtdurchschnitt ist die Arbeitszeit in der Eisen schaffenden Industrie von September 1939 auf September 1942 von 52,4 Stunden auf 55,3 Stunden je Woche oder um 5,54 v.H. gestiegen.

Für einen V e r g l e i c h mit der Zeit des e r s t e n W e l t k r i e g e s konnten die Ergebnisse einer im Rahmen der späteren Lohnerhebungen bei einer größeren Anzahl von Betrieben vorgenommenen nachträglichen Umfragen nach der bei ihnen in den Jahren 1913/14 üblich gewesenen Durchschnittsarbeitszeit herangezogen werden. Es ist wohl anzunehmen, daß diese Arbeitszeit im Kriege 1914/18 mindestens in der Rüstungswirtschaft nicht unterschritten worden ist.

Bei diesen Vergleichen müssen die arbeitsrechtlichen Unterschiede zwischen damals und heute berücksichtigt werden. Gleichzeitig hat sich das Arbeitstempo durch Rationalisierung aller Arbeitsvorgänge und deren zunehmende Bindung an den Rhythmus der immer stärker vordringenden Arbeitsmaschine geändert. Durchweg lag bei Beginn des ersten Weltkrieges die Wochenarbeitszeit weit über der vom September 1939 und auch noch über der vom September 1942, und zwar ergeben sich die größten Unterschiede, die bis zu 1/5 und 1/4 ausmachen, in der Textilindustrie, der Schuhindustrie und der Süß-, Back- und Teigwarenindustrie. In der Arbeitszeit vom September 1942 wirkt sich bei diesen Gewerbezweigen noch die gegen früher völlig veränderte Rohstoffgrundlage aus. Aber auch bei den anderen Industrien, so z.B. den spezifisch kriegswichtigen, wie der Eisen schaffenden, metallverarbeitenden und der Holz-Industrie, bei denen die Rohstoffversorgung erheblich günstiger liegt, war die wöchentliche Arbeitszeit 1939 auch um 1/7 bis 1/10 kürzer als 1913/14 und lag auch im Jahre 1942 in der Eisen schaffenden Industrie um 9,5 v.H., in der metallverarbeitenden Industrie um 9,1 v.H. und in der rohstofflich wohl am günstigsten gestellten holzverarbeitenden Industrie um 3,7 v.H. unter den mittleren Arbeitszeiten der Jahre 1913/14. Die Ursache dieser zunächst befremdlich erscheinenden Feststellung wird man wohl überwiegend in der stärkeren Mechanisierung aller Arbeitsvorgänge, der dadurch erhöhten Arbeitsintensität und zum Teil wohl auch, z.B. in der metallverarbeitenden und holzverarbeitenden Industrie, in dem starken Einsatz von Frauen zu suchen haben.

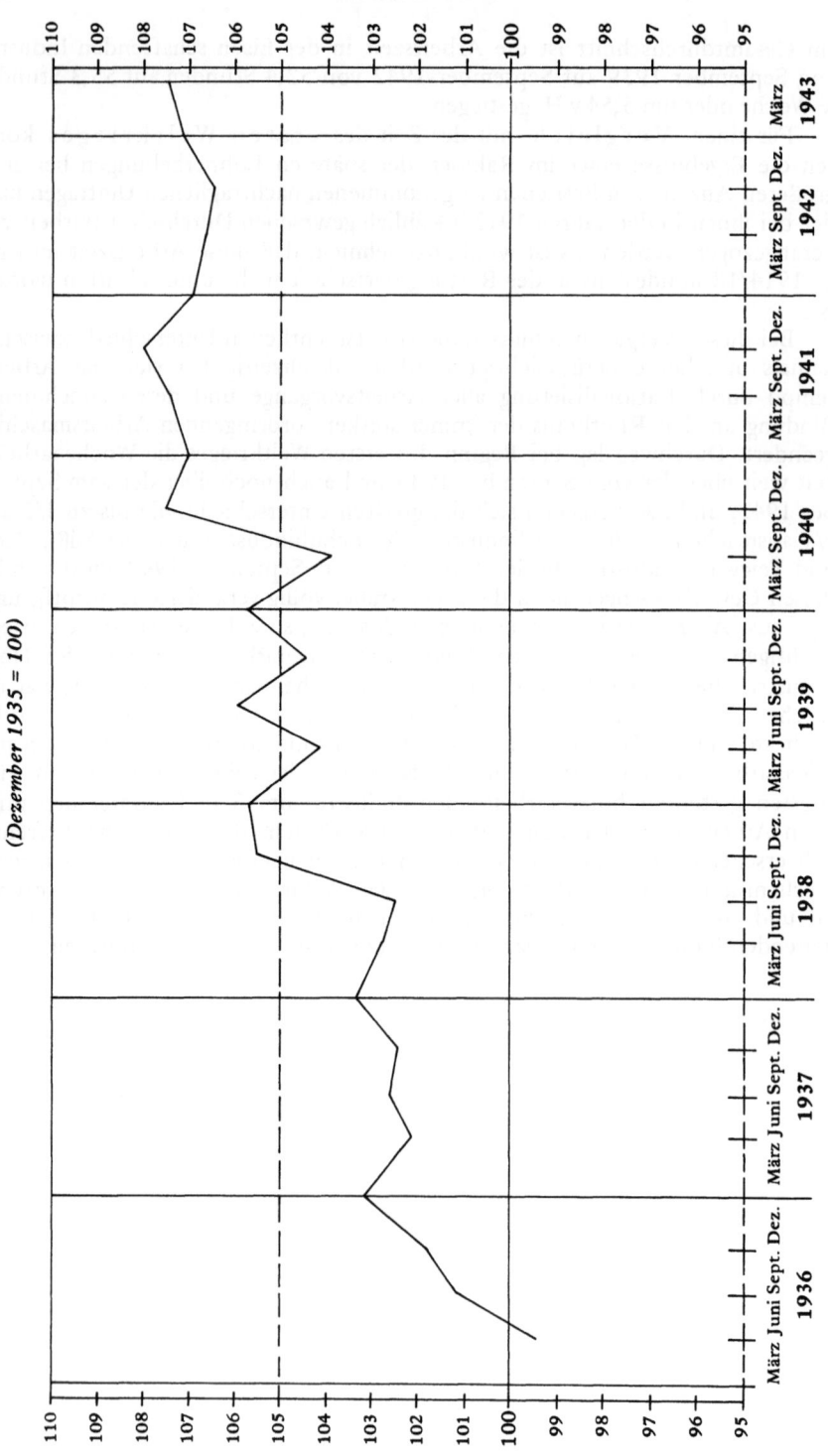

Verlauf der Wochenarbeitszeit
(Dezember 1935 = 100)

Statistisches Reichsamt 1944

Durchschnittliche wöchentliche Arbeitszeit 1933–1942

Arbeitergruppen	Jahresdurchschnitte										1940			1941			1942			Stundenverdienste***		
	1933¹ (Sept.)	1934¹	1935¹	1936	1937	1938	1939	1940	1941	1942	März	Sept.	Dez.	März	Sept.²	Dez.	März	Sept.	Dez.	1939 Jahresdurchschnitt Rpf	Sept. 1942 Rpf	1939 gegen Sept. 1942
Gelernte Arbeiter	–	–	–	47,6	48,3	49,5	50,0	51,0	52,1	51,2	50,0	52,0	51,1	51,8	52,2	51,8	51,2	51,1	51,7	100,6	111,3	+ 2,1
Ungelernte Arbeiter	–	–	–	47,4	48,7	49,8	50,1	51,1	52,4	51,9	50,0	52,1	52,0	52,1	52,4	51,8	51,8	51,9	51,9	89,8	99,5	+ 3,6
Facharbeiter zusammen	–	–	–	47,5	48,4	49,6	50,1	51,0	52,2	51,4	50,0	52,0	51,5	51,9	52,3	51,8	51,4	51,4	51,8	96,4	106,4	+ 2,6
Hilfsarbeiter	–	–	–	46,4	47,2	48,1	48,6	49,1	50,6	50,3	47,8	50,4	49,0	50,0	50,8	49,5	49,9	50,7	50,8	71,5	76,1	+ 4,3
Männliche Arbeiter zusammen	–	–	–	47,2	48,0	49,2	49,6	50,4	51,8	51,2	49,3	51,5	50,7	51,4	51,9	51,2	51,1	51,2	51,5	87,9	98,5	+ 3,2
weibliche Facharbeiter	–	–	–	43,6	44,6	45,9	44,6	44,4	44,9	43,3	43,3	45,5	45,8	44,9	44,5	44,3	43,7	42,9	43,1	52,3	58,6	– 3,8
weibliche Hilfsarbeiter	–	–	–	45,9	46,5	46,6	45,8	44,6	44,6	43,2	44,4	44,7	45,1	44,7	44,4	44,3	43,6	42,7	42,6	52,4	57,6	– 6,8
Weibliche Arbeiter zusammen	–	–	–	44,6	45,5	46,2	45,2	44,5	44,7	43,2	43,9	45,0	45,4	44,8	44,5	44,3	43,6	42,8	42,8	52,4	58,0	– 5,3
Insgesamt	43,1	45,2	45,7	48,7	47,6	48,5	48,7	49,2	50,2	49,2	48,2	50,1	49,6	49,9	50,1	49,6	49,2	49,2	49,5	80,8	89,9	+ 1,0

1 Rückberechnet aus Unterlagen der Industrieberichterstattung und verkettet mit Werten der Lohnerhebung.
2 Ab September 1941 mit Alpen- und Donau-Reichsgauen, Sudetenland und den eingegliederten Ostgebieten.

*** Die Gliederung der Statistik ist hier originalgetreu wiedergegeben. Sie ist etwas verwirrend, denn die letzte Spalte („1939 gegen Sept. 1942") bezieht sich nicht auf die Entwicklung der Stundenverdienste, sondern auf die der durchschnittlichen Arbeitszeit.

Durchschnittliche wöchentliche Arbeitszeit 1913/14, September 1939 und September 1942

Gewerbe	Wochenarbeitszeit in Stunden			Veränderung in vH			Stundenverdienst		
	1913/14	Sept. 1939	Sept. 1942	Sept. 39 1913/14	Sept. 42 gegen Sept. 39	Sept. 42 1913/14	1913/14 Rpf	Sept. 39 Rpf	Sept. 42 Rpf
Eisenschaffende Industrie	61,1	52,4	55,3	− 14,2	+ 5,5	− 9,5	54,0	92,7	100,6
Metallverarbeitende Industrie	55,5	49,7	50,0	− 10,5	+ 0,6	− 9,1	5,0[a]	81,7	99,9
Chemische Industrie	53,0	49,8	48,6	− 6,0	− 2,4	− 8,3	50,0	81,7	88,6
Baugewerbe	56,4	49,0	49,9	− 13,1	+ 1,8	− 11,5	52,0	76,0	81,9
Bautischlerei und Möbelherstellung	54,0	40,0	52,0	− 11,1	+ 8,3	− 3,7	50,0	79,3	89,0
Buchdruckgewerbe	53,7	47,9	49,8	− 10,8	+ 4,0	− 7,3	65,0	103,1	113,0
Textilindustrie	57,4	43,6[a]	44,5	− 25,8	+ 4,5	− 22,5	32,0	57,4	62,4
Schuhindustrie	54,6	42,8	46,2	− 21,6	+ 7,9	− 15,4	40,0	67,7	79,1
Süß-, Back- und Teigwarenindustrie	57,0	44,4	44,1	− 22,9	− 0,7	− 23,4	29,4	53,0	60,0
Braugewerbe	57,2	52,7	52,7	− 7,9	0,0	− 7,9	58,0	101,5	100,7

[a] Diese Zahlenangaben sind im Original unleserlich.

Dokument A₈: Die Veränderung der Wochenarbeitszeit von März 1943 bis September 1943*

Die Veränderung der *Wochenarbeitszeit*, von der die jeweilige Höhe der durchschnittlichen Wochenverdienste wesentlich abhängt, bietet folgendes Bild: Die durchschnittliche Wochenarbeitszeit aller Gewerbe und Arbeitergruppen hat von März bis September 1943 einen Rückgang von 49,5 auf 48 Std., also um 3 v.H. zu verzeichnen. Dabei hat sich bei keiner der einzelnen männlichen und weiblichen Arbeitergruppen die Wochenstundenzahl erhöht, wohl aber sind die prozentualen Rückgänge sehr verschieden. Am stärksten sind diese bei den weiblichen Arbeitergruppen mit einer Senkung von insgesamt 42,5 auf 39,4 Std., wobei sich dieser Rückgang auf die weiblichen Facharbeiter (−7,4 v.H.) und auf die weiblichen Hilfskräfte (−7,3 v.H.) ziemlich gleichmäßig verteilt. Im Gegensatz hierzu hat sich die durchschnittliche Wochenarbeitszeit bei den männlichen Arbeitergruppen insgesamt von 51,8 auf 51,0 Std. und damit nur um 1,5 v.H. gesenkt. Den geringsten Verlust an Wochenarbeitsstunden haben die angelernten Arbeiter (−0,6 v.H.) erfahren; ihnen folgen die Hilfsarbeiter (−0,8 v.H.), dann die Facharbeiter (−1,7 v.H.) und schließlich die gelernten Arbeiter mit einer Senkung von 2,7 v.H.

Daraus ist zu entnehmen, daß im zweiten und dritten Vierteljahr 1943 die angelernten Arbeiter und nach ihnen die Hilfsarbeiter nahezu auf der gleichen Stufe der Einsatz- und Leistungsfähigkeit verblieben sind wie im Anfang des Jahres 1943, während die zeitliche Anspannung bei den männlichen Facharbeitern und gelernten Arbeitern zurückgegangen ist, vor allem aber bei den Gruppen der weiblichen Arbeiter die stärkste Lockerung erfahren hat. Zum Teil dürfte dies aber auch auf die Neueinstellung von weiblichen Kräften, die nur zeitlich begrenzt einsatzfähig sind, zurückzuführen sein.

* Statistisches Reichsamt: Ergebnisse der amtlichen Lohnerhebungen für September 1943; *DZA Potsdam*, 31.02 Stat. R. A., Sign. 2891, Bl. 7.

Dokument A₉: Die Wochenarbeitszeit bis März 1944*

Die durchschnittliche *Wochenarbeitszeit* hat seit dem Herbst 1943 um 0,8 v.H.
zugenommen, was zum größten Teil auf die Erweiterung der Arbeitszeit in der
Produktionsgüterherstellung zurückzuführen ist, und hier wieder besonders auf
die Erhöhung der wöchentlichen Arbeitszeit bei den Facharbeitern um 0,7 v.H.,
wobei die Facharbeiter in der Produktionsgüterherstellung zeitlich immer noch
etwas stärker eingespannt sind (durchschnittlich 51,9 Stunden) als die Hilfsarbeiter (durchschnittlich 50,8 Stunden). Die Wochenarbeitszeit der Facharbeiterinnen innerhalb der Produktionsgüterherstellung ist seit September 1943
um 1,9 v.H. zurückgegangen, während sie bei den Hilfsarbeiterinnen nahezu
gleich geblieben ist. Die wöchentlichen Arbeitszeiten innerhalb der Verbrauchsgüterherstellung liegen, ausgenommen bei den Hilfsarbeiterinnen, durchweg
niedriger als in der Produktionsgüterherstellung und haben sich gegenüber dem
Stand vom Herbst 1943 nicht nennenswert verändert. Daß die Indexziffer
für die Wochenarbeitszeit der weiblichen Arbeitergruppen seit Kriegsbeginn
eine absteigende Tendenz aufweist, dürfte nicht überraschen, da sie über den
Umfang der Arbeitszeit von vergleichbaren Beschäftigten nichts aussagt und
sich so lange senken wird wie der Zustrom von nicht ganztägig beschäftigten
weiblichen Arbeitskräften anhält. Eine Verminderung der absoluten Gesamt-
arbeitszeit ist damit nicht verbunden.

*   Statistisches Reichsamt: Ergebnisse der amtlichen Lohnerhebungen für März 1944;
     DZA Potsdam, 31.02 Stat. R.A., Sign. 2887, Bl. 8, 9 Rs., 10.

Wochenarbeitszeit in absoluten Werten (Wochenarbeitsstunden)

	1938 März	1939 März	1939 Sept.	1940 März	1940 Sept.	1941 März	1941 Sept.	1942 März	1942 Sept.	1943 März	1943 Sept.	1944 März
Insgesamt	47,1	47,6	47,8	47,6	49,2	49,1	49,5	48,7	48,7	49,1	47,9	46,3
Produktionsgüterherstellung	47,7	40,2	48,8	48,5	49,9	49,9	50,3	49,6	49,5	49,9	48,9	49,7
darunter:												
Facharbeiter[1]	49,7	50,2	50,7	50,7	52,3	52,4	52,8	52,2	52,0	52,8	51,8	51,9
Hilfsarbeiter	49,3	49,5	50,9	49,7	52,6	51,4	52,3	50,4	51,2	51,3	50,8	50,8
Facharbeiterinnen[1]	46,1	47,2	46,2	46,7	47,9	47,2	46,1	45,1	43,8	43,8	42,3	41,5
Hilfsarbeiterinnen	46,5	46,8	45,7	43,9	44,7	44,8	44,5	43,6	42,9	42,1	39,0	39,0
Alle weibl. Arbeiter	47,2	46,7	45,7	44,6	44,8	44,9	44,8	43,6	42,8	42,1	39,0	39,0
Verbrauchsgüterherstellung	44,4	45,9	43,5	43,8	45,9	45,8	45,9	45,0	44,8	45,3	43,1	43,3
darunter:												
Facharbeiter[1]	46,1	48,1	46,6	46,9	49,4	49,7	50,0	49,2	49,9	50,5	49,5	49,6
Hilfsarbeiter	46,2	47,9	47,9	47,5	49,2	49,2	49,4	48,8	49,2	49,4	48,6	48,7
Facharbeiterinnen[1]	45,3	46,5	42,5	43,1	45,3	44,8	44,7	43,8	42,9	43,5	40,2	40,4
Hilfsarbeiterinnen	46,2	46,8	43,7	44,3	45,0	44,4	44,1	43,2	42,5	42,0	39,2	39,3
Alle weibl. Arbeiter	45,6	46,7	42,8	43,4	45,3	44,7	44,5	43,6	42,8	43,3	40,1	40,2

1 Mit Angelernten

Entwicklung der Wochenarbeitszeit nach Indexziffern (März 1938 = 100) **

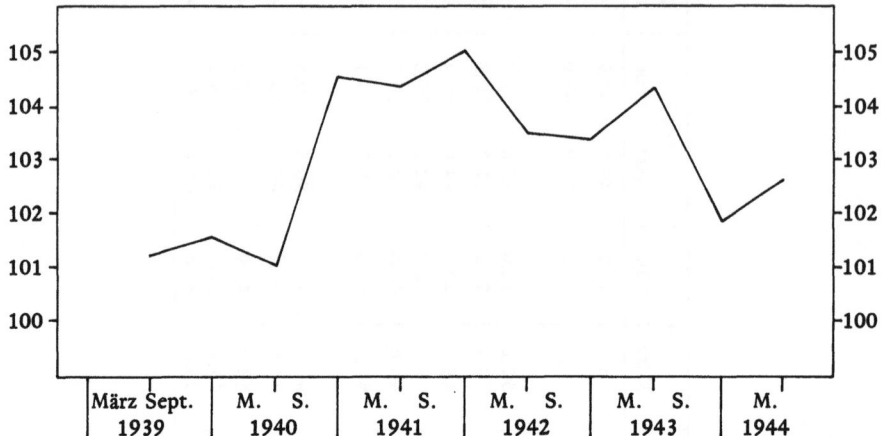

** Diese Graphik basiert auf den Zahlenangaben des Statistischen Reichsamtes (ebd., Bl. 9 Rs). Auf den ersten Blick scheint die Kurve für die Jahre 1939 bis 1942 einen anderen Verlauf zu nehmen als in der Graphik des Dokuments A₇. Das liegt jedoch lediglich daran, daß hier nur noch die Indexziffern für die März- und Septembererhebungen genommen wurden. Läßt man aus der Graphik von Dok. A₇ die Punkte für die Juni- und Dezemberergebnisse aus, so ergibt sich der gleiche Kurvenverlauf.

Durchschnittliche Wochenarbeitszeit nach Gewerben und Arbeitergruppen 1943 und März 1944 (Deutsches Reich)

Gewerbe und Arbeitergruppen	Wochenstunden Sept. 1943	Wochenstunden März 1944	Gewerbe und Arbeitergruppen	Wochenstunden Sept. 1943	Wochenstunden März 1944
Bergbau	48,2	51,1	*Keramische Industrie*	45,3	45,3
dar.: Arbeiter unter Tage	46,3	49,5	Facharbeiter	51,3	51,3
Arbeiter über Tage u.			Spezialarbeiter	51,7	51,5
Jugendliche	51,6	54,2	Hilfsarbeiter	49,9	49,5
Arbeiterinnen	44,2	44,7	Facharbeiterinnen	41,4	41,2
Eisenschaffende Industrie	60,4	62,7	Sonstige Arbeiterinnen	39,4	40,0
dar.: 1. Leute	63,3	65,7	*Glasindustrie*	47,2	47,5
3. Leute	60,6	63,2	Facharbeiter	50,7	51,1
Platz- u. Hilfsarbeiter	59,5	61,7	Spezialarbeiter	49,7	50,3
Nichteisenmetall-Industrie	48,2	49,9	Hilfsarbeiter	49,1	49,5
Facharbeiter	53,4	53,8	Spezialarbeiterinnen	41,1	41,4
Spezialarbeiter	49,8	52,0	Hilfsarbeiterinnen	38,6	38,1
Hilfsarbeiter	48,4	49,8	*Baugewerbe*	48,6	46,5
Arbeiterinnen	37,1	39,0	Maurer	48,5	46,7
Gießerei-Industrie	51,2	52,1	Zimmerer, Betonbauer	48,6	47,2
Gelernte Arbeiter	53,1	54,1	Helfer	50,1	48,4
Angelernte Arbeiter	52,7	53,5	Hilfsarbeiter	48,0	45,3
Hilfsarbeiter	51,0	51,9	*Sägeindustrie*	50,5	49,2
Arbeiterinnen	38,4	40,1	Facharbeiter	51,8	50,7
Metallverarbeitende Industrie	48,4	48,2	Hilfsarbeiter	49,1	47,6
Facharbeiter	52,5	52,4	*Bautischlerei u. Möbelherstellung*	51,2	50,9
Angelernte Arbeiter	51,5	51,4	Facharbeiter	51,7	51,5
Hilfsarbeiter	50,0	49,9	Angelernte Arbeiter	51,0	50,6
Arbeiterinnen	38,5	38,5	Hilfsarbeiter	49,7	49,4
Chemische Industrie (mit Kautschukindustrie)	47,4	47,9	*Papiererzeugende Industrie*	50,5	50,1
Handwerker u. Gleichgestellte	53,0	53,5	Gelernte u. angelernte Arbeiter	55,7	55,4
Maschinisten und Heizer	55,4	55,5	Ungelernte Arbeiter	51,7	51,1
Hilfshandwerker u. Gleichgestellte	51,5	52,7	Arbeiterinnen	39,5	39,3
Chemiebetriebs- u. Chemielaborfachwerker	52,6	53,3	*Papierverarbeitung*	42,4	41,8
Chemiebetriebs- u. Chemielaborwerker	51,3	51,7	Facharbeiter	49,7	49,3
Hilfswerker	49,2	49,6	Hilfsarbeiter	49,6	48,8
Arbeiterinnen	38,9	39,8	Facharbeiterinnen	42,3	41,5
Steine und Erden	49,6	48,0	Hilfsarbeiterinnen	37,8	37,3
Facharbeiter	51,2	50,4	*Buchdruckgewerbe*	49,7	49,1
Spezialarbeiter	50,7	48,9	Männliche Gehilfen	50,4	50,1
Hilfsarbeiter	49,4	47,5	Männl. technisches Hilfspersonal	51,8	50,7
Arbeiterinnen	42,5	40,5	Weibl. technisches Hilfspersonal	45,1	44,2

Fortsetzung Tab. A₉

Gewerbe und Arbeiter-gruppen	Wochen-stunden		Gewerbe und Arbeiter-gruppen	Wochen-stunden	
	Sept. 1943	März 1944		Sept. 1943	März 1944
Flachdruckgewerbe	47,7	47,4	*Schuhindustrie*	44,7	44,0
Männliche Gehilfen	49,8	49,6	Schuhfabrikarbeiter	48,6	48,2
Männl. technisches Hilfs-			Schuhfabrikarbeiterinnen	41,9	40,9
personal	51,5	51,2	*Süß-, Back- u. Teigwaren-*		
Weibl. technisches Hilfs-			*industrie*	41,0	40,5
personal	43,4	43,0	Facharbeiter	51,6	51,4
Textilindustrie	42,4	43,2	Hilfsarbeiter	49,4	50,0
Facharbeiter	47,9	48,7	Facharbeiterinnen	42,3	42,3
Hilfsarbeiter	47,4	48,1	Hilfsarbeiterinnen	37,8	36,9
Facharbeiterinnen	40,3	41,2	*Braugewerbe*	52,7	51,6
Hilfsarbeiterinnen	39,7	40,1	Gelernte u. angelernte		
Bekleidungsgewerbe	40,5	40,0	Arbeiter	52,4	51,5
Gelernte u. angelernte			Ungelernte Arbeiter	50,0	48,6
Arbeiter	48,6	48,7	Fahrpersonal	54,9	53,8
Gelernte u. angelernte			*Alle Gewerbe*	48,0	48,3
Arbeiterinnen	39,2	38,6	dar.: Arbeiter	51,0	51,4
			Arbeiterinnen	39,4	39,5

Bibliographie

Vorbemerkung: Von dem Grundsatz, nur die im Text genannten Bücher und Artikel aufzuführen, wird in zwei Punkten abgewichen. Vom Arbeitswissenschaftlichen Institut (AWI) der DAF sind die Schriften zur Arbeitsbewertung außerhalb seiner *Jahrbücher* angeführt, die als vervielfältigte Manuskripte zirkulierten. Zweitens sind Artikel überArbeitsstudien, Arbeitszeitermittlung und Arbeitsbewertung aus dem Zeitraum 1937—45 aufgenommen, die im Text nicht erwähnt werden. Damit soll der Umfang der Fachdiskussion damals und auch die personelle Kontinuität illustriert werden, galten doch u. a. Bramesfeld, Böhrs, Euler, Pentzlin, Kothe, Rummel und Stevens (der zumeist mit Euler zusammen publizierte) später in der Bundesrepublik als die „Päpste" der Leistungsentlohnung und Arbeitsrationalisierung.

Agranat, Leon, *Price Control in Germany*, Diss. New School for Social Research, New York 1951

AMA *Management Handbook*, hrsg. v. William K. Fallon, New York ²1983

Amtmann, Günter, *Zur Frage des gerechten Arbeitslohnes* (Diss. Göttingen 1936), Lauenburg 1937

Andres, Karl, Das Gesetz zur Ordnung der nationalen Arbeit. Ein Überblick über die Grundgedanken, in: *RABl.* 1934, Teil II, S. 37 ff.

Die Arbeitsbewertung in den Betrieben der Fachgemeinschaft Eisen- und Metallindustrie, hrsg. v. Sozialwissenschaftlichen Ausschuß der Fachgemeinschaft Eisen- und Metallindustrie in der Reichsgruppe Industrie, Oktober 1941

Die Arbeitsbewertung als Teilproblem der Lohnneugestaltung (Theoretische Grundlegung und Diskussionsbeitrag), hrsg. v. AWI der DAF, Berlin, April 1940

Die Arbeitsbewertung als Teilproblem der Lohnordnung. Vorläufiger Bericht über Bewertungsversuche in Betrieben, hrsg. v. AWI der DAF, Berlin, März 1942

Die Arbeitsbewertung. Bericht über in verschiedenen Wirtschaftszweigen durchgeführte Bewertungen von Arbeitsplätzen und die dabei ermittelten Arbeitswerte, hrsg. v. AWI der DAF, Berlin 1943

Arbeitsbucherhebung vom 15. August 1941, bearb. v. Reichsarbeitsministerium

Zum Arbeitseinsatz der Frau in Industrie und Handwerk. Die biologisch bedingten Leistungsvoraussetzungen sowie ihre Beachtung beim Arbeitseinsatz, in: *Jahrbuch 1940/41*, Bd. 1, hrsg. v. AWI der DAF, Berlin 1941

Die Deutsche Arbeitsfront. Wesen — Ziel — Wege, hrsg. v. AWI der DAF, Berlin 1942

Die deutsche Arbeitspolitik in den letzten 10 Jahren, in: *Wirtschaft und Statistik*, Februar 1943

Arbeitsstudium, hrsg. v. der Industriegewerkschaft Metall für die Bundesrepublik Deutschland, Frankfurt a. M. 1958

Arbeitsstudium heute und morgen. Festschrift zum 70. Geburtstag von Prof. Dr. Ing. E. Bramesfeld, Darmstadt 1963

Arnhold, Karl, Der Faktor Mensch in der Industrie, in: *Industrielle Psychotechnik*, 1925, H. 7/8

ders., *Der Betriebsingenieur als Menschenführer*, Berlin 1937

ders., *Mobilisierung der Leistungsreserven unserer Betriebe*, Berlin o. J.

ders., *Das Ringen um die Arbeitsidee*, Berlin 1938

Axmann, Artur, Die Erziehung der deutschen Jugend zur Gemeinschaft durch die Staatsjugend, in: *Soziale Arbeit und Gemeinschaft*, hrsg. v. Hermann Althaus, Karlsruhe 1936

ders., *Der Reichsberufswettkampf*, Berlin 1938

Balogh, Thomas, The National Economy of Germany, in: *The Economic Journal*, Bd. XLIII, 1938

Barkin, Solomon, Wage Determination: Trick or Technique, in: *Labor and Nation*, Juni/ Juli 1946

Bauer, A., Die Normleistung als Maßstab der Leistungsbewertung, in: *Soziale Praxis*, 1943, S. 149–154

Bauer/Brengel, *Richtlinien und Anweisung zur Durchführung der Arbeitsbewertung in der Praxis*, Stuttgart 1948 (4. Aufl. 1959)

Beck, E., *Arbeitsplatzbewertung und Tarifgestaltung insbesondere im Eisenhüttenwesen*, Diss. T. H. Aachen, März 1941

Beck, E./H. Euler/H. Stevens, *Vorschlag für ein Verfahren der Arbeitsplatzbewertung für die Werke der Eisenschaffenden Industrie* (Entwurf im Rahmen der Arbeiten des Ausschusses für Betriebswirtschaft des Vereins Deutscher Eisenhüttenleute), Juni 1941

Begründung und Grundsätze einer Reichslohnordnung, hrsg. v. AWI der DAF, Berlin, November 1944

Beier, Gerhard, *Das Lehrstück vom 1. und 2. Mai 1933*, Frankfurt a. M./Köln 1965

ders., Gesetzentwürfe zur Ausschaltung der Deutschen Arbeitsfront im Jahre 1938, in: *Archiv für Sozialgeschichte*, 17. Jg. 1977, S. 297–335

Beiträge zur Beurteilung des Frauenlohns, in: *Jahrbuch 1938*, Bd. 2, hrsg. v. AWI der DAF, Berlin 1939

Benge, E. J./S. L. Burk/E. N. Hay, *Manual of Job Evaluation*, New York 1941

Bernstein, Irving, *The Lean Years: A History of the American Worker 1920–1933*, Baltimore 1966

ders., *Turbulent Years: A History of the American Worker 1933–41*, Boston 1971

Bevölkerung und Wirtschaft 1872–1972, hrsg. v. Statistischen Bundesamt, Wiesbaden/Mainz 1972

Bewertung der Arbeit. Bewertungsunterlagen und Wertzahl-Merkmale insbesondere für Lohngruppen „Eisen und Stahl" und „Luftfahrtindustrie", Bearbeitung: Junkers Flugzeugund Motorenwerke A.G., Dessau 1943

Biallas, Hans, *Warum muß der Arbeiter nationalsozialistisch wählen? (Schriftenreihe der NSBO*, H. 4), München o. J.

ders./Gerhard Starcke, *Leipzig – das Nürnberg der DAF*, München 1935

Bibliographie der Staats- und Wirtschaftswissenschaften. Internationale Monatshefte der Buch- und Zeitschriftenliteratur über Volk, Wirtschaft, Kultur und Politik, 39. Jg., Berlin 1943

Blaich, Fritz, *Wirtschaft und Rüstung im „Dritten Reich"*, Düsseldorf 1987

Bloch, Willy, Zeitstudien als Wissenschaft, in: *Industrielle Organisation*, Bd. 9, Zürich 1940, S. 64–78 u. S. 89–98

ders., *Arbeitsbewertung. Grundlagen und Anwendung*, Verlag Industrielle Organisation, Zürich 1958

Bock, Gisela, *Zwangssterilisation im Nationalsozialismus. Untersuchungen zur Rassenpolitik und Frauenpolitik*, Opladen 1986

Böhrs, Hermann, Leistungsgradbewertung in der Zeitstudie, in: *Zeitschrift für Organisation*, Bd. 10, 1936, S. 361–366

ders., Neuordnung des Zuschlagswesens beim Aufbau von Stücklöhnen, in: *Zeitschrift für Organisation*, Bd. 10, 1936, S. 475–478

ders., Das Schätzen des Leistungsgrades in der Zeitstudie, in: *Zeitschrift für Organisation*, Bd. 18, 1944, S. 47–51

ders., *Probleme der Vorgabezeit. Untersuchungen über die Fragen der Leistungsstreuung, des Leistungsgrades und des Erholungszuschlages*, München 1950 ders., Was versteht der REFA-Verband unter Normalleistung?, (Erwiderung), in: *Die Quelle*, H. 7, 1952, S. 359 f.

Bohnstedt, Werner, Das gesetzliche Fundament der Deutschen Arbeitsfront, in: *Soziale Praxis*, 1934

Bracher, Karl Dietrich/Wolfgang Sauer/Gerhard Schulz, *Die nationalsozialistische Machtergreifung. Studien zur Errichtung des totalitären Herrschaftssystems in Deutschland 1933/ 34*, Köln/Opladen [2]1962

Brady, Robert A., *The Rationalization Movement in German Industry*, Berkeley 1933

ders., *Spirit and Structure of German Fascism*, New York/London 1937

Bramesfeld, E., Das Bedaux-System, in: *Arbeitsschutz*, Nr. 8, 1929

ders., Bewertung der Arbeitsschwierigkeit und des menschlichen Leistungsgrades, in: *Technik und Wirtschaft*, H. 7, 1938, S. 177 f.

ders., Richtiges Leistungsgradschätzen, in: *Maschinenbau-Betrieb*, Juni 1941

ders., Entwicklung und Stand der Zeitstudie in Deutschland, in: *Technik und Wirtschaft*, Juni 1942

ders./O. Graf, *Leitfaden für das Arbeitsstudium*, VDI-Verlag, Berlin 1936

ders./E. Kupke, Der Leistungsgrad, in: *Der REFA-Mann*, 1944, H. 3/4

Brandes, Stuart D., *American Welfare Capitalism 1880–1940*, Chicago 1976

Brengel, Albert, *Die Problematik der Arbeitsbewertung*, Diss. Heidelberg, Saarbrücken 1941

ders., *Die Bewertung der Arbeit. Eine Darstellung ihrer Probleme*, bearb. im Auftrage des AWI, Berlin 1942

Broszat, Martin, *Der Staat Hitlers. Grundlagen und Entwicklung seiner inneren Verfassung* (dtv-Weltgeschichte des 20. Jahrhunderts, 9), München [7]1978

Brumlop, Eva, *Arbeitsbewertung bei flexiblem Personaleinsatz. Das Beispiel der Volkswagen AG*, Frankfurt a. M./New York 1986

Bruns, Paul, *Vom Wesen und der Bedeutung der Deutschen Arbeitsfront. Ein Beitrag zu ihrer Würdigung als Wegbereiterin einer neuen deutschen Sozialordnung*, Diss., Leipzig 1937

Bry, Gerhard, *Wages in Germany 1871–1945*, Princeton 1960

Buchholz, Wolfhard, *Die nationalsozialistische Gemeinschaft „Kraft durch Freude". Freizeitgestaltung und Arbeiterschaft im Dritten Reich*, Diss., München 1976

Burawoy, Michael, *Manufacturing Consent*, Chicago 1979

Czichon, Eberhard, Der Primat der Industrie im Kartell der nationalsozialistischen Macht, in: *Das Argument*, 10. Jg., H. 3, (Juli) 1968, S. 210 ff.

Daeschner, Leon, *Die Deutsche Arbeitsfront*, München 1934

ders., Akkordlohn — Gerechter Lohn, in: *Monatshefte für NS-Sozialpolitik*, Bd. 2, 1935, S. 361 ff.

Dammer, Susanna/Carola Sachse, Nationalsozialistische Frauenpolitik und weibliche Arbeitskraft, in: *Beiträge 5 zur feministischen Theorie und Praxis*, München 1981, S. 108– 177

Das gesamte Recht des Vierjahresplans, hrsg. v. Carl Mölders, Verlag Luchterhand, Berlin o. J. (ergänzbare Sammlung)

Deutschland-Bericht der Sozialdemokratischen Partei Deutschlands (Sopade) 1934–1940, Reprint, Salzhausen/Frankfurt a. M. 1980

Dieben, Wilhelm, Die innere Reichsschuld seit 1933, in: *Finanzarchiv*, N. F. 11 (1949)

Dietz, Rolf, *Gesetz zur Ordnung der nationalen Arbeit nebst sämtlichen Durchführungsverordnungen und dem Gesetz zur Ordnung der Arbeit in öffentlichen Verwaltungen und Betrieben*. Textausgabe mit Einleitung, Erläuterungen und Sachverzeichnis, 3. u. 7. Aufl., München/Berlin 1934 und 1942

Edwards, Richard, *Herrschaft im modernen Produktionsprozeß*, Frankfurt a. M./New York 1981

The Effects of Strategic Bombing on the German War Economy, The United States Strategic Bombing Survey, Overall Economic Effects Division, Washington D.C. 1945

Eichholtz, Dietrich, *Geschichte der deutschen Kriegswirtschaft 1939—1945*, Bd. I: *1939—1941*, Berlin (DDR) 1969; Bd. II: *1941—1943*, Berlin (DDR) 1985

ders., Die Vorgeschichte des ‚Generalbevollmächtigten für den Arbeitseinsatz‘, in: *Jahrbuch für Geschichte*, H. 9, 1973, S. 339 f.

Elsholz, Konrad, Der Sozialhaushalt des Bundes, in: *Bulletin des Presse- und Informationsamtes der Bundesregierung*, Nr. 25, 1960

The Encyclopedia of Management, hrsg. v. Carl Heyel, New York usw. [7]1982

Equal Pay For Equal Work For Women, Bericht über das Hearing des House of Representatives, Subcommittee No. 4 — *Wages and Hours of Labor, Committee on Education and Labor*, Washington D.C. 1948

Erbe, René, *Die nationalsozialistische Wirtschaftspolitik im Lichte der modernen Theorie*, Zürich 1958

Erhard, Ludwig, *Kriegsfinanzierung und Schuldenkonsolidierung. Faksimiledruck der Denkschrift von 1943/44*, Frankfurt a. M./Berlin/Wien 1977

Esenwein-Rothe, Ingeborg, *Die Wirtschaftsverbände von 1943 bis 1945*. Mit einer Anlage über die Deutsche Arbeitsfront von D. Lolhöffel (*Schriften des Vereins für Socialpolitik*, N. F. 37), Berlin 1965

Euler, Hans, Grundlagen der Leistungsermittlung und ihre Anwendung in Eisenhüttenwerken und verwandten Industriezweigen, in: *Archiv für das Eisenhüttenwesen*, Bd. 14, H. 4, 1940/41, S. 187—202

ders., Der neue Verlustzeit-Begriff des Refa, in: *Stahl und Eisen*, Bd. 64, H. 27, 1944, S. 438—442

ders., Leistungs-Punktsystem-Plan, Arbeitskraft-Planung und Erzeugungssteigerung in der Eisen- und Stahlindustrie, in: *Stahl und Eisen*, Bd. 68, H. 5/6, 1948, S. 69—83

ders./Hans Stevens, Vorgabezeit, Geldfaktor, Leistung und Verdienst, in: *Archiv für das Eisenhüttenwesen*, Bd. 16, 1943, S. 313—327

ders./Hans Stevens/A. Vaerst, *Praktische Richtlinien zur Vorbereitung der lohnordnenden Maßnahmen*, Verein Deutscher Eisenhüttenleute im NSBDT, Gruppe F., Nr. 200, 1944

ders./Hans Stevens, Unterlagen und Anleitungen für die analytische Arbeitsbewertung (als Hilfsmittel der Leistungsentlohnung), in: *Werkstatt und Betrieb*, Jg. 81, H. 3 und 4, 1948

ders./Stevens/Schilling/Schoppe, *Analyse und Bewertung von Angestelltentätigkeiten (Sozialwirtschaftliche Schriftenreihe*, H. 5), 1955

ders./Hans Stevens, *Vorschlag für eine neue Methode der Leistungsentlohnung*, Düsseldorf 1962

Faber, Eberhard v., Die Bewertung der Arbeitsschwierigkeit, in: *Industrielle Psychotechnik*, Bd. 17, H. 12, 1940

ders., Leistungslohn nach der Arbeitsschwierigkeit. Untersuchung in einem Großbetrieb, in: *Industrielle Psychotechnik*, 18. Jg., 1941, S. 48 ff.

Feiwel, George R., Reflections on Kaleckis Theory of Political Business Cycle, in: *Kyklos*, 1974, S. 21—48

Feix, Alfred K., Bemessung der Leistungszulage bei Zeitlohnarbeiten, in: *Stahl und Eisen*, Bd. 64, H. 33, 1944, S. 532—536

Fendt, Franz, *Der ungelernte Industriearbeiter. Eine sozialökonomische Studie unter besonderer Berücksichtigung der gegenwärtigen deutschen Verhältnisse*, München und Leipzig 1936

Fest, Joachim C., *Das Gesicht des Dritten Reiches*, München 1963

Franz, Leopold, *Die Gewerkschaften in der Demokratie und in der Diktatur*, Karlsbad 1935

Frankenberger, K., Das Schätzen des Leistungsgrades bei Werkstattstudien, in: *Werkstatttechnik*, Bd. 36, H. 3/4, 1942

Freiling, Dieter, *Die analytische Arbeitsbewertung als Grundlage einer leistungsgerechten Entlohnung in der Gießerei-Industrie*, Diss., Frankfurt a. M. 1958

Freyberg, Thomas von, *Industrielle Rationalisierung. Der technisch-organisatorische Wandel im Maschinenbau und in der elektrotechnischen Industrie in der Weimarer Republik* (m. M.), abschließender Forschungsbericht für die DFG, Frankfurt a. M. 1988

Friemert, Ch., *Schönheit der Arbeit. Produktionsästhetik im Faschismus*, München 1980

Galeschky, C./G. Bockermann, Leistungsgradschätzung, in: *Technik und Wirtschaft*, Bd. 35, 1942, S. 185—187

Galle, Erich, Bewertungsgrundsätze für die Arbeit in der Metallindustrie. Ein Beispiel für die Anfertigung von Lohngruppenkatalogen, in: *Die Arbeit*, 1. Jg., Nr. 4, 1947

Gautzsch, Otto, Arbeitsbewertung als Mittel zur gerechten Entlohnung. Ein Vorschlag zur Leistungsentlohnung des Stücklohnarbeiters, in: *Maschinenbau-Betrieb*, Bd. 15, H. 21/22, 1936

ders., Der Leistungsausgleich bei Zeitaufnahmen, in: *Maschinenbau-Betrieb*, Bd. 17, 1938, S. 31—34

Gerlach, Knut/Olaf Hübler, Lohnstruktur, Arbeitsmarktprozesse und Leistungsintensität in Effizienzlohnmodellen, in: F. Buttler/J. Kühl/B. Rahmann (Hrsg.), *Staat und Beschäftigung. Angebots- und Nachfragepolitik in Theorie und Praxis (Beiträge zur Arbeitsmarkt- und Berufsforschung*, Bd. 88), Nürnberg 1985, S. 249—290

Gersdorff, Ursula v., *Frauen im Kriegsdienst*, Stuttgart 1969

Gerß, Wolfgang, *Lohnstatistik in Deutschland*, Berlin 1977

Gewerkschaften und Arbeitsstudien, hrsg. v. Wirtschaftswissenschaftlichen Institut der Gewerkschaften (Britische Zone), (Verfasser: Peter Keller), Köln 1948

Giersch, Reinhard, *Die „Deutsche Arbeitsfront" (DAF) — ein Instrument zur Sicherung der Herrschaft und zur Kriegsvorbereitung des faschistischen deutschen Imperialismus (1933—1938)*, Diss. Sc., Jena 1981

Giese, Fritz, *Die Frage des gerechten Lohnes*, Stuttgart 1935

Gikas, Michael, *Arbeitsbewertung. Entlohnungsverfahren oder ideologisches Instrument? Eine ideologie- und verfahrenskritische Analyse anhand ausgewählter aktueller Entwicklungstendenzen der betrieblichen Lohndifferenzierung (Industriesoziologie*, Bd. 3), Münster 1985

Goebbels, Joseph, *Vom Kaiserhof zur Reichskanzlei. Eine historische Darstellung in Tagebuchblättern*, München [6]1937

Gomberg, William, Union Attitudes on the Application of Industrial Engineering Techniques to Collective Bargaining, in: *Personnel*, Mai 1948

Grewe, Hans, *Die Organisation der Erfassung und der Errechnung des Lohnes in der Metallindustrie*, Diss., Frankfurt a. M. 1941

Grumbach, Franz/Heinz König, Beschäftigung und Löhne der deutschen Industriewirtschaft 1888—1954, in: *Weltwirtschaftliches Archiv*, Bd. 79, 1957 (II)

Grunberger, Richard, *A Social History of the Third Reich*, London 1971 (dt.: *Das zwölfjährige Reich. Der deutsche Alltag unter Hitler*, Wien/München/Zürich 1972)

Grundsatzfragen der Arbeitsbewertung, hrsg. in der Schriftenreihe des Wirtschaftswissenschaftlichen Instituts der Gewerkschaften, Köln 1948

Guth, Karl, *Die Reichsgruppe Industrie*, Berlin 1941

Haase, K., Versuch einer gerechten Leistungsbewertung, in: *Werkstatt und Betrieb*, Februar 1940

Habermas, Jürgen, Soziologische Notizen zum Verhältnis von Arbeit und Freizeit, in: *Konkrete Vernunft. Festschrift für Erich Rothacker*, hrsg. v. Gerhard Funke, Bonn 1958

Hachtmann, Rüdiger, Die Krise der nationalsozialistischen Arbeitsverfassung — Pläne zur Änderung der Tarifgestaltung 1936—1940, in: *Kritische Justiz*, Jg. 17, H. 3, 1984

ders., Von der Klassenharmonie zum regulierten Klassenkampf, in: *Soziale Bewegungen*, Jahrbuch 1: *Arbeiterbewegung und Faschismus*, Frankfurt a. M./New York 1984

ders., *Leistungslohnung und betriebliche Sozialpolitik im Dritten Reich*, Diss. T. U. Berlin 1986, m. M.

Hackstein, Rolf, *Arbeitswissenschaft im Umriß*, Bd. 2: *Grundlagen und Anwendung*, Essen 1977

ders., Europäische Wurzeln des Arbeitsstudiums, in: *Zeitschrift für Arbeitswissenschaft*, Bd. 32 (4. N. F.), 1978, S. 129—139

Hagner, G. W./H. Weng, *Arbeitsschwierigkeit und Lohn*, Köln 1951

Handwörterbuch des Personalwesens, hrsg. v. E. Gangler, Stuttgart 1975

Hanf, Reinhardt, *Möglichkeiten und Grenzen betrieblicher Lohn- und Gehaltspolitik 1933–1939*, Diss., Regensburg 1975

Hansmeyer, Karl Heinrich / Rolf Caesar, Kriegswirtschaft und Inflation (1936–1948), in: *Währung und Wirtschaft in Deutschland 1876–1975*, hrsg. v. d. Deutschen Bundesbank, Frankfurt a. M. 1976

Harris, Howell J., *The Right to Manage. Industrial Relations Policies of American Business in the 1940's*, Madison 1982

Hebestreit, Die Einteilung der Arbeitsbeanspruchung, in: *Archiv für Gewerbepathologie und Gewerbehygiene*, Bd. 10, H. 2, 1940

Hegner, Kurt, Stückzeitberechnung und Tarifvertrag, in: *Maschinenbau – Der Betrieb*, Bd. 7, H. 3, 1928, S. 97–103

ders., Referat auf der Betriebswirtschaftlichen Tagung des VDI, Mai 1940, in: *Werkstatttechnik und Werksleiter*, H. 11, Juni 1940

Heinecken, Klaus, Die Volkskartei in: *Allgemeines Statistisches Archiv, Organ der Deutschen Statistischen Gesellschaft und der Arbeitsgemeinschaft für gemeindliche Statistiken*, Bd. 31, 1942/43

Hellmich / Huhn, *Was will Taylor?*, VDI, Berlin 1919

Henderson, James M. / Richard E. Quandt, *Microeconomic Theory. A Mathematical Approach*, New York u. a. 1958

Herbert, Ulrich, *Fremdarbeiter. Politik und Praxis des „Arbeitereinsatzes" in der Kriegswirtschaft des Dritten Reiches*, Berlin / Bonn 1985

Herbst, Ludolf, *Der Totale Krieg und die Ordnung der Wirtschaft. Die Kriegswirtschaft im Spannungsfeld von Politik, Ideologie und Propaganda 1939–1945*, Stuttgart 1982

Hicks, John R., *Einführung in die Volkswirtschaftslehre*, Hamburg 1962

Hillgruber, Andreas, *Zweierlei Untergang: Die Zerschlagung des Deutschen Reiches und das Ende des deutschen Judentums*, Berlin 1986

Hinrichs, Peter / Peter Lothar, *Industrieller Friede? Arbeitswissenschaft, Rationalisierung und Arbeiterbewegung in der Weimarer Republik*, Köln 1976

ders., *Um die Seele des Arbeiters. Arbeitspsychologie, Industrie- und Betriebssoziologie in Deutschland, 1871–1945*, Köln 1981

Hintze, W., Der Leistungsgrad in der Akkordermittlung, in: *Werkstatt und Betrieb*, Bd. 74, H. 5, 1941

Hoffmann, Walther G. / J. Heinz Müller, *Das deutsche Volkseinkommen 1851–1957*, Tübingen 1959

Homze, Edward L., *Foreign Labor in Nazi Germany*, Princeton N. J. 1967

Horsten, Franz, *Die nationalsozialistische Leistungsauslese*, Würzburg 1938

Hueck, Alfred / Hans Carl Nipperdey / Rolf Dietz, *Gesetz zur Ordnung der nationalen Arbeit in öffentlichen Verwaltungen und Betrieben mit der Verordnung über die Lohngestaltung und der Kriegswirtschaftsverordnung (Kriegslöhne), Kommentar*, München / Berlin [4]1943

Hupfauer, Theo, *Der gerechte Lohn*, Referat anläßlich der 3. Tagung der Arbeitskammer Schlesien am 14. Mai 1936

ders., *Die deutschen Betriebe im ersten Leistungskampf*, Berlin 1938

Die deutsche Industrie im Kriege, 1939–1945, hrsg. v. Deutschen Institut für Wirtschaftsforschung, Berlin 1954

Industrielles System und politische Entwicklung der Weimarer Republik, hrsg. v. Hans Mommsen / Dietmar Petzina / Bernd Weisbrod, Düsseldorf 1974

Ingenohl, Ingo, Die Anwendung des Punktbewertungs-Systems bei der Lohngruppen-Entlohnung in der Metallindustrie, in: *Industrielle Psychotechnik*, H. 1/2, 1942, S. 19–32

Irle, Martin, *Lehrbuch der Sozialpsychologie*, Göttingen 1975

Jäzosch, Wilhelm, Leistung und Lohn, in: *Die Deutsche Volkswirtschaft*, Nr. 1 Januar 1944

Jahrbuch (1936–1940/41), hrsg. v. AWI der DAF, Berlin

Jahresberichte der Gewerbeaufsichtsbeamten und Bergbaubehörden für das Jahr 1933. Sonderfragen, Zahlentafeln etc., Berlin 1934

Jahresbericht der Gewerbeaufsichtsbeamten und Bergbaubehörden für die Jahre 1933 und 1934, Berlin 1935

Janssen, Gregor, *Das Ministerium Speer. Deutschlands Rüstung im Krieg*, Berlin 1968

Jevons, William Stanley, *Die Theorie der politischen Ökonomie (1879)*, nach der 4. Aufl. aus dem Englischen übersetzt von Otto Weinberger, Jena 1924

Kaessberg, H., Leistung und Lohn, in: *Technik und Wirtschaft*, Bd. 35, 1942, S. 145–147

Kahn-Freund, Otto, *Das Ideal des Reichsarbeitsgerichts*, Mannheim 1931

Kalecki, Michael, Political Aspects of Full Employment, in: *Political Quarterly*, Nr. 4, 1943

Kappmeier, Fr., Leistungsgradschätzung bei Maschinenarbeit, in: *Technik und Wirtschaft*, Bd. 36, 1943, S. 39 f.

Kapteina, Rudolf, Betriebliche Lohngestaltung. Ihre organische Entwicklung und Bedeutung, in: *Zeitschrift für Organisation*, Nr. 2 v. 15.2.1943

Kaufmann, Günter, *Das kommende Deuschland. Die Erziehung der Jugend im Reich Adolf Hitlers*, Berlin 1940

Kehrl, Hans, *Krisenmanager im 3. Reich. 6 Jahre Frieden, 6 Jahre Krieg. Erinnerungen*, Düsseldorf 1973

Keller, Peter, *Grundfragen der Arbeitsbewertung*, Köln [2]1949

Klinksiek, Dorothee, *Die Frau im NS-Staat*, Stuttgart 1982

Kothe, Erich, Bestgestaltung der Arbeit durch Arbeitsstudien, in: *Maschinenbau – Betrieb*, Bd. 15, 1936, S. 63–67

ders., Sind Arbeitsstudien noch zeitgemäß?, in: *Werkstatt und Betrieb*, H. 1, 1948, S. 10–11

Kráčmar, Eduard, *Industrielle Arbeitsbewertung*, Prag 1937

„Kraft durch Freude" im Kriegsjahr 1939. Leistungsbericht zum 6. Jahrestag am 17. November 1939, hrsg. v. Propaganda-Amt der DAF, Berlin o. J. (1939)

Kranig, Andreas, *Arbeitsrecht im NS-Staat. Texte und Dokumente*, Köln 1984, S. 26

Kratschmar, Eduard, Leistungssteigerung in der Zurichterei eines Blechwalzwerks durch Arbeits- und Zeitstudien an Rollenrichtmaschinen, Teil I und II, in: *Archiv für das Eisenhüttenwesen*, Bd. 15, 1941/42, S. 559–561; Bd. 16, 1942/43, S. 43 f.

Krause, Friedland, Die deutsche Lohnstatistik, in: *Die Statistik in Deutschland nach ihrem heutigen Stand*, hrsg. v. Friedrich Burghöfer, Berlin 1940

Krell, Gertraude, *Das Bild der Frau in der Arbeitswissenschaft*, Frankfurt a. M./New York 1984

Kreß, A. L., Wie bewertet man Arbeitsaufgaben und Arbeitsleistung?, in: *Werkstattechnik und Werksleiter*, H. 11, Juni 1940

Kroll, Gerhard, *Von der Weltwirtschaftskrise zur Staatskonjunktur*, Berlin 1958

Kuczynski, Jürgen, *Studien zur Geschichte der Lage der Arbeiterin in Deutschland von 1700 bis zur Gegenwart*, Berlin (DDR) 1963

ders., *Die Geschichte der Lage der Arbeiter unter dem Kapitalismus*, Bd. 5 u. 6, Berlin (DDR) 1964 u. 1966

Kupke, Erich, Begriffe um die Arbeitsgeschwindigkeit, in: *Industrielle Psychotechnik*, Bd. 8, 1931, S. 170–176

ders., *Psychotechnische Untersuchungen über das Leistungsgradschätzen. Ein Beitrag zur praktischen Psychologie der Urteilsbildung zum Zwecke einer systematischen Arbeitswertschulung im Industriebetrieb*, Diss., Berlin 1940

ders., *Vom Schätzen des Leistungsgrades*, Berlin 1943

ders., *Beiträge zur Frage des Leistungsgrades und der Vorgabezeit*, München 1951

Kurrer, Eugen, Schönheit der Arbeit – Aufgaben des Ingenieurs, in: *Rundschau Deutscher Technik* v. 2.3.1939

Lärmer, Karl, *Vom Arbeitszwang zur Zwangsarbeit. Die Arbeitsordnung im Mansfelder Kupferschieferbergbau von 1673 bis 1945*, Berlin 1961

Die lohnpolitische Lage, hrsg. v. AWI der DAF, Berlin 1939

Lampert, E. H., Die Wirtschafts- und Sozialpolitik im Dritten Reich, in: *Jahrbücher für Nationalökonomie und Statistik*, Bd. 200, H. 2, 1985

Lederer, Emil, Who pays for German Armament?, in: *Social Research*, Bd. 5, 1938

Lehmann, Gunther, Die Bewertung der körperlichen Arbeit auf physiologischer Grundlage, in: *Stahl und Eisen*, Bd. 64, 1944, S. 85–90

Leiserson, Mark W., Wage Decisions and Wage Structures in the United States, in: *Wage Structure in Theory and Practice, Publishing Company*, Amsterdam 1966

Leitfaden für die Lohngestaltung Eisen und Metall, Gera 1943

Ley, Robert, Die DAF schafft eine neue Sozialordnung, in: *Arbeitertum. Blätter für Theorie und Praxis der Nationalsozialistischen Betriebszellenorganisation* v. 15.3.1935

ders., *Durchbruch der sozialen Ehre. Reden und Gedanken für das schaffende Deutschland*, hrsg. v. Hans Dauer, Berlin 1937

ders., *Soldaten der Arbeit*, München 1938

ders., *Deutschland ist schöner geworden*, hrsg. v. Hans Dauer/Walter Kiehl, München [3]1939

Livchen, René, Wartime Developments in German Wage Policy, in: *International Labour Review*, August 1942

ders., Wage Trends in Germany from 1929 to 1942, in: *International Labour Review*, Dezember 1943

ders., Net Wages and Real Wages in Germany, in: *International Labour Review*, Juli 1944

Lölhöffel, Dieter v., Die Umwandlung der Gewerkschaften in eine nationalsozialistische Zwangsorganisation, in: Esenwein-Rothe, *Wirtschaftsverbände*, Berlin 1965

Long, Clarence D., *The Labor Force in War and Transition. Four Countries, National Bureau of Economic Research*, Occ. Paper 36, New York 1952

Lüders, Marie-Elisabeth, *Das unbekannte Heer*, Berlin 1936

Lutz, Burkart, *Krise des Lohnanreizes. Ein empirisch-historischer Beitrag zum Wandel der Formen betrieblicher Herrschaft am Beispiel der deutschen Stahlindustrie*, Frankfurt a. M. 1975

ders., Das Ende des Technikdeterminismus und die Folgen — soziologische Technikforschung vor neuen Aufgaben und Problemen, in: *Technik und sozialer Wandel. Verhandlungen des 23. Deutschen Soziologentages in Hamburg 1986*, hrsg. im Auftrag der Deutschen Gesellschaft für Soziologie v. Burkart Lutz, Frankfurt a.M./New York 1987, S. 34–52

Lytle, Charles W., *Wage Incentive Methods, Their Selection, Installation and Operation*, New York 1942

ders., *Job Evaluation Methods*, New York 1946

Mai, Gunther, ‚Warum steht der deutsche Arbeiter zu Hitler?‘, Zur Rolle der Deutschen Arbeitsfront im Herrschaftssystem des Dritten Reiches, in: *Geschichte und Gesellschaft*, H. 2, 1986

Managementstrategien und Kontrolle. Eine Einführung in die Labour Process Debate, hrsg. v. Eckart Hildebrandt/Rüdiger Seltz, Berlin 1987

Mansfeld, Werner, Der Lohnstopp als Mittel der Kriegslohnpolitik. Zugleich eine lohnpolitische Bilanz, in: *RABl.* 1939, Teil II

ders., Grundsätze der deutschen Lohnpolitik, Sonderbeilage der *Mitteilungen für die Mitglieder der Reichsgruppe Industrie*, H. 2, 1942

ders., *Die Ordnung der nationalen Arbeit. Gesetz zur Ordnung der nationalen Arbeit mit allen Durchführungs-Verordnungen, Nebengesetzen und den ergänzenden Regelungen einschließlich der Kriegsgesetzgebung*, Berlin [2]1943

ders./Wolfgang Pohl/Gerhard Steinmann/Arthur Bernhard Krause, *Die Ordnung der nationalen Arbeit. Kommentar zum Gesetz zur Ordnung der nationalen Arbeit*, Berlin/Mannheim/München 1934

Marrenbach, Otto, *Fundamente des Sieges. Die Gesamtarbeit der Deutschen Arbeitsfront von 1933 bis 1940*, Berlin 1940

Mason, Timothy W., Der Primat der Politik — Politik und Wirtschaft im Nationalsozialismus, in: *Das Argument*, 8. Jg., H. 6, Dez. 1966, S. 473–494

ders., Zur Entstehung des Gesetzes zur Ordnung der nationalen Arbeit vom 20. Januar 1934: Ein Versuch über das Verhältnis „archaischer" und „moderner" Momente in der neuesten deutschen Geschichte, in: *Industrielles System und politische Entwicklung in der Weimarer Republik*, hrsg. v. Hans Mommsen/Dietmar Petzina/Bernd Weisbrod, Düsseldorf 1974

ders., *Arbeiterklasse und Volksgemeinschaft: Dokumente und Materialien zur deutschen Arbeiterpolitik 1936 bis 1939*, Opladen 1975

ders., Arbeiteropposition im Dritten Reich, in: *Die Reihen fast geschlossen. Beiträge zur Geschichte des Alltags unterm Nationalsozialismus*, hrsg. v. Detlev Peukert/Jürgen Reulecke, Wuppertal 1981

ders., Zur Lage der Frauen in Deutschland 1930 bis 1940: Wohlfahrt, Arbeit und Familie, in: *Gesellschaft. Beiträge zur Marxschen Theorie/6*, Frankfurt a. M. 1976

ders., Women in Germany, 1925–1940: Family, Welfare and Work, in: *History Workshop Journal*, Nr. 1 u. 2, 1976

ders., *Sozialpolitik im Dritten Reich*, Opladen 1977

Maßmann, Gertrud, *Der gerechte Lohn nach den verschiedenen gesellschafts- und wirtschaftspolitischen Grundanschauungen*, Diss. Münster 1937, Emsdetten 1937

Meldungen aus dem Reich. Die geheimen Lageberichte des Sicherheitsdienstes der SS 1938–1945, hrsg. v. Heinz Boberach, Herrsching 1984

Methodenlehre des Arbeitsstudiums, Teil 2: Datenermittlung, hrsg. v. REFA-Verband für Arbeitsstudien und Betriebsorganisation e. V., München 1971

Michel, E., *Wie macht man Zeitstudien?*, Berlin 1920

Milkman, Ruth, Female Factory Labor and Industrial Structure: Control and Conflict over ‚Woman's Place‘ in Auto and Electrical Manufactoring, in: *Politics and Society*, 12. Jg., Nr. 2, 1983

Milward, Alan, Arbeitspolitik und Produktivität in der deutschen Kriegswirtschaft unter vergleichendem Aspekt, in: F. Forstmeier/H. E. Volkmann (Hrsg.), *Kriegswirtschaft und Rüstung 1939–1945*, Düsseldorf 1977

Mishan, E. J., *21 Popular Economic Fallacies*, Harmondsworth 1971

Moede, W., *Eignungsprüfung und Arbeitseinsatz*, Stuttgart 1943

Moeller, Hero, Schacht als Geld- und Finanzpolitiker. Bemerkungen zu einer Selbstdarstellung, in: *Finanzarchiv*, N F 11, 1949

Moers, M., *Fraueneinsatz in der Industrie*, Berlin 1943

Mommsen, Hans/Dietmar Petzina/Bernd Weisbrod (Hrsg.), *Industrielles System und politische Entwicklung in der Weimarer Republik*, Düsseldorf 1974

ders., Neues Geschichtsbewußtsein und die Relativierung des Nationalsozialismus, in: *Blätter für deutsche und internationale Politik*, H. 10, 1986

Muchow, Reinhold, *Sind die Nationalsozialisten sozialreaktionär?*, (Schriftenreihe der NSBO, H. 3), München o. J.

Müller, Willy, *Das soziale Leben im neuen Deutschland unter besonderer Berücksichtigung der Deutschen Arbeitsfront*, Berlin 1938

Neebe, Reinhard, *Großindustrie, Staat und NSDAP 1930–1933*, Göttingen 1981

Neubauer, Günter, *Sozioökonomische Bedingungen der Rationalisierung und der gewerkschaftlichen Rationalisierungspolitik. Vergleichende Untersuchung der Rationalisierungsphasen 1918 bis 1933 und 1945 bis 1968*, Köln 1981

Neumann, Franz L., *Behemoth. Struktur und Praxis des Nationalsozialismus 1933–1944*, hrsg. und mit einem Nachwort versehen v. Gert Schäfer, Köln/Frankfurt a. M. 1977

ders., Mobilisierung der Arbeit in der Gesellschaftsordnung des Nationalsozialismus, in: ders., *Wirtschaft, Staat, Demokratie. Aufsätze 1930–1954*, Frankfurt a. M. 1978

Nievergelt, Johann Jakob, *Arbeitsplatz- und Persönlichkeitsbewertung als Entlohnungsgrundlagen*, Diss. Jur. Fakultät, Bern 1941

Nolte, Ernst, War nicht der ‚Archipel Gulag‘ ursprünglicher als ‚Auschwitz‘, in: *Frankfurter Allgemeine Zeitung* v. 6.6.1986

Oberthur, Hermann, Leistungssteigerung im Walzwerk durch lohnordnende Maßnahmen, in: *Stahl und Eisen*, 1944

Oelrich, Dr., Die Entwicklung der Arbeitsverdienste seit Beginn des zweiten Weltkrieges bis zum Frühjahr 1944, verglichen mit den Lohnverhältnissen während des ersten Weltkrieges, in: *Statistik in Baden. Zeitschrift für Statistik und Landeskunde*, hrsg. v. Statistischen Landesamt Baden, H. 2, Freiburg i. Br. 1950

Oppenheimer-Bluhm, Hilde, The Standard Living of German Labor under Nazi Rule, in: *Social Research*, Supplement V, New York 1943

Oshima, Michiyoshi, Die Bedeutung des Kabinettbeschlusses vom 4. April 1933 für die autonome Haushaltsgebarung der Wehrmacht, in: *Finanzarchiv*, NF 38, 1980

Paasche, Johannes, *Aus der Praxis der Arbeitsbewertung*, Kassel 1953

ders., Entwicklung der Arbeitsbewertung, in: *Arbeitsstudium heute und morgen. Festschrift zum 70. Geburtstag von Prof. Dr. Ing. E. Bramesfeld*, hrsg. v. Verband für Arbeitsstudien − REFA − e. V., Darmstadt 1963

Parish, John B., Relation of Wage Control to Manpower Problems, in: *Problems of Policies of Dispute Settlement and Wage Stabilization During World War II*, Bulletin No. 1009, United States Department of Labor, Washington D.C. 1950

Der Parteitag der Arbeit vom 6. bis 13. September 1937. Offizieller Bericht über den Verlauf des Reichsparteitages mit sämtlichen Kongreßreden, München 1939

Paulsen, Oskar, Probleme der tariflichen Lohngestaltung im Spiegel der neuen Lohnregelung im Baugewerbe in Oberdonau, in: *Deutsches Arbeitsrecht*, Nr. 9, Sept. 1941

Pechhold, Engelbert, Psychotechnik und Arbeiterauslese in einem Großbetrieb, in: *Industrielle Psychotechnik*, H. 14, 1937

ders., Begriff, Wesen und Einflußgrößen des menschlichen Leistungsgrades, in: *afa-Informationen*, H. 4−5, 1961

ders., *50 Jahre REFA*, Darmstadt 1974

Peiseler, Gottlieb, *Richtige Akkorde. Zugleich ein praktischer Weg zur Rationalisierung der Fertigung besonders im Maschinenbau*, Berlin 1929

ders., Praktische und billige Zeit- und Arbeitsstudien mit Hilfe des Diagnostikers, in: *Werkstatt und Betrieb*, Bd. 70, H. 1/2, 1937

Pentzlin, Kurt, Fragen der Lohngestaltung, in: *Technik und Wirtschaft*, H. 5, 1938

ders., Aus der Praxis der Arbeitsbewertung. Ein Beitrag zur Frage der Lohngestaltung, in: *Technik und Wirtschaft*, H. 5, 1939

ders., Die Arbeitsbewertungtabelle nach Hebestreit, in: *Industrielle Psychotechnik*, Bd. 18, H. 2 u. 4, 1941

ders., Arbeitsforschung und Betriebspraxis, in: *Technik und Wirtschaft*, April 1942

ders., Eine Arbeitsstudie an Zeitnehmern, in: *Technik und Wirtschaft*, Bd. 34, 1941, S. 21−28; Bd. 37, 1944, S. 20−23

ders., *Rationelle Produktion*, Gera 1945

ders., *Meister der Rationalisierung*, Düsseldorf/Wien 1963

Petzina, Dietmar, Hauptprobleme der deutschen Wirtschaftspolitik 1932/33, in: *Vierteljahreshefte für Zeitgeschichte*, 15. Jg., H. 1, 1967

ders., *Autarkiepolitik im Dritten Reich*, Stuttgart 1968

ders., Die Mobilisierung deutscher Arbeitskräfte vor und während des 2. Weltkrieges, in: *Vierteljahreshefte für Zeitgeschichte*, Bd. 18, 1970

ders./Werner Abelshauser/Anselm Faust, *Sozialgeschichtliches Arbeitsbuch*, Bd. III: *Materialien zur Statistik des Deutschen Reiches 1914−1945*, München 1978

Pflaume, Eberhard, Frau und Betrieb, in: *RKW-Nachrichten*, 14. Jg., H. 8, 1940

ders., *Frauen im Industriebetrieb. Einsatz − Schulung − Leistung (Schriftenreihe des Reichsausschusses für Leistungssteigerung, H. 5)*, Berlin/Wien/Leipzig 1941

Piore, Michael J./Charles Sabel, *Das Ende der Massenproduktion. Studie über die Requalifizierung der Arbeit und die Rückkehr der Ökonomie in die Gesellschaft*, Berlin 1985

Preller, Ludwig, *Sozialpolitik in der Weimarer Republik*, Kronberg/Ts./Düsseldorf 1978

Prion, Willi, *Die Lehre vom Wirtschaftsbetrieb*, 1. Buch, Berlin 1935

Zur Problematik einer Reichslohnordnung. Denkschrift des Arbeitswissenschaftlichen Instituts der DAF, Dez. 1940

Bibliographie 319

Arbeitswissenschaftliche Probleme bei der Anwendung von Systemen vorbestimmter Zeiten, hrsg. v. Institut für angewandte Arbeitswissenschaft e. V., Köln 1970

Quincke, Hans Heinrich, *Gemeinschaft und Lohnpolitik*, Diss. Freiburg 1936, Halle 1937

Rabinbach, Anson, *Die Ästhetik der Produktion im Dritten Reich (Kunst und Kultur im deutschen Faschismus. Literaturwissenschaft und Sozialwissenschaften*, hrsg. v. Ralf Schnell, Bd. 10), Stuttgart 1979

Rämisch, Raimund, *Die berufsständische Verfassung in Theorie und Praxis des Nationalsozialismus*, Diss. rer. pol., Berlin 1957

Ratgeber für den Leistungskampf in der Eisen- und Metallindustrie, hrsg. v. d. DAF, Zentralbüro, Fachamt Eisen und Metall, Berlin 1939

Recker, Marie-Luise, *Nationalsozialistische Sozialpolitik im Zweiten Weltkrieg*, München 1985

Die Reden Hitlers als Kanzler: Das junge Deutschland will Arbeit und Frieden, Eher-Verlag, München 1933

REFA-Buch, Einführung in die Arbeitszeitermittlung, Berlin 1928

Zweites REFA-Buch. Erweiterte Einführung in die Arbeitszeitermittlung, (1. Aufl. 1933), Berlin 1939

REFA und Leistungssteigerung. Vorträge der REFA-Jahrestagung in Gotha 1939 (REFA-Schriften, H. 4), Berlin 1940

Das REFA-Buch, Bd. 1 (*Arbeitsgestaltung*), München 1951

Das REFA-Buch, Bd. 2 (*Zeitvorgabe*), München 1952

Reichhardt, Joachim, *Die Deutsche Arbeitsfront. Ein Beitrag zur Geschichte des nationalsozialistischen Deutschland und zur Struktur des totalitären Herrschaftssystems*, Diss. phil., Berlin 1956

Reichsband. Adressenwerk der Dienststellen der NSDAP mit den angeschlossenen Verbänden des Staates, der Reichsregierung, Behörden, der Berufsorganisationen, Berlin 1939

Rentschler, H., Was versteht der REFA-Verband unter Normalleistung?, in: *Die Quelle*, H. 3, 1952, S. 131—133

Reulecke, Jürgen, Die Fahne mit dem goldenen Zahnrad: der „Leistungskampf der deutschen Betriebe" 1934—1939, in: *Die Reihen fast geschlossen. Beiträge zur Geschichte des Alltags unter dem Nationalsozialismus*, hrsg. v. Detlev Peukert/Jürgen Reulecke, Wuppertal 1981

Reuter, F., Fertigungsstudien — Kostenstudien — Sozialstudien. Die Hauptstraßen zur Wirtschaftlichkeit, in: *RKW Nachrichten*, 11. Jg., H. 1/2, 1937

Richards, Allan R., *War Labor Boards in the Field*, Chapel Hill 1953

Richtlinien zur Durchführung einer Arbeitsbewertung, hrsg. v. AWI der DAF, Berlin 1941

Rochau, E., *Das Bedaux-System, seine praktische Anwendung und kritischer Vergleich zwischen Refa- und Bedaux-System*, Würzburg-Aumühle 1939

Roos, Carl Alexander/Ulrich Blank, Das Ende der Taylor-Legende, in: *REFA-Nachrichten*, 31, H. 2, 1978, S. 69—76

Rudolph, H., Von der Zeitstudie zur Leistungslohnermittlung, in: *Zeitschrift für Organisation*, H. 1, Januar 1940

Rummel, Kurt, Leistungslohn und Lohnarten, in: *Archiv für das Eisenhüttenwesen*, 14. Jg., November 1940, S. 247—250

ders., Der Leistungsbegriff im Zeitstudienwesen, in: *Archiv für das Eisenhüttenwesen*, 15. Jg., H. 6, Dezember 1941, S. 295—299

ders., Leistung und Anstrengung in ihrer Auswirkung auf die Lohnfunktion, in: *Zeitschrift für Organisation*, Bd. 16, 1942, S. 109—113, 133—136

ders., Mehrleistung, Mehranstrengung und Mehrverdienst, in: *Technik und Wirtschaft*, Bd. 36, 1943, S. 77—88

ders., Gedanken um Leistung und Lohn, in: *Archiv für das Eisenhüttenwesen*, 18. Jg., H. 1/2, 1944

Rupp, Leila, *Mobilizing Women for War. German and American Propaganda 1935—1945*, Princeton UP, Princeton/New Jersey 1978

Sachse, Carola/Tilla Siegel/Hasso Spode/Wolfgang Spohn, *Angst, Belohnung, Zucht und Ordnung. Herrschaftsmechanismen im Nationalsozialismus*, Opladen 1982

Sachse, Carola, Hausarbeit im Betrieb. Betriebliche Sozialarbeit unter dem Nationalsozialismus, in: Sachse u.a., *Angst, Belohnung, Zucht und Ordnung. Herrschaftsmechanismen im Nationalsozialismus*, Opladen 1982

dies., *Betriebliche Sozialpolitik als Familienpolitik in der Weimarer Republik und im Nationalsozialismus. Mit einer Fallstudie über die Firma Siemens, Berlin (Forschungsberichte des Hamburger Instituts für Sozialforschung*, Bd. 1), Hamburg 1987

Samhuber, Ernst, *Die neuen Wirtschaftsformen 1914–1940*, Berlin 1940

Sauer, Wolfgang, Die Mobilmachung der Gewalt, in: Bracher u.a., *Die nationalsozialistische Machtergreifung*, Köln/Opladen 1962

Schacht, Hjalmar, *Confessions of 'The Old Wizard'*, Boston 1956

Schales, Heinrich, *Der ,gerechte' Lohn in der Nationalökonomie*, Diss. Frankfurt a.M. 1939, Limburg a.d. Lahn 1939

Schaumann, H., Gerechter Lohn durch Bewertung von Mensch und Arbeit. Aufbau eines gerechten Lohnsystems, in: *Maschinenbau – Betrieb*, Bd. 19, H. 5, Mai 1940, S. 215 f.

Scheur, Wolfgang, *Einrichtungen und Maßnahmen der sozialen Sicherheit in der Zeit des Nationalsozialismus*, Diss., Köln 1967

Schmidt-Musewald, *Frauen- und Mädeleinsatz in der Eisen- und Metallindustrie*, Berlin 1944

Schmiede, Rudi/Edwin Schudlich, *Die Entwicklung der Leistungsentlohnung in Deutschland*, Frankfurt a.M. 1976

Schmitt, Carl, *Über die drei Arten des rechtswissenschaftlichen Denkens*, Hamburg 1934

Schoenbaum, David, *Die braune Revolution. Eine Sozialgeschichte des Dritten Reiches*, Köln/Berlin 1968

Schudlich, Edwin, Probleme einer Theorie interner Arbeitsmärkte, in: Friedrich Buttler/Knut Gerlach/Rudi Schmiede, *Arbeitsmarkt und Beschäftigung. Neuere Beiträge zur institutionalistischen Arbeitsmarktanalyse*, Frankfurt a.M./New York 1987, S. 158–195

Schütz v., Leistungslohn und Soziallohn, *RABl.*, Teil V, Nr. 30, 1940

Schulz, Gerhard, Die Anfänge des totalitären Maßnahmestaates, in: Bracher u.a., *Die nationalsozialistische Machtergreifung*, Köln/Opladen 1960

Schumann, Hans-Gerd, *Nationalsozialismus und Gewerkschaftsbewegung. Die Vernichtung der deutschen Gewerkschaften und der Aufbau der ,Deutschen Arbeitsfront'*, Hannover/Frankfurt a.M. 1958

Schweitzer, Arthur, Fixing of Cost Prices: An Experiment of World War II, in: *Journal of Business*, Oktober 1950

ders., Labor in Organized Capitalism, in: *Schweizer Zeitschrift für Volkswirtschaft und Statistik*, 1959

ders., Die wirtschaftliche Wiederaufrüstung Deutschlands von 1934–36, in: *Zeitschrift für die gesamte Staatswissenschaft*, 1958

ders., *Big Business in the Third Reich*, London/Bloomington 1964

ders., *Die Nazifizierung des Mittelstandes*, Stuttgart 1970

ders., Plans and Markets, Nazi Style, in: *Kyklos*, 1977

Seldte, Franz, *Sozialpolitik im Dritten Reich 1933–1938*, München/Berlin 1939

Shirer, William L., *The Rise and Fall of the Third Reich*, New York 1960

Siegel, Tilla, Thesen zur Charakterisierung faschistischer Herrschaft, in: *Ästhetik und Kommunikation*, Juni 1978

dies., Lohnpolitik im nationalsozialistischen Deutschland, in: Sachse u.a., *Angst, Belohnung, Zucht und Ordnung. Herrschaftsmechanismen im Nationalsozialismus*, Opladen 1982

Skiba, Rainer/Hermann Adam, *Das westdeutsche Lohnniveau zwischen den beiden Weltkriegen und nach der Währungsreform*, Köln 1974

Smith, Adam, *Der Wohlstand der Nationen.* Übersetzung der 5. Auflage aus dem Jahr 1789 von Horst Claus Recktenwald, München 1974

Sonnemann, Theodor, *Die Frau in der Landesverteidigung und ihr Einsatz in der Industrie*, Oldenburg/Berlin 1939

Sopade-Berichte s. *Deutschland-Berichte*

Speer, Albert, *Erinnerungen*, Frankfurt a. M. 1969

Spode, Hasso, Der deutsche Arbeiter reist: Massentourismus im Dritten Reich, in: Gerhard Huck (Hrsg.), *Sozialgeschichte der Freizeit. Untersuchungen zum Wandel der Allltagskultur in Deutschland*, Wuppertal 1980

ders., Arbeiterurlaub im Dritten Reich, in: Sachse u. a., *Angst, Belohnung, Zucht und Ordnung. Herrschaftsmechanismen im Nationalsozialismus*, Opladen 1982

Spohn, Wolfgang, *Betriebsgemeinschaft und Volksgemeinschaft. Die rechtliche und institutionelle Regelung der Arbeitsbeziehungen im NS-Staat*, Diss. Pol. Wiss., (m. M.), FU Berlin 1980, veröffentlicht: Quorum Verlag, Berlin 1988

ders., Betriebsgemeinschaft und innerbetriebliche Herrschaft, in: Sachse u. a., *Angst, Belohnung, Zucht und Ordnung. Herrschaftsmechanismen im Nationalsozialismus*, Opladen 1982

Stahl, Thomas, *Betriebssoziologie und Moral. Zur Kritik der soziologischen Sichtweise*, Frankfurt a. M./New York 1984

Starcke, Gerhard, *Die Deutsche Arbeitsfront. Eine Darstellung über Zweck, Leistung und Ziele*, Berlin 1940

Statistisches Handbuch von Deutschland, hrsg. v. Länderrat des Amerikanischen Besatzungsgebiets, München 1949

Stein, H., Vom Akkordlohn zum Leistungslohn, in: *Zeitschrift für Organisation*, H. 9, 1941

Steinert, Marlis, *Hitlers Krieg und die Deutschen*, Düsseldorf/Wien 1970

Stephenson, Jill, Nationalsozialistischer Dienstgedanke, bürgerliche Frauen und Frauenorganisationen im Dritten Reich, in: *Geschichte und Gesellschaft*, 7. Jg., H. 3/4, 1981, S. 555–571

Stollberg, Gunnar, *Die Rationalisierungsdebatte 1908–1933. Freie Gewerkschaften zwischen Mitwirkung und Gegenwehr*, Frankfurt a. M. 1981

Stucken, Rolf, *Deutsche Geld- und Kreditpolitik 1914–1953*, Tübingen ²1953

Stuebel, Heinrich, Die Finanzierung der Aufrüstung im Dritten Reich, in: *Europa Archiv* 6, 1951

Syrup, Friedrich, *Hundert Jahre staatliche Sozialpolitik 1839–1939*, hrsg. v. Julius Scheuble, bearb. v. Otto Neuloh, Stuttgart 1957

Tarifvertrag zur Verbesserung industrieller Arbeitsbedingungen. Arbeitspolitik am Beispiel des Lohnrahmentarifvertrags II, hrsg. v. Soziologischen Forschungsinstitut (SOFI) Göttingen, Teil A, Frankfurt a. M./New York 1984

Taylor, Frederick Winslow, *Shop Management*, 1903, dt.: *Die Betriebsleitung, insbesondere der Werkstätten*, dt. Bearb. v. A. Wallichs, Berlin 1909

Teppe, Karl, Zur Sozialpolitik des Dritten Reiches am Beispiel der Sozialversicherung, in: *Archiv für Sozialgeschichte*, 17. Bd., 1977

Tröger, Annemarie, Die Dolchstoßlegende der Linken, in: *Frauen und Wissenschaft. Beiträge zur Berliner Sommeruniversität für Frauen*, hrsg. v. d. Gruppe Berliner Dozentinnen, Berlin 1976

dies., Die Frau im wesensgemäßen Einsatz, in: *Mutterkreuz und Arbeitsbuch. Frauen in der Weimarer Republik und im Nationalsozialismus*, hrsg. v. d. Frauengruppe Faschismusforschung, Frankfurt a. M. 1981

dies., Die Planung des Rationalisierungsproletariats. Zur Entwicklung der geschlechtsspezifischen Arbeitsteilung und des weiblichen Arbeitsmarktes im Nationalsozialismus, in: *Frauen in der Geschichte*, Bd. 2, hrsg. v. Annette Kuhn, Düsseldorf 1982

Umbach, John P., Labor Conditions in Germany, in: *Monthly Labor Review*, März 1945

Unteutsch, W., *Das Bedauxsystem und seine Kritik*, Diss. Technische Hochschule Aachen, 1934

Voges, Michael, Klassenkampf in der Betriebsgemeinschaft. Die Deutschland-Berichte der Sopade (1934–40) als Quelle zum Widerstand der Industrie-Arbeiter im Dritten Reich, in: *Archiv für Sozialgeschichte* Bd. 21, 1981

Vorschlag einer Arbeitsbewertung, Arbeitsausschuß für Fragen der betrieblichen Leistungsentlohnung, Gesamtverband der metallindustriellen Arbeitgeberverbände e. V., Wiesbaden, Juni 1954

Währung und Wirtschaft in Deutschland 1876–1975, hrsg. v. d. Deutschen Bundesbank, Frankfurt a. M. 1976

Walter, H., Leistungsentlohnung des Stücklohnarbeiters, in: *Maschinenbau – Der Betrieb*, Bd. 15, H. 15/16, 1936

Weber, Max, *Wirtschaft und Gesellschaft. Grundriß einer verstehenden Soziologie*, Tübingen 1956

Wengst, Udo, Der Reichsverband der Deutschen Industrie in den ersten Monaten des Dritten Reiches, in: *Vierteljahreshefte für Zeitgeschichte*, H. 1, 1980

Werner, Wolfgang Franz, „*Bleib übrig!" Deutsche Arbeiter in der nationalsozialistischen Kriegswirtschaft*, Düsseldorf 1983

Westphalen, F. A., *Die Lohnfrage. Vom ehernen Lohngesetz zum gerechten Lohn (Deutsche Beiträge zur Wirtschafts- und Gesellschaftslehre, Nr. 12)*, Jena 1934

Wibbe, Josef, *Arbeitsbewertung. Entwicklung, Verfahren und Probleme*, München 1966

Praktische Winke für die Einführung der lohnordnenden Maßnahmen in der Rüstungsindustrie, REFA-Schriften, H. 8, Berlin 1943

Winkel, A., Das REFA-Buch – Erinnerungen eines Mitarbeiters, in: *Arbeitsstudium heute und morgen. Festschrift zum 70. Geburtstag von Prof. Dr. Ing. E. Bramesfeld*, hrsg. v. Verband für Arbeitsstudien REFA e. V., Darmstadt / Berlin u. a. 1963

Winkler, Dörte, *Frauenarbeit im „Dritten Reich"*, Hamburg 1977

Winkler, Heinrich August, Vom Mythos der Volksgemeinschaft, in: *Archiv für Sozialgeschichte*, Bd. 17, 1977

Woelke, Hans Gert, Analytische Bewertung von Angestelltentätigkeiten, in: *Arbeit und Leben*, H. 10, 1972

Wolsing, Theo, *Untersuchungen zur Berufsausbildung im Dritten Reich*, Kastellaun 1977

Woytinsky, W. S. u. a., *Labor and Management Look at Collective Bargaining*, New York 1949

ders. u. a., *Employment and Wages in the United States*, New York 1953

Yaple Sweezy, Maxime, Distribution of Wealth and Income under the Nazis, in: *The Review of Economic Statistics*, Bd. 21, 1939

Ziegler, Gerhard, Auf dem Weg zum Leistungslohn. Die Leistungsrichtsätze im Baugewerbe als nachahmenswertes Beispiel, in: *Arbeitertum*, H. 9, 1939

Zumpe, Liselotte, *Wirtschaft und Staat in Deutschland 1933–1945*, Vaduz 1980

Abkürzungsverzeichnis

A.A.	Arbeitsausschüsse
ADGB	Allgemeiner Deutscher Gewerkschaftsbund
AdS	Amt Schönheit der Arbeit
AMA	American Management Association
AOG	Gesetz zur Ordnung der nationalen Arbeit
AWF	Ausschuß für wirtschaftliche Fertigung
AWI	Arbeitswissenschaftliches Institut der Deutschen Arbeitsfront
BA	Bundesarchiv (Koblenz)
BA/MA	Bundesarchiv/Militärarchiv (Freiburg)
CIO	Congress of Industrial Organizations
DAF	Deutsche Arbeitsfront
DATSCH	Deutscher Ausschuß für technisches Schulungswesen
DINTA	Deutsches Institut für technische Arbeitsschulung
DZA	Zentrales Staatsarchiv der DDR, Potsdam (vormals Deutsches Zentralarchiv)
GBA	Generalbevollmächtigter für den Arbeitseinsatz
Gestapo	Geheime Staatspolizei
Gfm.	Gefolgschaftsmitglied(er)
HJ	Hitler-Jugend
HWWA	Institut für Wirtschaftsforschung (Hamburg)
IfZ	Institut für Zeitgeschichte (München)
IGM	Industriegewerkschaft Metall
KdF	Kraft durch Freude
KPD	Kommunistische Partei Deutschlands
KWVO	Kriegswirtschaftsverordnung
KZ	Konzentrationslager
LKEM	Lohngruppenkatalog Eisen und Metall
LODI	Tarifvertrag über die Lohndifferenzierung
LSBÖ	Leitsätze für die Preisermittlung auf Grund der Selbstkosten bei Bauleistungen für öffentliche Auftraggeber
LSÖ	Leitsätze für die Preisermittlung auf Grund der Selbstkosten für öffentliche Auftraggeber
NSBDT	Nationalsozialistischer Bund Deutscher Technik
NSBO	Nationalsozialistische Betriebszellenorganisation
NSDAP	Nationalsozialistische Deutsche Arbeiterpartei
NWLB	National War Labor Board
OgW	Organisation der gewerblichen Wirtschaft
OKM	Oberkommando der Marine
OKW	Oberkommando der Wehrmacht
Pg.	Parteigenosse
P.O.	Politische Organisation (der NSDAP)
RAA	Reichsanstalt für Arbeitsvermittlung und Arbeitslosenversicherung
RABl.	Reichsarbeitsblatt
RAG	Reichsarbeitsgericht
RAK	Reichsarbeitskammer
RAM	Reichsarbeitsminister(ium)
RBWK	Reichsberufswettkampf

REFA	1924–1936: Reichsausschuß für Arbeitszeitermittlung
	1936–1945: Reichsausschuß für Arbeitsstudien
	Heute: Verband für Arbeitsstudien und Betriebsorganisation e.V.
RGBl.	Reichsgesetzblatt
RGI	Reichsgruppe Industrie
RK	Reichskanzlei
RKW	Reichskuratorium für Wirtschaftlichkeit; heute: Rationalisierungskuratorium der deutschen Wirtschaft
RLM	Reichsluftfahrtministerium
RM	Reichsmark
RMdI	Reichsminister(ium) des Innern
RTdA	Reichstreuhänder der Arbeit
RTO	Reichstarifordnung
RWK	Reichswirtschaftskammer
RWM	Reichswirtschaftsminister(ium)
SA	Sturmabteilung
SAA	Siemens-Archiv-Akte
SD	Sicherheitsdienst
Sopade	(Deutschland-Berichte der) Sozialdemokratischen Partei Deutschlands
SPD	Sozialdemokratische Partei Deutschlands
SS	Schutzstaffel
Stabi Berlin	Staatsbibliothek Berlin
TdA	Treuhänder der Arbeit
TO	Tarifordnung
VDA	Vereinigung deutscher Arbeitgeberverbände
VDI	Verein deutscher Ingenieure
Vjh.f.Zg.	Vierteljahreshefte für Zeitgeschichte
VO	Verordnung
WiRüAmt	Wehrwirtschafts- und Rüstungsamt beim OKW
WSI	Wirtschafts- und Sozialwissenschaftliches Institut des Deutschen Gewerkschaftsbundes (Düsseldorf)
WWA	Weltwirtschaftsarchiv (Kiel)

Archive

Bibliothek des Verbands für Arbeitsstudien und Betriebsorganisation e.V. — REFA, Darmstadt
Bücherei des Vereins Deutscher Eisenhüttenleute, Düsseldorf
Bundesarchiv, Koblenz
Bundesarchiv/Militärarchiv, Freiburg
Institut für Weltwirtschaft, Kiel
Institut für Wirtschaftsforschung (HWWA), Hamburg
Institut für Zeitgeschichte, München
Siemens-Archiv im Siemens-Museum, München
Wirtschafts- und Sozialwissenschaftliches Institut des Deutschen Gewerkschaftsbundes (Tarifarchiv), Düsseldorf
Zentrales Staatsarchiv der DDR (vormals Deutsches Zentralarchiv), Potsdam

Weitere Literatur zum Thema

Irene Raehlmann
Interdisziplinäre Arbeitswissenschaft in der Weimarer Republik
Eine wissenschaftssoziologische Analyse.
1988. 249 S. 15,5 x 22,6 cm. (Studien zur Sozialwissenschaft, Bd. 71.) Kart.

Der Disput um das Forschungs- und Aktionsprogramm „Humanisierung des Arbeitslebens" und um die Denkschrift der Deutschen Forschungsgemeinschaft „Zur Lage der Arbeitsmedizin und der Ergonomie in der Bundesrepublik Deutschland" (1980) sind Höhepunkte der seit über zehn Jahre schwelenden Kontroverse über die Neuorientierung, d.h. im Kern die interdisziplinäre Ausrichtung der Arbeitswissenschaft. Bislang fehlte eine Auseinandersetzung mit den frühen Versuchen zu einer interdisziplinären Grundlegung der Arbeitswissenschaft. Mit jenen Ansätzen beschäftigt sich diese Untersuchung, wobei die Autorin auch bisher weitgehend unberücksichtigte Materialien heranzieht.

Timothy M. Mason
Sozialpolitik im Dritten Reich
Arbeiterklasse und Volksgemeinschaft.
2. Aufl. 1978. 374 S. 12 x 19 cm. Folieneinband.

Inhalt: Die Erbschaft der Novemberrevolution für den Nationalsozialismus — Nationalsozialismus und Arbeiterklasse bis Mai 1933 — Die Neuordnung der Klassenverhältnisse — Die Lage der Arbeiterklasse in Deutschland von 1933 bis 1936 — Sozialpolitik und ge-

sellschaftliche Ideologie von 1934 bis 1936 — Sozialpolitik, Aufrüstung und Krieg September 1936 bis Dezember 1939 — Anhang.

„Erfreulicherweise bietet der Westdeutsche Verlag jetzt Masons grundlegende Einleitung zu seiner Materialausbreitung als Studienbuch zu erschwinglicherem Preis an. Mason hat an dieser Einleitung inzwischen ein bißchen gefeilt, hat sie noch erweitert. Zur Sozialgeschichte des Dritten Reiches gibt es Besseres derzeit nicht zu lesen."
(Süddeutsche Zeitung)

„Hier liegt eine umfassende Sozialgeschichte des Nationalsozialismus vor. Sozialpolitik wird hier weitgehend unter den Aspekten Arbeitspolitik und Arbeitsmarktpolitik behandelt. In diesem Bereich ist das Buch von Mason das ausführlichste und detaillierteste, das es zur Zeit gibt und für die Beschäftigung mit diesen Fragen kaum entbehrlich."
(Bücherinformationsschrift FH Wiesbaden)

Carola Sachse, Tilla Siegel, Hasso Spode und Wolfgang Spohn
Angst, Belohnung, Zucht und Ordnung
Herrschaftsmechanismen im Nationalsozialismus.
Mit einer Einleitung von Timothy W. Mason. 1982. 341 S. 15,5 x 23,5 cm. (Schriften des Zentralinstituts für sozialwissenschaftliche Forschung der FU Berlin, Bd. 41.) Kart.

Inhalt: Die Bändigung der Arbeiterklasse im nationalsozialistischen Deutschland. Eine Einleitung — Lohnpolitik im nationalsozialistischen

Deutschland — Betriebsgemeinschaft und innerbetriebliche Herrschaft — Hausarbeit im Betrieb. Betriebliche Sozialarbeit unter dem Nationalsozialismus — Arbeiterurlaub im Dritten Reich.

Dieser Band enthält Studien zur Lohnpolitik und Lohnentwicklung, zur Arbeitsverfassung und innerbetrieblichen Herrschaft, zur Funktion der betrieblichen Sozialarbeiten und zum Arbeiterurlaub im nationalsozialistischen Deutschland. Thematisch orientieren sich die Beiträge an der Frage nach der Form und dem Ausmaß der Integration der Arbeiterklasse in die nationalsozialistische „Volksgemeinschaft". Zusammen mit T. W. Masons Einleitung zur „Bändigung der Arbeiterklasse im Nationalsozialismus" stellen sie eine kritische Weiterführung der Erforschung der Sozialgeschichte des „Dritten Reiches" dar.

WESTDEUTSCHER VERLAG

Aus dem Programm Sozialwissenschaften

Volker Teichert (Hrsg.)
**Alternativen zur Erwerbs-
arbeit?**
Entwicklungstendenzen informeller und alternativer Ökonomie.
1988. 376 S. 15,5 x 22,6 cm.
(Beiträge zur sozialwissenschaftlichen Forschung, Bd. 111.)
Kart.
Inhalt: Die theoretische Einordnung der informellen Ökonomie und ihre praktische Bedeutung — Verschiedene Aus-
prägungen der informellen
Ökonomie und ihre zeitliche
Gestaltung — Genossenschafts-
entwicklung und alternative
Ökonomie in Deutschland —
Internationale Aspekte alternativer und informeller Ökonomie.

Angesichts von Arbeitslosigkeit, Arbeitszeitverkürzungen
und gewandelter Arbeitsauf-
fassungen gewinnen die Tätigkeiten außerhalb des formellen
Erwerbssystems zunehmend an
Bedeutung. Diese informellen
Aktivitäten werden in aller Regel von den Haushalten und
Familien, von Verwandten,
Nachbarn und Freunden un-
entgeltlich geleistet. Dieser
Band bringt einen kompakten
Überblick über die Teilbereiche
der informellen Ökonomie:
Haushaltswirtschaft, Selbstver-
sorgungswirtschaft und Selbst-
hilfeökonomie. Die Alternativ-
ökonomie stellt als intermediä-
rer Sektor ein Bindeglied zwischen informellem und for-
mellem Bereich dar. Nach einer Blütezeit zu Ende der
70er/Anfang der 80er Jahre
erlebt sie gegenwärtig eine
stärkere Anpassung an die formelle Ökonomie. In diesem
Buch werden die Entwick-
lungsperspektiven und Verän-

derungen untersucht, wobei
im einzelnen auch französische und britische Erfahrungen mit dieser Form des
Wirtschaftens vorgestellt werden.

Karl Otto Hondrich,
Jürgen Schumacher,
Klaus Arzberger, Frank Schlie
und Christian Stegbauer
**Krise der Leistungs-
gesellschaft?**
Empirische Analysen zum Engagement in Arbeit, Familie
und Politik. Unter Mitarbeit
von Johann Behrens, Elmar
Müller und Randolph Vollmer.
1988. X, 354 S. 15,5 x 22,6 cm.
Kart.
Inhalt: Krise der Leistungsgesellschaft? — Über die Ur-
sprünge und Entwicklungsbe-
dingungen der Leistungsgesellschaft — Die Vielfalt der Lei-
stungsbegriffe — Leistung und
Leistungsbereitschaft in verschiedenen Lebensbereichen —
Leistungsniveau und Leistungsbereitschaft in der Arbeitswelt
— Leistungsniveau und Leistungsbereitschaft in der Familie — Leistungsniveau und Leistungsbereitschaft in der Politik — Verwandlungen, Veran-
lagungen und Grenzen der
Leistungsbereitschaft.

Eine populäre Art von Krisen-
diagnosen sieht die Ursache gesellschaftlicher Probleme in einem Verfall traditioneller Lei-
stungswerte. Gegen diese Sichtweise wenden sich die Autoren. Ihre zentralen Befunde:
Arbeitsmoral schwindet nicht,
sie verändert sich. Leistungsdenken im Sinne zielgerichte-
ter Anstrengungen dehnt sich
aus: Immer mehr Menschen
wollen an immer mehr Lebensbereichen aktiv teilhaben. Viele

Krisenerscheinungen lassen sich
auf die strukturelle Unfähig-
keit gesellschaftlicher Teilbereiche zurückführen, vorhandene Leistungsbereitschaft zu
nutzen und produktiv umzusetzen.

Johann Jessen, Walter Siebel,
Christa Siebel-Rebell,
Uwe Jens Walther und
Irmgard Weyrather
Arbeit nach der Arbeit
Schattenwirtschaft, Wertewan-
del und Industriearbeit.
1987. 306 S. 15,5 x 22,6 cm.
Kart.
Das Buch basiert auf einer
empirischen Studie über informelle Arbeit in der Schattenwirtschaft bei Industriear-
beitern. Die Ergebnisse korrigieren gängige Auffassungen:
Die Schattenwirtschaft wächst
nicht im Verhältnis zur offiziellen Wirtschaft, sondern sie
wird zunehmend in Markt und
Staat integriert. Ihr Umfang
und Ertrag wird bei Industrie-
arbeitern vor allem von der
Wohnsituation bestimmt. Informelle Arbeit ist zu verstehen
als Bestandteil einer Lebens-
weise. Sie ist eingebunden in
eine besondere Ökonomie der
Haushaltsproduktion. Schließlich fungiert informelle Arbeit
als Stütze inhaltlicher Ansprüche an den Beruf, nicht aber
als Ort des Rückzugs aus entfremdeter Lohnarbeit.

WESTDEUTSCHER
VERLAG

MIX
Papier aus verantwortungsvollen Quellen
Paper from responsible sources
FSC® C105338

If you have any concerns about our products,
you can contact us on
ProductSafety@springernature.com

In case Publisher is established outside the EU,
the EU authorized representative is:
**Springer Nature Customer Service Center GmbH
Europaplatz 3, 69115 Heidelberg, Germany**

Printed by Libri Plureos GmbH
in Hamburg, Germany